“十二五”普通高等教育本科国家级规划教材
高等学校土木工程专业规划教材

道路勘测设计

（第4版）

孙家驷　主　编
李松青　王卫花　副主编

人民交通出版社股份有限公司
China Communications Press Co.,Ltd.

内 容 提 要

本书为高等学校土木工程专业规划教材，主要介绍公路与城市道路勘测与设计的基本概念、基本原理和基本方法。全书共11章，包括：概论，道路设计管理及基本要求，道路平面设计，道路纵断面设计，道路横断面设计，道路选线与总体设计，道路交叉设计，道路交通设施设计，道路勘测，道路环境与景观设计概要。

本书主要作为高等学校土木工程专业、道路桥梁与渡河工程专业教学用书，可供道路设计、施工、养护、管理的工程技术人员学习参考，也可用作继续教育、成人教育的专业课教材。

图书在版编目(CIP)数据

道路勘测设计／孙家驷主编．—4版．—北京：人民交通出版社股份有限公司，2018.12

ISBN 978-7-114-15158-3

Ⅰ.①道…　Ⅱ.①孙…　Ⅲ.①道路测量—高等学校—教材 ②道路工程—设计—高等学校—教材　Ⅳ.①U412

中国版本图书馆CIP数据核字(2018)第273226号

“十二五”普通高等教育本科国家级规划教材
高等学校土木工程专业规划教材

书　　名：道路勘测设计(第4版)
著 作 者：孙家驷
责任编辑：李　瑞　李学会
责任校对：刘　芹
责任印制：刘高彤
出版发行：人民交通出版社股份有限公司
地　　址：(100011)北京市朝阳区安定门外外馆斜街3号
网　　址：http://www.ccpcl.com.cn
销售电话：(010)59757973
总 经 销：人民交通出版社股份有限公司发行部
经　　销：各地新华书店
印　　刷：北京科印技术咨询服务有限公司数码印刷分部
开　　本：787×1092　1/16
印　　张：25
字　　数：611千
版　　次：1999年7月　第1版
　　　　　2005年6月　第2版
　　　　　2012年7月　第3版
　　　　　2018年12月　第4版
印　　次：2024年7月　第4版　第4次印刷　总第22次印刷
书　　号：ISBN 978-7-114-15158-3
定　　价：58.00元

高等学校交通运输与工程类专业(道路、桥梁、隧道与交通工程)教材建设委员会

第4版前言

自1999年7月第1版出版以来，已连续使用19年之久，为全国高等工科院校编制教材之一，累计印刷18次，已出版68000册以上。2014年被批准为全国普通高等教育“十二五”国家级规划教材，并列为高等学校土木工程专业使用教材。

2015年，为我国“十二五”收官之年，五年来公路建设各项指标实现程度良好，各项重大战果任务稳步推进，基本适应了社会经济发展需求，为构建现代综合运输体系打下了坚实基础。“十二五”期间，公路累计完成投资7.1万亿元，是“十一五”期间完成投资的1.74倍，公路网里程达457.7万公里，高速公路通车里程达12.4万公里，高速公路覆盖全国97.6%的城镇人口20万以上城市。公路建制村通畅率东中部达100%，西部达81%。2016年是我国“十三五”开局之年，公路建设坚持“创新、协调、绿色、开放、共享”的发展理念，坚持“保基本、补短板、抓重点、促衔接、强服务”的方针，努力实现“覆盖更广泛、结构更优化、衔接更顺畅、服务更优质、运行更智慧、生产更安全、发展更绿色的”目标。到2020年公路网总里程达500万公里，高速公路总里程达15万公里。随着我国公路建设数量的迅速增长，公路勘察设计水平不断提高、公路科学技术不断创新，公路测设方法及手段更加先进，新标准、新规范不断更新，这些变化对土木工程专业的主干课提出了更新更高的要求。

为适应公路建设发展形势的需求，教材修编，内容更新，删繁就简，迫在眉睫，根据人民交通出版社的计划安排，按照“更新标规、去旧补新”的原则进行了重编，对与其他课程交叉重叠的内容进行了删减，重点修改内容如下。

（1）更新标规，主要是：《公路工程技术标准》（JTG B01—2014）、《公路路线设计规范》（JTG D20—2017）。

（2）较大幅度地删减部分交叉重叠的内容，主要是：删去过时的公路建设成就的内容；删除原第六章道路规划设计；压缩原第八章第三节立体交叉和原第九章第一、二、三节道路排水的内容。

（3）全书统校、通改，尽量消除“错、漏、缺”。

“道路勘测设计”是土木工程专业的主干专业课，本教材经19年的使用和3次改版，已逐步成熟、日趋完善，但由于教材内容设计面广，篇幅较多、课程交叉内容较多，加之编者水平有限，书中错漏之处在所难免，敬请读者批评指正。

编　者
2018年5月

第3版前言

本书始编于1999年7月，并于2005年6月结合当时公路发展的需求和新标准规范的颁布进行了重编（即第2版）。近些年来，公路建设进入跨越式大发展的新阶段，到2011年全国公路总里程突破410万公里，“十一五”期间公路以平均每年13.26万公里的速度迅猛增长；通乡、镇公路通达率达99.97%，通村公路通达率99.38%；全国公路网密度达42.77公里/百平方公里，“五纵七横”的12条国道主干线提前13年建成，四通八达、干支结合的公路网已基本建成；全国高速公路总里程已达8.49万公里，稳居世界第二位。随着公路数量的快速增长，公路勘察设计的水平不断提高，科学技术不断创新，测设手段更加先进，这些对本课程的教学提出了更高的要求。

为适应道路建设发展形势需求，在原第二版教材的基础上，按照“去旧补新”的原则进行了重编。本次重编的重点是：

（1）更新标准及规范，主要是：

《公路勘测规范》（JTG 10—2007）；

《城市快速路设计规程》（CJJ 129—2009）；

《城市道路交叉口设计规程》（CJJ 152—2010）；

《城市道路工程设计规范》（CJJ 37—2012）。

(2)道路建设发展概况延至2010年的情况及相应的数据。

(3)增设环保及景观设计内容,即第十一章。

(4)删除陈旧的内容,个别章节适当压缩、合并。

(5)全书进一步统校通改,尽量清除错、漏、重、缺。

本次修编分工为:孙家驷编写第一、二、六、七、八、十一章;李松青编写第三、五、十章;王卫花编写第四、九章。全书由孙家驷担任主编,李松青和王卫花担任副主编。

在人民交通出版社工作人员的关心和支持下,本教材受到全国众多高等院校师生的欢迎,共发行5万余册,成为全国土木工程专业主干课重点教材之一。在此,编者对广大读者和人民交通出版社表示衷心的感谢。

由于编者水平有限,书中疏漏及谬误在所难免,敬请读者批评指正。

编　者

2012年5月

第2版前言

本书第1版于1999年7月出版，是根据全国高等学校路桥及交通工程专业教学指导委员会审定的教学大纲编写，并经教学指导委员会审定，作为全国公路与桥梁工程专业（专科）的统编试用教材。教材的选材及内容安排符合当时的教学要求和道路设计状况，在教学中起到了积极的作用。

近年来，由于公路与城市道路建设的迅速发展，道路勘测设计水平和手段不断提高，设计思想和理念日益更新，有关标准、规范已修订和重编，原试用教材的部分内容显得陈旧，取材范围显得有些狭窄，因此，在原教材框架和体系的基础上，进行了重新编写。本次重编按照“安全、环保、舒适、和谐”和“以人为本”的指导思想和设计理念，对公路与城市道路设计的原理和方法进行了进一步融合，对取材内容和范围进行了适当拓宽，对于高等级道路测设方面的内容予以加强和扩充；对于陈旧、明显落后的内容予以修改和删除，力求使本教材能反映当前道路勘测设计的新理论、新技术、新方法和设计水平。

本次重编主要依据的标准和规范为：

《公路工程技术标准》（JTG B01—2003）；

《公路路线设计规范》（JTG D20—2006）；

《城市道路设计规范》（CJJ 37—90）；

《公路勘测规范》(JTG C10—2007)。

本次重编除按新标准、新规范修改外，内容更新主要有以下几方面：

(1)补充我国道路发展概况；

(2)新增道路勘测设计管理方面内容；

(3)充实道路规划设计内容；

(4)增加道路总体设计；

(5)补充高速公路设施设计内容；

(6)新增城市道路无障碍设施设计内容。

本书在编写过程中参考了有关标准、规范、手册、教材和论著的内容，在此谨向有关编著者表示衷心的感谢。

道路勘测设计是公路与桥梁专业的主干课程，其教材直接影响到该课程的教学内容和质量，由于编者水平有限，书中错误和不足之处在所难免，恳请读者批评指正。

编　者
2005 年 12 月

第1版前言

本书根据全国高等学校路桥及交通工程专业教学指导委员会审定的教学大纲编写。按照教学指导委员会的意见，将公路与桥梁工程专业（专科）的"公路勘测设计"与"城市道路设计"两门课程合并为"道路勘测设计"一门课程，本书即为配合这一课程改革编写的统编教材。两课合并，涉及内容的删减，学时和字数的限制，章、节的安排，交通部和建设部两个行业标准、规范的处理等多方面的关系问题。加之编者水平有限，书中错误或不妥之处在所难免，敬请读者批评指正。

本书由重庆交通学院孙家驷教授主编，并编写第一章、第五章、第七章，参加编写的有重庆交通学院的李松青（第二章、第四章的第六节至第七节）、高建平（第三章）、朱晓兵（第四章的第一节到第五节、第六章）、张维全（第八章）。全书由湖南大学冯桂炎教授主审。

本书在编写过程中，曾得到兄弟院校及有关单位的帮助和支持，并参考了有关院校已编写的教材和资料，在此谨表示感谢。

孙家驷
1998年9月

目录
CONTENTS

第一章
概论

第一节　交通运输与道路运输

一、交通运输

1. 交通运输

由于社会生产与消费的需要，人们必须克服空间上的阻碍，实现人和物的移动。为具体实现这种移动提供服务所进行的经济活动称为运输。实现这种服务的物质生产全过程叫作交通运输。

2. 交通运输的作用

交通运输是国民经济的基础产业，也是促进社会发展和提高人民生活水平的基本条件。交通运输又是国民经济的命脉，是联系工业和农业、城市和乡村、生产和消费的纽带。交通运输的发展，有利于促进整个社会的经济发展和人民物质文化生活水平的提高，有利于加强国防建设。交通运输是一个国家得以繁荣强大的重要的物质基础。要实现国民经济的现代化，必须首先实现交通运输现代化。总之，交通运输业的发展影响社会生产、流通、分配和消费的各个环节，对人民生活、政治和国防建设以及国际经济发展合作都有重要作用。

3. 交通运输的特点

交通运输作为第四个物质生产部门,与其他物质生产部门相比除了具有共同的生产性外,还有其自身的特点:

(1)交通运输具有其自身特有的生产过程。在生产过程中,劳动对象的属性和形态不会发生改变,发生改变的只是劳动对象的空间位置。交通运输没有流通过程,交通运输的产品是客运及货运周转量,生产者直接面对消费者。交通运输业的生产过程,只是使人(旅客)和物(货物)的空间位置发生了改变,而运输对象的内在属性及形态并没有发生变化。

(2)交通运输业的投资比较大。交通运输业的投资包括为满足交通工具正常运行需要的各项基础设施(如公路、铁路、码头、机场、管站等)及运输工具(如汽车、铁路机车、车辆等)购置等的投资。要形成一定的综合运输能力,必须事先创造一定的运输条件和为保证安全运输所需要的完善的各种设施,如公路运输,必须事先修建相应等级的公路、车站、加油站及各种管理设施和安全设施,而这些工程项目的投资一般较大。

(3)运输过程中的材料消耗,基本是所使用的运输工具和设施的消耗,如路面、车辆、船舶、钢轨的磨损等,而不是运输对象的消耗。因此,交通运输业在其资金运转和成本构成上不同于其他物质生产部门。

(4)交通运输是流动性的生产。一般的工农业生产过程,是局限在一个受限制的厂房、工地或田间等来完成的;交通运输业的生产线则比较长,具有点多、面广、线长、多环节、多工种联合作业的特点。一条运输线短则几十公里,长则上千公里,甚至上万公里,同时,为满足运输生产的需要,在沿线还设有大量的站、港及其他服务设施。

(5)有较强的替代性。实现客货空间位置的移动,可以采用不同的交通运输方式,各种交通运输方式之间存在一定的可替代性。

二、交通运输体系

1. 交通运输体系的构成

按运输路线和工具不同,交通运输体系可分为铁路运输(火车)、道路运输(汽车)、水路运输(轮船)、航空运输(飞机)及管道运输等。铁路运输,运量大,运程远,在交通运输中起着主要作用;水路运输,成本低,但运速较慢,并受到航道的限制;道路运输,机动灵活,分布广,对于客货运输,特别是短途运输有着显著的效益;航空运输,速度高,运输快,对于运送旅客、紧急物资及邮件起着重要作用;管道运输,由于受管线的限制,仅适用于液态、气态及散装粉状(如石油、煤气、水泥等)的运输。上述各种运输方式,各有所长,合理分工,协调配合,取长补短,组成了一个综合的交通运输体系,为社会生产和消费服务。

我国的交通运输发展以铁路为骨干,道路为基础,充分利用内河、沿海和远洋运输资源,积极发展航空事业,形成具有不同功能、远近结合、四通八达、全国统一的综合交通运输网络体系。

2. 各类运输方式的特点

交通运输业由铁路、道路、水运、航空和管道运输五种不同的运输方式组成。由于各种运输方式的运输基础设施、运输工具各不相同,使得各种交通运输方式除了具有交通运输业的共有特性外,还具有其自身所独有的特点。

1)铁路运输

铁路运输是一种用钢轨引导列车运行的运输方式。同其他运输方式相比,铁路运输具有以下特点:

(1)铁路运输是以在路基道床上铺设钢轨来引导机车车辆向前运行的。由于钢轨刚性较强,不易变形,因此,行车阻力小,行驶速度高,如高速铁路的速度一般可达300km/h以上。

(2)铁路运输过程中,是将若干车辆按某种方式(即列车编组的方式)来组织的,整个列车的动力部分和载运部分(即机车和车辆)是独立的。这种组合方式便于根据客货情况有目的地对车辆进行编组,同时,就整列列车的载质量而言,可以不像其他运输方式那样受到动力部分牵引能力的限制,必要时可以根据线路纵坡和载质量的大小采用单机牵引、双机牵引甚至多机牵引,因此,铁路运输的载质量一般较大。

(3)由于铁路运输是按列车编组进行的,因此,在运输过程中有列车编组、解体和中转改编等作业环节,这就使得铁路运输不太适合于短途货物运输。

(4)铁路运输受气候和自然条件的影响较小,在运输的经常性方面占有绝对优势。

(5)从能源和环保方面来看,铁路运输可以采用电力牵引,对环境的污染较小,甚至在下坡路段还可以自行发电,因此采用电力牵引有利于节约能源和环境保护。

(6)铁路运输成本一般较低。

2)道路运输

道路运输有广义和狭义之分。从广义上说,道路运输是指货物和旅客借助于一定的运输工具(汽车、拖拉机、自行车、畜力车、人力车等)沿着道路方向所做的有目的的移动。从狭义上说,道路运输即是指汽车运输。

与其他运输方式相比,公路运输具有“两快”(送达速度快、资金周转快)、“两少”(中转少、损耗少)以及直达运输的特点。

3)水运

水运即水上运输,是指利用船舶、排筏和其他浮动工具,在江、河、湖泊、人工水道(如运河)及海洋上从事运送旅客和货物的一种运输方式。水上运输通常指船舶运输。

同其他运输方式相比,水上运输具有以下特点:

(1)水运路线主要是利用“天然航道”,因此,水上运输基础设施投资较少;同时,水上航道四通八达,航道宽阔,其通航能力受限制较少。

(2)运量大、成本低。水上运输可以利用天然的有利条件,易于实现长距离、大吨位的运输,非常适合大宗货物的运输,其运输成本在五种运输方式中是最低的。

(3)水上运输是实现国际贸易、发展经济和加强友好往来的主要交通工具,同时也是保证对外开放的重要手段。

(4)水上运输受自然条件(特别是河流、水道)的限制大,运输的连续性较差,运输速度较铁路运输慢。

4)航空运输

航空运输是利用各种航空器如飞机、飞艇、热气球等在空中的运动来实现客、货运输的一种运输方式。一般情况下航空运输主要是指飞机运输。与其他运输方式相比,航空运输具有如下特点:

(1)速度快。这是航空运输的最大优势和突出特点。由于航空运输的运距一般较长,与其他运输方式相比,在运输过程中会节约较多时间。运输距离越长,节约的时间就越多,快速的特点也就越显著。

(2)航空运输的高科技性。航空运输的工具是飞机,飞机本身就是高科技的象征,航空运输的各主要部分如航务(飞行)、机务维修、运营及其通信、导航、气象、航行管制、机场建设等服务保证系统等的生产和工作过程无不涉及高科技领域。从某种意义上说,航空运输的发展水平反映了一个国家的科学技术和国民经济的发展水平。

(3)运输路程短捷。飞机在空中飞行,除了由于航行的需要外,一般在两点间是直线飞行,不受地面条件限制。运路越长,航空运输的这一特点也就越明显。

(4)基建周期短,投资少。航空运输的主要技术设备除飞机外,只需修建机场和必要的导航点,不像地面交通那样在线路建设上需花费大量的投资,而且筹备开航所需要的时间也较短。

(5)灵活性好。航空运输是在一定航空空间进行运输活动,航线受约束的限制比火车、汽车、轮船、管道要少得多。飞机可以按航班定期飞行,也可以不定期飞行;可以在固定的航线上飞行,也可以在非固定的航线上飞行。由于这些特点,飞机可以在短时间内完成政治、军事、经济上的紧急任务,例如灾区的物资供应、近海油田的后勤支援等。

(6)舒适性高。喷气式飞机的飞行高度一般都在万米以上,不受低空气流的影响,飞行平稳、舒适,特别是大型飞机,客舱宽敞,噪声小,机内有供膳和视听娱乐设施,舒适程度比过去有很大提高。

(7)安全性好。随着航空技术的发展,航空运输的安全性已大大提高。

5)管道运输

管道运输是一种用封闭管道,利用重力或气压动力,连续运送一些特定货物的运输方式。由于运输的物资大多与能源有关,故管道运输的产生和发展与能源开发的关系密切。

与其他运输方式相比,管道运输具有以下特点:

(1)运量大。在管道运输过程中,管道内的流体是连续而不间断的。一条管径720mm的管道可年输原油2 000万t左右,相当于一条铁路全年的运输量。

(2)运距短,占地少。在埋设管道的过程中,占总长度95%的管道是埋在地面以下的,故永久性占用的土地较少。另外,管道可以下穿河流、湖泊和海洋,在山岭地区还可以设计采用较大的纵坡,从而缩短了铺设的里程。

(3)耗能低,运费低。在运量大时,管道运输的成本接近水运。

(4)受气候和环境的影响较小,便于长期稳定生产。

(5)沿程无噪声,泄漏污染少,安全性好。

(6)管道运输可以实现远程控制,自动化程度较高,便于管理,维修工作量较小,因而劳动生产率较高。

但是,受管道布设的限制,与其他运输方式相比,管道运输所运送的货物比较单一,灵活性较差,因此,它比较适合于单向、定点、量大的流体、气体及粉末状货物的运输。

3.各种运输方式的技术经济特征及适用性

为了满足社会各种需求,形成了铁路、道路、航空、水运、管道五种运输方式。这几种交通运输方式在满足人或物的空间位移的要求上具有同一性,即安全、迅速、经济、便利、舒适。但各种运输方式所采用的技术手段、运输工具和组织形式等都不相同,因此,形成的技术性能(速度、质量、连续性、保证货物完整性和旅客的安全、舒适性等)、对地理环境的适应程度以及经济指标(如能源和材料消耗、投资、运输费用、劳动生产率等)也不尽相同。

1)技术经济特征

(1)送达速度。送达速度是指运载工具将所运送的对象(旅客或货物)从始发地运送到终点地的全部时间。各种运输方式有适用的速度范围:道路运输的最优速度为50~100km/h,铁路运输为100~300km/h,航空运输为500~1 000km/h。由于人们对交通运输的速度要求不但在不同的距离条件下是不同的,而且在相同的距离条件下也有不同层次的要求,因此不同的交通运输方式可以满足不同的需要。

(2)运输成本。运输成本是运输业的一个综合性指标,受各种因素的影响。在运输成本中,如果无关支出占的比重较大时,则运输成本受运输密度的影响较大,铁路运输最显著,水运、道路运输则较小。运输距离对运输成本也有很大影响,运输距离越长,路途运行费用越低,因此对水运影响最大,水运成本低,铁路次之,道路最小。此外,运载量的大小同样影响着运输成本。载质量较大的运输工具一般来说其运输成本较低,水运在这方面居于有利地位。总之,考察某种运输方式的运输成本须根据具体情况进行分析。一般来讲,水运及管道运输成本最低,其次是铁路和道路运输,航空运输成本最高。

(3)投资水平。各种运输方式由于其技术设备的构成不同,不但投资总额大小各异,而且投资期限和初期投资的金额也有相当大的差别。各种运输方式在线路基建投资和运载工具投资方面也各有差异,水运、航空运输的线路投资最低,道路次之,管道和铁路运输最高(线路设备是专用的);铁路的技术设备(线路、机车车辆、车站、厂、段等)需要投入大量的人力物力,投资额大而且工期长,因此投资集约程度高;相对而言,水上运输是利用天然航道进行的,线路投资远较铁路低,主要集中在船舶、码头。因此,从运载工具等基建投资来看,管道投资最低,铁路、水运次之,航空最高。

(4)运输能力。从运输能力上看,水运和铁路运输都处于优势地位(就单个运载工具而言,特别是海运,运输能力最大),而道路和航空的运输能力相对较小。

(5)能源消耗。由于铁路运输可采用电力牵引,因而具有优势,而道路和航空运输则是能源(石油)消耗最大的。管道运输所耗能源约为水运的10%,铁路的2.5%。

(6)运输的通用性与机动性。铁路与管道运输受气候与季节影响小,而机动灵活方面则公路与航空运输更为优越。

(7)对环境的影响程度。人类赖以生存的地球已经受到严重破坏,工业发展中,运输业在某些方面起了主要作用,对空气和地表污染最为明显的是汽车运输,喷气式飞机、超音速飞机等使噪声污染更为严重,相比之下,铁路运输对环境和生态的影响程度较小,特别是电气化铁路影响更小。

五种运输方式各有其长处和短处,每个国家都需要按照本国工农业的生产布局与规模、地理条件、社会环境及本国交通运输业发展的历史与现状,建立适合本国国情的综合交通运输体系。

2)适用范围

(1)铁路运输。在国土幅员辽阔的大陆国家,铁路运输是陆地交通运输的主力;适合经常稳定的大宗货物运输,特别是中长途货物运输;适合于中长途、短途城际和现代快速市郊旅客运输。

(2)道路运输。在中短途运输中效果最突出,特别是“门到门”的运输更显得优越,可补充和衔接其他运输方式,如担负铁路、水路运输达不到的区域以及起终点的接力运输。

(3)水路运输。特别适合于大宗货物的长途运输,尤其是远洋运输,不仅是国际贸易的主要运输方式,也是发展国民经济的重要组成部分。

(4)航空运输。适用于长途旅客运输、货物运输及邮件运输,包括国际和国内运输,在通用航空运输方面(摄影、人工降雨、林业播种、抗灾救护等)更显优势。

(5)管道运输。是流体能源非常适宜的运输手段,尤其是输送属危险品的油类,由于管道埋在地下,受地面干扰少,运送此类物品较为安全。

三、道路的基本属性

道路建设是物质生产,因而它必然具有物质生产的基本属性,即有生产资料、劳动手段和劳动力以及作为物质产品而存在的道路;同时,它又有其本身特有的基本属性。

(1)道路分布广,涉及面宽,能使全社会受益,同时也受到各方面的关注和支持。特别是近年来,由于道路运输在促进社会和经济发展方面所发挥的巨大作用,使道路建设受到社会的关注。国内诸如"要致富,先修路""公路通,百业兴""小路小富,大路大富,高速公路快富"等提法就是由这一属性所致。

(2)商品性。道路建设是物质生产,道路是产品,必然具备商品的基本属性,它既具有商品的价值,又具有使用价值。这一属性是目前发展商品化道路(亦称收费道路)的基本依据。

(3)灵活性。道路运输与其他运输相比有更大的灵活性,它具有两快(送达速度快、资金周转快)和两少(中转少、损耗少)以及"门到门"直达运输的特性,能适应客货流变化和提供多样服务。道路运输的灵活性主要反映在时间上的机动性、运量变化上的适应性以及运送的方便性等方面。

(4)超前性。道路的超前性主要是指道路的先行作用。道路是为国民经济和社会发展服务的,它作为国家联结工农业生产的链条和经济起飞的跑道,其发展速度应高于其他部门的发展速度。这就是通常所说的"先行官"作用。

(5)储备性。道路建设是资金密集型和技术密集型产业,属于国家基本建设项目。道路建设不仅要满足其修建时通行能力的要求,还要考虑今后一段时间内交通量增长的要求,即要有一定的储备能力。这就要求道路建设之前,必须要有统一的规划、可行性论证、周密的经济和交通调查,加强交通预测以及精心设计等工作,以满足远景发展的需要。

四、道路运输的特点

1. 机动灵活,适应性强

由于道路运输网一般比铁路、水路网的密度要大十几倍,分布面也广,因此道路运输车辆可以"无处不到、无时不有"。道路运输在时间方面的机动性也比较大,车辆可随时调度、装运,各环节之间的衔接时间较短。尤其是道路运输对客、货运量的多少具有很强的适应性,汽车的载重吨位有小(0.25~1t)、有大(200~300t),既可以单车独立运输,也可以由若干车辆组成车队同时运输,这一点对抢险、救灾工作和军事运输具有特别重要的意义。

2. 可实现"门到门"直达运输

由于汽车体积较小,中途一般也不需要转换,除了可沿分布较广的路网运行外,还可离开路网深入到工厂企业、农村田间、城市居民住宅等地，即可以把旅客和货物从始发地门口直接运送到目的地，实现“门到门”直达运输。这是其他运输方式无法与道路运输相比拟的特点之一。

3. 在中、短途运输中，运送速度较快

由于道路运输可以实现“门到门”直达运输，途中不需要倒运、转乘就可以直接将客、货运达目的地，因此在中、短途运输中其客、货在途时间较短，运送速度较快。

4. 原始投资少，资金周转快

道路运输与铁路、水路、航空运输方式相比，所需固定设施简单，车辆购置费用一般也比较低，因此，投资兴办容易，投资回收期短。据有关资料表明，在正常经营情况下，道路运输的投资每年可周转 1 ~3 次，而铁路运输则需要 3 ~4 年才能周转一次。

5. 掌握车辆驾驶技术较易

与火车和飞机驾驶员的培训要求相比，汽车驾驶技术比较容易掌握，对驾驶员各方面素质要求相对也比较低。

6. 运量较小，运输成本较高

由于汽车载质量小，行驶阻力比铁路大 9 ~14 倍，所消耗的燃料又是价格较高的液体汽油或柴油，因此，汽车运输比航空运输成本低，而比其他方式高。

7. 运行持续性较差，运行速度相对较低

据有关统计资料表明，在各种现代运输方式中，道路的平均运行速度是较小的，运行持续性较差。各种运输方式的速度范围为：道路 50 ~100km/h；铁路 100 ~300km/h；航空 500 ~1 000km/h。

8. 安全性较低，污染环境较大

道路运输的事故发生率较高。据统计，自有记录以来死于交通事故人数近 5 000 万人。死于汽车交通事故的人数不断增加，平均每年近 120 万人。这个数字超过了艾滋病、战争和结核病每年导致的死亡人数。汽车所排出的尾气和引起的噪声也严重地威胁着人类的健康，是城市环境的最大污染源之一。

五、城市道路的特点及功能

与公路及其他道路相比较，城市道路具有以下特点。

1. 功能多样，组成复杂

城市道路除了交通功能外，还具有其他许多功能，如城市结构功能、公用空间功能等。因此，在道路网规划布局和城市道路设计时，都要体现其功能的多样性。另外，城市道路的组成比一般公路要复杂，它除了有机动车道以外，还具有非机动车道、人行道、设施带等，这些都给城市道路的规划、设计增加了难度。

2. 行人、非机动车交通量大

公路和其他道路在设计中通常主要考虑汽车等机动车辆的交通问题。城市道路由于行人、非机动车交通需求多，必须对人行道、非机动车道做出专门的规划设计。

3. 道路交叉口多

由城市道路的功能可知,它除了交通功能之外,还有沿路两侧开发利用的功能。城市道路是以路网的形式出现的,要实现路网的“城市命脉”功能,频繁的道路交叉口是不可缺少的。就一条干线道路来说,大的交叉口间距一般为800~1 200m,中、小交叉口则为300~500m,有些丁字形的人口间距可能更短一些。所以,道路交叉口多是城市道路的又一个明显特点。

4. 沿路两侧建筑物密集

城市道路两侧是建筑用地的黄金地带,道路一旦建成,沿街两侧鳞次栉比的各种建筑物也相应建造起来,以后很难拆迁房屋拓宽道路。因此,在规划设计道路的宽度时,必须充分预测到远期交通发展的需要,并严格控制好道路红线宽度。此外,还要注意建筑物与道路相互协调等问题。

5. 景观艺术要求高

城市干道网是城市的骨架,城市总平面布局是否美观、合理,在很大程度上首先体现在道路网特别是干道网的规划布局上。城市环境的景观和建筑艺术,必须通过道路才能反映出来,道路景观与沿街的人文景观和自然景观浑然一体,尤其与道路两侧建筑物的建筑艺术更是相互衬托,相映成趣。完善、合理的城市道路网络也从一个侧面体现和反映了城市的文明程度。

6. 城市道路规划、设计的影响因素多

城市里一切人和物的交通均需利用城市道路;同时,各种市政设施、绿化、照明、防火等,无一不设在道路用地上,这些因素,在道路规划设计时必须综合进行考虑。

7. 政策性强

在城市道路规划设计中,经常需要考虑城市发展规模、技术设计标准、房屋拆迁、土地征用、工程造价、近期与远期、需要与可能、局部与整体等问题,这些都牵涉到有关方针、政策。所以,城市产品规划与设计工作是一项政策性很强的工作,必须贯彻有关的方针、政策,尤其是大中城市的道路改扩建工程更存在一个政策问题。

第二节　我国道路发展概况

一、我国道路建设发展

1. 道路的产生

道路是供各种车辆(指无轨车辆)和行人通行的工程设施的总称。

从有人类开始就有了道路。路是人走出来的。原始人徘徊于自然的山河之间,打猎、捕鱼、采集食物,其惯行的足迹就形成了“路”。因此,可以说道路的历史就是人类发展的历史。人类在社会、经济生活中创造了道路,而道路的产生和发展又为推动社会的发展和人类的进步做出了巨大的贡献。

起初,原始人在陆路和水上的运输都是利用天然的运输工具,如在太古时期,陆路运输以人力搬运为主,随后以饲养动物开始,陆上运输逐渐转为以马、驴、牛、骆驼等动物驮载来进行。

当时的道路主要是供人行和动物驮载运行。

大约在公元前4000年，出现了车轮，这是人类物质文化发展史中的一件大事。用车轮代替滑木，以滚动代替滑动，减小了行车阻力，提高了运输效率。随着车辆的出现，以动物为牵引的轮式车辆开始使用，如图1-1所示。轮式车辆的使用对道路提出了更高的要求，于是宽度和质量都较好的马车道路出现。车的发明改变了运输完全依靠人背、肩挑、棒抬、头顶的原始运输方式，是运输史上新的里程碑。

图1-1 古老的轮式车辆

人工修建道路，最早始于中国。中国古代传说中就有黄帝"披山通路"和"黄帝造车"之说。在夏代，公元前21世纪时对制造车辆就有确切的记载，《史记·夏本纪》载"陆行乘车，水行乘船，泥行乘橇，山行乘樺"，在考古中还发现夏代的陶器上画有车轮花纹。这些都是夏代使用车的佐证。

2. 早期的道路

我国是一个历史悠久的文明古国，道路业发展很早。相传公元前2000多年就有轩辕氏造舟车。到周朝又有"周道如砥，其直如矢"的记载，并有战车、田车、乘车，还有专管道路的"司空官"。秦始皇统一六国后，为巩固政权，便利通商，大修驰道，把"车同轨"与"书同文"列为统一天下之大政。基本形成以咸阳为中心，向四面八方辐射的全国性道路网。据汉书载"秦为驰道于天下，东穷燕齐，南极吴楚，江湖之上，滨海之观毕至"，描述了当时道路发达的状况。筑路技术，秦代也有很大进步，据汉书载当时的道路是"道广五十步，三丈而树，厚筑其外，隐以金椎，树以青松"，可见道路之雄伟。唐代，国家强盛，道路也因此兴旺。全国共建驿路24 585km，并每隔15km设一驿站，并建立了完善的"驿制"。

到清末，已开始形成以北京为中心的连接全国23个省，3个区和1 700个府、厅、州、县的道路网，全国27条主干线总长达65 0541km。光绪三年(1877年)开始修建唐山至胥各庄铁路，到1911年铁路里程为4 270km。

3. 近代道路

我国近代汽车道路始于20世纪初，从1901年上海进口两辆汽车开始，我国道路进入汽车时代，从此汽车运输代替了驿道运输。1906年修建的那坎—镇南关—龙州公路为我国第一条汽车公路，长55km。随后，1913年湖南省用新式筑路法修建了长沙—湘潭军用公路，成为我国新式筑路法之始，该路长50.11km，路基宽7～9m，路面宽4.57m，路面为铺砂路面，厚15cm。

1917年11月，在张家口成立张库汽车公司，有汽车5辆，营运路线长1 100km，是我国第一个汽车运输企业。

1927年颁布的《国道工程标准及规则》成为我国第一个公路工程的标准法规。

1944年9月1日青藏公路(全长797km)、康青公路(全长792km)相继建成，两条公路海拔均在4 000m以上,成为当时世界最高、工程最艰巨的公路。

到1949年新中国成立时止,全国共有公路13.191 2万km(能通车的仅7.8万km),汽车保有量69 122辆(不包括军用车)。

4.现代道路

1)到2017年底全国公路建设成就

新中国成立后我国公路建设成绩巨大,质量和数量迅速地提高。

截至2017年底,全国公路总里程477.35万km,公路密度49.72km/100km^2。年末全国四级及以上等级公路里程433.86万km,占公路总里程90.9%;二级及以上等级公路里程62.22万km,占公路总里程13.0%;高速公路里程13.65万km(国家高速公路10.23万km),占公路总里程2.9%。

截至2017年底,年末国道35.84万km,省道33.38万km。农村公路里程400.93万km,其中县道55.07万km,乡道115.77万km,村道230.08万km。

2)新中国成立以来(1950~2017年)公路里程发展趋势(图1-2)

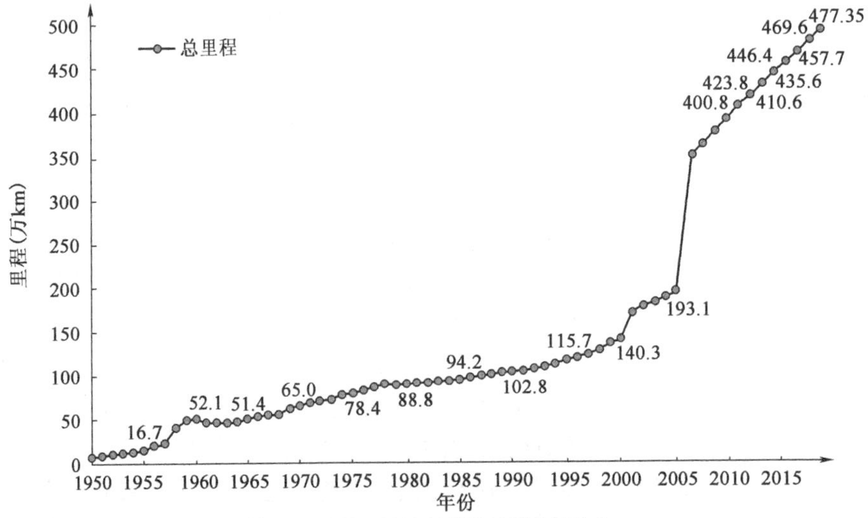

图1-2 1950~2016年公路里程发展趋势

注:2006年开始全国公路总里程包含村道里程(2006年村道153.2万km)。

3)全国高速公路里程发展趋势

我国大陆高速公路建设起步于20世纪80年代后期,1988年10月31日我国第一条高速公路——沪嘉高速公路建成通车,随后高速公路如雨后春笋般蓬勃发展,我国成为世界高速公路最多的国家。图1-3为全国高速公路发展趋势图。

4)我国"十三五"公路建设规划简介

(1)发展的五个理念

"十三五"应坚持"创新、协调、绿色、开放、共享"的发展理念,按照推进"四个交通"发展的要求,坚持"保基本、补短板、抓重点、促衔接、强服务"的方针,顺应时代的要求,遵循发展规律,积极转变发展理念及方式:

①创新发展。由过去主要依靠增加要素投入拉动,转向主要依靠科技创新、体制机制创新,提高资源利用效率驱动,培育发展新动力。由增量扩张为主转向做优增量、调整存量并举,不片面追求规模和速度,更加注重存量资源的挖潜扩容升级,优化发展结构。

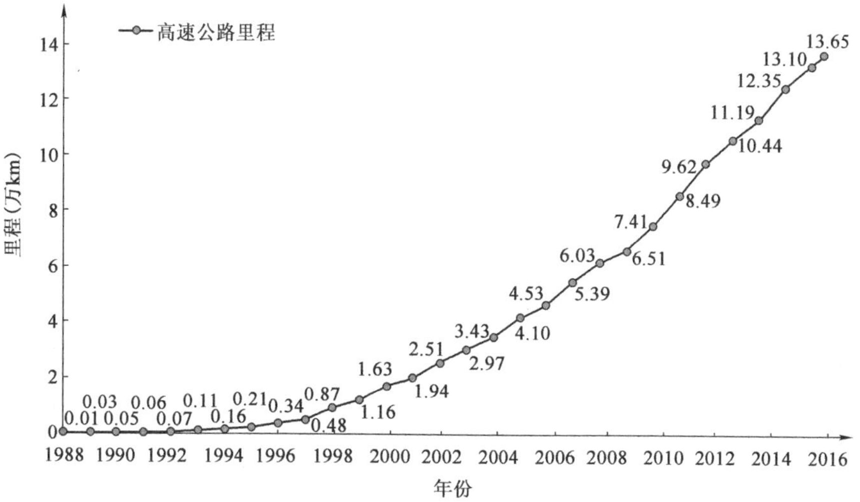

图 1-3　1988～2016 高速公路里程发展趋势

②协调发展。正确处理发展中的重大关系,增强发展的整体性、协调性。加快推进公路由建设为主,向建设、养护、管理与运输协调发展转变,切实增强公路交通的服务属性,通过优化投资结构,着力补齐发展短板;通过加大落后困难地区投入,促进城乡区域协调发展。

③绿色发展。坚持节约资源和保护环境的方针,把生态文明理念融入公路交通运输发展各方面和全过程。处理好公路建设与生态环境的关系,集约利用通道资源,加强生态功能恢复。鼓励绿色出行,推广使用清洁能源,通过结构性减排、技术性减排实现绿色低碳循环发展。

④开放发展。由相对独立、自成体系发展向强调综合交通、一体化发展转变,更加注重公路与其他运输方式的融合衔接。推进公路交通运输对外开放,加强与周边国家公路通道互联互通,提高国际运输便利化水平。充分利用国际国内市场,创新投融资体制,吸引更多社会资本参与交通发展。

⑤共享发展。以实现好、维护好、发展好人民群众的根本利益为宗旨,以满足人民群众的出行和运输需求为根本目的,从解决人民最关心最直接最现实的利益问题入手,使全体人民共享公路发展的成果。加快完善基础设施网络、着力提升运输便利化和基本公共服务均等化水平,更好地发挥公路交通保障改善民生的积极作用,为全面建成小康社会提供保障。

(2)发展的六个目标

①覆盖更广泛。形成广覆盖、多层次、网络化的公路交通网络。基本实现城镇人口 20 万以上城市及地级行政中心通高速公路,具备条件的县城通二级及以上公路,具备条件的乡镇、建制村通硬化路和通客车。区城间、城乡间公路基本公共服务差距明显缩小。

②结构更优化。公路等级水平明显提升,全国公路网总里程达 500 万 km,其中高速公路建成 15 万 km,二级及以上公路建成 68 万 km。普通国道二级及以上比重达 75% 以上(东部地区达 92%、中部地区达 90%、西部地区达 65%,京津冀地区达 90%,长江经济带达 80%),农村公路铺装水平及等级路比重明显提升。

③衔接更顺畅。公路枢纽站场功能合理配置,东中部所有县城、西部 80% 的县城建有二级及以上客运站,乡镇建有标准适宜的客运站点。公路与枢纽衔接紧密,沿海及内河主要港口

80%的重要港区实现二级及以上公路连接;国际国内运输通道互联互通,主要经济走廊的高速公路国内路段全面贯通,常年开通的边境公路口岸基本通二级及以上公路。公路与城市道路、高速公路与普通公路实现顺畅衔接与转换。

④服务更优质。公路管养效能明显提升,高速公路优等路率达90%以上,普通国省道优良路率达80%以上,农村公路实现有路必养、优良中等路比例不低于75%;公路便民服务设施完善,高速公路服务区达标率达100%,公众出行信息服务便捷,高速公路出行信息服务覆盖率达100%、收费站ETC车道覆盖率达95%。

⑤运行更安全。公路安全防护水平显著提高,安全基础设施明显改善,基本完成乡道及以上行政等级公路高风险路段治理和国省道四、五类桥梁(隧道)改造,国省道新发现四、五类桥梁(隧道)当年处置率达100%。

⑥发展更绿色。绿色循环低碳公路交通运输体系基本形成,建养环节实现资源集约利用,土地利用效率明显提高,高速公路、普通国省道废旧路面材料回收率分别达100%、98%,废旧路面材料循环利用率分别达95%、80%以上;运输领域节能降耗成效显著,公路运营货车利用效率明显提高,公路运营车辆能耗及CO_2排放明显下降。

(3)发展的几项主要指标(表1-1)

发展的几项主要指标 表1-1

主要指标	2015年	2020年
公路网总里程(万km)	458	500
高速公路建成里程(万km)	12.4(国高9.3)	15(国高11.1)
二级及以上公路里程(万km)	57	68
普通国道二级及以上比重(%)	东部88、中部84、西部55	东部92、中部90、西部65

二、我国公路建设程序

1.公路建设的基本程序

根据我国《公路建设监督管理办法》规定,政府投资公路建设项目的实施,应当按照下列程序进行:

(1)根据规划,编制项目建议书;

(2)根据批准的项目建议书,进行工程可行性研究,编制可行性研究报告;

(3)根据批准的可行性研究报告,编制初步设计文件;

(4)根据批准的初步设计文件,编制施工图设计文件;

(5)根据批准的施工图设计文件,组织项目招标;

(6)根据国家有关规定,进行征地拆迁等施工前准备工作,并向交通主管部门申报施工许可;

(7)根据批准的项目施工许可,组织项目实施;

(8)项目完工后,编制竣工图表、工程决算和竣工财务决算,办理项目交、竣工验收和财产移交手续;

(9)竣工验收合格后,组织项目后评价。

企业投资公路建设项目的实施,应当按照下列程序进行:

(1)根据规划,编制工程可行性研究报告;

(2)组织投资人招标工作,依法确定投资人;

(3)投资人编制项目申请报告,按规定报项目审批部门核准;

(4)根据核准的项目申请报告,编制初步设计文件,其中涉及公共利益、公众安全、工程建设强制性标准的内容应当按项目隶属关系报交通主管部门审查;

(5)根据初步设计文件编制施工图设计文件;

(6)根据批准的施工图设计文件组织项目招标;

(7)根据国家有关规定,进行征地拆迁等施工前准备工作,并向交通主管部门申报施工许可;

(8)根据批准的项目施工许可,组织项目实施;

(9)项目完工后,编制竣工图表、工程决算和竣工财务决算,办理项目交、竣工验收;

(10)竣工验收合格后,组织项目后评价。

公路基本建设程序如图 1-4 所示。

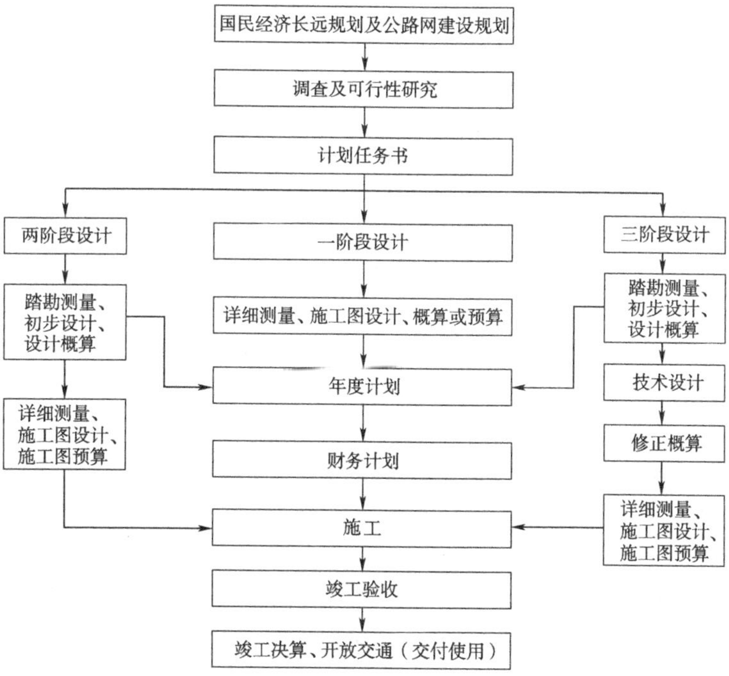

图 1-4 公路基本建设程序

2. 道路建设的主要环节

1)道路规划

道路规划是指在一个地区范围内(如全国、省、市、地、县等),根据该地区的政治、国防、经济、文化、交通现状和发展要求,综合当地自然条件及其他因素,对道路进行的全面布局和规划的工作。

(1)道路规划的意义

道路网规划是道路建设科学管理大系统中决策系统的重要环节,是国土规划、综合运输网规划的重要组成部分。道路网规划属于长远发展布局规划，是制定道路建设中长期规划、编制五年建设计划、选择建设项目的主要依据，是确保道路建设合理布局，有秩序地协调发展，防止建设决策、建设布局随意性、盲目性的重要手段。

(2)道路规划的任务

①通过调查、勘测和分析，在评价现有道路状况，揭示其内在矛盾的基础上，根据客货流分布特点、发展趋势及交通量、运输量的生成变化特征，提出规划期公路发展的总目标和大布局。

②划分不同路线的性质、功能及技术等级，拟定主要路线的走向和主要控制点，列出分期实施的建设序列，提出确保实现规划目标的政策与措施，科学地预测发展需求，细致地研究合理布局。

(3)道路规划的主要内容

①道路网的现状及其综合评价。全面分析道路发展与社会经济发展的关系，并通过多种方法科学预测客货运输量、交通量的发展水平，分析发展特点，提出发展目标。

②论证公路网发展的总体布局方案，研究不同路线、路段的技术等级、性质与功能、干线的覆盖程度、吸引范围及其相应配套设施，优选出建设重点，推荐最佳建设序列。

③针对公路网规划总目标，提出实施规划存在的问题和需要采取的对策和措施。

2)道路可行性研究

道路可行性研究是指对投资项目在投资决策前进行技术、经济论证的科学方法，是一种在投资前通过调查、分析、研究、推算和比较，选择最小的耗费，取得最佳经济效果的手段。国家发展和改革委员会规定，要以可行性研究为基础来确定基本建设的基本轮廓。这个轮廓概括为工程建设的可否、时期、规模三个基本问题。

(1)任务和分类

①任务：在对地区社会、经济发展及路网状况进行充分调查研究、评价预测和必要的勘察工作的基础上，对项目建设的必要性、经济合理性、技术可行性、实施可能性提出综合的研究论证报告。

②分类：可行性研究按其工作深度可分为两大类，即工程预可行性研究和工程可行性研究。

(2)主要内容

道路建设项目可行性研究报告的主要内容包括：建设项目的依据、背景，在交通运输网中的地位，原路的状况，预测交通量及发展水平；论述建设项目地理位置和自然特征，筑路材料来源及运输条件；论证不同方案的特点，提出推荐意见；测算主要工程量和估算投资，进行经济评价；对推荐方案进行评价，提出存在的问题和有关建议。

3)道路勘测设计

道路勘测设计根据批准的计划任务书进行。计划任务书主要包括下述内容：建设的依据和意义；路线的建设规模和修建性质；路线的基本走向和主要控制点；路线技术等级和主要技术标准；勘测设计的阶段划分及各阶段完成的时间；建设期限，投资估算，需要材料的数量；施工力量的原则安排。

计划任务书经上级批准后，如对建设规模、期限、技术等级标准及路线走向等重大问题有变更时，应报原批准机关审批同意。

道路设计是根据道路规划的要求，按国家规定的标准和计划任务书的指示，对一条道路的路线方案、形状、位置及各组成部分的详细结构尺寸、工程数量、费用等进行的设计计算工作。道路设计必须对道路沿线的条件（自然的、社会的等）进行勘测、调查，收集资料，再通过内业设计，完成修建道路所必需的全部图、表、工程数量、费用等文件。

道路设计根据任务、审核和完成资料的不同可分为初步设计、技术设计和施工图设计。

4）道路施工

（1）道路施工招投标

①招标。道路工程招标，是指道路工程建设单位就拟建道路的规模、道路等级、设计图纸、质量标准等有关条件，公开或非公开地邀请投标人报出工程价格，在规定的日期开标，从而择优选定工程承包者的过程。

②投标。道路工程投标，是承包单位在同意建设单位按拟定的招标文件所提出的各项条件的前提下，对招标项目进行报价。投标单位获得投标资料以后，在认真研究招标文件的基础上，掌握好价格、工期、质量、物资等几个关键因素，根据建设单位的要求和条件，在符合招标项目质量要求的前提下，对招标项目估算价格，并在规定的期限内向招标单位递交投标资料，争取中标，这个过程就是投标。

道路工程建设实行招标承包制，是我国道路建设事业改革的需要，招标投标承包制不仅在理论上符合商品经济和价值规律的基本原理，且在实践上也证明了可以确保工程质量、缩短建设工期、降低工程造价、提高投资效益、保护公平竞争。

道路工程招标、投标工作，一般可分三个阶段，即准备阶段、招投标阶段、评标及签订合同阶段。

（2）道路施工监理

①监理的概念。施工监理是指独立的监理单位受建设单位的委托或派遣，依照国家现行法律、法令、法规以及有关的技术规范、标准和依法成立的施工合同文件，对工程建设的质量、投资、工期等进行全面的监督与管理的行为。

道路工程监理制度，是道路建设管理体制改革的重要内容，是强化质量管理，控制工期和造价，提高投资效益和施工管理水平的有效措施。

②监理工程师的职责。监理工程师的职责主要是计划管理、质量控制、计量与支付、合同管理等。

（3）道路施工实施

道路施工是将设计的道路在实地具体实施的过程。由于道路是线性工程，工地布设沿线分布，施工的点多、线长，并且施工现场又大多数是露天作业，因而受自然条件的影响较大。道路施工与其他土木工程施工相比较具有更大的复杂性、艰苦性和困难性。

道路施工的主要内容有：

①施工前的准备。包括征地、场地准备以及拆迁、施工测量、材料准备、施工方案和施工组织计划的编制等。

②路基施工。包括路堤填筑、路堑开挖、路基整修、路基排水及防护施工等。

③路面施工。包括备料、路槽施工、路面基层施工、路面面层施工、路容整修等。

④桥涵施工。包括备料、基坑开挖、基础施工、下部构造施工、上部构造安装、桥面系施工、桥头引道施工等。

⑤隧道及特殊构造物施工。

⑥沿线设施施工。

⑦工程竣工及验收。

道路施工由各地区的公路工程局、处、队(或公路工程公司)等施工机构来完成。对于一些大型工程如特大桥、长大隧道工程,则由专门的专业施工队伍承担。

(4)道路管理

①道路管理的含义。道路管理是一种国家行政行为,它指根据法律、法规或公路主管部门的授权,由公路管理机构及其工作人员,依照有关法规和规章制度,对公路的修建、养护、使用等工作的行为,履行组织、领导、决策、调整、监督、检查、处置等行政职责的活动。其实施手段,包括法律的、经济的、行政的、技术的、思想政治的,以及政府各部门、社会各方面通力合作进行综合治理等手段。

②公路管理的内容。公路管理的内容,从宏观上广义地讲,包括公路立法、公路建设(包括规划、计划、勘测设计、施工)管理、公路养护管理、公路路政管理、公路交通管理、公路规费征收与使用管理,还有公路行政、教育、科研、材料和装备管理等。

从宏观上狭义地讲,公路管理则指公路建成投入使用后的管理,即特指现有公路的使用管理,包括公路养护管理、路政管理、交通管理和规费管理等。

③公路使用管理的基本任务。从微观上讲,公路使用管理的任务是相当庞杂的,而每一方面的工作又都存在着组织管理、计划管理、技术管理、装备管理、材料管理、财务管理、劳动工资管理,以及教育、科研、党团工青妇幼等工作方面的管理。

④公路管理机构。我国各级公路主管部门和公路管理机构设置情况如图1-5所示。

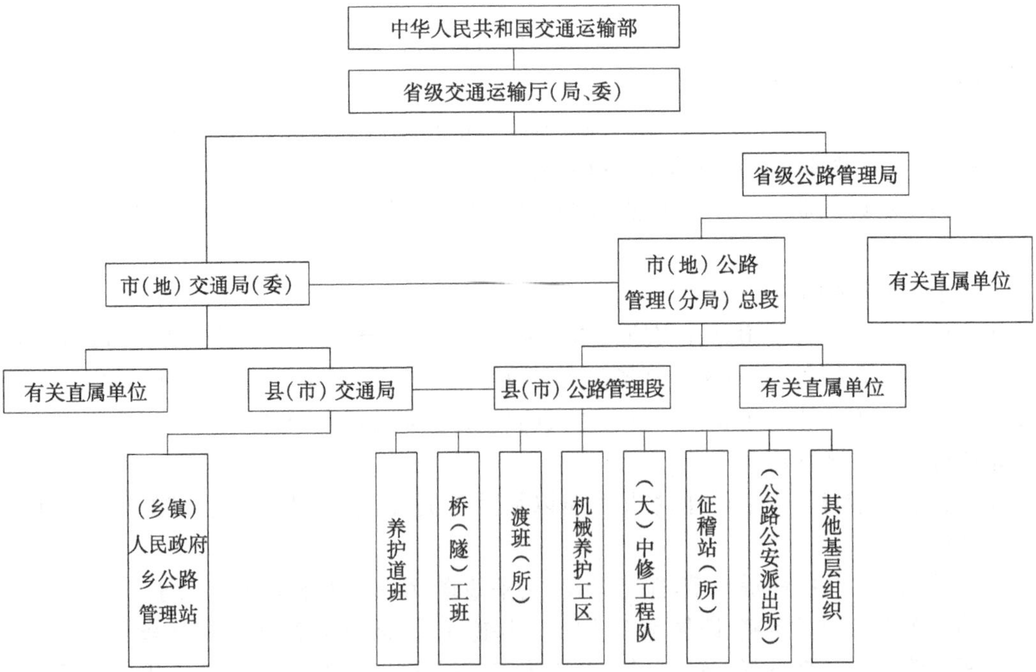

图1-5 我国公路管理机构图

第三节 道路的分类、等级及组成

一、道路的分类

道路是供各种车辆(无轨)和行人等通行的工程设施。按其使用特点分为公路、城市道路、厂矿道路及林区道路等。

1. 公路

公路是指连接城市、乡村和工矿基地等,主要供汽车行驶,具备一定技术条件和设施的道路。公路按其重要性和使用性质又可划分为:国家干线公路(简称国道)、省干线公路(简称省道)、县公路(简称县道)以及乡道四类。我国公路网组成体系见图1-6。

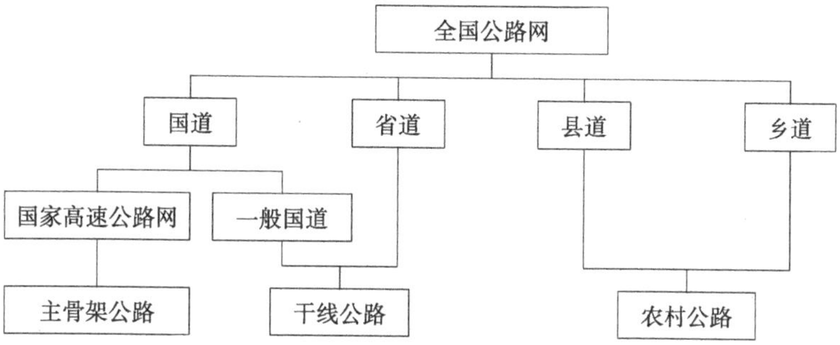

图1-6 全国公路网组成体系

(1)国道,指具有全国性政治、经济、国防意义的国家干线公路,包括重要的国际公路、国防公路,连接首都与各省、自治区首府和直辖市的公路,连接各大经济中心、港站枢纽、商品生产基地和战略要地的公路。

(2)省道,指具有全省(自治区、直辖市)政治、经济意义的省级干线公路,包括连接省会与卫星城市、中心城、经济区的公路,以及不属于国道的国际公路和省际重要公路。

(3)县道,指具有全县(旗、县级市)政治、经济意义,连接县城和县内主要乡(镇)、主要商品生产和集散地的公路,以及不属于国道 、省道的县际间的公路。

(4)乡道,指主要为乡(镇)村经济、文化、生活服务的公路,以及不属于县道以上公路的乡与乡之间及乡村与外部联络的公路。

此外,国家把专线或主要供厂矿、林区、油田、农(牧)场、旅游区、军事要地等与外部联络的公路划为专用公路。

2. 城市道路

城市范围内供车辆及行人通行的,具备一定技术条件和设施的道路叫作城市道路。

城市道路的功能除了把城市各部分联系起来为城市各种交通服务外,还起着形成城市结构布局的骨架,提供通风、采光,保持城市生活环境空间以及为防火、绿化提供场地的作用。

3. 厂矿道路

厂矿道路指主要为工厂、矿山运输车辆通行的道路,通常分为厂内道路和厂外道路及露天矿山道路。厂外道路为厂矿企业与国家公路、城市道路、车站、港口相衔接的道路和厂矿企业分散的车间、居住区之间连接的道路。

4.林区道路

林区道路指修建在林区,主要供各种林业运输工具通行的道路。由于林区地形及运输木材特征,其技术要求应按专门制定的林区道路工程技术标准执行。

各类道路由于其位置、交通性质及功能的不同,在设计时其依据、标准及具体要求也不相同。

二、道路等级及标准

1.公路等级及标准

1)公路等级划分

(1)高速公路为专供汽车分方向、分车道行驶,全部控制出入的多车道公路。高速公路的设计交通量宜在15 000辆小客车/日以上。

(2)一级公路为供汽车分方向、分车道行驶,可根据需要控制出入的多车道公路。一级公路的设计交通量宜在15 000辆小客车/日以上。

(3)二级公路为供汽车行驶的双车道公路。二级公路的设计交通量宜为5 000~15 000辆小客车/日。

(4)三级公路为供汽车、非汽车交通混合行驶的双车道公路。三级公路的设计交通量宜为2 000~6 000辆小客车/日。

(5)四级公路为供汽车、非汽车交通混合行驶的双车道或单车道公路。双车道四级公路设计交通量宜在2 000辆小客车/日以下;单车道四级公路设计交通量宜在400辆小客车/日以下。

2)公路等级选用原则

公路按照交通功能分为干线公路、集散公路和支线公路。干线公路分为主要干线公路和次要干线公路,集散公路分为主要集散公路和次要集散公路。

(1)主要干线公路

①连接20万人口以上的大中城市、交通枢纽、重要对外口岸和军事战略要地。

②提供省际及大中城市间长距离、大容量、高速度的交通服务。

(2)次要干线公路

①连接10万人口以上的城市和区域性经济中心。

②提供区域内或省域内中长距离、较高容量和较高速度的交通服务。

(3)主要集散公路

①连接5万人口以上的县(市)、主要工农业生产基地、重要经济开发区、旅游名胜区和商品集散地。

②提供中等距离、中等容量及中等速度的交通服务。

③与干线公路衔接,使所有的县(市)都在干线公路的合适距离之内。

(4)次要集散公路

①连接1万人口以上的县(市)、大的乡镇和其他交通发生地。

②提供较短距离、较小容量、较低速度的交通服务。

③衔接干线公路、主要集散公路与支线公路，疏散干线公路交通、汇集支线公路交通。

(5)支线公路

①以服务功能为主，直接与用路者的出行源点相衔接。

②衔接集散公路，为地区出行提供接入与通达服务。

公路技术等级选用应在论证确定公路功能的基础上，结合项目所在地区的综合运输体系、远景发展规划及设计交通量论证确定，并应遵循下列原则：

(1)主要干线公路作为公路网中结构层次最高的主通道，应选用高速公路。

(2)次要干线公路作为主要干线公路的补充，应选用二级及二级以上公路。

①设计交通量达到15 000辆小客车/日时，宜选用一级及一级以上公路。

②设计交通量达到10 000辆小客车/日时，且沿线纵横向干扰较大，宜选用一级公路。

③设计交通量低于10 000辆小客车/日时，可选用二级公路；当货车混入率较高时，宜间隔设置超车车道，减小纵向干扰。

(3)主要集散公路连接干线公路与支线公路，宜选用一级公路、二级公路。

①设计交通量达到15 000辆小客车/日时，可选用一级公路。

②设计交通量在5 000 ~ 15 000辆小客车/日时，可选用二级公路；设计交通量达到10 000辆小客车/日，且沿线纵横向干扰较大时，宜选用一级公路。

③设计交通量低于5 000辆小客车/日时，宜选用二级公路。

(4)次要集散公路服务于县乡区域交通，宜选用二级公路、三级公路。

①设计交通量达到5 000辆小客车/日时，宜选用二级公路。

②设计交通量低于5 000辆小客车/日时，宜选用三级公路。

(5)支线公路宜选用三级公路、四级公路。当设计交通量达到5 000辆小客车/日时，宜选用二级公路。

(6)当既有公路不能满足功能需要时，应结合公路网发展规划，有计划地进行改建。

3)公路工程技术标准

公路的技术标准是指对公路路线和构造物的设计和施工在技术性能、几何形状和尺寸、结构组成上的具体要求，把这些要求用指标和条文的形式确定下来即形成公路工程的技术标准。

技术标准是根据汽车的行驶性能、数量、荷载等方面的要求，在总结公路设计、施工、养护和汽车运输经验的基础上，经过调查研究、理论分析制定出来的。它反映了我国公路建设的技术政策和技术要求，是公路设计和施工的基本依据和必须遵守的准则。

我国《公路工程技术标准》(JTG B01—2014)(以下简称《标准》)分总则、术语、基本规定、路线、路基路面、桥涵、汽车及人群荷载、隧道、路线交叉、交通工程及沿线设施十章。

2. 城市道路等级及一般要求

1)分级

我国《城市道路工程设计规范》(CJJ 37—2012)依据道路在城市道路网中的地位和交通功能以及道路沿路的服务功能，将城市道路划分为四个等级，即快速路、主干路、次干路和支路。

(1)快速路应设中央分隔、全部控制出入、控制出入口间距及形式，应实现交通连续通行，单向设置不应少于两条车道，并应设有配套的交通安全与管理设施。

快速路两侧不应设置吸引大量车流、人流的公共建筑物的出入口。

(2)主干路应连接城市各主要分区,应以交通功能为主。

主干路两侧不宜设置吸引大量车流、人流的公共建筑物的出入口。

(3)次干路应与主干路结合组成干路网,应以集散交通的功能为主,兼有服务功能。

(4)支路宜与次干路和居住区、工业区、交通设施等内部道路相连接,应解决局部地区交通,以服务功能为主。

2)一般要求

(1)在规划阶段确定道路等级后,当遇特殊情况需变更级别时,应进行技术经济论证,并报规划审批部门批准。

(2)当道路为货运、防洪、消防、旅游等专用道路使用时,除应满足相应道路等级的技术要求外,还应满足专用道路及通行车辆的特殊要求。

(3)道路应做好总体设计,并应处理好与公路以及不同等级道路之间的衔接过渡。

三、道路的基本组成

道路由线形组成和结构组成两大部分构成。

1. 线形组成

1)路线

路线是指道路的中线。线形是指道路中线在空间的几何形状和尺寸。道路中线是一条三维空间曲线,由直线和曲线组成。

2)平、纵面线形

在道路线形设计中,是从平面线形、纵面线形和空间线形(又叫作平、纵组合线形)三个方面来研究的。图1-7为道路平、纵面线形投影的示意图。

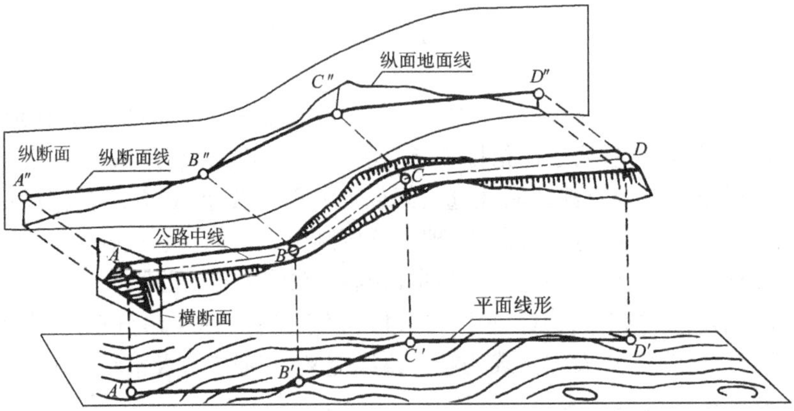

图1-7 道路的平、纵断面示意图

2. 公路的结构组成

公路的结构组成主要包括:路基、路面、桥涵、隧道、路线交叉、交通工程及沿线设施等。

1)路基

(1)路基的定义

路基是按照路线位置和一定技术要求修筑的作为路面基础的带状构造物,一般由土、石按照一定结构尺寸要求所构成,承受由路面传递下来的行车荷载。路基使道路连续,构成车辆及行人的通行部分。

(2)路基横断面组成

用一法向切面通过道路中线各点沿法线方向剖切路基得到的图形叫作路基横断面。路基横断面由行车道、中间带、路肩、边沟、边坡、截水沟、碎落台、护坡道等部分组成,如图 1-8 所示。

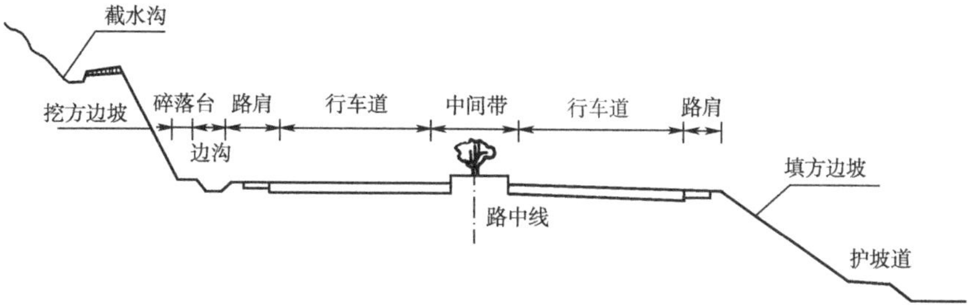

图 1-8 路基横断面组成

(3)路基横断面形式

路基横断面形式通常有路堤、路堑、半填半挖路基三种基本形式,如图 1-9 所示。

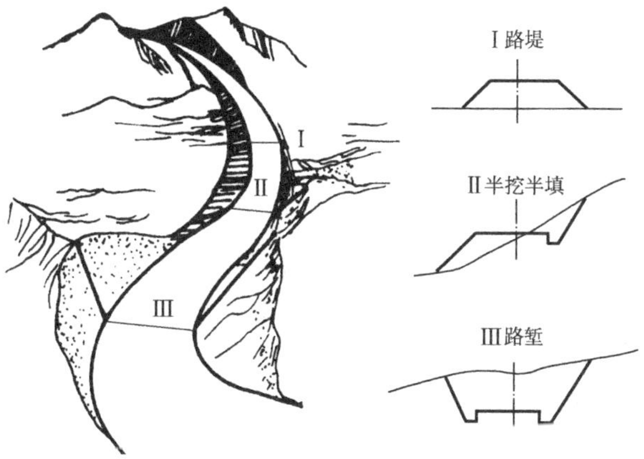

图 1-9 路基横断面形式

路堤是指路基顶面高于原地面时,在原地面上填筑构成的路基。路堑则指路基顶面低于原地面时,将原地面下挖而构成的路基。在一个横断面内,部分为路堤,部分为路堑的路基,则称半填半挖路基。路基结构必须稳定、坚实并符合规定的尺寸,以承受汽车和自然因素的作用。

(4)路基防护

路基防护指在横坡较陡的山坡上或沿河一侧路基边坡受水流冲刷威胁的路段,为保证路基稳定和加固路基边坡所修建的构造物。常见的路基防护工程有:填石路基(图 1-10)、砌石护坡(图1-11)、挡土墙(图 1-12)、护脚(图 1-13)以及护面墙(图 1-14)等。

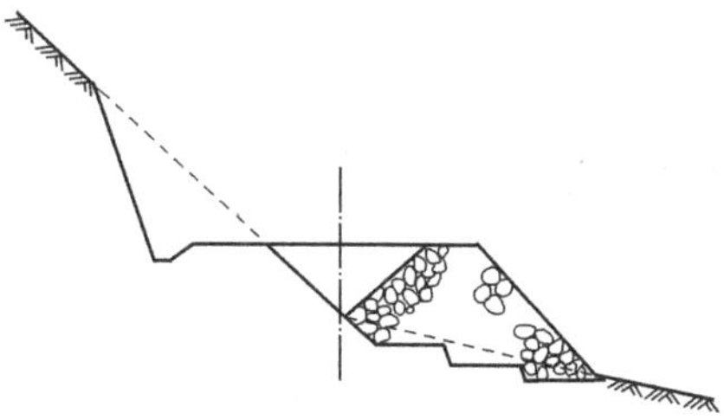

图 1-10 填石路基

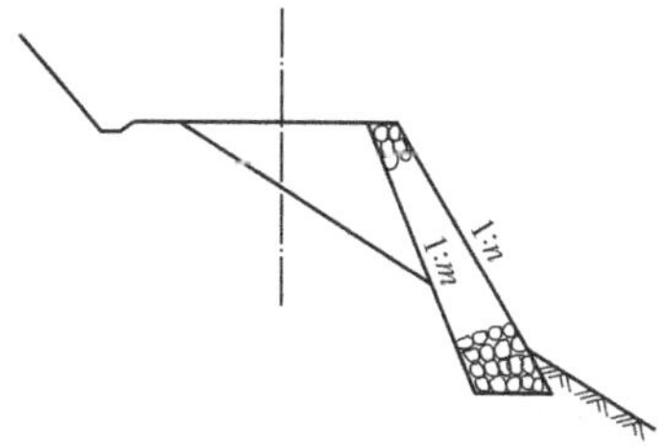

图 1-11 砌石护坡

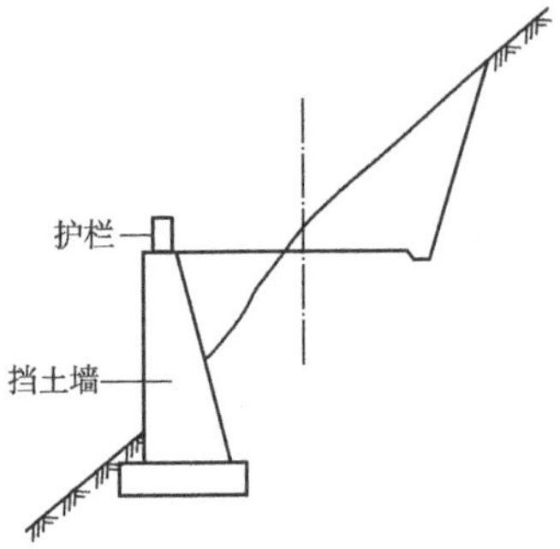

图1-12 挡土墙

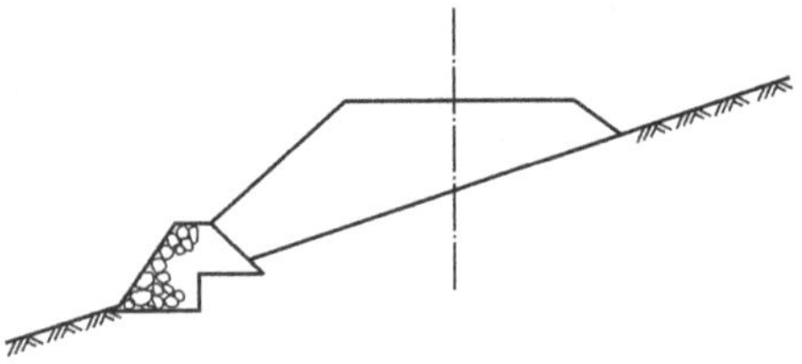

图1-13 护脚

(5)路基排水设施

路基排水设施是为保持路基稳定而设置的地面和地下排水设施。道路排水系统按其排水方向可分为纵向排水系统和横向排水系统。

纵向排水设施常见的有:边沟、截水沟、排水沟等;横向排水设施常见的有:路拱、桥涵、透水路堤、过水路面、渡槽等。

排水系统按其排水位置不同又分为地面排水和地下排水两部分。地面排水是用于排除危害路基的雨水、积水及外来水等地面水。在地下水位较高地段还应设置地下排水系统。盲沟是常见的地下排水结构物。

2)路面

路面是在路基表面用各种材料分层铺筑的结构物,以供车辆在其上以一定速度安全、舒适地行驶。其主要作用是加固行车部分,使之有一定的强度、平整度和粗糙度。路面按其使用性能、材料组成和结构强度可分为:高级、次高级、中级、低级。按其力学性能可分为柔性路面和刚性路面两大类。常用的路面材料有沥青、水泥、碎(砾)石、砂、黏土等。路面结构层构成如图1-15所示。

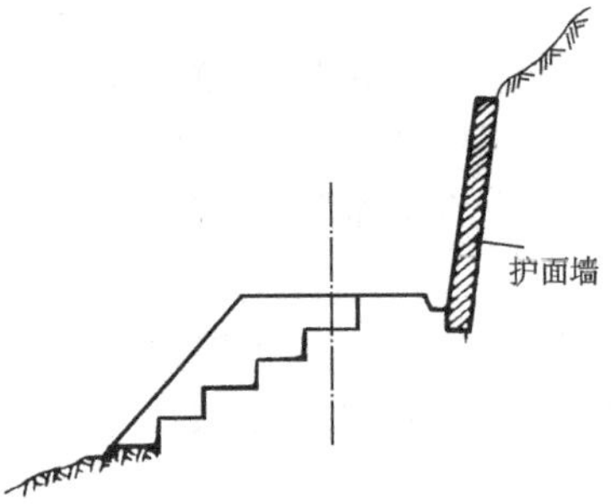

图1-14 护面墙

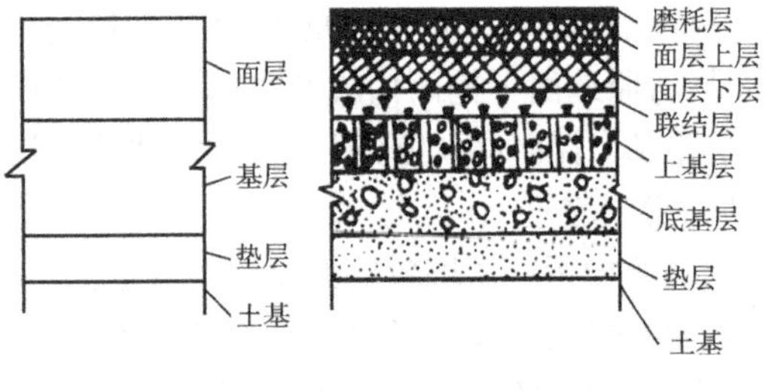

图1-15 路面结构层

3)桥涵

道路在跨越河流、沟谷和其他障碍物时所使用的构筑物称为桥涵。当桥涵的单孔跨径大于或等于5m时叫作桥梁,反之则称为涵洞,如图1-16所示。

4)隧道

公路穿过山岭、置于地层内的结构物称为隧道。隧道在公路上能缩短里程,避免翻越山岭,保障行车的快速直捷,是山区公路中采用的特殊构造物之一,如图1-17所示。

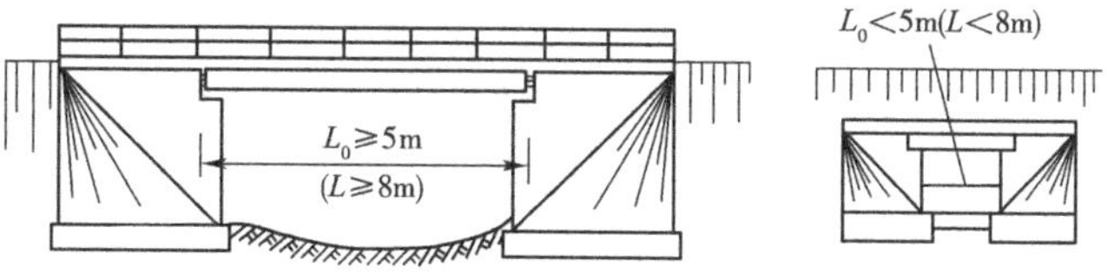

图 1-16 桥涵

a) 小桥；b) 涵洞

明挖岩(土)体后修筑棚式或拱式洞身再覆土建成的隧道称为明洞，如图 1-18 所示。明洞常用于地质不良或土层较薄的地段。

图 1-17 隧道

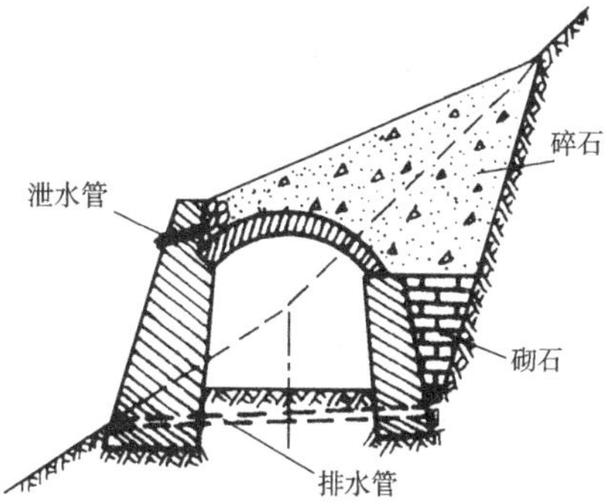

图 1-18 明洞

5) 交通工程及沿线设施

交通工程及沿线设施包括交通安全设施、服务设施和管理设施三种，是为了保证行车安全、舒适和路容除主体设施外的其他设施，应按照"保障安全、提供服务、利于管理"的原则进行设计。

(1) 交通安全设施：是为保证行车与行人安全和充分发挥公路作用而设置的设施，主要包括交通标志、标线、护栏、视线诱导设施、隔离栅、防落网、防眩设施、防雪(沙)栅、积雪标杆等。交通安全设施应根据公路功能、交通组成、公路环境、运营条件等设置，以满足交通安全管理与服务的需求。

(2) 服务设施：是为了方便旅客和确保行车安全而设置的服务性设施，主要包括服务区、停车区、客运汽车停靠站等。服务设施是公路交通运输的基本组成部分，是体现公路交通文化的窗口，应根据路网规划，公路服务水平和交通量有重点、分层次的设计。

(3) 管理设施：是为公路营运全线管理，养护服务的设施，主要包括监控、收费、通信、供配电、照明和管理养护等设施。

3. 城市道路的结构组成

城市道路除具有与公路相同的路基、路面、桥涵、隧道、路线交叉、绿化、照明排水、交通安全、管理、服务等设施外，在城市道路用地范围内，根据城市交通特点还有以下结构组成：

(1) 供各种车辆行驶的车行道。其中供汽车、无轨电车、摩托车行驶的为机动车道；供自行车、三轮车、畜力车行驶的为非机动车道。

(2) 专供行人步行交通用的人行道。

(3) 起防护与美化作用的绿化带。

(4)用于排除地面水的排水系统,如街沟或边沟、雨水口、窨井、雨水管等。

(5)为组织交通、保证交通安全的辅助性交通设备,如交通信号灯、交通标志、交通岛、护栏等。

(6)交叉口和交通广场。

(7)停车场和公共汽车停靠站台。

(8)沿街的地上设备,如照明灯柱、架空电线杆、给水栓、电话亭、清洁箱、接线柜等。

(9)地下各种管线,如电缆、煤气管、给水管、污水管等。

(10)在交通高度发达的现代化城市,还建有架空的高速道路(高架路)、人行过街天桥、地下道路、地下人行通道、地下铁道等。

四、公路的功能分类

公路按其使用功能的不同,可分为主要干线公路、次要干线公路、主要集散公路、次要集散公路和支线公路五类。

公路功能分类指标包括区域层次、路网连续性、交通流特性和公路自身特性等定性和定量指标。不同地区经济发展水平与地形、地貌差异直接影响到分类指标的选取。各地区可根据规划区的实际情况自行确定。推荐的公路功能分类量化指标规定列入表1-2。

公路功能分类指标　　表1-2

分类指标	功能分类				
	主要干线公路	次要干线公路	主要集散公路	次要集散公路	支线公路
适应地域与路网连续性	人口20万以上的大中城市	人口10万以上重要的市县	人口5万以上的县城或连接干线公路	连接干线公路与支线公路	直接对应于交通发生源
路网服务指数	≥5	10~15	5~10	1~5	<1
期望速度	80km/h以上	60km/h以上	40km/h以上	30km/h以上	不要求
出入控制	全部控制出入	部分控制出入或接入管理	接入管理	视需要控制横向干扰	不控制

第四节　公路勘测设计

一、公路勘测设计阶段

公路的勘测设计,是指具体完成一条公路所进行的外业勘测和内业设计工作。外业勘测包括对路线的视察、踏勘测量和详细测量工作,内业设计包括路线设计和结构设计以及概预算编制等工作。

公路勘测设计应根据公路的性质和要求分阶段进行,其具体做法有:一阶段、两阶段和三阶段设计三种。

(1)一阶段设计:对于技术简单、方案明确的小型建筑项目,可采用一阶段设计。即直接根据批准的设计任务书的要求,一次作详细测量并编制施工图设计。

(2)两阶段设计:公路工程基本建设项目,一般应采用两阶段设计,即按初步设计和施工图设计两阶段进行。

第一阶段,根据批准的设计任务书进行踏勘测量,并编制初步设计文件。

第二阶段,根据批准的初步设计和审批意见,进行详细测量,并编制施工图设计文件。

初步设计的主要任务是:拟定设计原则;选定设计方案;计算主要工程数量;提出施工方案意见;编制设计概算并提供文字说明和图表资料。

施工图设计的主要任务是:进一步对审定的设计原则、设计方案、技术决定加以具体和深化,最终确定各项工程数量和尺寸,提出文字说明和满足施工需要的图表资料及施工组织计划并编制施工图预算。

(3)三阶段设计:对于技术上复杂而又缺乏经验的建设项目或建设项目中的个别路段、特殊大桥、互通式立体交叉、隧道等,必要时应采取三阶段设计。即分初步设计、技术设计和施工图设计三个阶段。

技术设计阶段主要是对重大、复杂的技术问题,通过科学试验,专题研究,加深勘探调查及分析比较,解决初步设计中未能解决的问题,落实技术方案,计算工程数量,提出修正的施工方案,修正设计概算,批准后作为编制施工图设计的依据。其深度和要求介于初步设计和施工图设计之间。

二、公路设计文件编制

设计文件是公路勘测设计的最终成果,经审查批准后作为下一阶段设计、施工及施工招投标的依据。根据设计阶段的不同,在其要求、组成及内容上均不相同。

(1)一阶段施工图设计应根据批复的可行性研究报告,测设合同和定测、详勘资料编制。施工图设计文件由以下内容组成:

第一篇　总说明书

第二篇　总体设计

第三篇　路线

第四篇　路基路面及排水

第五篇　桥梁及涵洞

第六篇　隧道

第七篇　路线交叉

第八篇　交通工程及沿线设施

第九篇　环境保护

第十篇　渡口码头及其他工程

第十一篇　筑路材料

第十二篇　施工组织计划

第十三篇　施工图预算

附件　有关地质、水文等补充资料

(2)两阶段设计的初步设计应根据批复的可行性研究报告,测设合同和初测、初勘资料编制。初步设计文件中前十一篇篇号、篇名与施工图设计文件相同,后两篇及附件名称如下:

第十二篇　施工方案

第十三篇　设计概算

附件　基础资料

(3)三阶段设计的技术设计应根据批复的初步设计、测设合同和定测、详勘以及补充勘测资料编制。技术设计文件的内容视技术设计需要解决的技术问题而定,主要组成文件是:提出科学试验成果、专题报告;提出修正的施工方案;编制修正的设计概算;补充必要的基础资料和研究试验的成果资料。

公路设计文件表现的基本形式主要有:文字说明、设计图、设计表格三种。根据文件要求,有的设计还需附电子文档。

三、道路勘测设计新技术

近十几年来,随着电子技术、信息技术、空间技术以及计算机应用的迅猛发展,道路勘测设计速度得以快速的提高,道路勘测设计正从传统的"低效率、全野外、以人力为主"向"高效率、全数字化、自动化"方向迈进,勘测设计新技术日新月异,蓬勃发展。

1."3S"技术

"3S"是指GPS(全球卫星定位系统)、RS(遥感技术)、GIS(地理信息系统)。"3S"技术是目前大地观测中空间信息获取,存储管理、更新、分析和应用的三大支撑技术,是现代社会持续发展、资源合理规划和管理利用,自然灾害动态监测防治的重要技术手段,目前已较广泛地用于公路勘测设计中。采用"3S"技术与公路CAD技术的集成,即以高新技术为主体的野外勘察、选线、测量、内业数据处理和计算机CAD设计,从而实现了勘察设计的自动化、可视化和集成化,从根本上改变了公路勘察设计传统方法的技术基础。

GPS作为一种全新的现代定位新技术,已逐渐在公路测设中取代了常规光学经纬仪和电子全站仪,并已从静态扩展到动态,从控制的线测量发展到面上的放线测量,从地面向空中发展。如在国道主干线连云港—霍尔果斯乌奎高速公路中,采用GPS定位技术,全线共布设GPS点354个,全网点位测量中误差只有2.54cm,相对边长中误差为33.74×10^{-6}。利用GPS高精度三维定位,仅40d时间就完成了外业勘测工作。GPS技术已广泛用于公路控制、放线、高程、地形等各项测量工作中。

RS是一门通过非接触传感器获得所摄目标的影像,提取各种几何和属性信息的科学技术,是从远距离、高空乃至外层空间的平台上,利用可见光、红外、微波等探测仪器,通过摄影或扫描、信息感应、传输和处理,从而识别地面物质的性质和运动状态的现代化技术系统。通过遥感技术能真实地反映地形、地貌、地表岩性、地质构造和不良地质等内容,可以在短时间内查明沿线自然和环境条件,从而实现公路选线、路线布局、工程设计、生物工程设计的自动化和科学化。

GIS技术地理信息系统属空间信息系统,是在计算机软、硬件的支持下,对空间数据按地理坐标或空间位置进行预处理、输入、存储、查询检索、运算、显示、更新和提供应用、研究,并以处理各种空间关系为主的技术系统。目前这一技术已开始从二维静态向多维动态和网络方向发展,从而为公路设计收集工程、社会和环境等多方面的信息。

2.公路三维设计系统的应用

公路三维设计技术是一种以三维数字地面模型为基础的CAD技术。该技术运用CARD/1

软件，通过数字化地形图或实测数字模型数据，建立三维数字地面模型，在计算机上进行路线方案及路线设计，快速进行线形优化设计和道路结构设计，最终自动绘制出公路总体设计图、路线平面图、排水设计图、横断面设计图、公路用地图、道路全景透视图及相关设计文件表格。采用三维设计技术，可以实现真正意义上的工程方案的优化和多方案的比较，对于减轻设计劳动强度，提高工程技术指标，节约工程造价，缩短设计周期，提高设计质量有着十分重要的意义。

公路三维设计是一个完整的道路软件系统，主要由数字地面模型子系统、路线设计子系统、挡土墙设计与绘图子系统、涵洞设计与绘图子系统、道路工程模型子系统等组成。该系统以满足实际工程系统为目标，涵盖了初步设计、施工图设计的所有设计内容。

3. 航空摄影测量及新测量仪具的应用

航空摄影测量是起源较早的现代测量手段，在发展中经历了从模拟解析到数字的三个发展阶段，目前已发展到数字化摄影测量技术的高级阶段。这种技术以数字影像为基础，利用相关技术和扫描技术，借助电子计算机将相片影像数字化，从而形成三维的电子地形图，成为公路三维设计的基础资料。数字化摄影测量已成为公路设计中地形数据系统的最理想方法。

随着现代测设技术的不断进步，一些新型测量仪具已广泛使用。全站仪、电子经纬仪、GPS 地面站已完全代替了传统的光学经纬仪和普通水准仪。近年来，一些更先进的新测量仪具，如协作目标电子全站仪、智能型全站仪、三维激光扫描仪、手持式激光测距仪等的应用，进一步提高了外业测量的效率和质量。这些仪器的使用将使无人横断面测量、无人跑点地形测量技术得以实现，从根本上解决了山区断面及地形测量的困难。

4. 动态全景仿真技术

动态全景仿真技术是用计算机技术虚拟生成一个逼真的视觉、听觉和触觉的感观世界，从而实现数字公路的新技术。通过仿真，构成道路全景动态透视图，从而在设计路段使设计者直接感受路线与地形和环境的适应性及空间效果。由此，可对公路的景观设计进行全面评价和视觉分析；同时对不协调之处进行必要的修饰、调整以达到人、车、路、环境相互协调的目的。

【复习思考题及习题】

1. 简述道路的基本属性、经济特征及其在交通运输中的主要功能。

2. 我国公路和城市道路等级划分有哪些？各级公路和城市道路应具备哪些主要技术条件？

3. 简述城市道路的特点及功能。

4. 公路勘测设计为什么要分阶段进行？初步设计、技术设计和施工图设计的主要任务是什么？

5. 试述道路规划的意义、任务及主要内容。

6. 名词解释：

(1)一阶段设计；(2)初步设计；(3)施工图设计；(4)道路可行性研究；(5)城市道路；(6)公路沿线设施；(7)路面；(8)路基。

第二章

道路设计管理及基本要求

第一节　道路勘测设计管理

一、公路设计招标

1. 设计招标的意义

公路设计招标是指招标人按照国家基本建设程序，依据批准的可行性研究报告，对公路工程初步设计、施工图设计通过招标活动选定勘察设计单位。投标人是指符合公路建设市场准入条件，具备规定资格，响应招标，参加投标竞争的法人或组织。实施设计招标对于规范公路建设市场秩序，提高公路勘察设计水平和公路建设投资效益，确保工程质量，实施公平竞争具有极其重要的意义。

2. 设计招标的种类

根据设计不同的阶段、招标内容及方式的不同，设计招标可有如下类型：

(1)按阶段不同，可有一次性招标和分阶段招标。

(2)按招标的内容不同，可有设计招标和方案招标。

(3)按招标方式不同，可有公开招标和邀请招标。公开招标是指招标人通过国家指定的报刊、信息网络或其他媒体发布公告，邀请不特定的法人或者组织的投标方式。邀请招标则是招标人以投标邀请书的方式，邀请三个以上具有相应资质，具备承担招标项目勘察设计能力的资信良好的特定法人或组织投标。

3. 设计招标的一般程序

根据《公路工程建设项目招标投标管理办法》，设计招标的一般程序如下：

（1）编制资格预审文件。

（2）发布资格预审公告，发售资格预审文件，公开资格预审文件关键内容。

（3）接收资格预审申请文件。

（4）组建资格审查委员会对资格预审申请人进行资格审查，资格审查委员会编写资格审查报告。

（5）根据资格审查结果，向通过资格预审的申请人发出投标邀请书；向未通过资格预审的申请人发出资格预审结果通知书，告知未通过的依据和原因。

（6）编制招标文件。

（7）发售招标文件，公开招标文件的关键内容。

（8）需要时，组织潜在投标人踏勘项目现场，召开投标预备会。

（9）接收投标文件，公开开标。

（10）组建评标委员会评标，评标委员会编写评标报告、推荐中标候选人。

（11）公示中标候选人相关信息。

（12）确定中标人。

（13）编制招标投标情况的书面报告。

（14）向中标人发出中标通知书，同时将中标结果通知所有未中标的投标人。

（15）与中标人订立合同。

采用资格后审方式公开招标的，在完成招标文件编制并发布招标公告后，按照前款程序第（7）项至第（15）项进行。

采用邀请招标的，在完成招标文件编制并发出投标邀请书后，按照前款程序第（7）项至第（15）项进行。

4. 设计招标文件的基本组成

招标文件是整个设计招标工作的纲领性文件，招标文件的核心是：“四个明确”，即投标书的编制要求和主要内容明确；技术及财务评标的评分标准明确；计算公式和操作规则明确；设计合同的主要条款明确。设计招标文件由以下 8 部分组成：

（1）投标邀请书。

（2）投标人须知。

（3）评标办法。

（4）合同条款及格式。

（5）发包人要求。

（6）投标文件格式。

（7）投标人须知前附表规定的其他资料。

二、公路设计投标、评标及开标

1. 设计投标

投标是指投标人参与投标活动,争取勘察设计项目全过程的工作,编制投标文件是投标的中心环节。投标文件由以下三部分组成:

1)商务文件

商务文件是反映投标人基本情况的重要文件,主要内容包括:投标书、授权书、项目负责人及主要技术人员基本情况、勘察设计工作大纲。商务文件中要对投标人的资质状况、业绩、人员投入、协调服务进行全面陈述。

2)技术文件

技术文件是投标文件的技术内容部分,主要包括:对招标项目的理解;对招标项目特点、难点、重点等的技术分析和处理措施;拟进行的科研课题;工程造价初步测算。

3)报价文件

投标报价是设计投标的重要内容,它反映了投标人对完成工程勘测设计任务所需的费用,也是工程评标和中标的重要影响因素,在某种程度上决定了投标的成败。投标的报价清单包括:勘察设计费报价和勘察设计费计算清单两项内容。投标报价清单中对勘察设计取费应当按照现行公路工程勘察设计收费标准进行计算,但最终的报价要考虑优惠条件适当折减确定。

2. 设计评标

1)评标的一般要求

评标是按有关评标办法及文件规定的标准,采用综合评价方法对所有投标人的投标文件进行综合评价和比较,推荐中标候选人的评审工作。

评标由招标人依法组建的评标委员会负责,评标委员会则由招标人从国家重点公路工程建设项目评标专家库相关专业中随机抽取,也可从省级公路工程建设项目评标专家库相关专业中抽取。

公路勘察设计的评标工作应遵循“公平、公正、科学、择优”的原则,评标全过程应严格保密。

2)评标工作的一般程序

评标工作一般按以下程序进行:

(1)投标文件第一个信封评审,即技术及商务标评审。

①对技术及商务标符合性审查。

②必要时还需进行澄清。

③对技术及商务标进行详细评审并打分。

(2)投标文件第二个信封评审,即对投标报价进行评审。

①对投标报价符合性审查。

②必要时还需进行澄清。

③对投标报价进行评审并打分。

(3)综合评价,提出评价意见。

(4)编写评价报告。评标报告的主要内容是:项目概况,招标过程回顾;评标工作组织及评标程序;中标人的确定;附件等。

3. 设计开标与中标

1)开标

开标是招投标工作的重要程序,是指招标人在指定时间、地点当众拆开投标文件,宣读投标人名称、投标文件签署情况及商务文件标前页的主要内容的招标程序之一。

2)中标

中标是指招标人根据评标委员会推荐的合格中标候选人确定中标人的工作。设计招、投标及评标工作应按照《公路工程建设项目招标投标管理办法》(交通运输部令〔2015〕第24号公布)执行。

三、公路设计监理

公路设计监理是近年来兴起的一项公路设计的管理制度,是确保公路建设项目前期工作、设计阶段质量的重要手段。其目的是通过对公路设计全过程的监理,提出合理的技术指标、设计方案、设计参数。设计监理既是监督管理,又是技术咨询,主要任务是:

(1)设计前对项目总目标进行论证,并对项目进行投资规划和进度规划;组织评选设计方案,提出设计要求,并完成设计大纲的编制工作。

(2)设计中对设计全过程实施全方位的监控和技术咨询,确保文件的质量。

(3)设计中对各阶段的设计文件进行审核,及时纠正设计中的问题。

(4)设计完成后,全面系统的审核设计图纸和文件,并及时组织专家技术咨询会。

设计监理工作的一般流程如图2-1所示。

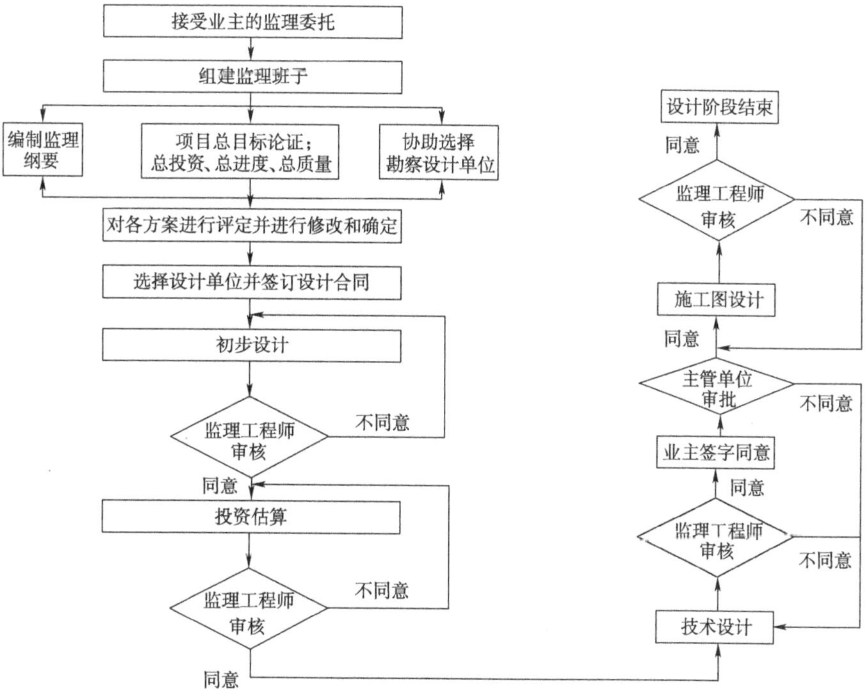

图2-1 设计监理工作的一般流程

四、公路设计工序管理

设计工序管理是设计单位内部按照《质量管理体系　要求》(GB/T 19001—2016)标准要求的质量管理体系,对勘测设计进行的全面质量管理。工序管理是质量管理体制的核心,是产品质量保证的基础。设计工序管理是指对影响工序质量的诸因素实施控制,使工序质量保持稳定并逐步提高,最终保证设计文件总体质量的活动。

工序管理的内容主要包括:三环节控制,即以工程项目等单元进行的“事先指导、中间检查、成果评定”三个环节控制;工序控制,即以专业或专业工作项目等为单元,采用“专业工序控制表”为主要形式进行的质量控制。

1. 组织机构

1)院级组织机构

由院指定组织机构负责人,配备院专业副总或主要技术骨干组成院级组织机构,一般由6~7人组成,其中项目总体及路线1~2人,路基路面工程1人,桥涵工程1人,交通工程1人,工程地质1人,工程经济1人。

2)分院(室、所)级组织机构

由分院院长或主要领导担任组织机构负责人,各专业组长为组织机构成员。

3)项目负责人

设立项目总负责人和项目负责人。项目总负责人由院级组织机构产生,项目负责人由分院级组织机构产生。

2. 机构的职能

1)院级组织机构

(1)在项目总负责人的领导下,系统研读相关资料,按专业分类摸清项目的重点、难点、疑点,提出具体的方法、手段和措施,形成较为详细的事先指导意见。

(2)进驻现场,对项目勘察实施全过程进行监控,及时了解和解决勘察中出现的重要问题。

(3)负责进行所有勘察设计单位的协调工作。

(4)负责所有勘察设计成果的检查验收和审查工作。

2)分院(室、队)组织机构

(1)研究分院有关意见,结合项目具体情况,提出指导各专业开展工作的具体意见。

(2)组织和带领各专业成员开展勘察设计工作。

(3)配合院组织机构做好协调工作。

(4)负责各专业勘察设计成果的检查工作,提出具体的指导性意见。

3. 质量管理的要点

1)执行项目负责人全过程负责制

项目负责人是项目管理的第一责任人,担当着项目各方面的责任,把握着项目的总体方向,他的表现是整个项目总体进展和质量控制的关键,因此,必须强调其具有良好的综合素质和敬业精神,建立项目负责人全过程负责制。

2)执行ISO 9001质量管理体系

详细编制工作大纲;切实执行二校三审制,即自校、他校,组审、项目部(组)审、分院或院审;加强三环节管理,即事先指导、中间检查、成果验收。

3)建立项目管理会议制度

根据项目进展情况,定期举行项目管理会议,由项目负责人汇报项目进展情况,有关意见的落实情况,工程中存在的主要问题等,通过讨论形成会议纪要,以指导下阶段的工作。

第二节 公路设计一般规定

一、设计控制与强制性条文

1. 设计控制

设计控制是公路设计应考虑的基本要求,设计控制要素则是反映这些基本要求的具体规定和必要条件。设计控制一般有两种类型,即强制性控制和约定性控制。强制性控制是因方法、环境、安全、经济等原因不得更改的控制因素和条件;约定性控制是希望予以遵守,可以酌情修改的控制因素和条件。

2. 公路建设标准强制性条文

住房和城乡建设部(原建设部)颁发的《中华人民共和国工程建设标准强制性条文(公路工程部分)》包括了强制性控制要求的主要条文内容,公路建设强制性条文是现行工程建设国家标准和行业标准中直接涉及人民生命财产安全、人身健康、环境保护和其他公众利益的内容,同时考虑了提高经济效益和社会效益等方面的要求。所有强制性条文必须严格执行。强制性条文也是参与公路建设活动各方执行工程建设强制性标准和政府执行情况实施监督的依据。

道路设计的控制要素很多,但最基本的是与汽车性能有关的因素,如行车的速度、数量、大小、轻重等。反映车辆这些特性的要求和条件如设计车辆、设计速度、设计交通量、通行能力及服务水平、设计荷载、建筑限界、用地范围等则是道路几何设计和结构设计控制的基本因素。

二、设计车辆

1. 设计车辆的意义

设计车辆外廓尺寸以及行驶于公路上各种车辆的交通组成是公路几何设计中的重要控制因素。在公路设计过程中,"设计车辆"是设计所采用的有代表性的车型,其外廓尺寸、载质量和运行性能是用于确定公路几何设计、交叉几何设计和路基宽度的主要依据。

在道路几何设计中,设计车辆的几何尺寸、质量、性能等直接关系到行车道宽度、弯道加宽、道路纵坡、行车视距、道路净空。因此设计车型的规定及采用对决定道路几何尺寸具有极其重要的意义。

2. 设计车辆的规定

1)我国公路设计车辆

公路路线与路线交叉几何设计所采用的设计车辆应根据公路功能、车辆组成等因素选用,其外廓尺寸如表 2-1 所示,应符合下列规定:

(1)干线公路和主要集散公路应满足所有设计车辆的通行要求。

(2)次要集散公路应满足小客车、载重汽车和大型客车的通行要求。

(3)支线公路应满足小客车和大型客车的通行要求。

(4)有特殊通行要求的公路,其设计车辆可论证确定。

设计车辆外廓尺寸 表2-1

车辆类型	总长(m)	总宽(m)	总高(m)	总悬(m)	轴距(m)	后悬(m)
小客车	6	1.8	2	0.8	3.8	1.4
大型客车	13.7	2.55	4	2.6	6.5 +1.5	3.1
铰接客车	18	2.5	4	1.7	5.8 +6.7	3.8
载重汽车	12	2.5	4	1.5	6.5	4
铰接列车	18.1	2.55	4	1.5	3.3 +11	2.3

注:铰接列车的轴距"3.3 +11"中的"3.3m"为第一轴至铰接点的距离,"11m"为铰接点至最后轴的距离。

2)我国城市道路设计车辆

(1)机动车设计车辆

我国城市道路机动车设计车辆外廓尺寸见表2-2。

机动车设计车辆及其外廓尺寸 表2-2

车辆类型	总长(m)	总宽(m)	总高(m)	前悬(m)	轴距(m)	后悬(m)
小客车	6	1.8	2.0	0.8	3.8	1.4
大型车	12	2.5	4.0	1.5	6.5	4.0
铰接车	18	2.5	4.0	1.7	5.8 +6.7	3.8

注:1. 总长:车辆前保险杠至后保险杠的距离。
2. 总宽:车厢宽度(不包括后视镜)。
3. 总高:车厢顶或装载顶至地面的高度。
4. 前悬:车辆前保险杠至前轴轴中线的距离。
5. 轴距:双轴车时,为从前轴轴中线到后轴轴中线的距离;铰接车时,分别为前轴轴中线至中轴轴中线、中轴轴中线至后轴轴中线的距离。
6. 后悬:车辆后保险杠至后轴轴中线的距离。

(2)非机动车设计车辆及其外廓尺寸应符合表2-3 的规定。

非机动车设计车辆及其外廓尺寸 表2-3

车 辆 类 型	总长(m)	总宽(m)	总高(m)
自行车	1.95	0.60	2.25
三轮车	3.40	1.25	2.25

注:1. 总长:自行车为前轮前缘至后轮后缘的距离;三轮车为前轮前缘至车厢后缘的距离。
2. 总宽:自行车为车把宽度;三轮车为车厢宽度。
3. 总高:自行车为骑车人骑在车上时,头顶至地面的高度;三轮车为载物顶至地面的高度。

三、设计速度

1. 设计速度的意义

设计速度是公路设计时确定几何线形的基本要素。它是在气象条件良好,车辆行驶只受公路本身条件影响时,具有中等驾驶技术的人员能够安全、顺适驾驶车辆的速度,因此它与运行速度有密切关系。根据国内外观测研究,当设计速度高时,运行速度低于设计速度;而当设计速度低时,运行速度高于设计速度。这也说明设计速度与运行安全有关。

设计速度是公路设计时确定其几何线形的关键参数,我国从20世纪50年代起引入了设计车速的概念,作为路线设计的基础指标,根据车辆动力性能和地形条件,确定了不同等级公路的设计速度指标,各级公路按道路标准的差别分别为20～120km/h。设计速度一经选定,公路的所有相关要素如视距、超高、纵坡、竖曲线半径等指标均与其配合以获得均衡设计。

2. 设计速度的规定

1)公路设计速度

各级公路设计速度应符合表2-4的规定。设计速度的选用应根据公路的功能与技术等级,结合地形、工程经济、预期的运行速度和沿线土地利用性质等因素综合论证确定,并应符合下列规定:

(1)高速公路设计速度不宜低于100km/h,受地形、地质等条件限制时,可选80km/h。

(2)作为干线的一级公路,设计速度宜采用100km/h;受地形、地质等条件限制时,可采用80km/h。作为集散的一级公路,设计速度宜采用80km/h;受地形、地质等条件限制时,可采用60km/h。

(3)高速公路和作为干线的一级公路的特殊困难局部路段,且因新建工程可能诱发工程地质病害时,经论证,该局部路段的设计速度可采用60km/h,但长度不宜大于15km,或仅限于相邻两互通式立体交叉之间的路段。

(4)作为干线的二级公路,设计速度宜采用80km/h;受地形、地质等条件限制时,可采用60km/h。作为集散的二级公路,设计速度宜采用60km/h;受地形、地质等条件限制时,可采用40km/h。

(5)三级公路设计速度宜采用40km/h;受地形、地质等条件限制时,可采用30km/h。

(6)四级公路设计速度宜采用30km/h;受地形、地质等条件限制时,可采用20km/h。

(7)公路设计应采用运行速度进行检验。相邻路段运行速度之差应小于20km/h,同一路段运行速度与设计速度之差宜小于20km/h。

各级公路设计速度 表2-4

公路等级	高速公路			一级公路			二级公路		三级公路		四级公路	
设计速度(km/h)	120	100	80	100	80	60	80	60	40	30	30	20

2)城市道路设计速度

在城市道路中,由于道路交叉口多,非机动车和行人交通量大,加之城市公交车辆的频繁停靠等因素影响,其实际车辆行驶速度一般不会太高。除城市快速路外,城市道路设计速度多在60km/h以下。《城市道路工程设计规范》(CJJ 37—2012)有关各类各级道路设计速度的规定见表2-5。

各级道路的设计速度 表2-5

道路等级	快速路			主干路			次干路			支路		
设计速度(km/h)	100	80	60	60	50	40	50	40	30	40	30	20

(1)快速路和主干路的辅路设计速度宜为主路的0.4~0.6倍。

(2)在立体交叉范围内,主路设计速度应与路段一致,匝道及集散车道设计速度宜为主路的0.4~0.7倍。

(3)平面交叉口内的设计速度宜为路段的0.5~0.7倍。

四、道路的通行能力及服务水平

1.通行能力的概念

1)定义及目的

各级公路所能适应的年平均日交通量是由公路所具有的通行能力决定的。通行能力是公路所能疏导交通流的能力,反映了在保持规定的运行质量前提下,公路所能通行的最大小时交通量。通行能力的定义是:在一定的道路、环境和交通条件下,单位时间内道路某个断面上所能通过的最大车辆数,其单位为辆/h。

进行通行能力分析的主要目的是求得在不同运行质量情况下1h所能通行的最大交通量,亦可求得道路在指定的交通运行质量条件下所能承担交通的能力。因此,通行能力分析过程中同时要进行运行质量的分析,使公路规划、设计及交通管理等与运行质量联系起来,减少对运行质量的盲目追求,这样可以合理地使用公路工程资金,提高公路工程和汽车运输的综合经济效益。

2)种类

(1)基本通行能力

基本通行能力是指公路组成部分在理想的道路、交通、控制和环境条件下,一条车道或一车行道的均匀段上或一横断面上,不论服务水平如何,1h所能通过标准车辆的最大辆数。

上述道路、交通、控制和环境条件的内容如下:

①道路条件:是指公路的几何特征,包括车道数、车道、路肩和中央带等的宽度,侧向净宽,设计速度及平、纵线形的视距等。

②交通条件:是指交通特征,它包括交通流中的交通组成、交通量以及在不同车道中的交通量分布和上、下行方向的交通量分布。

③控制条件:是指交通控制设施的形式及特定设计和交通规则。其中交通信号的设置地点、形式和预定时对通行能力的影响最大。其他重要交通控制包括“停车”和“让路”标志、车道限制及转弯限制等。

④环境条件:主要指横向干扰程度以及交通秩序等。

理想条件原则上是指对条件更进一步提高也不能提高基本通行能力的条件。

对于混合交通的双车道和单车道公路,一车道中所有车辆基本上不是以一列形式行驶,各类车辆行驶的横向位置的范围有差别,常交错行驶,不宜应用理想条件,故定出了具体路段可与之对比的基准条件。

(2)可能通行能力

可能通行能力指一已知公路的一组成部分在实际或预计的道路、交通、控制及环境条件下,一条车道或一车行道有代表性的均匀段上或一横断面上,不论服务水平如何,1h所能通过的最大车辆数(在混合交通公路上为标准汽车)。

(3)设计通行能力

设计通行能力指一定时段,在具体的道路、交通、控制及环境条件下,一条车道或一均匀段或一交叉点上,对应服务水平的通行能力。

2. 公路通行能力

1)一般规定

(1)公路设计应进行通行能力和服务水平的分析与评价,使服务水平保持协调均衡,并应符合下列规定:

①高速公路、一级公路的路段和互通式立体交叉的匝道、分合流区段、交织区及收费站等设施必须进行通行能力的和服务水平的分析与评价。

②二级公路、三级公路的路段和一级公路、二级干线公路的平面交叉,应进行通行能力和服务水平的分析与评价。

③二级集散公路、三级公路的平面交叉,宜进行通行能力和服务水平的分析与评价。

(2)高速公路、一级公路的通行能力和服务水平分析评价应分方向进行,二级公路、三级公路应按双向整体交通流进行。三级及三级以上公路的连续上坡路段,应单独进行通行能力和服务水平的分析与评价

(3)公路汽车代表车型分类应符合表2-6的规定。

汽车代表车型分类及车辆折算系数 表2-6

汽车代表车型	车辆折算系数	说　明
小客车	1.0	座位≤19座的客车和载质量≤2t的货车
中型车	1.5	座位>19座的客车和2t<载质量≤7t的货车
大型车	2.5	7t<载质量≤20t的货车
汽车列车	4.0	载质量>20t的货车

(4)交通量换算的标准车型应采用小客车。非汽车交通的交通量换算应符合下列规定:

①公路上行驶的拖拉机每辆折算为4辆小客车。

②被交支路车辆、路侧停车、畜力车、人力车、自行车等非机动车,街道化程度等影响因素按路侧干扰因素计,路侧干扰等级应符合表2-7的规定。

路侧干扰等级 表2-7

路侧干扰等级		典型状况描述
1	轻微干扰	公路条件符合标准,交通状况基本正常、各类路侧干扰因素很少
2	较轻干扰	公路设施两侧为农田、有少量自行车、行人出行或横穿公路
3	中等干扰	公路穿过村镇或路侧偶有停车,被交支路有少量车辆出入
4	严重干扰	公路交通流中有较多的非机动车混合行驶
5	非常严重干扰	路侧设有集市、摊位,交通管理或交通秩序很差

2)公路通行能力的确定

(1)高速公路、一级公路的设计通行能力

①高速公路、一级公路一条车道设计服务水平下的最大服务交通量应符合表2-8和表2-9

的规定。

高速公路路段服务水平分级　　表 2-8

服务水平	v/C	设计速度(km/h)		
		120	100	80
		最大服务交通量[pcu/(h·ln)]	最大服务交通量[pcu/(h·ln)]	最大服务交通量[pcu/(h·ln)]
一	$v/C \leqslant 0.35$	750	730	700
二	$0.35 < v/C \leqslant 0.55$	1 200	1 150	1 100
三	$0.55 < v/C \leqslant 0.75$	1 650	1 600	1 500
四	$0.75 < v/C \leqslant 0.90$	1 980	1 850	1 800
五	$0.90 < v/C \leqslant 1.00$	2 200	2 100	2 000
六	$v/C > 1.00$	0 ~ 2 200	0 ~ 2 100	0 ~ 2 000

注：v/C 是在基准条件下，最大服务交通量与基准通行能力之比。基准通行能力是五级服务水平条件下对应的最大服务交通量。

一级公路路段服务水平分级　　表 2-9

服务水平	v/C	设计速度(km/h)		
		100	80	60
		最大服务交通量[pcu/(h·ln)]	最大服务交通量[pcu/(h·ln)]	最大服务交通量[pcu/(h·ln)]
一	$v/C \leqslant 0.3$	600	550	480
二	$0.3 < v/C \leqslant 0.5$	1 000	900	800
三	$0.5 < v/C \leqslant 0.7$	1 400	1 250	1 100
四	$0.7 < v/C \leqslant 0.9$	1 800	1 600	1 450
五	$0.9 < v/C \leqslant 1.0$	2 000	1 800	1 600
六	$v/C > 1.0$	0 ~ 2 000	0 ~ 1 800	0 ~ 1 600

②高速公路、一级公路路段的设计通行能力应按式(2-1)计算：

$$C_d = MSF_i \times f_{HV} \times f_p \times f_f \tag{2-1}$$

式中：C_d ——设计通行能力[veh/(h·ln)]；

MSF_i ——设计服务水平下的最大服务交通量[pcu/(h·ln)]；

f_{HV} ——交通组成修正系数，按式(2-2)计算；

$$f_{HV} = \frac{1}{1 + \sum P_i(E_i - 1)} \tag{2-2}$$

P_i ——车型 i 的交通量占总交通的百分比；

f_f ——路侧干扰修正系数，高速公路取 1.0，一级公路路侧干扰等级可按表 2-7 确定，路侧干扰修正系数可按表 2-10 选用；

E_i ——车型 i 的车辆折算系数，可按表 2-11 选取；

f_p ——驾驶员总体特征修正系数，通过调查确定，通常在 0.95 ~ 1.00 之间。

路侧干扰修正系数表 表 2-10

路侧干扰等级	1	2	3	4	5
修正系数	0.98	0.95	0.90	0.85	0.80

高速公路、一级公路路段车辆折算系数 表 2-11

汽车代表车型	交通量[pcu/(h·ln)]	设计速度(km/h)		
		120	100	≤80
中型车	≤800	1.5	1.5	2.0
	800~1 200	2.0	2.5	3.0
	1 200~1 600	2.5	3.0	4.0
	>1 600	1.5	2.0	2.5
大型车	≤800	2.0	2.5	3.0
	800~1 200	3.5	4.0	5.0
	1 200~1 600	4.5	5.0	6.0
	>1 600	2.5	3.0	4.0
汽车列车	≤800	3.0	4.0	5.0
	800~1 200	4.5	5.0	7.0
	1 200~1 600	6.0	7.0	9.0
	>1600	3.5	4.5	6.0

(2)互通式立体交叉的通行能力

①互通式立体交叉匝道、分合流区和交织区的通行能力应分别计算确定。

②互通式立体交叉设置收费站时,其匝道通行能力应根据该收费站的通行能力确定;不设收费站时,应根据匝道与被交公路连接处的平面交叉的通行能力确定。

③互通式立体交叉分合流区的通行能力应根据设计速度、主线外侧两车道流量、匝道流量、变速车道长度等因素确定。

④互通式立体交叉交织区的通行能力应根据设计速度、车道数、交织区构型、交织流量比和交织段长度等因素确定。

(3)二级公路、三级公路通行能力

①二级公路、三级公路设计服务水平下的最大服务交通量应按表 2-12 选用。

二级公路、三级公路设计服务水平下的最大服务交通量 表 2-12

公路技术等级	设计速度(km/h)	基准通行能力(pcu/h)	不准超车区比例(%)	v/C	设计服务水平下的最大服务交通量(pcu/h)
二级公路	80	2 800	<30	0.64	1 800
	60	1 400	30~70	0.48	650
	40	1 300	>70	0.35	450
三级公路	40	1 300	<30	0.54	700
	30	1 200	>70	0.35	400

注:表内未列出的二级、三级公路其他不准超车区比例的情况,设计服务水平下的最大服务交通量应按规范 JTG D20—2019 相关规定选取 v/C 计算确定。

②二级公路、三级公路的设计通行能力应按式(2-3)计算:

$$C_d = MSF_i \times f_{HV} \times f_d \times f_w \times f_f \tag{2-3}$$

式中:C_d——设计通行能力(veh/h)

MSF_i——设计服务水平下的最大服务交通量(pcu/h);

f_{HV}——交通组成修正系数,按式(2-2)计算,式中车辆折算系数 E_i 按表2-13 取值;

f_d——方向分布修正系数,按表2-14 取值;

f_w——车道宽度、路肩宽度修正系数,按表2-15 取值;

f_f——路侧干扰修正系数,按表2-16 取值,路侧干扰等级可按表2-16 确定。

双车道公路路段内的车辆折算系数　　表2-13

汽车代表车型	交通量(veh/h)	设计速度(km/h)		
		80	60	40
中型车	≤400	2.0	2.0	2.5
	400~900	2.0	2.5	3.0
	900~1 400	2.0	2.5	3.0
	≥1 400	2.0	2.0	2.5
大型车	≤400	2.5	2.5	3.0
	400~900	2.5	3.0	4.0
	900~1 400	3.5	5	7.0
	≥1 400	2.5	3.5	3.5
汽车列车	≤400	2.5	2.5	3.0
	400~900	3.0	3.5	5.0
	900~1 400	4.0	5.0	6.0
	≥1 400	3.5	4.5	5.5

方向分布修正系数　　表2-14

方向分布(%)	50/50	55/45	60/40	65/35	70/30
修正系数	1.00	0.97	0.94	0.91	0.88

车道宽度、路肩宽度修正系数　　表2-15

车道宽度(m)	3.0	3.25	3.5	3.75			
路肩宽度(m)	0	0.5	1.0	1.5	2.5	3.5	≥4.5
修正系数	0.52	0.56	0.84	1.00	1.16	1.32	1.48

路侧干扰修正系数　　表2-16

路侧干扰等级	1	2	3	4	5
修正系数	0.95	0.85	0.75	0.65	0.55

3. 公路的服务水平及设计小时交通量

(1)公路设计服务水平应根据公路功能、技术等级、地形条件等合理选用,并不低于表2-17的规定。承担集散功能的一级公路或路段,设计服务水平可降低一级。公路长隧道及特长隧道路段、非机动车及行人密集路段、条件受限的互通式立体交叉匝道、分合流及交织区段，设计服务水平也可降低一级。

各级公路设计服务水平 表 2-17

公路技术等级	高速公路	一级公路	二级公路	三级公路	四级公路
服务水平	三级	三级	四级	四级	—

（2）各级公路的服务水平分级与服务交通量应符合表 2-8、表 2-9 和表 2-18 的规定。

二级、三级公路路段服务水平分级 表 2-18

服务水平	延误率（%）	设计速度（km/h）										
		80				60				≤40		
		速度（km/h）	v/C			速度（km/h）	v/C			v/C		
			禁止超车区域（%）				禁止超车区域（%）			禁止超车区域（%）		
			<30	30 ~ 70	≥70		<30	30 ~ 70	≥70	<30	30 ~ 70	≥70
一	≤35	≥76	0.15	0.13	0.12	≥58	0.15	0.13	0.11	0.14	0.12	0.10
二	≤50	≥72	0.27	0.24	0.22	≥56	0.26	0.22	0.20	0.25	0.19	0.15
三	≤65	≥67	0.40	0.34	0.31	≥54	0.38	0.32	0.28	0.37	0.25	0.20
四	≤80	≥58	0.64	0.60	0.57	≥48	0.58	0.48	0.43	0.54	0.42	0.35
五	≤90	≥48	1.00	1.00	1.00	≥40	1.00	1.00	1.00	1.00	1.00	1.00
六	>90	<48	—	—	—	<40	—	—	—	—	—	—

注：延误率为车头时距小于或等于 5s 的车辆数占总交通的百分比。

（3）公路的设计小时交通量。

①公路设计小时交通量宜采用年第 30 位小时交通量，也可根据当地公路小时交通量的变化特征，采用年第 20 ~ 40 位小时之间最为经济合理时位的交通量。

②高速公路、一级公路的设计小时通行量（$DDHV$）应按式（2-4）计算：

$$DDHV = AADT \times D \times K \tag{2-4}$$

式中：$DDHV$——单向设计小时交通量（veh/h）；

$AADT$——预测年度的年平均日交通量（veh/d）；

D——方向不均匀系数（%），宜取 50% ~ 60%，也可根据当地交通量观测资料确定；

K——设计小时交通量系数（%），为选定时位的小时交通量与年平均日交通量的比值。

③二级公路、三级公路设计小时交通量（DHV）应按式（2-5）计算：

$$DHV = AADT \times K \tag{2-5}$$

式中：DHV——设计小时交通量（veh/h）；

$AADT$——预测年度的年平均日交通量（veh/d）；

K——设计小时交通量系数（%），为选定时位的小时交通量与年平均日交通量的比值。

④新建公路的设计小时交通量系数可参照公路功能、交通量、地区气候、地形等条件相似的公路观测数据确定，缺乏观测数据地区可参照表 2-19 取值。改扩建公路的设计小时交通量

系数宜结合既有公路的观测数据综合确定。

各地区的设计小时交通量系数　　表2-19

地区		华北	东北	华东	中南	西南	西北
		京、津、冀、晋、蒙	辽、吉、黑	沪、苏、浙、皖、闽、赣、鲁	豫、湘、鄂、粤、桂、琼	川、滇、黔、藏、渝	陕、甘、青、宁、新
近郊	高速公路(%)	8.0	9.5	8.5	8.5	9.0	9.5
	一级公路(%)	9.5	11.0	10.0	10.0	10.5	11.0
	二级公路、三级公路(%)	11.5	13.5	12.0	12.5	13.0	13.5
城间	高速公路(%)	12.0	13.5	12.5	12.5	13.0	13.5
	一级公路(%)	13.5	15.0	14.0	14.0	14.5	15.0
	二级公路、三级公路(%)	15.5	17.5	16.0	16.5	17.0	17.5

4. 城市道路的通行能力及服务水平

1)一般规定

道路通行能力及服务水平分析应符合下列规定:

(1)快速路的路段、分合流区、交织区段及互通式立体交叉的匝道,应分别进行通行能力分析,使其全线服务水平均衡一致。

(2)主干路的路段和与主干路、次干路相交的平面交叉口,应进行通行能力和服务水平分析。

(3)次干路、支路的路段及其平面交叉口,宜进行通行能力和服务水平分析。

2)车辆换算

交通量换算应采用小客车为标准车型,各种车辆的换算系数应符合表2-20的规定。

车 辆 换 算 系 数　　表2-20

车辆类型	小客车	大型客车	大型货车	铰接车
换算系数	1.0	2.0	2.5	3.0

3)快速路

(1)快速路的通行能力

①快速路应根据交通流行驶特征分为基本路段、分合流区和交织区,应分别采用相应的通行能力和服务水平。

②快速路基本路段一条车道的基本通行能力和设计通行能力应符合表2-21的规定。

快速路基本路段一条车道的通行能力　　表2-21

设计速度(km/h)	100	80	60
基本通行能力(pcu/h)	2 200	2 100	1 800
设计通行能力(pcu/h)	2 000	1 750	1 400

(2)快速路的服务水平

①水平分级。快速路基本路段服务水平分级应符合表2-22的规定,新建道路应按三级服务水平设计。

快速路基本路段服务水平分级 表2-22

设计速度(km/h)	服务水平等级		密度[(pcu/km·ln)]	平均速度(km/h)	负荷度 v/C	最大服务交通量[pcu/(h·ln)]
100	一级(自由流)		≤10	≥88	0.40	880
	二级(稳定流上段)		≤20	≥76	0.69	1 520
	三级(稳定流)		≤32	≥62	0.91	2 000
	四级	(饱和流)	≤42	≥53	≈1.00	2 200
		(强制流)	>42	<53	>1.00	—
80	一级(自由流)		≤10	≥72	0.34	720
	二级(稳定流上段)		≤20	≥64	0.61	1 280
	三级(稳定流)		≤32	≥55	0.83	1 750
	四级	(饱和流)	≥50	≥40	≈1.00	2 100
		(强制流)	<50	<40	>1.00	—
60	一级(自由流)		≤10	≥55	0.30	590
	二级(稳定流上段)		≤20	≥50	0.55	990
	三级(稳定流)		≤32	≥44	0.77	1 400
	四级	(饱和流)	≤57	≥30	≈1.00	1 800
		(强制流)	>57	<30	>1.00	—

②采用要求。快速路设计时采用的最大服务交通量应符合下列规定:

a. 双向四车道快速路折合成当量小客车的年平均日交通量为40 000~80 000pcu。

b. 双向六车道快速路折合成当量小客车的年平均日交通量为60 000~120 000pcu。

c. 双向八车道快速路折合成当量小客车的年平均日交通量为100 000~160 000pcu。

4)其他等级道路

(1)其他等级道路根据交通流特性和交通管理方式,可分为路段、信号交叉口、无信号交叉口等,应分别采用相应的通行能力和服务水平。

(2)其他等级道路路段一条车道的基本通行能力和设计通行能力应符合表2-23的规定。

其他等级道路路段一条车道的通行能力 表2-23

设计速度(km/h)	60	50	40	30	20
基本通行能力(pcu/h)	1 800	1 700	1 650	1 600	1 400
设计通行能力(pcu/h)	1 400	1 350	1 300	1 300	1 100

(3)其他等级道路交叉口及自行车道、人行道的基本通行能力及服务水平可查阅《城市道路工程设计规范》(CJJ 37—2012)第11~13页。

五、设计荷载

公路设计荷载分汽车荷载和人群荷载两类。

1. 汽车荷载

(1)汽车荷载分为公路—Ⅰ级和公路—Ⅱ级两个等级。

(2)汽车荷载由车道荷载和车辆荷载组成。车道荷载由均布荷载和集中荷载组成。

(3)桥梁结构的整体计算采用车道荷载;桥梁结构的局部加载、涵洞、桥台和挡土墙土压力等的计算采用车辆荷载。车道荷载与车辆荷载的作用不得叠加。

(4)各级公路桥涵设计的汽车荷载等级应符合表2-24的规定。

汽车荷载等级 表2-24

公路技术等级	高速公路	一级公路	二级公路	三级公路	四级公路
汽车荷载等级	公路—Ⅰ级	公路—Ⅰ级	公路—Ⅰ级	公路—Ⅱ级	公路—Ⅱ级

2. 人群荷载

公路桥梁设置人行道时,应同时计入人群荷载。

(1)桥梁计算跨径小于或等于50m时,人群荷载标准值为3.0kN/m^2;桥梁计算跨径等于或大于150m时,人群荷载标准值为2.5kN/m^2;桥梁计算跨径在大于50m、小于150m时,可由线性内插得到人群荷载标准值。跨径不等的连续结构,采用最大计算跨径的人群荷载标准值。

(2)城镇郊区行人密集地区的公路桥梁,人群荷载标准值为上述标准值的1.15倍。

(3)专用人行桥梁,人群荷载标准值为3.5kN/m^2。

3. 城市道路设计荷载

(1)道路路面结构设计应以双轮组单轴载100kN为标准轴载。对有特殊荷载使用要求的道路,应根据具体车辆确定路面结构计算荷载。

(2)桥涵的设计荷载应符合行业标准《城市桥梁设计规范》(CJJ 11—2011)的规定。

六、城市道路设计年限

1. 道路设计年限

道路交通量达到饱和状态时的道路设计年限:快速路、主干路应为20年;次干路应为15年;支路宜为10~15年。

2. 路面结构设计使用年限

各种类型路面结构的设计使用年限应符合表2-25的规定。

路面结构的设计使用年限(年) 表2-25

道路等级	路面结构类型		
	沥青路面	水泥混凝土路面	砌块路面
快速路	15	30	—
主干路	15	30	—
次干路	15	20	—
支路	10	20	10(20)

注:砌块路面采用混凝土预制块时,设计年限为10年;采用石材时,为20年。

3. 桥梁结构使用年限

桥梁结构的设计使用年限应符合表2-26的规定。

桥梁结构的设计使用年限　　表 2-26

类　别	设计使用年限(年)	类　别	设计使用年限(年)
特大桥、大桥、重要中桥	100	小桥	30
中桥、重要小桥	50		

注:对有特殊要求结构的设计使用年限,可在上述规定基础上经技术经济论证后予以调整。

七、道路建筑限界

1. 建筑限界的概念

道路建筑限界是指为保证车辆、行人通行的安全,对道路和桥面上以及隧道中规定的高度和宽度范围内不允许有任何障碍物的空间界限,又称建筑净空。建筑限界由净高和净宽两部分组成。在道路横断面设计中,道路标志、护栏、照明灯柱、电杆、行道树以及跨线桥的桥台、桥墩等的任何部分不得侵入道路建筑限界之内。

中央分隔带和路肩上的桥墩或门架支柱不得紧靠建筑限界设置,应留有设置防护栏位置不小于 0.25m 的余地。

2. 公路建筑限界

1)公路建筑限界的规定

《标准》规定的公路建筑限界如图 2-2 所示,图中符号意义如下:

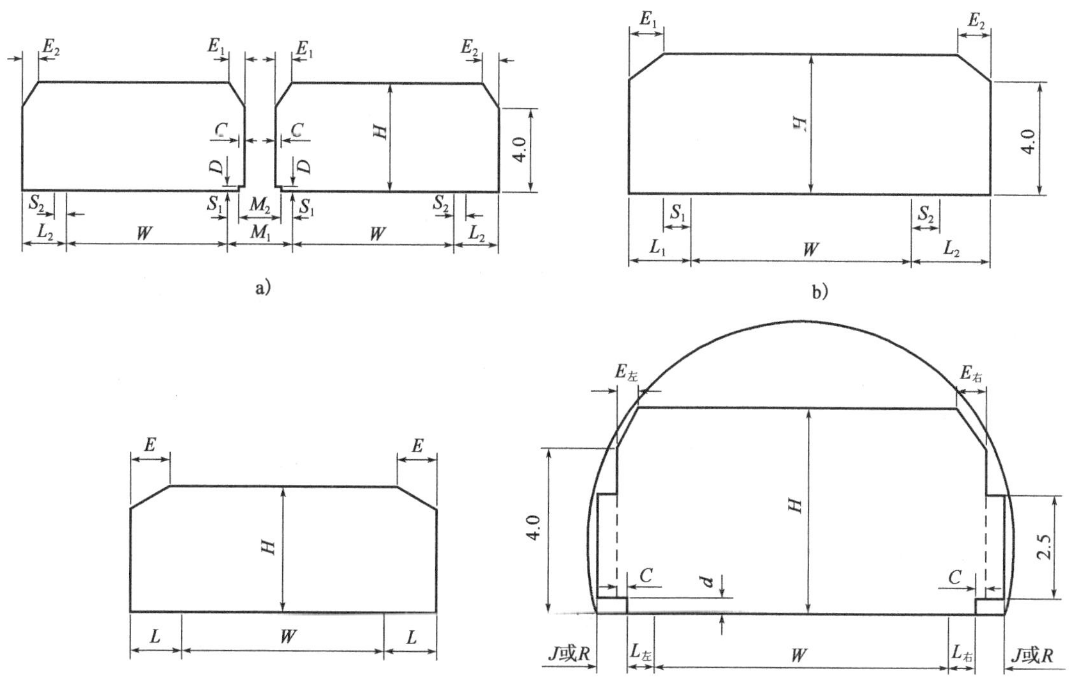

图 2-2　各级公路的建筑限界(尺寸单位:m)

a)高速公路、一级公路(整体式);b)高速公路、一级公路(分离式);c)二、三、四级公路;d)公路隧道图中：W——行车道宽度；

L_1——左侧硬路肩宽度；

L_2——右侧硬路肩宽度；

S_1——左侧路缘带宽度；

S_2——右侧路缘带宽度；

L——侧向宽度，二级公路的侧向宽度为硬路肩宽度，三、四级公路的侧向宽度为路肩宽度减去0.25m；设置护栏时，应根据护栏需要的宽度加宽路基；

$L_{左}$——隧道内左侧侧向宽度；

$L_{右}$——隧道内右侧侧向宽度；

C——当设计速度大于100km/h时为0.5m，小于或等于100km/h时为0.25m；

D——路缘石高度，小于或等于0.25m，一般情况下，高速公路可不设路缘石；

M_1——中间带宽度；

M_2——中央分隔带宽度；

J——检修道宽度；

R——人行道宽度；

d——检修道或人行道高度；

E——建筑限界顶角宽度，当$L \leqslant 1\text{m}$时，$E = L$；当$L > 1\text{m}$时，$E = 1\text{m}$；

E_1——建筑限界顶角宽度，当$L_1 < 1\text{m}$时，$E_1 = L_1$，或$S_1 + C < 1\text{m}$时，$E_1 = S_1 + C$；当$L_1 \geqslant 1\text{m}$或$S_1 + C \geqslant 1\text{m}$时，$E_1 = 1\text{m}$；

E_2——建筑限界顶角宽度，$E_2 = 1\text{m}$；

$E_{左}$——建筑限界左顶角宽度，当$L_{左} \leqslant 1\text{m}$时，$E_{左} = L_{左}$；当$L_{左} > 1\text{m}$时，$E_{左} = 1\text{m}$；

$E_{右}$——建筑限界右顶角宽度，当$L_{右} \leqslant 1\text{m}$时，$E_{右} = L_{右}$；当$L_{右} > 1\text{m}$时，$E_{右} = 1\text{m}$；

H——净空高度。

2)公路建筑限界规定的说明

(1)设置加(减)速车道、紧急停车带、爬坡车道、慢车道、错车道等的路段，行车道应包括该部分的宽度。

(2)八车道及其以上的高速公路(整体式)，设置左侧硬路肩时，建筑限界包括左侧硬路肩的宽度。

(3)一条公路应采用同一净高。高速公路、一级公路、二级公路的净高应为5.00m，三级、四级公路的净高应为4.50m。

(4)检修道、人行道、自行车道与行车道分开设置时，其净高应为2.50m。

(5)路基、桥梁、隧道相互衔接处，其建筑限界应按过渡段处理。

3)公路建筑限界边线划定的原则

(1)建筑限界的上缘边界线(图2-3)

①不设超高的路段，上缘边界线为水平线。

②设置超高的路段，上缘边界线与超高横坡平行。

(2)建筑限界两侧的边界线

①不设超高的路段，两侧边界与水平线垂直。

②设置超高的路段，两侧边界线与路面超高横坡垂直。

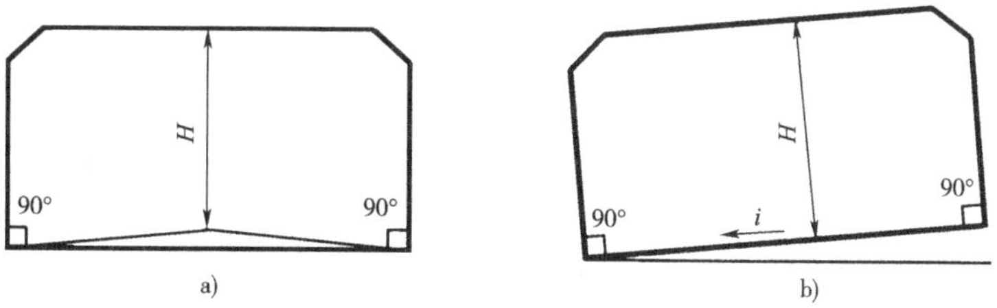

图 2-3 建筑限界边界线的划定

a)一般路拱路段;b)设置超高路段

(3)净空高度 H

①根据公路网中的地位与位置,同一公路应采用相同的净空高度。

②三级、四级公路的路面采用沥青贯入、沥青碎石、沥青表面处治或砂石路面时,净空高度宜预留 20cm。

③中央分隔带或路肩上设置桥梁墩台、标志立柱时,其前缘不得侵入公路建筑限界外,且不得紧贴建筑物设置,应留有护栏缓冲变形余宽。

④构造物位于凹形竖曲线上方时,其净高应满足鞍式列车有效净空高度的要求,如图 2-4 所示。

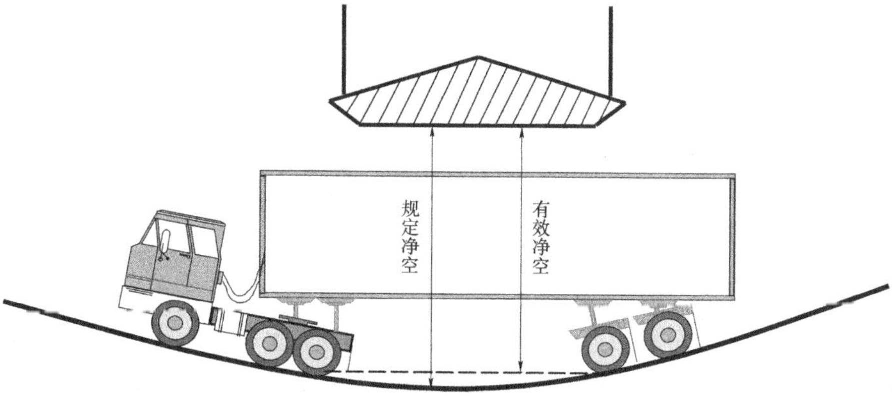

图 2-4 凹形竖曲线上方有效净空高度

⑤公路下穿宽度较宽或斜交角度较大的跨线结构造物时,其路面距跨线构造物下缘任一点的净高应符合净空高度的规定。

3. 城市道路建筑限界

(1)道路建筑限界应为道路上净高线和道路两侧侧向净宽边线组成的空间界线。道路建筑限界内不得有任何物体侵入。城市道路最小净高见表 2-27。

道路最小净高 表 2-27

道路种类	行驶车辆类型	最小净高(m)
机动车道	各种机动车	4.5
	小客车	3.5
非机动车道	自行车、三轮车	2.5
人行道	行人	2.5

(2)对通行无轨电车、有轨电车、双层客车等其他特种车辆的道路,最小净高应满足车辆

通行的要求。

(3)道路设计中应做好与公路以及不同净高要求的道路间的衔接过渡,同时应设置必要的指示、诱导标志及防撞等设施。

八、道路用地及红线范围

1. 公路用地范围

1)公路用地范围的规定

(1)公路路堤两侧排水沟外边缘(无排水沟时为路堤或护坡道坡脚)以外,或路堑坡顶截水沟外边缘(无截水沟为坡顶)以外不少于1m范围内的土地,在有条件的地段,高速公路、一级公路不小于3m、二级公路不小于2m范围内的土地为公路路基用地范围。

(2)在风沙、雪害等特殊地质地带,需设置防护林,种植固沙植物,安装防沙或防雪栅栏以及设置反压护道等设施时,应根据实际需要确定其用地范围。

(3)桥梁、隧道、互通式立体交叉、分离式立体交叉、平面交叉、交通安全设施、服务设施、管理设施,绿化以及料场、苗圃等,应根据实际需要确定用地范围。

(4)有条件或环境保护要求种植多行林带的路段,应根据实际情况确定用地范围。

(5)改建公路可参照新建公路用地范围的规定执行。

2)公路用地指标

公路建设项目用地总体为公路用地范围内的路基、桥涵、隧道、防护、沿线设施等用地面积,但不包括辅道、支线、取土坑及弃土场的用地面积。风沙、雪害、多年冻土、软土、砂土液化、膨胀土、滑坡等地段可根据需要增加用地数量。

2. 城市道路红线范围

1)道路红线的定义

城市道路红线是指划分城市道路用地和城市建筑用地、生产用地及其他用地的分界控制线。红线之间的宽度即道路用地范围,也可称道路的总宽度或称规划路幅。

2)城市道路红线规划

规划道路红线是一项划定道路建设与城市建设分界线的重要工作,是关系到城市建设百年大计的问题。红线的作用是控制街道两侧建筑(包括围墙)不能侵入道路规划用地。红线不但是具体道路设计的依据,也是城市公用设施各项管线工程的用地依据。

3)道路红线宽度的确定

确定红线宽度主要根据道路的功能与性质,考虑合理的横断面形式,定出机动车道、非机动车道、人行道、绿化带、分车带等各组成部分的合理宽度,从而确定道路的总宽度,即红线宽度。确定道路总宽度时要考虑"近远结合、以近为主"的原则,应根据各城市各时期在城市交通和城市建设中的特点具体决定,要注意适当留有发展余地。红线宽度规划的太窄不能满足日益发展的城市交通和期货方面的要求,会带来以后道路改进时的困难。反之,规划的太宽,会造成城市用地和近期建设极大的浪费。

4)具体划定道路红线应综合考虑的因素

(1)道路的位置及沿路两旁建筑物的性质

道路两旁的建筑物高度(h)和道路总宽度(B)应有一定的关系,其值按如下因素确定:

①从日照、通风要求出发，为了使道路两旁的建筑物有足够的日照和良好的通风，道路的总宽度和沿路建筑物高度要有适当的比例。同样的日照要求，东西向道路宽度一般比南北向的要求宽些，此外，日照要求相同，道路方向相同，热带城市的道路宽度要求比温带城市的窄些。但对通风的要求，热带城市却又应比温带城市要求的宽度大些。

②从防空、防火、防震的特别要求出发，可考虑在道路一边发生房屋倒塌后，仍能保证有一定的地带维持交通。当然对于个别特殊的高层建筑应例外。

③从建筑艺术上的要求出发，道路的总宽应能保证沿路建筑物有良好的能见度，一般当 $h/B=1/2$ 时，能够很清楚地看到各座建筑物的立面和相当大一段道路两侧的建筑物。大于此比例，就显得房屋太高、路太窄，视觉效果不好。

根据城市建设经验，考虑上述因素一般认为 $h/B=1/2$ 左右为宜。

(2)满足交通运输的要求

按照道路功能、交通性质与交通量等可以确定车行道宽度、人行道宽度、绿化带宽度及各组成部分的宽度，从而确定道路所需的总宽度。

(3)其他方面的要求

①地下管网埋设的要求，应考虑便于沿路方向的各种管道的埋设，特别是对于工业区的道路，此项尤其应注意。

②绿化布置应结合道路性质和交通要求，对于必须设置的林荫带和道路总宽度应有一定的关系，绿化带宽度宜为道路总宽度的15%~30%。

③城市所在地区的地形、地质条件和改建道路时的现状等条件，对确定道路的总宽度都有一定的影响。例如山城地形变化很大，平地较少，以及为了照顾已经建成的永久性建筑或用地不足等情况，道路的总宽度就可在一般情况基础上作适当的压缩。

5)确定道路的红线位置

在城市总平面图基本定案的基础上，选择规划路中心的位置，并按所拟定的道路横断面宽度画出道路的红线宽度。

九、公路设计交通量

(1)新建和改扩建公路项目的设计交通量预测应符合下列规定：

①高速公路和一级公路设计交通量预测年限为20年；二、三级公路设计交通量预测年限为15年；四级公路可根据实际情况确定。

②设计交通量预测年限的起算年为该项目可行性研究报告中的计划通车年。

(2)交通量换算采用小客车为标准车型。各汽车代表车型及车辆折算系数规定如表2-6所示。拖拉机和非机动车等交通量换算应符合下列规定：

①畜力车、人力车、自行车等非机动车按路侧干扰因素计。

②公路上行驶的拖拉机每辆折算为4辆小客车。

③公路通行能力分析所要求的车辆折算系数应针对路段、交叉口等形式，按不同的地形条件和交通需求，采用相应的折算系数。

【复习思考题及习题】

1. 简述公路设计招标的种类及一般程序。

2. 设计监理的主要任务和目的是什么?

3. 我国设计车辆有哪些类型? 设计车辆对公路设计有何意义?

4. 何谓设计速度? 公路设计速度的选用应满足哪些要求?

5. 什么是道路建筑限界? 如何划定公路的建筑限界?

6. 简述公路的用地范围与城市道路的红线范围的异同。城市道路红线划定应综合考虑哪些因素?

7. 名词解释:

(1)设计招标;(2)设计投标技术文件;(3)开标;(4)设计交通量;(5)第 30 位小时交通量;(6)公路设计通行能力;(7)道路服务水平;(8)城市道路红线;(9)设计速度;(10)运行速度。

第三章

道路平面设计

第一节　平面线形设计原理

一、平面线形要素

1. 平面线形

道路为带状构造物，它的中线是一条空间曲线。中线在水平面上的投影称为路线的平面，路线平面上的形状及特征称为公路的平面线形。道路的平面线形当受到各种自然条件、环境及社会因素影响和限制时，路线要改变方向，发生转折。为消除这些转折，使汽车安全、顺适地转向，在转折处均应设置曲线。因而平面线形由直线和曲线构成。

2. 汽车行驶轨迹及平面线形要素

从理论上讲，平面线形的构成要素应与汽车行驶的轨迹相吻合，只有这样才能保证行车的安全、顺适和工程的经济性。

1）汽车行驶轨迹的特征

经大量的行车观测和实地调查，汽车行驶轨迹线的特征有以下三点：

（1）轨迹线是连续的，即在任何一点上不出现错头、折点或间断。

(2)轨迹线的曲率是连续的,即轨迹上任何一点不出现两个曲率值。

(3)轨迹线的曲率对里程或时间的变化率是连续的,即轨迹上任何一点不出现两个曲率变化率值。

2)平面线形要素

经分析,上述特征与汽车转向机构中导向轮(或转向轮)与车身纵轴面之间的角度(称转向角)有关,即:

(1)当汽车转向角为零时,其轨迹为直线。

(2)当汽车转向角为常数时其轨迹为圆曲线。

(3)当汽车转向角为变数时(即逐渐转向),则其轨迹为曲率渐变的曲线(即缓和曲线)。

现代道路平面线形是由上述三种基本几何线形(即直线、圆曲线和缓和曲线)合理组合而构成,称之为"平面线形要素",如图3-1所示。在低等级道路上,为简化设计,也可以只使用直线和圆曲线两种要素。近代高速公路平面线形有只用曲线不用直线或者曲线为主直线为辅的工程实例。这就说明平面线形三要素是基本组成,各要素所占比例及使用频率并无统一规定。各要素使用合理、配置得当,均可满足汽车行驶要求。至于它们的参数则要视地形情况和人的视觉、心理、道路技术等级等条件来确定。所谓道路的平面线形设计就是研究平面线形三要素特征,合理确定三要素的参数、比例的设计工作。平面线形设计原理,就是从线形几何学和汽车行驶力学的角度,研究平面线形如何满足行车快速、顺适的几何和力学条件,从而建立制定平面线形标准和设计要素的基础。

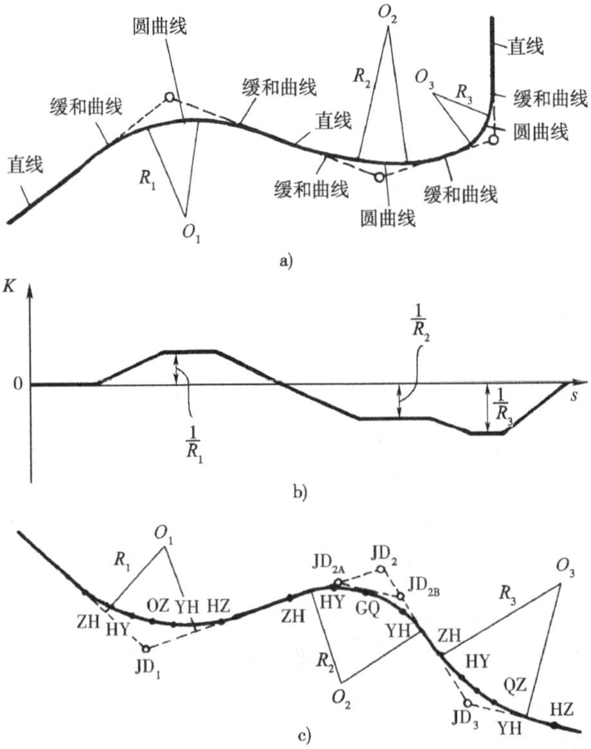

图3-1　曲率连续的平面线形

a)线形要素;b)曲率图;c)平面线形主点

二、平面线形几何

1. 直线

1)直线的方向表示

在路线平面中,直线的位置通常是由两端的交点位置来确定的。图 3-1 为道路平面线形组成、曲率图及线形主点。直线的方向决定了路线的走向,其表示方法有以下两种:

(1)用直线的夹角或转角表示。如图 3-2 所示,直线 JD_{n-1}-JD_n-JD_{n+1}之间的夹角叫作路线的转角,通常用 Δ 表示,转角有右转角与左转角之分,常用 Δ_y(表示右转)或 Δ_z(表示左转)表示。

如 JD_{n-1}-JD_n 的方向已知,则由转角即可求得 JD_n-JD_{n+1}的方向。

(2)用方位角表示。方位角即路线某一直线方向与正北方向的夹角(由正北方向起按顺时针方向到该方向的夹角),通常用 $\theta_1,\theta_2,\cdots,\theta_n$ 表示,如图 3-3 所示。JD_1-JD_2 的方位角用 θ_2 表示,JD_n-JD_{n+1}的主方位角用 θ_n 表示。

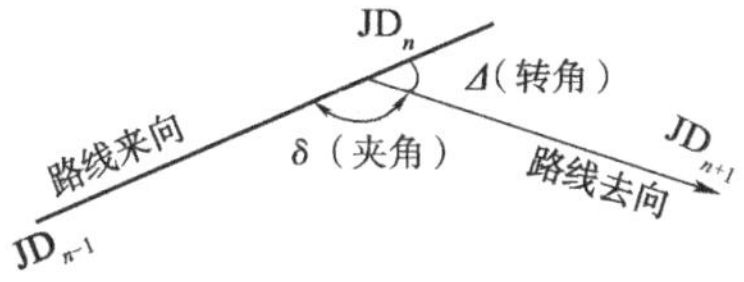

图 3-2 路线的夹角和转角

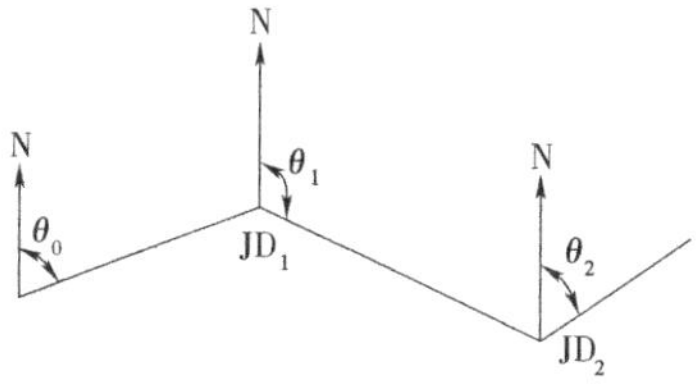

图 3-3 路线的方位角

由图 3-3 可知,路线的转角等于后一方位角与前一方位角之差。即:

$$\Delta = \theta_2 - \theta_1 \tag{3-1}$$

当 Δ 为正时,为右转即 $\Delta = \Delta_y$;当 Δ 为负时,为左转即 $\Delta = \Delta_z$。

2)直线的方位角计算

如图 3-4 所示,路线直线与 x 轴的夹角 β 按式(3-2)计算:

$$\beta = \arctan\frac{\Delta y}{\Delta x} = \arctan\left|\frac{y_2 - y_1}{x_2 - x_1}\right| \tag{3-2}$$

直线的方向即路线的方位角按下列公式计算。

第一象限:$\theta = \beta$。

第二象限:$\theta = 180° - \beta$。

第三象限:$\theta = 180° + \beta$。

第四象限:$\theta = 360° - \beta$。

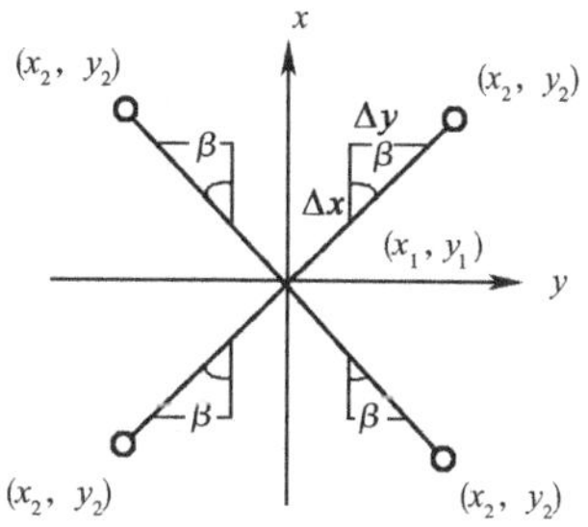

图 3-4 路线的方位角计算

3)直线的表达式

直线的一般表达式为:

$$\begin{aligned} A_1x + B_1y + C_1 &= 0 \\ A_2x + B_2y + C_2 &= 0 \end{aligned} \tag{3-3}$$

两条直线 L_1 和 L_2 的夹角为:

$$\delta = \arctan\frac{A_1B_2 - A_2B_1}{A_1A_2 + B_1B_2} \tag{3-4}$$

若直线上有两点的坐标为已知,则直线的数学表达式可用式(3-5)表示,即:

$$\frac{y - y_1}{y_2 - y_1} = \frac{x - x_1}{x_2 - x_1} \tag{3-5}$$

式中: x、y——直线上任意点的坐标;

x_1、y_1、x_2、y_2——直线上两已知点的坐标。

两点之间的直线长度:

$$AB = \sqrt{(x_2 - x_1)^2 + (y_2 - y_1)^2} \tag{3-6}$$

2. 圆曲线

当坐标原点在圆心时,圆曲线的直角坐标方程见式(3-7),如图3-5所示。

$$x^2 + y^2 = R^2 \tag{3-7}$$

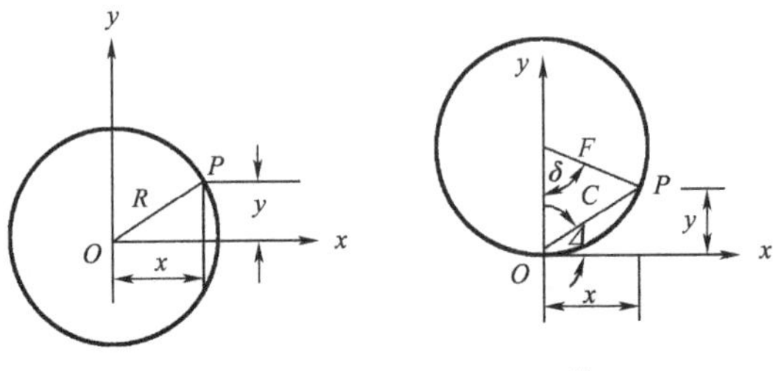

图3-5 圆曲线

a)以圆心为坐标原点的圆曲线;b)以圆周上任一点为坐标原点的圆曲线

如以圆周上任意一点作为坐标原点且以通过该点的切线和垂足分别作为 x 轴和 y 轴时,用级数表示的直角坐标方程为:

$$\left.\begin{aligned} x &= R\sin\delta = L_P - \frac{L_P^3}{6R^2} + \cdots \\ y &= R(1 - \cos\delta) = \frac{L_P^2}{2R} - \frac{L_P^4}{24R^3} + \cdots \end{aligned}\right\} \tag{3-8}$$

$$\delta = \frac{L_P}{R} = \frac{180°}{\pi} \cdot \frac{L_P}{R}$$

式中: L_P——任意点 P 到曲线起点或终点的曲线长度;

δ——L_P 弧所对的圆心角。

若用极坐标表示,其方程为:

$$\Delta_P = \frac{\delta}{2} \tag{3-9}$$

$$C = 2R\sin\frac{\delta}{2} \tag{3-10}$$

式中: Δ_P——曲线上任意一点 P 的极角,又叫偏角;

C——极距,又叫弦长。

3. 缓和曲线

1)汽车行驶的轨迹方程

平面线形中直线、圆曲线在几何学中是明确的线形,缓和曲线采用什么几何线形,则是与汽车由直线进入曲线的行驶轨迹有关。为此,我们将研究汽车在曲线上行驶的轨迹方程。

驾驶员在转弯时操作转向盘使前轮逐渐改变其转向角 φ,汽车重心围绕其旋转中心 O 做瞬时圆周运动,其曲率半径为 r,在缓和曲线上 φ 渐变,r 也逐渐变化。当只考虑重心,先不管汽车的宽度,将汽车转化为图 3-6 的模式。前轮转角 φ 和汽车重心轨迹的曲率半径的关系可粗略地表示为:

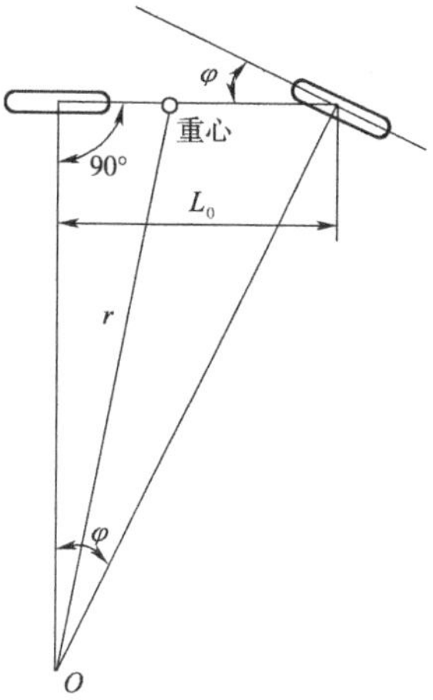

图 3-6 汽车转向模式

$$\varphi = \frac{L_0}{r} \tag{3-11}$$

$$\varphi = L_0 k \tag{3-12}$$

式中: φ——前轮转向角,以弧度计;

L_0——汽车前后轴的距离;

r——汽车重心轨迹的曲率半径;

k——汽车重心轨迹的曲率,$k = \frac{1}{r}$。

汽车直线行驶时,$k = 0$,因而 $\varphi = 0$;汽车在半径为 R 的圆曲线上行驶时,$k = \frac{1}{R}$,$\varphi = \frac{L_0}{R} =$ 常数。

汽车不可能由直线直接驶入圆曲线或由圆曲线直接驶入直线,在转弯过程中边走边打转向盘,使 φ 逐渐变化,才能实现直线和圆曲线的过渡。这个过渡性的轨迹线的形状就取决于 φ 是如何变化的,或者说取决于前轮转向的角速度 ω:

$$\omega = \frac{\mathrm{d}\varphi}{\mathrm{d}t}$$

式中: ω——前轮转向的角速度(rad/s)。

$$\mathrm{d}\varphi = L_0 \mathrm{d}k, \mathrm{d}t = \frac{\mathrm{d}l}{v}$$

$$\omega = L_0 v \frac{\mathrm{d}k}{\mathrm{d}l} \tag{3-13}$$

假设汽车以匀速在缓和曲线上行驶,驾驶员以匀速转动转向盘,则 v 和 ω 都是常数,式(3-13)中的$\frac{\mathrm{d}k}{\mathrm{d}l}$也应该是常数,令这个常数为$\frac{1}{C}$,则:

$$\frac{\mathrm{d}k}{\mathrm{d}l} = \frac{k}{l} = \frac{1}{rl} = \frac{1}{C} \tag{3-14}$$

即得到缓和曲线的一般方程:

$$C = rl \tag{3-15}$$

式中: l——由缓和曲线起点到任意点的弧长;

C——参数。

此式即为汽车由直线驶入圆曲线转向时的轨迹方程。它反映汽车转向时,轨迹上任一点

的曲率半径 r 与其行程 l(自转变开始点算起)成反比,该方程即为回旋曲线方程。因此我国《标准》规定缓和曲线采用回旋线。

2)回旋曲线

(1)回旋曲线一般方程式

为了设计方便,常用 A^2 来代替回旋曲线常数 C,则:

$$A^2 = rl \quad 或 \quad A = \sqrt{rl} \tag{3-16}$$

式中:A——回旋曲线参数(m);

r——回旋曲线上任一点的曲率半径(m);

l——回旋曲线上任一点到曲线起点的曲线长度(m)。

所有的回旋曲线在几何上都是相似的。参数 A 可认为是放大倍数,r 确定了圆的大小,A 则确定了回旋曲线曲率变化的缓急。

(2)回旋曲线参数及直角坐标方程

在回旋线的任意点上 r 是随 l 的变化而变化的,但在缓和曲线的终点处,$l = L_s$、$r = R$,则式(3-16)又可写作:

$$A^2 = RL_s \tag{3-17}$$

则缓和曲线参数可用式(3-18)求得:

$$A = \sqrt{RL_s} \tag{3-18}$$

式中:R——回旋曲线所连接的圆曲线半径(m);

L_s——回旋曲线的缓和曲线长度(m)。

设计时可以由已知 R 和 L_s 计算 A,也可以按各种条件选择 R 和 A 计算 L_s。如图3-7所示,在回旋曲线上任意点 P 取微分单元,则有:

$$\mathrm{d}l = r \cdot \mathrm{d}\beta \tag{3-19}$$

$$\left.\begin{aligned} \mathrm{d}x &= \mathrm{d}l \cdot \cos\beta \\ \mathrm{d}y &= \mathrm{d}l \cdot \sin\beta \end{aligned}\right\} \tag{3-20}$$

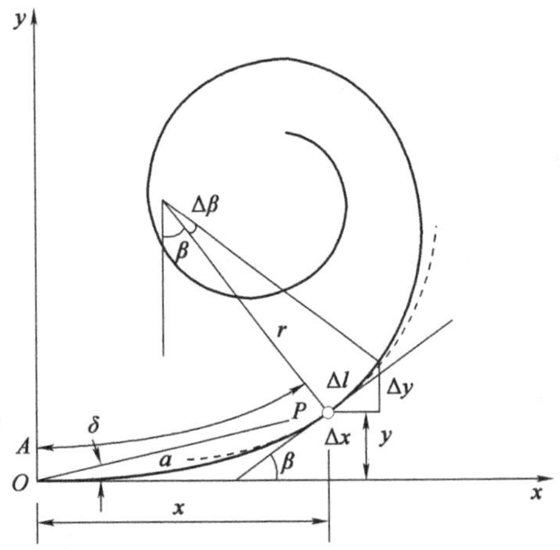

图3-7 回旋曲线图

以 $A^2 = rl$ 代入得:

$$\mathrm{d}l = \frac{A^2}{l} \cdot \mathrm{d}\beta \quad 或 \quad l\mathrm{d}l = A^2\mathrm{d}\beta$$

$$l^2 = 2A^2\beta \quad 或 \quad \beta = \frac{l^2}{2A^2}$$

积分后再以 $A^2 = rl$ 代入得:

$$r = \frac{A}{\sqrt{2\beta}}$$

再代入式(3-19)、式(3-20)得:

$$\mathrm{d}x = \frac{A}{\sqrt{2\beta}}\cos\beta \cdot \mathrm{d}\beta \tag{3-21}$$

$$\mathrm{d}y = \frac{A}{\sqrt{2\beta}}\sin\beta \cdot \mathrm{d}\beta \tag{3-22}$$

将上式积分,并将 $\cos\beta$、$\sin\beta$ 用级数展开,然后整理成用参数 r 和 l 表示的回旋线直角表达式:

$$x = l - \frac{l^3}{40r^2} + \frac{l^5}{3\,456r^4} - \cdots = l - \frac{l^5}{40R^2L_s^2} + \frac{l^9}{3\,456R^4L_s^4} - \cdots \tag{3-23}$$

$$y = \frac{l^2}{6r} - \frac{l^4}{336r^3} + \frac{l^6}{42\,240r^5} - \cdots = \frac{l^3}{6RL_s} - \frac{l^7}{336R^3L_s^3} + \frac{l^{11}}{42\,240R^5L_s^5} - \cdots \tag{3-24}$$

式中：l——任一点到缓和曲线起点的弧长(m)；

r——任一点的曲率半径(m)；

R——缓和曲线所连接的圆曲线半径(m)；

L_s——缓和曲线长度(m)。

式(3-23)、式(3-24)即为回旋线直角坐标方程，是缓和曲线测设切线支距法的基本公式。

回旋曲线用于公路直线和圆曲线之间，使路中线的曲率渐变，保证了线形的顺适性。图3-8为从直线上的直缓点(ZH、HZ)到缓和曲线终点缓圆点(HY、YH)的曲率变化图。由图可见，缓和曲线上曲率是渐变的。

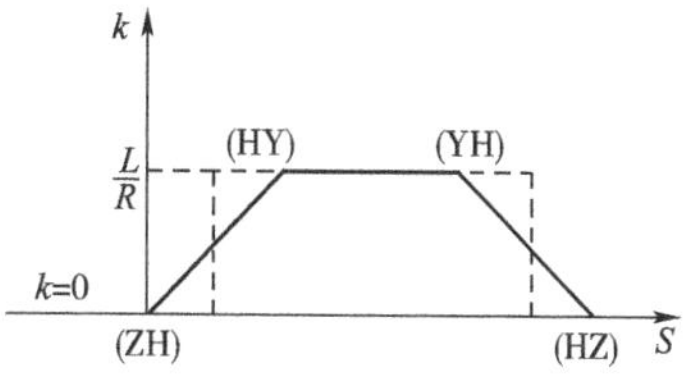

图3-8 回旋曲线曲率变化图

(3)回旋曲线的几何要素计算公式

①回旋曲线上任一点 P 处的曲率半径：

$$r = \frac{A}{\sqrt{2\beta}} \tag{3-25}$$

②任一点 P 点的回旋线长：

$$l = A\sqrt{2\beta} \tag{3-26}$$

③回旋线任一点 P 的切线方向与 x 轴的夹角，称作缓和曲线角，即：

$$\beta = \frac{l^2}{2RL_s} \tag{3-27}$$

④P 点曲率圆的内移值：

$$p = y + r\cos\beta - r \tag{3-28}$$

⑤P 点曲率圆圆心的 M 点坐标：

$$x_M = x - r\sin\beta \tag{3-29}$$

$$y_M = r + p \tag{3-30}$$

⑥长切线长：

$$T_L = x - \frac{y}{\tan\beta} \tag{3-31}$$

⑦短切线长：

$$T_K = \frac{y}{\sin\beta} \tag{3-32}$$

⑧P 点的弦长：

$$a = \frac{y}{\sin\delta} \tag{3-33}$$

⑨P 点的弦偏角：

$$\delta = \arctan\frac{y}{x} \approx \beta/3 \tag{3-34}$$

公式中的符号含义如图3-9所示。

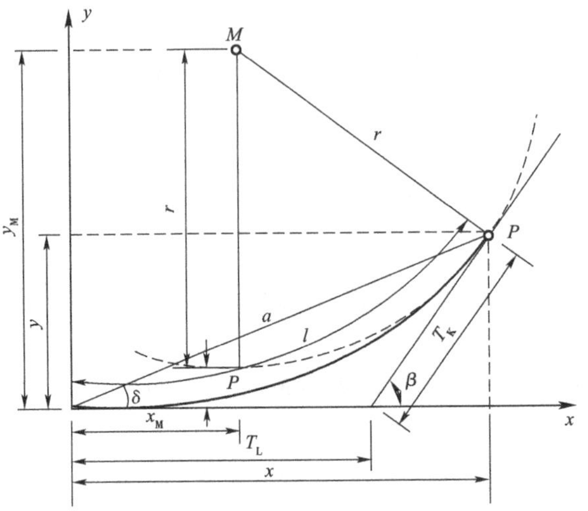

图3-9 回旋曲线要素

三、汽车在圆曲线上行驶的稳定分析

1. 汽车在圆曲线上行驶的受力分析

汽车转弯时除受到重力 G 外，还要受到离心力 F 的作用，由于路面横坡(路拱横坡或超高横坡)的影响，将在垂直于路面和平行于路面方向产生分力，为便于研究，将 G、F 分别分解在垂直于路面方向和平行于路面方向的 z 轴和 y 轴上，分别叫法向力和横向力。

2. 法向反力

如图3-10所示，令 $\sum z=0$，可得法向反力总和为：

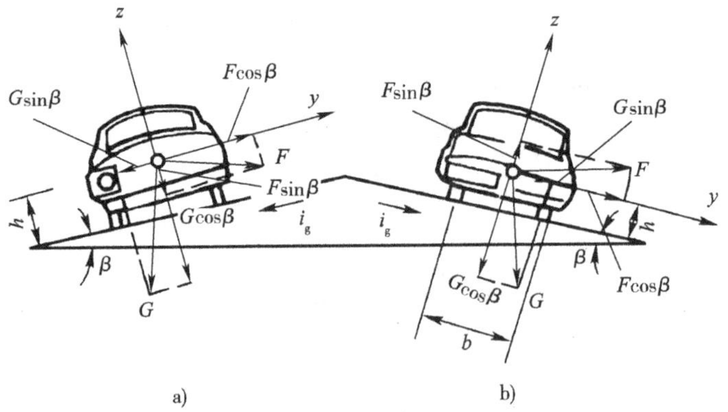

图3-10 汽车转弯时受力分析图

$$F_z - G\cos\beta \mp F\sin\beta = 0$$
$$F_z = G\cos\beta \pm F\sin\beta \tag{3-35}$$

式中：G——汽车总重力(N)；

F——汽车转弯时受到的离心力(N)；

β——路面横坡坡度角；

F_z——车轮的法向反力(N);

"±"——"+"表示路面横坡向圆心倾斜,如图3-10a)所示;"-"表示路面横坡向圆外侧倾斜,如图3-10b)所示。

3. 横向力和横向力系数

1)横向力

横向力指汽车转弯时所受的力在平行于路面方向(y轴)上投影的总和,如图3-10所示,即:

$$F_y = F\cos\beta \pm G\sin\beta \tag{3-36}$$

通常β很小,则$\cos\beta \approx 1$,$\sin\beta \approx \tan\beta \approx i_g$。

$$F_y = F \pm Gi_g \tag{3-37}$$

式中:F_y——横向力(N);

i_g——路拱横坡;

"±"——"+"表示路面横坡倾斜方向指向圆外,如图3-10b)所示;"-"表示路面横坡倾斜方向指向圆内,如图3-10a)所示。

离心力F用式(3-38)计算:

$$F = \frac{G}{g}\frac{v^2}{R} = \frac{GV^2}{127R} \tag{3-38}$$

式中:v——汽车转弯速度(m/s);

V——汽车转弯速度(km/h);

g——重力加速度(m/s^2);

R——汽车转弯时的轨迹半径(m)。

代入式(3-37)得计算横向力的公式:

$$F_y = \frac{GV^2}{127R} \pm Gi_g = G\left(\frac{V^2}{127R} \pm i_g\right) \tag{3-39}$$

2)横向力系数μ

式(3-36)仅反映了汽车在曲线上运动时受到横向力的大小,但并不能反映转弯时横向稳定性的好坏,因为汽车横向稳定性还与汽车受到的法向反力有关,所以,汽车横向稳定性不取决于F_y的绝对值,而取决于横向力与法向力的比值,叫作横向力系数,即:

$$\mu = \frac{F_y}{F_z} = \frac{F_y}{G\cos\beta \pm F\sin\beta} \tag{3-40}$$

法向反力F_z用式(3-35)计算。由于β角较小,一般计算时取$F_z \approx G$,故:

$$\mu = \frac{F_y}{G} = \frac{v^2}{gR} \pm i_g = \frac{V^2}{127R} \pm i_g \tag{3-41}$$

4. 汽车在圆曲线上行驶时的稳定性分析

1)横向倾覆稳定

由于横向力F_y的作用,汽车在曲线上行驶时产生向弯道外侧方向的倾覆,如图3-10所示。当由横向力产生的倾覆力矩大于由法向力产生的稳定力矩时,汽车将绕外侧车轮旋转而发生倾覆。

倾覆力矩:

$$F_y h = (F\cos\beta \pm G\sin\beta)h \tag{3-42}$$

稳定力矩:

$$F_z \frac{b}{2} = (G\cos\beta \mp F\sin\beta)\frac{b}{2} \tag{3-43}$$

在极限平衡状态时有:

$$\begin{aligned} F_y h &= F_z \frac{b}{2} \approx G\frac{b}{2} \\ F_y &= \frac{Gb}{2h} \end{aligned} \tag{3-44}$$

两端同除以 G,则:

$$\frac{F_y}{G} = \mu = \frac{b}{2h}$$

即汽车不产生倾覆时的稳定条件为:

$$\mu \leqslant \frac{b}{2h} \tag{3-45}$$

式中:b——汽车轮距;

h——汽车重心高度。

2)横向滑移稳定

当汽车受到的横向力大于车轮间所能提供的最大反力时,汽车将向弯道外侧发生滑移,则横向滑移的稳定条件是:

$$F_y \leqslant G\varphi_h \tag{3-46}$$

$$\mu \leqslant \frac{F_y}{G} = \varphi_h \tag{3-47}$$

式中:φ_h——横向附着系数,与车速、路面种类及状态、轮胎状况等有关,一般干燥路面为0.4~0.8;潮湿黑色路面高速行驶时为0.25~0.4;路面结冰积雪时为0.2~0.3;平滑的冰雪路面小于0.2。

一般$\frac{b}{2h}\approx 1$,即μ均大于φ_h,滑移发生先于倾覆。但若汽车装货过高,会使汽车重心提高,则也有可能出现倾覆现象,故对装载高度应有所限制。

第二节 直线设计

一、直线的线形特征

作为平面线形要素之一的直线,在公路和城市道路中使用最为广泛。因为两点之间距离以直线为最短,因此一般在选线和定线时,只要地势平坦,无大的地物、地形障碍,选线、定线人员都会首先考虑使用直线。直线的主要特征是:

(1)直线以最短的距离连接两目的地,具有路线短捷、缩短里程和行车方向明确的特点。

(2)直线具有视距良好、行车快速、易于排水等特点。

(3)由于已知两点就可以确定一条直线,因而直线线形简单,容易测设。

(4)从行车的安全和线形美观来看,过长的直线,线形呆板,行车单调,易使驾驶员产生疲劳,也容易发生超车和超速行驶,行车时驾驶员难以估计车间距离,在直线上夜间行车时,对向车容易产生眩光等。因而在直线段过长的路段行车的安全性较差,往往是发生车祸较多的路段。

(5)直线虽然路线方向明确,但只能满足两个控制点的要求,难以与地形及周围环境相协调。特别是在山区、丘陵区,采用过长的直线会破坏自然景观,并易造成大挖大填,工程的经济性也较差。

(6)笔直的道路给人以简捷、直达的良好印象,在美学上直线也有其自身的视觉特点。

二、直线的设计标准

在设计中,应根据路线所处地段的地形、地物、驾驶员的视觉、心理状态以及保证行车安全等合理布设直线。直线的最大、最小长度应有所限制。

1. 直线最大长度

由于长直线的安全性差,一些国家对直线的最大长度作了规定:德国规定不超过 $20V$(V 是设计速度,用 km/h 表示,$20V$ 相当于 72s 的行程);苏联规定为 8km;美国为 4.83km。我国目前尚无统一的规定。在运用直线线形并确定其长度时,必须持谨慎态度。总的原则是:公路线形应与地形相适应,与景观相协调,直线的最大长度应有所限制,当采用长直线线形时,为弥补景观单调的缺陷,应结合具体情况采取相应的技术措施。

2. 直线的最小长度

1)同向曲线间的直线最小长度

同向曲线是指两个转向相同的相邻曲线间连以直线形成的平面线形。其中间的直线长度就是指前一曲线的终点至后一曲线的起点之间的长度。当此直线长度很短时,在视觉上容易形成直线与两端的曲线构成反弯的错觉,使整个组合线形缺乏连续性,形成所谓的“断背曲线”,如图 3-11 所示。因此《公路路线设计规范》(JTG D20—2017)规定,当设计速度≥60km/h 时,同向曲线间直线最小长度(以 m 计)以不小于行车速度(以km/h计)的 6 倍为宜;当设计速度≤40km/h 时,可参照上述规定执行。

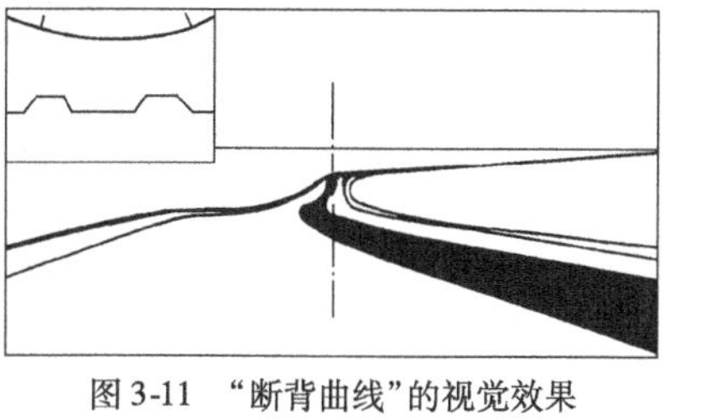

图 3-11 “断背曲线”的视觉效果

2)反向曲线间的直线最小长度

反向曲线是指两个转向相反的圆曲线之间以直线或缓和曲线或径相衔接而成的平面线形。由于两弯道转弯方向相反,考虑其超高和加宽缓和的需要以及驾驶员的操作方便,其间的直线最小长度应予以限制。《公路路线设计规范》(JTG D20—2017)规定,当设计速度≥60km/h 时,反向曲线间直线最小长度(以 m 计)以不小于设计速度(以 km/h 计)的 2 倍为宜;当设计速度≤40km/h 时,可参照上述规定执行。

3)相邻回头曲线间的直线最小长度

回头曲线是指山区公路为克服高差在同一坡面上回头展线时所采用的曲线。《公路路线设计规范》(JTG D20—2017)规定,在回头曲线之间,前一回头曲线的终点至后一回头曲线的起点的距离,在设计速度为40km/h、30km/h、20km/h时,分别应不小于200m、150m、100m。

三、直线设计要点

1. 直线的运用

(1)直线的运用,应注意同地形、环境的协调与配合。采用直线线形时,其长度不宜过长。

(2)农田、河渠规整的平坦地区、城镇近郊规划等以直线条为主体时,宜采用直线线形。

(3)特长、长隧道或结构特殊的桥梁等构造物所处的路段,以及路线交叉点前后的路段,宜采用直线线形。

(4)双车道公路为超车所提供的路段,宜采用直线线形。

2. 需要注意的问题

(1)采用直线线形应特别注意它同地形的关系,在运用直线线形并决定其长度时,必须持谨慎态度,并不宜采用长直线。

(2)长直线或长下坡尽头的平曲线,除曲线半径、超高、视距等必须符合规定要求外,还必须采取设置标志、增加路面抗滑能力等安全措施。

(3)在长直线上纵坡不宜过大,因为长直线加上陡坡下行时很容易导致超速行车。直线上的纵坡一般应小于3%。

(4)长直线与大半径凹形竖曲线组合为宜,这样可以使生硬呆板的直线得到一些缓和或改善(图3-12)。

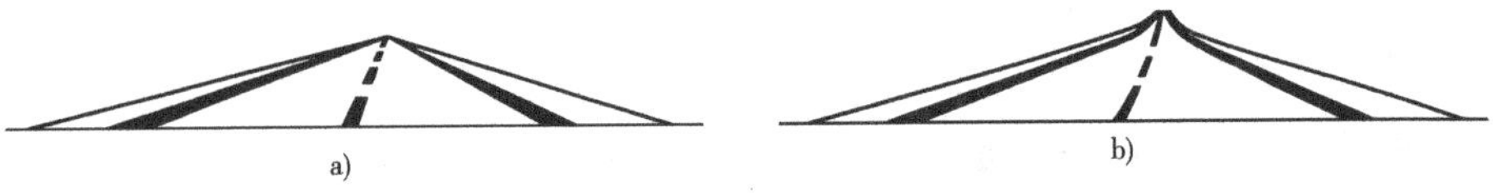

图3-12　长直线与凹形竖曲线组合

a)无凹曲线;b)有凹曲线

(5)道路两侧地形过于空旷时,宜采取种植不同树种或设置一定建筑物、雕塑、广告牌等措施,以改善单调的景观。

(6)关于"长直线"的量化问题。

我国地域辽阔,地形条件在不同的地区有很大的不同,对直线最大长度很难做出统一的规定。总的原则是:道路线形应该与地形相适应,与景观相协调,不强求长直线,也不硬性去掉直线而设置曲线。我国已建成的多条高速公路大多位于平原微丘区,在长直线的使用上参照了国外的规定并允许稍有增长。如京津塘高速公路和济青高速公路的直线长不超过3 200m;沈大高速公路多次出现5～8km的长直线,最长13km。经过对不同路段、行驶车速100km/h的驾驶员和乘客心理反应和感受进行调查,有如下结果:

①位于城市附近的道路,作为城市干道的一部分,由于路旁高大建筑和多彩的城市风光,无论路基高低均被纳入视线范围,驾驶员和乘客无直线过长希望驶出的不良反应。

②位于乡间平原区的公路,随季节和地区不同,驾乘人员有不同反应。北方的冬季,植物

枯萎,景色单调,太长的直线使人情绪受到影响。夏天稍许改善一些,但驾驶员加速行驶、希望尽快驶完直线的心理普遍存在。

③位于大戈壁、大草原的公路,直线长度可达数十公里,驾乘人员极度疲劳,车速超过设计速度很多,但在这种特殊的地形条件下,除了直线别无其他选择,人为设置弯道不但不能改善其单调,反而会增加路线长度。

(7)直线长度亦不宜过短,特别是同向圆曲线间不得设置短的直线。

由此看来,直线的最大长度,在城镇附近或其他景色有变化的地点大于 $20V$ 是可以接受的;在景色单调的地点最好控制在 $20V$ 以内;而在特殊的地理条件下应特殊处理,若作某种限制是不现实的。

必须强调,无论高速公路还是一般公路或者城市道路,在任何情况下都要避免追求长直线的错误倾向。

第三节 圆曲线设计

圆曲线是道路平面线形的三大要素之一,其设计的主要任务是:在满足技术标准的前提下,结合路线的等级、地形、地物及其他环境条件,充分考虑行车快速安全、工程经济和线形舒顺的要求,选择适宜的曲线半径,并确定敷设圆曲线的各项曲线要素。本节主要介绍圆曲线的线形特征、设计标准及半径确定等内容。

一、圆曲线的线形特征

各级公路与城市道路不论转角大小均应设置圆曲线,从圆曲线的使用特征分析,其主要特点是:

(1)曲线上任意一点的曲率半径 R 为常数,故测设比缓和曲线简便。

(2)圆曲线上的每一点都在不断地改变方向,因而汽车在圆曲线上的行驶要受到离心力,当速度一定时,其离心力为一常量,同时,汽车在平曲线上行驶时要多占用路面宽度。

(3)视距条件差。汽车在圆曲线内侧行驶时,视线受到路堑边坡或其他障碍物的影响,视距条件差,容易发生交通事故。

(4)较大半径的长缓圆曲线具有线形美观、顺适、行车舒适等特点,是公路上常采用的线形。

二、圆曲线的设计标准

根据《公路路线设计规范》(JTG D20—2017)和《城市道路工程设计规范》(CJJ 37—2012)规定,圆曲线设计的主要技术标准有圆曲线半径和平曲线长度两类技术指标。

1.圆曲线半径

1)圆曲线半径标准的制定

半径是圆曲线的重要几何元素,半径一旦确定,则圆的大小和曲率也就完全确定了。由式(3-41)汽车转弯的横向稳定分析可得平曲线半径计算公式为:

$$R=\frac{V^2}{127(\mu \pm i)} \tag{3-48}$$

式中：i——路面横坡,无超高时为路拱横坡,有超高时为超高横坡；

μ——横向力系数,其值受汽车行驶的稳定性、乘客的舒适性和运营的经济性等因素的影响。

据汽车行驶稳定性分析和调查资料研究,μ 值与行车稳定性、乘客舒适性和运营经济性以及驾驶员操作的困难性的关系如下：

(1)汽车行驶稳定性

$\mu=0.15\sim0.16$　干燥与潮湿路面均可以较高的速度行驶；

$\mu=0.07$　路面结冰也能安全行驶。

(2)乘客舒适性

$\mu<0.10$　不感到曲线存在,很平稳；

$\mu=0.15$　略感曲线存在,尚平稳；

$\mu=0.20$　已感到曲线存在,稍感到不平稳；

$\mu=0.35$　感到有曲线存在,已感到不平稳；

$\mu<0.40$　转弯时已非常不稳定,站立不住有倾倒的危险。

(3)运营经济性

$\mu\leqslant0.10\sim0.15$　轮胎磨耗及燃料消耗增加较小。

μ 与燃料消耗和轮胎磨耗变化关系见表 3-1。

μ 与燃料消耗和轮胎磨耗变化关系表　　表 3-1

μ 值	0	0.05	0.10	0.15	0.20
燃料消耗(%)	100	105	110	115	120
轮胎磨耗(%)	100	160	220	300	390

(4)驾驶员操纵的困难性

在横向力的作用下,弹性的轮胎会产生横向变形,使轮胎的中间平面与轮胎前进方向形成一个横向偏移角,它的存在增加了汽车在方向操纵上的困难,特别是车速较高时,这种操纵的困难性就更大。经验表明当横向偏移角超过 5°时,驾驶员就不易保持驾驶方向的稳定,对行车安全不利。

2)圆曲线半径的标准

(1)公路圆曲线最小半径

《标准》规定了设不同最大超高和不设超高时圆曲线最小半径。其值规定见表 3-2。

公路圆曲线最小半径　　表 3-2

设计速度(km/h)		120	100	80	60	40	30	20
圆曲线最小半径(一般值)(m)		1 000	700	400	200	100	65	30
对应最大超高的圆曲线最小半径(极限值)(m)	10%	570	360	220	115	—	—	—
	8%	650	400	250	125	60	30	15
	6%	710	440	270	135	60	35	15
	4%	810	500	300	150	65	40	20
不设超高的圆曲线最小半径(m)	路拱≤2%	5 500	4 000	2 500	1 500	600	350	150
	路拱＞2%	7 500	5 250	3 350	1 900	800	450	200

注:“—”为不考虑采用最大超高的情况;“一般值”为正常情况下的采用值;“极限值”为条件受限时采用的值。

(2)城市道路圆曲线最小半径

《城市道路工程设计规范》(CJJ 37—2012)规定了三种平曲线最小半径，即不设超高最小半径、设超高最小半径一般值、设超高最小半径极限值。其值规定见表3-3。一般情况下应采用大于或等于不设超高最小半径值；当地形条件受限制时，可采用设超高最小半径的一般值；当地形条件特别困难时，可采用设超高最小半径的极限值。

城市道路圆曲线最小半径 表3-3

设计速度(km/h)		100	80	60	50	40	30	20
不设超高的圆曲线最小半径(m)		1 600	1 000	600	400	300	150	70
设超高的圆曲线最小半径(m)	一般值	650	400	300	200	150	85	40
	极限值	400	250	150	100	70	40	20

注："一般值"为正常情况下的采用值；"极限值"为条件受限时，可采用的值。

(3)圆曲线最大半径

选用圆曲线半径时，在地形等条件允许的前提下，应尽量采用大半径曲线，使行车舒适。但半径过大，圆曲线太长，对测设和施工都不利，且过大的半径，其几何性质与直线无多大差异。因此，《公路路线设计规范》(JTG D20—2017)规定，圆曲线最大半径值不宜超过10 000m。

2. 圆曲线长度

1)圆曲线的最小长度

从驾驶员操纵方便、行车舒适以及视觉要求来看，应对平曲线长度加以限制。《公路路线设计规范》(JTG D20—2017)按6s行程长度制定了平曲线最小长度指标，见表3-4。城市道路相关指标见表3-5。

公路平曲线最小长度 表3-4

设计速度(km/h)		120	100	80	60	40	30	20
平曲线最小长度(m)	一般值	600	500	400	300	200	150	100
	最小值	200	170	140	100	70	50	40

注："一般值"为正常情况下的采用值；"最小值"为条件受限制时可采用的值。

城市道路平曲线与圆曲线最小长度 表3-5

设计速度(km/h)		100	80	60	50	40	30	20
平曲线最小长度(m)	一般值	260	210	150	130	110	80	60
	极限值	170	140	100	85	70	50	40
圆曲线最小长度(m)		85	70	50	40	35	25	20

2)小偏角时的平曲线长度

当道路转角小于7°时，曲线长度往往看上去较实际长度为短，因为在曲线两端附近的曲线部分被误认为是直线，只有在交点附近的部分才能看出是曲线，这就会给驾驶员造成急转弯的错觉。为避免造成视觉错误，保证行车安全，在进行平曲线设计时应避免设置小于7°的转角。当路线转角小于或等于7°时，应设置较长的平曲线，其长度应大于表3-6中规定的"一般值"。当地形条件及其他特殊情况限制时，可采用表中的"最小值"。

公路转角小于或等于7°时的平曲线长度 表3-6

设计速度(km/h)	120	100	80	60	40	30	20
一般值	1 400/Δ	1 200/Δ	1 000/Δ	700/Δ	500/Δ	350/Δ	280/Δ
最小值	200	170	140	100	70	50	40

注:表中Δ为路线转角值(°),当Δ<2°时,按Δ=2°计算。

三、圆曲线设计要点

1. 圆曲线运用

(1)设置圆曲线时,应与地形相适应,以采用超高为2% ~4%的圆曲线半径为宜。

(2)条件受限制时,可采用大于或接近于圆曲线最小半径的“一般值”;地形条件特殊困难而不得已时,方可采用圆曲线最小半径的“极限值”。

(3)设置圆曲线时,应同相衔接路段的平、纵线形要素相协调,使之构成连续、均衡的曲线线形,并避免小半径圆曲线与陡坡相重合的线形。

2. 要点及注意问题

(1)在适应地形的情况下宜选用较大的圆曲线半径。

(2)圆曲线半径确定要点。圆曲线能较好地适应地形变化,并可获得圆滑的线形,使用范围较广且灵活。圆曲线在适应地形的情况下,应尽量选用较大的半径。在确定半径时,应注意以下几点:

①一般情况下采用极限最小半径的4 ~8倍为宜。

②地形条件受限制时,应采用大于或接近于一般最小半径的圆曲线半径。

③地形条件特别困难而不得已时,方可采用极限最小半径。

④应同前后线形要素相协调,使之构成连续、均衡的曲线线形。

⑤应同纵面线形相配合,避免小半径曲线与陡坡相重叠。

⑥每个弯道半径值的确定,应按技术标准根据实地的地形、地物、地质、人工构造物及其他条件的要求,按合理的曲线位置,用外距、切线长、曲线长、曲线上任意点线位、合成纵坡等控制条件反算并结合标准综合确定。

(3)圆曲线是平面线形三大要素之一,运用时应注意与前后直线、回旋线协调配合,参数的选用应符合标准及规范的要求。

第四节 缓和曲线设计

一、缓和曲线线形特征及作用

1. 线形特征

缓和曲线(回旋线)是在直线与圆曲线之间或者半径相差较大的两个转向相同圆曲线之间设置的一种曲率逐渐变化的曲线,缓和曲线采用回旋线。从满足行车要求来看,缓和曲线具有如下线形特征:

(1)缓和曲线曲率渐变,设于直线与圆曲线间,其线形符合汽车转弯时的行车轨迹,从而使线形缓和,消除了曲率突变点。

(2)由于曲率渐变,公路线形看起来顺适美观,有良好的视觉效果和心理作用感。从公路线形美学和驾驶员视觉心理的观点来看,加入缓和曲线也是有利的。

(3)在直线和圆曲线之间加入缓和曲线后,平面线形更为灵活,线形自由度提高,更能与地形、地物及环境相适应、协调、配合,使平面线形布置更加灵活、经济、合理。

(4)与圆曲线相比,缓和曲线计算及测设均较复杂。

2. 缓和曲线的作用

1)线形缓和

在直线上,曲率半径为无穷大,曲率为零,而在圆曲线上,曲率为 $1/R$,曲率半径为常数 R。若两种线形径相连接,则在连接处形成曲率突变点。根据道路透视分析和调查,这种组合线形视觉效果差,有折点和扭曲现象。如果加入缓和曲线,则曲率渐变,线形圆滑美观,有良好的视觉效果和心理作用感。缓和曲线的视觉效果如图 3-13 所示。

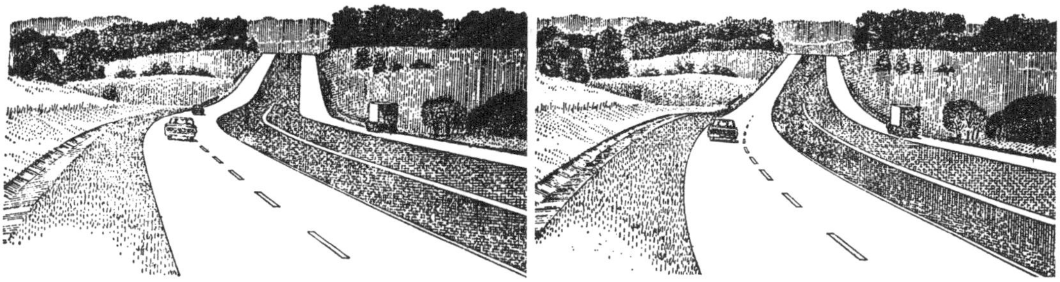

a)　　　　　　b)

图 3-13　缓和曲线的视觉效果

a)不设缓和曲线感觉路线扭曲;b)设缓和曲线后变得平顺美观

2)行车缓和

汽车由直线直接驶入圆曲线或由大半径圆曲线直接驶入小半径圆曲线,其离心力发生了突变,行车安全感和舒适感受到影响。另外,从驾驶员转弯操纵来看,汽车前轮转向角逐渐变化,其中间需要插入一段逐渐变化的缓和曲线,才能保持在车速一定的情况下使汽车前轮的转向角从 0°至 θ 逐渐转向,从而有利于驾驶员操纵转向盘。

3)超高和加宽缓和

为适应汽车转弯的特点,公路在圆曲线上设置有超高和加宽。设置超高和加宽时也需要有一个缓和过渡段。

3. 缓和曲线设计的任务

缓和曲线设计的任务是考虑线形、地形及环境条件的要求,在满足设计标准的前提下,选择适宜的缓和曲线长度(或参数 A)以及缓和曲线与其他线形的组合形式,从而将曲线线位确定下来。

二、缓和曲线设计标准

《公路路线设计规范》(JTG D20—2017)规定,高速公路、一级公路、二级公路、三级公路的直线同半径小于不设超高的圆曲线半径衔接处,应设置缓和曲线(回旋线)。四级公路可将直线与圆曲线直接衔接,用超高、加宽缓和段代替缓和曲线。

1.缓和曲线最小长度

缓和曲线必须有足够的长度,避免离心加速度增长过快使得驾驶员转动转向盘过急,从而使行车安全、舒适、线形圆滑顺适。

1)从控制方向操作的最短时间考虑

缓和曲线的长度太短,使驾驶员操作不便,所以应保证驾驶员在缓和曲线上操作有一定的行程时间。缓和曲线的最小长度为:

$$L_{hmin} = vt = \frac{V}{3.6}t \tag{3-49}$$

式中:V——设计速度(km/h);

v——设计速度(m/s);

t——汽车在缓和曲线上最短行驶时间(s),一般取 $t=3s$。

2)离心加速度变化率应限制在一定范围内

汽车行驶在缓和曲线上,其离心加速度随缓和曲线曲率变化而变化,如变化过快将会使旅客感受到横向的冲击。

缓和曲线上离心加速度的变化率为:

$$a_c = \frac{a}{t} = \frac{V^2}{Rt} = \frac{V^3}{47RL_h} \tag{3-50}$$

式中:V——汽车行驶速度(km/h);

R——圆曲线半径(m);

t——汽车在缓和曲线上行驶时间(s)。

由上述关系得出缓和曲线长度的计算公式为:

$$L_h = \frac{V^3}{47Ra_c} \tag{3-51}$$

离心加速度变化率采用什么值,现在国内尚无可参考资料。参照日本的经验,把离心加速度的变化率控制在0.5~0.6m/s^3之间较为适当。对于车速较高的公路,考虑空气阻力的作用,其横向加速度变化率宜减小为0.45m/s^3。

根据道路设计速度,按式(3-49)、式(3-51)即可计算出最小缓和曲线长度,《公路路线设计规范》(JTG D20—2017)规定见表3-7;城市道路缓和曲线最小长度规定见表3-8。

公路缓和曲线最小长度 表3-7

设计速度(km/h)	120	100	80	60	40	30	20
缓和曲线最小长度(m)	100	85	70	50	35	25	20

注:四级公路为超高、加宽过渡段长度。

城市道路缓和曲线最小长度 表3-8

设计速度(km/h)	100	80	60	50	40	30	20
缓和曲线最小长度(m)	85	70	50	45	35	25	20

当公路圆曲线半径大于规定值时,直线与圆曲线可直接连接,圆曲线最小半径见表3-2。城市道路不设缓和曲线的最小圆曲线半径见表3-9。

城市道路不设缓和曲线的最小圆曲线半径 表 3-9

设计速度(km/h)	100	80	60	50	40
不设缓和曲线的最小圆曲线半径(m)	3 000	2 000	1 000	700	500

在设计中回旋线参数 A 值是根据线形舒顺和美观要求,按圆曲线半径 R 值的大小来确定的。

从视觉要求出发,当缓和曲线很短使缓和曲线角 $\beta < 3°$ 时,则缓和曲线极不明显,在视觉上容易被忽略。但是,如果缓和曲线过长使 $\beta \geqslant 29°$ 时,圆曲线与缓和曲线不能很好协调。因此,从适宜的缓和曲线角值($3° < \beta < 29°$)范围可推导出适宜的 A 值。由缓和曲线角计算公式得:

$$\beta_0 = \frac{90°}{\pi}\frac{L_h}{R} \tag{3-52}$$

则

$$L_h = \frac{R\beta_0}{28.647\,9} \tag{3-53}$$

而且:

$$A = \sqrt{L_h R} = \sqrt{\frac{\beta_0}{28.647\,9}} \tag{3-54}$$

将 $\beta = 3°$ 和 $\beta = 29°$ 代入式(3-54)得:

$$\frac{R}{3} \leqslant A \leqslant R \tag{3-55}$$

式中:A——缓和曲线参数(m);

R——与缓和曲线相连接的圆曲线半径(m)。

2. 半径不同的圆曲线间缓和曲线的省略

(1)小圆半径大于不设超高的圆曲线最小半径时,可以省略缓和曲线。

(2)小圆半径大于表 3-10 中所列半径,且符合下列条件之一时,均可省略。

①小圆曲线按规定设置相当于最小缓和曲线长的缓和线时,其大圆与小圆的内移值之差不超过 0.10m。

②设计速度 $V \geqslant 80$km/h 时,大圆半径与小圆半径之比小于 1.5。

③设计速度 $V < 80$km/h 时,大圆半径与小圆半径之比小于 2。

复曲线中的小圆临界曲线半径 表 3-10

设计速度(km/h)	120	100	80	60	40	30
临界曲线半径(m)	2 100	1 500	900	500	250	130

三、缓和曲线运用及设计要点

(1)缓和曲线参数及其长度应根据线形设计以及对安全、视觉、景观等的要求,选用较大的数值。

(2)四级公路直线与小于不设超高最小半径的圆曲线相衔接处,可不设置缓和曲线,用超高、加宽缓和段径相连接。

(3)设计速度大于或等于60km/h时,缓和曲线应作为线形要素之一加以运用。缓和曲线-圆曲线-缓和曲线的长度以大致接近为宜。两个缓和曲线的参数值亦可以根据地形条件设计成非对称的曲线,但 $A_1:A_2$ 不应大于2.0。

(4)缓和曲线参数宜依据地形条件及线形要求确定,并与圆曲线半径相协调。

(5)缓和曲线长度除满足表3-7和表3-8最小长度外,还应满足超高和加宽缓和段最小长度要求。

第五节　平面线形设计与计算

一、平面线形设计的一般要求

(1)平面线形,应直捷、连续、均衡,并与地形相适应,与自然环境和景观相协调。

(2)平面线形指标应均衡、连续,且应与纵面线形和横断面的组合合理协调,平面线形高、低指标之间应逐渐过渡。

(3)各级公路不论转角大小均应敷设曲线,曲线长度应满足最小长度要求,转角不宜过大或过小,相邻曲线的转角差值不宜过大。

(4)两同向曲线间应设有足够长度的直线,否则应调整线形设置为单曲线或复曲线。

(5)两反向曲线间不应设置短直线段,否则应调整线形设置为S形曲线。

(6)六车道及以上高速公路,同向或反向圆曲线间插入的直线长度,还应符合路基外侧边缘超高过渡渐变率规定的要求。

(7)设计速度等于或小于40km/h的双车道公路,两相邻反向圆曲线无超高时可径相衔接,无超高有加宽时应设置长度不小于10m的加宽过渡段;两相邻反向圆曲线设有超高时,地形条件特殊困难路段的直线长度不小于15m。

(8)设计速度等于或小于40km/h的双车道公路,应避免连续急弯的线形。地形条件特殊须设置时,应在曲线间按规定插入直线或回旋线。

(9)立体交叉、大型桥梁、隧道前后的平面线形宜选用较高的技术指标。

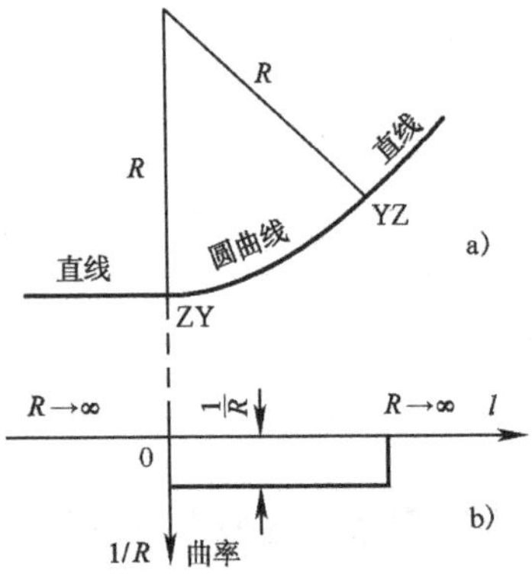

图3-14　简单形曲线
a)平面图;b)曲率图

二、平面线形组合设计

平面线形由直线、圆曲线、缓和曲线三个几何要素组成,三个线形要素可以组成不同的组合线形。这些组合线形主要有:简单形组合曲线、基本形曲线、凸形曲线、S形曲线、C形曲线、复曲线、复合形曲线以及回头曲线等。

1.简单形曲线

1)定义

当线形由直线与圆曲线组成一段曲线时叫作简单形曲线,即按直线-圆曲线-直线的顺序组合,如图3-14所示。

2）特征及运用

简单形组合曲线在 ZY 和 YZ 点处有曲率突变点，对行车不利，当半径较小时该处线形也不顺适，一般限于四级公路采用。其他等级公路当平曲线半径大于不设超高半径时，缓和曲线也可以省略，即采用简单形曲线。

2. 基本形曲线

1）定义

按直线-回旋线-圆曲线-回旋线-直线的顺序组合的曲线称为基本形曲线，如图 3-15 所示。

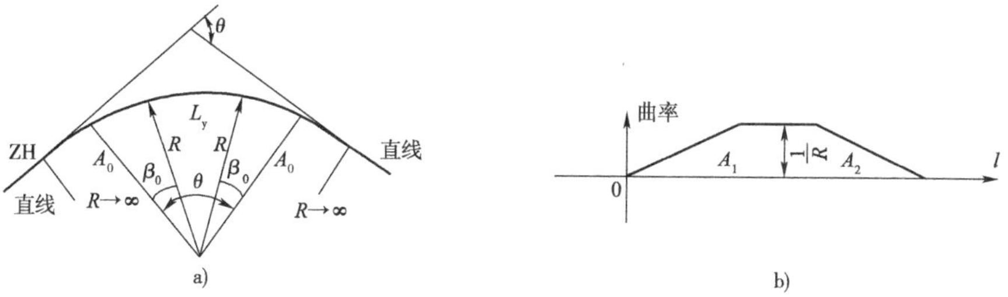

图 3-15　基本形曲线

a）平面图；b）曲率图

2）特征及运用

基本形曲线可以设计成对称基本形和非对称基本形两种：当 $A_1 = A_2$ 时为对称基本形，这是经常采用的；非对称基本形是根据线形、地形变化的需要，在圆曲线两侧采用 $A_1 \neq A_2$ 的回旋线。

基本形两端的回旋线参数除应满足式（3-55）的要求外，为使线形协调，回旋线-圆曲线-回旋线的长度之比宜为 1:1:1 ~ 1:2:1，并注意满足如下设置基本形的几何条件：

$$2\beta_0 < \theta \tag{3-56}$$

式中：θ——路线转角；

β_0——缓和曲线角，$\beta_0 = \frac{90L_h}{\pi R}$。

两个回旋线的参数值 A 根据地形条件可以设计成非对称的曲线，此时 $A_1 : A_2$ 应不大于 2.0。

3. 凸形曲线

1）定义

两同向缓和曲线间不插入圆曲线而径相连接的组合形式称为凸形曲线，如图 3-16 所示。

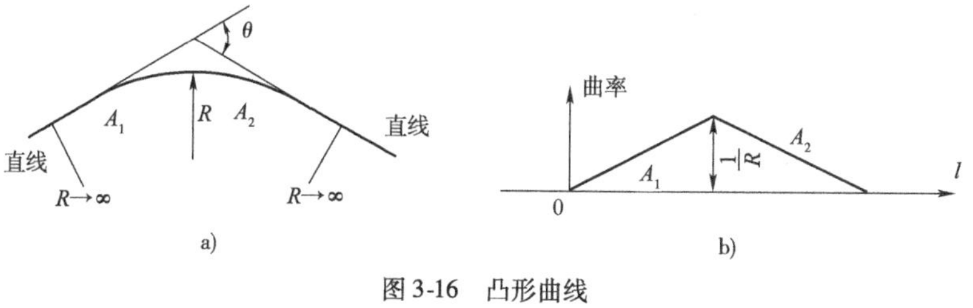

图 3-16　凸形曲线

a）平面图；b）曲率图

2）特征及运用

（1）设置凸形的几何条件是：

$$2\beta_0 = \theta \tag{3-57}$$

(2)凸形曲线的缓和曲线最小参数及其连接点的半径值,应分别符合容许最小回旋线参数和圆曲线一般最小半径的规定。连接点附近最小 $0.3v$ 的长度范围内,应保持以连接点的曲率半径确定的路拱横坡。

(3)凸形曲线在两缓和曲线衔接处曲率会产生突变,不仅行车操作不便,而且由于超高,路面边缘线纵断面也在该处形成转折,所以凸形曲线作为平面线形是不理想的,一般情况下不宜采用,只有地形、地物受限制的路段方可考虑。当公路转角很小时,采用凸形则较基本形好。

(4)凸形曲线,按两回旋线参数是否相等,可有对称形和非对称形两种,可结合地形及环境条件选用。

4. S 形曲线

1)定义

两个反向圆曲线间用两个反向回旋线连接的组合形式,称为 S 形曲线,如图 3-17 所示。

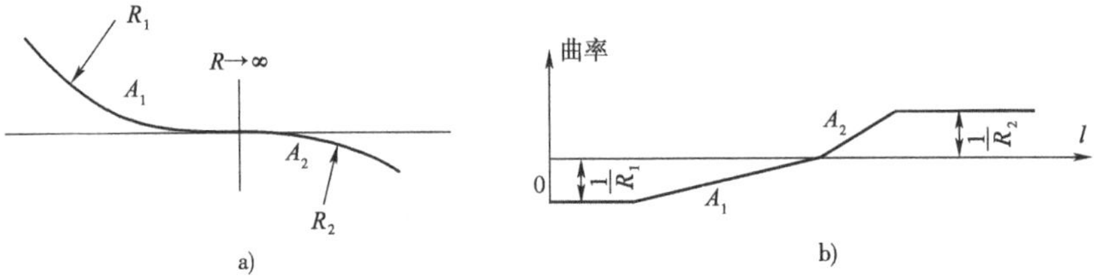

图 3-17　S 形曲线

a)平面图;b)曲率图

2)特征及运用

从行驶力学和线形协调、超高过渡考虑,S 形曲线的两回旋线参数 A_1 与 A_2 宜相等。当采用不同回旋线参数时,A_1 与 A_2 之比应小于 2,有条件时以小于 1.5 为宜。当 $A_2 \leqslant 200\text{m}$ 时,A_1 与 A_2 之比应小于 1.5。

5. C 形曲线

1)定义

同向曲线的两回旋线在曲率为零处径相衔接的形式称为 C 形曲线,如图 3-18 所示。

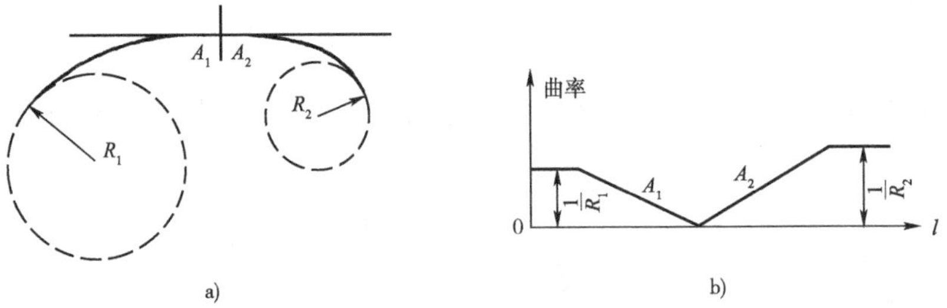

图 3-18　C 形曲线

a)平面图;b)曲率图

2)特征及运用

C 形曲线只有在特殊地形条件下方可采用,两个回旋线参数可相等,也可不相等。C 形曲线公切点处曲率变化率的方向相反,不是十分理想的组合线形,只有在特殊地形条件下方可使用。高速公路应避免采用 C 形曲线。

6. 复曲线

1）定义

复曲线是指两个以上半径不同、转向相同的圆曲线径相连接或插入缓和曲线的组合曲线，后者又叫卵形曲线，根据其是否插入缓和曲线可有以下几种形式：

（1）圆曲线直接相连的组合形式，如图 3-19 所示。即按直线-圆曲线（R_1）-圆曲线（R_2）-直线的顺序组合构成。

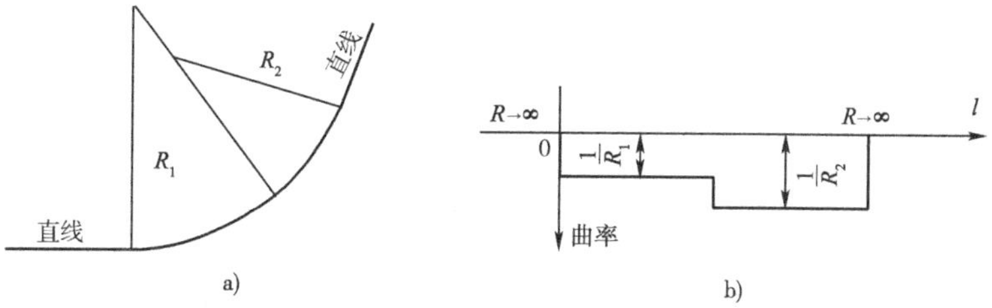

图 3-19　圆曲线径相连接的复曲线

a）平面图；b）曲率图

（2）两端带缓和曲线的组合形式，如图 3-20 所示。即按直线-缓和曲线（A_1）-圆曲线（R_1）-圆曲线（R_2）-缓和曲线（A_2）-直线顺序组合构成。

（3）卵形曲线，如图 3-21 所示。即按直线-缓和曲线（A_1）-圆曲线（R_1）-缓和曲线-圆曲线（R_2）-缓和曲线（A_2）-直线顺序组合构成。

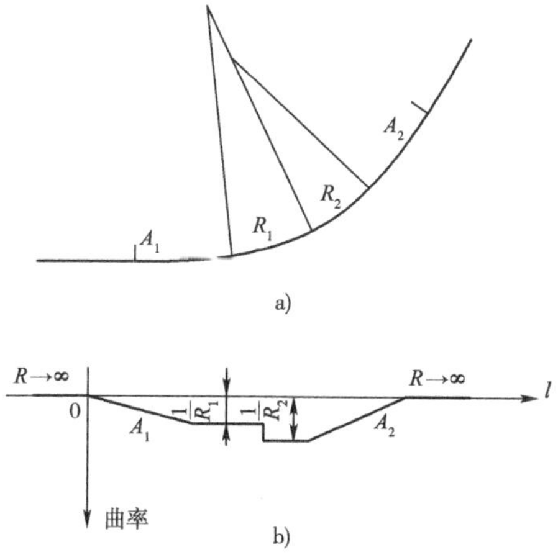

图 3-20　两端带缓和曲线的复曲线

a）平面图；b）曲率图

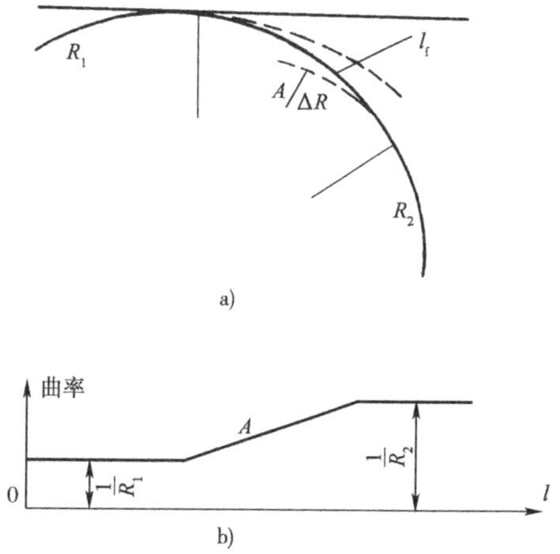

图 3-21　卵形曲线

a）平面图；b）曲率图

2）特征及运用

卵形曲线要求大圆能完全包住小圆，如果大圆半径为无穷大，那么它就是直线，而回到基本形。所以，卵形曲线可以认为是具有基本形式的一般线形。不过卵形的缓和曲线不是从原点开始，而是使用曲率从$\frac{1}{R_1}$到$\frac{1}{R_2}$这一段。

卵形缓和曲线的参数最好在下列范围之内：

$$\frac{R_2}{2} \leqslant A \leqslant R_2 \tag{3-58}$$

两圆曲线半径之比$\frac{R_2}{R_1}$在0.2～0.8为宜。两圆曲线的间距以$\frac{s}{R_2}$在0.003～0.03为宜(s为两曲线间的最小间距)。

卵形曲线要求大圆能完全包络小圆,如果两圆曲线相交、相切或相离时,只用一条回旋线就不能将两个圆曲线连接起来,需要用适当的辅助圆把两个缓和曲线连接成两个卵形,或用C形曲线。

7. 复合形曲线

1)定义

两个及两个以上的同向缓和曲线,在曲率相等处径相衔接的组合形式称为复合形曲线,如图3-22所示。

2)特征及运用

复合形曲线的两个缓和线参数之比一般以小于1∶1.5为宜,这种形式很少采用,仅在受地形或其他特殊原因限制时采用(互通式立体交叉除外)。

8. 回头曲线

1)定义

回头曲线指在山区公路为克服高差在同一坡面上展线时所采用的线形,其圆心角一般接近或大于180°,如图3-23所示。

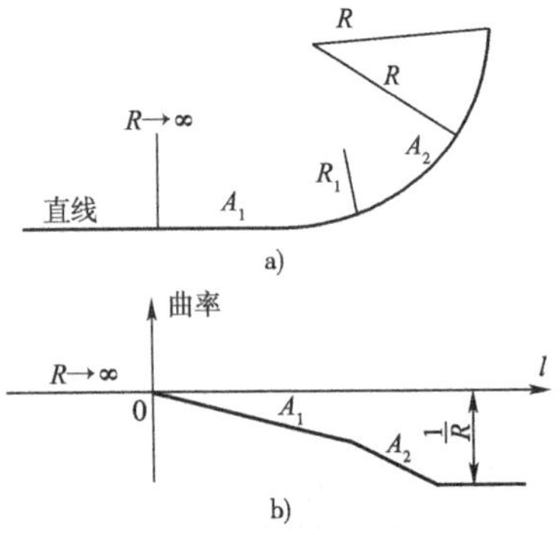

图3-22　复合形曲线

a)平面图;b)曲率图

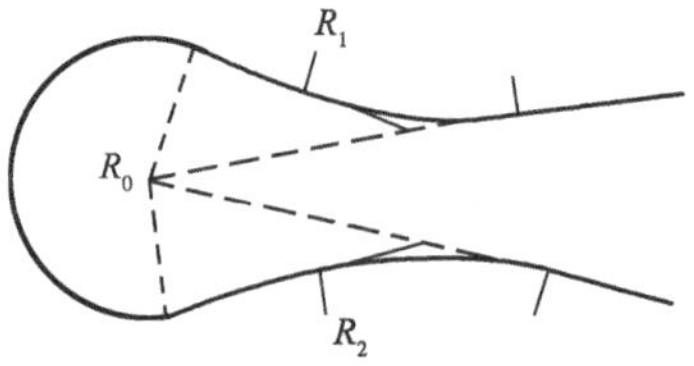

图3-23　回头曲线

2)特征及运用

(1)回头曲线转角大、半径小、线形差,一般较少采用,只有在三级、四级公路当自然展线无法争取到需要的距离以克服高差时,或因地形、地质条件所限不能采取自然展线时,可采用回头曲线。

(2)回头曲线的前后线形应有连续性,两头宜布设过渡性曲线,此外还应设置限速标志,并采取保证通视良好的技术措施。回头曲线的主要技术指标见表3-11。

(3)设计速度为40km/h的公路可采用35km/h、30km/h的回头曲线速度。

(4)两相邻回头曲线之间,应有较长的距离。由一个回头曲线的终点至下一个回头曲线起点的距离,设计速度为40km/h、30km/h、20km/h时,应分别不小于200m、150m、100m。

回头曲线技术指标 表 3-11

主线设计速度(km/h)	40		30	20
回头曲线设计速度(km/h)	35	30	25	20
圆曲线最小半径(m)	40	30	20	15
回旋线最小长度(m)	35	30	25	20
超高横坡度(%)	6	6	6	6
双车道路面加宽值(m)	2.5	2.5	2.5	3.0
最大纵坡(%)	3.5	3.5	4.0	4.5

三、平曲线计算

1. 概述

1)任务

道路曲线计算的目的是计算平曲线要素和各曲线点桩号,并进行曲线实地敷设。曲线敷设的方法主要有切线支距法、偏角法、坐标法等,已在“工程测量学”课程中讲述。本节主要介绍曲线要素计算和主点桩号计算。

2)平曲线的种类

道路平面曲线的种类见表 3-12,另外按敷设方法不同可有:单交点、双交点及多交点曲线。

平 曲 线 种 类 表 3-12

简单组合	单 圆 曲 线	—
	凸形曲线	对称凸形
		非对称凸形
	基本形曲线	对称基本形
		非对称基本形
	复合形曲线	—
多圆组合	复曲线	两端不设缓和曲线的复曲线
		两端设缓和曲线的复曲线
		卵形曲线
	S 形曲线	单组 S 形和多组 S 形
	C 形曲线	—

2. 单圆曲线

单圆曲线,即在路线改变方向的交点(JD)处,插入与两直线相切的圆曲线来实现路线方向的改变。

1)曲线要素计算

单圆曲线的形式,及其要素如图 3-24 所示。

各要素计算公式:

$$T = R\tan\frac{\theta}{2} \tag{3-59}$$

$$E = R\left(\sec\frac{\theta}{2} - 1\right) = R\frac{1}{\cos\frac{\theta}{2}} - R \tag{3-60}$$

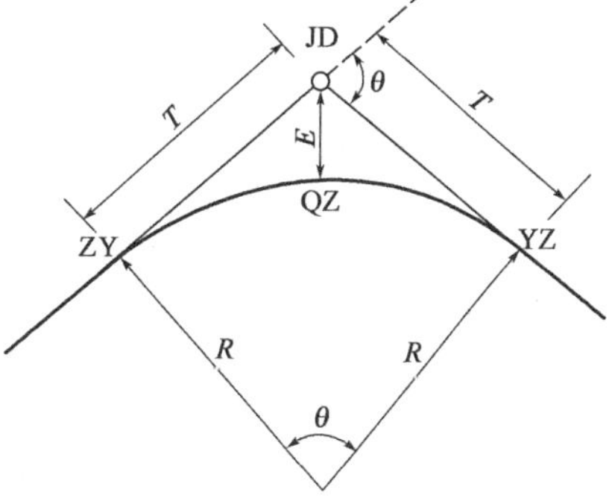

图 3-24 单圆曲线

$$L = R\frac{\pi}{180°}\theta \tag{3-61}$$

$$J = 2T - L \tag{3-62}$$

式中:θ——转角(°);

R——曲线半径(m);

T——切线长(m);

E——外距(m);

L——曲线长(m);

J——校正值,即切线长与曲线长之差(m)。

2)曲线主点桩号计算

$$\text{桩号 ZY} = \text{JD(桩号)} - T \tag{3-63}$$

$$\text{桩号 YZ} = \text{ZY(桩号)} + L \tag{3-64}$$

$$\text{桩号 QZ} = \text{YZ(桩号)} - L/2 \tag{3-65}$$

$$\text{桩号 JD} = \text{QZ(桩号)} + J/2\text{(校正)} \tag{3-66}$$

3.基本形曲线

1)对称基本形(两端缓和曲线等长)

(1)曲线要素计算

曲线各部分要素如图3-25所示。

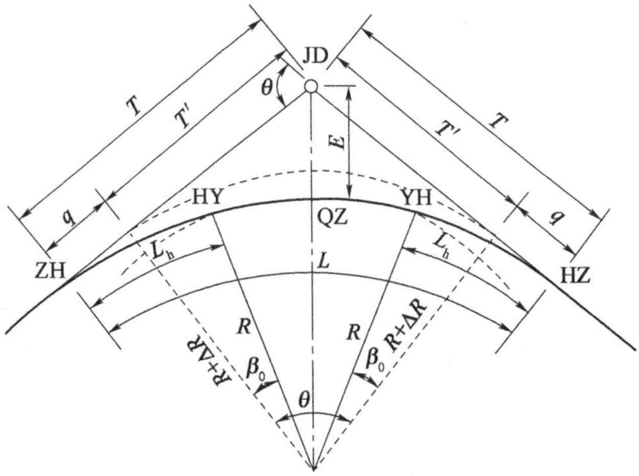

图3-25 对称基本形

曲线要素计算:

$$T = (R + \Delta R)\tan\frac{\theta}{2} + q = T' + q \tag{3-67}$$

$$L = R\frac{\pi}{180°}\theta + L_h = R\frac{\pi}{180°}(\theta - 2\beta_0) + 2L_h \tag{3-68}$$

$$E = (R + \Delta R)\sec\frac{\theta}{2} - R = (R + \Delta R)\frac{1}{\cos\frac{\theta}{2}} - R \tag{3-69}$$

$$L_y = L - 2L_h = R\frac{\pi}{180°}(\theta - 2\beta_0) \tag{3-70}$$

$$J = 2T - L \tag{3-71}$$

$$\beta_0 = \frac{90°}{\pi R}L_h \tag{3-72}$$

$$q = \frac{L_h}{2} - \frac{L_h^3}{240R^2} \tag{3-73}$$

$$\Delta R = \frac{L_h^2}{24R} - \frac{L_h^4}{2\,688R^3} \tag{3-74}$$

式中：θ——转角(°)；

R——曲线半径(m)；

L_h——缓和曲线长(m)；

L_y——平曲线中圆曲线长(m)；

T——切线长(m)；

E——外距(m)；

L——曲线全长(包括缓和曲线)(m)；

J——校正值(m)；

q——切线增长值(m)；

ΔR——曲线内移值(m)；

β_0——缓和曲线角(°)。

(2)主点桩号计算

$$\text{桩号ZH} = \text{JD(桩号)} - T \tag{3-75}$$

$$\text{桩号HY} = \text{ZH(桩号)} + L_h \tag{3-76}$$

$$\text{桩号YH} = \text{HY(桩号)} + L_y \tag{3-77}$$

$$\text{桩号HZ} = \text{YH(桩号)} + L_h \tag{3-78}$$

$$\text{桩号QZ} = \text{HZ(桩号)} - L/2 \tag{3-79}$$

$$\text{桩号JD} = \text{QZ(桩号)} + J/2 \tag{3-80}$$

2)非对称基本形(两端缓和曲线不等长)

(1)曲线要素计算

图3-26为两端设非对称形的缓和曲线。一般首先确定θ、R、L_{h1}、L_{h2}，再按以下公式计算求得几何参数：

$$q_1 = \frac{L_{h1}}{2} - \frac{L_{h1}^3}{240R^2}, q_2 = \frac{L_{h2}}{2} - \frac{L_{h2}^3}{240R^2} \tag{3-81}$$

$$\beta_{01} = \frac{90°}{\pi R}L_{h1}, \beta_{02} = \frac{90°}{\pi R}L_{h2} \tag{3-82}$$

$$\Delta R_1 = \frac{L_{h1}^2}{24R} - \frac{L_{h1}^4}{2\,688R^3} \approx \frac{L_{h1}^2}{24R} \tag{3-83}$$

$$\Delta R_2 = \frac{L_{h2}^2}{24R} - \frac{L_{h2}^4}{2\,688R^3} \approx \frac{L_{h2}^2}{24R} \tag{3-84}$$

$$T' = (R + \Delta R_2)\tan\frac{\theta}{2} \tag{3-85}$$

$$Z_1 = (\Delta R_1 - \Delta R_2)\cot\theta = \frac{\Delta R_1 - \Delta R_2}{\tan\theta} \tag{3-86}$$

$$Z_2 = \frac{\Delta R_1 - \Delta R_2}{\sin\theta} \tag{3-87}$$

$$T_1 = q_1 + T' - Z_1 \tag{3-88}$$

$$T_2 = q_2 + T' - Z_2 \tag{3-89}$$

$$\alpha_y = \theta - (\beta_{01} + \beta_{02}) \tag{3-90}$$

$$L_y = R\frac{\pi}{180^\circ}\alpha_y \tag{3-91}$$

$$L = L_{h1} + L_y + L_{h2} \tag{3-92}$$

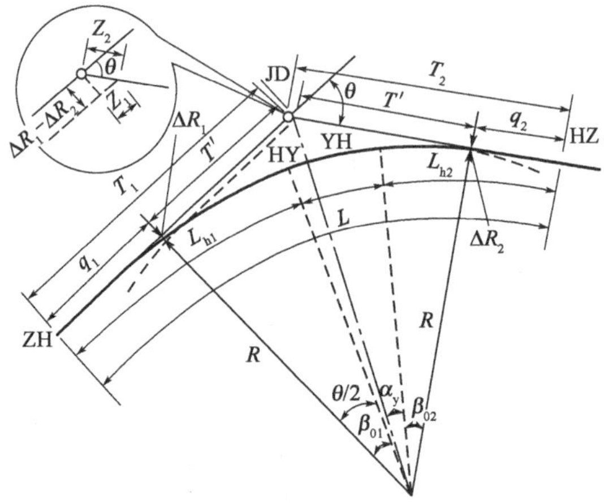

图 3-26　非对称基本形

这些要素求得之后,便可计算曲线内各控制点里程及坐标。

(2)主点桩号计算

$$桩号ZH = JD(桩号) - T_1$$
$$桩号HY = ZH(桩号) + L_{h1}$$
$$桩号YH = HY(桩号) + L_y$$
$$桩号HZ = YH(桩号) + L_{h2}$$
$$桩号QZ = HZ(桩号) - L/2$$

4. S 形和 C 形曲线

S 形曲线是两个反向的基本形曲线(或带缓和曲线的复曲线)首尾相接的组合形式,而 C 形曲线则是两同向的基本形曲线(或带缓和曲线的复曲线)首尾相接的组合形式。其共同的几何特征是:两回旋曲线间的直线长度为零,即计算时要满足下列条件:

$$AB = T_1 + T_2 \tag{3-93}$$

式中:AB——两交点间距;

T_1——第一曲线切线长;

T_2——第二曲线切线长。

计算时通常先确定控制条件较严的第一曲线并计算曲线要素，则第二曲线的曲线半径（或缓和曲线长度）由式(3-93)的条件用切线长控制反算确定，再计算第二曲线的曲线要素。

5. 凸形曲线

1)对称的凸形曲线

当基本形曲线的圆曲线长度为零时，即构成了凸形曲线，其应满足的几何条件是：

$$\theta = 2\beta_0 \tag{3-94}$$

计算时，可根据半径反算缓和曲线长，或根据缓和曲线长反算半径值 R，或根据线形或地形条件（T 或 E）反算主曲线半径 R 和缓和曲线长 L_h，再计算其他曲线要素，如图 3-27 所示。

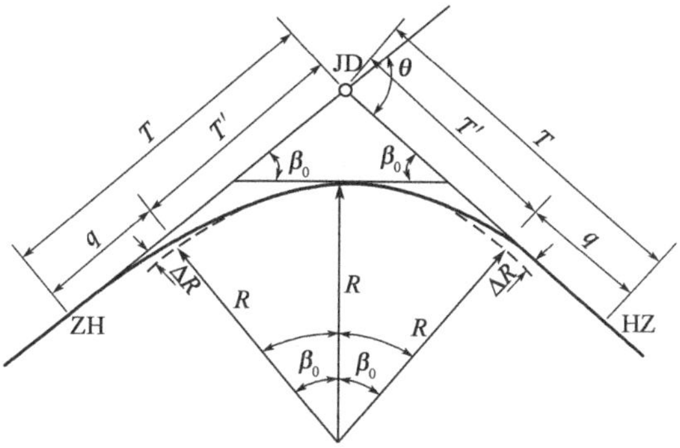

图 3-27 对称凸形曲线

由式(3-72)知：

$$\beta_0 = \frac{90°}{\pi}\frac{L_h}{R}$$

代入式(3-94)，有：

$$\theta = \frac{L_h}{R}\frac{180°}{\pi} \tag{3-95}$$

若选定 L_h，则：

$$R = \frac{180°}{\pi}\frac{L_h}{\theta} \tag{3-96}$$

若选定 R，则：

$$L_h = \frac{\pi}{180°}\theta R \tag{3-97}$$

若用切线长控制，即 T 为已知，则由式(3-67)有：

$$T = (R + \Delta R)\tan\frac{\theta}{2} + q$$

将

$$L_h = \frac{\pi}{180°}\theta R$$

$$\Delta R = \frac{L_h^2}{240R}$$

$$q = \frac{L_h}{2} - \frac{L_h^3}{240R^2}$$

逐步代入式(3-67)可得:

$$R=\frac{T}{\left(1+\frac{\theta^2}{24}\right)\tan\frac{\theta}{2}+\frac{\theta}{2}-\frac{\theta^3}{240}} \tag{3-98}$$

式中:θ——转角,以 rad 计。

若用外距控制,即 E 为已知,则由式(3-69)有:

$$E=(R+\Delta R)\sec\frac{\theta}{2}-R$$

与式(3-97)联解可得:

$$R=\frac{E}{\left(1+\frac{\theta^2}{24}\right)\sec\frac{\theta}{2}-1} \tag{3-99}$$

2)非对称凸形曲线

当凸形曲线两缓和曲线长度(或缓和曲线参数)不相等时,即构成非对称凸形曲线。计算时通常选定一端缓和曲线长度及半径,再解算另一缓和曲线长度,即可求出所有曲线要素。

如图 3-28 所示,已知 L_{h1} 和 R 及 θ,则缓和曲线 1 的要素为:

$$\beta_{01}=\frac{L_{h1}}{2R} \tag{3-100}$$

$$x_{01}=L_{h1}-\frac{L_{h1}^3}{40R^2}+\frac{L_{h1}^5}{3\,456R^4} \tag{3-101}$$

$$y_{01}=\frac{L_{h1}^2}{6R}-\frac{L_{h1}^4}{336R^3}+\frac{L_{h1}^6}{42\,240R^5} \tag{3-102}$$

缓和曲线 1 的切线长为:

$$T_{L1}=x_{01}-y_{01}\cot\beta_{01} \tag{3-103}$$

缓和曲线 1 的短切线长为:

$$T_{K1}=y_{01}\csc\beta_{01} \tag{3-104}$$

缓和曲线 2 的缓和曲线角为:

$$\beta_{02}=\theta-\beta_{01}$$

其他要素 L_{h2}、x_{02}、y_{02}、T_{L2}、T_{K2} 均可按式(3-101)~式(3-104)计算。

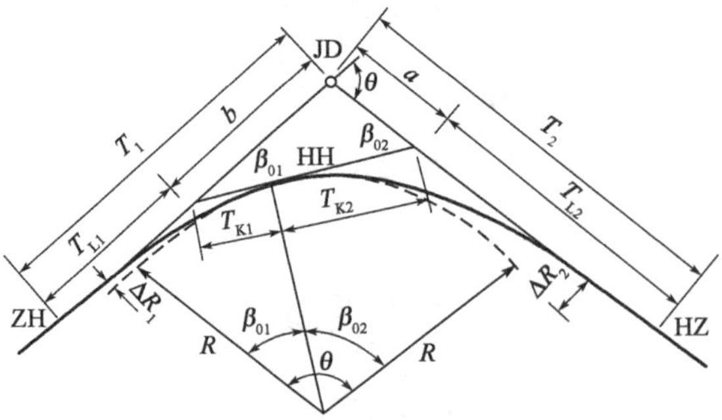

图 3-28　非对称凸形曲线

解三角形可得边长:

$$b = (T_{K1} + T_{K2})\frac{\sin\beta_{02}}{\sin\theta} \tag{3-105}$$

$$a = (T_{K1} + T_{K2})\frac{\sin\beta_{01}}{\sin\theta} \tag{3-106}$$

$$T_1 = T_{L1} + b \tag{3-107}$$

$$T_2 = T_{L2} + a \tag{3-108}$$

6. 曲线逐桩坐标计算

1)计算目的

对于高等级公路中线上的各点位置,通常是以"逐桩坐标表"的形式提供出设计文件。高等级公路或采用大测区控制系统进行勘测设计所提供的设计文件点坐标一般为高斯坐标,即采用"大测区高斯坐标系统"。而已往曲线设计采用的坐标为"顺路导线坐标系统",即每一个交点处都以曲线的起点或终点的切线作为 y 轴并分别以曲线起点或终点作为坐标原点的坐标系统。因此,应将小坐标系统的坐标统一折算为大坐标系统中的坐标。

一般高等级公路的线形指标高,表现在平面上是圆曲线半径较大,缓和曲线较长,在测设和放样时须采用坐标法,方能保证其测量精度。所以计算一份"逐桩坐标表"是十分必要的。

2)坐标系统的选择

根据测区内原坐标系统,一般可作下列几种情况选择:

(1)采用统一的高斯正投影 3°带平面直角坐标系统。

(2)采用高斯正投影 3°带或任意带平面直角坐标系统,投影面可采用 1985 年国家高程基准、测区抵偿高程面或测区平均高程面。

(3)三级和三级以下公路、独立桥梁、隧道及其他构造物等小测区,可不用投影,采用平面直角坐标系统在平面上直接进行计算。

(4)对于已在平面控制网的地区,应尽量采用原有的坐标系统,如精度不符合要求,也应充分利用其点位,选用其中一点的坐标及含此点的方位角,作为平面控制的起算依据。

3)计算步骤

"逐桩坐标"即各个中桩的坐标,其计算和测量的方法是按"从整体到局部"的原则进行的。其步骤如下:

(1)计算导线点坐标

采用两阶段勘测设计的公路或一阶段设计但遇地形困难的路段,一般都要先作平面控制测量,而路线的平面控制测量多采用导线测量的方法,在有条件时可优先采用全球定位系统(简称 GPS)测量的方法。导线测量的方法,又有经纬仪导线法、光电测距仪法和全站仪法。其中全站仪可以直接读取导线点的坐标,其他方法可以在已知各边边长及其夹角后,用坐标增量法逐点推算其坐标。用 GPS 定位技术观测,则可在测站之间不通视的情况下,高精度、高效率地获得测点的三维坐标。

(2)计算交点坐标

当导线经平差使精度满足要求后,即可展绘在图纸上。直接定线时,以导线点为依据在现场直接测得路线各交点的坐标,直接定线的交点坐标若是用全站仪或 GPS 仪测量也可以很方便地获得(见《测量学》)。纸上定线的交点坐标,可直接在电子地图上读取。

(3)计算各中桩坐标

①计算交点坐标并根据交点坐标计算路线转角,再结合 L_s 和 R 计算曲线元素。

②计算曲线起点(ZH 或 ZY)、终点(HZ 或 YZ)坐标。

③计算直线或曲线上任意点坐标。

(4)计算公式

坐标计算公式汇总表见表 3-13。

坐标计算公式汇总表 表 3-13

计算桩点或计算段落			坐标计算公式	
			横坐标	纵坐标
导线点和曲线起终点	交点	JD	$X_{\text{本}}=X_{\text{后}}+S_{\text{后—本}}\cos A_{\text{后—本}}$	$Y_{\text{本}}=Y_{\text{后}}+S_{\text{后—本}}\sin A_{\text{后—本}}$
	曲线起终点	ZH	$X_{\text{本ZH}}=X_{\text{本}}+T_{\text{本}}\cos A_{\text{本—后}}$	$Y_{\text{本ZH}}=Y_{\text{本}}+T_{\text{本}}\sin A_{\text{本—后}}$
		HZ	$X_{\text{本HZ}}=X_{\text{本}}+T_{\text{本}}\cos A_{\text{本—前}}$	$Y_{\text{本HZ}}=Y_{\text{本}}+T_{\text{本}}\sin A_{\text{本—前}}$
直线段	前直线		$X_{\text{前直}}=X_{\text{本}}+(T_{\text{本}}+L_{\text{x-ZH}})\cos A_{\text{本—后}}$	$Y_{\text{前直}}=Y_{\text{本}}+(T_{\text{本}}+L_{\text{x-ZH}})\sin A_{\text{本—后}}$
	后直线		$X_{\text{后直}}=X_{\text{本}}+(T_{\text{本}}+L_{\text{x-HZ}})\cos A_{\text{本—前}}$	$Y_{\text{后直}}=Y_{\text{本}}+(T_{\text{本}}+L_{\text{x-HZ}})\sin A_{\text{本—前}}$
曲线段			$X=X_0+x\cos\alpha-y\sin\alpha$	$Y=Y_0+x\sin\alpha-y\sin\alpha$

表中符号意义如下:

X_0、Y_0——曲线起点或终点在大地坐标系中的坐标;

X、Y——曲线上的任意点在大坐标系中的坐标;

x、y——曲线上的任意点在小坐标系中的坐标,对左转曲线的前半个曲线及右转曲线的后半个曲线计算时,y 取负,其余条件 x 和 y 均取正;

α——两坐标轴所夹的锐角,顺时针为"+",反时针为"-";α 一般取两坐标轴所夹的象限角计算,也就是小坐标轴 x 相对于坐标轴 X 旋转的象限角;如用方位角计算,以上公式当中,x、y 前后的正、负号可以自动取定;

A——起算点和计算点连线的正方位角;

$X_{\text{本}}$、$Y_{\text{本}}$——计算的 JD 的大坐标系坐标;

$X_{\text{本ZH}}$、$Y_{\text{本ZH}}$、$X_{\text{本HZ}}$、$Y_{\text{本HZ}}$——计算的 JD 的曲线起、终点的大坐标系坐标;

$T_{\text{本}}$——计算的 JD 的切线长;

$A_{\text{本—后}}$——计算的 JD 至后交点连线的方位角;

$A_{\text{本—前}}$——计算的 JD 至前交点连线的方位角;

$L_{\text{x-ZH}}$——计算点至 ZH 点的距离;

$L_{\text{x-HZ}}$——计算点至 HZ 点的距离。

第六节 视 距

一、视距的概念

1. 定义

为了行车安全,驾驶员应能随时看到汽车前面相当远的一段路面,一旦发现前方道路上有障碍或迎面来车,能及时采取措施,避免相撞,这一必需的最短距离称为行车视距。道路平面上的暗弯(处于挖方路段的弯道和内侧有障碍物的弯道)、纵断面上的凸形竖曲线及以下穿式立体交叉的凹形竖曲线上都有可能存在视距不足的问题。公路沿线应有足够的视距,使驾驶员能及时察觉潜在的危险,并作出适当的反应。如图 3-29 所示,为道路在各种情况下的视距问题。

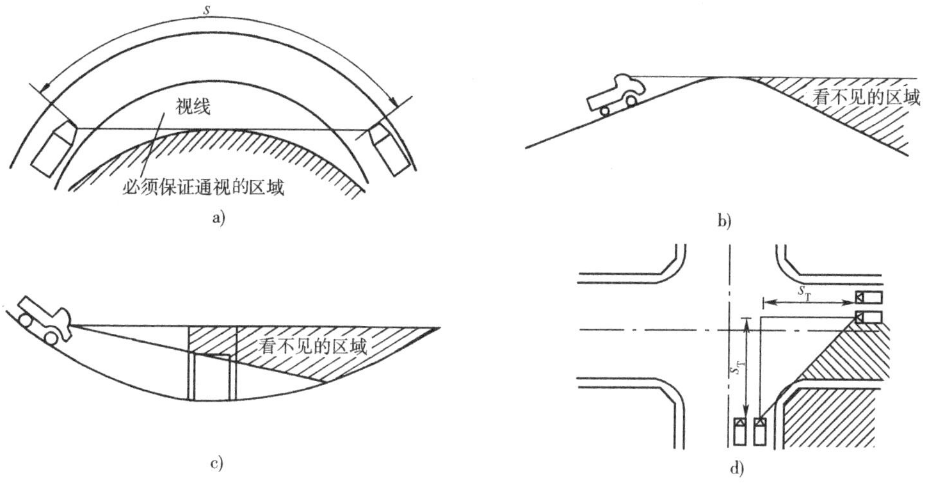

图 3-29 各种情况下的行车视距

a)平面视距;b)纵断面视距;c)桥下视距;d)交叉口视距

在道路设计中保证足够的行车视距,是确保行车安全、快速,增加行车安全感,提高行车舒适性的重要任务。

2. 视距种类

驾驶员发现障碍物或迎面来车,根据其采取措施的不同,行车视距可分为以下几种类型。

(1)停车视距。汽车行驶时,自驾驶员看到前方障碍物时起,至到达障碍物前安全停止所需的最短距离。

(2)会车视距。在同一车道上两对向汽车相遇,从相互发现起,至同时采取制动措施使两车安全停止所需的最短距离。

(3)超车视距。在双车道公路上,后车超越前车时,从开始驶离原车道之处起,至超车后安全驶回原车道并与对向来车保持必要的安全距离所需的最短距离。

对同等情况下,上述三种视距中,停车视距最短,超车视距最长。

3. 影响视距的因素

视距要求主要取决于驾驶员、车辆和环境三方面的特征。

(1)驾驶员因素主要有:驾驶员的警惕性,对危险的认识以及驾驶员可能采取的行动,如停车、变速、转向等。

(2)车辆因素主要有:车型(小客车或载货汽车)、轮胎与路面的摩阻系数、视点高度(即驾驶员的视点位置的高度)、行车速度等。

(3)路及环境因素主要有:公路几何设计(如纵坡、平曲线半径等)、公路路面情况(如有无路面面层、平整度、粗糙度等)、公路照明。

二、视距标准及运用

1. 停车视距

停车视距(图3-30)主要由两部分组成:驾驶员反应时间内行驶的距离和开始制动到汽车完全停止所行驶的制动距离。通常按式(3-109)计算:

$$s_t = s_1 + s_2 = \frac{V}{3.6}t + \frac{(V/3.6)^2}{2g\varphi_z} = \frac{V}{3.6}t + \frac{V^2}{254\varphi_z} \tag{3-109}$$

式中:t——驾驶员反应时间,取2.5s;

φ_z——路面与轮胎之间的纵向摩阻系数,因轮胎、路面、制动等条件不同而异,计算停车视距一般按路面潮湿状态考虑,见表3-14;

V——行驶速度,当设计速度为80~120km/h时,为其85%;当设计速度为40~60km/h时,为其90%;当设计速度为20~30km/h时,为其100%。

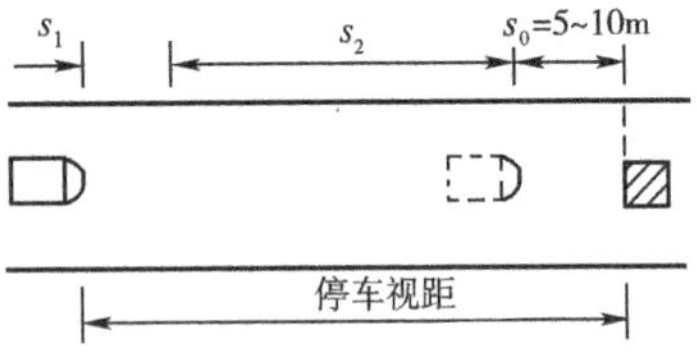

图3-30 停车视距

不同计算行车速度下 φ_z 值表 表3-14

设计速度(km/h)	120	100	80	60	50	40	30	20
φ_z 值	0.29	0.31	0.31	0.33	0.35	0.38	0.44	0.44

高速公路、一级公路的视距应采用停车视距。高速公路、一级公路的一般路段,每条车道的停车视距应不小于表3-15的规定。

高速公路、一级公路停车视距 表3-15

设计速度(km/h)	120	100	80	60
停车视距(m)	210	160	110	75

高速公路、一级公路以及大型车比例高的二级公路、三级公路的下坡路段,应采用下坡段货车停车视距对相关路段进行检验。各级公路下坡段货车停车视距应不小于表3-16的规定。

下坡段货车停车视距(m) 表3-16

设计速度(km/h)		120	100	80	60	40	30	20
纵坡坡度(%)	0	245	180	125	85	50	35	20
	3	265	190	130	89	50	35	20
	4	273	195	132	91	50	35	20
	5	—	200	136	93	50	35	20
	6	—	—	139	95	50	35	20
	7	—	—	—	97	50	35	20
	8	—	—	—	—	—	35	20
	9	—	—	—	—	—	—	20

《城市道路工程设计规范》(CJJ 37—2012)规定的停车视距标准见表3-17。

停 车 视 距 表 3-17

设计速度(km/h)	100	80	60	50	40	30	20
停车视距(m)	160	110	70	60	40	30	20

2. 会车视距

会车视距(图 3-31)由三部分组成:

(1)双方驾驶员反应时间所行驶的距离(s_{A1},s_{B1})。

(2)双方汽车的制动距离(s_{A2},s_{B2})。

(3)安全距离(s_0)。

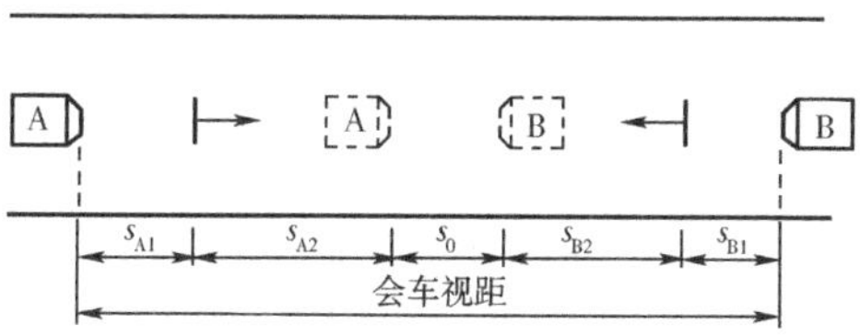

图 3-31 会车视距

会车视距的规定值是其长度不小于停车视距的两倍。

二级公路、三级公路、四级公路的视距应采用会车视距。受地形条件或其他特殊情况限制而采取分道行驶措施的路段,可采用停车视距。会车视距与停车视距应不小于表 3-18 的规定。

二级、三级、四级公路会车视距与停车视距 表 3-18

设计速度(km/h)	80	60	40	30	20
会车视距(m)	220	150	80	60	40
停车视距(m)	110	75	40	30	20

3. 超车视距

1)超车过程分析

图 3-32 描述了超车动作的各时刻的情况,显示出超车、被超车和迎面来车在各个时刻(时点)的相应位置。在 *A* 点,超车(车 1)从尾随被超车(车 2)的位置开始(超车)动作,就像它在作“延时超越”那样。然后,超车加速至 *B* 点,开始进入对面的车道。在 *C* 点,超车到达“关键

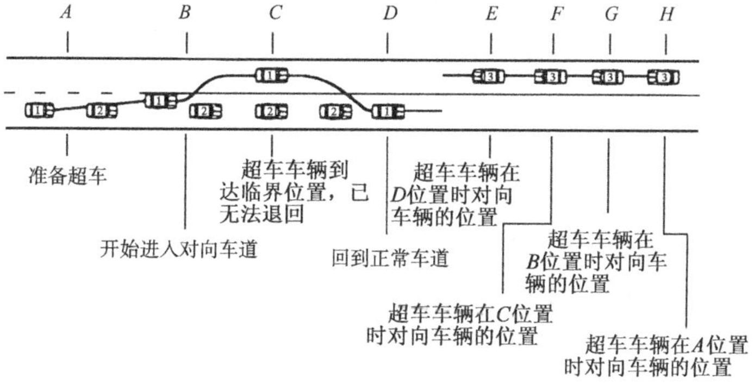

图 3-32 超车过程

1-超车车辆;2-被超车辆;3-对向车辆

位置"或称"无法回头点",在这一点位上,放弃超车所需的视距等于完成超车动作所需的视距。过了 C 点,超车的驾驶员除了完成超车动作别无选择,因为此时若放弃超车会需要更大的视距。到 D 点,超车动作已经完成,安全返回其原来的车道。

2)超车视距计算(图 3-33)

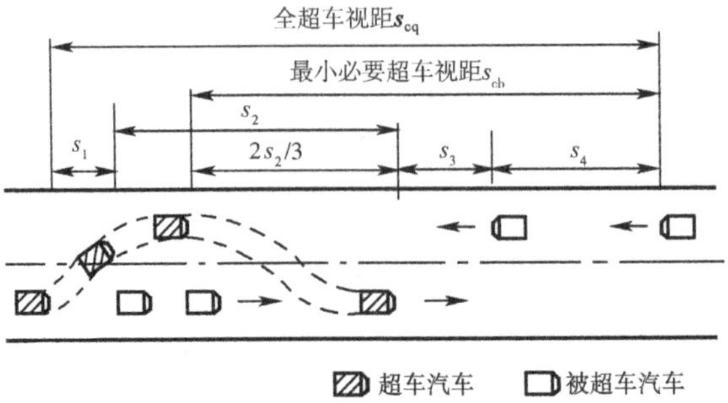

图 3-33 超车视距

在双车道公路上,后车超越前车,从开始驶离原车道之处起,至超车后安全回到原车道止,所需安全距离按下列公式计算:

$$s_{cq} = s_1 + s_2 + s_3 + s_4 \tag{3-110}$$

$$s_{cb} = \frac{2}{3}s_2 + s_3 + s_4 \tag{3-111}$$

式中:s_{cq}——全超车视距(m);

s_{cb}——最小必要超车视距(m);

s_1——汽车超车开始到进入对向车道的加速行驶距离(m),按式(3-112)计算;

s_2——超车汽车在对向车道上行驶的距离(m),按式(3-113)计算;

s_3——超车完毕,超车汽车与对向来车之间的安全距离,一般取 15 ~ 60m;

s_4——超车汽车从开始加速到超车完成,对向汽车的行驶距离,计算时一般取时间为 $\frac{2}{3}t_2$,因为超车汽车在对向车道上追上被超汽车后,一旦发现对向有来车而其距离不足时,驾驶员还可以回到原来的车道上,按式(3-114)计算。

$$s_1 = \frac{V_0}{3.6}t + \frac{1}{2}at_1^2 \tag{3-112}$$

式中:V_0——被超汽车的行驶速度(km/h);

t_1——加速时间(s);

a——平均加速度(m/s^2)。

$$s_2 = \frac{V}{3.6}t_2 \tag{3-113}$$

式中:V——超车汽车的速度(km/h);

t_2——在对向车道上行驶的时间(s);

$$s_4 = \frac{2}{3}s_2 = \frac{V}{3.6}\frac{2}{3}t_2 \tag{3-114}$$

上述式中,V 采用设计速度(单位:km/h),设超车汽车和对向汽车都按设计速度行驶,而

V_0 为被超车的速度,较设计速度低 5 ~20km/h。超车视距最小值应符合表 3-19 的规定。

超车视距最小值 表 3-19

设计速度(km/h)		80	60	40	30	20
超车视距最小值(m)	一般值	550	350	200	150	100
	最小值	350	250	150	100	70

注:“一般值”为正常情况下的采用值;“极限值”为条件受限制时可采用的值。

4. 视距标准的运用

1)公路

三种视距标准的采用主要根据公路等级、车辆类型以及道路的具体条件进行运用。

(1)高速公路、一级公路的视距采用停车视距。其原因是高速公路和一级公路由于设有中央分隔带无对向车流,不存在会车问题;同向车道数均在两个车道以上,快慢车用画线分隔行驶,各行其道,也不存在超车问题。同向车辆只需考虑制动停车视距。

(2)二级公路、三级公路、四级公路的视距,应满足会车视距的要求,其长度应不小于停车视距的两倍。受地形条件或其他特殊情况限制而采取分道行驶的地段,可采用停车视距,此时该视距路段对向车辆应通过画线等措施分道分向行驶。

(3)二级公路、三级公路、四级公路双车道公路,应间隔设置满足超车视距的路段。具有干线功能的二级公路宜在 3min 的行驶时间内,提供一次满足超车视距要求的超车路段。

(4)积雪冰冻地区的停车视距宜适当增长。

(5)高速公路、一级公路及大型车比例高的二级、三级公路下坡路段,应采用下坡段货车停车视距对相关路段进行检验。

(6)各级公路的互通式立体交叉、服务区、停车区、客运汽车停靠站等各类出口路段应满足识别视距要求,并符合下列规定:

①不同设计速度对应的识别视距应符合表 3-20 的规定。

识 别 视 距 表 3-20

设计速度(km/h)	120	100	80	60
识别视距(m)	350(460)	290(380)	230(300)	170(240)

注:括号中为行车环境复杂、路侧出口提示信息较多时应采取的视距值。

②受地形、地质等条件限制路段,识别视距可采用 1.5 倍的停车视距,但应进行必要的限速控制和管理措施。

(7)路线设计应对采用较低几何指标、线形组合复杂、中间带设置护栏或防眩设施、路侧设有高边坡或构造物、公路两侧各类出入口、平面交叉、隧道等各种可能存在视距不良的路段和区域,进行视距检验。不符合对应的视距要求时,应采取相应的技术和工程措施予以改善。

2)城市道路

(1)停车视距应大于或等于表 3-17 规定值,积雪或冰冻地区的停车视距宜适当增长。

(2)当车行道上对向行驶的车辆有会车可能时,应采用会车视距,其值应为表 3-17 中停车视距的两倍。

(3)对货车比例较高的道路,应验算货车的停车视距。

(4)对设置平、纵曲线可能影响行车视距路段,应进行视距验算。

第七节　平面设计成果

一、公路平面设计成果

1. 平面设计成果主要内容及要求

公路设计成果由文字说明和有关的设计图、表组成,设计成果是工程设计和施工的基本依据,根据《公路工程基本建设项目设计文件编制办法》规定,各设计阶段平面设计图、表的内容及要求如下:

1)初步设计阶段

(1)公路平面总体方案图

公路平面总体方案布置图应示出路线推荐方案与各比较方案的平面位置(包括工可方案)及5km或10km标,特大桥、大桥、隧道的位置、孔数及孔径,互通式立体交叉的位置、交叉形式及相交道路,管理养护区、服务区等的设置位置,以及影响和制约路线、特大桥、大桥、隧道、互通式立体交叉、服务区等位置选定的不良地质、滞洪区、地物(含文物和古迹)、风景区等的分布范围,并以简要文字说明其性质和对各方案的制约程度。必要时可着色醒目地示出其分布。推荐方案上示出设计分段区间,比例尺一般用1∶50 000~1∶10 000地形图或航片图绘制,亦可与路线平、纵面缩图合并绘制。

(2)公路平面总体设计图

公路平面总体设计图应示出地形、地物、坐标网格、路线位置、桩号、桥涵、隧道、道路交叉、沿线排水系统、服务区、管理养护区、沿线取(弃)土场、路(梁)改移等的布设位置。路线位置应标出中心线、路基边线、公里桩、百米桩及曲线主要桩位。必要时应示出有关景观和环保设计的平面位置。比例尺用1∶10 000或1∶20 000。

比较方案的平面总体设计图应单独绘制。

(3)公路分期修建方案设计图

公路分期修建方案设计图。对分期修建的公路,应根据总体设计及分期实施计划。参照上述平面总体设计和公路典型横断面图的要求,分别绘出前期及后期工程的平面总体设计及其横断面,包括各种构造物、交通工程及沿线设施的分期实施总体设计方案。

路线比较方案设计图可单独绘制亦可在平面总体设计图中示意。

(4)路线平面图

路面平面图应示出地形、地物、三角点、导线点、水准点、路中心线及平曲线交点、公里桩、百米桩及平曲线主要桩位、断链位置及前后桩号、大型构造物的位置以及县以上境界等,标出指北图式,列出平曲线要素表。高速公路、一级公路还应示出坐标网格,互通式立体交叉平面布置形式,跨线桥(包括分离式立体交叉桥)位置及交叉方式,复杂平面交叉位置及形式。比例尺用1∶2 000,平原微丘地区比例尺可用1∶5 000。路线平面图也可用景象地形图绘制。

比较方案如远离推荐线时,可单独绘制(注明上承下接关系)。

(5)直线、曲线、转角表

直线、曲线、转角表应列出交点号、交点坐标、偏角、曲线各要素数值、平曲线主要桩位、直线长、计算方位角或方向角等。

2)施工图设计阶段

(1)公路平面总体设计图

公路平面总体设计图应示出地形、地物、导线点、坐标网格、路线位置(桩号、断链、路中心线、中央分隔带、路基边线、坡脚或坡顶线、示坡线曲线主要桩位)与其他交通路线的关系、沿线排水系统、改移河道(沟渠)及道路、县以上境界等,标出桥梁、涵洞、隧道、路线交叉及防护工程的位置(桥梁按孔数及孔径、长度标绘,注明桥名、结构类型、孔数及孔径、中心桩号;隧道按长度标绘,注明名称、长度、桩号;互通式立体交叉绘出平面布置形式,注明跨线桥名称、结构类型、孔数及孔径、交叉方式;平面交叉示出平面形式;涵洞与通道按孔数标绘,示出结构类型、孔数及孔径,通道还应注明区别;防护工程注明类型),示出服务区、停车场、收费站。图中列出导线坐标表,比例尺用1:1 000或1:2 000。本图仅在高速公路及一级公路中编制。

(2)路线平面图

路线平面图应示出地形、地物、路线(不绘比较方案)位置及桩号、断链、平曲线主要桩位与其他交通路线的关系以及县以上境界等,标注水准点、导线点及坐标网格或指北图式,示出特大桥、大桥、中桥、隧道、路线交叉(标明交叉方式和形式)位置等。图中列出平曲线要素表。比例尺用1:5 000~1:2 000。

(3)直线、曲线及转角表

直线、曲线及转角表应列出交点号、交点桩号、交点坐标、偏角、曲线各要素数值、曲线控制桩号、直线长、计算方位角或方向角、断链等。

(4)导线点成果表

导线点成果表应列出导线点编号、点名、坐标、边长、方位角及高程等。

(5)路线逐桩坐标表

路线逐桩坐标表仅在高速公路和一级公路编制本表,列出桩号、纵坐标、横坐标等。

(6)总里程及断链桩号表

总里程及断链桩号表应列出总里程、测量号、断链桩号、断链(增长、减短)、断链累计(长链、短链)、换算连续里程等。

(7)路线固定表及纸上移线图

路线固定表应列出固定桩号、固定情况叙述简图等。

纸上移线图:在编制三、四级公路施工图设计文件时,如发现路线有局部修改需作纸上移线的应绘本图。

2. 设计主要成果的编绘

1)路线平面图的绘制

路线平面图是设计文件的主要内容之一,也是平面设计的重要成果,它综合反映了路线的平面位置和线形,还反映了沿线人工构造物和工程设施的布置以及公路与周围环境、地形、地物的关系,其绘制方法及步骤如下:

(1)导线及道路中线的展绘。在展绘导线或中线展绘以前,需按图幅的合理布局,绘出方格网,坐标网格尺寸采用5cm×5cm或10cm×10cm,要求图廓网格的对角线长度误差均不大于0.5mm,然后按导线点(或交点,下同)坐标 x、y 精确地点绘在相应位置上。每张导线展绘完毕后,用比例尺复核各点间距,再用量角仪校每个角度是否与计算相符,复核无误后,再按"逐桩坐标表"所提供的数据,展绘曲线,并注明路线在本张图中的起点和终点里程桩号、曲线要素等。

路线一律按前进方向从左至右绘制,在每张图的拼接处绘出接图线。在图的右上角注明共×张、第×张。在图纸的空白处注明曲线元素及主要点的里程桩号等。

(2)控制点的展绘。各种比例尺的地形图均应展绘和测出各等级三角点、导线点、图根点、水准点等,并按规定的符号表示。

(3)各种构造物的测绘。各类建筑物、构造物及其主要附属设施应按《公路勘测规范》(JTG C10—2007)的规定测绘和表示。各种线状地物,如管线和高、低压电线等应实测其支架或电杆的位置。对穿越路线的高压线应实测其垂线距地面的高度并注明电压。地下管线应详细测定其位置及埋深。道路及其附属物应按实际形状测绘。公路交叉口应注明每条公路的走向。铁路应注明轨面高程,公路应注明路面类型,涵洞应注明洞底高程等。

(4)水系及其附属物的测绘。海洋的海岸线位置;湖泊(水库)的湖岸线位置;水渠顶边及高程;堤坝顶部及坡脚的高程;水井井台高程;水塘顶边及塘底的高程;河流、水沟等应注明水流流向。

(5)地形、地貌、植被、不良地质地带等均应详细测绘并用等高线国家测绘局制订的"地形图图式"符号及数字注明。

带状地形图的测绘宽度,一般为中线两侧各100~200m。对1∶5 000的地形图,测绘宽度每侧应不小于250m。如有比较线,应将比较线包括进去。

2)逐桩坐标表的编制

高等级公路的线形指高程,表现在平面上是圆曲线半径较大,缓和曲线较长,在测设和放样时须采用坐标法,方能保证其测量精度。所以计算一份"逐桩坐标表"是十分必要的。

(1)坐标系统的采用

根据测区内原坐标系统,一般可作如下几种选择:

①采用统一的高斯正投影3°带平面直角坐标系统。

②采用高斯正投影3°带或任意带平面直角坐标系统,投影面可采用1985年国家高程基准、测区抵偿高程面或测区平均高程面。

③三级和三级以下公路、独立桥梁、隧道及其他构造物等小测区,可不经投影,采用平面直角坐标系统在平面上直接计算。

④在已有平面控制网的地区,应尽量沿用原有的坐标系统,如精度不合要求,也应充分利用其点位,选用其中一点的坐标及含此点的方位角,作为平面控制的起算依据。

(2)中桩坐标的计算

"逐桩坐标"即各个中桩的坐标,其计算和测量的方法是按"从整体到局部"的原则进行的。其步骤如下:

①计算导线坐标。采用两阶段勘测设计的公路或一阶段设计但遇地形困难的路段,一般都要先进行平面控制测量,而路线的平面控制测量多采用导线测量的方法,在有条件时可优先采用全球定位系统(简称GPS)测量方法。导线测量的方法,有经纬仪法、光电测距仪法和全站型电子速测仪法(简称全站仪)。其中全站仪可以直接读取导线点的坐标,其他方法可以在测得各边长及其夹角后,用坐标增量法逐点推算其坐标。用GPS定位技术观测,可在测站之间不通视的情况下,高精度、高效率地获得测点的三维坐标,但高程控制尚不能满足测设精度要求。

②计算交点坐标。当导线点的精度满足要求并经过平差以后,即可展绘在图纸上测绘地

形图(纸上定线),或以导线点为依据在现场直接测得路线各交点的坐标(直接定线)。纸上定线的交点坐标可以在图纸上量取,而直接定线的交点坐标用全站仪测量也可以很方便地获得。

③计算各中桩坐标。可先计算直线和圆曲线主要点坐标,然后计算缓和曲线、圆曲线上每一个中桩的坐标。计算公式参见有关章节。

二、城市道路平面设计成果

1.城市道路平面设计主要成果

完成路线平面设计以后,应即时清绘各种图纸和表格。其中主要的图纸有:道路区位示意图、道路平面设计图、道路交叉口设计图、道路其他设施平面布置图等。主要表格有:直线、曲线及转角一览表,路线交点坐标表(或含在"直线、曲线及转角一览表"中),逐桩坐标表,路线固定表等。

除道路平面设计图与公路有较大差异外,其他图表与公路设计图表相近,下面仅就道路平面设计图的绘制加以介绍。

2.城市道路平面设计图的绘制

1)绘图比例尺和测绘范围

城市道路与公路相比,里程较短而路幅较宽,因此在绘图比例尺的选用上一般比公路大。在做道路施工图设计时,通常采用1∶1 000～1∶500的比例尺绘制。绘图的范围,视道路等级而定,等级高的范围应大些,等级低的可小些。一般在道路两侧红线以外各20～50m,或中线两侧各50～150m,特殊情况例外。

2)城市道路平面设计图的内容及绘制方法

城市道路的导线、中线及路线两侧的地形、地物、水系、植被等的绘制方法与公路相同,不再重复。下面就城市道路中各种设施的绘制方法作一介绍。

(1)规划红线

道路红线是道路用地与城市其他用地的分界线,红线之间的宽度即为城市道路的总宽度。所以当道路的中心线绘出以后,则应按城市道路的规划宽度绘出道路红线。如果有远期规划和近期规划之分,还应分别绘出并注明。

(2)坡口、坡脚或挡土墙边缘线

新建道路由于原地面高低起伏必然有填挖。填方路段在平面图中应绘出路基的坡脚线;挖方路段绘出路基的坡口线,或者绘出挡土墙的边缘线并标示出挡土墙顶面宽度。

(3)车道线

城市道路的车道线是城市道路平面设计图的重要内容。在路幅宽度内,有机动车道、非机动车道之分;在机动车道中还分快车道、慢车道等。各种车道线的位置、宽度可在横断面布置图中查得,在平面中反映出来。车道的曲线部分应按设计的圆曲线半径、长度和缓和曲线长度绘制。各车道之间的分隔带、路缘带、支路出入口等也应绘出。

(4)人行道、人行横道线、交通岛

按设计绘制。

(5)地下管线及设施

道路范围内的地上、地下管线的走向和位置、雨水口、窨井、排水沟等都应在图中标出。必要时,可另绘排水干管、支管平面布置图或专用线路平面布置图。

(6)交叉口

平面交叉口、立体交叉口虽然有专门的交叉口设计图,但在道路平面设计图中也应该按平面图的比例尺绘出并详细注明交叉口的各路去向、交叉角度、曲线元素以及路缘石转弯半径。

3)绘制要求的说明

一张完整的平面设计图,除了清楚并正确地表达上述设计内容外,还可对某些细部设施或构件绘出大样图。最后在图中的空白外作一些简要的工程说明,如工程范围、采用坐标系、引用的水准点位置等。

在城市道路设计文件中所提供的平面设计图包括两种图式:一种是直接在地形图上所做的平面布置图,红线以内和红线以外的地形地物一律保留;另一种是只绘红线以外的地形地物,红线以内只绘车道线和道路上的各种设施而不绘地形地物。两种图各有优缺点:前者可以看出设计人员是如何处理道路与地形地物之间的关系的(包括拆迁情况),后者则可更清晰地表现道路上各种设施的位置和尺寸。前一种图一般用在方案研究和初步设计中,后一种图用在技术设计或施工图设计中。

【复习思考题及习题】

1. 何谓道路的平面?道路平面线形有哪些要素?

2. 综述直线、圆曲线、缓和曲线的线形特征,并简述这三种线形在道路平面线形中运用的条件和注意问题。为什么说过长的直线不是好的线形?

3. 试绘一草图,推导当超高横坡为 i_c 时的横向力系数 μ 的计算公式。简述 μ 对汽车行驶稳定性、经济性、舒适性有何影响。

4. 本书中讨论了汽车行驶在弯道上时的横向倾覆稳定性。如果弯道半径很小,路面横坡 i 不适当,汽车的轮距 b 较窄,装载重心高度 h 又过大,车速 v 很高,则汽车有倾覆的可能性。试分析汽车在开始倾覆时上述诸因素的关系。

假定 $b=1.7\text{m}$,$h=1.8\text{m}$,$R=50\text{m}$,路面横坡 $i_c=-0.03$(反超高),求倾覆的临界速度 v。

5.《标准》对公路平曲线半径规定了哪些技术指标?这些技术指标对路线平面设计有何意义?

6. 为什么道路缓和曲线要采用回旋线?缓和曲线在公路平面线形中有何作用?

7. 试从控制离心加速度的变化率出发,推导出缓和曲线最小长度计算公式。

8. 在什么条件下可以省略缓和曲线?省略缓和曲线在路线平面设计中有何意义?

9. 为什么小偏角要设置大半径曲线?

10. 简要回答同向曲线、反向曲线和回头曲线的线形特征。在平面线形运用中要注意哪些问题?

11. 某平原区二级公路,其设计速度为80km/h,路拱横坡度 $i_g=2\%$,最大超高横坡高 $i_c=8\%$。试求该路线圆曲线的最小半径极限值、最小半径一般值及不设超高的最小半径。

12. 图3-34是6组路线图,每组包括两种不同的线形,试就行车质量(安全及美观)评价其优劣,并扼要说明理由。

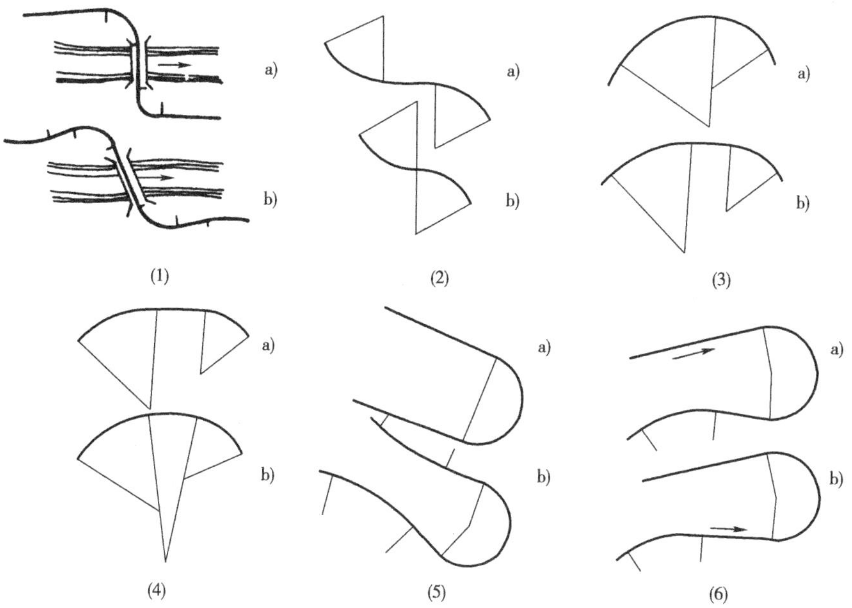

图 3-34 平面线形比较

13. 在怎样的情况下采用停车视距、会车视距、超车视距？凡满足停车视距要求，就一定能满足会车视距和超车视距的要求，这种说法对不对？为什么？

14. 试推导基本形曲线计算曲线要素及桩号的公式。

15. 名词解释：

(1)不设超高最小半径;(2)横向力系数;(3)缓和曲线参数;(4)缓和曲线;(5)停车视距;(6)超车视距;(7)卵形曲线;(8)基本形曲线;(9)凸形平曲线;(10)S 形曲线;(11)C 形曲线。

第四章

道路纵断面设计

第一节　纵断面设计原理

一、汽车行驶理论简介

1. 研究汽车行驶理论的意义

汽车行驶理论是一门在分析汽车行驶基本规律的基础上，研究汽车行驶原理、使用性能和行驶性能的学科。通过上述研究，进一步分析影响汽车使用和行驶性能的各种因素，从而最大限度地从汽车构造、道路设计以及其他行车条件等方面发挥汽车的使用效益。

道路是为汽车行驶服务的，要满足汽车在道路上行驶安全、迅速、经济、舒适、低公害的要求，就必须从驾驶员、汽车、道路和交通管理等方面来保证。在上述因素中，道路的线形设计与汽车行驶的各主要性能关系最密切。道路线形设计的保证措施主要包括：

(1) 为保证汽车在路上行驶的稳定性，即保证安全行车，不翻车、不倒溜或不侧滑，就需要研究汽车行驶的力系平衡、稳定性，合理设置纵、横坡度、弯道以及保证车轮与路面的附着力等。

(2) 尽可能提高车速。评价运输效率的指标是汽车运输生产率(t · km/h)和运输成本

[元/(t·km)],车速是影响的主要因素。因此,为提高车速,就需要充分发挥汽车行驶的动力性能。

(3)为保证道路行车畅通,必须使行车不受或少受阻碍,要有足够的视距和路面宽度,合理地设置平、竖曲线,以及减少道路交叉等。

因此,汽车行驶理论是道路线形设计的基础,是制定道路线形几何标准(如平曲线半径、纵坡坡度等)的理论依据。掌握应用汽车行驶理论对于指导道路线形设计、研究和制定道路技术标准有着重要意义。

2. 汽车的一般构造

汽车虽然型号繁多,且用途与构造各异,但从汽车的基本构造而言,任何一辆汽车都大致由发动机、底盘、车身和电气设备四个部分组成。普通货车总体构造的基本形式如图4-1所示。

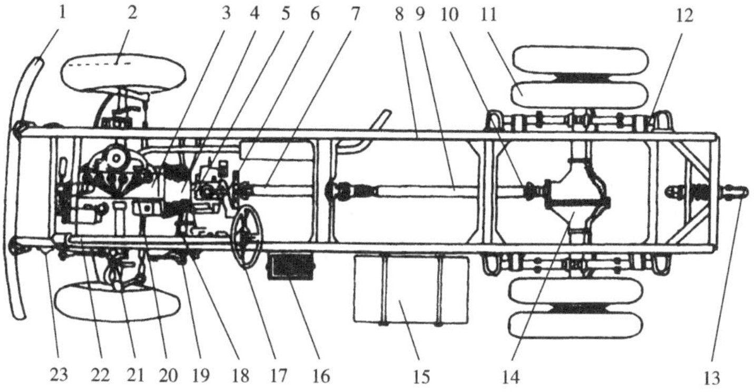

图4-1 普通货车的总体构造

1-前保险杠;2-转向车轮;3-发动机;4-离合器;5-变速器;6-驻车制动器;7-中间传动轴;8-车架;9-传动轴;10-万向节;11-驱动车轮;12-后钢板弹簧;13-牵引钩;14-后桥;15-汽油箱;16-蓄电池;17-转向盘;18-制动踏板;19-离合器踏板;20-起动机;21-前桥;22-发电机;23-前钢板弹簧

1)发动机

发动机是汽车的动力装置,其作用是使供入的燃料经过燃烧而变成热能,并转化成动能,通过底盘的传动系统驱动汽车行驶。

2)底盘

(1)传动系将发动机产生的动力传给驱动车轮,由离合器、变速器、万向传动装置、驱动桥中的主减速器、差速器和半轴组成。

(2)行驶系把汽车各总成、部件连接成一个整体,支承全车荷载,保证汽车行驶,由车架、车桥(前桥和后桥)、车轮和悬架等组成。

(3)转向系保证汽车能够按照驾驶员所需的方向行驶,由带转向盘的转向器总成和转向传动机构(横、直拉杆)等组成。

(4)制动系能够对汽车的减速过程进行人为的控制,必要时能在最短的距离内停车,以保证行车安全,由车轮制动器、手制动器和制动传动装置等组成。

3)车身

车身用来乘坐驾驶员、旅客或装载货物。轿车有一整体的车身,载货汽车车身则包括车头、驾驶室与车厢三部分。

4)电气设备

电气设备包括电源、发动机起动系以及汽车照明等用电设备。在强制点火的发动机中还包括发动机点火系。

上述是汽车的基本构造,为了适应不同使用要求及改善全车某些方面的使用性能,汽车的构造和布置形式也可作某些变动。例如,为了提高汽车的通过性能,越野汽车做成全部车轮驱动,这时所有车桥都成为驱动桥,并在传动系中相应地增设分动器等总成。又如,为了提高汽车的载质量,在现有道路允许轴荷载的限制下,载货车除前后桥外,还加设支持桥。当载质量小时,支持桥被提升机构吊起来,全车仅由两桥支承;当载质量大时,支持桥落下,全车由三桥支承。

3. 汽车的技术参数

为了说明汽车的主要技术性能,经常用下列参数来表示,如图4-2所示。

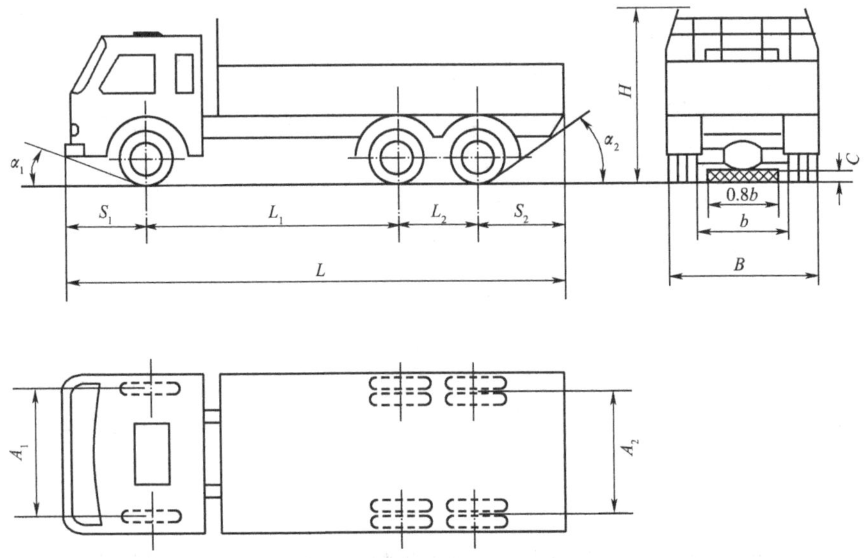

图4-2 汽车常用主要结构参数

(1)空车质量

空车质量指标准装备的汽车质量(kg,以下各质量单位相同),即完整的发动机、底盘、车身、全部电气设备和车辆正常行驶所需要的辅助设备的质量,以及加足燃料、润料、冷却液和随车工具、备用车轮及备品等的质量之和。

(2)载质量

载质量指汽车上所许可的额定装载量,通常货车以"t"表示;客车以"座位数"或"人数"表示。

(3)最大总质量

最大总质量指汽车满载时的总质量。

(4)最大轴载质量

最大轴载质量指汽车单轴所承载的最大总质量。

(5)车长 L

车长指垂直于车辆纵向对称平面并分别抵靠在汽车前、后最外端突出部分的两垂面间的距离(mm,以下尺寸单位相同)。

(6)车宽

车宽 B 指平行于车辆纵向对称平面并分别抵靠在汽车两侧固定突出部位(除后视镜、侧面标志灯、方位灯、转向指示灯等)的两平面之间的距离。

(7)车高 H

车高指车辆支承平面与车辆最突出部位相抵靠的水平之间的距离。

(8)轴距 L_1、L_2

轴距指汽车直线行驶位置时,前后车轮落地中心线之间的距离。

(9)轮距 A_1、A_2

轮距指在支承平面上,同轴左右车轮两轨迹中心间的距离(轴两端为双轮时,为左右两条双轨迹的中线间距离)。

(10)前悬 S_1

前悬指在直线行驶位置时,汽车前端刚性固定件的最前点到通过两前轮轴线的垂面间的距离。

(11)后悬 S_2

后悬指在直线行驶位置时汽车后端刚性固定件的最后点到通过最后面两后轮轴线的垂面间的距离。

(12)最小离地间隙 C

最小离地间隙指满载时汽车中间区域下部的最低点到地面之间的距离,用以表明汽车在道路不平处可以无碰撞地越过的程度。而汽车中间区域是指汽车外形轮廓投影到与汽车纵向对称平面垂直的铅平面上,汽车与同一轴两端车轮(包括复式车轮)内缘所在平面之间的距离 b 的 80%,即 0.8 区域内。

(13)接近角 α_1

接近角指汽车前端最突出点向前轮引的切线与地面的夹角。

(14)离去角 α_2

离去角指汽车后端最突出点向后轮引的切线与地面的夹角。

(15)最小转弯半径

最小转弯半径指汽车在转弯时,转向盘转到最大极限位置时,外侧前轮所滚过的轨迹半径(mm),以表明汽车在行驶中的灵活程度。

(16)最高车速

最高车速指汽车在平坦公路上行驶时能达到的最大速度(km/h)。

(17)爬坡能力

爬坡能力指汽车的最大爬坡能力。一般指汽车在满载和一档状态下能上坡的最大倾斜角度(°或%)。

(18)制动距离

制动距离指汽车以一定速度行驶紧急制动时,从驾驶员踩脚制动踏板开始到完全停车为止的距离。通常用初速 50km/h 的制动距离为准。

(19)平均燃料消耗量

平均燃料消耗量一般以汽车百吨公里的最低燃油消耗量或每百公里的平均燃料消耗量分别表示为 L/100(t · km)或 L/100km。

4. 汽车的主要技术性能

汽车的性能随汽车类型而不同,一般归纳起来可包括动力性能、运动性能以及环境性能三部分,如图 4-3 所示。

- 汽车的性能
  - 动力性能
    - 最高速度
    - 加速能力
    - 制动能力
    - 装载能力
    - 爬坡能力
    - 燃料消耗
  - 运动性能
    - 操纵性能
    - 稳定性能
  - 环境性能
    - 车外环境(噪声、振动)
    - 车内环境(座位软硬、车内的通风换气、温度、湿度及色彩)

图 4-3 汽车的性能

几种国产汽车的主要技术性能见表 4-1。

汽车的技术性能是汽车本身的固有特性,了解汽车的技术性能,如何在道路线形设计中保证汽车技术性能的正常发挥,对于确保行车快速、安全、舒适具有十分重要的意义。本节重点就与道路纵面设计有密切相关的性能加以论述。其主要内容有:汽车行驶的牵引力及运动方程,汽车的动力特性,汽车行驶的纵向稳定性,汽车的制动性等。

二、汽车行驶的牵引力及运动方程

1. 牵引力计算

1)用转矩表示的牵引力计算公式

汽车的牵引力来自它的内燃发动机。在发动机内将热能转化为机械能,从而产生有效功率,再使发动机的曲轴产生转矩,转矩再经传动系传到汽车的驱动轮上,使得汽车运动,如图 4-1 所示。

牵引力的大小可按式(4-1)计算:

$$T = \frac{M\gamma\eta}{r} \tag{4-1}$$

式中:T——汽车牵引力(N);

γ——变速器的变速比;

M——汽车发动机的转矩(N · m);

η——传动系统的机械效率,载货汽车一般为 0.8 ~0.85,小汽车一般为 0.85 ~0.95;

r——计入轮胎变形后的车轮工作半径(m),一般为车轮几何半径的 0.93 ~0.96 倍。

2)用车速表示的牵引力计算公式

此时,驱动轮上的转速 n_k 为:

$$n_k = \frac{n}{i_o i_k} = \frac{n}{\gamma} \tag{4-2}$$

几种国产汽车的主要技术性能表

表 4-1

汽车型号		解放 CA 140	东风 EQ 140	黄河 JN 151	黄河 JN 151	北京 BJ 130	上海 SH 130	奥迪 Audi 100	桑塔纳 SANTANA	标致 505SW5	富康 ZX	夏利 TJ 7100	依维柯 45.10
生产厂名		第一汽车	第二汽车制造厂	济南汽车	济南汽车制造厂	北京汽车二厂	上海汽车制造厂	第一汽车	上海大众汽车有限公司	广州标致汽车公司	第一汽车制造厂	天津市汽车工业公司	南京汽车制造厂
外形尺寸	全长(mm)	6 895	6 910	7 600	7 600	4 710	4 635	4 793	4 546	4 910	4 070	3 610	6 000
	总宽(mm)	2 438	2 470	2 400	2 400	1 850	1 800	1 814	1 690	1 737	1 700	1 600	2 000
	总高(mm)	2 350	2 325	2 600	2 600	2 100	2 070	1 446	1 407	—	1 404	1 385	2 730
	轴距(mm)	4 000	3 950	4 000	4 000	2 800	2 500	2 687	2 548	2 900	—	2 340	3 310
自重(kg)		4 190	4 080	6 800	6 600	1 800	1 755	1 160	1 030	1 340	955	740	—
总重(kg)		9 415	9 290	15 060	4 860	4 075	3 950	1 710	1 460	1 980	1 355	1 170	4 500
轮距	前桥(mm)	1 800	1 810	1 927	1 972	1 480	1 440	1 476	1 414	1 496	—	1 385	1 692
	后桥(mm)	1 800	1 800	1 744	1 744	1 470	1 440	1 483	1 422	1 400	—	1 365	1 544
发动机	最大功率[kW/(r·min)]	103/—	99.3/—	117.7/—	117.7/—	55.2/—	55.2/—	66/5 500	62.7/5 200	72/5 500	54/5 600	38/5 600	76/3 800
	最大转矩[(N·m)/(r·min)]	392/—	352.8/—	686/—	607.6/—	171.5/—	156.8/—	145/3 300	138/3 300	167/3 000	120/3 600	75.5/3 200	230.3/—
	油耗[(L/100km)/(km/h)]	—	28/—	25/—	24/—	15/—	14/—	5.9/90	6.3/90	—	4.9/90	4.5/60	8.0/—
技术性	最高车速(km/h)	88	90	71	67	85	85	175	169	160	170	145	~120
	最大爬坡度(%)	20	28	27	27	36	31.5	—	—	22	—	—	≥30°
	最小转弯半径(m)	8.0	8.0	8.25	3.25	5.7	6.0	5.8	10.85/2	11.10/2	10.45/2	4.5	12.10/2
变速器速比 i_k	一挡	7.70	7.48	7.64	7.64	6.09	5.000	3.545	3.445	3.592	0.292 6	3.090	6.194
	二挡	4.10	4.31	4.27	4.27	3.09	2.807	2.105	1.789	2.088	0.552 6	1.842	3.894
	三挡	2.34	2.45	2.60	2.60	1.71	1.633	1.300	1.286	1.367	0.783 7	1.230	2.260
	四挡	1.51	1.54	1.59	1.59	1.00	1.000	0.943	0.909	1.000	1.025 6	0.864	1.428
	五挡	1.00	1.00	1.00	1.00	—	—	0.789	—	0.823	1.303 0	—	1.000
	倒挡	8.27	8.19	5.95	5.95	4.95	6.180	3.500	3.167	3.634	0.279 0	3.142	5.692
传动器速比 i_o		6.39	6.33	4.88	5.79	5.83	6.167	4.111	—	4.222	—	4.500	3.910

相应的车速 V 为:

$$V=2\pi r\frac{n60}{\gamma 1\ 000}=0.377\frac{nr}{\gamma} \tag{4-3}$$

式中:V——汽车行驶速度(km/h);

n——发动机曲轴转速(r/min);

r——同式(4-1)。

用车速表示的牵引力计算公式则为:

$$T=0.377\frac{n}{V}M\eta \tag{4-4}$$

3)用功率表示的牵引力计算公式

发动机曲轴的扭矩与发动机的有效功率有关,它们之间的关系如下:

$$\begin{aligned}N&=M\omega \quad (\mathrm{W})\\&=M\omega/1\ 000 \quad (\mathrm{kW})\end{aligned} \tag{4-5}$$

$$\omega=2\pi n/60 \quad (\mathrm{rad/s}) \tag{4-6}$$

代入式(4-6),则:

$$N=\frac{Mn}{9\ 549} \tag{4-7}$$

$$M=9\ 549\frac{N}{n} \tag{4-8}$$

将式(4-9)代入式(4-4),则用功率表达的牵引力为:

$$T=3\ 600\frac{N}{V}\eta \tag{4-9}$$

2. 行车阻力计算

汽车行驶时需要不断克服运动中所遇到的各种阻力。这些阻力有来自汽车周围空气介质的阻力,有来自道路的路面不平整和上坡行驶所形成的阻力,也有来自汽车变速行驶时克服惯性的阻力,分别称之为空气阻力、道路阻力和惯性阻力。

1)空气阻力

汽车在行驶中,由于迎面空气质点的压力,车后的真空吸力及空气质点与车身表面的摩擦力阻碍汽车前进,总称为空气阻力。现代汽车的行驶速度很高,空气阻力对汽车行驶的动力性和燃料消耗的经济性影响较大,当行驶速度在 100km/h 以上,有时一半的功率用来克服空气阻力。

由空气动力学的研究和试验可知,汽车在空气介质中运动时所产生的空气阻力 R_w(N)可以用式(4-10)计算:

$$R_w=\frac{1}{2}KA\rho v^2 \tag{4-10}$$

式中:K——空气阻力系数,它与汽车的流线型有关,可参考表 4-2 选用或查阅有关资料;

ρ——空气密度,一般 $\rho=1.225\ 8\mathrm{N\cdot s^2/m^4}$;

A——汽车迎风面积或称正投影面积($\mathrm{m^2}$);

v——汽车与空气的相对速度(m/s),可近似地取汽车的行驶速度。

汽车的空气阻力系数与迎风面积 表 4-2

车　　型	迎风面积 A(m^2)	空气阻力系数 K
小客车	1.4～1.9	0.32～0.50
载货汽车	3.0～7.0	0.60～1.00
大客车	4.0～7.0	0.50～0.80

将车速 v(m/s)化为 V(km/h)并化简,得:

$$R_w = \frac{KAV^2}{21.15} \tag{4-11}$$

对汽车列车的空气阻力,一般可按每节挂车的空气阻力为其牵引车的 20% 折算。

2)道路阻力

道路阻力是由弹性轮胎变形和道路的不同路面类型及纵坡度而产生的阻力,主要包括滚动阻力和坡度阻力。

(1)滚动阻力

弹性轮胎反复变形时,其材料内部发生摩擦要消耗一部分功率。在柔性路面上汽车行驶时不仅轮胎变形,而且路面也会变形,其接触面之间产生摩擦要消耗部分功率。另外,由于路面的不平整而造成轮胎振动和撞击引起部分功率的消耗。滚动阻力与汽车的总重力成正比,若坡道倾角为 α 时,其值可用式(4-12)计算:

$$R_f = Gf\cos\alpha \tag{4-12}$$

由于坡道倾角 α 一般较小,认为 $\cos\alpha \approx 1$,则:

$$R_f = Gf \tag{4-13}$$

式中:R_f——滚动阻力(N);

G——车辆总重力(N);

f——滚动阻力系数,它与路面类型、轮胎结构和行驶速度等有关,一般应由试验确定,在一定类型的轮胎和一定车速范围内,可视为只和路面状况有关的常数,见表 4-3。

各类路面滚动阻力系数 f 值 表 4-3

路面类型	水泥及沥青混凝土路面	表面平整的黑色碎石路面	碎石路面	干燥平整的土路	潮湿不平整的土路
f	0.01～0.02	0.02～0.025	0.03～0.05	0.04～0.05	0.07～0.15

(2)坡度阻力

汽车在坡道倾角为 α 的道路上行驶时,车重 G 在平行于路面方向的分力为 $G\sin\alpha$,上坡时它与汽车前进方向相反,阻碍汽车行驶;而下坡时与前进方向相同,助推汽车行驶。坡度阻力可用式(4-14)计算:

$$R_i = G\sin\alpha \tag{4-14}$$

因坡道倾角一般较小,认为 $\sin\alpha \approx \tan\alpha = i$,则:

$$R_i = Gi \tag{4-15}$$

式中:R_i——坡度阻力(N);

G——车辆总重力(N);

i——道路纵坡度,上坡为正,下坡为负。

滚动阻力和坡度阻力均与道路状况有关,且都与汽车的总重力成正比,将它们统称为道路阻力,以 R_R 表示:

$$R_R = G(f+i) \tag{4-16}$$

式中:$f+i$——统称道路阻力系数,通常用 ψ 表示。

3)惯性阻力

汽车变速行驶时,需要克服其质量变速运动时产生的惯性力和惯性力矩称为惯性阻力,用 R_1 表示。汽车的质量分为平移质量和旋转质量(如飞轮、齿轮、传动轴和车轮等)两部分。变速时平移质量产生惯性力,旋转质量产生惯性力矩。

平移质量的惯性力:

$$R_{j1} = ma = \frac{G}{g}a \tag{4-17}$$

旋转质量的惯性力矩:

$$R_{j2} = \sum I \frac{d\omega}{dt} \tag{4-18}$$

式中:I——旋转部分的转动惯量;

$\frac{d\omega}{dt}$——旋转部分转动时的角加速度。

旋转质量组成部分较多,且各部分的转动惯量和角加速度不同,计算比较复杂,为方便计算,一般给平移质量惯性力乘以大于1的系数 δ 来代替质量惯性力矩的影响。即:

$$R_j = \delta \frac{G}{g}a \tag{4-19}$$

式中:R_j——惯性阻力(N);

G——车辆总重力(N);

g——重力加速度(m/s^2);

a——汽车的加速度(正值或负值)(m/s^2);

δ——惯性力系数(或旋转质量换算系数)。

惯性力系数 δ 主要与飞轮的转动惯量、车轮的转动惯量以及传动比有关,其值可用式(4-20)计算:

$$\delta = 1 + \delta_1 + \delta_2 i_k^2 \tag{4-20}$$

式中:δ_1——表示汽车车轮惯性力的影响系数,一般 δ_1 为0.03~0.05;

δ_2——表示发动机飞轮惯性力的影响系数,一般小客车 δ_2 为0.05~0.07,载货汽车 δ_2 为0.04~0.05;

i_k——变速器速比,$i_k(\text{本挡}) = \frac{v_{max}(\text{高挡})}{v_{max}(\text{本挡})}$,或查表4-1。

汽车的总行驶阻力 R 为:

$$R = R_w + R_R + R_j \tag{4-21}$$

3.汽车运动方程及行驶条件

1)汽车的运动方程

汽车在道路上行驶时,必须有足够的驱动力来克服各种行驶阻力。当驱动力与各种行驶

阻力的代数和相等的时候,称为驱动平衡。其驱动平衡方程(也称汽车的运动方程式)为:

$$T=R=R_w+R_R+R_j \tag{4-22}$$

式(4-22)中驱动力 T 为节流阀全开情况。如果节流阀部分开启时,要对驱动力 T 进行修正。修正系数用 U 表示,称之为负荷率。即:

$$T=U\frac{M\gamma\eta_T}{r} \tag{4-23}$$

一般,负荷率 $U=80\%\sim90\%$。将式(4-10)、式(4-16)、式(4-19)代入式(4-22),则汽车的运动方程为:

$$U\frac{M\gamma\eta_T}{r}=\frac{KAv^2}{21.15}+G(f+i)+\delta\frac{G}{g}a \tag{4-24}$$

2)汽车的行驶条件

汽车在道路上行驶,当驱动力等于各种行驶阻力之和时,汽车等速行驶;当驱动力大于各种行驶阻力之和时,汽车加速行驶;当驱动力小于各种行驶阻力之和时,汽车减速行驶,直至停车。所以,要使汽车行驶,必须具有足够的驱动力来克服各种行驶阻力。即:

$$T\geqslant R \tag{4-25}$$

式(4-25)是汽车行驶的必要条件(即驱动条件)。

只是有足够的驱动力还不能保证汽车正常地行驶。若驱动轮与路面之间的附着力不够大,车轮将在路面上打滑,不能行进。所以,汽车能否正常行驶,还要受轮胎与路面之间附着条件的制约。即汽车行驶的另一必要条件是驱动力小于或等于轮胎与路面之间的附着力。即:

$$T\leqslant\varphi G_k \tag{4-26}$$

式中:φ——附着系数,主要取决于路面的粗糙程度和潮湿泥泞程度,轮胎的花纹和气压,以及车速和荷载等,计算时可按表4-4选用;

G_k——驱动轮荷载,一般情况下,小汽车为总重的0.5~0.65倍,载货汽车为总重的0.65~0.80倍。

以上是汽车行驶的附着条件。

各类路面上附着系数 φ 的平均值 表4-4

路面类型	路面状况			
	干燥	潮湿	泥泞	冰滑
水泥混凝土路面	0.7	0.5	—	—
沥青混凝土路面	0.6	0.4	—	—
过渡式及低等级路面	0.5	0.3	0.2	0.1

3)汽车行驶条件分析

从汽车行驶的两个条件可以看出,要提高汽车的效率,主要应从提高汽车牵引力 T 和路面轮胎间的附着力以及减小行驶阻力三方面着手。

(1)提高牵引力可以采取增加发动机扭矩 M、加大传动比 γ 和提高发动机机械效率等措施。

(2)提高附着力主要是从增加路面表面粗糙度,加强路面排水,使路面具有较大的附着系数 φ,以及改进汽车轮胎和粗糙度等几方面着手。

(3)减小行车阻力主要从提高路面质量,使路面平整,减小滚动阻力 R_f,降低路线纵坡,减

小坡度阻力 R_j,改进车型,减小空气阻力 R_w 等几方面着手。

三、汽车的动力性能

汽车的动力性能表示汽车行驶时所具有的爬坡能力,行驶速度以及加、减速性能等。汽车的动力性能越好,其可能的行驶速度就越高,所具有的克服道路阻力和爬坡能力也就越大,其平均技术速度也越高。因此,汽车的动力特性常用汽车行驶所可能的最高速度,最低稳定速度、所能克服的最大纵坡、加速和减速性能等各项技术指标来评价,称为汽车的牵引性参数。

改善汽车动力性能,可以提高运行速度,从而提高运输生产率,这通常是汽车设计者的任务。对于公路设计者来说,学习汽车的动力性能的主要任务是:了解公路上行驶的主要车型的动力特性,并使所设计的公路更有利于汽车动力特性的发挥,也为一些公路技术标准的制定(如最大纵坡、合成纵坡、坡长限制等)提供理论依据。

1. 动力因素

1)动力因素计算

在汽车的牵引力平衡方程中,牵引力和空气阻力与汽车的构造及行驶速度有关,而滚动阻力和坡度阻力与汽车所行驶的道路条件有关,惯性阻力则取决于汽车运动状态,为便于研究汽车行驶与道路的关系,将牵引力平衡方程改写为:

$$T - R_w = G(f \pm i) \pm \delta \frac{G}{g} a \tag{4-27}$$

两边同除以 G:

$$\frac{T - R_w}{G} = (f \pm i) \pm \frac{\delta}{g} a$$

令

$$\frac{T - R_w}{G} = D$$

则

$$\begin{aligned} D &= (f \pm i) \pm \frac{\delta}{g} a \\ &= \psi \pm \frac{\delta}{g} a \end{aligned} \tag{4-28}$$

式中:ψ——道路阻力系数;

D——动力因素,表征某型汽车在海平面高程上,满载情况下单位车重所具有的有效牵引力(又称单位车重所具有的潜力)。

2)受附着力限制的动力因素 D_φ

另外,根据前述的汽车运动的附着条件,即式(4-26),则受附着条件限制的动力因数为:

$$D_\varphi = \frac{G_k \varphi - R_w}{G} \tag{4-29}$$

2. 动力特性图及其应用

1)动力特性图

根据动力因素计算式可以计算出某一挡位时汽车的动力因素,据此作出某一道路条件下

的 $D\text{-}V$ 曲线，该曲线称为汽车的动力特性图。图 4-4 为三种汽车的动力特性图，该图绘制的有关数据见表 4-5。

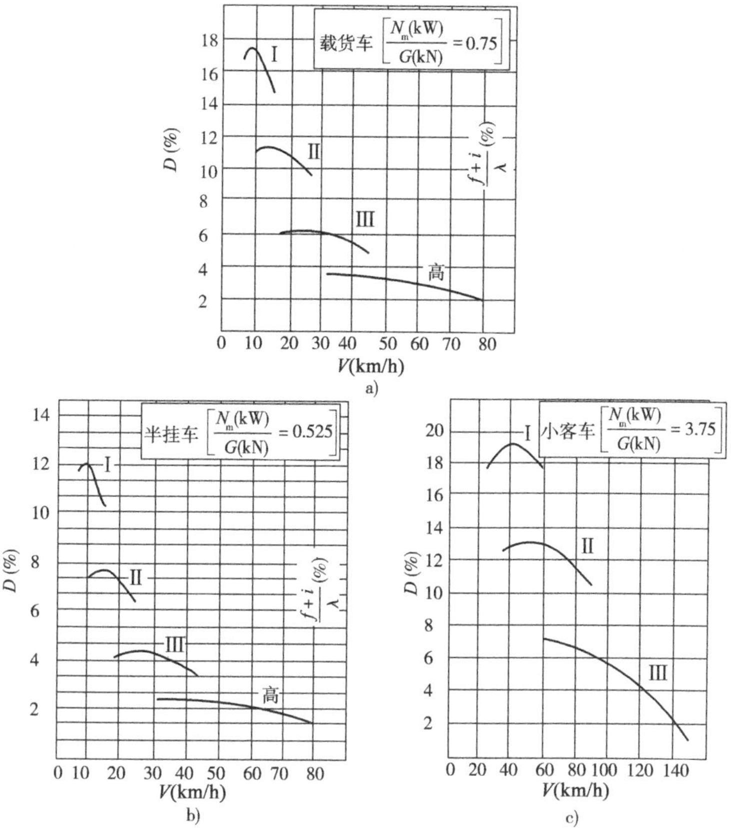

图 4-4 汽车动力特性图

三种代表车型有关数据 表 4-5

车型	G (kN)	N (kN)	$\frac{KF}{G}$	高挡		Ⅲ挡		Ⅱ挡		低挡	
				V_{max}	η	V_{max}	η	V_{max}	η	V_{max}	η
半挂车	313.60	164.75	0.6×10^{-6}	80	0.9	45	0.85	25	0.85	15	0.8
载货车	137.20	102.97	1.6×10^{-6}	80	0.9	45	0.85	25	0.85	15	0.8
小客车	16.66	62.52	2.9×10^{-6}	130	0.9	—	—	90	0.85	60	0.8

注：高挡即直接挡，超挡未列。

动力性能图是按海平面及汽车满载的情况下绘制的，对不同海拔、荷载下的动力因素应按海拔、荷载及发动机最大功率进行调整，调整系数为：

$$\lambda=\xi\frac{G_a P'_{max}}{G_0 P_{max}} \tag{4-30}$$

式中：λ——动力因素调整系数，即考虑海拔及荷载影响系数，考虑 λ 后的动力因素则调整为 λD；

ξ——海拔系数；

G_a——实际装载时汽车的重力(N)；

G_0——汽车满载时的重力(N);

P'_{max}——实际计算车型发动机最大功率(kW);

P_{max}——标准车发动机最大功率(kW)。

利用汽车的动力特性图,可以求出汽车在某一行驶条件下所能保持的稳定行驶速度 V,并可确定汽车克服此时的行驶阻力所采用的排挡以及此时汽车所具有的加速度和爬坡能力(如坡度和坡长)等。

当汽车等速行驶时,$\frac{dV}{dt}=0$,$D=\psi$,此时,汽车可爬的最大坡度为:

$$i_{max}=D_{max}-f \tag{4-31}$$

式中:D_{max}——汽车在某一排挡爬坡时动力因素的最大值,可由该排挡时汽车的动力性能图查得。

2)动力特性图的应用与分析

(1)动力特性图的应用

应用动力特性图可以求出汽车在某一行驶条件下(道路阻力系数 ψ 为某一定值)所能保持的速度 V 和所采用的排挡;可以近似求出在小于最高速度下所能发出的加速度;可以求出在等速行驶时某一排挡下汽车所能克服的纵坡度等。

(2)道路条件一定时的最高车速

最高车速是指在良好的路面上,稳定行驶的汽车能达到的最大速度。此时,加速度为零,即 $dV/dt=0$,由 $D=\psi$ 直线与 $D=f(V)$ 曲线的交点,如图4-5中的 c 点,所对应的速度 V_c,即为在道路阻力为 ψ 时,汽车可能的最大行驶速度。

(3)保持一定速度汽车所能克服的道路阻力

如图4-5所示,由已知的速度 V_1,与曲线 $D=f(V)$ 相交于1点,其对应的 D_1,即由 $D_1=\psi$ 求出道路阻力。

(4)最小稳定速度

对于临界速度某一排挡的动力特性曲线,动力因数 D 均有一定的使用范围,该曲线的极值 $D=D_{max}$,如图4-5中的 d 点,其所对应的速度 V_k 叫作临界速度。临界速度 V_k 是汽车稳定运动的极限最小速度。

当汽车采用 $V_1>V_k$ 的速度行驶时,如图4-5中的1点,在 $d\sim1$ 的曲线范围内,V 与 D 呈反比关系。当所遇道路阻力增加时,则汽车可降低车速,增加 D 值以克服道路阻力。若增加的阻力消失,则速度很容易提高到 V_1 行驶。这种 $V_1>V_k$ 的情况叫作稳定行驶。

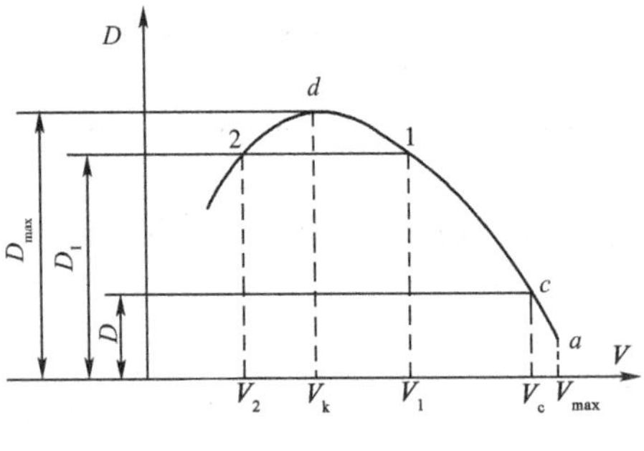

图4-5 动力特性图分析

若汽车采用 $V_2<V_k$ 的速度行驶,如图4-5中的2点,在 $2\sim d$ 曲线范围内 V 与 D 呈正比关系。此时,若道路阻力增加,汽车降低车速行驶,而 D 值反而减小,这样动力因数反而不足,迫使汽车停车。这样 $V_2<V_k$ 的行驶情况叫作不稳定行驶。

由此可知,临界速度 V_k 是汽车行驶的极限最小速度。因此,一般汽车行驶速度均应大于 V_k。

(5)最高速度

汽车的最高速度是指油门最大,汽车满载(不带挂车)在平整坚实的水平路段上,以直接挡稳定行驶的最大速度。如图4-5中的 a 点所对应的速度 V_{max}。

四、汽车行驶的纵向稳定性

汽车行驶稳定性是指汽车在行驶过程中,受外部因素作用,能保持或很快恢复原行驶状态和方向,而不失去控制发生侧滑、倾覆等现象的能力。

汽车行驶稳定性从不同方向来看,可有纵向稳定性和横向稳定性。从丧失稳定的方式来看可有滑动稳定性和倾覆稳定性。分析和确保汽车行驶的稳定性对于合理设计汽车结构尺寸,正确设计公路,保证行车安全,提高运输生产率,减轻驾驶员的疲劳强度有着十分重要的意义。

影响汽车行驶稳定性主要有以下三方面的因素:

(1)汽车本身的结构参数。如汽车的整体布置、几何参数、重量参数、轮胎特性、前后悬架的形式等。

(2)驾驶员的因素。如驾驶员开车时的思想集中状况、反应快慢、技术熟练程度、动作灵敏程度等因素,对于驾驶员能否做出准确判断、及时采取措施使汽车趋于稳定,确保行车稳定有着直接关系。

(3)作用于汽车的外部因素。主要是汽车和路面间的相互作用因素(如公路的纵向、横向坡度,路面附着情况等),以及汽车做不等速行驶和曲线运动时惯性力的作用。

汽车行驶的横向稳定性问题已在第三章中的汽车在曲线行驶稳定性中讲述,下面讲汽车行驶的纵向稳定性。

1.汽车在直坡道上受力分析

如图4-6为后轴驱动的双轴汽车在硬路面直坡道上低等速行驶时,忽略滚动阻力、空气阻力影响的受力情况。

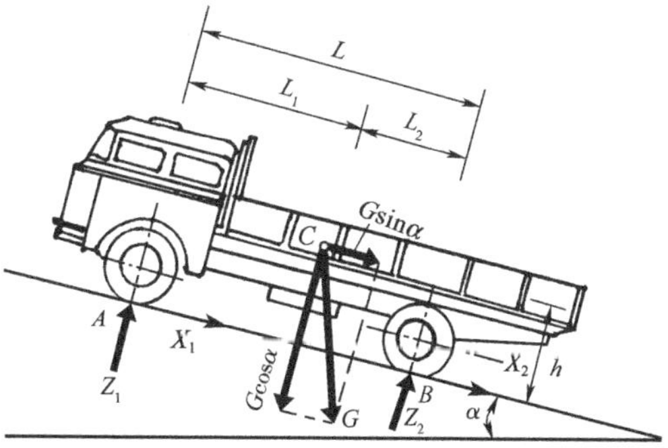

图4-6 汽车在直坡道上的受力

G-汽车总重力(N);C-汽车重心位置;h-汽车重心高度(m);α-道路坡度角(°);Z_1、Z_2-作用于前后轮上的法向反力(N);X_1、X_2-作用于前后轮上的切向反力(N);L-汽车轴距(m)

对汽车后轮着地点 B 取矩,则可求得前轮垂直反力:

$$Z_1L = G\cdot\cos\alpha\cdot L_2 - G\sin\alpha\cdot h$$

$$Z_1 = \frac{G\cdot\cos\alpha\cdot L_2 - G\sin\alpha\cdot h}{L} \tag{4-32}$$

对前轮着地点 A 取矩则可以得到后轮垂直反力:

$$Z_2L = G\cdot\cos\alpha\cdot L_1 + G\cdot\sin\alpha\cdot h$$

$$Z_2 = \frac{G\cdot\cos\alpha\cdot L_1 + G\cdot\sin\alpha\cdot h}{L} \tag{4-33}$$

2.纵向倾覆稳定

当汽车前轮离地即法向作用力为零时,将导致汽车纵向倾覆。

由式(4-32),令 $Z_1=0$,即得纵向倾覆稳定条件:

$$\tan\alpha_0 = \frac{L_2}{h} \tag{4-34}$$

式中：α_0——汽车产生纵向倾覆时的道路极限坡度角。

由上式可知，当 $\alpha > \alpha_0$ 时，汽车失控产生纵向倾覆；纵向倾覆稳定性仅与汽车结构参数 L_2 和 h 有关。L_2 越大，则 α_0 越大，纵向倾覆稳定性好，汽车重心位置越高，则 α_0 越小，纵向稳定性越差。一般 L_2 与 h 的值在汽车设计中须考虑，其比值 $L_2/h \gg 1$，因此，一般来说纵向倾覆稳定条件容易满足。

3. 纵向滑动稳定

当汽车上坡时产生倒溜极限状态时，下滑力与最大附着力平衡，略去次要因素，则：

$$下滑力 = G \cdot \sin\alpha_1$$

$$附着力 = Z_2\varphi$$

将式(4-33)代入得：

$$G \cdot \sin\alpha_1 = \frac{G \cdot \cos\alpha_1 \cdot L_1 + G \cdot \sin\alpha_1 \cdot h}{L} \cdot \varphi$$

$$\tan\alpha_1 = \frac{L_1 + h \cdot \tan\alpha_1}{L} \cdot \varphi$$

因 $h \cdot \tan\alpha_1 \cdot \varphi$ 较小，略去不计，并且 $\frac{L_1}{L} \approx \frac{G_2}{G}$，所以

$$\tan\alpha_1 = \frac{L_1}{L} \cdot \varphi = \frac{G_2}{G} \cdot \varphi \tag{4-35}$$

式中：α_1——汽车发生倒溜时的道路极限坡度角(°)；

G_2——后轴分配的轴重(N)；

G——汽车总重(N)。

由以上分析可知

$$i < \tan\alpha_1 = \frac{G_2}{G} \cdot \varphi$$

式中：i——路线纵坡度。

上式即为满足汽车不产生纵向倒溜时的公路纵坡条件。对于载货汽车一般：

$$\frac{G_2}{G} = 0.66 \sim 0.76$$

泥泞时，$\varphi = 0.2$；结冰时，$\varphi = 0.1$，因此汽车不产生倒溜的条件是：

$$i < 0.132 \sim 0.152(泥泞时) \tag{4-36}$$

$$i < 0.066 \sim 0.076(结冰时) \tag{4-37}$$

汽车行驶纵向滑动稳定条件是制定公路极限纵坡、最大超高坡度、合成纵坡的理论依据之一。

五、汽车的制动性能

汽车的制动性能是指汽车在行驶中强制降低车速或在下长坡时保持一定车速的能力。汽车制动性能的好坏，直接关系到汽车行驶的安全。据某城市统计，在某年中发生的250起重大交通事故中，因制动距离太长和紧急制动侧滑所引起的事故占40%。因此，良好的制动性能是汽车在安全行驶条件下提高车速、获得较高运输生产效率的重要保证。

汽车的制动性能可以从以下三方面来评价：

(1)制动效能包括汽车的制动减速度、制动时间和制动距离。

(2)制动效能的恒定性，如热机衰退性能等。

(3)制动时汽车的方向稳定性，即制动时汽车不发生跑偏、侧滑、甩尾及丧失转向能力。

下面仅就与行车安全和公路设计关系密切的制动效能加以论述。

1. 制动力及制动时汽车运动方程

1)制动力 P_T

如图4-7所示，制动时，制动器内的制动蹄上的摩擦片的制动鼓压紧，产生摩擦力 P，并形成制动力矩 M_μ 阻止车轮转动，即：

$$M_\mu = P \cdot r_B \quad (\mathrm{N \cdot m}) \tag{4-38}$$

式中：P——制动鼓与制动蹄之间摩擦力，其值为 $P=\mu' F$；

μ'——摩擦片的摩擦系数，其值为0.3~0.5；

F——制动蹄制动时产生的张力(N)；

r_B——制动鼓半径(m)。

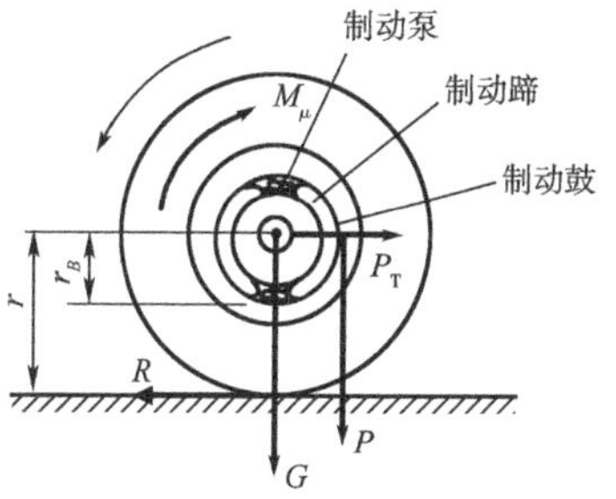

图4-7 汽车制动力

产生于轮轴上的制动力：

$$P_T = \frac{M_\mu}{r} \tag{4-39}$$

但是，制动力 P_T 的发挥是受车轮和路面间的附着力(即反作用力)限制的。因此，在极限状态下，汽车最大制动力为：

$$P_{T\max} = G \cdot \varphi \tag{4-40}$$

式中：G——分配到制动轮上的荷重，一般汽车为全轮制动，即 G 为汽车总重(N)；

φ——轮胎与路面的附着系数，公路设计时，φ 值一般采用路面为潮湿状态的值，见表4-4。

2)制动时汽车运动方程

制动时汽车为减速运动，考虑制动力的作用，汽车牵引力平衡方程：

$$-P_T = R_f \pm R_i + R_w + R_j \tag{4-41}$$

在制动时一般速度下降很快，速度较小，空气阻力可略去不计。

$$P_T + R_f \pm R_i + R_j = 0 \tag{4-42}$$

即：

$$G \cdot \varphi + G \cdot \psi + \frac{\delta}{g} \cdot G \cdot \frac{\mathrm{d}v}{\mathrm{d}t} = 0 \tag{4-43}$$

式(4-42)和式(4-43)即为制动时汽车运动方程。

2. 汽车的制动效能

1)制动减速度 j_s

由式(4-43)移项得：

$$-\frac{\delta}{g} \cdot G \cdot \frac{\mathrm{d}v}{\mathrm{d}t} = G \cdot \varphi + G \cdot \psi$$

$$j_s=\frac{dv}{dt}=-\frac{g}{\delta}(\varphi+\psi)\quad(m/s^2)\tag{4-44}$$

路面干燥($\varphi=0.5\sim0.7$)时,计算减速度 j_s 可达 $7\sim9m/s^2$。但制动减速度过大不仅燃料消耗和轮胎磨损增加,而且也会使乘客不适,货物碰撞。因此,一般 j_s 不大于 $1.5\sim2.5m/s^2$,只有在紧急情况下才超过 $4m/s^2$。

2)制动时间 t_s

制动时,如果地面制动力达到了附着极限,并保持不变,则可认为汽车制动时为匀减速运动。理论上,从制动开始到停车的时间可按下式计算:

$$t_s=\int_0^t dt$$

而将 $dt=\frac{dv}{j_s}$ 代入得:

$$t_s=\int_{V_B}^0\frac{1}{j_s}\cdot dv=-\frac{\delta}{g(\varphi+\psi)}\int_{V_B}^0\frac{dV}{3.6}$$

$$t_s=\frac{\delta V_B}{3.6g(\varphi+\psi)}\tag{4-45}$$

式中:V_B——汽车制动时初速度(km/h)。

式(4-45)仅为从制动生效开始到车停下来所需的时间,除此以外,制动时间还应包括驾驶员的制动反应时间和制动生效时间,两项合起来称为空驶时间。

驾驶员反应时间是指从驾驶员发现障碍物判定是否制动到踩下动踏板所需时间,按测试一般为 $0.5\sim0.7s$;制动生效时间是指从驾驶员踩下踏板到制动发生效力(即制动蹄与制动鼓接触)所需时间,这段时间对于液压式制动约为 0.4s,对于气压式制动为 $0.6\sim1.0s$,在公路设计时,空驶时间 t_1 采用 2.5s。

3.制动距离 S_s

制动距离是指汽车以速度 V_B 行驶时(空挡),从驾驶员发现障碍物判断是否制动到汽车安全停止所行驶的距离。

$$S_s=\int_0^s ds$$

$$dt=\frac{dv}{j_s}$$

$$ds=v\cdot dt=v\cdot\frac{dv}{j_s}$$

代入前式得:

$$\begin{aligned}S_s&=\int_{V_1}^{V_2}V\cdot\frac{dV}{dt}\\&=-\frac{\delta}{g(\varphi+\psi)}\int_{V_1}^{V_2}\frac{VdV}{13}\\&=\frac{V_1^2-V_2^2}{254(\varphi+\psi)}\quad(m)\end{aligned}\tag{4-46}$$

式中：V_1——制动初速度(km/h)；

V_2——制动末速度(km/h)。

汽车完全停止时 $V_2=0$，并考虑由于制动机构使用不充分的影响而产生的制动使用系数，式(4-46)变为：

$$S_s=\frac{KV_1^2}{254(\varphi+\psi)}\quad(\mathrm{m})\tag{4-47}$$

式中：K——制动使用系数(或称制动系数)，K 值一般为 1.0～1.4，公路设计中通常采用 1.2。

考虑驾驶员的反应和制动生效时间 t_1，则：

$$S_s=\frac{V_1}{3.6}t_1+\frac{KV_1^2}{254(\varphi+\psi)}\quad(\mathrm{m})\tag{4-48}$$

第二节　纵断面设计标准

一、道路纵断面概要

沿着道路中线竖直剖切然后展开即为路线纵断面。由于自然因素的影响以及经济性要求，路线纵断面总是一条有起伏的空间线。纵断面设计的主要任务就是根据汽车的动力特性、道路等级、当地的自然地理条件以及工程经济性等，研究起伏空间线几何构成的大小及长度，以便达到行车安全迅速、运输经济合理及乘客感觉舒适的目的。

图 4-8 为路线纵断面示意图。纵断面图是道路纵断面设计的主要成果，也是道路设计的重要技术文件之一。把道路的纵断面图与平面图结合起来，就能准确地定出道路的空间位置。

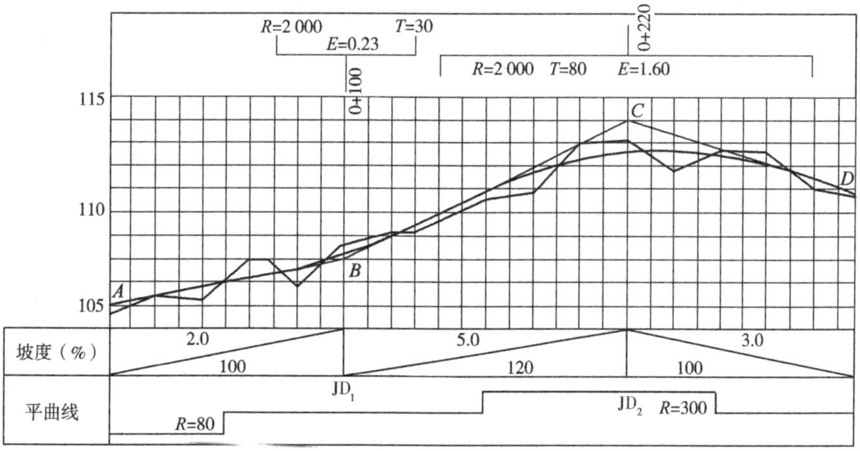

图 4-8　道路纵断面图

在纵断面图上有两条主要的线：一条是地面线，它是根据中线上各桩点的高程而点绘的一条不规则的折线，反映了沿着中线地面的起伏变化情况；另一条是设计线，它是经过技术上、经济上以及美学上等多方面比较后定出的一条具有规则形状的几何线,反映了道路路线的起伏变化情况。纵断面设计线是由直线和竖曲线组成的。直线(即均匀坡度线)有上坡和下坡,用高差和水平长度表示。直线的坡度和长度影响着汽车的行驶速度和运输的经济性以及行车的安全,它们的一些临界值的确定和必要的限制,是以通行的汽车类型及行驶性能来决定的。

在直线的坡度转折处为平顺过渡要设置竖曲线,按坡度转折形式的不同,竖曲线有凹有凸,其大小用半径和水平长度表示。

纵断面设计标准就是根据汽车行驶的要求,规定的道路纵断面上和竖曲线设计的技术指标。纵坡设计标准主要有:最大纵坡、坡长限制、缓和坡段,其他纵坡标准等。竖曲线设计标准主要有:竖曲线最小半径和竖曲线最小长度。本节主要介绍道路纵断面设计这些技术指标制定的依据和内容。

二、纵坡设计标准

1. 最大纵坡

最大纵坡是道路纵坡设计的极限值,是纵面线形设计的一项重要指标。最大纵坡的大小将直接影响路线的长短、使用质量、行车安全以及运营成本和工程的经济性。

1)制定最大纵坡的依据

(1)车辆类型

不同类型的车辆具有不同的动力性能和制动性能。其上坡时的爬坡能力和下坡时的制动性能亦各不相同,因此对道路的最大纵坡要求均不相同。

(2)设计速度

由汽车的动力特性曲线可知,汽车的爬坡能力与行驶速度呈反比,车速越高爬坡能力越低。因此,在确定路线最大纵坡时必须以保证一定的行驶速度为前提。

(3)自然条件

道路所处地区的地形、海拔高度、气候条件等也影响汽车的行驶条件和爬坡能力。

2)最大纵坡标准的制定

(1)计算法

此法以上坡行驶为准,通过规定汽车爬坡时的计算车型、计算车速和汽车的荷载,根据等速爬坡的原理按汽车的动力性能图并经计算确定。

(2)调查法

我国通过对汽车在坡道上行驶情况的调查、试验,根据路段的调查资料分析来确定最大纵坡值。《标准》在制定路线最大纵坡时主要考虑了以下三方面的因素:

①汽车上坡行驶的爬坡能力。汽车上坡时因升坡阻力增加而需增大牵引力,从而降低车速。若长时间爬陡坡,不但会引起汽车水箱内的水沸腾、气阻,使行驶无力以致发动机熄火,而且在爬坡时汽车的机件磨损也将增大。因此,应从汽车爬坡能力考虑对最大纵坡加以限制。

②汽车下坡行驶的安全性。汽车下坡时,制动次数增加,制动器易因发热而失效,驾驶员心理紧张,也容易发生车祸。根据行车事故调查分析,坡度大于8%、坡长为360m或坡长很短但坡度很大(11%~12%)的路段下坡的终点是发生交通事故的主要地点。同时,调查资料表

明，当纵坡大于8.5%时，制动次数急增。所以，最大纵坡的制定应从下坡安全来考虑，其最大值控制在8%～9%为宜。

③考虑畜力车及雨雪冰滑时汽车上下坡的行驶要求。

对城市道路来讲，其最大纵坡的制定除了考虑上述因素以外，还应考虑非机动车特别是自行车的行驶要求。

3）最大纵坡标准

（1）《标准》规定的最大纵坡（表4-6）。

我国公路的最大纵坡 表4-6

设计速度（km/h）	120	100	80	60	40	30	20
最大纵坡（%）	3	4	5	6	7	8	9

《标准》规定：

①设计速度为120km/h、100 km/h、80km/h的高速公路受地形条件或其他特殊情况限制时，经技术经济论证，最大纵坡值可增加1%。

②公路改扩建中，设计速度为40 km/h、30 km/h、20 km/h的利用原有公路的路段，经技术经济论证，最大纵坡值可增加1%。

③二级及二级以下公路的越岭路线连续上坡（或下坡）路段，相对高差为200～500m时，平均纵坡不应大于5.5%；相对高差大于500m时，平均纵坡不应大于5%。任意连续3km路段的平均纵坡不应大于5.5%。

④高速公路、一级公路应论证采用合理的平均纵坡。对存在连续长、陡纵坡的路段应进行安全性评价。

（2）城市道路规定的最大纵坡（表4-7）。

城市道路机动车道最大纵坡 表4-7

<table>
<tr><td colspan="2">设计速度（km/h）</td><td>100</td><td>80</td><td>60</td><td>50</td><td>40</td><td>30</td><td>20</td></tr>
<tr><td rowspan="2">最大纵坡（%）</td><td>一般值</td><td>3</td><td>4</td><td>5</td><td>5.5</td><td>6</td><td>7</td><td>8</td></tr>
<tr><td>极限值</td><td>4</td><td>5</td><td colspan="2">6</td><td>7</td><td colspan="2">8</td></tr>
</table>

①新建道路应采用小于或等于最大纵坡一般值；改建道路、受地形条件或其他特殊情况限制时，可采用最大纵坡极限值。

②除快速路外的其他等级道路，受地形条件或其他特殊情况限制时，经技术经济论证后，最大纵坡极限值可增加1.0%。

③积雪或冰冻地区的快速路最大纵坡不应大于3.5%，其他等级道路最大纵坡不应大于6.0%。

2. 纵坡长度限制

坡长限制包括陡坡的最大坡长限制和最小坡长限制两个方面。

1）最大坡长限制

（1）限制理由

长距离的陡坡对汽车行驶不利。连续上坡发动机过热影响机械效率，使行驶条件恶化，下坡则因制动频繁而危及行车安全。因此，应对陡坡的长度有所限制。

(2)最大坡长规定

①《标准》规定的不同纵坡最大坡长见表4-8。

公路不同纵坡最大坡长(m) 表4-8

设计速度(km/h)		120	100	80	60	40	30	20
纵坡坡度(%)	3	900	1 000	1 100	1 200	—	—	—
	4	700	800	900	1 000	1 100	1 100	1 200
	5	—	600	700	800	900	900	1 000
	6	—	—	500	600	700	700	800
	7	—	—	—	—	500	500	600
	8	—	—	—	—	300	300	400
	9	—	—	—	—	—	200	300
	10	—	—	—	—	—	—	200

②《城市道路工程设计规范》(CJJ 37—2012)规定的坡长限制见表4-9。

城市道路机动车最大坡长 表4-9

设计速度(km/h)	100	80	60			50			40		
纵坡(%)	4	5	6	6.5	7	6	6.5	7	6.5	7	8
最大坡长(m)	700	600	400	350	300	350	300	250	300	250	200

③城市道路,对于非机动的纵坡坡长规定见表4-10。

城市道路非机动车道最大坡长 表4-10

纵坡(%)		3.5	3.0	2.5
最大坡长(m)	自行车	150	200	300
	三轮车	—	100	150

2)最小坡长限制

(1)限制理由

最小坡长是指相邻两个变坡点之间的最小长度。若其长度过短,就会使变坡点个数增加,行车时颠簸频繁,当坡度差较大时还容易造成视线的中断、视距不良,从而影响到行车的平顺性和安全性;另外,从线形的几何构成来看,纵断面是由一系列的直坡段和竖曲线所构成,若坡长过短,则不能满足设置最短竖曲线这一几何条件的要求,故应对纵坡的最小长度做出限制。

(2)最小坡长规定

①《公路路线设计规范》(JTG D20—2017)规定的最小坡长的一般值见表4-11。

公路最小坡长 表4-11

设计速度(km/h)	120	100	80	60	40	30	20
最小坡长(m)	300	250	200	150	120	100	60

②《城市道路工程设计规范》(CJJ 37—2012)规定的坡段最小长度见表4-12。

城市道路最小坡长　　表4-12

设计速度(km/h)	100	80	60	50	40	30	20
最小坡长(m)	250	200	150	130	110	85	60

3. 缓和坡段

当连续陡坡长度大于最大坡长限制的规定值时，应在不大于最大坡长所规定的长度处设置纵坡不大于3%的坡段，称为缓和坡段。缓和坡段的纵坡应不大于3%，坡长应满足最小坡长的规定。

城市道路缓和坡段的坡度亦为3%。

4. 其他纵坡标准

1)合成坡度

(1)概念

合成坡度是指在有超高的路段上，由路线纵坡和超高横坡所构成的坡度，如图4-9所示。其值可按式(4-49)计算：

$$i_{\rm H}=\sqrt{i_z^2+i_c^2} \tag{4-49}$$

式中：$i_{\rm H}$——合成坡度；

i_z——路线纵坡；

i_c——超高横坡。

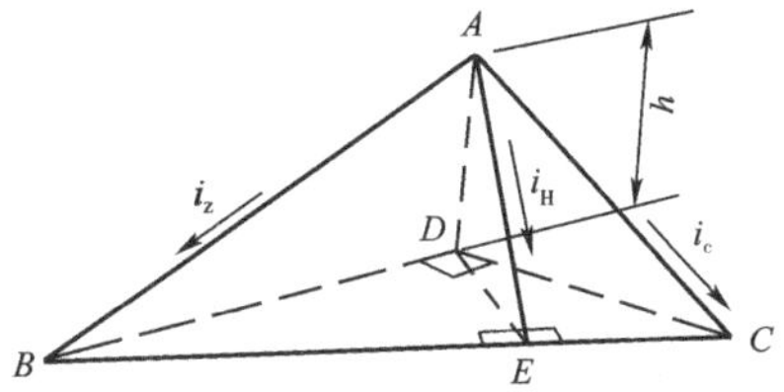

图4-9　合成坡度

在陡坡急弯处，若合成坡度过大，将产生附加阻力、汽车重心偏移等不良现象，给行车安全带来影响。因此，应对由超高横坡和路线纵坡组成的合成坡度加以限制。

(2)标准规定

《公路路线设计规范》(JTG D20—2017)及《城市道路工程设计规范》(CJJ 37—2012)规定的道路最大合成坡度分别见表4-13、表4-14。

公路最大合成坡度　　表4-13

公路等级	高速公路、一级公路				二级公路、三级公路、四级公路				
设计速度(km/h)	120	100	80	60	80	60	40	30	20
合成坡度(%)	10.0	10.0	10.5	10.5	9.0	9.5	10.0	10.0	10.0

城市道路合成坡度　　表4-14

设计速度(km/h)	100,80	60,50	40,30	20
合成坡度(%)	7.0	7.0	7.0	8.0

注：积雪或冰冻地区道路的合成坡度应小于或等于6.0%。

当陡坡与小半径平曲线相重叠时，宜采用较小的合成坡度。下列情况其合成坡度必须小于8%：

①冬季路面有结冰、积雪的地区。

②自然横坡较陡峻的傍山路段。

③非汽车交通量较大的路段。

各级公路最小合成坡度不宜小于0.5%。在超高过渡的变化处，合成坡度不应设计为

0%。当合成坡度小于0.5%时,应采取综合排水措施,保证路面排水畅通。

(3)合成坡度临界图

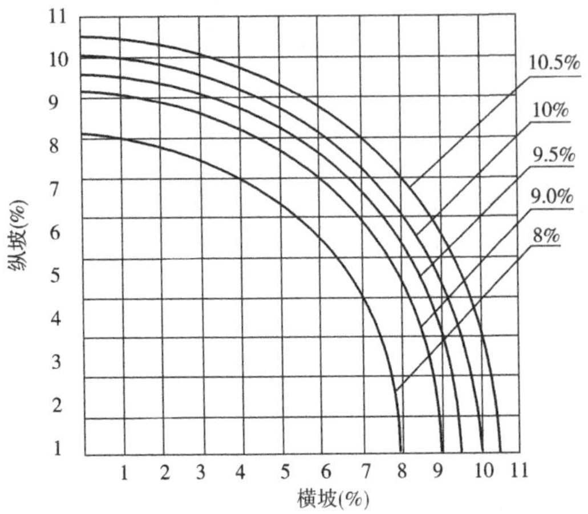

图4-10　合成坡度临界图

路线为各种横坡及纵坡合成时,为便于检查合成坡度是否超标,可直接用合成坡度临界图进行检查。如图4-10所示,可不必用式(4-49)进行计算。

2)高原纵坡折减

(1)折减理由

在高海拔地区,因空气密度下降而使汽车发动机的功率、汽车的驱动力以及空气阻力降低,导致汽车的爬坡能力下降。另外,汽车水箱中的水易于沸腾而破坏冷却系统。若汽车满载情况下,不同海拔高度 H 对应的海拔荷载修正系数 λ 值见表4-15。

满载时 λ 与 H 的关系　　表4-15

海拔高度 H(m)	0	1 000	2 000	3 000	4 000	5 000
海拔荷载修正系数 λ	1.00	0.89	0.78	0.69	0.61	0.53

可见海拔高度对 λ 值的影响是相当大的,也就是对纵坡的影响很大。为此,在高原地区除了汽车本身要采用一些措施使得汽油充分燃烧,为避免随海拔增高而使功率降低过多,在道路纵坡设计中应适当采用较小的坡度。

(2)折减规定

《公路路线设计规范》(JTG D20—2017)规定:设计速度≤80km/h并且位于海拔3 000m以上的高原地区的公路最大纵坡值应按表4-16的规定予以折减。折减后若小于4%,则仍采用4%。

高原纵坡折减值　　表4-16

海拔高度(m)	3 000~4 000	4 000~5 000	5 000以上
折减值(%)	1	2	3

3)平均纵坡限制

(1)限制理由

在公路设计中,平均纵坡是指一定路线长度范围内,路线两端点的高差与路线长度的比值。平均纵坡是衡量路线线形设计质量的重要指标之一。

$$i_p = \frac{h}{l} \tag{4-50}$$

式中:i_p——平均纵坡;

l——路线长度(m);

h——路线长度 l 两端的高差(m)。

平均纵坡是为了合理运用最大纵坡、坡长及缓和坡长的规定,以保证车辆安全顺利地行驶的限制性指标。

根据对山区道路行车的实际调查发现,有时虽然道路纵坡设计完全符合最大纵坡、坡长限制及缓和坡长规定,但也不一定能保证行车顺利安全。如对地形困难、高差较大地段,设计者可能交替使用极限长度的最大纵坡和缓和坡长,形成"台阶式"纵断面线形,这是一种合法但不合理的做法。在这种坡道上汽车会较长时间频繁地使用低挡行驶,对机件和安全都不利。

(2)平均纵坡规定

①《公路路线设计规范》(JTG D20—2017)规定平均纵坡标准如下:二级、三级、四级公路越岭路线连续上坡(或下坡)路段,相对高差为200~500m时,平均纵坡不应大于5.5%;相对高差大于500m时,平均纵坡不应大于5%,且任意连续3km路段的平均纵坡宜不大于5.5%。

②高速公路、一级公路应论证采用合理的平均纵坡。对存在连续长、陡纵坡的路段应进行安全性评价。

4)最小纵坡

各级公路的长路堑地段以及其他横向排水不畅的路段,为了保证排水,均应设置不小于0.3%的纵坡。城市道路最小纵坡应大于或等于0.5%,困难时可大于或等于0.3%,遇特殊困难纵坡小于0.3%时,其边沟应进行纵向排水设计。

5)桥上及桥头路线的纵坡

(1)小桥处的纵坡要求与路线相同。

(2)大、中桥上的纵坡不宜大于4%,桥头引道纵坡不宜大于5%;引道紧接桥头部分的线形应与桥上线形相配合。

(3)位于城镇附近混合交通繁忙处的路段,桥上及桥头引道纵坡均不得大于3%。

(4)易结冰、积雪的桥梁,桥上纵坡宜适当减小。

6)隧道纵坡

(1)隧道内的纵坡应大于0.3%并小于3%,但短于100m的隧道不受此限制。

(2)高速公路、一级公路的中、短隧道,当条件受限制时,经技术经济论证后最大纵坡可适当加大,但不宜大于4%。

(3)隧道内的纵坡宜设置成单向坡;地下水发育的隧道及特长、长隧道宜采用人字坡。

7)城镇附近公路纵坡

位于市镇附近且非汽车交通量较大的路段,纵坡可根据具体情况适当放缓。

8)回头曲线纵坡

《公路路线设计规范》(JTG D20—2006)规定的各级公路回头曲线路段的最大纵坡见表4-17。

回头曲线最大纵坡 表4-17

主线设计速度(km/h)	40		30	20
回头曲线设计速度(km/h)	35	30	25	20
最大纵坡(%)	3.5	3.5	4.0	4.5

9)爬坡车道

(1)四车道高速公路、四车道一级公路以及二级公路连续上坡路段,符合下列情况之一时,宜在上坡方向行车道右侧设置爬坡车道:

①沿连续上坡方向载重汽车的运行速度降低到表4-18的容许最低速度以下。

上坡方向容许最低速度 表4-18

设计速度(km/h)	120	100	80	60	40
容许最低速度(km/h)	60	55	50	40	25

②单一纵坡坡长超过表4-8的规定或上坡路段的设计通行能力小于设计小时交通量。

③经设置爬坡车道与改善主线纵坡不设爬坡车道技术经济比较论证,设置爬坡车道的效益费用比、行车安全性较优。

(2)爬坡车道的超高坡度应符合表4-19的规定。超高横坡的旋转轴应为爬坡车道内侧边缘线。

爬坡车道超高值 表4-19

主线的超高坡度(%)	10	9	8	7	6	5	4	3	2
爬坡车道的超高坡度(%)	5		4					3	2

(3)爬坡车道的曲线加宽值应采用一个车道曲线加宽的规定。

(4)高速公路、一级公路爬坡车道长度大于500m时,应按照规定在其右侧设置紧急停车带。

①爬坡车道的起点,应设于陡坡路段上载重汽车运行速度降低至表4-18中"容许最低速度"处。

②爬坡车道的终点,应设于载重汽车爬经陡坡路段后恢复至"容许最低速度"处,或陡坡路段后延伸的附加长度的端部。该陡坡路段后延伸的附加长度应符合表4-20的规定。

③相邻两爬坡车道相距较近时,宜将两爬坡车道直接相连。

陡坡路段后延伸的附加长度 表4-20

附加段纵坡(%)	下坡	平坡	上坡			
			0.5	1.0	1.5	2.0
附加长度(m)	100	150	200	250	300	350

④爬坡车道起、终点处应按设置分流、汇流渐变段,其长度应符合表4-21的规定。

爬坡车道分流、汇流渐变段长度 表4-21

公路技术等级	分流渐变段长度(m)	汇流渐变段长度(m)
高速公路、一级公路	100	150~200
二级公路	50	90

三、竖曲线设计标准

1. 概述

1)竖曲线

竖曲线是指在公路纵坡变坡点处设置的竖向曲线。竖曲线可采用抛物线或圆曲线,但在使用范围上,两者几乎没有差别。竖曲线宜采用圆曲线。

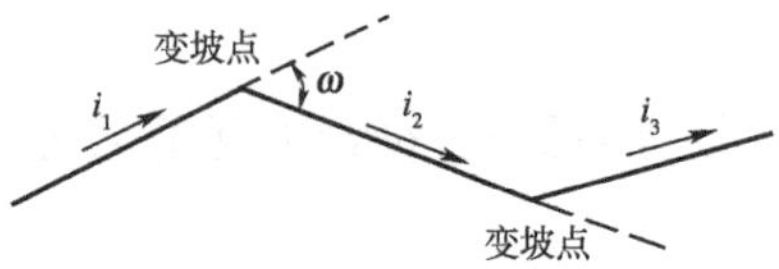

图4-11 坡度角表示

2)坡度角

在纵断面图上变坡点处,由于坡度的改变形成了坡度角 ω,如图4-11所示,坡度角一般较小,可近似地用两坡

段坡度的代数差表示,即:

$$\omega = i_2 - i_1 \tag{4-51}$$

式中:i_2、i_1——两相邻坡段的坡度,上坡为正,下坡为负。

3)竖曲线的作用

为保证行车安全、舒适以及视距的需要,在变坡处应设置竖曲线。竖曲线主要的作用是:

(1)缓和纵向变坡处行车动量变化而产生的冲击作用。

(2)确保道路纵向行车视距。

(3)将竖曲线与平曲线恰当组合,有利于路面排水和改善行车的视线诱导和舒适感。

4)竖曲线的类型

竖曲线根据其形状可有凸形竖曲线和凹形竖曲线之分。当 $\omega < 0$ 时为凸形竖曲线,$\omega > 0$ 时为凹形竖曲线。

2. 竖曲线设计标准

竖曲线的设计标准主要有竖曲线最小半径和竖曲线长度两个。由于在凸形竖曲线上和在凹形竖曲线上汽车行驶时的受力及视距等考虑因素的不同,凸形竖曲线和凹形竖曲线又有不同的设计标准。

1)竖曲线最小半径

(1)凹形竖曲线极限最小半径

其主要从限制离心力、夜间行车前灯照射的影响以及在跨线桥下的视距三个方面计算分析确定。

①从限制离心力不致过大考虑。汽车行驶在竖曲线上,由于离心力的作用,要产生失重(凸形竖曲线)或增重(凹形竖曲线)。失重直接影响乘客的舒适感,增重则不仅影响乘客的舒适感,还会使汽车的悬挂系统超载。竖曲线半径的大小直接影响离心力的大小。因此,必须首先从控制离心力不致过大来限制竖曲线的极限最小半径。

汽车在竖曲线上产生的离心力为:

$$F = \frac{G}{g}\frac{v^2}{R} = \frac{GV^2}{127R} \tag{4-52}$$

则:

$$R = \frac{V^2}{127\dfrac{F}{G}} \tag{4-53}$$

式中:F——汽车在竖曲线上受到的离心力(N)。

其中 F/G 是单位车重受到的离心力,根据日本资料限制为 $F/G = 0.028$ 代入式(4-53)得:

$$R = \frac{V^2}{3.6} \tag{4-54}$$

②从汽车夜间行驶前照灯照射距离考虑(图 4-12)。若照射距离小于要求的视距长度,则无法保证行车安全。按此条件即可推导出此时凹形竖曲线的最小半径的计算公式。

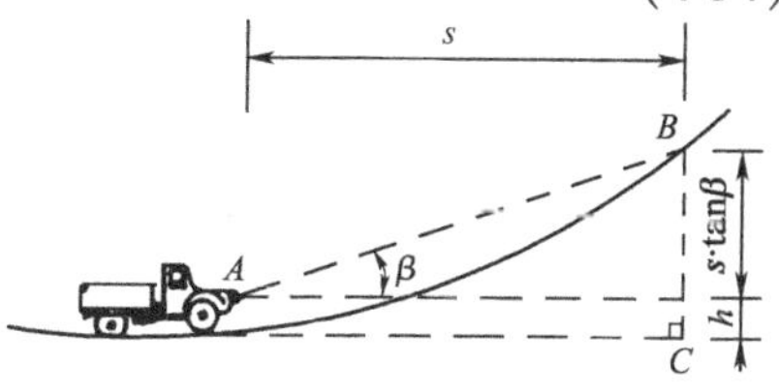

图 4-12 夜间行车前灯照射距离

设汽车前灯高度为 h,由竖曲线计算公式得:

$$BC \approx \frac{s^2}{2R}$$

由图4-12 可知:

$$BC = h + s \cdot \tan\beta$$

两式联解得:

$$R = \frac{s^2}{2(h + s \cdot \tan\beta)} \tag{4-55}$$

式中:s——前照灯照射距离(m),按行车视距长度取值,一般用停车视距;

h——前照灯高度(m),取 $h = 0.75$m;

β——前灯向上的照射角,取 $\beta = 1°$。

将 s、h、β 取值代入式(4-55)得:

$$R_{\min} = \frac{s^2}{1.5 + 0.0349s} \tag{4-56}$$

③从保证跨线桥下视距考虑

当 $L < s$ 时(图4-13),按式(4-57)计算:

$$L_{\min} = 2s - \frac{26.92}{\omega} \tag{4-57}$$

式中:s——要求的行车视距长度,一般采用停车视距,即 $s = s_T$;

ω——凹形竖曲线的坡度角;

$L_{\min}$——竖曲线最小长度。

当 $L \geqslant s$ 时(图4-14),按式(4-58)计算:

$$L_{\min} = \frac{s^2\omega}{26.92} \tag{4-58}$$

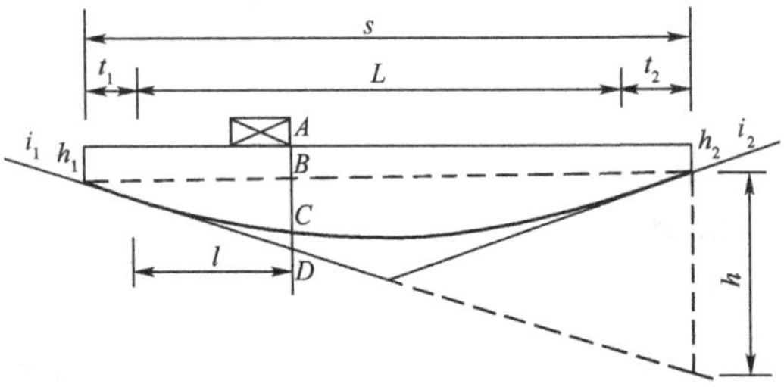

图4-13 跨线桥下行车视距($L < s$)

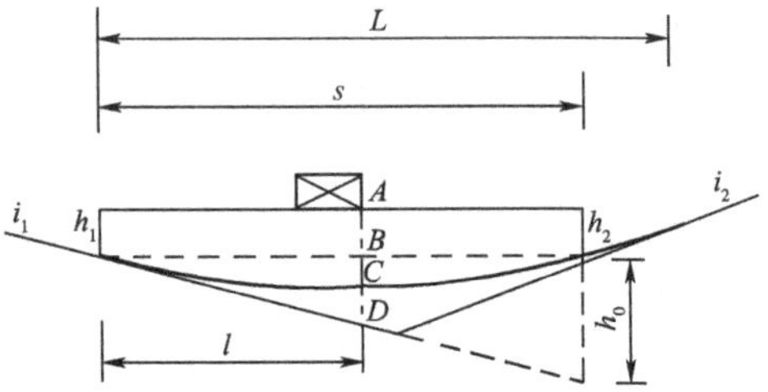

图4-14 跨线桥下行车视距($L \geqslant s$)

经分析比较,一般式(4-58)计算结果比式(4-57)大,因此,采用式(4-58)作为控制计算公式。

综合以上三种情况,以限制凹形竖曲线离心力条件为依据,制订出凹形竖曲线极限最小半径的规定值,见表4-22、表4-23。

公路竖曲线半径及其最小长度 表4-22

设计速度(km/h)	120	100	80	60	40	30	20
凸形竖曲线半径极限值(m)	11 000	6 500	3 000	1 400	450	250	100
凹形竖曲线半径极限值(m)	4 000	3 000	2 000	1 000	450	250	100
竖曲线长度极限值(m)	100	85	70	50	35	25	20

城市道路竖曲线最小半径与竖曲线最小长度 表 4-23

设计速度(km/h)		100	80	60	50	40	30	20
凸形竖曲线(m)	一般值	10 000	4 500	1 800	1 350	600	400	150
	极限值	6 500	3 000	1 200	900	400	250	100
凹形竖曲线(m)	一般值	4 500	2 700	1 500	1 050	700	400	150
	极限值	3 000	1 800	1 000	700	450	250	100
竖曲线长度(m)	一般值	210	170	120	100	90	60	50
	极限值	85	70	50	40	35	25	20

(2)凸形竖曲线极限最小半径

主要从限制失重不致过大和保证纵面行车视距两个方面计算分析确定。

①从失重不致过大考虑。与凹形竖曲线的限制条件和计算公式相同,即:

$$R=\frac{V^2}{127\frac{F}{G}} \tag{4-59}$$

②从保证纵面行车视距考虑。凸形竖曲线半径过小,直接影响行车视距,按规定的视距控制即可推导出计算极限最小半径的公式。分两种情况:

第一种,$s \leqslant L$,如图 4-15 所示。

$$h_w=\frac{l_w^2}{2R}$$

$$h_m=\frac{l_m^2}{2R}$$

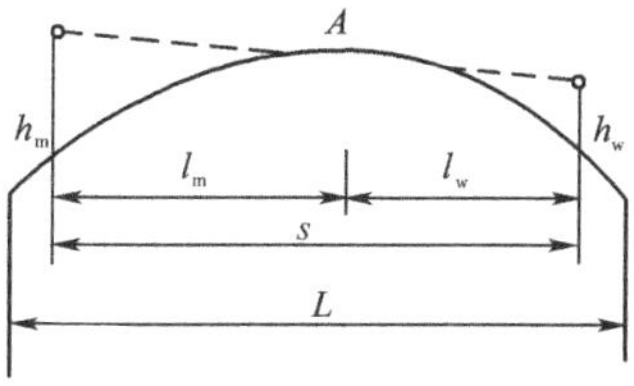

图 4-15 凸形竖曲线视距($s<L$)

注:L-竖曲线长度,单位为 m。

由几何条件:

$$s=l_w+l_m$$

则:

$$s=\sqrt{2R}(\sqrt{h_w}+\sqrt{h_m}) \tag{4-60}$$

式中:h_w——物高(m),取 $h_w=0.10$m;

h_m——目高(m),取 $h_m=1.20$m;

l_w——竖曲线顶点 A 距物点的距离(m);

l_m——竖曲线顶点 A 距目点的距离(m);

s——要求的行车视距,按停车视距考虑(m)。

将 h_w、h_m 的值代入式(4-60)并整理得:

$$R_{min}=\frac{s^2}{3.98} \tag{4-61}$$

第二种,$s>L$。

经推导:

$$R_{min}=\frac{2s}{\omega}-\frac{3.98}{\omega^2} \tag{4-62}$$

式中:s——要求的视距长度(m);

ω——纵断面变坡处的坡度角(°)。

经计算分析、比较采用值最大的式(4-61)作为制定标准的依据。各级公路和城市道路的凸形竖曲线的极限最小半径见表4-22、表4-23。

(3)竖曲线一般最小半径

竖曲线极限最小半径是缓和行车冲击和保证行车视距所必需的竖曲线半径的最小值,该值只有在地形受限制迫不得已时才采用。通常为了使行车有较好的舒适条件,设计时多采用大于极限最小半径1.5~2.0倍的半径值,此值即为竖曲线一般最小半径。倍数1.5~2.0随设计速度减小而取用较大值。

2)竖曲线最小长度

与平曲线相似,当坡度角较小时,即使采用较大的竖曲线半径,竖曲线的长度也很短,这样容易使驾驶员产生急促的变坡感觉,同时,竖曲线长度过短,易对行车造成冲击。我国公路按照汽车在竖曲线上3s的行程时间控制竖曲线的最小长度。

3)满足超车视距的凸形竖曲线半径

在保证超车视距的路段,根据超车的要求,按照行车视距计算,还需考虑满足超车视距的凸形竖曲线半径见表4-24。

满足超车视距的凸形竖曲线半径 表4-24

设计速度(km/h)	80	60	40	30	20
凸形竖曲线半径(m)	31 500	12 800	4 200	2 400	1 100

第三节 纵断面设计与计算

一、纵断面设计原则、要求与控制因素

纵断面设计是设计人员根据选线(定线)意图结合道路沿线地形、地质以及桥涵和重要建筑物进出口、沿街地坪标高等方面的要求,在综合考虑工程技术与工程经济的基础上最后定出路线纵断面设计线的工作。纵断面设计的主要任务就是根据汽车的动力特性、公路等级、当地的自然地理条件以及工程经济性等,确定起伏空间线几何构成的大小及长度,以便达到行车安全迅速、运输经济合理及乘客感觉舒适的目的。

1.设计原则

(1)纵面线形应与地形相适应,线形设计应平顺、圆滑、视觉连续,与周围环境相协调。

(2)纵坡设计应考虑填挖平衡,并利用挖方就近作为填方,以减轻对自然地面横坡与环境的影响。

(3)相邻纵坡的代数差较小时,应采用大的竖曲线半径。

(4)连续设置长、陡纵坡的路段,上坡方向应满足通行能力的要求,下坡方向应考虑行车安全,并结合前后路段各技术指标设置情况,采用运行速度对连续上坡方向的通行能力及下坡方向的行车安全性进行检验。

(5)路线交叉前后的纵坡应平衡。

(6)位于积雪或冰冻地区的公路,应避免采用陡坡。

2. 设计要求

1)纵坡设计的要求

根据《公路路线设计规范》(JTG D20—2017)纵坡设计的一般要求如下:

(1)平原地形的纵坡应均匀、平缓。

(2)丘陵地形的纵坡应避免过分迁就地形而起伏过大。

(3)山区的越岭线纵坡应力求均匀,不应采用最大值或接近最大值的坡度,更不宜连续采用不同纵坡最大坡长值的陡坡夹短距离缓坡的纵坡线形。

(4)山脊线和山腰线,除结合地形不得已时采用较大的纵坡外,在可能条件下应采用平缓的纵坡。

2)竖曲线设计的要求

根据《公路路线设计规范》(JTG D20—2017)竖曲线设计的一般要求如下:

(1)竖曲线应选用较大的半径。当地形条件受限制时,应采用大于或接近于竖曲线最小半径的"一般值";地形条件困难不得已时方可采用"极限值"。

(2)有条件时,宜采用大于等于表 4-25 所列视觉所需要的最小竖曲线半径值。

视觉所需要的最小竖曲线半径值 表 4-25

设计速度(km/h)	竖曲线半径(m)		设计速度(km/h)	竖曲线半径(m)	
	凸形	凹形		凸形	凹形
120	20 000	12 000	80	12 000	8 000
100	16 000	10 000	60	9 000	6 000

(3)注意相邻竖曲线的衔接。

①同向竖曲线间,特别是同向凹形竖曲线之间,直线坡段接近或达到最小坡长时,宜合并设置为单曲线或复曲线。

②反向竖曲线间宜插入直线坡段,亦可直接连接,直坡段的长度应大于 3s 设计速度的行程长度。

3. 纵断面设计控制因素

1)设计高程的规定

纵断面上的设计高程(图 4-16),即路基设计高程规定如下:

(1)新建公路的路基设计高程:高速公路和一级公路宜采用中央分隔带的外侧边缘高程;二级、三级、四级公路宜采用路基边缘高程,在设置超高、加宽地段为设超高、加宽前该处边缘高程。

(2)改建公路的路基设计高程:宜按新建公路的规定执行,也可视具体情况采用中央分隔带中线或行车道中线高程。

(3)对于双向分离式路基,可采用分向路基的中线。

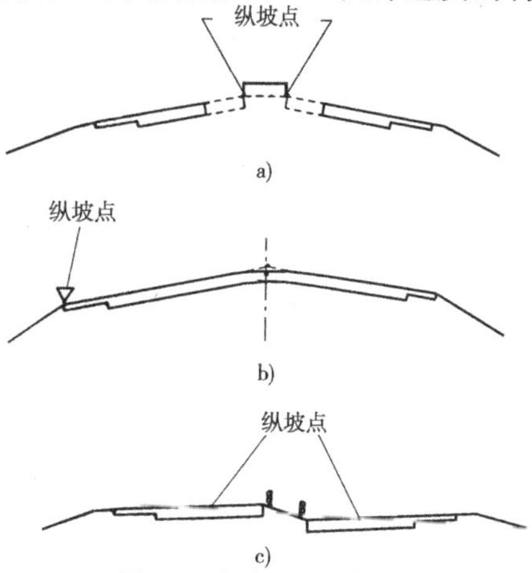

图 4-16 纵断面设计高程

a)设中央分隔带;b)不设中央分隔带;c)双向分离式路基

2)设计洪水频率的规定

(1)沿河及可能受水浸淹的公路,按设计高程推算的最低侧路基边缘高程,应高出表4-26规定洪水频率计算水位加壅水高、波浪侵袭高和0.5m的安全高度。

路基设计洪水频率 表4-26

公路等级	高速公路	一级公路	二级公路	三级公路	四级公路
设计洪水频率	1/100	1/100	1/50	1/25	按具体情况确定

(2)沿水库上游岸边的路线,路基最低侧边缘高程应考虑水库水位升高后地下水位壅升,以及水库淤积后壅水曲线抬高及浪高的影响;在寒冷地区还应考虑冰塞壅水对水位增高的影响。

(3)大、中桥桥头引道(在洪水泛滥范围内)的路基最低侧边缘高程,应高于该桥设计洪水位(并包括壅水和浪高)至少0.5m;小桥涵附近的路基最低侧边缘高程应高于桥(涵)前壅水水位至少0.5m(不计浪高)。

3)纵断面设计主要控制因素

纵断面设计主要解决道路路线线位的高度和位置,具体确定线位高程的影响因素很多,除了考虑设计洪水频率的高程影响外,还应考虑以下控制因素。

(1)路线起终点及中间控制点的要求

路线终点的线位高程一般由设计任务书,根据路网规划及与相邻道路交叉控制所确定,是纵断面设计的重要控制因素。路线中间控制点是指受路线基本走向,沿线城、镇规划及其他控制要求对路线高程要求的控制点。中间控制点应根据设计任务要求和沿线控制因素,在纵坡设计前先确定,作为纵坡设计的主要控制因素之一。

(2)构造物及附属设施的控制要求

①道路构造物控制的要求。高速公路、一级公路和二级公路桥下最小净空高度为5.0m,三级、四级公路为4.5m。门架、悬臂标志和路灯下的净空高度应最低不小于上述要求。考虑将来可能的变化,净空高度应预留0.20m。

②人行通道控制的要求。人行通道和农用车辆通道的净高最小值分别为2.2m和2.7m。

③构造物下的凹曲线控制的要求。当构造物下为短小的凹形曲线时,长大车辆通过时形成圆弧上的一条弦从而降低了构造物下的有效净高。此时应对凹形曲线进行检查以确保桥下净高满足特殊载货汽车的需要。

④铁路控制的要求。道路跨越铁路时,跨线桥下净空应符合现行铁路部门净空限界标准。

⑤电力线控制的要求。高压电缆不仅由于可能直接触及而发生危险,而且即使间隔一定距离也会产生感应电流。道路上空所有设施的净空要求必须从相应设施的主管部门获得。对于高压电线或其他高压设备,其净空要求应以书面形式从相应主管部门获得。

⑥地下设施控制的要求。道路工程沿线附近的所有地下设施,如通信电缆,应逐一鉴别和定位,以保证满足基本最小净空要求。最小净空要求应以书面形式从有关主管部门获得。有时在采取特殊保护措施的情况下,应获得主管部门的同意,减小净空要求。

⑦水运航道控制的要求。航道所需净空应与相应主管部门商定,或满足通航论证报告规定的要求。

⑧涵洞和桥梁的安全高度控制的要求。通常小型构造物的腹底距100年一遇洪水位的安全净空高度为0.5m,桥梁为1.0m。

⑨其他控制要求。其他特殊场地的净空要求,如机场、野生动物通道等,应以书面形式从相应主管部门获得。

(3)自然及环境因素控制要求

自然及环境因素对道路设计的影响较大,如地形、地质、水文地质、沿线居民条件及沿线城镇分布情况等因素都影响路线纵坡设计。在纵坡设计前掌握自然及环境因素情况,确定合理的设计高程控制点,对于纵坡设计十分重要。

二、纵坡设计

1.纵坡设计要点

1)公路纵坡设计要点

(1)纵坡设计必须满足《标准》关于纵坡的有关规定,不轻易使用极限值。

(2)纵坡应力求平缓,避免连续陡坡、过长陡坡和反坡。

(3)纵面线形应连续、平顺、均衡,并重视平纵面线形的组合。

从行车安全、乘客舒适和视觉良好的要求来看,要求纵坡设计要注意以下几点:

①短距离内要避免线形起伏过于频繁。如图4-17所示,由于纵面线形连续起伏,使视线中断,视觉不良。

②避免凹陷路段。如图4-18所示,由于线形发生凹陷,出现隐蔽路段,使驾驶员视觉不适,产生莫测感,影响行车速度和安全。

图4-17 凹凸连续变坡路段

图4-18 "凹陷"路段

③在较长的连续陡坡路段,宜将最陡的纵坡放在底部,接近顶部的纵坡放缓些。

④注意与平面线形的配合。

(4)纵坡设计应结合自然条件综合考虑。为利于路面和边沟排水,一般情况下最小纵坡以不小于0.5%为宜。在受洪水影响的沿河路段及平原区的低洼路段,应保证路线的最低高程,以免受洪水冲刷,确保路基稳定。

(5)纵坡设计应争取填挖平衡,尽量利用挖方作就近填方,以减少借方和废方,降低工程造价。

(6)纵坡设计应根据公路沿线的实际情况,适当照顾农业机械、农田水利等方面的要求。

2)城市道路纵坡设计要点

城市道路纵断面设计的要求,除了前面讲述的最大和最小纵坡、坡长限制、合成坡度、平均纵坡、竖曲线最小半径和最短长度、平纵组合的要求以外,还应满足由城市道路的特点所决定的具体要求。

(1)纵断面设计应参照城市规划控制高程、适应临街建筑立面布置以及沿路范围内地面水的排除。

确定道路中线设计高程时,必须满足下列各控制点高程的要求。

①城市桥梁桥面高程 $H_{桥}$。

$$H_{桥}=h_{水}+h_{浪}+h_{净}+h_{桥}+h_{面} \tag{4-63}$$

式中:$h_{水}$——河道设计水位高程(m);

$h_{浪}$——浪高(m),一般取为0.50m;

$h_{净}$——河道通航净空高度(m),视通航等级而定;

$h_{桥}$——桥梁上部建筑结构高度(m);

$h_{面}$——桥上路面结构厚度(m),应包括预留的路面补强厚度在内。

②立交桥桥面高程 $H_{桥}$。

桥下为铁路时:

$$H_{桥}=h_{轨}+h_{净}+h_{桥}+h_{面}+h_{沉} \tag{4-64}$$

式中:$h_{轨}$——铁路轨顶高程(m);

$h_{净}$——铁路净空高度(m),一般蒸汽机车、内燃机车为6.00m,电气机车为6.55m;

$h_{沉}$——桥梁预估沉降量(m)。

桥下为道路时:

$$H_{桥}=h_{路}+h_{净}+h_{面}+h_{桥} \tag{4-65}$$

式中:$h_{路}$——路面高程(m),应包括预留的路面补强厚度在内;

$h_{净}$——道路净空高度(m),见第二章表2-29。

③铁路道口应以铁路轨顶高程为准。

④相交道路交叉点应以交叉中心规划高程为准。

⑤满足沿线街道两侧建筑前地坪标高(图4-19)。

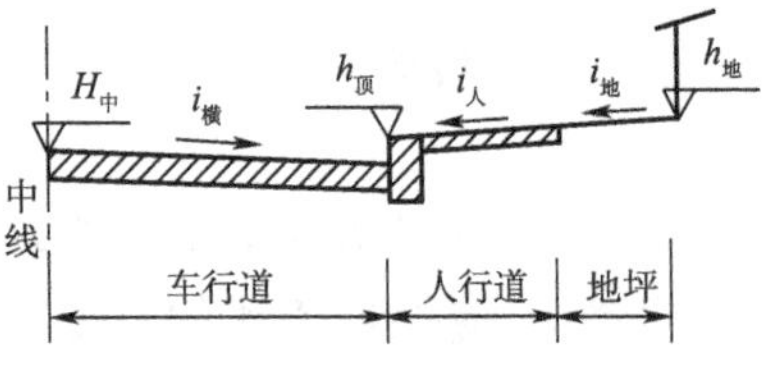

图4-19 城市道路高程关系图

确定道路中线设计高程 $H_{中}$ 时,为保证道路及两侧街道地面水的排除,一般应使侧石顶面高程 $h_{地}$、车行道横坡度 $i_{横}$ 和人行道横坡度 $i_{人}$ 视面层类型在1%~2%之间选用,建筑物前地坪横坡度 $i_{地}$ 为0.5%~1.0%。根据横断面各组成部分宽度和横坡度可确定包括预留路面补强厚度在内的道路中线设计高程。

(2)应与相交道路、街坊、广场和沿街建筑物的出入口有平顺的衔接。

(3)山城道路及新建道路的纵断面设计应尽量使土石方平衡。在保证路基稳定的条件下,力求设计线与地面线接近,以减少土石方工程数量,保持原有山坡天然稳定状态。

(4)旧路改建宜尽量利用原有路面,若加铺结构层时,不得影响沿路范围的排水。

(5)机动车与非机动车混合行驶的车行道,最大纵坡不宜大于3%,以满足非机动车爬坡能力的要求。

(6)道路最小纵坡应不小于0.5%,困难时不小于0.3%,特别困难情况下小于0.3%时,应设置锯齿形街沟或采取其他综合排水措施。

(7)道路纵断面设计必须满足城市各种地下管线最小覆土深度的要求,见表4-27。

城市道路的各种管道最小覆土深度参考数据 表4-27

管道名称	最小覆土深度(m)	说明
电力电缆	0.8~1.0	10kV以下电力电缆最小覆土可在0.8m,35kV则应在1.0m以上
通信电缆管道	0.8~1.0 0.8~1.4	直埋通信电缆如系铅装可在0.8m,如系铝皮应在1.0m,管道一般考虑冰冻深度,不小于0.8m
热力管道	0.5	当热力沟道盖板能满足其上的荷载应力时,盖板可作为路面部分
直埋热力管	1.0	将热力管外包一层保护壳即能起到保温作用,又能承受外力作用
干煤气	0.9	应根据不同地区考虑冰冻深度来决定最小覆土深度,一般可取0.9m
湿煤气	$h+1.0$	最小埋深为:冰冻深度$h+1.0$m
上水管道	0.8~1.2	同煤气
雨水管道	0.7	只有在考虑了外部荷载许可情况下,才可按0.7m覆土考虑
污水管道	0.7	同雨水管

注:1.表中数据不适用于湿陷性大孔土壤地区、地震地区、冰冻土及沼泽地区。
2.表中最小覆土数据,是指一般情况下需保留的最小覆土,特殊情况应根据具体情况解决,不应受表中数据所限制。
3.在考虑了加固措施后,最小覆土应根据实际情况另行决定,上表未考虑加固因素。

2.纵坡设计方法步骤

1)准备工作

纵坡设计前,应先根据中桩和水准记录点绘出路线纵断面图的地面线,绘出平面直线、平曲线示意图,写出每个中桩的桩号和地面高程以及沿线土壤地质说明资料,并熟悉和掌握全线有关勘测设计资料,领会设计意图和要求。

2)标注控制点

所谓控制点,就是指影响纵坡设计的高程控制点。控制点可分为两类,一类是属于控制性的控制点,控制路线纵坡设计时,必须通过它或限制从其上方或下方通过。这类控制点主要有路线的起终点、垭口、重要桥梁及特殊涵洞、隧道的控制高程,重要城镇通过位置的高程以及受其他因素限制路线必须通过的控制点高程等。第二类是属于参考性的控制点,叫作经济点。对于山岭重丘区的公路,除应标出控制性质的控制点以外,还应考虑各横断面上横向填挖基本平衡的经济点,以降低工程造价,如图4-20所示。横断面上的经济点有以下三种情况:

(1)当地面横坡不大时,可在中桩地面高程上下找到填方和挖方基本平衡的高程,纵坡通过此高程时,在该横断面上挖方数量基本等于填方数量。该高程为其经济点,如图4-20a)所示。

(2)当地面横坡较陡时,填方往往不易填稳,有时坡

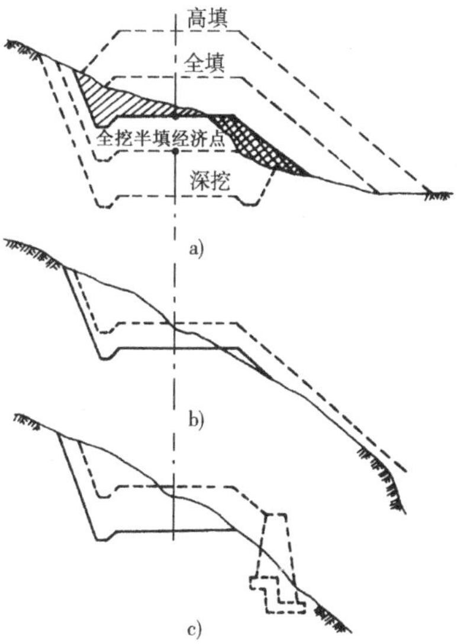

图4-20 横断面上的经济点
a)半填半挖;b)多挖少填;c)全挖路基

脚伸得较远,采用多挖少填甚至全部挖出路基的方法比砌石护坡经济,这时多挖少填或全挖路基的高程为经济点,如图4-20b)所示。

(3)当地面横坡很陡而无法填方时,需砌筑挡土墙,此时宁愿全部挖出路基或深挖,该全部挖出或深挖路基的高程为其经济点,如图4-20c)所示。

(4)当地面横坡很陡,必须做挡土墙时,应当采用某一设计高程使该断面按1m长度计,使施工的土石方与挡土墙费用总和最少,该高程为其经济点。

(5)对于城市道路还应标注如下控制点:

①城市桥梁桥面高程控制点。

②立交桥桥面高程控制点。桥下为铁路时,应满足铁路净空要求;桥下为道路时,应满足汽车通行的净空要求。

③铁路道口高程(按铁路轨顶高程计算)。

④平面交叉相交中心点控制高程。

⑤重要建筑物的地坪标高。

⑥满足重要管线最小覆土厚度的控制高程等。

3)试坡

试坡主要是在已标出控制点的纵断面图上,根据技术标准、选线意图,考虑各控制点和经济点的要求以及地形变化情况,初步定出纵坡设计线的工作。

试坡应以控制点为依据,照顾多数经济点。当个别控制点确实无法满足时,应对控制点重新研究,以便采取弥补措施,试坡的要点可以归纳为:"前后照顾,以点定线,反复比较,以线交点"。前后照顾就是要前后坡段通盘考虑,不能只局限在某一坡段上。以点定线就是按照纵面技术标准的要求,满足控制点,参考经济点,初步定出坡度线。反复比较就是移动坡度线,反复试坡,对各种可能的坡度线方案进行比较,最后确定既符合技术标准,同时又满足控制点要求而且土石方量又最省的坡度线。以线交点就是将得到的坡度线延长,交出变坡点的初步位置。

4)调坡

调坡主要根据以下两方面进行:

(1)结合选线意图。将试坡线与选线时所考虑的坡度进行比较,两者应基本相符。若有脱离实际情况或考虑不周现象,则应全面分析,找出原因,权衡利弊,决定取舍。

(2)对照技术标准或规范。详细检查设计最大纵坡、坡长限制、纵坡折减以及平纵线形组合是否符合技术标准或规范的要求。特别要注意陡坡与平曲线、竖曲线与平曲线、桥头接线、路线交叉、隧道及渡口码头等地方的坡度是否合理,发现问题及时调整修正。

调整坡度线的方法有抬高、降低、延长、缩短纵坡线和加大、减小纵坡度等。调整时应以少脱离控制点、少变动填挖为原则,以便调整后的纵坡与试定纵坡基本相符。

5)核对

核对主要在有控制意义的特殊横断面上进行。如选择高填深挖、挡土墙、重要桥涵及人工构造物以及其他重要控制点的断面等。其做法是:在纵断面图上直接由厘米格子读出相应桩号的填挖高度,将此值用"路基横断面透明模板"套在相应横断面地面线上,检查若有填挖过大、坡脚落空、挡墙过高、桥涵填土不够以及其他边坡不稳现象,则需要调整坡度线。核对是保证纵面设计质量的重要环节,对某些复杂地段,如山区横坡陡峻的傍山线,这一工作尤为重要。

6）定坡

经调整核对合理后，即可确定坡度线。所谓定坡，就是把坡值、变坡点位置（桩号）和高程确定下来。坡度值一般是用三角板推平行线的办法，直接读厘米格子得出，要求取值到千分之一。

7）纵坡设计应注意的问题

（1）设置回头曲线地段，拉坡时应按回头曲线技术标准先定出该地段的纵坡，然后从两端接坡，应注意在回头曲线地段不宜设竖曲线。

（2）大、中桥上不宜设置竖曲线，桥头两端竖曲线的起、终点应设在桥头10m以外［图4-21a）］。

（3）小桥涵允许设在斜坡地段或竖曲线上，为保证行车平顺，应尽量避免在小桥涵处出现“驼峰式”纵坡［图4-21b）］。

（4）注意平面交叉口纵坡及两端接线要求。道路与道路交叉时，一般宜设在水平坡段，其长度应不小于最短坡长规定。两端接线纵坡应不大于3%，山区工程艰巨地段不大于5%。

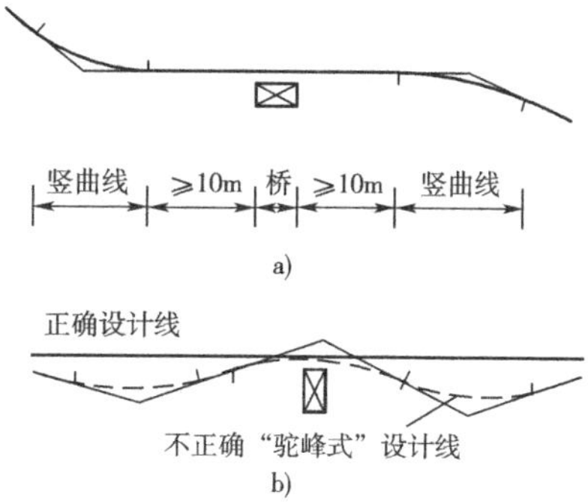

图4-21 桥涵上纵坡

（5）拉坡时如受“控制点”或“经济点”制约，导致纵坡起伏过大或土石方工程量太大，经调整仍难以解决时，可用纸上移线的方法修改原定纵坡线。具体方法是按理想要求定出新的纵坡设计线，然后找出对应新设计线的填、挖高度，用“模板”在横断面上以新填、挖高度左右移动，定出适宜的中线位置，该点距原路中线的横距就是按新纵坡设计要求希望平面线形调整移动的距离，据此可作出纸上平面移线，若为实地定线时还应到现场改线。这种移线修正纵面线形的方法，在山区和丘陵区道路的纵坡设计中是常遇到的。

（6）注意平、纵面线形的组合，在不过分增加工程量的原则下，尽可能求得最佳的空间组合线形。

（7）桥隧道地段应按照桥隧道路线纵坡的特殊要求执行。

（8）通过城镇路段，应结合城镇规划，结合两侧建筑物的布置，合理确定纵坡和设计高程，使路线与两侧建筑相协调。

三、竖曲线设计与计算

1. 竖曲线设计要点

竖曲线是否平顺，在视觉上是否良好，往往是构成纵面线形优劣的主要因素。竖曲线设计应满足以下要求。

（1）宜选用较大的竖曲线半径。在不过分增加工程量的情况下，宜选用较大的竖曲线半径。通常采用大于竖曲线一般最小半径的半径值，特别是当坡度差较小时，更应采用大半径，以利于视觉和路容美观。只有当地形限制或其他特殊困难不得已时才允许采用极限最小半径。

（2）注意相邻竖曲线的衔接。相邻两个同向凹形或凸形竖曲线，特别是同向凹形竖曲线之间，如直坡段不长应合并为单曲线或复曲线，避免出现“断臂曲线”，这样要求对行车有利。

（3）竖曲线设置应满足排水需要。若相邻纵坡之代数差很小时，采用大半径竖曲线可能导致竖曲线上的纵坡小于0.3%,不利于排水,应重新进行设计。

2. 竖曲线要素计算公式

(1)竖曲线几何要素主要有:竖曲线切线长 T、曲线长 L 和外距 E,如图4-22所示。

$$L = R\omega \tag{4-66}$$

$$T = \frac{L}{2} \tag{4-67}$$

$$E = \frac{T^2}{2R} = \frac{R\omega^2}{8} = \frac{T\omega}{4} \tag{4-68}$$

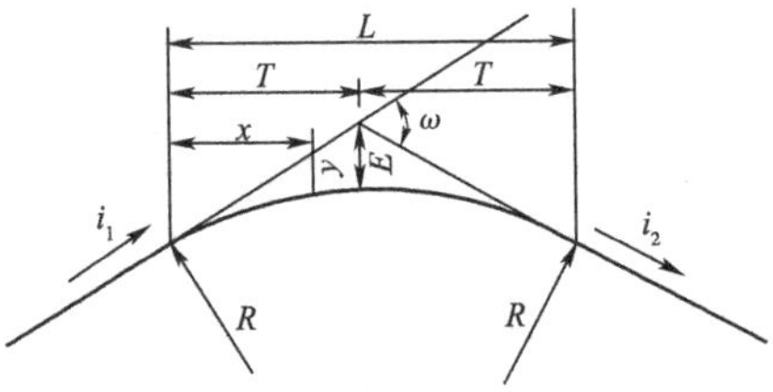

图4-22 竖曲线要素

(2)竖曲线上任意点纵距 y 的计算如下:

$$y = \frac{x^2}{2R} \tag{4-69}$$

式中:y——计算点纵距(m);

x——计算点桩号与竖曲线起点的桩号差(m);

R——竖曲线半径(m)。

3. 竖曲线上任意点设计高程的计算

(1)计算切线高程

$$H_1 = H_0 - (T - x)i_1 \tag{4-70}$$

式中:H_0——变坡点高程(m);

H_1——计算点切线高程(m);

i_1——纵坡度。

其余符号如图4-22所示。利用该式可以计算直坡段上任意点的设计高程。

(2)计算设计高程

$$H = H_1 \pm y \tag{4-71}$$

式中:H——设计高程(m);

"±"——当为凹形竖曲线时取"+",当为凸形竖曲线时取"-";

其余符号意义同前。

4. 竖曲线半径选择因素

选择竖曲线半径主要应考虑以下因素:

(1)选择半径应符合《规范》所规定的竖曲线的最小半径的要求。

(2)在不过分增加土石方工程量的情况下,为使行车舒适,宜采用较大的竖曲线半径。

(3)结合纵断面起伏情况和高程控制要求,确定合适的外距值,按外距控制选择半径:

$$R = \frac{8E}{\omega^2} \tag{4-72}$$

(4)考虑相邻竖曲线的连接(即保证最小直坡段长度或不发生重叠),限制曲线长度,按切线长度选择半径。

$$R = \frac{2T}{\omega} \tag{4-73}$$

(5)过大的竖曲线半径将使竖曲线过长,从施工和排水来看都是不利的,选择半径时应注意。

(6)夜间行车交通量较大的路段考虑灯光照射方向的改变，使前灯照射范围受到限制，选择半径时应适当加大，以使其有较长的照射距离。

5. 竖曲线计算算例

某二级山岭区公路，相邻两坡段纵坡为 $i_1=+0.05$，$i_2=-0.04$，变坡点的里程桩号为K12 +220，该点高程为 685.69m(图 4-23)，试计算凸形竖曲线半径 $R=1\ 000\text{m}$ 路段的设计高程。

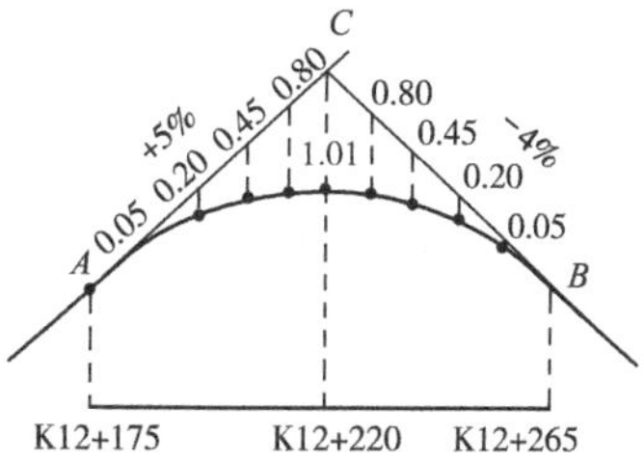

图 4-23 竖曲线算例

解：

竖曲线长度：

$$L=R\cdot\omega=1\ 000\times0.09=90(\text{m})$$

切线长度：

$$T=\frac{L}{2}=45(\text{m})$$

外距：

$$E=\frac{T^2}{2R}=\frac{45^2}{2\times1\ 000}=1.01(\text{m})$$

竖曲线起点桩号为：

$$\text{K12}+220-45=\text{K12}+175.00$$

竖曲线起点高程为：

$$685.69-45\times5\%=683.44(\text{m})$$

竖曲线终点桩号为：

$$\text{K12}+220+45=\text{K12}+265.00$$

竖曲线终点高程为：

$$685.69-45\times4\%=683.89(\text{m})$$

中间各点高程以桩距 10m 按 $y=\frac{x^2}{2R}$公式计算，列在表 4-28，如图 4-23 所示。

竖曲线计算表 表 4-28

桩号	坡段高程(m)	高程改正 $y=\frac{x^2}{2R}$(m)	竖曲线高程(m)
K12 +175	683.44	0.00	683.44
K12 +185	683.94	0.05	683.89
K12 +195	684.44	0.20	684.24
K12 +205	684.94	0.45	684.50
K12 +215	685.44	0.80	684.64
K12 +220	685.69	1.01	684.68
K12 +225	685.49	0.80	684.69
K12 +235	685.09	0.45	684.64
K12 +245	684.69	0.20	684.49
K12 +255	684.29	0.05	684.24
K12 +265	683.89	0.00	683.89

第四节　纵断面设计成果

一、公路纵断面设计图

路线纵断面图是纵断面设计的最终成果,是道路设计文件的重要组成部分。

公路纵断面设计图采用直角坐标,以横坐标(水平方向)表示里程及桩号,纵坐标(垂直方向或称纵向)表示水准高程。为了突出地形起伏,纵、横坐标通常采用不同的比例尺。横坐标比例尺一般与路线平面图一致,为 1∶2 000 或 1∶5 000,纵坐标的比例尺相应为 1∶200 或1∶500。

在纵断面图中,应标示出以下主要内容:

(1)里程桩号、地面高程与地面线、设计高程与设计线以及施工填挖值等。

(2)设计的纵坡度和坡长。

(3)竖曲线及其要素、平面上的直线及平曲线。

(4)沿线桥涵及人工构造物位置、类型及孔径,跨线桥还应示出交叉方式。

(5)隧道长度及高度。

(6)与公路、铁路交叉时的桩号及路名。

(7)沿线跨越河流的现有水位和设计洪水位,影响路基稳定的地下水位等。

(8)水准点的位置、编号及高程。

(9)沿线土壤地质分布情况。

(10)断链桩位置及长短链关系。

二、城市道路纵断面设计图

城市道路的纵断面图一般包括以下内容:道路中线的地面线、纵坡设计线、施工高度(填挖值)、土壤地质剖面图、沿线桥涵位置、街沟类型和孔径、沿线交叉口位置和高程、沿线水准点位置、桩号和高程等,以及在图的下方附以简要的说明表格。在市区主干道的纵断面图上,还应标注出相交道路的路名与交叉口的交点高程以及街坊与主要建筑物的出入口标高等。

当设计纵坡小于0.3%时,道路两侧街沟应作锯齿形街沟设计,以满足排水要求,并分别算出雨水进水口和分水点的设计高程,注在相应的图栏内。

城市道路纵断面图的比例尺一般采用水平方向1∶1 000 ~1∶500,垂直方向1∶100 ~1∶50。

第五节　道路线形综合设计

一、道路线形综合设计的内容及一般要求

1.道路线形综合设计的内容

道路中线为一空间曲线,平面线形与纵面为一个有机的整体,线形应使平面与纵面相互协

调，合理组合；线形又直接与沿线的道路构造物相关，影响道路各构造物（桥涵、隧道、其他人工构造物、沿线设施等）的平面、空间的位置和结构及尺寸。因此，路线设计又必须与沿线的构造物相适应和协调；同时路线又处于一定条件的环境（包括自然环境、社会环境以及人文景观环境等）之中，线形设计还应考虑综合路线与构造物的协调以及线形与环境的协调这三方面构成的道路线形设计的基本内容。在平、纵面设计的基础上还应进一步进行线形综合设计，其主要内容有：

（1）道路平、纵面组合设计。

（2）线形与沿线构造物的配合。

①线形与桥、隧的配合。

②线形与沿线设施的配合。

（3）线形与景观的协调。

2. 道路线形综合设计的要求

1）线形综合设计的一般要求

（1）一段公路不宜频繁变更设计标准。同一设计标准的路段长度不宜过短，线形要素应尽量保持相对均衡，两相邻设计标准不同的路段之间应有技术指标的过渡。

（2）线形设计的要求与内容应随公路的等级及设计速度的不同而异。高速公路、一级公路以及设计速度≥60km/h 的公路，应注意立体线形设计，尽量做到线形连续、指标均衡、视觉良好、景观协调、安全舒适。设计速度越高，线形设计所考虑的因素越周全。设计速度≤40km/h 的公路，首先应在保证行驶安全的前提下，正确运用线形要素规定值（包括最大值、最小值），在条件允许情况下力求做到各种线形要素的合理组合，并尽量避免和减轻不利组合，以期充分发挥投资效益。

（3）应根据设计条件尽量选用较高的技术指标，不应轻易采用技术指标中的最大值（或最小值），并保持各种线形要素的均衡性、连续性，避免线形的突变。

（4）在路线交叉前后应尽可能采用技术指标较高的线形，保证行驶安全和提高公路的通行能力。

（5）平面线形设计应在地形、地物、地质等各种具体条件的基础上，选用相应技术指标进行组合设计，应合理运用直线和曲线（包括圆曲线、回旋线）线形要素，不得片面强调以直线或以曲线为主，或必须高于某一比例。

（6）对线形设计的优劣可运用公路路线透视图进行检验和评价，有条件时可绘制动态连续透视图，或全景透视图，或建立三维模型。

2）平、纵面线形组合

（1）设计速度≥60km/h 的公路线形设计，应注重平、纵面的合理组合，及其驾驶员对视觉和心理方面的要求。

（2）平、纵线形组合的设计原则。

①应使线形能自然地诱导驾驶员的视线，并保持视觉的连续性。

②平、纵面线形的技术指标应大小均衡。

③合成坡度应组合得当，以利于路面排水和行车安全。

（3）平、纵线形组合的基本要求。

①平曲线与竖曲线组合宜相互对应，且稍长于竖曲线。

②合成坡度的设计应与线形组合设计相结合。有条件时,最大合成坡度不宜大于8%,最小合成坡度不小于0.5%。

③平、纵面线形组合设计应使线形与自然环境和景观相配合、协调。

④平曲线缓而长,且竖曲线坡差小于1%时,平曲线中可包含多个竖曲线。

⑤竖曲线半径宜大于平曲线半径的10~20倍以上。随着平曲线半径的增大,竖曲线半径的增大倍数也宜增加。

(4)平、纵线形设计中应避免的组合。

①小半径的平曲线起讫点不得设在或接近凸形竖曲线的顶部和凹形竖曲线的底部。

②长平曲线内不得设置短的竖曲线,长竖曲线内也不得设置短的平曲线。

③凸形竖曲线的顶部和凹形竖曲线的底部,不得同反向平曲线的拐点重合。

④直线上的纵面线形应避免出现驼峰、暗凹、跳跃、断背等使驾驶员视觉中断的线形。

⑤直线段内不得插入短的竖曲线。

⑥小半径竖曲线不宜与回旋曲线相互重叠。

⑦避免在长直线上设置坡陡或曲线长度短、半径小的凹形竖曲线。

⑧应避免急弯与陡坡相重合。

⑨应避免短的平曲线与短的凸形竖曲线组合。

⑩应避免驾驶员能在行驶视野内看到两个或两个以上的平曲线或竖曲线。

⑪应避免平曲线与竖曲线错位的组合。

3)线形与桥、隧的配合

(1)桥头引道线形与桥上线形的配合。

①桥涵等人工构筑物及其同路基相衔接处的线形应符合路线布设的有关规定。

②桥梁及其引道的线形应综合考虑其与路线的配合,使之视野开阔,视线诱导良好。

③高速公路、一级公路上的桥梁线形应与路线总体线形设计相协调,保持桥梁线形与路线线形连续、流畅。

④桥上纵坡不宜大于4%,桥头引道纵坡不宜大于5%,位于市镇交通繁忙处桥上及桥头纵坡不得大于3%。

(2)隧道洞口连接线与隧道线形的配合。

①隧道及其同路基相衔接处的线形应符合路线布设的有关规定。

②隧道洞口内侧不小于3s设计速度行程长度与洞口外侧不小于3s设计速度行程长度范围内的平、纵线形应一致。

③洞口外与之相连接的路段应设置距洞口不小于3s设计速度行程长度,且不小于50m的过渡段,以保持横断面过渡的顺适。

④隧道内纵坡应小于3%(100m的隧道不受此限),高速公路、一级公路的中、短隧道,当条件受限时可适当加大,但不宜大于4%。

4)线形与沿线设施的配合

(1)线形设计应考虑到主线收费站、匝道收费站、服务区、停车区等沿线设施布置的要求。

(2)主线收费站应选择在直线上或不设超高的曲线上,且不应设在凹形竖曲线的底部。主线收费站范围内主线的主要技术指标应大于表4-29的规定。

主线收费站范围内主线的主要技术指标　　表 4-29

设计速度(km/h)			120	100	80	60	40
最小平曲线半径(m)		一般值	2 000	1 500	1 100	500	250
		最小值	1 500	1 000	700	350	200
最小竖曲线半径(m)	凸形	一般值	45 000	25 000	12 000	6 000	2 000
		极限值	23 000	15 000	6 000	3 000	1 500
	凹形	一般值	16 000	12 000	8 000	4 000	3 000
		极限值	12 000	8 000	4 000	2 000	1 500
最大纵坡(%)			2	2	2	3	3

(3)服务区、停车区及公共汽车停靠站等区段内,主线的主要技术指标可参照互通式立体交叉的有关规定设计。

5)线形与环境的协调

(1)平、纵面线形设计应同环境相协调。线形设计应充分考虑到速度对视觉的影响,设计速度高的公路,线形设计和周围环境配合的要求应更高。

(2)应充分利用自然风景(如湖泊、大树、孤山)或人工构造物(如水坝、桥头、农舍),或在路旁设置一些设施等,以清除景观单调感,使公路与大自然融为一体。

(3)线形与环境的协调应遵循以下原则:

①线形设计应利用地形,尽量少改变公路周围的地形、地貌、天然森林、建筑物等景观。横断面设计应使边坡造型和绿化同原有景观相适宜,弥补挖方和填方对自然景观的破坏。

②当公路以挖方穿越山脊或通过宽阔林地时,路线应布设成曲线,以保持自然景观的连续。

③为减轻在长直线上行驶的单调感,应使驾驶员能看到前方显著的景物。

④应根据技术和景观要求合理选定构筑物的造型,使公路构筑物成为自然景观中的一部分。

(4)有条件时,宜适当放缓边坡或将边坡的变坡点修整圆滑,使边坡接近于自然地面,增进路容美观。

(5)公路两侧的绿化应避免形式和品种的单一,应将绿化作为诱导视线、点缀风景以及改造环境的一种措施而进行专门设计。

二、平、纵线形组合设计

1. 线形组合要素

按平面线形为直线、曲线,纵面线形为直线、凸形竖曲线、凹形竖曲线,可有 6 种不同的立体形组合要素,这 6 种组合要素为:

(1)平面直线与纵面直线组合要素。

(2)平面直线与凹形竖曲线组合要素。

(3)平面直线与凸形竖曲线组合要素。

(4)平曲线与纵面直线组合要素。

(5)平曲线与纵面凹形竖曲线组合要素。

(6)平曲线与纵面凸形竖曲线组合要素。

直线和曲线组合的线形要素如图4-24所示。

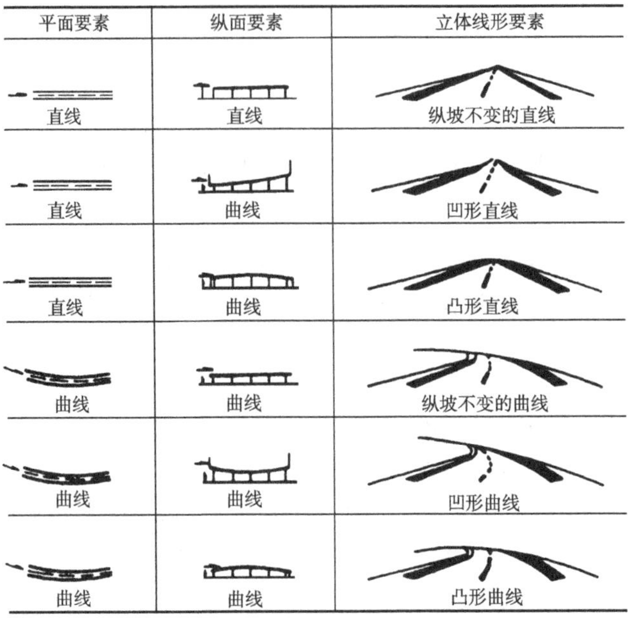

图4-24　直线和曲线组合的线形要素

2. 平、纵组合要点

平、纵组合设计,是公路线形综合几何设计中应着重考虑的问题。路线平面或纵面设计仅是从满足汽车行驶力学上的要求及安全方面考虑的,平、纵组合设计则是同时考虑了路线几何线形对行驶中驾驶员的心理、生理因素和视觉等的影响。

1)平曲线与竖曲线应相互重合,且平曲线稍长于竖曲线

平曲线与竖曲线完全对应就能保证视觉上连续性的线形,具体的做法是使平曲线包含竖曲线,如图4-25a)所示;若平面线形与纵断面线形不对应,如图4-25b)中的竖曲线的顶点设在平曲线的起点上,就不能给驾驶员一个顺滑的视线诱导,而且在纵断面的凹部底点附近产生排水问题,并给人一种看起来公路好像断了似的感觉。此外,在一个平曲线中设几个竖曲线时,会使驾驶员把公路在视觉上分成了几段,这也是不适当的。

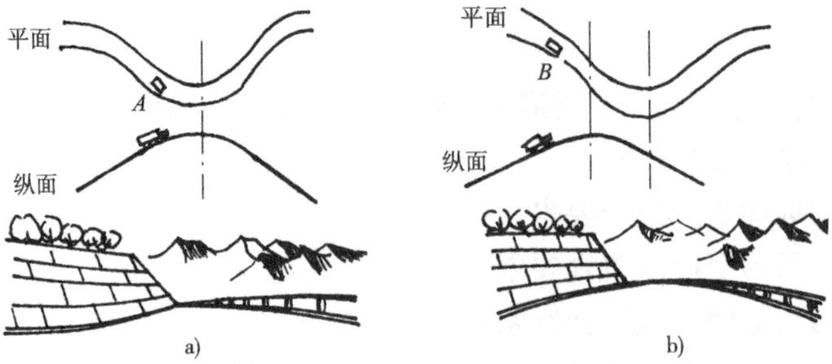

图4-25　平、竖曲线对应复合

a)平、竖曲线重合;b)平、竖曲线错位

2）平曲线与竖曲线的大小应保持均衡

平曲线与竖曲线的大小应配合均衡。否则不仅造成工费的浪费，而且视觉上也要失掉均衡。根据德国计算统计，若平曲线的半径小于 1 000m，竖曲线半径约为平曲线半径的 10 ~ 20 倍，便可得到均衡的目的，可参考表 4-30 选用。

平、纵曲线半径的均衡值　　表 4-30

平曲线半径(m)	竖曲线半径(m)	平曲线半径(m)	竖曲线半径(m)
500	10 000	1 100	30 000
700	12 000	1 200	40 000
800	16 000	1 500	60 000
900	20 000	2 000	100 000
1 000	25 000		

3）选择组合适当的合成坡度

在山岭地区，当纵坡较陡而又插入小半径平曲线时，易使合成坡度大，这对行驶安全不利；而在平坦地区，当纵坡接近于水平时，在平曲线起讫点附近的合成坡度非常小，排水不利。因此，选择能够获得适当的合成坡度的平曲线与竖曲线的组合是必要的。

4）暗、明弯与凸、凹竖曲线

暗弯与凸形竖曲线和明弯与凹形竖曲线的组合是合理的、悦目的。对暗弯与凹形竖曲线和明弯与凸形竖曲线的组合，当坡差较大时会给人留下故意爬坡、绕弯的感觉。此种组合在山区难以避免，但坡差不宜太大。

5）平、竖曲线应避免的组合

平、竖曲线重合是一种理想的组合，但由于地形等条件的限制，这种组合不是总能争取到。如果平曲线的中点与竖曲线的顶（底）点位置错开不超过平曲线长度的 1/4 时，仍然可以获得比较满意的外观。但是，如果错位过大或大小不均衡就会出现视觉效果很差的线形。

（1）要避免使凸形竖曲线的顶部或凹形竖曲线的底部与反向平曲线的拐点重合。两者都存在不同程度的扭曲外观。前者会使驾驶员操作失误，引起交通事故；后者虽无视线诱导问题，但路面排水困难，易产生积水。

（2）小半径竖曲线不宜与缓和曲线相重叠。对于凸形竖曲线而言，诱导性差，事故率较高；而对于凹形竖曲线来说，路面排水不良。

（3）设计速度≥40km/h 的公路，应避免在凸形竖曲线顶部或凹形竖曲线底部插入小半径的平曲线（图 4-26）。前者失去引导视线的作用，驾驶员需接近坡顶才发现平曲线，导致不必要的减速或交通事故；后者会出现汽车高速行驶时急转弯，不利于行车安全。

为了便于应用，把平曲线与竖曲线的组合形象地表示为如图 4-27 所示。竖曲线的起终点最好分别放在平曲线的两个缓和曲线内，其中任一点都不要放在缓和曲线和曲线以外的直线上，也不要放在圆曲线之内。若平、竖曲线半径都很大，则平、竖位置可不受上述限制；若做不到平、竖曲线较好的组合，宁可把两者拉开距离，使平曲线位于直坡段或竖曲线位于直线上。

6）直线与纵断面的组合

平面的长直线与纵面的直坡线配合，在平坦地区易与地形适应，对双车道公路超车方便，

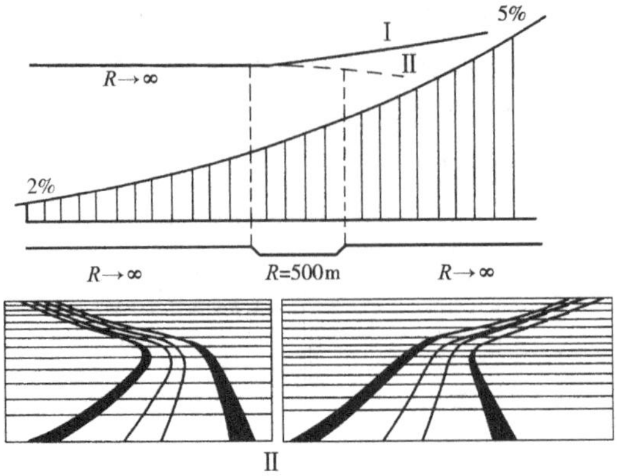

图4-26 长竖曲线底部插入小半径平曲线

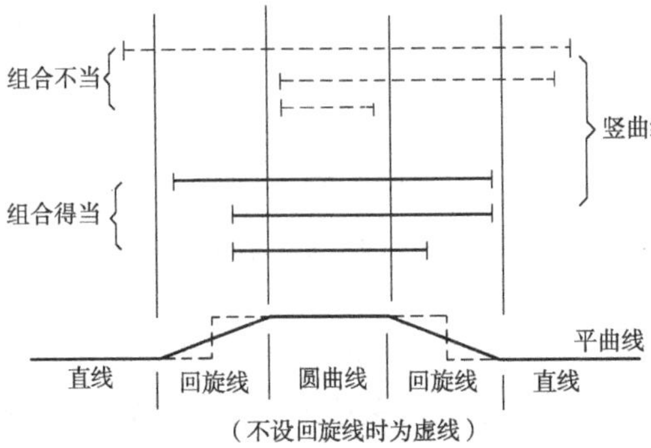

图4-27 平曲线与竖曲线的组合

但行车单调乏味,易疲劳。平曲直线上一次变坡是很好的平、纵组合,从美学观点讲以包括一个凸形竖曲线为好,而包括一个凹形线次之;直线中短距离内二次以上变坡会形成反复凸凹的"驼峰"和"凹陷",看上去线形既不美观也不连贯,使驾驶员的视线中断,如图4-28、图4-29所示。因此,只要路线有起有伏,就不要采用长直线,最好使平面路线随纵坡的变化略加转折,并把平、竖曲线合理地组合,但要避免驾驶员一眼能看到路线方向转折两次以上或纵坡起伏三次以上,如图4-30所示,即避免形成"波浪"。

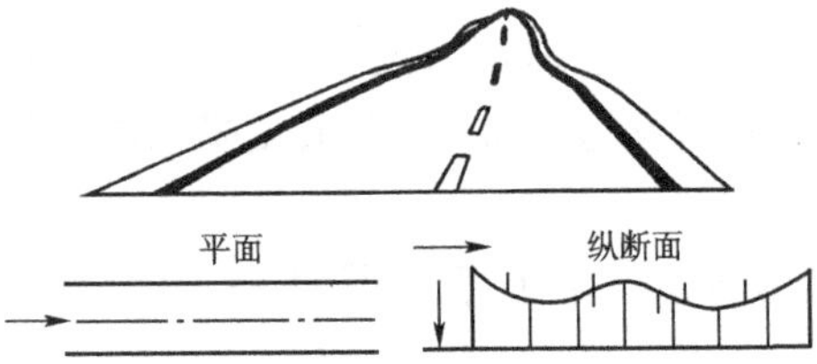

图4-28 "驼峰"

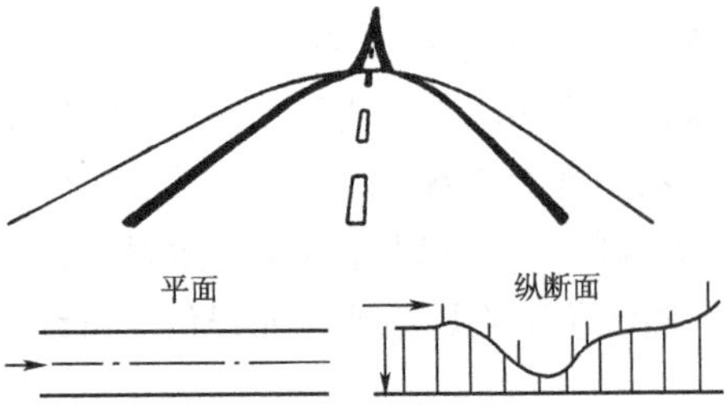

图4-29 "暗凹"

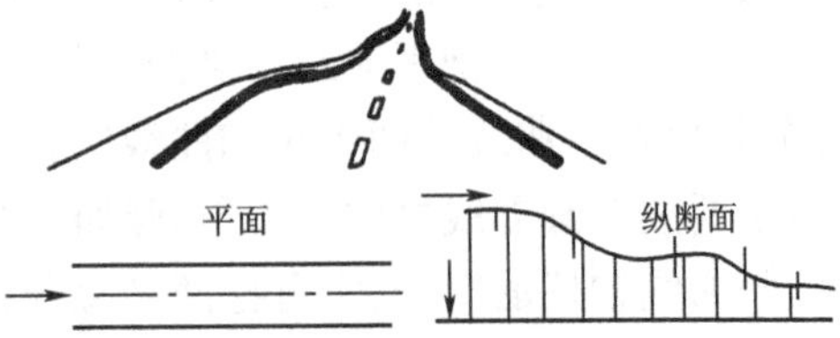

图4-30 "波浪"

【复习思考题及习题】

1. 纵断面设计应综合考虑哪些要求及控制因素？在设计时应怎样满足这些要求？

2. 汽车行驶的基本条件是什么？纵面线形设计可以从哪些方面来保证这些基本条件？

3. 何谓动力特性图？在汽车行驶计算中有何作用？

4. 汽车行驶有哪些阻力？当汽车行驶状态和道路条件发生变化时，这些阻力发生怎样的变化？

5. 为什么要对路线最大纵坡加以限制？规定最大纵坡值主要考虑哪些因素？

6. 纵断面设计应满足哪些技术指标要求？运用这些技术指标时要注意哪些问题？

7. 简述纵断面设计的一般步骤和方法。

8. 城市道路纵坡设计时，一般要考虑哪些控制高程？

9. 在纵断面变坡处为什么要设置竖曲线？在制定竖曲线最小半径标准时主要考虑了哪些因素？

10. 某山岭重丘区四级公路，一弯道半径 $R=18$m，设计纵坡为 8.9%，试问这一段纵坡是否满足标准要求？若不能满足要求，可采取什么办法予以弥补？

11. 某竖曲线 $i_1=-0.06$，$i_2=+0.05$ 竖曲线半径 $R=2\,000$m，变坡点桩号为 K10+355，高程为 250.50m，试计算竖曲线起、终点桩号及设计高程，以及 K10+330、K10+345.50、K10+381 各点的设计高程。

12. 某桥头变坡点处桩号为 K4+950，设计高程为 120.78m，$i_1=+3.5\%$，桥上为平坡，桥头端点的桩号为 K5+023，要求竖曲线不上桥，并保证有 15m 的直坡段，试问竖曲线半径选在什么范围内？

13. 某公路与铁路平交，其设计速度为 60km/h，要求交叉点的两端至少各有 20m 长较平坦的路段。已知其中一端由交叉点 A 到变坡点 O 的距离为 30m，坡度角 $\omega=0.02$（图 4-31）。试问该竖曲线的半径最大为多少？验算选用值是否满足最小竖曲线半径和最小竖曲线长度的要求。

14. 某城市Ⅱ级主干道，其纵坡为 $i_1=-2.5\%$，$i_2=+1.5\%$ 转折点桩号为 K0+640，设计高程 $H_{设}=9.00$m，如图 4-32 所示。

(1) 试确定竖曲线最小半径并计算竖曲线上各点高程（桩号每隔 5m 求一点高程）。

(2) 由于受地下管线和地形限制，凹曲线中高程要求不低于 9.30m，且不高于 9.40m，这时竖曲线半径应为多少？

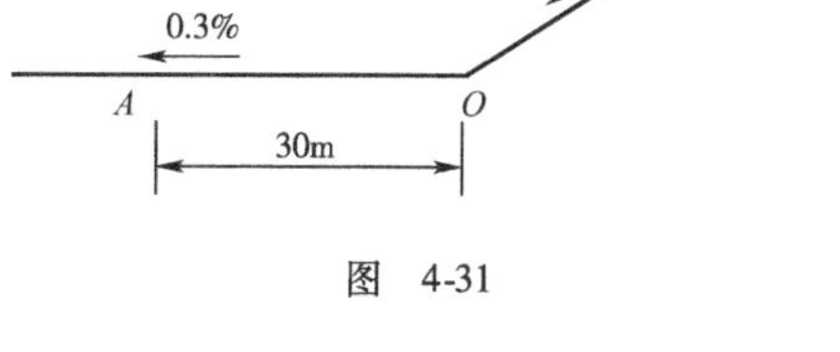

图 4-31

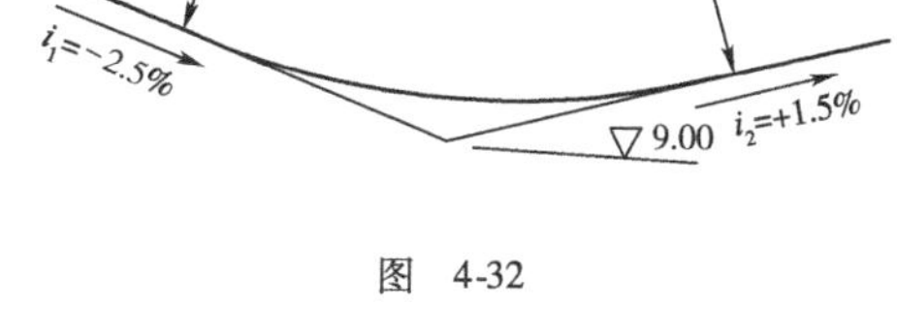

图 4-32

15. 试用所学知识，评价以下几段平、纵组合的优劣（图 4-33）。

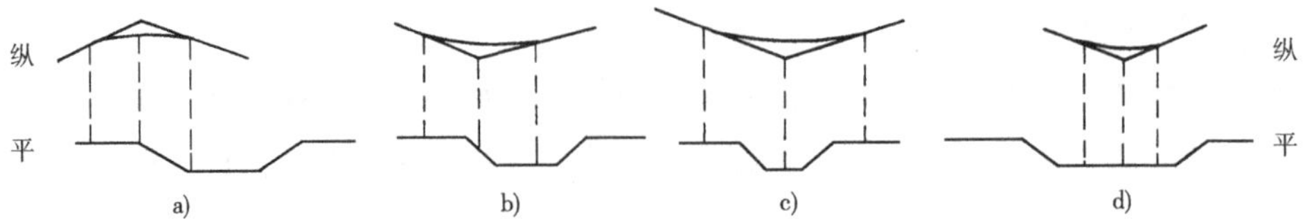

图 4-33

16. 名词解释:

(1)动力因素;(2)道路阻力;(3)惯性阻力;(4)变速比;(5)主传动比;(6)合成纵坡;(7)坡度角;(8)定坡;(9)施工高度;(10)缓和坡段;(11)平均纵坡;(12)坡长。

第五章

道路横断面设计

第一节　横断面组成

一、公路横断面组成

1. 一般组成

(1)行车道:公路上供各种车辆行驶部分的总称,包括快车行车道和慢车行车道。

(2)路肩:位于行车道外缘至路基边缘,具有一定宽度的带状结构部分。

(3)中间带:高速公路及一级公路用于分隔对向车辆的路幅组成部分,通常设于车道中间。各级公路的横断面形式如图 5-1 所示。

公路路基横断面形式应根据公路功能技术等级、交通量和地形等条件确,并应符合下列规定:

①高速公路、一级公路应根据需要采用整体式或分离式路基断面形式。

②双向十车道及以上车道数的高速公路可采用复合式断面形式。

③二级公路、三级公路、四级公路应采用整体式路基断面形式。

2. 特殊组成

(1)爬坡车道:设置在高速公路和一级、二级公路的上坡路段,供慢速上坡车辆行驶用的车道。

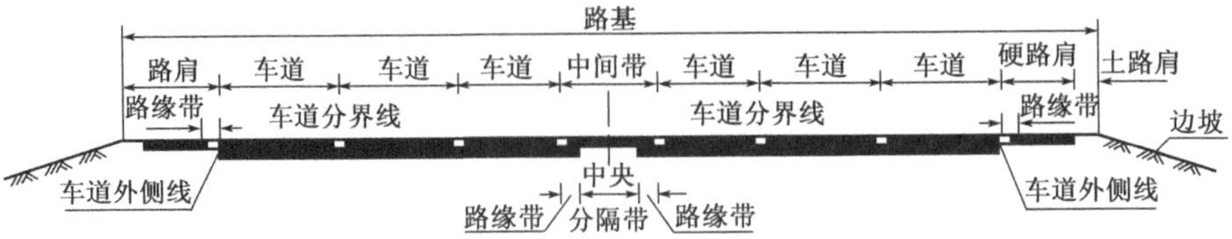

a)

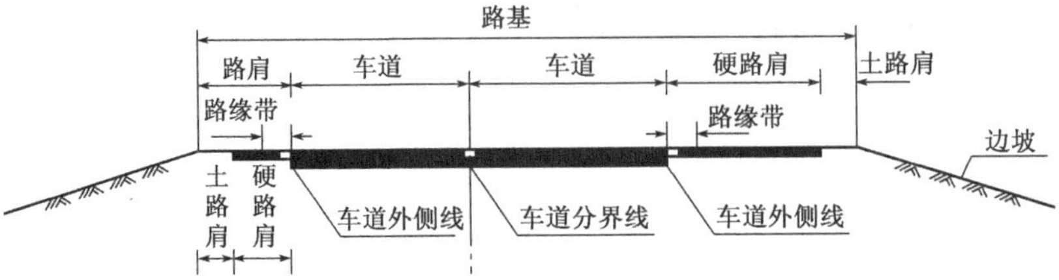

b)

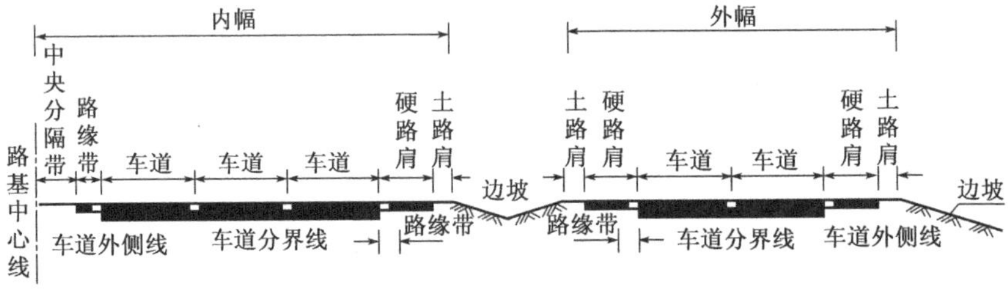

c)

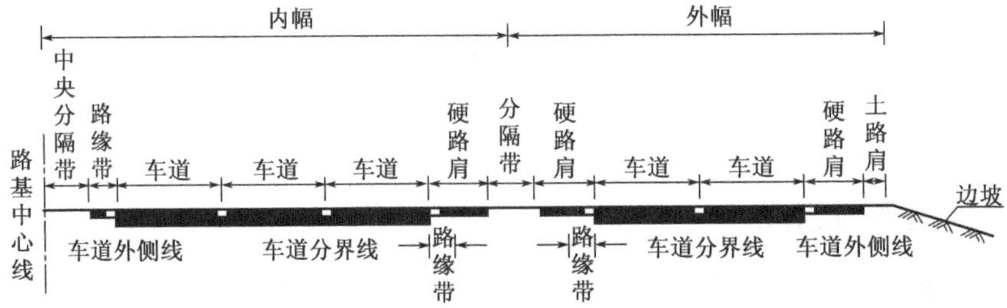

d)

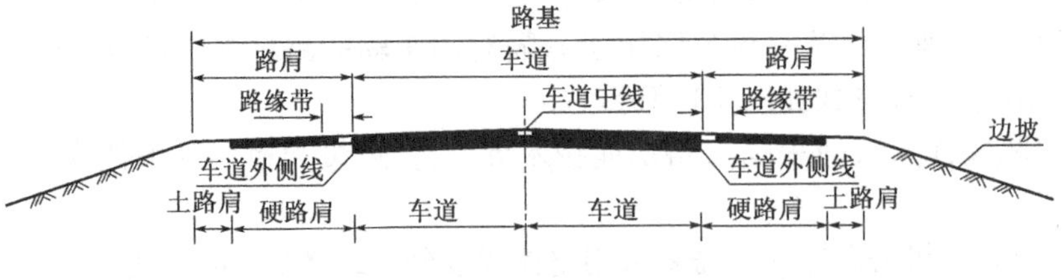

e)

图 5-1　公路横断面形式

a)高速公路、一级公路一般整体式断面形式;b)高速公路、一级公路一般分离式断面形式(右幅断面);c)高速公路分离复合式断面形式(右幅断面);d)高速公路整体复合式断面形式(右幅断面);e)二级公路、三级公路、四级公路一般路基断面形式

(2)加减速车道:供车辆驶入(离)高速车流之前(后)加速(减速)用的车道。

(3)错车道:在单车道道路上,可通视的一定距离内,供车辆交错避让用的一段加宽车道。

(4)紧急停车带:在高速公路和一级公路上,供车辆临时发生故障或其他原因紧急停车使用的临时停车地带。

(5)避险车道:设置于连续长、陡下坡路段右侧视距良好的适当位置,为减轻失控车的损失或避免危及第三方安全而设置。

公路特殊组成仅在公路特殊路段才设置。

3. 各级公路横断面宽度组成

根据各级公路的性质和功能的不同,其宽度组成如下:

(1)高速公路、一级公路的路基横断面分为整体式和分离式两类。整体式断面包括车道、中间带(中央分隔带及左侧路缘带)、路肩(硬路肩及土路肩)以及紧急停车带、爬坡车道、加(减)速车道等组成部分;分离式断面包括行车道、路肩(硬路肩及土路肩)以及紧急停车带、爬坡车道、加(减)速车道等组成部分。分离式断面是一种将上、下行车道放在不同平面上,中间带随地形变宽的断面形式,如图 5-2 所示。一级公路设慢行车较多时,可利用硬路肩设置慢行车道。

(2)二级公路的路基横断面包括行车道、路肩、爬坡车道等组成部分。二级公路位于中、小城市城乡接合部、混合交通量大的连接路段,实行快、慢车道分开行驶时,可根据当地经验设置右侧硬路肩,设置慢车道。

(3)三级、四级公路的路基横断面包括行车道、路肩以及错车道等组成部分。

图 5-2 分离式断面景观形式

二、城市道路横断面组成

城市道路的横断面是由车行道、人行道、绿化带和分隔带及其他等部分组成,如图 5-3 所示。

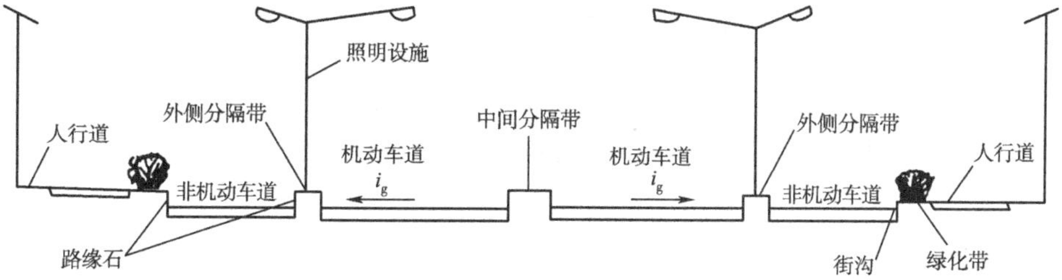

图 5-3 城市道路横断面组成

(1)车行道:在城市道路上供各种车辆行驶的路面部分,统称为车行道。供汽车、无轨电车、摩托车等机动车行驶的部分称为机动车道。供自行车、三轮车、板车等非机动车行驶的部分称为非机动车道。按车道在行车方向上的不同位置,又可分为内侧车道、中间车道和外侧车道。按车道的不同性质分可有:变速车道、超车车道、爬坡车道、停车道、错车道、会车道、专用车道等。

(2)人行道:在城市道路上用路缘石或护栏及其他类似设施加以分隔的专门供人行走的

部分。

(3)绿化带:是指在道路用地范围内供绿化的条形地带。

(4)分隔带(又称分车带):沿道路纵向设置的分隔车行道用的带状设施。位于路中线位置的称中间分隔带,位于路中线两侧的称外侧分隔带。

(5)其他组成部分:除以上组成部分外,还有路缘石、街沟、路拱、照明等。路缘石指设在路边的界石,简称缘石,包括平缘石和立缘石。街沟指设在路面边缘处,由立缘石与平缘石或铺装路面形成的侧沟。路拱指路面横断面的两端与中间形成一定坡度的拱起形状。

第二节　横断面各组成部分设计

一、公路行车道及城市道路机动车道

1.行车道宽度的确定

行车道是道路上供各种车辆行驶部分的总称,包括快车道和慢车道,在一般公路和城市道路上还有非机动车道。行车道的宽度要根据车辆宽度、设计交通量、交通组成和汽车行驶速度来确定。

公路的一条行车带内除四级公路外一般包括两条以上的车道。高速公路和一级公路有四条以上的车道,以中央分隔带将上、下行车辆分开或做成分离式路基,每侧再划分快车道和慢车道。城市道路的横断面布置与公路有较大区别,如城市道路行车道两侧有高出路面的路缘石,而公路两侧则是有与路面齐平的且有一定宽度的路肩。城市道路在路幅布置上比公路更富于变化,行车规律、交通组织和管理与公路也有所不同。

行车道宽度直接影响道路的通行能力、行车速度、行车安全、工程造价等。行车道宽度必须满足对向车辆错车、超车或并列行驶以及车辆与路肩之间所需的余宽。

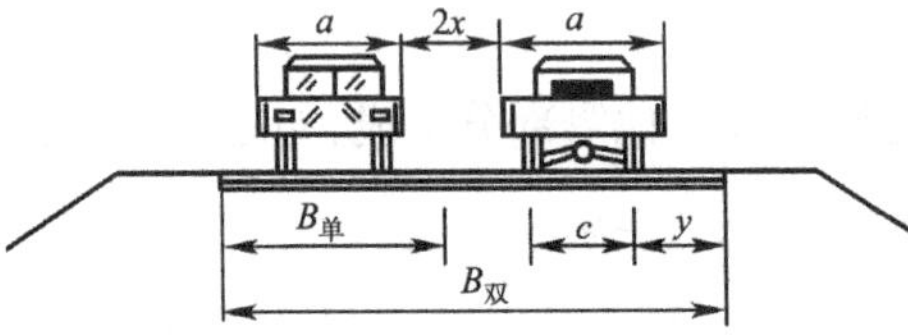

图5-4　双车道公路的行车道宽度

1)一般双车道公路行车道宽度的确定

双车道公路有两条车道,一条行车道宽度包括汽车宽度和富余宽度。汽车宽度取载货汽车车厢的总宽度,为2.5m。富余宽度是指对向行驶时两车厢之间的安全间隙、汽车轮胎至路面边缘的安全距离,如图5-4所示。则双车道公路第一条单向行驶的车道宽度可用式(5-1)计算:

$$B_{单}=\frac{a+c}{2}+x+y \tag{5-1}$$

两条车道:

$$B_{双}=a+c+2x+2y \tag{5-2}$$

式中:a——车厢宽度(m);

c——汽车轮距(m);

$2x$——两车厢安全间隙(m);

y——轮胎与路面边缘之间的安全距离(m)。

根据大量试验观测,得出计算x、y的经验公式为:

$$x=y=0.50+0.005V \tag{5-3}$$

式中：V——行车速度(km/h)。

从式(5-3)可知，行车道的富余宽度与车速有关，此外还与路侧环境、驾驶员心理、车辆状况等有关。当设计速度为120km/h时，取一条车道的宽度为3.75m是合适的。对车速较低、交通量不大的公路可取较小的宽度，双车道公路行车道宽度视等级一般取7.5m、7.0m、6.5m、6.0m。

2)有中央分隔带公路行车道宽度的确定

高速公路、一级公路有四条以上的车道，一般设置中央分隔带。分隔带两侧的行车道只有同向行驶的汽车，如图5-4所示。

车速、交通组成和大型车的混入率对行车道宽度的确定有较大的影响。根据实地观测，得出下列关系式：

$$S=0.0103V_1 \tag{5-4}$$

$$D=0.000066(V_2^2-V_1^2)+1.49 \tag{5-5}$$

$$M=0.0103V_2+0.46 \tag{5-6}$$

式中：S——后轮外缘与车道外侧之间的安全间隙(m)；

D——两汽车后轮外缘之间的安全间隙(m)；

M——后轮外缘与车道内侧之间的安全间隙(m)；

V_1、V_2——分别为被超车与超车的车速(km/h)。

则单侧行车道宽度：

$$B=S+D+M+a_1+a_2 \tag{5-7}$$

式中：a_1、a_2——汽车后轮外缘间距，对于普通车为1.60m，大型车为2.3m。

不同位置车位的后轮外缘间距如图5-5所示。

根据上式计算结果得出下列结论：设计速度$V=120$km/h时，每条车道的宽度均采用3.75m；当$V=100$km/h，且交通量大和大型车混入率高时，内侧车道应为3.75m，外侧车道可采用3.75m或3.50m。

当高速公路的交通量超过四条车道的容量时，其车道数可按双数增加。

3)城市道路机动车道宽度的确定

(1)靠路边的车道宽

①一侧靠边，另一侧反向行驶的车道(图5-6)，其车道宽度：

$$B_1=\frac{x}{2}+a_1+c \tag{5-8}$$

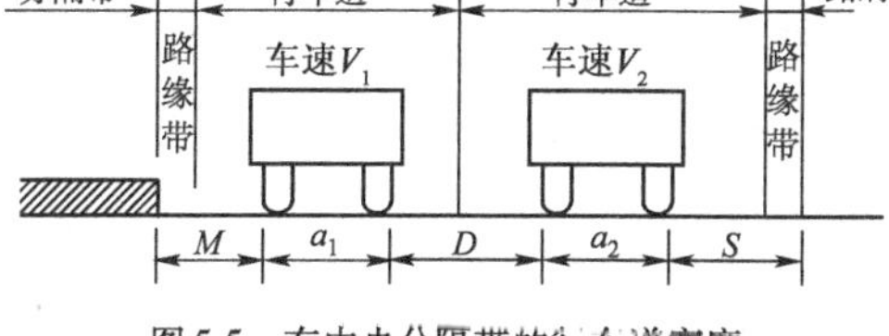

图5-5 有中央分隔带的行车道宽度

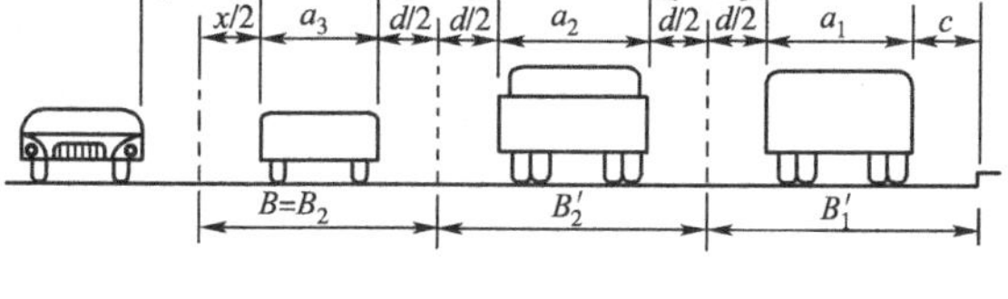

图5-6 城市道路的行车道宽度

②一侧靠边，另一侧为同向行驶的车道：

$$B_1'=\frac{d}{2}+a_1+c \tag{5-9}$$

(2)靠路中心线的车道宽度

$$B_2=\frac{x}{2}+a_2+\frac{d}{2} \tag{5-10}$$

(3)同向行驶的中间车道宽度

$$B_2'=\frac{d}{2}+a_2+\frac{d}{2}+a_2+d \tag{5-11}$$

式中:a_1、a_2——车厢全宽(m);

x——反向行驶汽车间的安全间隙(m);

d——同向行驶汽车间的安全间隙(m);

c——车身边缘与侧石边缘间的横向安全距离(m)。

根据试验观测得出 x、d、c 与车速之间的关系式为:

$$c=0.4+0.02V^{\frac{3}{4}} \tag{5-12}$$

$$d=0.7+0.02V^{\frac{3}{4}} \tag{5-13}$$

$$x=0.7+0.02(V_1+V_2)^{\frac{3}{4}} \tag{5-14}$$

式中:V——以 km/h 为单位的实际车速。

上列诸式表明车道宽 B 是车速 V 的函数,依车速的变化一般在 3.40~3.80m 之间变化。考虑到城市道路上行驶的车辆各异,且车道还需调剂使用,故一条车道的平均宽度取 3.50m 即可,当车速 $V>40$km/h 时,可取 3.75m。

2. 行车道宽度及车道数的规定

1)公路行车宽度

车道宽度根据设计速度规定见表 5-1。

车 道 宽 度 表 5-1

设计速度(km/h)	120	100	80	60	40	30	20
车道宽度(m)	3.75	3.75	3.75	3.50	3.50	3.25	3.00

(1)八车道及以上公路在内侧车道(内侧第 1、2 车道)仅限小客车通行时,其车道宽度可采用 3.5m。

(2)以通行中、小型客运车辆为主且设计速度为 80km/h 及以上的公路,经论证车道宽度可采用 3.5m。

(3)四级公路采用单车道时,车道宽度应采用 3.5m。

(4)设置慢车道的二级公路,慢车道宽度应采用 3.5m。

(5)需要设置非机动车道和人行道的公路,非机动车道和人行道等的宽度,宜视实际情况确定。

2)公路车道数

(1)高速公路、一级公路的各路段应根据设计交通量、设计通行能力等确定其车道数。

(2)高速公路、一级公路的车道数应不小于四车道,车道数增加时按双数、两侧对称增加。

(3)二级、三级公路应为双车道。

(4)四级公路宜采用双车道,工程艰巨或交通量小的路段可采用单车道。

3)爬坡车道的宽度

(1)高速公路、一级公路以及二级公路在连续上坡路段设置爬坡车道时,其宽度不应小于3.5m,且不大于4.0m。六车道及以上的高速公路、一级公路可不设爬坡车道。

(2)高速公路、一级公路的爬坡车道应紧靠车道的外侧设置。条件受限时,爬坡车道路段右侧硬路肩宽度应不小于0.75m。

(3)二级公路的爬坡车道应紧靠车道的外侧设置,可利用硬路肩宽度。当需保留原来供非汽车交通行驶的硬路肩时,该部分应移至爬坡车道的外侧。

4)加速车道、减速车道的宽度

(1)高速公路、一级公路的互通式立体交叉、服务区、停车区、客运汽车停靠站、管理与养护设施、观景台等与主线相衔接处,应设置加速车道和减速车道。加、减速车道宽度应为3.5m。

(2)二级公路在服务区、停车区、客运汽车停靠站、管理与养护设施、加油站、观景台等的各类出入口处,应设置过渡段。

5)错车道宽度

四级公路路基宽度采用单车道时,应在不大于300m的距离内选择有利地点设置错车道,并使驾驶者能看到相邻两错车道之间的车辆。设置错车道路段的路基宽度应不小于6.5m,有效长度应不小于20m。

6)避险车道宽度

连续长、陡下坡路段,应结合交通安全性评价论证设置避险车道。避险车道宽度应设置在长、陡下坡路段的右侧视距良好的适当位置,其宽度不应小于4.50m。有条件时,宜在避险车道右侧平行设置救援车道。

7)城市道路机动车道宽度

(1)一条机动车道最小宽度应符合表5-2的规定。

一条机动车道最小宽度 表5-2

车型及车道类型	设计速度(km/h)	
	>60	≤60
大型车或混行车道(m)	3.75	3.50
小客车专用车道(m)	3.50	3.25

(2)机动车道路面宽度应包括车行道宽度及两侧路缘带宽度,单幅路及三幅路采用中间分隔物或双黄线分隔对向交通时,机动车道路面宽度还应包括分隔物或双黄线的宽度。

二、城市道路非机动车道

1.非机动车道宽度的确定

城市行驶的非机动车包括自行车、三轮车等。

自行车车道的通行能力是以单车安全行驶所需的宽度划分车道线,以高峰时间各车道线平均的通行能力作为一条自行车道的设计通行能力。根据观测及研究,推荐一条自行车道线(宽为1m)的设计通行能力(单纯为自行车行驶,无人力三轮车等时)为:采用分车线与机动车分隔的自行车车道为850辆/h;采用分车带与机动车分隔的自行车车道为1 100辆/h;当有信号灯交通管制的路口时,因受路段条件、间距及路段行车密度的影响,设计时平均可按

750 辆/h 采用。

2. 非机动车车道宽度的规定

(1)一条非机动车道宽度应符合表5-3 的规定。

一条非机动车道宽度 表5-3

车辆种类	自行车	三轮车
非机动车道宽度(m)	1.0	2.0

(2)与机动车道合并设置的非机动车道,车道数单向不应小于2条,宽度不应小于2.5m。

(3)非机动车专用道路面宽度应包括车道宽度及两侧路缘带宽度,单向不宜小于3.5m,双向不宜小于4.5m。

三、路肩

1. 组成及作用

路肩通常由右侧路缘带(高速公路和一级公路才设置)、硬路肩和土路肩三部分组成,如图5-7 所示。

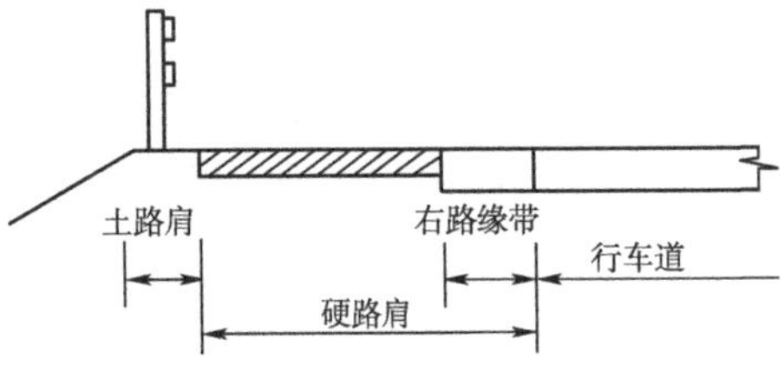

图5-7 路肩组成

路肩的作用是:

(1)增加路幅的富余宽度,供临时停车、错车或堆放养路材料之用,同时对提高行车道通行能力也有辅助作用。

(2)为填方地段通车后的路基提供宽度损失补偿。据调查,填方路堤通车后由于自然力的破坏,一般路基边缘形成约0.2m 的圆角,使路基实际宽度减少,路肩可使这部分宽度损失得以补偿,同时也保护路面,作为路面横向支承之用。

(3)示出行车道的边缘线,有利于诱导驾驶员的视线,开阔视野,增加行车的舒适感和安全感。

(4)为公路的其他设施(如护墙、护栏、绿化、电杆、地下管线等)提供设置的场地。

(5)为公路养护操作及避车提供空间。

2. 公路路肩宽度

确定路肩宽度应根据在满足路肩功能要求的条件下,尽量采用较窄宽度的原则确定。高速公路、一级公路的路肩宽度应考虑发生故障车辆随时都可在路肩上停置所需的宽度。《标准》规定路肩宽度见表5-4。

右侧路肩宽度 表5-4

公路技术等级(功能)		高速公路			一级公路(干线功能)	
设计速度(km/h)		120	100	80	100	80
右侧硬路肩宽度(m)	一般值	3.00(2.50)	3.00(2.50)	3.00(2.50)	3.00(2.50)	3.00(2.50)
	最小值	1.50	1.50	1.50	1.50	1.50
土路肩宽度(m)	一般值	0.75	0.75	0.75	0.75	0.75
	最小值	0.75	0.75	0.75	0.75	0.75

续上表

公路技术等级(功能)		一级公路(集散功能)和二级公路		三级公路、四级公路		
设计速度(km/h)		80	60	40	30	20
右侧硬路肩宽度(m)	一般值	1.50	0.75	—	—	—
	最小值	0.75	0.25			
土路肩宽度(m)	一般值	0.75	0.75	0.75	0.50	0.25(双车道) 0.50(单车道)
	最小值	0.50	0.50			

注:1. 正常情况下,应采用“一般值”;在设爬坡车道、变速车道及超车道路段,受地形、地物等条件限制路段及多车道公路特大桥,可论证采用“最小值”。

2. 高速公路和作为干线的一级公路以通行小客车为主时,右侧硬路肩宽度可采用括号内数值。

3. 高速公路局部设计速度采用60km/h 的路段,右侧硬路肩宽度不应小于1.5m。

(1)右路肩宽度

①高速公路、一级公路应在右侧硬路肩宽度内设右则路缘带,其宽度为0.50m。

②二级公路的硬路肩可供非汽车交通使用。非汽车交通量较大的路段,可采用全铺的方式,以充分利用。

③二级公路、三级公路、四级公路在路肩上设置的标志、防护设施等不得侵入公路建筑限界,必要时应加宽路肩。

(2)左路肩宽度

高速公路、一级公路的左侧路肩应符合下列规定:

①高速公路、一级公路的分离式路基,应设置左侧路肩,其宽度规定如表5-5 所示。左侧硬路肩内含左侧路缘带,左侧路缘带宽度为0.50m。

高速公路、一级公路分离式路基左侧硬路肩宽度 表5-5

设计速度(km/h)	120	100	80	60
左侧硬路肩宽度(m)	1.25	1.00	0.75	0.75
左侧土路肩宽度(m)	0.75	0.75	0.75	0.50

②高速公路整体式路基双向八车道及以上路段,宜设置左侧硬路肩,其宽度应不小于2.5m。

③高速公路分离式路基单幅同向四车道及以上的路段,左侧硬路肩宽度不宜小2.5m。

四、路侧带宽度

(1)路侧带可由人行道、绿化带、设施带等组成(图5-8)。

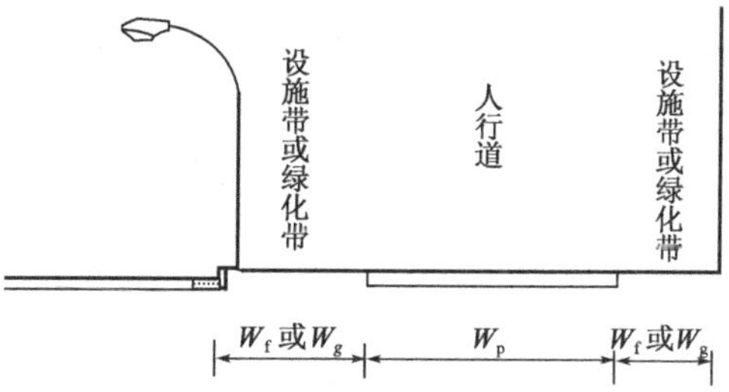

图5-8 路侧带组成(图中:W_g 为绿化带宽;W_f 为设施带宽)

(2)路侧带的设计应符合下列规定：

①人行道宽度必须满足行人安全顺畅通过的要求,并应设置无障碍设施。人行道最小宽度应符合表5-6的规定。

人行道最小宽度 表5-6

项目	人行道最小宽度(m)	
	一般值	最小值
各级道路	3.0	2.0
商业或公共场所集中路段	5.0	4.0
火车站、码头附近路段	5.0	4.0
长途汽车站	4.0	3.0

②绿化带的宽度应符合行业标准《城市道路绿化规划与设计规范》(CJJ 75—1997)的相关要求。

③设施带宽度应包括设置护栏、照明灯柱、标志牌、信号灯、城市公共服务设施等的要求,各种设施布局应综合考虑。设施带可与绿化带结合设置,但应避免各种设施与树木间的干扰。

五、中间带及分车带

1. 公路中间带组成及功能

高速公路和一级公路应设置中间带,以保证行车安全。一级公路当受条件限制时,可不设中央分隔带,但必须设分隔设施。中间带由两条左侧路缘带和中央分隔带组成,如图5-9所示,其功能是：

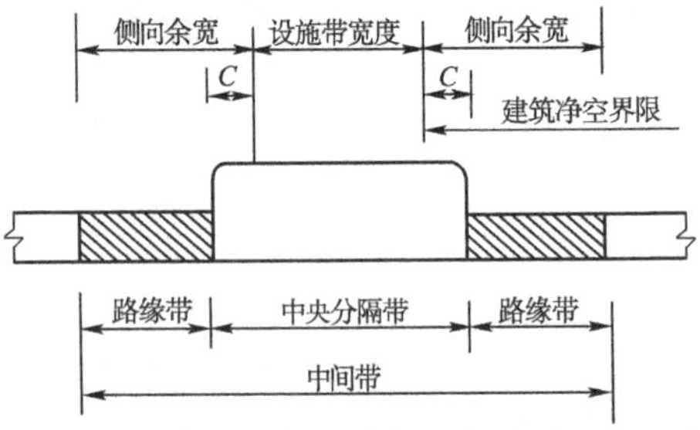

图5-9 中间带

(1)分隔往返车流,避免因快车驶入对向行车道造成严重的交通事故。

(2)设于分隔带两侧的路缘带,由于有一定宽度且颜色醒目,既能引导驾驶员视线,又能增加行车所必需的侧向余宽,从而提高行车的安全性和舒适性。

(3)设置一定宽度的中间带并种植花草灌木或设置防眩网,既可防止对向车辆灯光眩目,还可起到美化路容和环境的作用。

(4)可用设置公路标志牌及其他交通管理设施的场地,对于城市道路也可作为行人的安全岛使用。

(5)可以避免车辆中途掉头,消灭紊乱车流,减少交通事故。

城市道路因机动车、非机动车混合行驶,在设置非机动车道时,除设有中间分隔带外,还有设置在同向行驶的机动车与非机动车之间的两侧分隔带。其作用是分隔同向行驶的机动车与非机动车,防止其相互干扰,减少事故,保证车速,并可作为设置沿线设施之用。

2. 公路中间带

1)中间带宽度

高速公路、一级公路整体式路基断面必须设置中间带。中间带由两条左侧路缘带和中央分隔带组成,并应符合下列规定：

(1)高速公路和作为干线的一级公路，中央分隔带宽度应根据公路项目中央分隔带功能确定。

(2)作为集散的一级公路，中央分隔带宽度应根据中间隔离设施的宽度确定。

(3)左侧路缘带宽度不应小于表 5-7 的规定。

左侧路缘带宽度　　表 5-7

设计速度(km/h)		120	100	80	60
左侧路缘带宽度(m)	一般值	0.75	0.75	0.50	0.50
	最小值	0.50	0.50	0.50	0.50

注:1.“一般值”为正常情况下的采用值。

2. 设计速度为 120km/h、100km/h 时，受地形，地物限制的路段或多车道公路内侧仅限小型车辆通行的路段，可论证采用“最小值”。

(4)侧向余宽及 C 值。

①侧向余宽按表 5-8 采用。

高速公路行车道侧向安全余宽　　表 5-8

运行速度(km/h)	车道侧向安全余宽	
	左侧(m)	右侧(m)
120	1.25	1.75
100	1.00	1.50
80	0.75	0.75

②C 值(余宽):当左侧路缘带宽度采用值大于或等于左侧侧向安全余宽(表 5-8)时，则无须保留 C 值的宽度;而当左侧路缘带宽度采用给定的一般值和最小值(表 5-8)时，则应保留 C 值宽度。C 值在设计速度大于 100km/h 时为 0.50m，在设计速度小于或等于 100km/h 时为 0.25m。

2)分隔带开口

互通式立体交叉、隧道、特大桥、服务区等构造物前后，以及整体式路基、分离式路基的分离(汇合)处，应设置中央分隔带开口，其设置应符合下列规定:

(1)中央分隔带开口间距应视需要而定，最小间距应不小于 2km。

(2)中央分隔带开口长度不宜大于 40m;八车道及以上车道数的高速公路开口长度适当增长，但不应大于 50m。中央分隔带开口处应设置活动护栏。

(3)中央分隔带开口应设置在通视良好的路段，开口设于曲线路段时，该圆曲线的超高值不宜大于 3%。

(4)当中央分隔带宽度小于 3.0m 时，其开口端部的形式可采用半圆形;当中央分隔带宽度大于或等于 3.0m 时，宜采用弹头形。

(5)开口方式可参照图 5-10、图 5-11。

3)中间带的设计要求

(1)中央分隔带形式

中央分隔带宽度大于或等于 3.0m 时，宜用凹形;中央分隔带宽度小于 3.0m 时，可采用凸形;对于存在风沙和风雪影响的路段，宜采用平齐式。

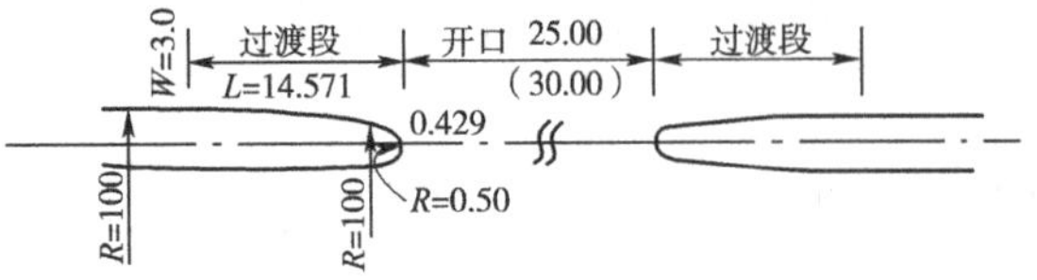

图5-10　公路中央分隔带开口平面(尺寸单位:m)

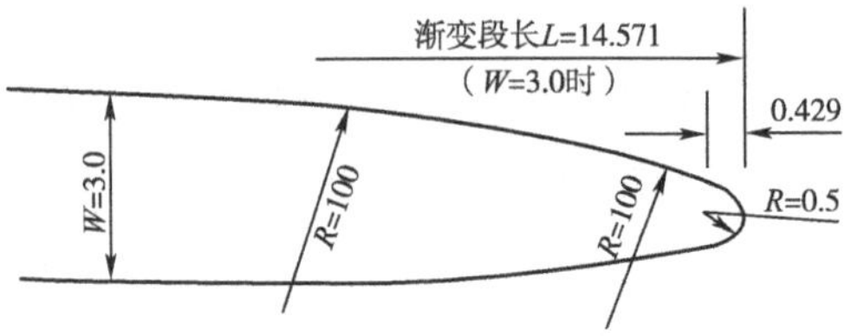

图5-11　开口细部(尺寸单位:m)

(2)中央分隔带缘石

中央分隔带宽度大于或等于3.0m,或存在风沙和风雪影响的路段,宜采用平齐式;中央分隔带宽度小于3.0m时可采用平齐式或斜式。高速公路、一级公路中央分隔带不得采用栏式缘石。

(3)中央分隔带表面处理

中央分隔带宽度大于或等于3.0m时宜植草皮;中央分隔带宽度小于3.0m时可栽灌木或铺面封闭。

3.城市道路分车带

1)分车带

(1)分车带按其在横断面中的不同位置及功能,可分为中间分车带(简称中间带)及两侧分车带(简称两侧带),分车带由分隔带及两侧路缘带组成。

(2)分车带最小宽度如表5-9所示。

分车带最小宽度　　表5-9

类别		中间带		两侧带	
设计速度(km/h)		≥60	<60	≥60	<60
路缘带宽度(m)	机动车道	0.50	0.25	0.50	0.25
	非机动车	—	—	0.25	0.25
安全带宽度 W_{sc}(m)	机动车道	0.25	0.25	0.25	0.25
	非机动车	—	—	0.25	0.25
侧向净宽 W_1(m)	机动车道	1.00	0.50	0.75	0.50
	非机动车	—	—	0.50	0.50
分隔带最小宽度(m)		1.50	1.50	1.50	1.50
分车带最小宽度(m)		2.50	2.00	2.50(2.25)	2.00

注:1.侧向净宽为路缘带宽度与安全带宽度之和。
2.两侧带分隔带宽度中:括号外为两侧均为机动车道时取值;括号内数值为一侧为机动车道,另一侧为非机动车道时的取值。
3.分隔带最小宽度值系按设施带宽度为1m考虑的,具体应用时,应根据设施带实际宽度确定。
4.当分隔带内设置雨水调蓄设施时,宽度还应满足设置设施的宽度要求。

(3)分隔带应采用立缘石围砌,需要考虑防撞要求时,应采用相应等级的防撞护栏。当需要在道路分隔带中设置雨水调蓄设施时,立缘石的设置形式应满足排水要求。

2)绿化布置

中央分隔带宽度 >4.5m 时,一般植草皮、栽灌木,形成道路中央绿化带;宽度≤4.5m 的也应绿化或铺面封闭。

六、路拱

为了迅速排除路面上的雨水,路面表面做成中间高两边低的形式,称为路拱。

1.路拱形式

路拱有抛物线形、直线形、折线形和双曲线形四种形式。

1)抛物线形路拱

抛物线形路拱比较圆顺,造型美观,没有路中尖峰,路面中间部分坡度较小,两旁坡度较大,有利于雨水的排除。但抛物线形路拱车行道中间部分横坡过于平缓,行车易集中,使中央部分路面易损坏,并且车行道上各部分横坡度不同,施工较难。为改进这缺点,就有其他各种形式的抛物线形路拱。抛物线形路拱的计算图式如图 5-12 所示。

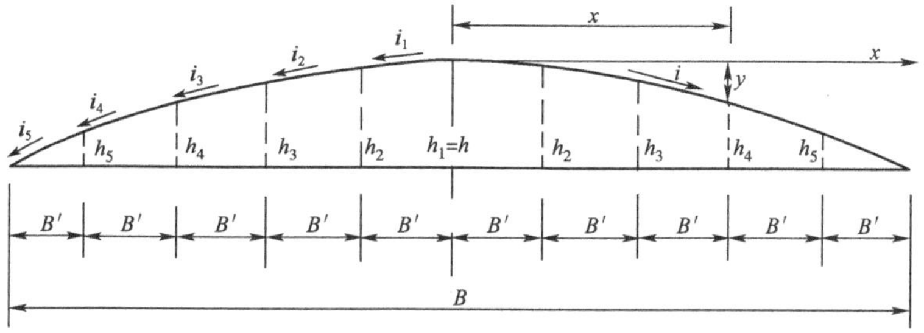

图 5-12 抛物线形路拱的计算图示

常见的抛物线形路拱有下述四种。

(1)二次抛物线形路拱

计算式为:

$$y=\frac{4h}{B^2}x^2 \tag{5-15}$$

式中:x——距路中心线的横向距离(m);

y——相应于 x 各点的竖向距离(m);

B——路面总宽度(m);

h——路拱高度(m)。

此路拱形式适用于路面宽度小于 12m,而横坡较大的中、低级路面的道路。缺点是路中心线附近横坡过于平缓,而路两旁横坡又过大,不利于行车。

(2)改进的二次抛物线形路拱

计算式为:

$$y=\frac{2h}{B}x^2+\frac{h}{b}x \tag{5-16}$$

此路拱形式适用于机动车、非机动车混合行驶的城市道路单幅路断面。特点是横坡变化较均匀,路中与路边横坡也较为适中,有利于排水和整个宽度上的行车。

(3)半立方抛物线形路拱

计算式为：

$$y = h\left(\frac{x}{B/2}\right)^{\frac{3}{2}} \tag{5-17}$$

这种路拱形式与改进的二次抛物线路拱形式相似，但路中横坡稍缓，适用于路面宽度小于20m的沥青混凝土、水泥混凝土或沥青碎石路面的道路。

(4)修正三次抛物线形路拱

计算式为：

$$y = \frac{4h}{B^3}x^3 + \frac{h}{B}x \tag{5-18}$$

这种形式的路拱符合排水要求，并可改善路中部分横坡过于平缓的缺点，适用于路面横坡小于3%的各种类型路面。

2)直线形路拱

这种形式的路拱两旁是倾斜直线，在车行道的中心线附近加设竖曲线或缓和曲线。通常用在高等级路面，宽度超过20m的城市道路上。它的优点是汽车轮胎和路面接触较为平均，路面磨耗较小；缺点是排水效果不及抛物线流畅。它的主要形式有以下三种：

(1)倾斜直线形路拱

当车行道横坡采用1.5%时，在路拱中心插入一对横坡为0.8%～1.0%的对称连接线[图5-13a)]。当车行道横坡采用2%时，在路拱中心插入两对对称的连接线，其横坡度分别用1.5%和0.8%～1.0%[图5-13b)]。在侧石线1.0m的距离内，横坡度分别增加到3%～4%。

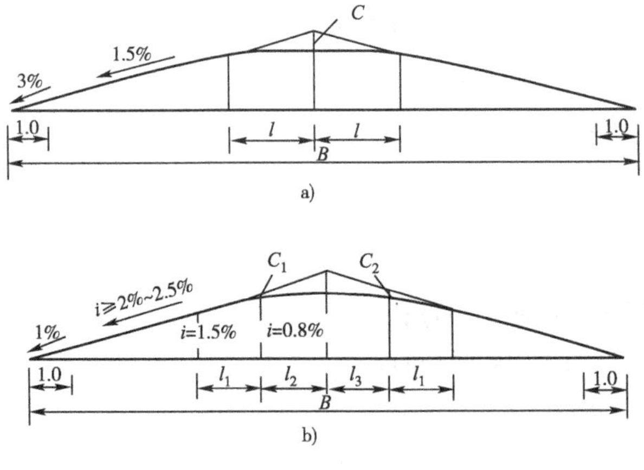

图5-13　倾斜直线形路拱(尺寸单位:m)

(2)圆顶直线形路拱

中间的圆顶部分用圆曲线或抛物线连接(图5-14)，所用圆曲线长度一般不小于车行道总宽度的1/10，半径不小于50m，为使排水通畅，在靠两旁侧石线的横坡度可增加到3%～4%。

对于中间插入抛物线的路拱，可用在路面宽度B为20～50m的城市道路上，其横坡度可用1.0%～1.5%。

3)折线形路拱

折线形路拱(图5-15)适应于多种车道的城市道路上。优点是用折线形的直线段比用屋顶形的直线段短，施工时容易摊压得平顺，也可在车行道最多的着力点处选择为转折点，如行车后路面稍有沉陷，雨水亦可排除，较符合设计、施工和养护的要求。缺点是在转折处有尖峰凸出，但可在施工时用压路机碾压平顺。其一般适用于道路较宽的沥青路面上。

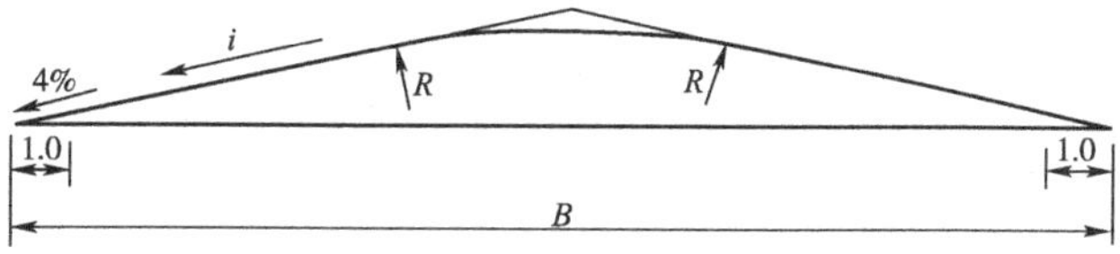

图 5-14 圆顶直线形路拱（尺寸单位：m）

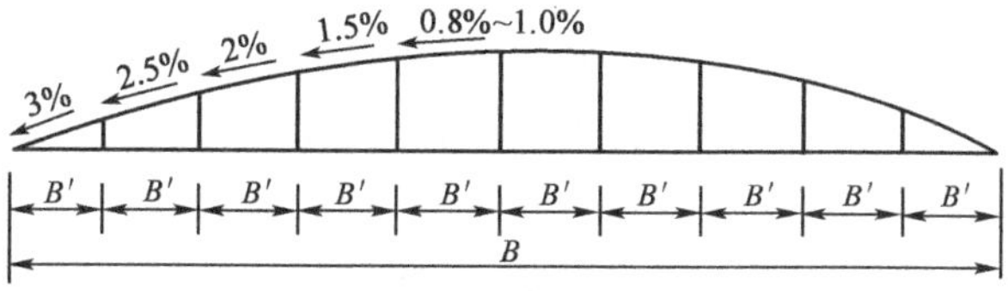

图 5-15 折线形路拱

4）双曲线形路拱

双曲线形路拱常用于高速公路及高等级道路，一般形式为 $y = Ax^2 + By^2 + C$，通常采用的计算式为：

$$y = \frac{h}{16}\left[-7 + \sqrt{49 + 480\left(\frac{x}{B/2}\right)^2}\right] \tag{5-19}$$

此种形式路幅 1/4 宽处为 $3h/8$，1/2 宽处为 h，但中心部分较缓。

路拱的形式很多，各有特点。在设计道路横断面时，应根据车行道宽度、横坡度、路面结构类型、排水和交通等要求来选择。

城市道路的非机动车道以及地形适合、宽度不大于 9m 的车行道上，可采用单向横坡的形式。当次要道路或地形适宜、路面两侧高程不等时，也可采用不对称路拱，但测设、施工较麻烦。

2. 路拱坡度

为了排水的需要，行车道的路拱应具有一定的横向坡度，称为路拱横坡度。路拱横坡的确定，应以有利于路面排水顺畅和保证行车安全、平稳为原则。公路及城市道路路拱横坡度见表 5-10和表 5-11。

公 路 路 拱 坡 度 表 5-10

路 基 类 型	路拱坡度（%）	路 基 类 型	路拱坡度（%）
沥青混凝土、水泥混凝土	1 ~ 2	碎、（砾）石等粒料路面	2.5 ~ 3.5
其他沥青路面	1.5 ~ 2.5	低级路面	3 ~ 4
半整齐石块	2 ~ 3		

城市道路路拱设计坡度 表 5-11

路面面层类型	路拱坡度（%）	路面面层类型	路拱坡度（%）
水泥混凝土、沥青混凝土、沥青碎石	1.0 ~ 2.0	沥青贯入式碎（砾）石沥青表面处治	1.5 ~ 2.0
		碎（砾）石等粒料路面	2.0 ~ 3.0

在具体选用时,应注意在干旱和有积雪、浮冰地区采用低值,多雨地区采用高值。当道路纵坡较大,或路面较宽,或行车速度较高,或交通量和车辆载质量较大,或常有拖挂车行驶时,应采用低值,反之则采用高值。

路肩的横向坡度一般应较路面横向坡度大 1% ~2% 。

《公路路线设计规范》(JTG D20—2017)对于路拱横坡有关规定如下:

(1)高速公路、一级公路整体式路基路拱坡度一般应采用双向坡面,由路中央向两侧倾斜。双向六车道及以上车道数的超高过渡段中出现宽而平缓的路面时,可设置双向路拱坡度。

(2)二级公路、三级公路、四级公路的路拱应采用双向路拱坡度,由路中央向两侧倾斜。路拱坡度应根据路面类型和当地自然条件确定,但不应小于 1.5% 。

(3)高速公路、一级公路位于中等强度降雨地区时,路拱坡度宜为 2% ;位于降雨强度较大地区时,路拱坡度可适当增大。

(4)高速公路、一级公路分离式路基的路拱,宜采用单向横坡,并向路基外侧倾斜,也可采用双向路拱坡度。积雪冰冻地区,宜采用双向路拱坡度。

(5)路肩横坡。

①直线路段的硬路肩应设置向外倾斜的横坡,其坡度值应与车道横坡值相同。路线纵坡平缓,且设置拦水带时,其横坡值宜采用 3% ~4% 。

②曲线路段内、外侧硬路肩横坡的横坡值及其方向,当曲线超高小于或等于 5% 时,其横坡值和方向应与相邻车道相同;当曲线超高大于 5% 时,其横坡值应不大于 5% ,且方向相同。

③硬路肩的横坡应随邻近车道的横坡一同过渡,其过渡段的纵向渐变率应控制在1/330 ~ 1/150 之间。

④土路肩的横坡:位于直线路段或曲线路段内侧,且车道或硬路肩的横坡值大于或等于 3% 时,土路肩的横坡应与车道或硬路肩横坡值相同;小于 3% 时,土路肩的横坡应比车道或硬路肩的横坡值大 1% 或 2% 。位于曲线路段外侧的土路肩横坡,应采用 3% 或 4% 的反向横坡值。

⑤中型以上桥梁及隧道区段的硬路肩横坡值,应与车道相同。

第三节　超高及加宽

一、超高

1. 定义

为抵消车辆在曲线路段上行驶时所产生的离心力,在该路段横断面上设置的外侧高于内侧的单向横坡,称之为超高。当汽车行驶在设有超高的弯道上时,汽车自重力的分力将抵消一部分离心力,从而提高行车的安全性和舒适性。超高的布置如图 5-16 所示。

2. 超高坡度

1)最大超高坡度

由前面平曲线半径计算公式可得超高坡度的计算公式:

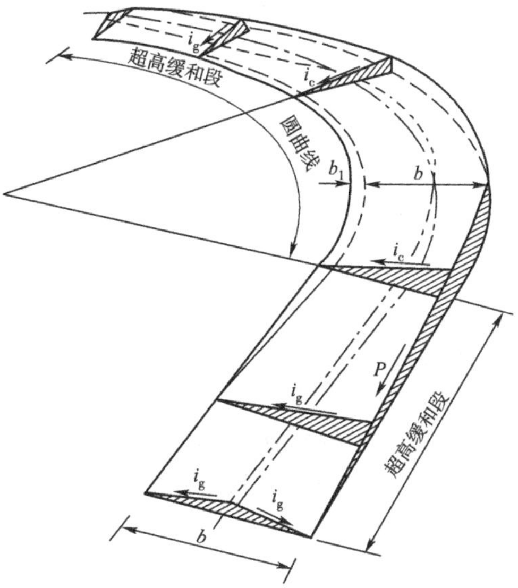

图 5-16 超高的布置图示

$$i_c = \frac{V^2}{127R} - \mu \tag{5-20}$$

当采用极限最小半径时即为计算最大超高坡度公式：

$$i_{cmax} = \frac{V^2}{127R} - \mu \tag{5-21}$$

最大超高坡度的限值与气候条件、地形、地区、汽车以低速行驶的频率、路面施工的难易程度等因素有关。从保证汽车转弯时有较高速度和乘客舒适性来看，要求超高横坡应尽量大一点，但考虑车辆组成不同，车速不一，特别是在弯道上停车（$V=0$）时，有可能产生向弯道内侧滑移的危险。另外，在冰雪状态下，过大的超高对车辆起动及制动不利。

由式(5-21)，当 $V=0$ 产生滑移的极限状态时：

$$\mu = \varphi_h \tag{5-22}$$

故横向滑移限制条件为：

$$i_{cmax} \leqslant \varphi_h \tag{5-23}$$

式中：φ_h——横向附着系数。

公路圆曲线半径小于规定的不设超高圆曲线最小半径时，应在曲线上设置超高，并符合下列规定：

(1)各级公路圆曲线部分的最大超高值应符合表 5-12 规定。

各级公路圆曲线最大超高值 表 5-12

公路技术等级	高速公路、一级公路	二级公路、三级公路、四级公路
一般地区(%)	8 或 10	8
积雪冰冻地区(%)	6	
城镇区域(%)	4	

注：一般地区公路，圆曲线最大超高应采用 8%；以通行中、小型客车为主的高速公路和一级公路，最大超高可采用 10%。

（2）各级公路圆曲线部分的最小超高值应与该公路直线部分的正常路拱横坡度一致。

（3）二级公路、三级公路、四级公路接近城镇且混合交通量较大的路段，车速受到限制时，其最大超高值可按表5-13采用。

车速受限制时最大超高值 表5-13

设计速度（km/h）	80	60	40	30	20
超高值（%）	6	4	2		

（4）各圆曲线半径所设置的超高值应根据设计速度、圆曲线半径、公路条件、自然条件等经计算确定，必要时应按运行速度验算。

二级公路、三级公路、四级公路混合交通量较大且接近城镇路段，或通过城镇作为街道使用的路段，当车速受到限制，按规定设置超高有困难时，可按表5-14的规定设置超高。

城市道路最大超高坡度 表5-14

设计速度（km/h）	100,80	60,50	40,30,20
最大超高值（%）	6	4	2

2）超高坡度的确定

超高坡度按设计速度、半径大小计算，并结合路面类型、当地自然条件等最后确定。当超高横坡度的计算值小于路拱坡度时，应设置等于路拱坡度的超高。

3. 超高方式

1）公路超高的过渡方式

公路超高的过渡方式，根据超高旋转轴在公路横断面上的位置，分为下列几种。

（1）无中间带的公路

①超高横坡度等于路拱坡度时，外侧车道绕路中线旋转，直至超高横坡值，如图5-17所示。

②超高横坡度大于路拱坡度时，有以下三种过渡方式：

第一种，绕车道内侧边缘旋转，如图5-18所示。

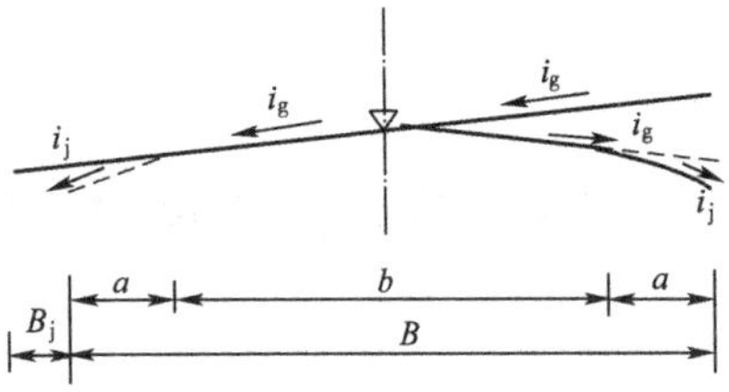

图5-17 超高横坡等于路拱坡度的旋转

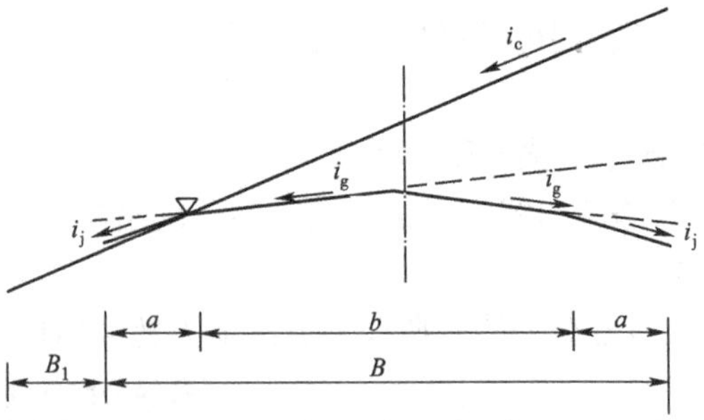

图5-18 绕车道内侧边缘旋转

i_g-路拱坡度；i_j-路肩坡度；i_c-超高横坡度

在缓和段起点之前将路肩的横坡逐渐变为路拱横坡，再以路中线为旋转轴，逐渐抬高外侧路面与路肩，使之达到与路拱坡度一致的单向横坡后，整个断面再绕未加宽前的内侧车道边缘旋转，直至达到超高横坡度为止。一般新建公路多采用此种方式。

第二种，绕中线旋转，如图 5-19 所示，简称中轴旋转。

在超高缓和段之前，先将路肩横坡逐渐变为路拱横坡，再以路中线为旋转轴，使外侧车道和内侧车道变为单向的横坡度后，整个断面一同绕中线旋转，使单坡横断面坡度直至达到超高横坡度为止。一般改建公路常采用此种方式。

第三种，绕车道外边缘旋转，如图 5-20 所示。

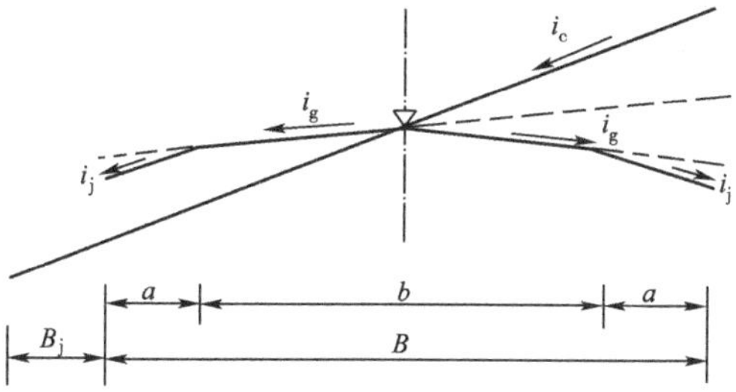

图 5-19　绕中线旋转

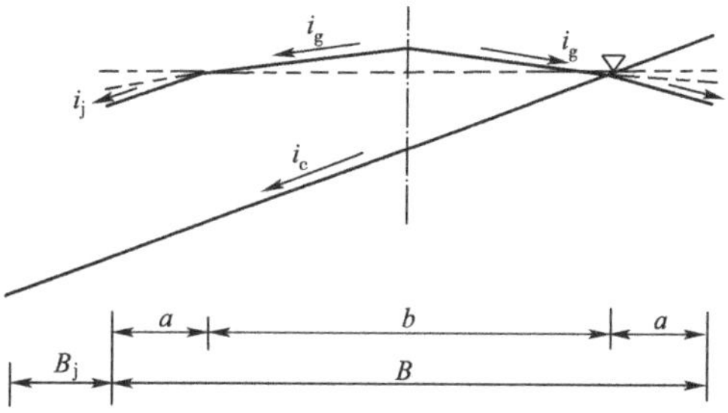

图 5-20　绕车道外边缘旋转

先将外侧车道绕外边缘旋转，与此同时，内侧车道随中线的降低而相应降坡，待达到单向横坡后，整个断面仍绕外侧车道边缘旋转，直至达到超高横坡为止。此种方法仅在特殊设计时采用（如强调路容美观、外侧因受条件限制不能抬高等）。

（2）有中间带的公路

①绕中间带的中心线旋转，如图 5-21 所示。先将外侧行车道绕中间带的中心线旋转，待达到与内侧行车道构成单向横坡后，整个断面一同绕中心线旋转，直至超高横坡值。此时，中央分隔带呈倾斜状。采用窄中间带的公路可选用此方式，即一般中间带宽度≤4.5m 时采用。

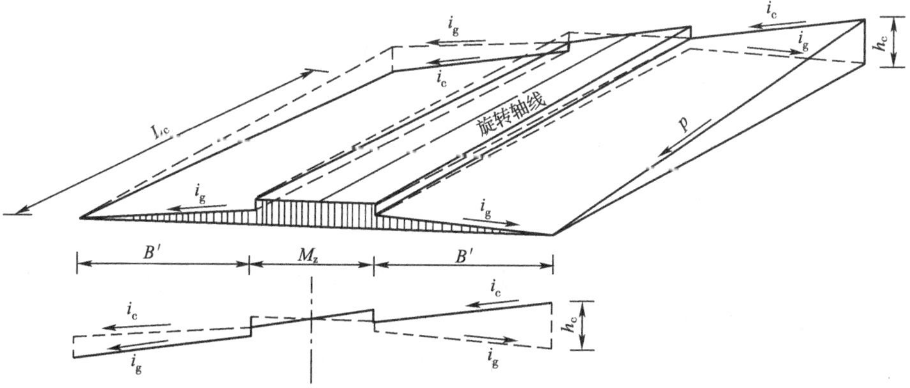

图 5-21　绕中间带中心线旋转

②绕中央分隔带边缘旋转，如图 5-22 所示。将两侧行车道分别绕中央分隔带边缘旋转，使之各自成为独立的单向超高断面，此时中央分隔带维持原水平状态。各种宽度不同的中间带均可选用此种方式。

③绕各自行车道中线旋转，如图 5-23 所示。将两侧行车道分别绕各自的中线旋转，使之各自成为独立的单向超高断面。此时中央分隔带边缘分别升高与降低而成为倾斜断面。单向车道数大于四条的公路可采用此种方式。

（3）分离式公路

分离式公路断面的超高过渡方式可视为两条无中间带的公路分别予以处理。

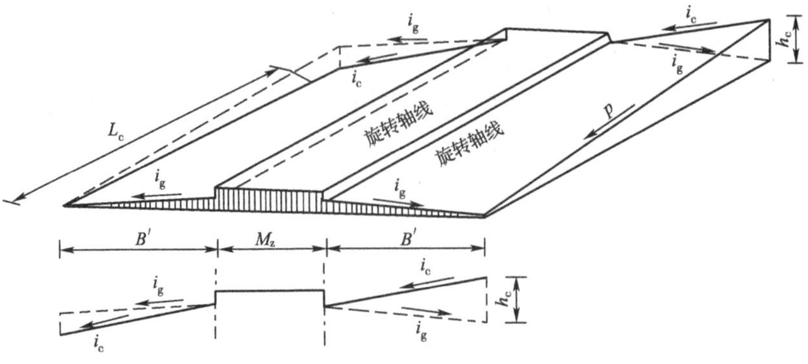

图 5-22　绕中央分隔带边缘旋转

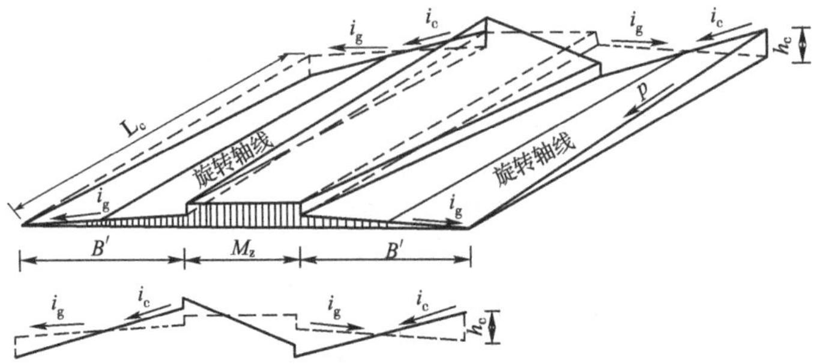

图 5-23　绕各自车道中线旋转

2）城市道路超高方式

城市道路超高方式应根据地形状况、车道数、超高横坡度值、横断面形式、便于排水、路容美观等因素决定。单幅路面宽度及三幅路机动车道路面宽度宜绕中线旋转；双幅路面宽度及四幅路机动车道路面宽度宜绕中央分隔带边缘旋转，使两侧行车道各自成为独立的超高横断面。

4. 超高缓和段

超高设于圆曲线范围内，两端用过渡段与直线相连，从直线段的双向横坡渐变到圆曲线路段具有超高单向横坡的过渡段称为超高缓和段。

为了行车舒适和利于排水，对超高缓和段长度必须加以规定。通常按设超高后行车道外边缘的渐变率来计算。

双车道公路的超高缓和段长度按式(5-24)计算：

$$L_c = \frac{B'\Delta i}{p} \tag{5-24}$$

式中：L_c——超高缓和段长度（m）；

B'——旋转轴至行车道（设路缘带时为路缘带）外侧边缘的宽度（m）；

Δi——超高坡度与路拱坡度的代数差（%）；

p——超高渐变率，即旋转轴线与行车道（设路缘带时为路缘带）外侧边缘线之间相对升降的比率，其规定值见表 5-15 和表 5-16。

公路超高渐变率 表5-15

设计速度(km/h)	超高旋转轴位置		设计速度(km/h)	超高旋转轴位置	
	绕中线旋转	绕边缘旋转		绕中线旋转	绕边缘旋转
120	1/250	1/200	40	1/150	1/100
100	1/225	1/175	30	1/125	1/75
80	1/200	1/150	20	1/100	1/50
60	1/175	1/125			

城市道路超高渐变率 表5-16

设计速度(km/h)	超高渐变率	设计速度(km/h)	超高渐变率
80	1/150	40	1/100
60	1/125	30	1/75
50	1/115	20	1/50

绕中线旋转时,式(5-25)可写为:

$$L_c = \frac{\frac{b}{2}(i_c + i_g)}{p} \tag{5-25}$$

绕边线旋转时,式(5-26)可写为:

$$L_c = \frac{bi_c}{p} \tag{5-26}$$

式中:b——路面宽度(m);

i_c——最大超高横坡;

i_g——路拱横坡。

多车道公路的超高缓和段长度,视车道数按上式计算之值乘以下列系数:

(1)行车道边缘到旋转轴距离为二车道时,乘以1.5。

(2)行车道边缘到旋转轴距离为三车道时,乘以2.0。

超高缓和段长度应采用5的倍数,并不小于10m;四级公路超高的过渡应在超高过渡段的全长范围内进行。

5. 超高过渡

(1)对于无中间带的公路,当超高横坡度等于路拱坡度时,将外侧车道绕路中线旋转,直至超高横坡度;当超高横坡度大于路拱坡度时,应采用绕内侧车道边缘旋转、绕路中线旋转或绕外侧车道边缘旋转的方式。设计中应视情况确定:

①新建工程宜采用绕内侧车道边缘旋转的方式。

②改建工程可采用绕路中线旋转的方式。

③路基外缘高程受限制或路容美观有特殊要求时,可采用绕外侧车道边缘旋转的方式。

(2)对于有中间带的公路,应采用绕中间带的中心线旋转、绕中央分隔带边缘旋转或分别绕行车道中线旋转的方式,设计中应视情况确定:

①有中间带的公路均可采用绕中央分隔带边缘旋转的方式。

②中间带宽度较小的公路还可采用绕中间带的中心线旋转的方式。

③车道数大于4条的公路可采用分别绕车道中线旋转的方式。

(3)采用分离式路基断面的公路,其超高过渡方式宜按无中间带公路分别予以过渡。

(4)超高过渡宜在回旋线全长范围内进行。当回旋线较长时,其超高过渡段应设在回旋线的某一区段范围内,超高过渡段的纵向渐变率不得小于1/330,全超高断面宜设在缓圆点或圆缓点处。

(5)超高过渡宜采用线性过渡方式。

(6)双向六车道及以上车道数的公路宜增设路拱线。

(7)高速公路、一级公路整体式路基的纵坡较大处,其上、下行车道可采用不同超高值。

(8)硬路肩超高方式应符合下列规定:

①硬路肩超高值与相邻车道超高值相同时,其超高过渡段应与车道相同,且采用与车道相同的超高渐变率。

②硬路肩超高值比相邻车道超高值小时,应先将硬路肩横坡过渡到与车道路拱相同,再与车道一起过渡,直至硬路肩达到其最大超高横坡度。

二、加宽

1.定义

汽车在曲线路段上行驶时,靠近曲线内侧后轮行驶的曲线半径最小,靠曲线外侧的前轮行驶的曲线半径最大。为适应汽车在平曲线上行驶时后轮轨迹偏向曲线内侧的需要,平曲线内侧相应增加的路面、路基宽度称为曲线加宽(又称弯道加宽)。

2.加宽值

圆曲线上加宽值与平曲线半径、设计车辆的轴距有关,同时还要考虑弯道上行驶车辆摆动及驾驶员的操作所需的附加宽度。因此,圆曲线上加宽值由几何需要的加宽和汽车转弯时摆动加宽两部分组成。

1)几何加宽值的计算

对于普通载货汽车,由图5-24可得一条车道的加宽值:

$$e = R - (R_1 + K)$$

而:

$$R_1 + K = \sqrt{R^2 - S^2}$$

代入得:

$$e = R - \sqrt{R^2 - S^2} = R - \left(R - \frac{S^2}{2R} - \frac{S^4}{8R^3} - \cdots\right) = \frac{S^2}{2R} + \frac{S^4}{8R^3} + \cdots \tag{5-27}$$

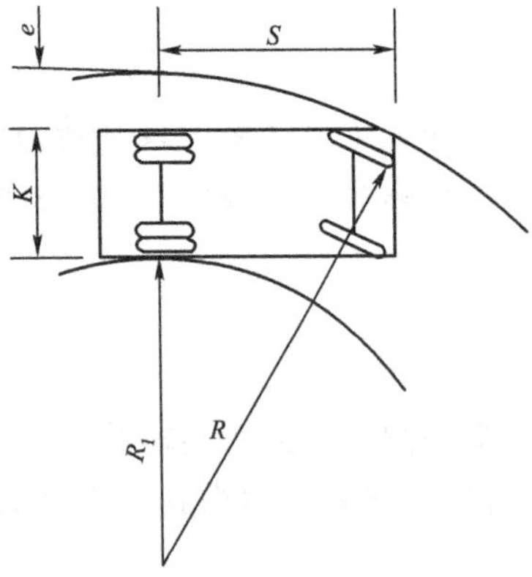

图5-24 单车道加宽

上式第二项以后的数值极小,可略去不计,故一条车道的加宽值为:

$$e = \frac{S^2}{2R} \tag{5-28}$$

对于半挂车,由图5-25的几何关系,可求得牵引车的几何加宽值为:

$$e_1=\frac{S_1^2}{2R}$$

而拖挂车的加宽值为：

$$e_2=\frac{S_2^2}{2R}$$

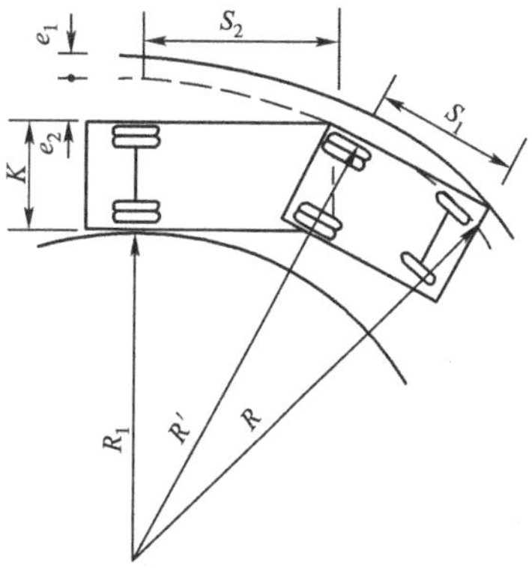

图 5-25 半挂车加宽

其中 $R'=R-e_1$，由于 e_1 与 R 相比甚小，可取 $R'\approx R$。故对于半挂车一个车道的加宽值为：

$$e=e_1+e_2=\frac{S_1^2+S_2^2}{2R} \tag{5-29}$$

式中：e——一个车道加宽值(m)；

R——曲线半径(m)；

S_1——牵引车保险杠至第二轴的距离(m)；

S_2——第二轴至拖车最后轴的距离(m)。

令 $S_1^2+S_2^2=S^2$，则 $e=\frac{S^2}{2R}$与式(5-31)相同。其中 S 为设计车长(m)，普通载货汽车后轴至前保险杠的距离，对半挂车为当量车长。

2)摆动加宽值

据实测，汽车转弯摆动加宽与车速有关，一个车道摆动加宽值计算经验公式为：

$$e'=\frac{0.05V}{\sqrt{R}} \tag{5-30}$$

式中：V——汽车转弯时的车速(km/h)。

3)标准规定

《公路路线设计规范》(JTG D20—2017)规定，平曲线半径等于或小于 250m 时，应在平曲线内侧加宽。双车道公路路面的加宽值见表 5-17。

双车道路面加宽值(m) 表 5-17

加宽类别	设计车辆	圆曲线半径(m)								
		200 ~ 250	150 ~ 200	100 ~ 150	70 ~ 100	50 ~ 70	30 ~ 50	25 ~ 30	20 ~ 25	15 ~ 20
第 1 类	小客车	0.4	0.5	0.6	0.7	0.9	1.3	1.5	1.8	2.2
第 2 类	载重汽车	0.6	0.7	0.9	1.2	1.5	2.0	—	—	—
第 3 类	铰接列车	0.8	1.0	1.5	2.0	2.7	—	—	—	—

注：单车道公路路面加宽值应为表列规定的一半。

4)加宽值采用及过渡

(1)二级公路、三级公路、四级公路的圆曲线半径小于或等于 250m 时，应设置加宽。双车道公路路面加宽值应符合表 5-17 的规定，圆曲线加宽值应根据公路功能、技术等级和实际交通组成确定，并应符合下列规定：

①作为干线的二级公路，应采用第 3 类加宽值。

②作为集散的二级公路、在考虑铰接列车通行时，应采用第 3 类加宽值；不考虑通行铰接列车时，可采用第 2 类加宽值。

③作为支线的三级公路、四级公路可采用第1类加宽值。

④有特殊车辆通行的专用公路应根据特殊车辆验算确定加宽值。

(2)圆曲线上的路面加宽设置在圆曲线的内侧。各级公路的路面加宽后,路基也应相应加宽。

(3)双车道公路在采取强制性措施实行分向行驶的路段,其圆曲线半径较小时,内侧车道的加宽值应大于外侧车道的加宽值,设计时应通过计算分别确定。

(4)加宽过渡段设置应符合下列规定:

①设置回旋线或超高过渡段时,加宽过渡段长度应采用与回旋线或超高过渡段长相同的数值。

②不设回旋线或超高过渡段时,加宽过渡段长度应按渐变率为1∶15且长度不小10m的要求设置。

(5)二级公路、三级公路、四级公路的加宽过渡应在加宽过渡段全长范围内,按其长度或比例增加的方式设置。

(6)四级公路可不设回旋线而用超高、加宽过渡段代替。当直线同半径小于不设超高的最小半径和规定应设置加宽的圆曲线衔接时,应设置超高、加宽过渡段。

(7)四级公路的超高、加宽过渡段长度应分别按超高和加宽的有关规定计算,取其较长者,但最短应符合渐变率为1∶15且不小于10m的要求。

(8)四级公路的超高、加宽过渡段应设在紧接圆曲线起点或终点的直线上。受地形条件或其他特殊情况限制时,可将超高、加宽过渡段的一部分插入曲线,但插入曲线内的长度不得超过超高、加宽过渡段长度的一半。不同半径的同向圆曲线径相连接构成的复曲线,其超高、加宽过渡段应对称地设在衔接处的两侧。

(9)四级公路设人工构造物处,当因设置超高、加宽过渡段而在圆曲线起、终点内侧边缘产生明显转折时,可采用路面加宽边缘线与圆曲线上路面加宽后的边缘圆弧相切的方法予以消除。

3.加宽缓和段

当平曲线半径≤250m时,一般在弯道内侧圆曲线范围内设置全加宽,当其平曲线内无圆曲线(凸形)时,仅平曲线中点处断面设置全加宽。为了使路面和路基均匀变化,设置一段从加宽值为零逐渐加宽到全加宽的过渡段,称之为加宽过渡段,如图5-26、图5-27所示。加宽缓和段(或超高缓和段)范围内,如无缓和曲线和超高缓和段,则应另设加宽缓和段。

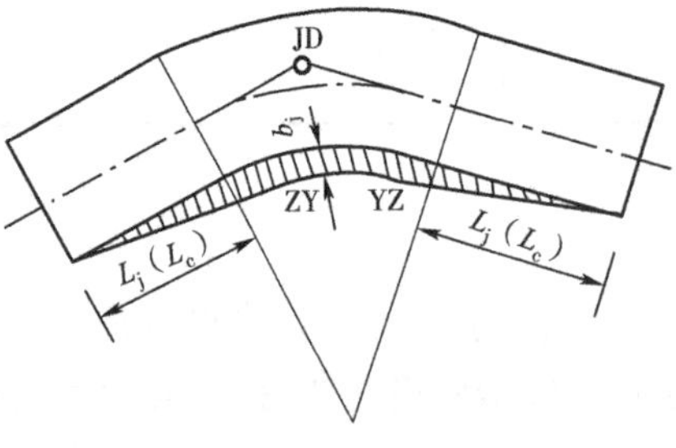

图5-26 加宽过渡段(单圆曲线)

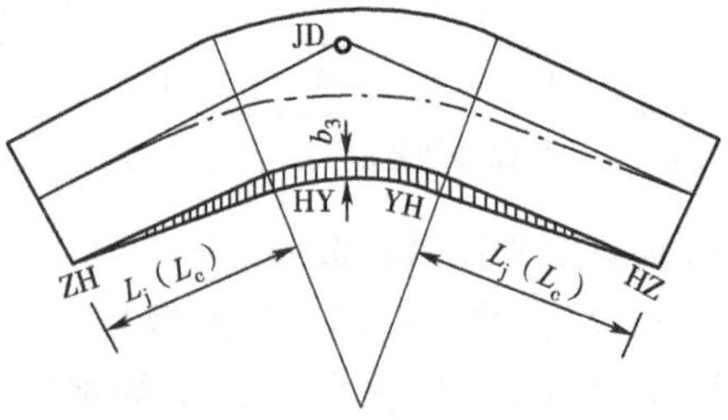

图5-27 加宽过渡段(基本型曲线)

1)加宽缓和段的长度 L_j

在公路设计中,加宽缓和段长度取决于三方面的要求:

(1)加宽所需的最小长度。在不设缓和曲线或超高缓和段时，加宽缓和段长度应按渐变率1∶15且不小于20m的要求设置。

(2)超高缓和段长度 L_c。

(3)缓和曲线长度 L_h。

设置缓和曲线或超高缓和段时，加宽缓和段长度采用与缓和曲线或超高缓和段长度相同的数值。

不设缓和曲线，加宽缓和段长度取超高缓和段长度，其渐变率不小于1∶15，且长度不小于10m。此时，超高、加宽缓和段一般设于紧接圆曲线起、终点的直线段。在地形困难地段，允许将超高、加宽缓和段的一部分插入曲线，但插入曲线内的长度不得超过超高、加宽缓和段长度的一半。

2)缓和段 L_j 内加宽值的过渡方式

在加宽缓和段内，加宽是逐渐变化的，其过渡方式有以下几种：

(1)按直线比例变化

即加宽缓和段任一点的加宽值 b_{jx} 与该点到加宽缓和段起点的距离 L_x 同加宽缓和段全长 L_j 的比率呈正比，如图5-28所示。

$$b_{jx} = Kb_j \tag{5-31}$$

$$K = \frac{L_x}{L_j} \tag{5-32}$$

式中：b_{jx}——加宽缓和段上任一点的加宽值(m)；

b_j——行车道加宽值(m)；

K——比率；

L_x——加宽缓和段内任一点到缓和段起点的长度(m)；

L_j——加宽缓和段长度(m)。

这种过渡方式处理简单粗糙，不圆滑美观，一般适用于二、三、四级公路。

(2)切线法

为消除加宽缓和段内侧边线与圆曲线起、终点的明显折点，采用路面加宽边缘线与圆曲线上路面加宽后边缘线圆弧相切的方法，如图5-29所示。

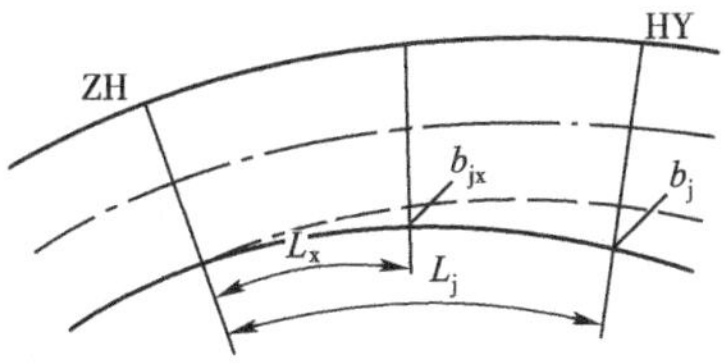

图5-28　直线比例法

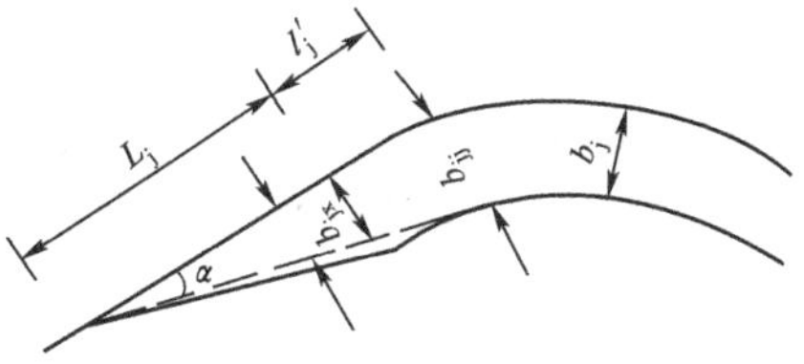

图5-29　切线法

其近似计算公式为：

$$\alpha = \frac{-L_j \sqrt{L_j^2 + 2(R-b)b_j}}{R-b}$$

$$l'_j = R\alpha$$

$$b_{jj} = L_j \tan\alpha$$

$$b_{jx}=L_x\tan\alpha \tag{5-33}$$

式中：α——路面加宽边缘线与未加宽边缘线的夹角(°)；

L_j——加宽缓和段长度(m)；

R——路中线的曲线半径(m)；

b_j——路面加宽值(m)；

b——未加宽前的路面宽度(m)；

l_j'——插入圆曲线内的缓和段长度(m)，即圆曲线起终点至切点距离；

b_{jj}——修正后，圆曲线起、终点处的路面加宽值(m)；

b_{jx}——加宽缓和段内任一点加宽值(m)；

L_x——加宽缓和段内任一点到缓和段起点的长度(m)。

亦可采用修正系数求得 e_j'和 b_{jj}：

$$e_j'=K'\frac{R}{L_j} \tag{5-34}$$

$$b_{jj}=K'b \tag{5-35}$$

式中：K'——修正系数，可按表5-18取用。

修正系数 K'值 表5-18

<table>
<tr><td colspan="2">加宽过渡段长度(m)</td><td>10</td><td>15</td><td>20</td><td>25</td><td>≥30</td></tr>
<tr><td rowspan="2">圆曲线半径(m)</td><td>≤30</td><td>0.90</td><td>0.94</td><td rowspan="2">0.95</td><td rowspan="2">0.96</td><td rowspan="2">0.97</td></tr>
<tr><td>>30</td><td>0.80</td><td>0.88</td></tr>
</table>

切线法一般适用于四级公路人工构造物路段。

(3)插入高次抛物线的方法

加宽缓和段内任一点的加宽值 b_{jx}按下列公式计算：

$$b_{jx}=(4K^3-3K^4)b_j \tag{5-36}$$

式中：K——系数，$K=\dfrac{L_x}{L_j}$。

这种方法路面边缘线圆滑、顺适，适用于高速公路、一级公路以及对路容有较高要求的二级公路。

(4)插入二次抛物线的方法

为使加宽缓和段的路面边缘是平顺、优美的曲线，采取在 ZH 点(HZ 点)和 HY 点(YH点)插入二次抛物线的方式，如图5-30所示。加宽缓和段按下述三个区段设计：

$$b_{jx}=\frac{L_x^2}{30L_h}b_j \quad (0\leqslant L_x<15) \tag{5-37}$$

$$b_{jx}=\frac{L_x-7.5}{L_h}b_j \quad (15\leqslant L_x\leqslant L_v-15) \tag{5-38}$$

$$b_{jx}=b_j-\frac{(L_v-L_x)^2}{30L_h}b_j \quad (L_v-15<L_x<L_v) \tag{5-39}$$

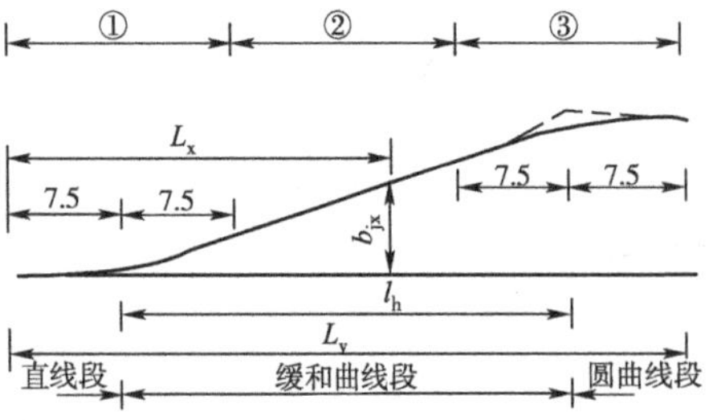

图5-30 插入二次抛物线的方法

式中：L_v——加宽总长度(m)；

L_h——缓和曲线长度(m)；

L_x——加宽缓和段内任一点到缓和段起点的长度(m)；

b_j——行车道加宽值(m)；

b_{jx}——加宽缓和段内任一点加宽值(m)。

本方法适用于高等级公路或大城市郊区路段、桥梁、高架桥、挡土墙、隧道、构造物以及设置各种安全防护设施等的路段。

(5)复曲线的加宽过渡方法

对于卵形曲线，加宽方法如图5-31所示，其加宽值按式(5-40)计算：

$$b_{jx} = b_{j2} + (b_{j1} - b_{j2})\frac{L_x}{L_f} \tag{5-40}$$

式中符号含义如图5-31所示。

(6)插入回旋曲线的方法

高速公路、一级公路、二级公路的下列路段，也可采用插入回旋线的方法，如图5-32所示。插入回旋线的方法一般适用于：

①位于大城市近郊的路段。

②桥梁、高架桥、挡土墙、隧道等构造物处。

③设置各种安全防护设施的地段。

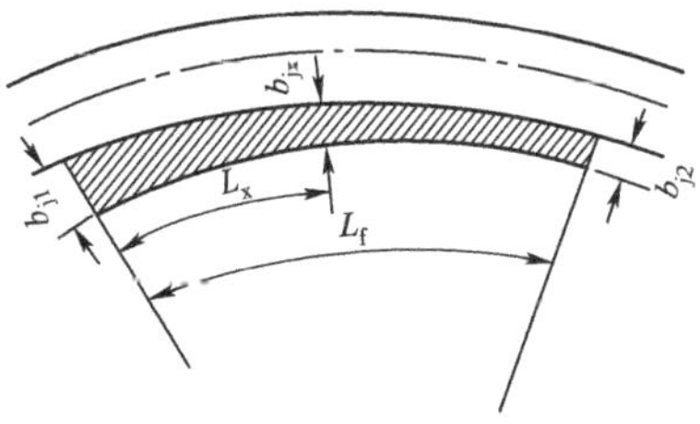

图5-31 复曲线的加宽过渡

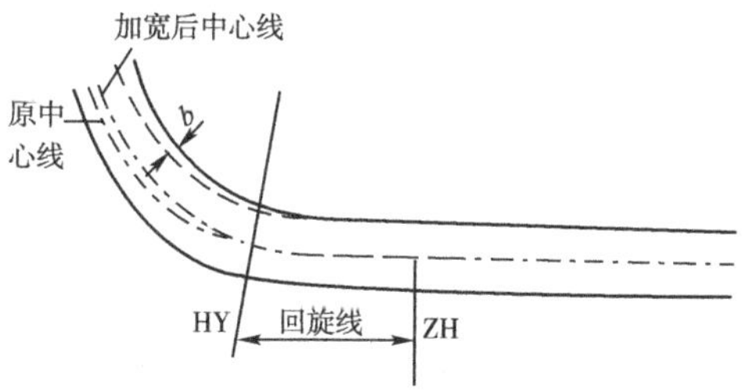

图5-32 插入回旋曲线的方法

在缓和段上插入回旋线，这样不但中线上有回旋线，而且加宽以后的路面边线也是回旋线，与行车轨迹相符，保证了行车的顺适与线形的美观。

4.加宽类别的选用

《公路路线设计规范》(JTG D20—2017)对加宽类别选用规定如下：

(1)作为干线的二级公路，应采用第3类加宽值。

(2)作为集散的二级和三级公路，在考虑铰接列车通行时，应采用第3类加宽值；不考虑通行铰接列车时，可采用第2类加宽值。

(3)作为支线的三级、四级公路可采用第1类加宽值。

(4)有特殊车辆通行的专用公路应根据特殊车辆验算确定其加宽值。

第四节　横断面视距的保证

一、视距曲线

1. 概念

在道路的弯道设计中,除了要考虑诸如曲线半径 R、参数 A、超高、加宽等因素外,还必须注意路线内侧是否有树林、房屋、边坡等阻碍驾驶员的视线,这种处于隐蔽地段的弯道我们将它简称为“暗弯”。凡属“暗弯”都应该进行视距检查,若不能保证该级公路或城市道路的最短视距,则应该将阻碍视线的障碍物清除。如果是因曲线内侧及中间带设置护栏及其他人工构造物等而不能保证视距时,可采取加宽中间带、加宽路肩或将构造物后移等措施予以处理;如果是因挖方边坡妨碍了视线,则应按所需净距绘制包络线(或称“视距线”)开挖视距台,如图 5-33、图 5-34 所示。

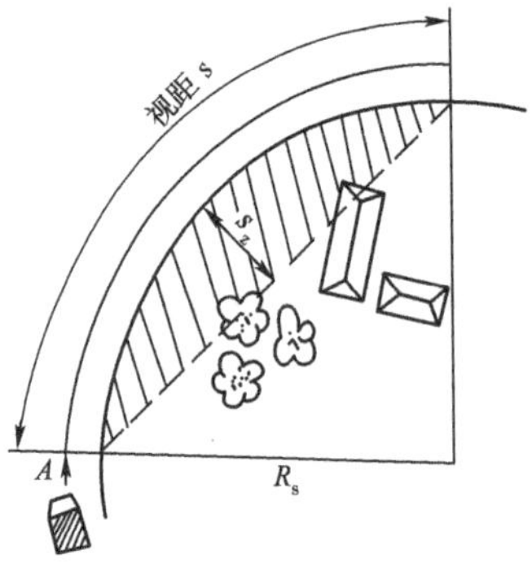

图 5-33　横净距平面图

可根据各种情况按公式计算横净距 s_z,若横净距 s_z 小于行车轨迹至障碍物的距离(即$s_z < s_{z0}$),视距能够得到保证,反之,视距不能得到保证。

图 5-33 中阴影部分阻碍驾驶员视线的范围,范围以内的障碍物都应加以清除。s_z 为内侧车道上汽车应保证的横净距。所谓横净距,即道路曲线范围最内侧的车道中心线行车轨迹距视距曲线(即包络线)的距离。

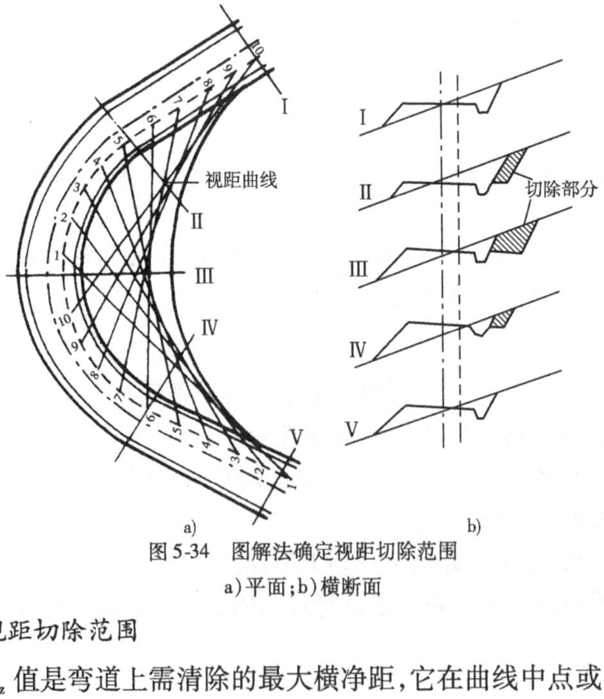

图 5-34　图解法确定视距切除范围

a)平面;b)横断面

2. 图解法确定视距切除范围

按公式计算的 s_z 值是弯道上需清除的最大横净距,它在曲线中点或中点附近。曲线上任意位置的横净距是随行车位置的改变而变化的，如果曲线全长上按最大横净距值切除，则会造成工程上的浪费。当需要清除的是重要建筑物或岩石边坡时，多用图解法来确定清除范围，如图 5-34 所示。其方法如下：

(1)按一定比例绘制弯道平面图，并示出行车轨迹线位置。

(2)在轨迹线上从弯道两端相连直线上距曲线起点(或终点)s 的地方开始，按 s 距离定出多组视线 1-1、2-2、3-3……10-10 等。

(3)绘出这些视线的包络线(内切曲线)即为视距曲线。

(4)量出相应断面位置的横净距，即可按上面的方法确定相应断面上的视距切除范围。必须指出，除平曲线上考虑视距外，在竖曲线上也有保证视距的问题，其保证措施在选择竖曲线半径时考虑。《标准》对竖曲线最小半径的规定值也考虑了视距的保证因素。

二、横净距计算

平曲线内最大横净距计算公式见表 5-19。公式中符号如图 5-35 ~ 图 5-37 所示。

最大横净距计算公式 表 5-19

平曲线类型	计算公式	
不设回旋线	$L > s$，见图 5-35a)， $h = R_s\left(1 - \cos\frac{\gamma}{2}\right)$	$\gamma = \frac{180° s}{\pi R_s}$
	$L < s$，见图 5-35b)， $h = R_s\left(1 - \cos\frac{\alpha}{2}\right) + \frac{1}{2}(s - L_s)\sin\frac{\alpha}{2}$	$L_s = \frac{\pi}{180°}\alpha R_s$
设回旋线	$L' > s$， $h = R_s\left(1 - \cos\frac{\beta}{2}\right)$	$\beta = \frac{180° s}{\pi R_s}$
	$L > s > L'$，见图 5-36， $h = R_s\left(1 - \cos\frac{\alpha - 2\beta}{2}\right) + \sin\left(\frac{\alpha}{2} - \delta\right)(l - l')$	$\delta = \arctan\left\{\frac{l}{6R_s}\left[1 + \frac{l'}{l} + \left(\frac{l'}{l}\right)^2\right]\right\}$， $l' = \frac{1}{2}(L_s - s)$
	$L < s$，见图 5-37， $h = R_s\left(1 - \cos\frac{\alpha - 2\beta}{2}\right) + \sin\left(\frac{\alpha}{2} - \delta\right)l + \sin\frac{\alpha}{2}\frac{S - L_s}{2}$	$\delta = \arctan\frac{l}{6R_s}$

注：h-最大横净距(m)；s-视距(m)；L-平曲线长度(m)；L'-圆曲线长度(m)；l-回旋线长度(m)；R_s-曲线内侧行驶轨迹的半径(m)，其值为未加宽前路面内缘的半径加 1/2 车道宽；L_s-曲线内侧行驶轨迹的长度(m)；α-公路转角(°)；γ-视距线所对的圆心角(°)；β-回旋曲线角(°)。

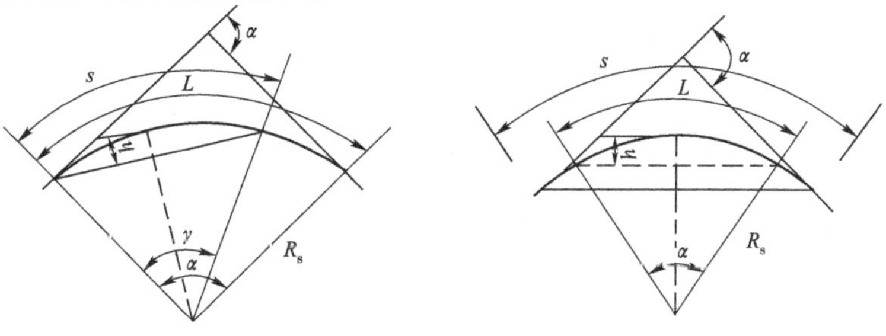

a) b)

图 5-35 不设回旋线时横净距计算图

a) $L > s$；b) $L < s$

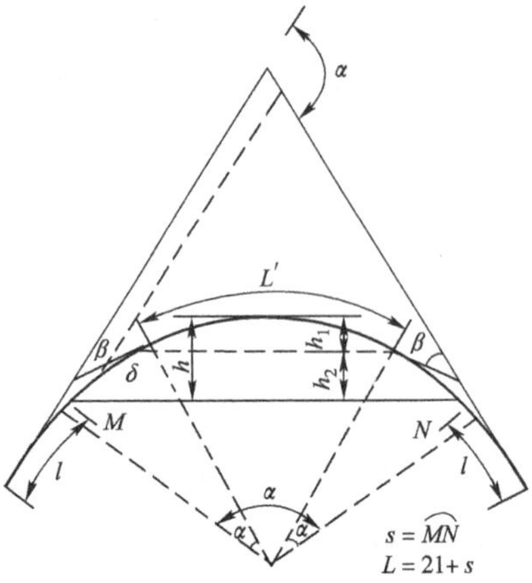

图 5-36　设回旋线时横净距计算图

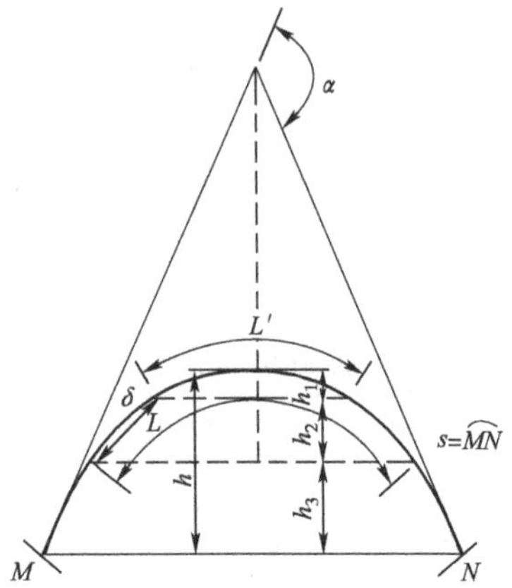

图 5-37　设回旋线横净距计算图

三、横断面视距台切除

平曲线内侧及中间带设护栏及其他人工构造物等而不能保证视距时,可加宽中间带、路肩或将构造物后移;当挖方边坡妨碍视线,处于凸形竖曲线或采用停车视距时,则应按横净距绘制的包络线即视距曲线,用以清除边坡,如图 5-38a)所示;当采用会车视距时,则应按横净距绘制的包络线即视距曲线,开挖视距台,如图 5-38b)所示。

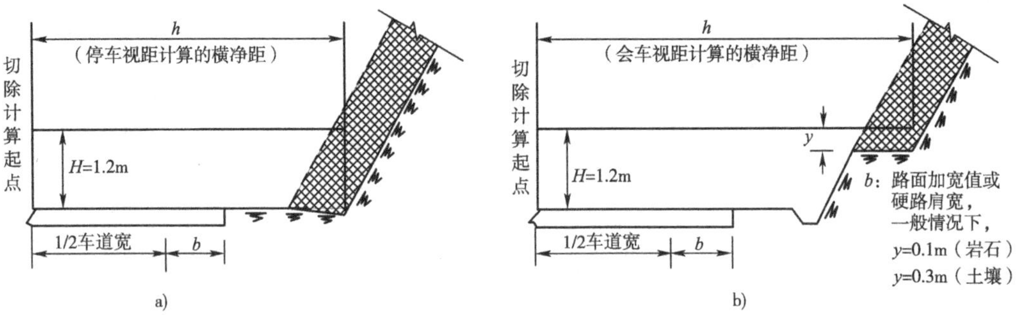

图 5-38　边坡清除断面与开挖视距台断面

第五节　横断面设计

一、横断面设计的基本要求

横断面设计,应使道路横断面布置及几何尺寸满足交通环境、用地经济、城市面貌等要求。路基是支承路面,形成连续行车道的带状土、石结构物。它既要承受路面传来的车辆荷载,又要承受大自然因素的作用。因此,路基横断面设计必须满足以下基本要求。

路基的结构设计应根据使用要求和当地自然条件(包括地质、水文和材料情况),并结合施工条件进行设计,即应有足够的强度和稳定性,又要经济合理。

山岭、重丘区的路基设计,应根据当地自然条件,特别是地形及工程地质条件,选择适当的路基横断面形式和边坡坡度。在地形陡峻和不良地质地段,不宜破坏天然植被和山体平衡;在狭窄的河谷地段不宜侵占河床,可视具体情况设置其他结构物和防护工程。陡坡上的半填半挖路基,可根据地形、地质条件,采用护肩、砌石或挡土墙;当山坡高陡或稳定性差,不宜多挖时,可采用旱桥、悬出路台等构造物;在悬崖陡壁地段,如山体岩石整体性好,可采用半山洞。在平原微丘区应注意最小填土高度,并设置必要的排水设施。沿河路基应根据冲刷情况,设置必要的防护设施。

路基的断面形式和尺寸应根据道路的等级、设计标准和设计任务书的规定以及道路的使用要求,结合具体条件确定。一般路基可参照典型横断面设计,特殊路基则应单独设计。

路基设计应兼顾当地农田基本建设的需要,在取土、弃土、取土坑设置、排水设计等方面与农田改土、农田水利、灌溉沟渠等配合,尽量减少废土占地,防止水土流失和淤塞河道。

二、道路横断面布置

1. 公路横断面布置

公路横断面的布设一般不做单独计算,其断面形式可结合当地地形、地质、水文、填挖等情况,参照典型横断面(图 5-39)进行布置,而路幅的宽度和路幅内各部分尺寸应根据公路等级、交通量、技术标准和具体情况,按图中的规定进行布置。

选用典型横断面应注意的问题简述如下。

(1)一般路堤:指填土高度小于 20m 的路堤,如图 5-39a)所示。当填土高度小于 0.5m 时,为满足最小填土高度和排除路面、路肩和边坡地面水的需要,应设置边沟;当填土高度大于 2m 时,可将边沟断扩大成取土坑以满足填土需要,但此时为保证边坡的稳定,应在坡脚与取土坑间设宽度不小于 1m 的护坡道;当填土高度大时,为保证边坡稳定,应采用折线形边坡。

(2)挖方路基:指挖方深度小于 30m、一般地质条件下的路堑,如图 5-39b)所示。路堑路段均应设置边沟;为拦截和排除上侧地面水以保证边坡的稳定,应在坡顶 5m 处设置截水沟;开挖路堑所废弃的土石方,应弃置于下侧坡顶外并做成规则形状的弃土堆;当挖方高度较大或土质变化处,边坡应随之做成折线形或台阶式边坡以保证稳定。

(3)半填半挖路基:指一般山坡路段的路基,如图 5-39c)所示,当地面横坡大于 1:5 时(包括一般路堤在内),为保证填土的稳定,应将原地面挖成台阶,台阶的高度应视填料性质和施工方法而定;挖方部分与一般路堑相同。

(4)陡坡路基:指山区陡坡路段的路基形式,如图 5-39e) ~ i)所示。填土高度虽不大,但地面横坡较陡,坡脚太远且不易填筑时,可采用如图 5-39h)所示的护肩路基;填土高度较大难以填筑,或地面横坡太陡以致坡脚落空不能填筑时,可采用如图 5-39g)所示的砌石路基或图5-39f)所示的挡土墙路基,前者是干砌或浆砌片石,能支持填方的稳定,片石与路基为一个整体,而挡土墙是不依靠路基也能独立稳定的支挡结构物;当填方坡脚太远,为避免多占用耕地或拆迁其他建筑时,可采用如图 5-39i)所示的护脚路基;当挖方边坡土质松软易碎落时,可采用如图 5-39e)所示的矮墙路基;水田地段的路堤,填方坡脚可依据实地情况设置矮墙或护坡,矮墙可用浆砌片石,高度不宜超过 1.5m;当挖方地质不良可能产生滑坍时,可采用如图 5-39f)所示的挡土墙路基。这里所提到的支挡结构物,其结构设计请参见《路基路面工程》等。

(5)沿河路堤:指桥头引道和河滩路堤,如图 5-39d)所示。路堤浸水部分边坡,除应采用较缓和坡度外,还应视水流情况采用相应的加固防护措施。

(6)吹(填)砂(粉煤灰)路基:为了保护边坡的稳定和植物的生长,边坡表层1~2m应用黏质土填筑,路床顶面可采用0.3~0.5m粗粒土封闭,如图5-39j)所示。

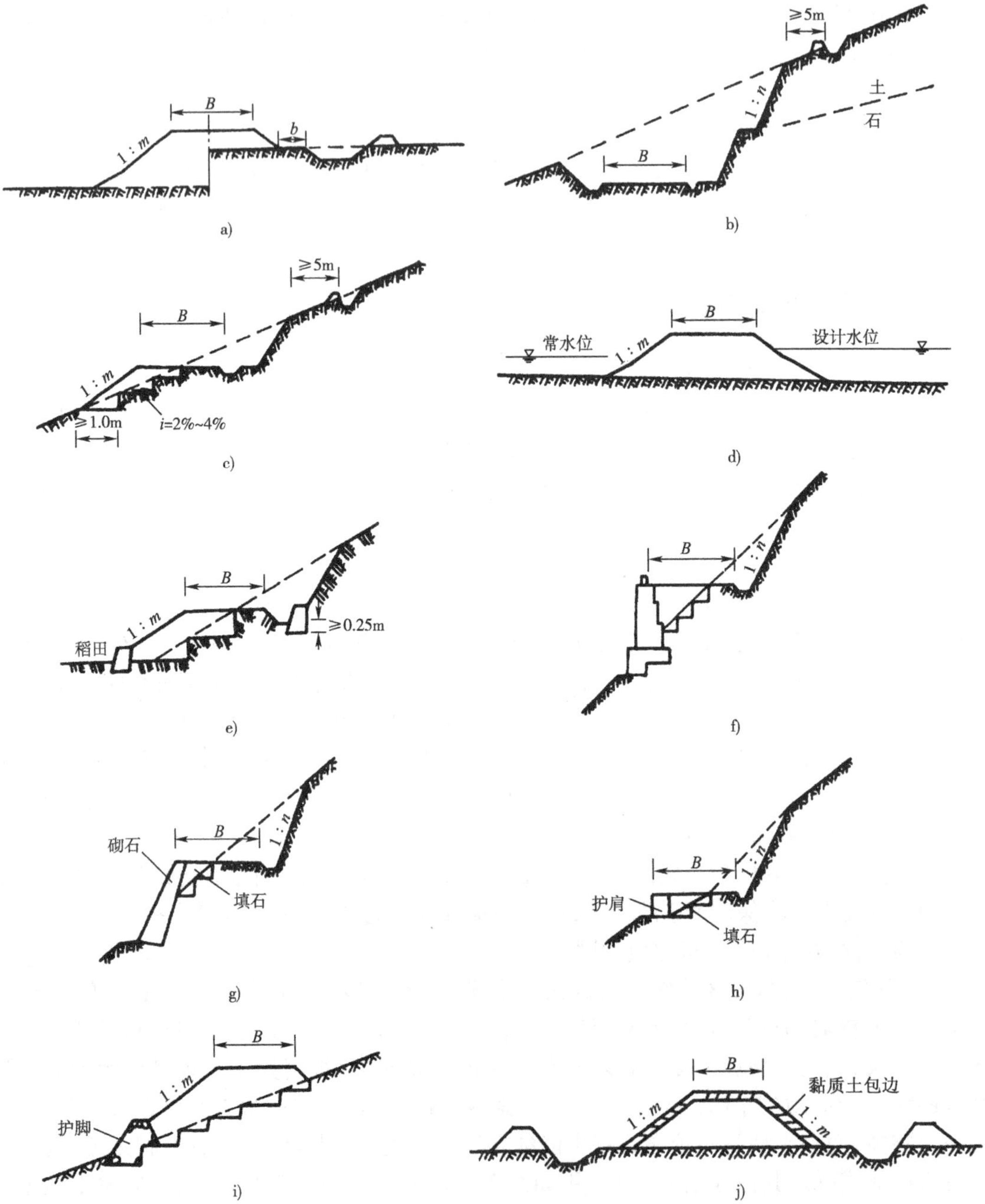

图5-39　路基典型横断面

a)一般路堤;b)挖方路基;c)半填半挖路基;d)沿河路堤;e)矮墙路基;f)挡土墙路基;g)砌石路基;h)护肩路肩;i)护脚路基;j)吹(填)砂(粉煤灰)路基

2.城市道路横断面布置

1)布置原则

(1)横断面应与路上交通性质与组成协调。城市道路具有多功能性,但它的主要功能就是要为城市交通创造良好的服务条件。因此，应保证车辆和行人的交通安全与畅通。

(2)应与道路的性质和特点配合。对于不同的道路性质，各自的特点和要求是不一样的。因此，在横断面综合布置上也应有所不同，不同功能的道路应有不同的面貌与建筑。

(3)应与沿线自然条件和建筑物相互配合协调布置。对城市的天然湖泊、河流、海面应充分利用，设计成风景优美的海滨或湖滨道路，沿线大型建筑物的高度与路宽应有适当的比例，使之协调美观。

(4)应充分发挥绿化带的作用。植树造林和布置绿化带既能美化城市、美化街道，同时又能起到保证交通安全的作用。在布置绿化带时，它既可与分隔带结合，又可与人行道结合；既可作不同平面上横断面的衔接部分，又可作横断面的备用地带。

(5)应有利于排水。在选择路拱形式和横坡度时，应确保雨水(雪化水)的迅速排除，同时，还要注意与街坊内部的排水取得协调。

(6)应满足地上与地下管线的埋设和人防工程的要求。道路的总宽度应满足地下管线安排，如上海金山纬一路的总宽度70m，是根据管线安排的要求而决定的。

(7)应考虑近、远期结合。城市道路设计中应注意节约工程费用，节省城市用地，各组成部分的布置既要紧凑，又要留有余地。在城市发展初期，交通量不大，可先开辟公路形式的断面，以后逐步过渡到城市道路形式的断面。为了避免或减少道路构造物的搬迁以及绿化的搬迁，必须很好处理近期横断面向远期过渡的问题。

常见的横断面形式都是对称布置的，如受到地形、河流或建筑物等限制时，也可做成不对称布置。在同一道路上，一般应采用同一种断面形式。

2)基本布置形式

城市道路交通主要是由行人交通和车辆交通两部分组成，在设计中必须合理解决行人与车辆、机动车与非机动车之间的交通矛盾。通常利用侧平石和绿化带把人行道和车行道布置在不同的位置和高度上，以分隔行人和车辆，保证交通安全。但机动车和非机动车的交通组织是分隔还是混行，则应根据道路和交通具体情况作具体分析而定；不同的交通组织，它的机动车道和非机动车道在横断面上的布置形式也相应不同。

根据机动车道和非机动车道的不同布置形式，城市道路横断面的布置有以下四种基本形式。

(1)单幅路横断面(“一块板”)

单幅路横断面[图5-40a)]即把所有车辆都组织在同一个车道上混合行驶，车行道布置在道路中央。在画有快(机动车)、慢(非机动车)两种车道线的街道上，机动车在快车道上行驶，非机动车在慢车道上行驶，在不影响交通安全的条件下，它们的车道允许相互临时调剂使用。即允许车辆临时超越分道线；在快慢车道不分的街道上，机动车在中央行驶，非机动车靠右侧行驶；在特殊情况下，也可把单幅路的车行道专供某种车辆行驶。例如：北京市的王府井大街、上海市的南京路、天津市的和平路等，在规定时间内限制非机动车和载货汽车行驶，仅允许小型汽车和公共交通车辆通行。

(2)双幅路横断面(“两块板”)

双幅路横断面[图5-40b)]即利用分隔带(或分隔墩)把单幅路的车行道一分为二，在交通组织上起分流渠化作用，分向行驶。在两条对向行驶的车行道上，可划分快慢车道线分流行驶，也可不划分车道线，快慢车混合行驶。

(3)三幅路横断面("三块板")

三幅路横断面[图5-40c)]即用分隔带(或分隔墩)把车行道分隔为三幅,中央的为双向行驶机动车车行道,两侧的均为单向行驶(彼此方向相反)的非机动车车行道。

(4)四幅路横断面("四块板")

四幅路横断面[图5-40d)]即在三幅路断面形式的基础上,再用分隔带把中央的机动车行道分隔成两幅,分向行驶。

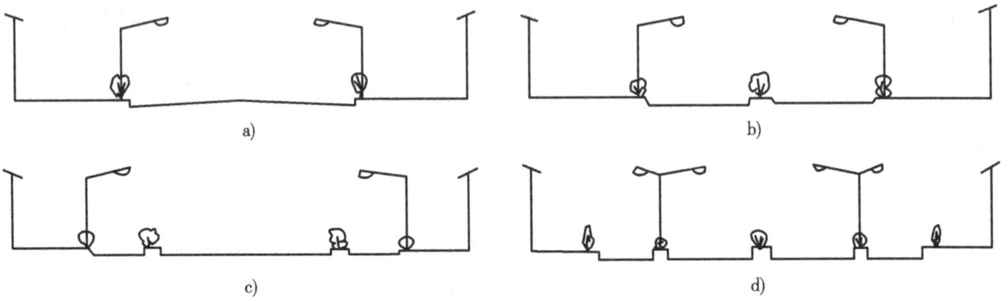

图5-40 城市道路横断面布置基本形式

a)单幅路横断面;b)双幅路横断面;c)三幅路横断面;d)四幅路横断面

3)四种基本形式的特点及适用情况

(1)交通安全

三幅路及四幅路比单、双幅路都安全,因为排除了机动车和非机动车的相互干扰,同时分隔带起了行人过街的安全岛作用。但三、四幅路对公交车辆停靠站上下的乘客穿越非机动车道较为不便。双幅式由于机动车与非机动车混合行驶,事故较多,已较少采用。

(2)行车速度

单、双幅路由于机动车和非机动车混合行驶、相互干扰,所以车速较低。三、四幅路车速一般较高,而四幅路分隔对向车流,能保证按要求的车速行驶。

(3)照明

三幅路比单幅路容易布置,能较好地处理绿化与照明的矛盾,照度均匀,可提高夜间行车速度,并减少了因照度不良引起的事故。

(4)绿化遮阴

三幅路布置多排绿化带,遮阴效果好,有利于夏季行车及行人交通。

(5)噪声减少

三幅路的机动道在中间,两侧绿化带起到隔离作用,噪声对行人和沿街居民干扰较小。

(6)造价

单幅路占地小、投资少,各类城市道路都可以采用。三、四幅路用地多、造价高,但有利于地下管线分期敷设以及非机动车道采用较薄的路面。此外,三幅路便于分期修建,即近期做成单幅式,待增长的交通量较大时再扩建为三幅路。

综上所述,可知三幅路优点居多,在条件具备的城市道路宜优先考虑采用三幅路断面。如北京市道路已多采用快慢分行的三幅路断面,提高了通行能力,有利于交通安全,并美化城市。

四幅路因造价高,一般只是在交通量较大的快速干道或主干道,当条件允许时才采用。

4)布置实例

图5-41为一些城市道路横断面布置实例,可作设计参考。

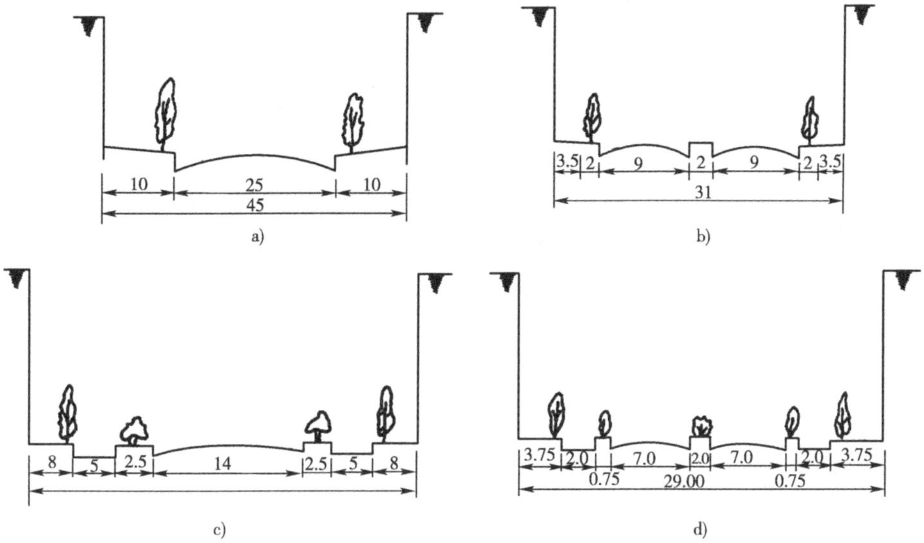

图 5-41　城市道路典型横断面图例(尺寸单位:m)

a)单幅路(一块板)石家庄市建设大街;b)双幅路(两块板)某省推荐断面;c)三幅路(三块板)某市胜利路;d)四幅路(四块板)某城市道路

三、横断面设计步骤及主要成果

1. 设计步骤

道路横断面的布置及几何尺寸,应能满足交通、环境、用地经济、城市面貌等要求,并应保证路基的稳定性。

(1)点绘各横断面的横向地面线。

(2)根据《标准》的规定,确定路基宽度。

①按照土质、水文条件拟定路基边坡坡度。

②按照排水要求拟定边沟、截水沟等尺寸。

(3)按弯道半径大小分别拟定超高加宽值。

(4)根据纵断面设计资料,按设计高程在路基设计表上逐桩进行计算,完成路基设计表。

(5)按路基设计表数据,绘出横断面设计线。陡峻山坡需设挡土墙时,应绘于横断面图上,并将挡土墙设计成果另行绘图。

(6)检查弯道路段横断面内侧视距是否足够,是否需要清除障碍及设置视距台。横断面的绘制,一般在方格纸上按桩号由下向上绘制,并在每个横断面上注明必要的数据(包括加宽、超高、土石分界等)。

2. 设计成果

根据《公路工程基本建设项目设计文件编制办法》规定,公路路基设计的主要成果及要求如下。

(1)路基设计表:列出平曲线要素、纵坡(坡度、坡长、变坡点桩号及高程)、竖曲线要素、桩号、地面高程、设计高程、填挖高度、路基宽度(原宽、加宽、加宽后总宽)、缓和长度、超高值

(左、右)、路基边缘与设计高程之差(左、右)等。边沟(排水沟)需特殊设计时还应列出沟底纵坡设计资料、形状及尺寸、沟底高程(左、右)。

高速公路、一级公路应列出平曲线要素、纵坡(坡度、坡长、变坡点桩号及高程)、竖曲线要素、桩号、地面高程、设计高程、填挖高度、路基宽度(中央分隔带、左右幅分别按行车带及路缘带、硬路肩、土路肩计列)、各点与设计高程之差(左、右幅分别按左侧路缘外缘、硬路肩外缘、土路肩外缘各点填列),并说明加宽、超高情况。

(2)路基标准横断面图:列出路中心线、行车道、拦水缘石、土路肩、路拱横坡、边坡、护坡道、边沟、碎落石、截水沟、用地界碑等各部分组成及其尺寸、路面宽度及概略厚度。高速公路、一级公路按整体式路基、分离式路基分别绘制,还应示出中央分隔带、缘石、左侧路缘带、硬路肩(含右侧路缘带)、护栏、隔离栅、预埋管道等设置位置。比例尺用1:200~1:100。

(3)路基一般设计图:绘出一般路堤、路堑、半填半挖路基、高填方路堤、深挖路基、水田内路堤及沿河(江)及水塘(库)等不同形式的代表性路基设计图,并应分别示出路基、边沟、碎落台、截水沟、护坡道、排水沟、边坡率、护脚墙、护肩、护坡、挡土墙等防护加固结构形式和标注主要尺寸。比例尺用1:200。

(4)路基横断面设计图:绘出所有整桩、加桩的横断面图,列出加宽、超高、边坡、边沟、截水沟、碎落台、护坡道、路侧取土坑、开挖台阶及视距台等,注明用地界。挡土墙、护面墙、护脚、护肩、护岸、边坡加固、边沟(排水沟)及截水沟加固等均绘在本图上,并注明起讫桩号、圬工种类及断面尺寸(另绘有防护工程设计图的只绘出示意图,注明起讫桩号和设计图编号)。高速公路、一级公路还应标出设计高程、路基边缘高程、边沟(排水沟)底设计高程。比例尺用1:200。

(5)路基土石方数量表:列出桩号、断面积、平均断面积、挖方(总体积、土类、石类)、填方(总体积、填土及填石,分压实方和自然方)、本桩利用方、余方、欠方、远运利用方、调配示意、运量、借方(分土类、石类、运距、运量)、弃方(土、石、运距、运量)等。

3. 城市道路横断面图绘制

(1)绘制各个路段上的远期规划横断面和近期设计横断面图,即远期和近期的标准断面图。一般采用1:100或1:200的比例尺。在图上应绘出红线宽度、车行道、人行道、绿化带、照明、新建或改建的地下管道各组成部分的位置和宽度,以及排水方向、横坡等。

(2)绘制各个中线桩处的现状横断面图。图中包括横向地形、地物、中心桩地面高程、路基路面、横坡、车行道、人行道、边沟等。一般采用1:100或1:200的比例尺,直接在米厘纸上绘制,横距表示水平距离,纵距表示高程。纵、横坐标通常都采用相同的比例尺,这样绘制横断面图和计算土石方数量都方便。但在某些情况下,例如横断面很宽,地面又较平坦时,如水平距离和高程仍采用相同的比例尺,则显示不出地形的变化。此时,应根据高程变化的程度,横断面图的纵、横坐标可以选用不同的比例尺,以能显示地形的起伏变化为原则。先在米厘纸上定出中心线的位置,然后将中心桩的地面高程和中心桩左右各地形点的高程点出来,连接各点即得现状横断面的地面线,注上桩号和高程。在一张米厘纸上可以绘制若干个断面,一般是依桩号为序自下而上和自左而右地布置。

(3)最后在绘出的各个桩号的现状横断面图上,点出中心线的设计高程,以相同的比例尺,把设计横断面图(即标准横断面图)画上去。土石方工程量的计算和施工放样,就是以此图作为依据,故称为施工横断面图。

第六节 路基土石方计算与调配

路基土石方工程是公路工程的主体工程之一，在公路工程量中占有很大比重。土石方工程数量又是公路方案评价和比选的主要技术经济指标之一。

土石方计算与调配的主要任务是，计算路基土石方工程数量，合理进行土石方调配，并计算土石方的运量。其为编制公路概（预）算、公路施工组织、施工计量支付提供依据。

一、基本公式

路基土石方计算工作量较大，加之路基填挖变化的不规则性，要精确计算土石方体积是十分困难的。在工程上通常多采用近似计算。

假定两相邻断面间为一棱柱体，如图5-42所示，按平均断面法计算，其公式为：

$$V=\frac{1}{2}(A_1+A_2)L \tag{5-41}$$

式中：A_1、A_2——两相邻断面的断面面积（m^2）；

L——两相邻断面的间距（m），即两相邻断面的桩号差。

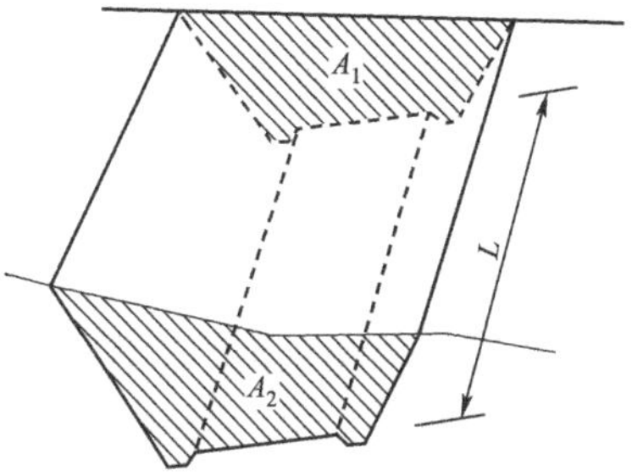

图5-42 平均断面法

平均断面法计算简便、实用，是公路上目前常采用的方法。但其精度较差，该法只有当两相邻断面面积A_1、A_2相差不大时才较准确。当A_1、A_2相差较大时，则按棱台体公式则更为接近，其公式如下：

$$V=\frac{1}{3}(A_1+A_2)L\left(1+\frac{\sqrt{m}}{1+m}\right) \tag{5-42}$$

式中，$m=\frac{A_1}{A_2}$，其中$A_2>A_1$。

由式（5-42）可知，当$A_1=A_2$时，$V=\frac{1}{2}(A_1+A_2)L$；若$A_1=0$，则$V=\frac{1}{3}A_2L$。

由此可知，平均断面法的计算结果是偏大的。

二、断面积计算

路基横断面面积为不规则的几何图形，计算方法有积距法、几何图形法、坐标法、方格法等多种方法。通常一般常用积距法和坐标法。

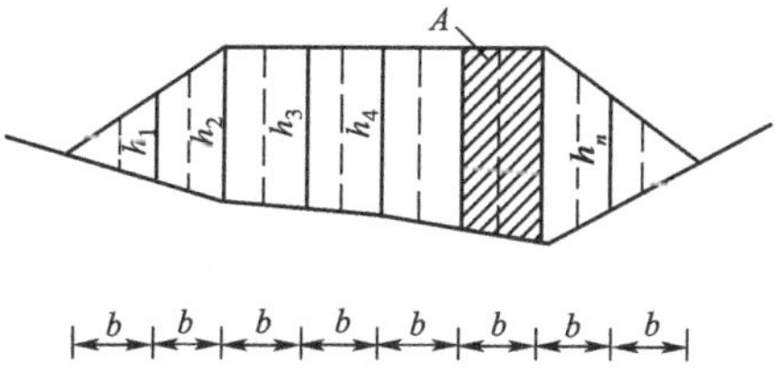

图5-43 积距法求面积

1. 积距法

如图5-43所示，积距法的原理是：按单位宽度b，把断面积切割成若干梯形与三角形条块，则每一小块面积为其平均高度h_i与b的乘积，即$A_1=bh_1$，$A_2=bh_2$，…，

$A_n = b \times h_n$,总面积为:

$$A = A_1 + A_2 + \cdots + A_n = bh_1 + bh_2 + \cdots + bh_n = b\sum_{i=1}^{n} h_i \tag{5-43}$$

通常横断面图都是绘在方格米厘纸上的,直接可以用米厘格子5mm宽(等于1m)来划分横断面。平均高度总和$\sum h_i$用卡规法或用纸条法来求积距。其中纸条法多适用于求较大面积的积距。

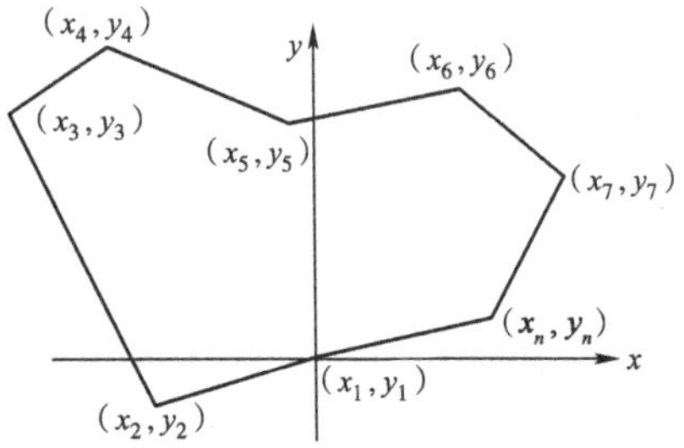

图5-44　坐标法

2. 坐标法

如图5-44所示,由解析几何公式很容易推出面积计算公式,如下:

$$A = \frac{1}{2}\sum_{i=1}^{n}(x_i y_{i+1} - x_{i+1} y_i) \tag{5-44}$$

式中:x、y——设计线和地面线围成面积的各折点的坐标(m)。

坐标法计算面积精度较高,但方法较烦琐,适用于计算机计算。路基土石方多采用表格计算。

三、土石方的调配

土石方调配是指路基挖方合理移用填筑路堤,以及适当地布置取土坑及弃土堆的土石方调运量计算的工作。通过土石调配,合理地解决各种路段土石方平衡与利用问题,达到填方有所“用”,挖方有所“用”,避免不必要的路外借土和弃土,尽量少占用耕地。

1. 调配要求

(1)土石方调配应按先横向后纵向的次序进行。横向调运则是指将本桩位内的挖方直接横向调运作本桩填方,达到横向平衡。纵向调运则是将本桩多余的挖方(称挖余)纵向运至其他桩号填筑或将其他桩号的挖余土石方运至本桩不足的填方(称填缺)进行填筑。由于横向调运就近填挖,运量小,先横向后纵向调运可减少总的运输量。

(2)纵向调运的最远距离一般应小于经济运距。路基填方的土石方来源,一是路上的纵向调运,二是就近在路基外借土。一般情况下,距离较近时纵向调运是比较经济的,但是如果调运的距离过长,以至于运价超过了在附近借方的费用时,纵向移挖作填就不如借方经济了。因此,是“调”还是“借”有一个限度问题,按费用经济计算的纵向调运的最大限度距离叫作经济运距。计算的公式如下:

$$L_{\mathrm{j}} = \frac{C}{C'} + L_{\mathrm{m}} \tag{5-45}$$

式中:C——借方单价(元/m^3);

C'——远运运费单价[元/($\mathrm{m}^3 \cdot \mathrm{km}$)];

L_{m}——免费运距(km)。

定额规定土方作业包括挖、装、运、卸四项工序,在规定的距离内(一般人工运输为20m,轻轨运输为50m,汽车运输为1 000m)只按方量计价,不另计运费,这一规定不单独计价的基本运距叫作免费运距。在纵向调运计算运距时应扣除免费运距L_{m}。

在调配时,应综合考虑不同的施工方法、运输条件、施工机械化程度及地形情况,选择合理的经济运距。在取土和弃土不受限制的路段,纵向调运运距应小于经济运距。

(3)土石方调运的方向应考虑桥涵位置和路线纵坡对施工运输的影响。一般情况下,不跨越深沟和少做上坡调运。

(4)借方、弃方应与借土还田、整地建田相结合。尽量少占田地,减少对农业的影响。对于取土和弃土地点应事先同地方商量。

(5)不同性质的土方应分别调配。调运时可以石代土,但不能以土代石,以保证路基填方质量。调运时还要注意与人工构造物材料供应相结合。

(6)回头曲线路段的土石调运,要优先考虑上下线的竖向调运。

2. 调配方法

土石调配应明确填挖情况、桥涵位置、纵坡、附近地形、施工方法和可借方和弃方的地点等。

调配可在土石方数量表上进行。首先进行横向调配,满足本桩号利用方的需要,然后计算挖余和填缺的数量。

根据挖余和填方分布情况,可以大致判断调运的方向和数量,结合纵坡情况和经济运距对利用土(石)方进行纵向调配,而后填方若有不足或挖方未尽利用,再选定废土或借土的合适地点,确定借方或废方数量。调配一般在1(1公里=1km)范围内进行,必要时也可跨公里调配,但需将数量和方向分别注明。

调配的结果示于土石方数量表上,并可按下式复核:

横向调运+纵向调运+借方=填方

横向调运+纵向调运+弃方=挖方

挖方+借方=填方+弃方

最后计算得计价土石方数量,即:

计价土石方数量=挖方数量+借方数量

【复习思考题及习题】

1. 试述车行道宽度确定的基本原理。
2. 公路路肩和城市道路人行道的组成及作用是什么?
3. 路拱的作用是什么?路拱有哪些基本形式?
4. 什么叫路缘带?其作用是什么?在什么情况下公路需设置路缘带?
5. 城市道路横断面布置有哪些基本形式?综述各基本形式的特点及适用情况。
6. 公路的超高设置有哪些方式?试述城市道路与公路的超高方式有何不同。
7. 道路设置加宽的作用是什么?怎样设置?制定加宽值标准的原理是什么?
8. 简述道路土石方计算的基本原理和方法。怎样对土石方计算进行校核?
9. 简述中间带的作用及宽度构成。
10. 简述视距曲线的图解方法及步骤。

11. 名词解释:

(1)中间带;(2)路侧带;(3)右侧路缘带;(4)超高;(5)分离式断面;(6)视距曲线;(7)横净距;(8)视距三角形;(9)避险车道;(10)爬坡车道;(11)计价土石方;(12)平均断面法;(13)经济运距;(14)"三块板";(15)"四块板";(16)加宽。

第六章

道路选线与总体设计

第一节 选线概要

一、目的与任务

1. 目的

道路选线的目的,就是根据道路的性质、任务、等级和标准,结合地形、地质、地物及其沿线条件,综合平、纵、横三方面因素,在实地或纸上选定道路中线的平面位置。

2. 任务

道路选线的主要任务是:确定道路的走向和总体布局;具体确定道路的交点位置和选定道路曲线的要素,通过纸上或实地选线,把路线的平面位置确定下来。

二、选线原则

公路路线是公路的骨架,它的优劣直接关系到公路本身功能的发挥和在路网中是否能起到应有的作用。公路选线面对的是一个复杂的自然条件和社会经济环境,需要综合考虑多种因素,妥善处理好各方面的关系,其基本原则如下:

1. 路线的基本走向必须与道路的主客观条件相适应

限制和影响道路基本走向的因素很多,但归纳起来有主观、客观条件两类。主观条件是指设计任务书(或其他文件)规定的路线总方向、等级及其在道路网中的地位和作用。客观条件是指道路所经地区原有交通的布局(如铁路、公路、航道、管道等),城镇、工矿企业、资源状况,土地开发利用和规划的情况,以及地形、地质、气象、水文等自然条件。上述主观条件是道路选线的基本依据,而客观条件则是道路选线必须考虑的因素。选线人员要从各种可能的方案中选择出一条最优的路线方案,就要充分考虑上述条件对道路的影响,使之相适应。

2. 正确掌握和运用技术标准

路线设计应在保证行车安全、舒适、快速的前提下,使工程数量少、造价低、营运费用省、效益好,并有利于施工和养护。公路路线设计是一项立体线形设计,应注意立体线形设计中平、纵、横面的舒顺、合理的配合。在工程量增加不大时,平、纵线形应尽量采用较高的技术指标,不应轻易采用最小值或极限值,当然也不应不顾工程量的大幅增加,而片面追求高指标。

3. 多方案论证、选择最优路线方案

在路线设计的各个阶段,应运用各种先进手段对路线方案做深入、细致的研究,在多方案论证、比选的基础上,选定最优路线方案。

4. 选线应与农业配合

选线时要处理好道路与农业的关系。注意与农业基本建设的配合,做到少占田地,并应尽量不占高产田、经济作物田,避免穿过经济林园(如橡胶、茶林、果园等),并注意与修路造田、农田水利灌溉、土地规划等相结合。

5. 选线应重视水文、地质问题

不良地质和地貌对道路的稳定影响极大,选线时应对工程地质和水文地质进行深入勘测调查,弄清它们对道路的影响。

对于位于滑坡、崩塌、岩堆、泥石流、岩溶、泥沼等严重地质不良地段和沙漠、多年冻土等特殊地区的路线,应慎重处理,一般情况下应尽量绕避,必须穿过时,应选择合适的位置,缩小穿越范围,并采取必要的工程措施。

选线时应对工程地质和水文地质进行深入勘测,查清其对公路工程的影响。对于高填、深挖路基地段,应做好路基边坡岩土情况的勘测工作,查清边坡及基底情况,据此进行填(挖)边坡的稳定计算,必要时采取切实可行及安全可靠的防护措施。

6. 选线应注意与环境相协调

通过名胜、风景、古迹地区的公路,应与周围环境、景观相协调。桥梁、隧道、沿线设施应与该地区自然景观相适应,与环境融为一体。

7. 选线应重视环境保护

选线应重视环境保护,注意由于修建公路及汽车运行所产生的影响与污染等问题,具体应注意以下几个方面。

(1)平原微丘区公路选线应着重论证以下影响因素:

①填方、取土、弃土对农业资源、土壤耕作条件和当地居民出行的影响。

②对农田水利排灌系统的影响。

③路面径流对养殖业水体的影响。

(2)重丘区山岭区公路选线应着重论证以下影响因素：

①高填、深挖对自然景观、植被的影响。

②公路的分割与阻隔对珍稀动、植物资源的影响。

③对水土流失的影响。

④开挖、废方堆弃、爆破作业等诱发地质灾害的影响。

(3)绕城线或连接城市出入口的公路选线应着重论证以下影响因素：

①拆迁的影响。

②对城市建设和规划布局的影响。

③阻隔出行、交往的影响。

④交通噪声的影响。

⑤空气的影响。

⑥环境敏感点的影响。

⑦公路设施对环境景观的影响。

8. 选线应注意结合地形条件，综合考虑分离式断面的布设

高等级公路选线，可以根据通过地区的地形、地物、自然环境等条件，利用其上、下行车道相互分离的特点，本着因地制宜的原则，在山岭和丘陵地形上合理采用往复车道分离式布线，以减少工程量，降低对自然环境的破坏。

9. 选线应综合考虑起、终点及桥、隧道位置关系

(1)路线起、终点，必须连接的城镇、重要园区、工矿企业、综合交通枢纽，应为路线基本走向的控制点。

(2)特大桥、大桥、特长隧道、长隧道、互通式立交、铁路交叉等的位置，应为路线基本走向的控制点，原则上应服从路线基本走向。

(3)中、小桥涵，中、短隧道，以及一般构造物的位置应服从路线走向。

三、选线的一般要求

(1)对路线所经区域、走廊带及其沿线的工程地质和水文地质应进行深入调查、勘察，查清其对公路工程的影响程度。遇有不良工程地质的地段应视其对路线的影响程度，分别对绕、避、穿等方案进行比选论证。

(2)调查沿线各类敏感点及矿产资源，并研究其对路线方案的影响，合理选择线位。

(3)高速公路和一级公路与沿线主要交通源衔接，应利用区域路网或新建连接道路。

(4)二级公路、三级公路在遵循项目总体功能和走向的基础上，应尽量避免穿越城镇。

(5)应协调桥梁、隧道、互通式立体交叉、服务区等构造物的位置和高程等关系。

(6)应综合考虑与相关公路、铁路、输电线路、油气管道等的平行或交叉关系，合理利用走廊带资源，节约占地。

(7)平原区选线宜采用较高的技术指标，尽量避免采用长直线或小偏角平曲线。

(8)山岭区选线应充分利用地形条件，合理确定垭口位置，应尽量避免高填深挖等。

(9)沿河(溪)线选线时，应根据设计洪水位，结合地形、地质合理确定线位高程，必要时应

对桥梁与路基方案进行比选论证。

四、选线的方法与步骤

1. 一般方法

1)实地选线

实地选线是由选线人员根据设计任务书的要求,在现场实地进行勘察测量,经过反复比较,直接选定路线的方法。这是我国传统的选线方法。

其特点是方法简便,切合实际。实地选线容易掌握地质、地形、地物情况,做出的方案比较可靠,定线时一般不需要大比例尺地形图。但是,这种方法野外工作量很大,体力劳动强度大,野外测设工作受气候的影响大。同时,由于实地视野的限制,地形、地貌、地物的局限性很大,使路线的整体布局有一定的片面性和局限性。实地选线适用于一般等级较低、方案比较明确的公路。

2)纸上选线

纸上选线是在已经测得的地形图上进行路线布局、方案比选,从而在纸上确定路线,将此路线再放到实地的选线方法。

其特点是野外工作量较小,定线不受自然因素干扰,能在室内纵观全局,结合地形、地物、地质条件,综合平衡平、纵、横三方面因素,所选定的路线更为合理。但纸上定线必须要有大比例尺地形图,地形图的测设需花费较大的工作量和具备一定设备。纸上选线的地形图若用航空摄影成图可大大缩短成图时间。

纸上选线的一般步骤是:

(1)实地敷设导线。

(2)实测地形图(可用人工或航测法)。

(3)纸上选定路线。

(4)实地放线。

随着航测技术的发展,纸上选线方法已广泛运用,对于高等级公路和地形、地物及路线方案十分复杂的公路更为适用。

3)自动化选线

随着航测技术和电子计算机技术的发展,一种将航测和电算相结合的自动化选线方法已开始广泛使用。

自动化选线的基本作法是:先用航测方法获得航测图片,再根据地形信息建立数字地形模型(即数字化的地形资料),把选线设计的要求转化为数学模型,将设计数据输入计算机,则计算机按照一定的程序进行自动选线、分析比较、优化,最后通过自动绘图仪和打印机将全部设计图表输出。

自动化选线用电子计算机和自动绘图仪代替人工去做大量、繁重的计算、绘图、分析比较工作,这样,能使选线方案更为合理、省工省时。

2. 一般步骤

一条道路路线的选定是经过由浅入深、由轮廓到局部、由总体到具体、由面到带进而到线的过程来实现的,一般要经过以下三个步骤:

1)全面布局

全面布局是解决路线基本走向的全局性工作,就是在起讫点及中间必须通过的据点间寻找可能通行的路线带,并确定一些大的控制点,连接起来即形成路线的基本走向。

全面布局主要包括路线布局走向和走廊带的选择两个内容。

(1)路线布局走向选择

路线走向选择主要是解决起、终点间路线基本走向问题。此项工作通常是先在小比例尺(1:50 000 ~ 1:10 000)地形图上从较大面积范围内找出各种可能的方案,收集各可能走向方案的有关资料,进行初步评选,确定几条有进一步比较价值的方案。然后进行现场勘察,通过多方案的比选得出一个最佳走向。当没有地形图时,可采用调查或踏勘方法现场收集资料,进行方案比选。当地形复杂或地区范围很大时,可以通过航空视察或用遥感与航摄资料进行选线。

(2)路线走廊带选择

在路线基本方向选定的基础上,按地形、地质、水文等自然条件选定出一些细部控制点,连接这些控制点,即构成路线走廊带。这些细部控制点的取舍,自然仍是通过比选的办法来确定的,路线布置一般应该在1:10 000 ~ 1:2 000 比例尺的地形图上进行。只有在地形简单,方案明确的路段,才可以现场直接选定。

路线布局是关系到公路“命运”的根本问题。总体布局如果不当,即使局部路线选得再好,技术指标确定得再恰当,仍然是一条质量很差的路线。因此,在选线中,首先应着眼于总体布局工作,解决好基本走向问题。全面布局是通过路线视察,经过方案比较来解决的。

2)逐段安排

逐段安排是在路线基本走向已经确定的基础上,进一步加密控制点,解决路线局部方案的工作。即是在大控制点间,结合地形、地质、水文、气候等条件,逐段定出小控制点。例如,翻越同一山岭垭口后是从左侧展线下山,还是从右侧展线下山,沿一条河是仅走一岸还是多次跨河两岸布线等都是属于局部方案问题。逐段安排路线是通过踏勘测量或详测前的查看路线来解决的。

3)具体定线

具体定线是在逐段安排的小控制点间,根据技术标准结合自然条件,综合考虑平、纵、横三方面因素,反复穿线插点,具体定出路线位置的工作。这一步更深入、更细致、更具体。具体定线由详测时的选线人员来完成。

五、选线的主要内容及工作方法

公路选线工作应贯穿于公路工程初步设计、技术设计和施工图设计各个阶段,并随着设计阶段的进展由面到带、由带到线、由线到点,逐步加深。

1. 初步设计阶段

应根据批复的可行性研究报告、测设合同的要求,收集有关基础资料,拟定选线原则,确定路线设计方案。

(1)需收集的基础资料:

①各种比例尺的地形图、卫星相片、航摄相片及已有勘测设计资料。

②工程可行性研究阶段的地质、环境等评估报告。

③路线经过地区的地质、水文、气候等有关资料。

④路线经过地区的城镇、工矿、公路、铁路、航空、水利建设和规划资料。

⑤村镇、建筑、管线等分布资料。

⑥环境分区和环境敏感区(点)及动、植物保护区的分布资料。

⑦动物迁徙路径和日常穿行的通道资料。

⑧文化、文物遗迹资料。

⑨土地资源及自然风景点分布资料。

⑩料场分布资料。

(2)对工程可行性研究阶段的推荐走廊带进行研究,提出推荐的路线方案。

(3)基本确定路线起、终点的平面位置和纵断面衔接关系。

(4)基本确定一般路段的平面和纵断面设计方案。

(5)基本确定特殊路段的平面和纵断面设计方案。

(6)基本确定大型构造物路段的路线平面和纵断面设计方案。

2. 技术设计阶段

技术设计阶段应根据初步设计批复意见、测设合同的要求,进一步修改完善选线原则,重点解决初步设计中未解决的重大、复杂技术问题,并完成以下工作内容:

(1)根据路线方案分析比较结果,对初步设计推荐的路线方案进行优化调整,确定路线方案。

(2)对于关系到路线方案的重大技术问题路段,应反复比较,按照施工图要求的深度进行放线,确定路线的具体位置。

3. 施工图设计阶段

施工图设计阶段,应根据初步设计或技术设计的批复意见、测设合同的要求,审定选线原则,确定路线方案。

(1)对初步设计阶段或技术设计阶段推荐的路线方案进行核查、审定,确定路线方案,并对局部路段进行优化。

(2)确定路线起、终点的平面位置和纵断面衔接关系。

(3)完成一般路段的平面和纵断面设计。

(4)完成特殊路段的平面和纵断面设计。

(5)完成大型构造物路段平面和纵断面设计。

4. 不同设计阶段采用的工作方法

(1)初步设计阶段,应将所收集资料进行归纳整理,展布在选线所需的不同比例尺地形图上,并根据公路等级选用现场定线、纸上定线或三维互动定线。

①二级、三级、四级公路,一般可采用纸上定线,地形受限时应采用现场定线与纸上移线、现场核查相结合的方法。

②高速公路、一级公路应采用纸上定线。

③高速公路、一级公路及景观要求高的公路宜采用计算机三维互动定线并现场进行核查。

(2)技术设计阶段,应在初步设计收集资料的基础上补充收集技术设计所需的基础资料,测量影响路线线位的控制点和控制断面,采用纸上定线并进行现场核对。

（3）施工图设计阶段，应进一步补充收集基础资料，测量影响路线线位的控制点和控制断面，根据控制要素进行纸上定线并现场核对、测量放线，同时根据需要进行动态调整。

第二节 平原区选线

一、平原区基本特征

1. 自然特征

平原主要是指一般平原、山间盆地、高原等地形平坦地区，其地形特征是地面起伏不大，一般自然坡度都在3°以下。其地物特征是：除泥沼、盐渍土、河谷漫滩、草原、戈壁、沙漠等以外，一般多为耕地，且分布有较多的各种建筑设施，居民点较密，交通网系较密。在农业区农田水系渠网纵横交错；在城镇区则建筑、通信管网密布；在天然河网或湖区，还密布有湖泊、水塘和河岔。

从地质和水文条件来看，平原区一般不良地质现象较少，但有时会遇到软土和沼泽地段。另外，平原区地面平坦，往往排水较困难，地面积水较多，地下水位较高；平原区河流较宽阔，比降平缓，泥沙淤积，河床低浅，洪水泛滥较宽。

2. 路线特征

平原地区地形对路线的约束限制不大，路线平、纵、横三方面的几何条件很容易达到标准，路线布置主要考虑地物障碍问题，其路线特征是：平面线形顺直，以直线为主体线形，弯道转角一般较小，平曲线半径较大；在纵面上，坡度平缓，以低路堤为主。路线布设除考虑地物障碍外，一般没有太大困难。

二、平原区选线要点

综合平原区自然和路线特征，布线时应着重考虑以下几点。

1. 以平面为主安排路线

选线时，首先在起讫点间把经过的城镇、厂矿、农场及风景文物点作为大的控制点，在控制点间通过实地视察进一步根据地形条件和水文条件选择中间控制点，除一般较大的建筑群、水电设施、跨河桥位、洪水泛滥线范围以外以及其他必须绕过的障碍物外均可作为中间控制点。在中间控制点之间，无充分理由一般不设转角点。在安排平面线形时，既要使路线短捷顺直，又要注意避免过长的直线，可能条件下多采用转角小、半径大的长缓平曲线线形。纵面线形应综合考虑桥涵、通道、交叉等结构物的要求，合理确定路基设计高度。注意避免纵坡起伏过于频繁，但也不应过于平缓，而造成排水不良。

2. 正确处理路线与农业的关系

处理好公路与农田规划、农业灌溉、水利设施的关系，是平原区选线的重要问题，主要注意以下几点：

（1）占用田地依据路线的性质、等级作用以及对支农运输的效果、工程数量及造价、运营费用等方面因素全面分析比较后确定。既不能片面求直而占用大量良田，也不能片面为不占某块田,使路线绕行过长,造成行车条件差。

(2)注意处理好路线与农田水利的关系。路线布置要尽可能与农业灌溉系统配合,除特殊情况外,一般不要破坏灌溉系统。布线要注意尽量与干渠平行,减少路线与渠道相交,最好把路线布置在渠道的非灌溉区一侧或渠道的尾部。如图 6-1 所示,布线时应优先考虑Ⅰ方案,Ⅱ方案次之,Ⅲ方案则应避免。当路线与渠道方向基本一致时,应考虑沿渠道布线,注意堤路结合、桥闸结合,以减少占田和便利灌溉。

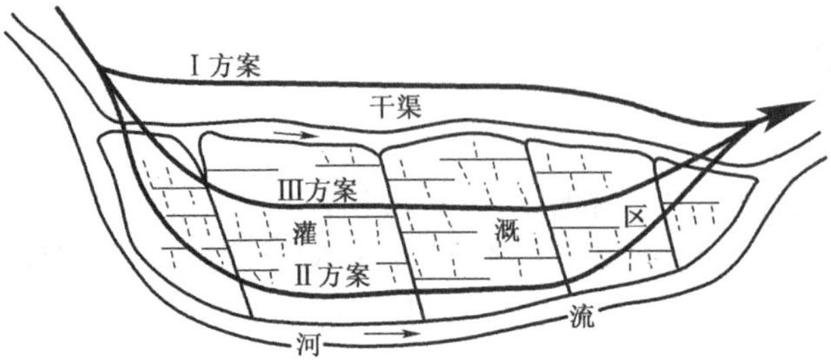

图 6-1 灌溉区路线布设

(3)注意筑路与造田、护田结合。在可能条件下,布线要有利于造田、护田。路线通过河曲地带,当水文条件许可时,可考虑路线直穿,裁弯取直,改河造田,缩短路线里程(或减少桥涵数量),如图 6-2 所示的布线方式。

当路线靠近河边低洼村庄或从农田通过时,可考虑靠河岸布线,围滩造田、护村,如图 6-3 所示为某公路采用沿河布置路线,借石填筑路堤,使一百多亩河滩地变为良田,并保护了村庄。

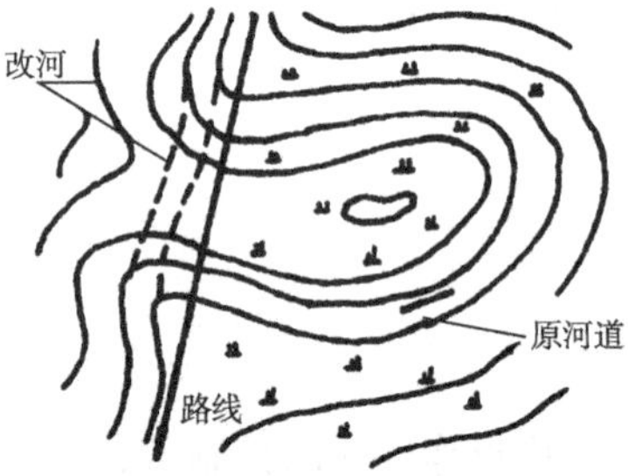

图 6-2 河曲地带改河造田

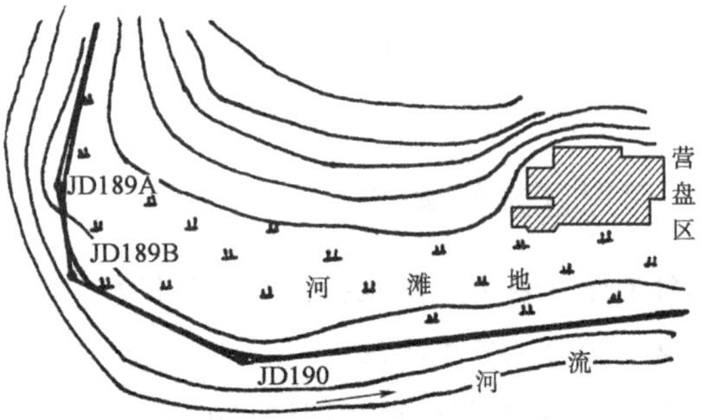

图 6-3 围滩筑路造田实例

(4)路线布置要尽可能考虑为农业服务。布线时要注意与农村公路和机耕道的连接以及与土地规划相结合。较多地靠近一些居民点,并考虑地方交通工具的行驶,以方便群众,支援农业。

3. 处理好公路与城镇的关系

平原区有较多的城镇、村庄、工业区及其他公用设施,路线布置应正确处理好服务与干扰、穿越与绕避、拆迁与保留的关系问题。

(1)高等级干线公路,应尽量避免直穿城镇、工矿区和居民密集区,以减少相互干扰。但考虑到公路对这些地区的服务性能,路线又不宜相离太远,必要时还应考虑支线联系。做到近村不进村,利民不干扰,既方便运输,又保证安全,布线时注意与地区规划相结合。

(2)一般联结县、区、村直接为农业运输服务的公路,经地方同意可穿越城镇,但要注意有足够的视距和行车道宽度(应考虑行人的需要)及必要的交通设施,以保证行人和行车的安全。

(3)路线布设应尽量避开重要电力、通信及其他重要的管线设施。当必须靠近或交叉时,应遵守有关净空和安全距离的规定,尽量少拆或不拆各种电力、通信和建筑设施。

(4)注意与铁路、航道、机场、港口、已有公路等交通运输配合,以发挥交通运输的综合效益。

4.处理好路线和桥位的关系

(1)大、中桥位往往是路线的控制点,应在服从路线总方向的原则下,路、桥综合考虑,选择有利桥位,布设路线。既要防止只顾路线顺直,而不管桥位条件,使桥跨困难,又要防止片面强调桥位,使路线绕线过长,标准过低。一般情况下,桥位中线应尽可能与洪水主流向正交,桥梁和引道都在直线上。桥位应选在水文、地质及跨河条件较好的河段。

(2)小桥涵位置原则上应服从路线走向,但遇到斜交过大(夹角小于45°时)或河沟过于弯曲时,可考虑采取改沟或改移路线的办法,调整交角,布线时应通过比选确定。

(3)路线采用渡口跨河时,应在路线基本走向确定后选定渡口位置,渡口位置要注意避开浅滩、暗礁等不良河段,两岸地形要适于修建码头。

5.注意土壤水文条件,确保路基稳定

(1)在低洼地区布线时,应尽可能在接近分水岭地势较高处布线,以使路基具有较好的水文条件。

(2)路线通过排水不良的低洼地带,布线时要注意保证路基最小填土高度,低填及个别挖方地段要注意排水处理。

(3)路线要避免穿过较大湖塘、水库、泥沼地带,不得已时应选择最窄、最浅和基底坡面较平缓的地方通过,并采取保证路基稳定的措施。

(4)沿河布线时,应注意洪水泛滥对路线的影响,一般应布线于洪水泛滥线以外,必须通过泛滥区时,桥梁、路基应有足够的高度,以免洪水淹没,并应对路基边坡进行防护加固,避免冲毁。

6.平原区高等级公路选线应注意的问题

(1)纵面线形应综合考虑桥涵、通道、交叉等构造物,合理确定路基设计高度,以避免纵坡起伏频繁,但也不应过于平缓,造成排水不畅且增大工程量。

(2)平原区地势平坦,地表没有形成天然的排水系统,雨后积水严重,路线应尽可能选择高地或微丘地形通过,并与桥涵、通道等配合建立有效的地面排水系统。

(3)平原区高速公路的填方工程量一般都很大,除设法尽可能降低设计高度以减少土方工程外,路线应以靠近筑路材料产地为宜。

(4)平原区高等级公路存在的一个最大难题,就是为了满足农村生产和生活需要,应大量修建的通道,导致高路堤的问题。其结果是填方大、占地多、施工压实难度大、破坏自然景观中的生态平衡等。根据已建成的平原区高等级公路的情况来看,降低填土高度仅靠公路本身采用一些技术措施,难以改变高路堤的现状。最为有效办法是改造地方现有交通路线,同时辅以其他一些措施,如:

①与高等级公路沿线地方政府及有关部门协商,重新区划或局部调整土地归属,以减少两侧农业耕作上的往来,减少通道个数。

②在高速公路一侧或两侧修建必要的辅道,归并穿越高等级公路的通道。

③根据地形和农田规划,适当分段集中布置大型农用车辆通道,一般路段内只考虑布设净高最小的通道,供行人或有限制装载高度的小型车通过,尽可能降低填土高度。

④根据水文地质地下水位高低,以及地面排水条件等,采取必要的技术措施,探索降低通道底高程的有效方法,同时应尽量减小构造物上部结构的建筑高度。

第三节　山区及丘陵区选线

一、山岭区基本特征

1. 自然特征

山岭地区包括分水岭、起伏较大的山脊、陡峻的山坡,一般地面自然坡度在20°以上。其主要自然特征是:

(1)山高谷深,地形复杂,山脉水系分明。由于山区高差大,加之陡峻的山坡和曲折幽深的河谷,形成了错综复杂的地形,这就使得公路路线弯急、坡陡、线形很差,给工程带来困难。但另一方面清晰的山脉水系也给山区公路走向提供了依据。因此,在选线中摸清山脉水系的走向和变化规律,对于正确确定路线的基本走向,选择大的控制点是十分重要的。

(2)石多、土薄、地质复杂。由于山区的地质层理和地壳性质在短距离内变化很大,地质构造复杂,加之气候、水文及其他因素变化急剧,引起强烈的风化、侵蚀和分割作用,不良地质现象(如岩堆、滑坡、碎石、泥石流等)较多。这些直接影响着路线的位置和路基的稳定。因此,在山区选线工作中,认真做好地质调查,掌握区域地貌和地质情况,摸清不良地质现象的规律,处理好路线与地质的关系,并在选线设计中采取必要的防护措施,对于确保路线质量和路基稳定具有十分重要的意义。另外,山区石多、土薄给公路建设提供了丰富的石料料场。

(3)水文条件复杂。山区河流曲折迂回,河岸陡峻,比降大、水流急,一般多处于河流的发源地和上游河段。雨季暴雨集中,洪水历时短暂,猛涨猛落,流速快,流量大,冲刷和破坏力很大,这样复杂的水文条件,要求在选线中正确处理好路线和河流的关系,选择好桥位并对路基和排水构造物采取必要的加固措施,确保路基稳定。

(4)变化的山区地形和地貌,引起多变的气候。一般山区气温较低,冬季多冰雪(特别是海拔较高的山区),一年四季和昼夜温差很大,山高雾大,空气较稀薄,气压较低。这些气象特征对于汽车行驶的效率、安全和通行性能都有很大的影响,这些在选线时应充分考虑。

2. 路线特征

由于自然条件复杂,地形变化很大,使得路线在平、纵、横三方面受到很大限制,因而技术指标一般多采用低限。在所有自然因素中,高差急变是主导因素,因此,在路线布设时,一般多以纵面线形为主安排路线,其次是横面和平面。在选线时要注意分析平、纵、横三方面的因素,结合影响路线的主要自然因素,综合考虑,力求协调合理。山区按地形布线可有沿溪线、越岭线、山脊线等，如图6-4所示。

1）沿溪线路线特征

沿溪线是指公路沿一条河谷方向布设路线，如图6-4中的*AB*路段，其基本特征是路线总的走向与等高线一致。

沿溪线主要有利条件是：

（1）路线走向明确。由于沿溪线路线遵循河流（或溪谷）方向布线，因此除了个别冗长河曲外，一般无重大路线方案问题。如图6-5所示为路线走向沿河流方向布置情况。

图6-4 山区按地形布线的方式

图6-5 沿溪线

（2）线形较好。除个别悬崖陡壁的峡谷地段和河曲地带外，一般的开阔河谷均可有台地利用，因而路线线形标准较易达到，线形较好。同时，由于河床纵坡一般都较路线纵坡为小（个别纵坡陡峻、跌水河段除外），因而路线纵坡不受限制，很少有展线的情况，平面受纵面线形的约束较小。

（3）施工、养护、运营条件较好。沿溪线海拔低，气候条件较好，对施工、养护、运营有利，特别在高寒地区更为有利。另外，沿溪线傍山临河，一般砂、石、木材都比较丰富，取水方便，为施工、养护提供了就地取材的条件。

（4）服务性能好。山区城镇和居民点大多傍山近水，沿河分布，特别是在河口三角地区，更为人口密集的地方。路线走沿溪方案，能更好地为沿线居民点服务，发挥公路的社会效益。

（5）傍山隐蔽，利于国防。沿溪线线位低，比山脊线和越岭线的隐蔽性好，战时不易破坏。

沿溪线也有一些不利的条件，有时不利因素突出时，往往成为否定沿线方案的理由，其主要不利条件是：

（1）受洪水威胁较大。洪水是沿溪线的主要威胁，沿溪线的线位高低、工程造价、防护工程量等直接受洪水的影响。处理好路与水的关系是沿溪线的重要问题。

(2)布线活动范围小。由于河谷限制(特别是峡谷河段),路线线位左右摆动余地很小。当路线遇到河岸条件差时(如悬崖陡壁、不良地质地段等),绕过比较困难,如果冒险直穿,不是遗留后患就是防护工程很大,增加工程造价。

(3)陡岩河段,工程艰巨。在路线通过陡岩河段时,工程艰巨,难点很多,给公路测设和施工带来很大困难。同时,由于工程量集中,工作面狭窄,使工期加长,对于一些任务较紧的国防公路,往往因此而不得不放弃良好的沿溪线方案。

(4)桥涵及防护工程较多。沿溪线线位低,往往要跨过较多的支沟,使桥涵工程增加。同时,为了防御洪水的侵袭和破坏,防护工程必然很多。这些都较大地增加了工程造价。

(5)路线布置与耕地的矛盾较大。河谷两岸台地虽是布线的良好场地,但在山区这些地方多是农田耕作地,对于耕地困难的山区,这些良田尤为宝贵。因而,在这些路段与占地的矛盾比较突出。

(6)河谷工程地质情况复杂。通常河谷两岸多处于路基病害如滑坡、岩堆、坍塌、泥石流的下部,路线通过容易破坏山体平衡,带来后患。另外,在寒冷地区的峡谷段,日照少,常有积雪、雪崩和流冰现象。这些都给公路的设计、施工、养护、运营带来困难。

2)越岭线路线特征

越岭线是指公路走向与河谷及分水岭方向横交所布设的路线,如图6-4中的*BC*段,路线连续升坡,由一个河谷进入另一个河谷的布线方式。

越岭线的主要有利条件是:

(1)布线不受河谷限制,活动余地大。越岭线无河谷限制,布线时可能的方案较多,布线时遇不良地质、艰巨工程及重要地物限制时,要避让比较容易,布线灵活性大。

(2)不受洪水威胁和影响。由于无洪水问题,一般路基较稳定,桥涵及防护工程较沿溪线少。

(3)当采用隧道方案时,路线短捷且隐蔽,有利于运营和国防。

越岭线主要有下列不利条件:

(1)里程较长、线形差、指标低。由于路线受高差限制,升坡展线需使路线增长,纵面线形较差。特别在地形复杂时(如"鸡爪"地形、陡峻迂回的山坡等),常使路线弯坡陡,工程数量也很大。

(2)施工、养护、运营条件差,服务性差。越岭线线位高,远离河谷,施工用水、砂石材料的运输等都不方便。回头展线地段,上下重叠施工较困难。

(3)路线隐蔽性差,不利于国防。

3)山脊线路线特征

山脊线是指公路沿分水岭方向所布设的路线,如图6-4中的*CD*段。实际上一般连续而又平顺的山脊往往很少,所以较长的山脊线一般很少见,一般多与山坡线结合,作为越岭线垭口两侧路线的过渡段。若采用部分山脊线,则必须有适宜的山脊,一般应服从路线走向。分水线平顺直缓,起伏不大,岭肥厚,垭口间山坡的地形、地质情况较好的山脊是较好的布线条件。

山脊线的有利条件是:

(1)当山脊条件好时,山脊线一般里程短,土石方工程量小。

(2)水文、地质条件好,路基病害少、稳定,地面排水条件好。

(3)山脊线河谷少且小,桥涵人工构造物少。

山脊线的不利条件是:

(1)线位高,远离居民点,服务性能差。

(2)山势高、海拔高、空气稀薄、冬季云雾、积雪、结冰较大,对行车和养护都不利。

(3)远离河谷,砂石材料及施工用水运输不便。

二、沿溪线布线要点

路线布设的首要任务就是利用有利条件,防止和避让不利条件。沿溪线布局的决定因素是水的问题。由于路线与河流紧密,因此,解决好路线与水的关系是沿溪线布局的关键。路线与河流基本关系主要是指平面关系和纵面关系,平面关系主要是解决择岸问题,而纵面关系则主要是解决线位的高低问题。当沿溪线需跨河时,还需解决跨河桥位问题。

1. 河岸选择

河岸选择主要是解决路线是否跨河(即一岸布线还是两岸布线)和选择走哪一岸两个问题。

1)跨河问题

任何一条沿溪线公路,除了起讫两点在同一岸,且相距又很近,工程又不大时,不考虑跨河外,一般情况下都有是否跨河两岸设线的问题。对于较大的河流,如果不是中间控制点的需要,一般因跨河桥梁工程过大而不宜跨河。但是,对于中、小河谷,由于跨河较易,应充分利用地形,往返跨河时有发生。

路线往返跨河主要有以下几种原因:

(1)中间主要控制点的需要,当路线起讫点在河岸两侧,至少必须跨河一次。有时,起讫点虽在河流同一岸,控制点在对岸(图 6-6),这时,可有两种布线方式:一种是两次跨河方案,如图 6-6 所示的虚线;另一种是一次跨河方案,如图 6-6 所示的实线,用支线与中间控制点连接。一般情况下,后一方案可省一座桥,且干线直达快速,路线短捷,是应优先考虑的方案。

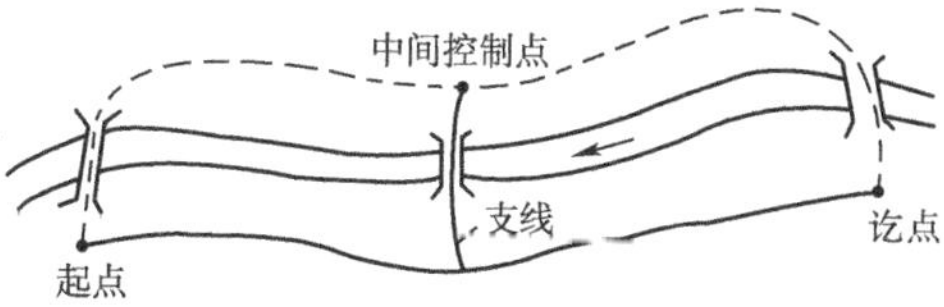

图 6-6 连接中间点的跨河方案

(2)由于避让严重不良地质地段的需要,对于严重地质病害无法穿越或处理时,可考虑跨河绕避方案。

(3)由于避让艰巨工程跨河。在峡谷地带,河谷两岸地形的好坏变化常是交替出现,为了利用有利地形,避开艰巨石方工程,常采用两岸交替布线。

(4)避让其他地物障碍,如铁路、农田、大型水利工程、重要建筑设施等。

(5)由于线形标准的需要。这种情况一般是公路等级较高,河沟较小时出现。

2)择岸问题

由于河谷两岸情况各有利弊,选线时应比较两岸地形、地质、水文等条件以及农田水利规划等因素,避难就易,充分利用有利的一岸。当建桥工程不复杂时,为了避开不利地形和不良地质地带,或为了争取缩短里程,提高线形标准,可考虑跨河换岸设线;但河流越大,建桥工程也越大,跨河换岸就越要慎重考虑。河岸的选择一般应结合下列主要因素经过技术经济比较决定:

(1)地形、地质条件。路线应选在地形宽坦,有台地可利用,支沟较少、较小,水文及地质条件良好的一岸。这些有利的条件常交错出现在河流的两岸,选线时应深入调查,综合比较,全面权衡,决定取舍。如图6-7所示,乙方案为避让河左岸的两处断续陡崖,跨河利用右岸的较好地形,但过夏村后,右岸出现更陡、更长的悬崖,路线又须跨回左岸,在3km内,两次跨河,须建中桥两座。甲方案一直走左岸,虽要集中开挖一段石方,但较建两座中桥经济得多,因此不宜跨河换岸。

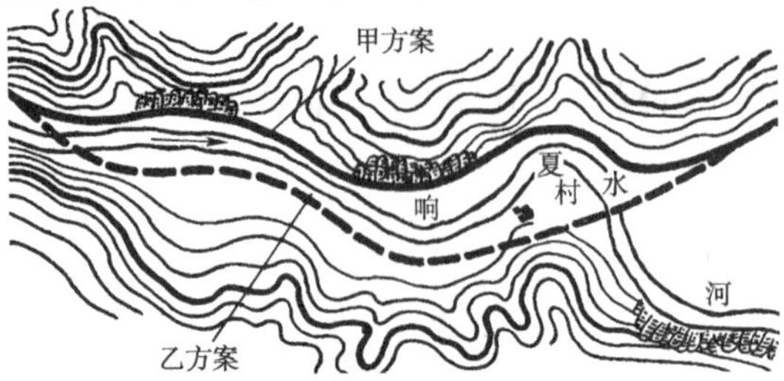

图6-7 跨河换岸比较线

(2)积雪和冰冻地区。积雪和冰冻地区的阳坡和阴坡,迎风面和背风面的气候差异很大,在不影响路线整体布局的前提下,尽可能选择阳坡和迎风的一岸,以减少积雪、涎流冰等病害。有时即使阳坡工程大些,也应当从增加通车时间和保证行车安全考虑,选择阳坡方案。

(3)考虑城镇及居民点的分布。除国防公路外,一般路线应尽可能选择村镇较多、人口较密的一岸。其他如对革命史迹、历史文物、风景区等要创造便于联系的条件。

2. 线位高低的确定

线位高低是路线纵面线形布局的问题。路线沿岸走多高,首先应考虑洪水的威胁。不管是高线位还是低线位,均应在设计洪水位以上一定安全高度。在选线中应认真做好洪水位调查工作,以确保路线必需的最低线位高度。

1)低线位

低线位指路基高出设计洪水位不多,路基上侧临水很近的布线方案。其主要优点是:一般情况有台地可以利用;地形较好,平面线较顺适,纵面切割不大,容易达到标准;路线低,填方边坡低,土石方数量少,边坡较稳定,路线活动余地稍大,跨河利用条件和避让不利条件较容易;养护、施工用水、取材较方便;从国防来看,路基破坏后因线位低抢修也很快。

低线位的主要缺点是:线位低,受洪水威胁大,通常防护工程较多;低线位多在沟口附近跨越支沟,桥涵孔径较大,基础工程也较困难;路线与农田矛盾较大,处理废方比较困难。

2)高线位

高线位指路线高出洪水位较多,完全不受洪水威胁的布线方案。其路线特征与山坡线相近。其主要优点是:无洪水影响,防护工程较少,废方处理问题不突出。当采用台口路基时,路基比较稳定。

高线位的主要缺点是:路基多用台口路基,挖方大,废方较多;由于线位高,路线势必随山形走势绕进绕出,特别是鸡爪地形地段,线形差,土石方大,跨支沟的桥涵构造物较多,工程费用较高;路基边坡常出现“缺口”,因而挡土墙和加固工程较多;线位高需要跨河时比较困难;施工、养护取料、用水也不如低线位方便。

综上所述,高线位一般害多利少,在洪水允许的条件下,无特殊问题时,一般以低线位为主,结合路线具体条件,局部路段采用高线位。

如图6-8所示,原线为避让沿河1.7km的断续陡崖,采用了高线方案。由低线过渡到高线的升坡段很长,且弯急坡陡,行车不安全,经局部改线,坡度虽有所改善,但增加了小半径曲线,线形更加弯曲,最后改走低线直穿陡崖,路线平、纵标准显著改善,还缩短760m,行车顺畅,说明不应当采用高线。

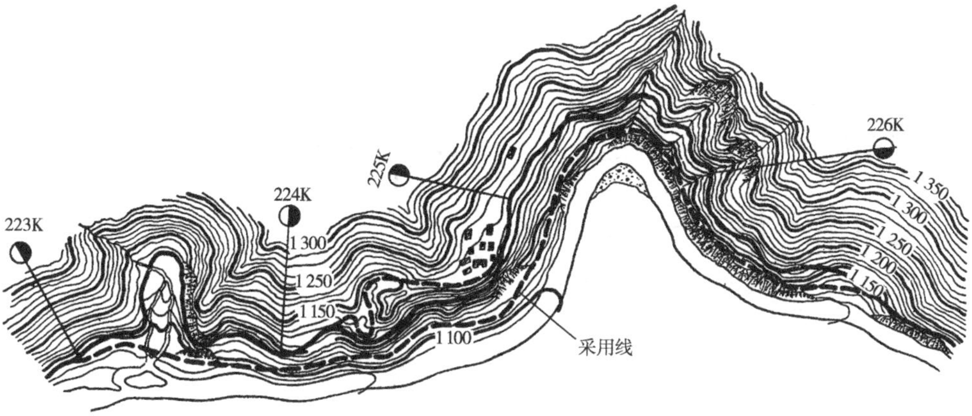

图 6-8 峡谷路线的低线和高线

3. 跨河桥位选择

按路线与河流的关系，有跨支流和跨主流两类桥位。跨支流的桥位选择，一般属于局部方案问题，而跨主河的桥位选择多属于路线布局的问题。跨主河的桥位往往是确定路线走向的控制点，它与河岸选择相互依存，互相影响。当路线由于地形、地质原因需要换岸布线时，如果桥位选择不好，勉强跨河，不是造成桥头线形差，就是增大桥梁工程。因此在选择河岸的同时，要研究处理好桥位及桥头路线的布设问题。

路线跨越主河，由于路线与河流接近平行，桥头布线一般比较困难，因此，在选择桥位时除应考虑桥位本身水文、地质条件外，还要注意桥头路线的舒顺，处理好桥位与路线的关系。常见的情况有以下几种：

(1) 如图 6-9 所示，在 S 形河段腰部跨河，以争取桥轴线与河流成较大交角。本例是个中小桥，采用斜桥方案，则更有利于路桥配合。

(2) 如图 6-10 所示，在河弯附近选择有利位置跨越。但应注意河弯水流对桥的影响，采取防护措施。

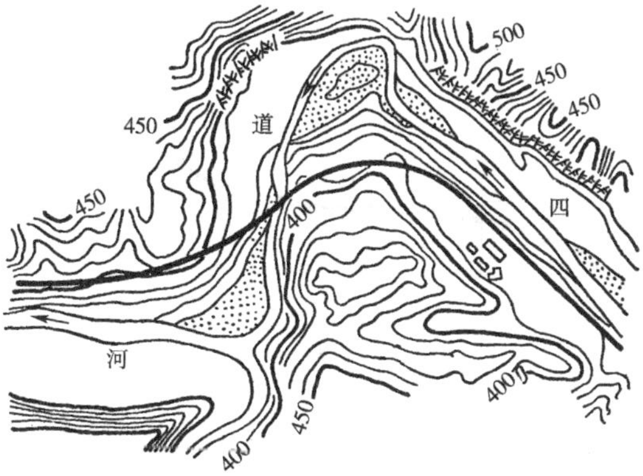

图 6-9 在 S 形河段的腰部跨河

图 6-10 在河弯附近用斜桥跨河

(3) 在与路线接近平行的顺直河段上跨河，桥头引道难以舒顺。如图 6-11a) 所示桥位尽量避免。当必须在这种河段跨越时，中、小桥可考虑设置斜桥以改善桥头线形；如为大桥，当不宜设斜桥时,宜把桥头路线作成杓形或布置一段弯引桥,如图6-11b)所示,或两者兼用。总之,桥头曲线要争取较大半径,以利行车。

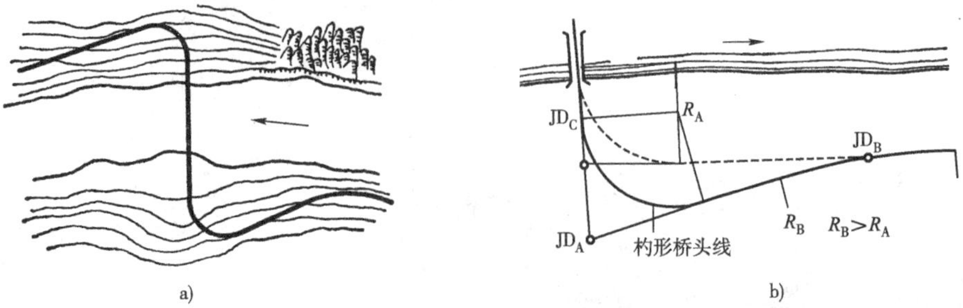

图6-11　桥头线形处理

路线跨支流的桥位,有从支河(沟)口直跨和绕进支沟上游跨越两种方案,如图6-12所示。采用何者为宜,要根据路线等级和桥位处的地质、地形条件,经技术经济比较确定,不可不加比较而轻率决定。

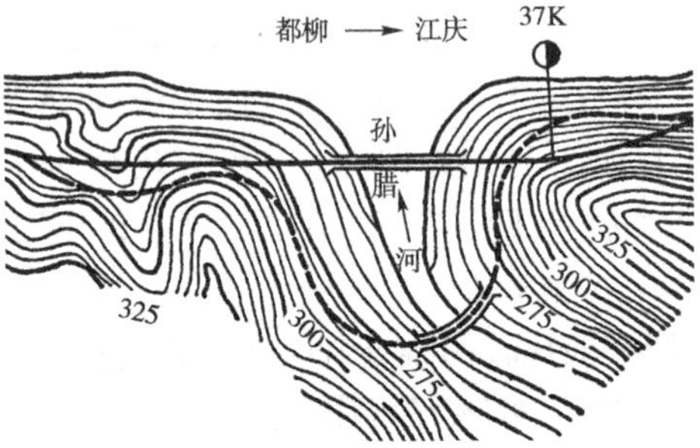

图6-12　跨支流桥位

4. 各种河谷段的布线

1)开阔河谷段布线

这种河谷谷底地形简单、平缓,河岸与山坡之间有较宽的台地,且多为农田,如图6-13所示,这类地形的路线有三种走法。

(1)沿河岸,如图6-13a)中虚线所示,坡度均匀平缓,线形好,临河一侧受洪水威胁,须做防护工程。

(2)靠山脚,如图6-13a)中实线所示,路线略有增长,纵面会有起伏,但可不占或少占良田,是常采用的一种布线方案。

(3)直穿田间,线形标准高,但占田最多,在稻田地区,为使路基稳定,有时还需换土,一般不宜采用。

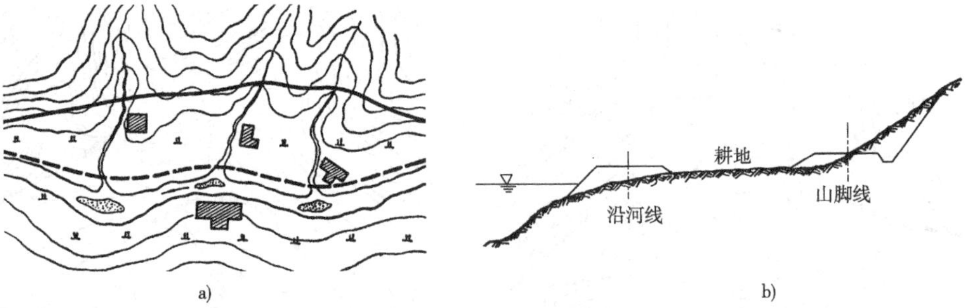

图6-13　开阔河谷路线方案

a)沿河与山脚线平面示意;b)沿河与山脚线横断面示意

2)河道弯曲、狭窄的河谷段布线

这种河谷一般凹岸陡峭,而凸岸则多有一定宽度的浅滩,有时也有突出的山嘴,间或出现迂回的深切河曲。河曲段主要有两种布线方式:

(1)沿河岸自然地形,绕山嘴、河弯布线。

(2)取直路线。遇河弯,则两次跨河或改移河道,如图6-14所示;遇山嘴,采用隧道或深路堑通过。

究竟采用哪种方案,应通过技术经济比较决定。一般来讲,技术等级高、交通量大的路线宜取直,等级低的道路则采用工程量较小的方案为宜。

对于个别有宽浅河滩的大河弯,为了提高路线标准,可在河滩布线。只要处理得当,还可起护田、造田的作用,但要注意路基防护和加固,防止水流对路基的冲刷破坏。

对于个别突出的山嘴,可用切嘴填弯的办法处理,设线时应注意纵向填挖平行,不要使大量废方弃置河中,堵塞河道,如图6-15所示。

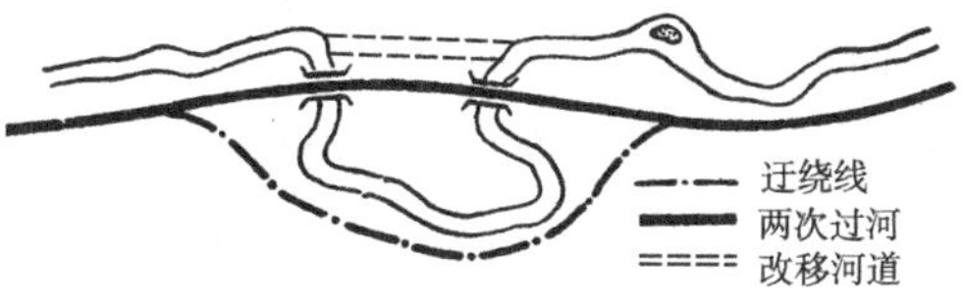

图6-14 河弯路线示意图

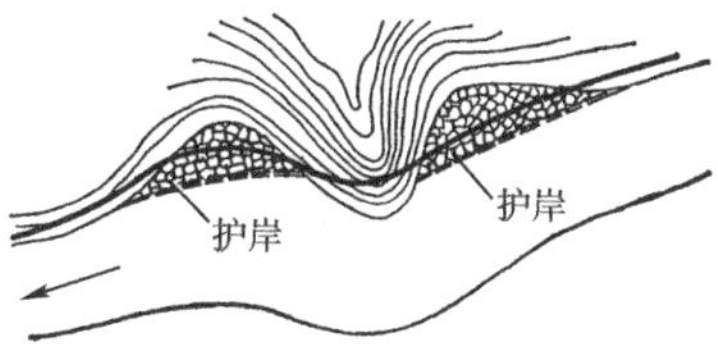

图6-15 切山嘴填河弯的路线布置

3)陡崖峭壁河段布线

山区河谷常有陡崖峭壁错综地交替出现,两岸都是陡崖峭壁的河段,即为峡谷。峡谷一般河床狭窄,水流湍急。路线通过这种地段不外绕避和穿过两种方案。应根据峡谷的水文、地质条件和路线性质任务、路线标准、工程大小、施工条件等因素通过比较确定。

绕避的方法有两种:一是翻上峡谷陡崖顶部择有利地带通过;一是另找越岭路线。前者需要崖顶有可供布线的合适地形,后者需要附近有基本符合路线走向的低垭口。两种绕避方法的共同点是纵断面上而复下,都需要适合布设过渡段的地段。过渡段的纵坡应缓于该路等级所允许的最大纵坡,这就往往需要一个相当长的过渡段,上下线位高差越大,就越长,而且过渡段的工程一般又多比较集中。因此,崖顶过高,就不宜翻崖顶绕避;峡谷不长,只要不是无法通过,两种绕避方法(翻越崖顶和越岭绕避)均不宜采用。但当峡谷较长,且地形困难,工程艰巨,有条件绕避时,则应予考虑。如图6-16所示,河谷曲折迂回,且有近5km长的陡崖,布线困

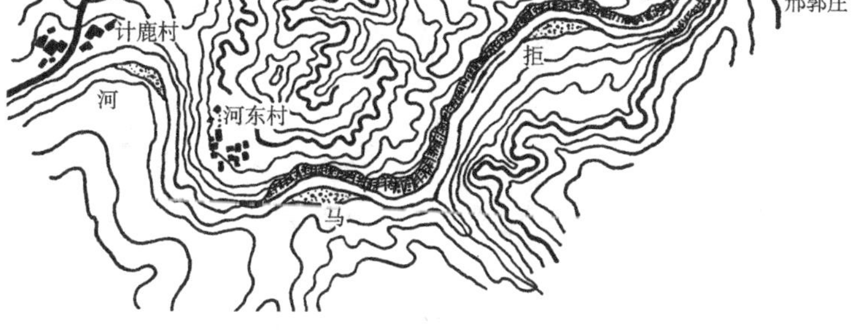

图6-16 越岭绕避峡谷的路线

难;而越岭线的瓦窑垭口,方向很顺,且两侧地形、地质条件较好,越岭绕避则是一可取的方案。

直穿陡崖峭壁河段和峡谷的路线,其平、纵面受岸壁形状和洪水位限制,活动余地不大。路线的线位主要根据河床泄洪情况而拟定的合理的横断面而定。路线一般以低线为宜,如洪水位过高或有严重积雪的情况,则不宜采用这种方案。

直穿峡谷的路线,可根据河床宽窄、水文状况、岸壁陡缓等不同因素采用以下方法通过:

(1)与河争路,侵占部分河床。当河床较宽,水流不深,压缩部分河床不致引起洪水位抬高过多时,路线可在崖脚下按低线设计通过。根据河床可能压缩的程度,有以下两种情况:

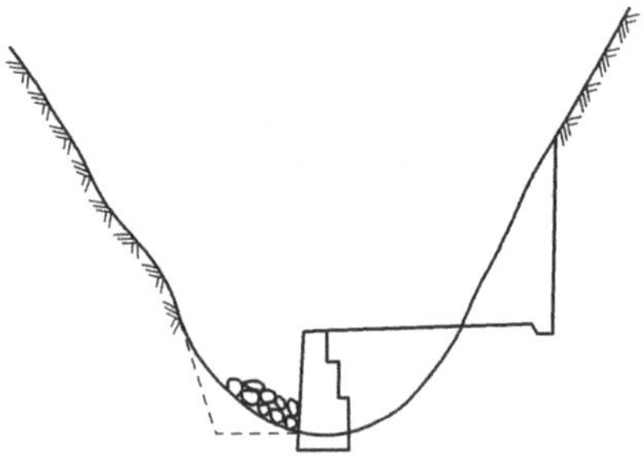

图6-17 路基部分占用河床

①河床宽阔,压缩后洪水位抬高不多,路基可全部或大部分设在紧靠崖脚的水中或滩地上,借石或开小部分石崖填筑,路基临水一侧应做防护工程。

②河床狭窄,压缩后,将使洪水位有较大的抬高时,采取筑路与沿河相结合的办法,路基也可部分占用河床,开和砌结合,以砌为主。开的是本岸突出的山嘴,砌的材料主要取自清理河床的漂石及削除对岸突出山嘴的石料。这样就使路基占用河床的泄水面积能从清理河床中得到补偿,如图6-17所示。

(2)硬开石壁。当两岸峭壁逼近,河床很窄,不能容纳并行的河与路时,可硬开石壁通过,措施如下:

①在石壁上硬开路基,造成大量废方影响水位,适当提高线位。

②岸壁石质良好,可开凿半隧道,以减少石方和废方,如图6-18a)所示。

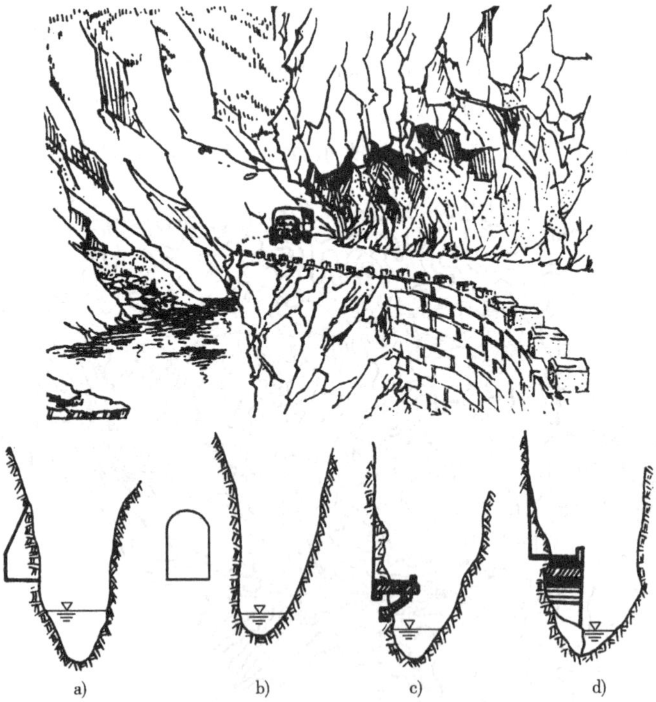

图6-18 石壁上硬开路基或设构造物

a)半山洞;b)隧道;c)悬出路台;d)半山桥

③硬开石壁的路基，对个别缺口或不够宽的路段，可用悬出路台或半山桥处理，如图6-18c)、d)所示。

④当两岸石壁十分逼近(有时仅几米宽)，不宜硬开路基时，可建顺水桥通过。

⑤当两岩石壁十分陡峻，无法硬开时，可用隧道通过，如图6-18b)所示。

4)河床纵坡陡峻河段的布线

急流、跌水河段河床纵断面在短距离内突然下落几米以至几十米，形成急流或跌水。路线由急流、跌水的上游延伸到其下游时，线位就高出谷底很多，为了尽快降低线位，避免继续走陡峻的山腰线，可利用急流，跌水下游支沟或平缓的山坡展线下降，如图6-19所示。

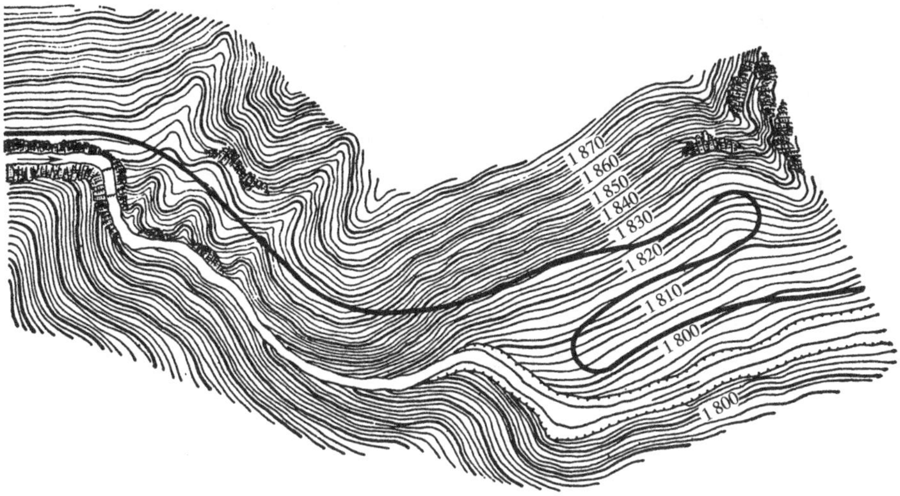

图6-19 急流河段展线

河床纵坡连续陡峻的河段。这类河面多出现在山区河流的上游，是沿溪线和越岭线之间的过渡段。河床纵坡是越上溯越陡，当陡到路线技术标准不允许的程度时，就需要进行展线，选线要点详见越岭线。

三、越岭线布线要点

克服高差是越岭线的关键。因此，在布线时，应以纵面为主导安排路线，结合平面线形和路基的横向布置进行。

越岭线布线要点有垭口选择、过岭高程选择、穿岭隧道选择和展线布局四个问题。

1.垭口选择

垭口是分水岭山脊上的凹形地带(又叫鞍部)，由于高程低，常常是越岭线的重要控制点。

垭口选择应在符合路线总方向的前提下，综合各方面因素，从可能通过的垭口中根据其高程、位置、两侧地形、地质条件及气候条件反复比较确定。

(1)垭口的高低。垭口海拔的高低及其与山下控制点的高差，直接影响路线展线长度、工程数量大小和运营条件。在展线条件相同时，垭口降低的高度 Δh 和缩短的里程 Δl 有如下的关系：

$$\Delta l = 2\Delta h \frac{1}{i_p} \tag{6-1}$$

式中：i_p——展线的平均坡度，一般为5%～5.5%。

由式(6-1)可知，若垭口低50m，可缩短里程2km(采用5%)。在地形困难的山区，减少2km公路节省的造价是可观的，同时，运营费用也得以减少。

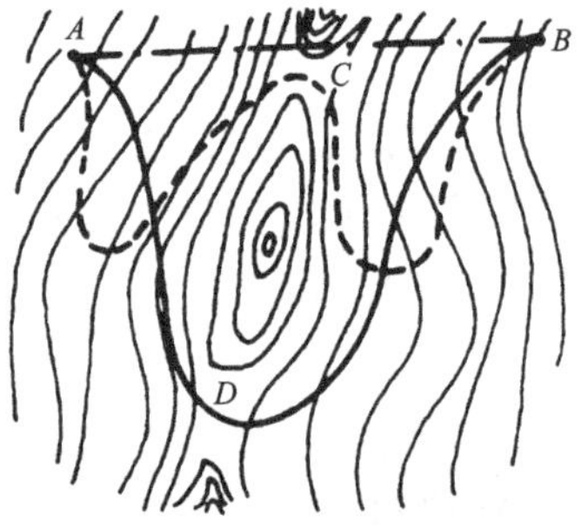

图6-20　垭口位置选择

另外，在高山地区，低垭口对于行车和养护都是有利的。有时为了获得较好的行车和养护条件，即使路线较偏，也可能绕线从低垭口通过。

(2)垭口的位置。选择垭口不仅要低，而且垭口的位置要符合路线的基本走向，即路线通过垭口时不需要无效延长路线就能和前后控制点相接，如图6-20中A、B控制点间有C、D两个垭口，从平面位置看，C垭口在AB直线上，D垭口偏离直线较远，但从符合路线基本走向来看，穿D垭口比穿C垭口反而展线短些，平面线形还要好些，因此，D垭口比C垭口更合乎路线走向。

(3)垭口两侧地形和地质条件。山坡线是越岭线的重要组成部分，而山坡坡面的曲折与陡缓、地质的好坏等情况，直接关系到路线的标准和工程数量的大小。因此，垭口的选择要与侧坡展线条件结合考虑。选择时，遇有地质稳定及地形平缓有利于展线的侧坡，即使垭口位置略偏或垭口较高，也应进行方案比较，不要轻易放弃。

(4)垭口的地质条件。垭口的地质病害往往会在运营的过程中形成车辆通过的“盲肠”，选择垭口时要重视垭口的地质问题。

垭口地质构造一般较薄弱，地质条件较复杂，常有不良地质存在，选择时应深入调查研究其地层构造、性质和对公路的影响，如图6-21所示。对软弱层型、构造型和松软土侵蚀型的垭口，只要注意到岩层产状及水的影响，路线通过一般问题不大。对断层破碎带型及断层陷落型垭口，一般应尽量避开；必须通过时，应查清破碎带的大小及程度，选择有利部位通过，并采取可靠的工程措施(如设置挡土墙、明洞)以保证路基稳定。对地质条件恶劣的垭口，局部移动路线或采取工程措施亦不解决问题时，应予以放弃。

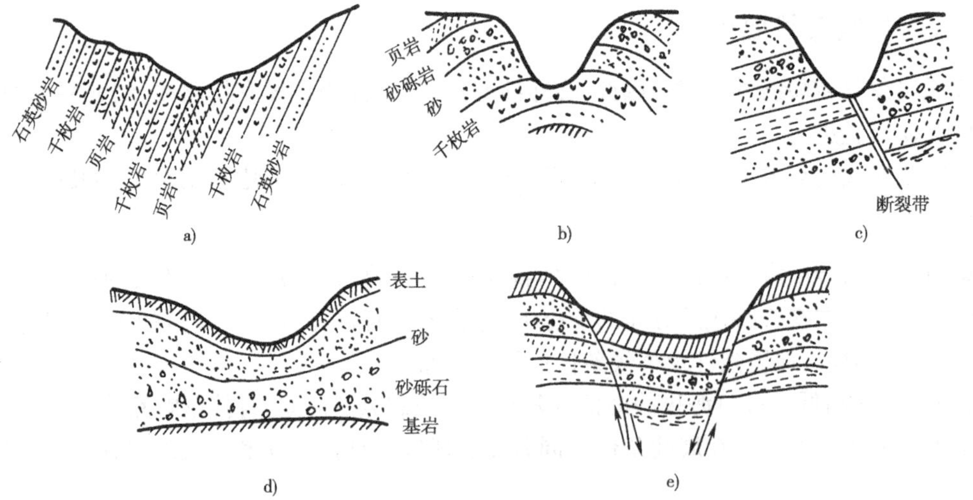

图6-21　垭口的地层构造

a)软弱层型；b)构造型；c)断层破碎带型；d)松软层型；e)断层陷落型

2. 过岭高程的选择

路线过岭,不外采用路堑或隧道通过。过岭高程越低,路线就越短,但路堑或隧道就越深、越长,工程量也越大。因此,过岭高程应结合路线等级、越岭地段的地形、地质以及两侧展线方案、过岭方式等因素经过技术经济比较来选定,这些因素是互相影响的,必须全面分析研究各种可能的比较方案,作出合理的选择。过岭方式主要有如下几种:

1)浅挖低填

遇到过岭地段山坡平缓,垭口宽而厚(有的达到 1 ~ 2km,有的还有沼泽出现)的地形,展线容易,只宜采用浅挖低填的方式过岭,过岭高程基本上就是垭口高程。

2)深挖垭口

当垭口比较瘦削时,常用深挖的方式过岭。深挖垭口,虽土石方工程较集中,但由于降低了过岭高程,相应缩短了展线长度,总工程量并不一定增加。即使有所增加,也可从改善行车条件,节约运营费中得到补偿。至于深挖程度,应视地形、地质、气象条件以及展线对垭口高程的要求等因素而定。现有资料,一般挖深在 20m 以内,地质情况良好时,还可深些。垭口越瘦,越宜深挖。但垭口通常地质条件较差,挖深应以不致危及路基稳定为宜。否则应采取有效措施,以防止遗留病害。有条件时,可采用隧道通过。为了加强环境保护,减少自然地面的破坏,一般垭口深挖不宜超过 20m。

过岭高程是越岭线布局的重要控制因素,不同的过岭高程就有不同的展线方案。如图 6-22 所示,路线通过垭口,由于选用不同的挖深出现了三个可能方案。甲方案挖深 9m,需要设两个回头弯,乙方案挖深 13m,需要一个回头弯,丙方案挖深 20m,即可顺山势布线,不需回头弯。丙方案线形好,路线最短,有利于行车和节约运营费用。

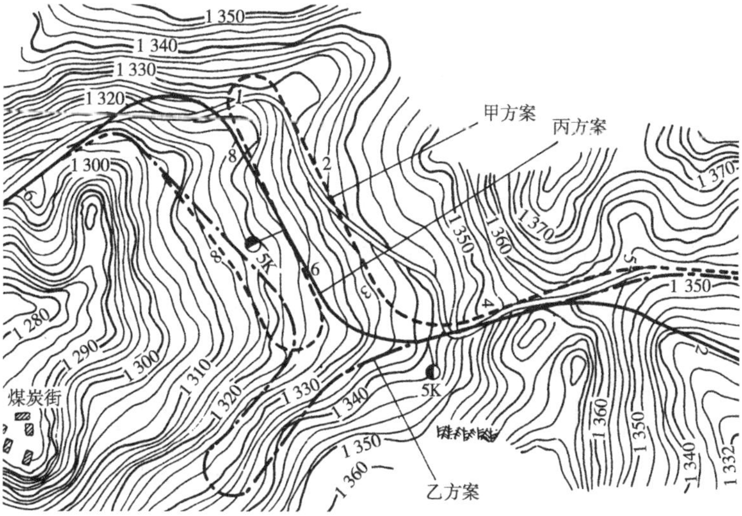

图 6-22 垭口采用不同挖深的展线布局方案

深挖垭口,工程量集中,往往要处理大量废方,施工条件差,影响施工期限,这些都应在选定过岭高程时充分考虑。

3. 穿岭隧道的选择

采用隧道穿越山脊,可以减少爬升高度,缩短路线长度,提高路线指标,减轻或消除风雪、冰冻等对道路的不良影响,改善行车和养护条件,减少对自然环境的破坏,减少水土流失。随着高速公路的发展,公路隧道已越来越多,但修建隧道要求地质条件好,且工期长,施工技术亦较复杂。因此,采用隧道时,应与明线方案进行比较。

1)越岭隧道位置选择

根据地形条件大体选定越岭垭口之后,由于地质条件不同,隧道具体位置会有许多可能的方案。从地形上看,应选择路线顺、隧道最短的方案,但是否可行,还必须取决于地质和水文地质条件。因此,选择隧道位置时,必须查明垭口附近较大范围内的岩层走向、褶皱、断层、错落、裂隙以及岩层的厚度和岩石的种类,地下流量、流向和它的侵蚀性等,拟定几个有代表性的方案,进行全面比选。

一般来讲,隧道路线应尽可能选择在稳固的岩层中。尽量避开断层、崩塌、流沙、溶洞、陷穴、有害气体、地下水发育等不良地带。当绕避有困难时,应尽量满足下列要求并采取必要的工程措施:

(1)隧道通过单斜构造岩层时,路线与岩层走向正交最为有利,如图6-23所示。当与岩层走向平行时如图6-24所示,应尽量避开不同岩层接触带和软弱构造面,最好选择厚层和块状岩层中。在倾斜岩层中,当路线走向平行于岩层走向时,隧道会出现较大的不对称压力(围岩性质均一者除外),如岩层倾角较大,施工中易产生顺层滑动和塌方,应予注意。

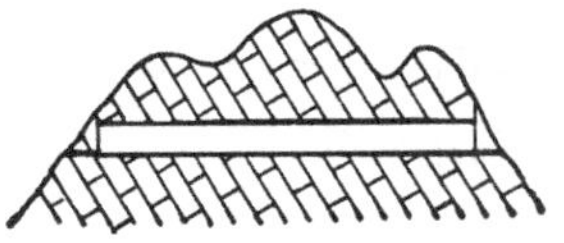

图6-23　横穿岩层的隧道

图6-24　顺岩层走向的隧道

(2)当隧道通过水平岩层或平行于竖直岩层走向时,隧道位置宜选在岩性较好的地层内,尽量避开岩性差异较大的不同岩层接触带。在中薄层水平状和直立状的岩层中修建隧道如图6-25所示,洞顶岩石容易崩落或坍塌;在厚层竖直岩层中通过如图6-26所示,情况会有很大的改善,但仍不如隧道与竖直岩层走向正交时的情况。

图6-25　中薄层竖直岩层中的隧道(平行岩层走向)

图6-26　厚层竖直岩层中的隧道(平行岩层走向)

(3)隧道必须通过断层带时,应尽量使路线与断层走向正交,如图6-27所示,同时应注意避开严重破碎带,并使通过断层的范围最小。路线与断层走向平行时,要远离断层破碎带如图6-28所示,切忌沿断层走向定线。

(4)隧道要平行通过褶皱构造时,应尽量避免将隧道放在背斜或向斜的轴部,如图6-29所示的①、③、④、⑥，而应将隧道置于翼部，如图 6-29 所示的②或⑤。因背斜或向斜的轴部，岩层均比翼部破碎，裂隙很多，施工时有坠石危险。如隧道处于向斜轴部，特别是处在含水层中，如图 6-29 所示的⑥，涌水及坍塌将非常严重。

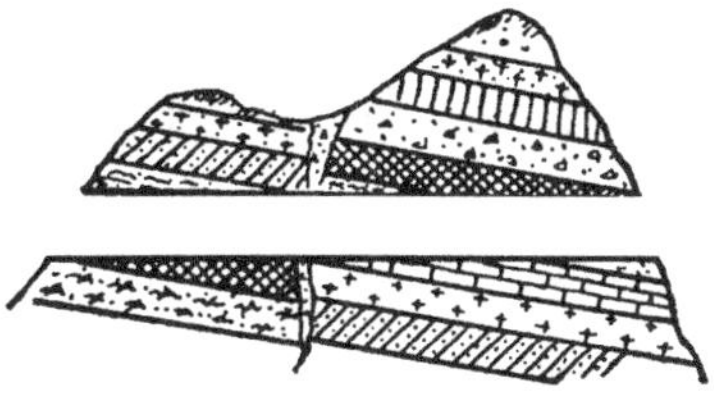

图 6-27 穿过断层的隧道

图 6-28 与断层走向平行的隧道

隧道垂直穿过背斜或向斜构造，沿隧道纵向的围岩压力及地下水活动情况如图 6-30 所示，仍常有坠石及地下水问题。背斜较向斜略好，但必须衬砌，排水设备也不能少，施工要防止地下水涌入和洞顶坍塌。

图 6-29 平行通过褶皱构造的隧道

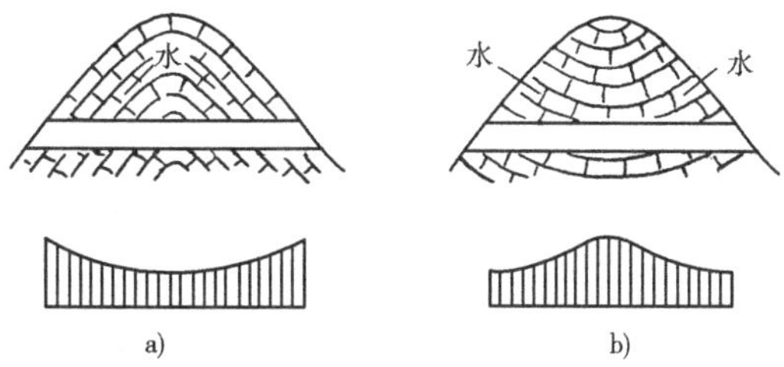

图 6-30 垂直通过褶皱构造的隧道地下水活动及纵向围岩压力分布情况
a）背斜；b）向斜

（5）地下水发育地段容易产生渗漏、坍塌及较大的地层压力，隧道位置宜选择在地形有利、岩性较好或透水性差的岩层，以保证施工安全和养护便利。

（6）必须通过滑坡地段时，应使隧道洞身埋藏在滑坡面以下稳固的地层中，并有一定的埋藏厚度，保证隧道不受山体移动的影响。

（7）通过岩堆地段，隧道应放在一定覆盖厚度下的基岩中通过，避免直穿岩堆体内，以致造成施工困难。

还应注意：不能为了缩短隧道的长度，而将路线置于垭口中心。因垭口地势低洼，是地面水和地下水的汇集区，一般地质构造复杂，常为断层、褶皱、古老堆积土层等，岩层风化破碎，会给施工带来很大困难。故宜将隧道路线设于地质条件较好的垭口一侧。

隧道穿过山嘴时，应将隧道放在稳定的岩层里，外侧要有足够的覆盖厚度，使隧道结构免受不对称的山体压力的作用。最小覆盖厚度按围岩类别而定，其值可参考有关规定办理。

2）越岭隧道高程选择

一个垭口可以选择几个不同的隧道高程与长度。一般隧道高程越低，展线越短，技术指标也越易提高，对运营也越有利，但高程低，隧道就长，造价就高，工期也长。因此，隧道高程的选定通常根据越岭地段的地质条件，并以临界高程作为研究的基础。临界高程就是隧道造价和路线造价总和最小的过岭高程。设计高程如高于临界高程，则路线展线费用将多于隧道缩短的费用；设计高程如低于临界高程，则隧道加长费用将多于路线缩短的费用。如设计高程降低,可节约运营费用,这对于交通量大的路线意义更大,应作为比选的因素。

隧道高程的选定不能单纯着眼于经济,还应考虑以下因素:

(1)地质和水文地质条件仍是选择高程时有决定意义的因素,要尽可能把隧道放在较好的地层中。

(2)隧道高程应设在常年冰冻线和常年积雪线以下,以保证施工和行车安全。

(3)隧道长度要考虑施工期限和施工技术条件等。

(4)在不过多增加工程造价的情况下,要适当考虑远景的发展,尽可能把隧道高程降低一些。

3)越岭隧道洞口位置的选择

隧道洞口,覆盖较薄,地质复杂,一般多位于松散堆积体或风化破碎的岩层中,容易坍塌。隧道洞口位置应根据洞口地段的地形、地质条件确定,要使洞口边坡、仰坡都稳定可靠,确保行车安全,并在此基础上,考虑隧道与路堑的经济比较。

为了保证洞口边坡、仰坡稳定,应按地质情况选用开挖值,一般情况下,坡顶高度不宜超过20m。此外,还应考虑有无地下水作用。

为保证洞口边坡、仰坡稳定,还应尽量使隧道中心线在洞口与地面等高线接近正交,以免洞口两侧边坡、仰坡相差悬殊,使洞口发生侧压力,引起塌方。如斜交不可避免,为了不使一侧边、仰坡切得很高,还可考虑设计成斜交洞门。

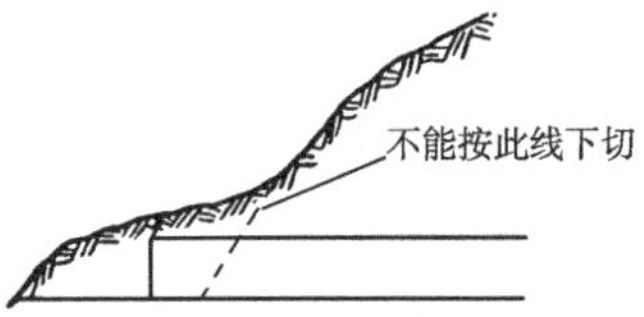

图6-31　陡崖下有平台时洞口位置选择

如洞口在陡崖的坡上,且有自然台阶时,洞口位置应放在台阶前,如图6-31所示,而不应沿山坡下切,挖去台阶。否则,常会破坏其平衡而导致塌方。

要尽量避免将洞口设在滑坡、岩堆、崩塌、泥石流等不良地质段。也不要将洞口设在沟谷中心,而宜设在地质较好的沟谷一侧。

4. *展线布局*

1)展线形式

展线就是采用延长路线的办法,逐渐升坡克服高差。展线的基本形式有三种,如图6-32所示。

(1)自然展线,如图6-32中Ⅰ方案,当山坡平缓、地质稳定时,路线利用有利地形以小于或等于平均纵坡(5%~5.5%)均匀升坡展线至垭口。这种方式的特点是:平面线形较好,里程短,纵坡均匀。但由于路线较早地离开河谷,对沿河居民服务性差,路线避让艰巨工程和不良地质的自由度不大。

(2)回头展线,如图6-32中Ⅱ方案。路线沿溪至岭脚,然后利用平缓山坡用回头曲线展线升坡至垭口。其特点是:平曲线半径小,同一坡面上下线重叠,对施工、行车和养护都不利。但能在短距离内克服较大的高差,并且回头曲线布线灵活,利用有利地形避让艰巨工程和地质不良地段比较容易。图6-33为利用有利地形布局回头展线的实例。

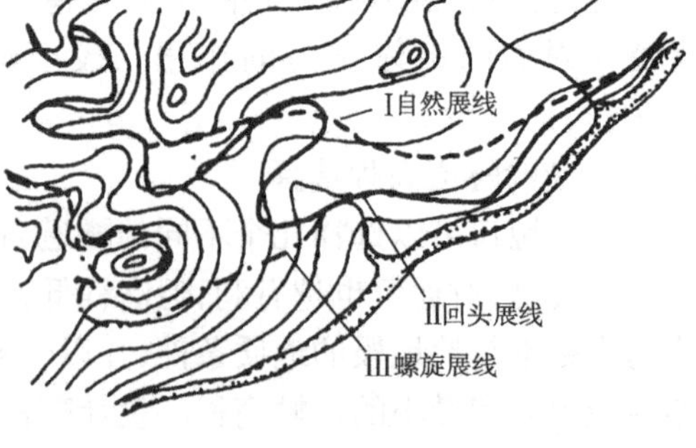

图6-32　越岭展线形式

图 6-33 回头展线的实例

(3)螺旋展线,如图 6-32 中Ⅲ方案。这种展线实际就是一种路线转角大于 360°的回头展线形式。其特点是:路线利用有利的山包或山谷,在很短的平面距离内就能克服较大的高差,它的线形虽较回头曲线好,避免了路线的重叠,但因需要建桥或隧道,将使工程造价增大。

螺旋展线可有地面展线布局和地下展线布局两种形式:

①地面螺旋展线。按照路线跨越方式不同,地面螺旋展线可有上线桥跨和下穿地道(或隧道)两种形式,如图 6-34a)、b)所示。

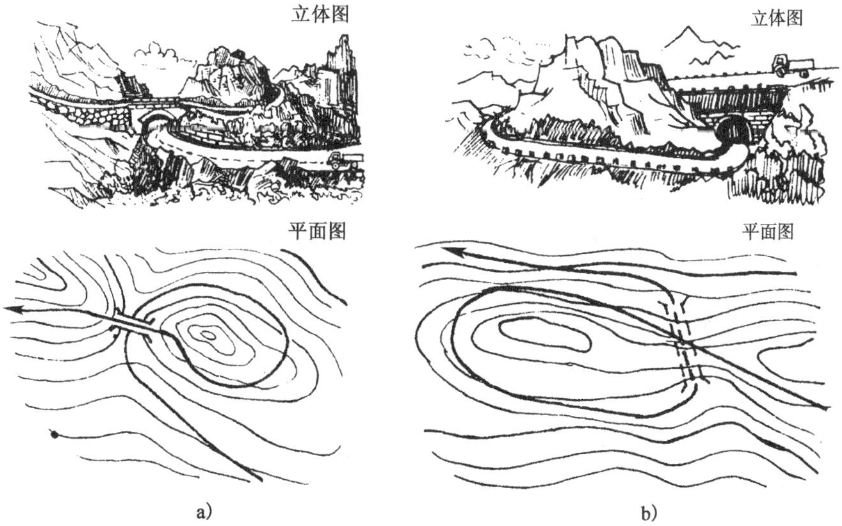

图 6-34 地面螺旋展线

a)上线跨桥螺旋展线;b)下穿隧道螺旋展线

②地下螺旋隧道展线。当地面横坡陡峻,高差急剧,加之泥石流、滑坡等不良地质影响,无法在地面布设线路时,可考虑将路线螺旋展线,布置在地下,用螺旋隧道地下展线克服高差。图 6-35 为近年国内在雅泸高速公路拖乌山北坡栗子坪至铁寨子段采用双螺旋隧道展线的效

果图。路段起、终点直线跨度仅11.82km,高差达713m,地面展线平均纵坡达5.8%,完全不能满足规范要求。最后采用长1 718m(干海子隧道)和2 792m(铁寨子1号隧道)的两座双螺旋小半径(600m)隧道展线,解决了越岭展线的技术难题。

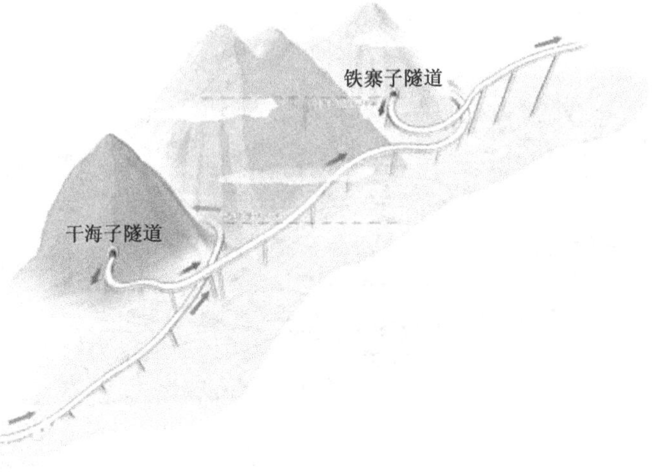

图6-35 雅泸高速公路双螺旋隧道展线效果图

注:图片引用自百度。

以上三种展线形式中,一般应首先考虑采用自然展线,不得已时采用回头展线,当地形十分困难,又有适宜的山谷或山包时,为在短距离内克服较大的高差,可考虑螺旋展线,但需做方案比较确定。

2)展线布局的步骤

(1)全面视察,拟定路线走向。在任务书规定的控制点间,进行广泛勘察,重点调查地形及地质情况,并以带角手水准初放的坡度作指引,拟定出路线可能的展线方案和大致走法。

(2)试坡布线。试坡的目的是进一步落实初拟方案的可行性,并进一步确定和加密中间控制点,拟定路线局部方案。

试坡用带角手水准或用经纬仪,从垭口自上而下进行,试坡方法与定线时放坡相近,详见公路定线部分。

(3)分析、落实控制点,决定路线布局。经试坡确定的控制点,有固定和活动之分:第一种是位置和高程都不能改变,如工程特别艰巨地点、某些受限制很严的回头地点;第二种是必须利用的但高程可以活动,如垭口、重要桥位等;第三种是位置和高程都可有活动余地,如侧沟跨越地点、宽阔平缓山坡的回头地点等。

第一种情况较少,第二、三种居多。落实时先调整那些活动范围小的,把高程和位置确定下来,然后再研究活动范围大的,以达到既不增大工程数量,又使线形合理的目的。

(4)详细放坡试定路线。

3)展线布局的具体应用

(1)利用山谷展线

图6-36是反复跨主沟的山谷展线,图中③、⑤、⑦处是试坡定下来的较合适的回头地点,可视为固定控制点;②、④、⑥是由①、③、⑤、⑦分别交出来的跨沟地点。

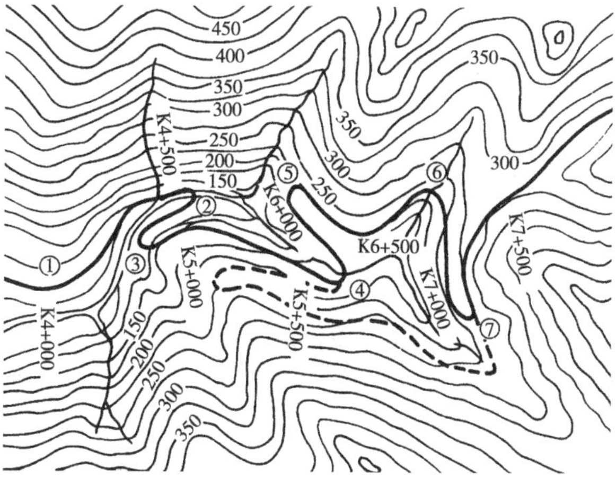

图 6-36 反复跨主沟的山谷展线

图 6-37 是利用侧沟的山谷展线，图中③、④、⑤为山嘴，受限制较严，可视为固定控制点，②、⑥及侧坡上④点，有较大活动范围，布线时可分别由两端放坡交汇而定。

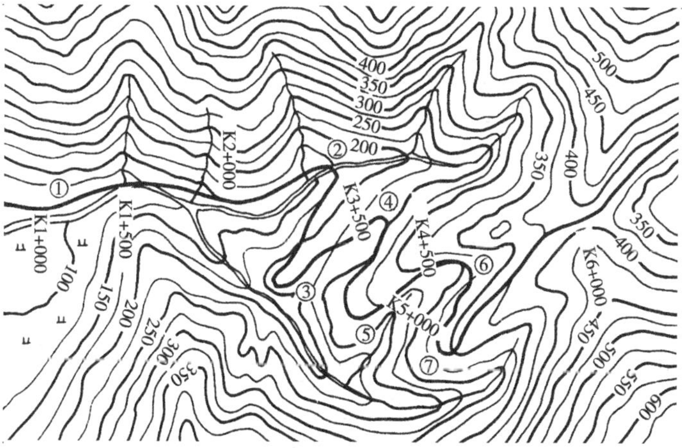

图 6-37 利用侧沟的山谷展线

(2)利用山脊展线

图 6-38 是利用支脉山脊展线。经试坡分析，①受高程控制较严，③、⑤点下方横坡陡峻，路线不宜再低，视为固定控制点，②、④能稍许活动，布线时分别由①、③、⑤交会出来。采用这种方式布线，要求选择宽肥的山脊或山嘴，否则路线重叠次数很多。有条件时，应选择适当地点突破右侧山沟，将路线引向其他坡面去布设。

(3)利用山坡展线

利用一面山坡往返盘绕，往往叠线过多，一般应尽量避免。但在受地形限制，无其他方案时，可选择横坡平缓、地质条件好，布线范围较大的山坡设线。布线时注意尽可能突破难点，扩大布线范围和避免上、下两个回头曲线并头。图 6-39 是一个路线布局不好的例子，路线未充分利用地形尽量拉长回头曲线间的距离，致使叠线多达 5 ~ 6 次，并多次出现上、下线并头的现象。

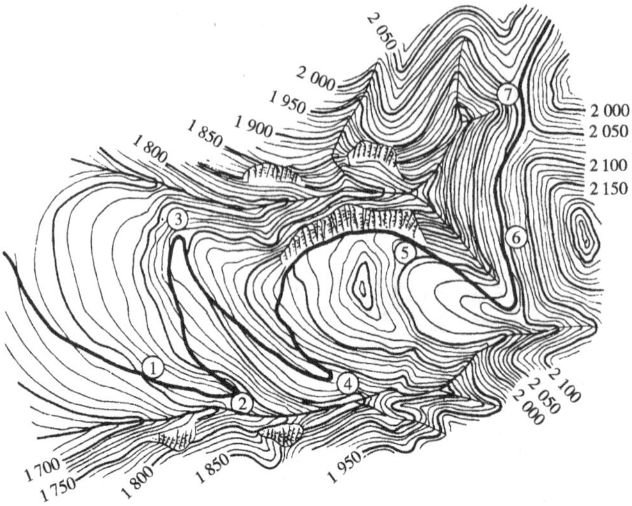

图6-38　利用支脉山脊展线

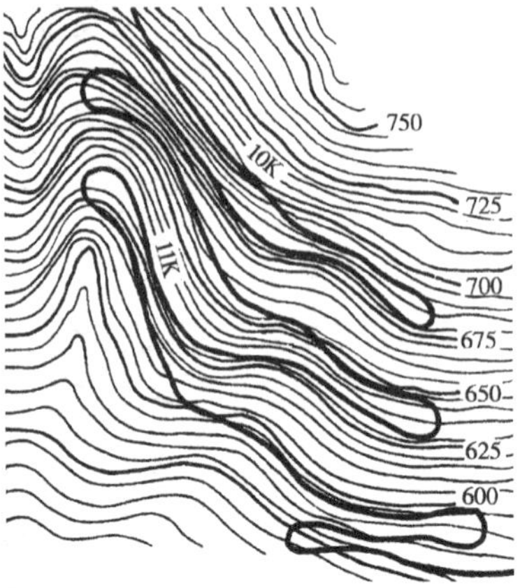

图6-39　山坡展线

一条较长越岭线,由于地形的变化,常常是各种展线方式的综合运用,布线时要抓住地形特点因地制宜地选用展线方式,充分发挥其优点,把路线布局工作做好。

(4)有利回头地点的选择

回头地点对于回头曲线工程大小和使用质量有很大关系,应慎重选择。回头曲线的形状取决于回头地点的地形,一般利用以下三种地形设置:

①直径较大、横坡较缓、相邻有较低鞍部的山包或平坦的山脊,如图6-40a)、b)所示。

②地质、水文地质良好的平缓山坡,如图6-40c)所示。

③地形开阔,横坡较缓的山沟或山坳,如图6-40d)、e)所示。

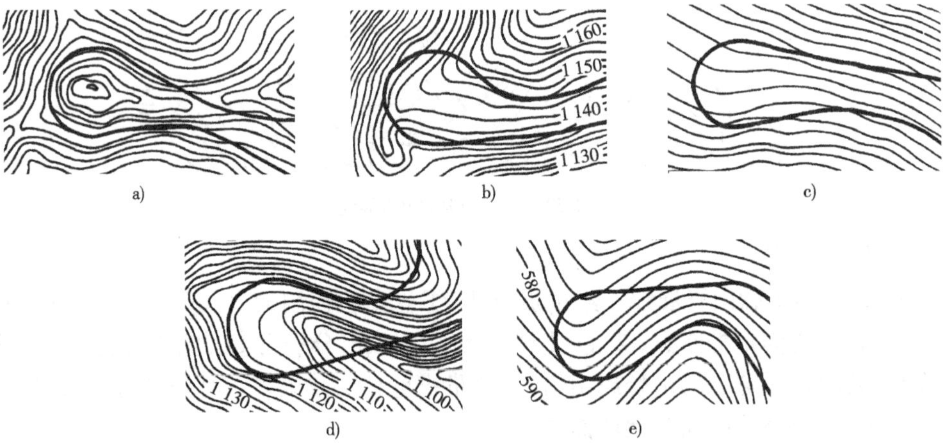

图6-40　适宜设回头曲线的有利地形

a)利用山包回头;b)利用山脊平台回头;c)利用缓坡回头;d)利用山沟回头;e)利用山坳回头

为了尽可能消除或减轻回头展线对于行车、施工、养护的不利影响,要尽量把回头曲线间的距离拉长,以分散回头曲线、减少回头个数。回头展线对不良地形、地质的避让有较大的自由度。但不要遇见难点工程,不分困难大小和能否克服就轻易回头,致使路线在小范围内重叠盘绕。对障碍要进行具体分析,当突破一点而有利于全局时,就要做些工程突破它。

四、山脊线布线要点

1. 山脊线的特点及选择条件

大体上沿分水岭布设的路线，称为山脊线。分水线顺直平缓，起伏不大，岭脊肥厚的分水岭是布设山脊线的理想地形，路线可大部分或全部设在分水岭上。高山地区的分水岭常常是峰峦、垭口相间排列，有时相对高差很大，这种地形的山脊线，则为一些较低垭口所控制，路线须沿分水岭的侧坡在垭口之间穿行，线位大部分设在山腰上。山脊线，一般线形大多起伏、曲折，其起伏和曲折程度则视分水岭的形状、控制垭口间的高差和具体地形而异。

山脊线一般具有土石方工程小，水文和地质情况好，桥涵构造物较少等优点，但是否采用山脊线方案主要应考虑以下条件：

(1)分水岭的方向不能偏离路线总方向过远。

(2)分水岭平面不能过于迂回曲折，纵面上各垭口间的高差不能过于悬殊。

(3)控制垭口间山坡的地质情况较好，地形不过于陡峻零乱。

(4)上下山脊的引线要有合适的地形可以利用，这是能否采用山脊线的主要条件之一，往往山脊本身条件很好，但上下引线条件差就不得不放弃。

由于完全具备上述条件的分水岭不多，所以很长的山脊线比较少见，往往是作为沿河线或山腰线的局部比较线及越岭线的两侧路线的连接段出现。

山脊线线位较高，一般远离居民点，不便于为沿线工农业生产服务；有时筑路材料及水源缺乏，增加施工难度；另外地势较高，空气稀薄，有云雾、积雪、结冰等行车和养护不利等缺点。这些都应在与其他路线方案作比较时予以充分考虑。

当决定采用山脊线方案以后，剩下要解决的是山脊线的布设问题。由于山脊线基本沿分水岭而行，大的走向已经明确，布线主要解决以下三个问题：即选定控制垭口，决定路线走分水岭的哪一侧，决定路线的具体布设(包括选择中间控制点)。这三者是互相依存，互为条件，紧密联系的。

2. 控制垭口选择

在山脊上，连绵布置着很多垭口，每一组控制垭口代表着一个方案。因此，选择控制垭口是山脊布线的关键，一般当分水岭顺直，起伏不大时，几乎每个垭口均可暂作控制点。如地形复杂，山脊起伏较大且较频繁，各垭口高低悬殊时，则低垭口即为路线控制点，而突出的高垭口可以舍去。在有支脉的情况下，相距不远的并排垭口，则选择前后与路线联系较好的、路线较短的垭口为控制点。选择垭口时，还应与两侧布线条件结合起来考虑。

3. 侧坡选择

分水岭的侧坡是山脊线的主要布线地带，选择哪一侧山坡，要综合分析比较确定。一般情况下，坡面平缓、整齐、顺直、路线短捷、地质稳定、横隔支脉较少、向阳的山坡布线较为理想。

如图 6-41 所示，A、D 两垭口为前后路线走向基本确定的控制点，其间有 B、E、C 三个垭口，由此可有Ⅰ、Ⅱ、Ⅲ三种走法。经比较，显然 C 垭口比 B、E 垭口高 35m，使Ⅲ线起伏较大，不予考虑。Ⅰ线走左侧山坡，路线短捷，平面顺直，但其横坡较陡，需穿过一陡岩和跨越一较深的山谷。Ⅱ线走右侧山坡，路线绕线较长，平面线形稍差，但纵面平缓，横坡也较平缓，工程量较小。Ⅰ、Ⅱ两线各有利弊，需进一步放坡试线，结合其他因素综合比较确定。

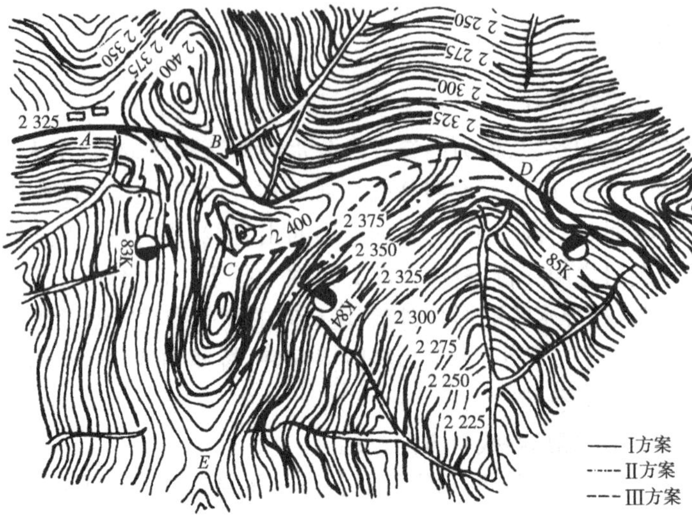

图6-41　山脊线侧坡选择

4. 试坡布线

山脊线有时因两垭口控制点间高差较大,需要展线;有时为避免路线过于迂回要采用起伏纵坡,以缩短里程。因此常常需要试坡布线,常见的情况有三种。

1)垭口间平均纵坡不超过规定

一般情况如中间无太大的障碍,应以均匀坡度沿侧坡布线。若中间遇障碍,则可以加设中间控制点,调整坡度,和两端垭口按均匀坡度布线。如图6-41所示的Ⅰ方案就是以中间支脉垭口 B 为中间控制点向两端试坡布线。

2)垭口间有支脉相隔

垭口间有支脉相隔时应在支脉上选择合适的垭口作为中间控制点。如图6-41所示支脉上的 C、E 两垭口,C 垭口因过高而舍弃。为了进一步比较Ⅰ、Ⅱ两线,从低垭口 D 以5% ~ 5.5%的坡度向垭口 E 试坡,定出 E 控制点,其工程量小,施工较易,当交通量不大时宜采用。

3)垭口间平均纵坡超过规定时

这种情况需进行展线,山脊展线的布线是十分灵活的,选线时,应按地形、地质条件,采用填挖、旱桥、隧道等工程措施来提高低垭口,降低高垭口;也可利用侧坡、山脊有利地形作回头展线或螺旋展线,其具体做法见越岭线选线。

五、丘陵区选线要点

1. 自然特征

丘陵是介于平原和山岭区之间的地形,包括微丘和重丘两类地形。

微丘是指起伏不大的丘陵。地面自然坡度在20°以下,相对高差在100m以内,设线一般不受地形限制。

重丘是指连绵起伏的山丘,具有较深的沟谷和较高的分水岭,地面自然坡度在20°以上,路线平、纵面部分受地形的限制。

丘陵地区的地形特征是:山势平缓起伏,山形迂回曲折,山丘连绵,岗坳交错,高差不太大,横坡不太陡，山脉和水系不如山岭区明显，具有多变的地形、地貌特征。

丘陵区变化的地形，使地物情况变化也较大。一般丘陵区农业都比较发达，土地种植面积广，种类繁多，低地为水稻田，坡地多为旱地或经济林，小型水利设施也较多。居民点、建筑群、风景、文物点及其他设施在平坦地区时有出现。这些地点是布线应考虑的控制点。

2.路线特征

丘陵复杂多变的地面形态，决定了通过丘陵地区的路线的基本特征是：平面以平曲线为主体，纵面线形起伏而构成与地形相适应的空间线形，如图6-42所示。丘陵地区线形的主要特点是：

(1)局部方案多，布线的可能情况多样。

(2)路线平面、纵面、横断面关系密切，相互之间的约束和影响很大。

(3)丘陵地区线形指标一般较好，但线形指标运用时变化幅度较大，既不像平原区一般多用高限指标，也不像山岭区多用接近低限指标。

图6-42 丘陵区的路线

3.一般要求

1)微丘区的选线

平面线形应充分利用地形，处理好平、纵线形的组合。不应迁就微小地形，造成线形迂回曲折，也不宜采用长直线，造成纵面线形起伏。

2)重丘区的选线

重丘区选线活动余地较大，应综合考虑平、纵、横三者的关系，恰当地掌握标准，提高线形质量。设计中应注意：

(1)路线应随地形变化布设，在确定路线平、纵面线位的同时，应注意横向填挖的平衡。横坡较缓的地段，可采用半填半挖或填多于挖的路基；横坡较陡的地段，可采用全挖或挖多于填的路基。应注意挖方边坡的高度，不致因挖方边坡过高而失去稳定。同时还应注意纵向土、石方平衡，以减少废方与借方。

(2)平、纵、横三个面应综合设计，不应只顾纵坡平缓，而使路线弯曲、平面标准过低；或者只顾平面直捷，纵面平缓，而造成高填深挖，工程过大；或者只顾工程经济，过分迁就地形，而使平、纵面较多采用极限或接近极限的指标。

(3)冲沟比较发育的地段,高速公路、一级公路和二级公路可考虑采用高路堤或高架桥的直穿方案;三级、四级公路则宜采用绕避方案。

(4)地质不良地段,应以绕避为主。不得已必须通过时,应调整平、纵线形,恰当掌握标准,以尽量少扰动的方式通过,并采取必要的工程防护措施及排水设施,确保边坡及路基稳定。

4. 布线要点

丘陵区选线主要是解决平、纵、横三方面与错综复杂的地形之间的矛盾。结合地形合理选用指标,使平面适当曲折,纵面略有起伏,横面稳定经济,达到平、纵、横三方面与地形协调一致,这是丘陵区选线的根本任务。

根据经验,丘陵地区布线,一般按三类地形地带分段布线,其要点是:

1)平坦地带——走直线

在平坦地带,一般按平原区以方向为主导的方式布线。如无地物、地质障碍或应屈就的风景、文物、城镇居民点,一般应按直线布线。如有障碍等,则应加设中间控制点以小转折、长缓的曲线为主。

2)斜坡地带——走匀坡线

匀坡线是指两点之间沿自然地形,以均匀坡度确定的地面点的连线,如图6-43所示。匀坡线是通过多次试坡求得的。当两控制点之间无障碍等因素影响时,可直接按匀坡线布设。若有障碍等,则在障碍处加设中间控制点,分段按匀坡线控制。

3)起伏地带——走中间

起伏地带实际可视为斜坡地带(上坡和下坡地带)的组合,只不过是地面横坡较缓,匀坡线很迂回。所谓"走中间"就是路线在匀坡线和直线之间选择平面顺适、纵面均衡的合理路线。

路线两控制点间要通过起伏地带,意味着路线要穿过交替的丘陵和坳谷。其中间可能有一组或多组起伏地带。对一组或多组起伏,只需在中间梁顶(或谷底)加设中间控制点即可。因此,下面着重研究两已知控制点间包括一组起伏地带的情况。如图6-44所示,A、B为两相邻梁顶,中间为一坳谷,构成一组起伏地带。如果路线由A至B硬拉直线,路线虽然最短,但纵面起伏大,线形差,势必出现高填深挖,增大工程量,如果沿匀坡线走,则纵面坡度平缓、均匀,"硬拉直线"和"弯曲求匀"的极端做法都是不正确的。

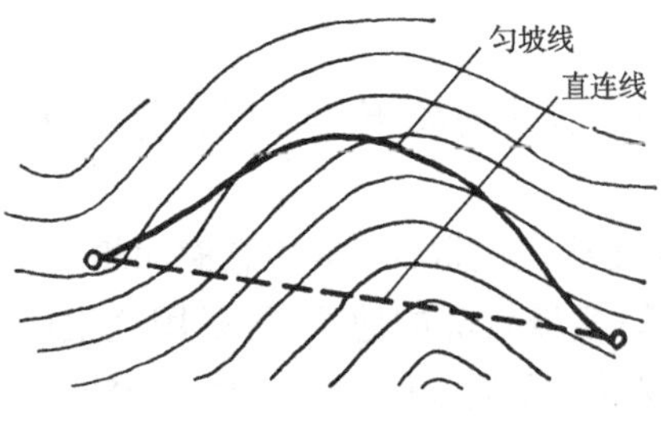

图6-43　匀坡线示意图

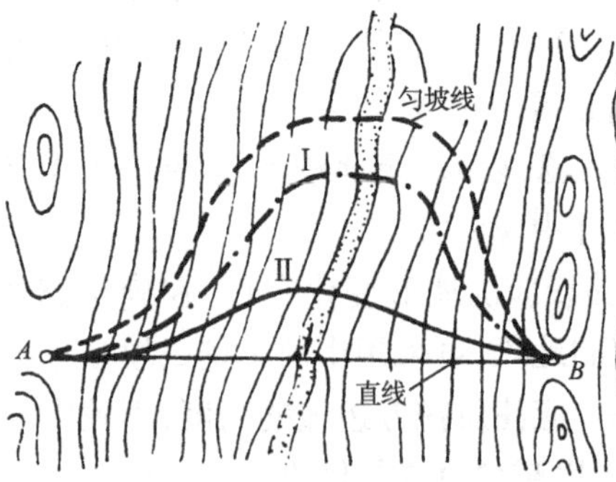

图6-44　起伏地带路线方案

如果路线布设于匀坡与直线之间,如图6-44中的Ⅰ方案或Ⅱ方案,比直线的起伏小,比匀坡线的距离短,而使用质量有所提高,工程造价有所降低,是较合理的布线方案。至于路线在直线及匀坡线之间的具体位置要根据公路等级，结合地形作具体分析，使平、纵、横协调来确定。

对于起伏较小地带，要在坡度和缓的前提下，再考虑平面和横断面的关系。一般是低等级公路为减少工程造价，平面上可迂回一些，即离直线稍远些；较高等级公路则宁可多做些工程，尽可能缩短距离，路线位置可离直线近一些。

对于较大的起伏地带，因高差大且两侧高差常不相同，高差大的一侧的坡度常常是布线的决定因素。一般以高差大的一侧为主，结合梁顶的挖深或谷底的填高来确定线的平面位置。

总之，丘陵地区选线时，可通过方案较多，地面因素也多，方案之间差异有时不太明显，这就要求选线人员要加强踏勘调查，用分段布线、逐步渐近的办法，详细分析比较，最后选定一条合理的路线。

第四节 公 路 定 线

一、定线的一般概念

1. 任务

公路定线是公路选线的第三个步骤，就是具体落实公路中线确切位置的工作。其任务是：在路线总体布局和逐段安排的基础上，按照已定的技术标准，结合地形、地质及其他沿线条件，综合考虑平、纵、横三方面因素，合理安排，定出路线中线位置。其内容包括确定交点和曲线定线两项工作。

2. 方法

公路定线在具体做法上有实地定线和纸上定线两种。实地定线是指直接在实地钉桩确定路线线位的方法，一般只适用于路线等级低，路线短及地形、地物控制不严的道路。纸上定线则是在实测或航测的大比例地形图上确定路线位置后再放线到实地的方法。一般技术等级高，地形、地物复杂的路线必须采用纸上定线的方法。纸上定线采用先进的航测手段进行选定线的方法叫航测定线。实地定线由于受视野的限制，难于对路线方案进行优化，而纸上定线则必须测绘大比尺的地形图，这两种方法需大量的人力、物力，且劳动强度很大，选线的周期较长。因此，航测定线是目前采用的最先进的定线方法，随着航测技术的不断发展，将逐步成为公路定线的常用方法。

3. 定线应注意问题

(1)路线定线应正确掌握和运用技术标准。定线工作应做好总体布局，在各类地形、地质、水文条件复杂，工程艰巨的路段，应拟定出可能的比较方案，进行反复推敲比较后确定采用方案。

(2)定线是公路设计过程中很关键的一步。它不仅要解决工程、经济方面的问题，而且要充分考虑公路与周围环境配合，以及公路本身线形美观等问题。

(3)公路定线除受地形、地质及地物等有形的制约外，还受技术标准、国家政策、社会影响、道路美学(构成优美线形的所有规则)以及其他因素的制约，这就要求设计人员必须具有广博的知识和熟练的定线技巧。最好的设计者也不可能一次试线就能选出最好的线位，复杂条件下的定线可能需要好几个设计方案供定线组全体人员研究比选。因为每一个方案都将是众多相互制约因素的一种折中方案,理想的路线只能通过比较的方法找出。

(4)定线应吸收桥梁、水文、地质等专业人员参加,也应听取有园林建筑方面的设计人员的意见,发挥各种专业人员的才能和智慧,使定线成为专业组协作的共同目标。

二、实地定线

1.纵坡不受限时定线要点

以平、纵面为主体确定路线,其要点是:以点定线,以线交点。以点定线,就是在全面布局和逐段安排确定的控制点间,结合各方面因素进一步确定影响公路中线位置的小控制点,然后,按照这些小控制点,大致穿出道路直线的方法。以线交点,就是在已定小控制点的基础上结合路线标准和前后路线条件,穿出直线,并延长交出交点。

1)控制点的加密

两控制点之间,一般不可能作直线(特别是地形困难、等级较低的公路),常常需要设置交点,使路线转向,从而避开障碍物,利用有利地形,以达到技术经济的目的。加密控制点,就是在实地寻找控制和影响路中线位置的具体点位。一般小控制点有经济性和控制性两种控制点。

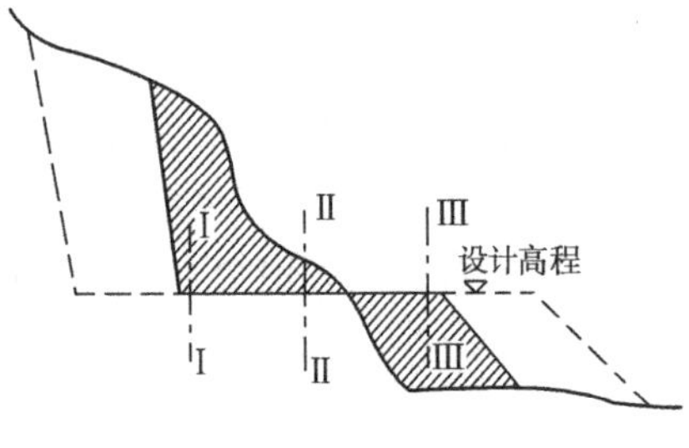

图6-45 横断面经济位置

(1)经济性控制点:这类控制点,主要在路线穿过斜坡地带,考虑横向填挖平衡或横向施工经济(有挡土墙及其他加固边坡时)因素而确定的小控制点。如图6-45中Ⅱ-Ⅱ中线位置,使挖方面积和填方面积大致相等,这时的线位即为经济控制点。由于这类点仅从横向施工经济出发控制线位,它只能作为穿线定点的参考位置。

(2)控制性的点:这类控制点是受艰巨工程、不良地质、地物障碍、路基边坡稳定等因素限制所确定的路中线位置。如图6-46所示为各种因素对线位影响的示意,从图中可看出,控制点的位置还与路基的形状尺寸、加固方式、通过不良地质地段的工程措施、地表形状、路基设计高程等因素有关。定线时应综合考虑这些因素,合理确定小控制点的位置。

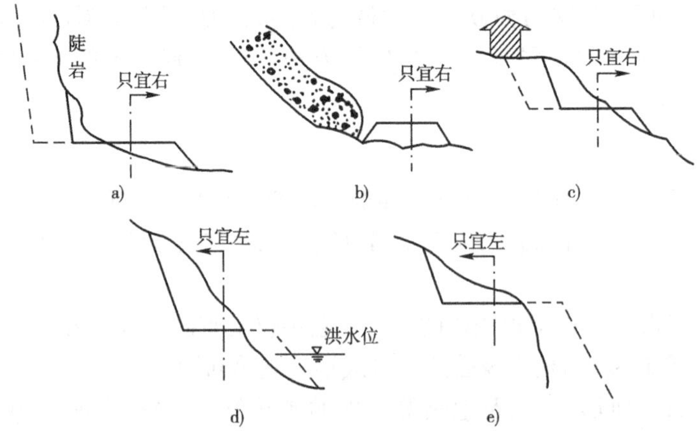

图6-46 控制线位的主要因素

a)工程控制;b)地质控制;c)地物控制;d)路基稳定控制;e)路基稳定控制

2)穿线定点

受各种因素限制的平面位置控制点比较多,而且这些点在平面上的分布又没有一定的规律,另一方面路线受技术标准和平面线形组合的限制,不可能照顾到每一个控制点。因此,穿线定点,就是根据技术标准和线形组合的要求,满足控制点和照顾多数经济点,前后考虑,用穿线的办法延长直线,交出转角点。

在进行穿线定点时,除要满足技术指标的要求外,还应注意以下几方面问题:

(1)平曲线间必须有足够的直线长度。

(2)同向平曲线间应避免"断臂曲线"。

在满足控制点要求的前提下,调整交点位置使路线偏角较小,交点间距较长,以争取较好的线形。

(3)注意保证行车视距。确定交点位置时,应尽量避免交点正对山嘴或其他障碍物。

(4)注意力求平面线指标均衡,保持线形的连续性,长直线尽头应尽量避免设小半径曲线。路线绕避障碍物时,要及早转向,以使线形舒顺均衡。

(5)路线平面弯曲要与纵面起伏相协调。在定线中既要防止由于路线平面过直使纵面起伏很大,造成大填大挖现象,又要避免只求纵面平缓,使平面随弯就弯而线形很差的现象。在复杂地形地段,可结合纸上移线来求得平、纵面协调的线形。

(6)长下坡尽头应避免急弯,以利行车安全。

(7)定线应同时考虑纵面线形指标,尽量少用或不用极限纵坡,越岭线要避免反坡。

(8)注意平、纵面组合线形的要求。

(9)要考虑多数经济控制点的要求,使所穿直线横向填挖基本平衡。所定线形应保证路基横向稳定性和经济性。根据经验,一般要注意暗弯勿多挖,这样,既减少土石方又保证路基稳定。

(10)定线时应注意横向地形、地质、地物控制的要求,做到定的是一条线,考虑的是一条带,从整个路带范围来布置路线。

(11)在横坡较陡的路段,应注意结合路基边坡加固措施来安排路线,尽量避免高边坡和长深的路堑。

(12)注意路线与桥涵和其他特殊构造物的配合。

2. 纵坡受限时实线要点

1)放坡

按照要求的设计纵坡(或平均坡度)在实地找出地面坡度线的工作叫放坡。

在山岭重丘区路段,天然地面坡度角均在20°以上,而设计纵坡(或平均纵坡)有一定要求,如图6-47所示,路线由*A*点到*B*点,如果沿最大地面自然坡度方向*AB*(垂直于等高线的方向)前进,设计纵坡太大,显然不可能实施。如果路线沿等高线走(即*AC*方向),虽然纵坡平缓,但方向偏离,达不到上山的目的。因此,就需要在*AB*和*AC*方向间找到*AD*方向线,使其地面坡度正好等于设计坡度(或平均坡度)i_p,这样既使路线纵坡平缓,又使填挖数量最小,寻求这条地面坡度等于设计坡度(或平均纵坡)i_p的工作就是放坡的任务。

2)放坡定线要点

所谓放坡定线,就是在现场用仪具实地先确定出按平均坡度升坡的路线位置,找出路线的大致位置(导向线),以此为导向再结合平面线形标准要求,确定出交点位置,即定出路线的折线位置。

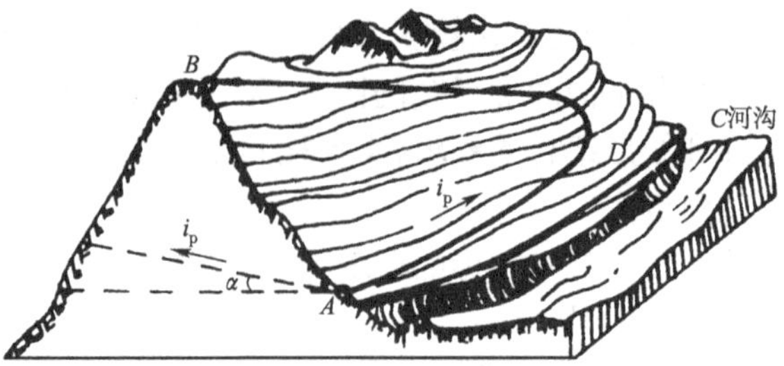

图 6-47　放坡原理示意图

3)曲线定线

经过穿线交点确定了路线的交点位置,在交点处还需要根据标准结合地形、地物及其他因素选择适宜的平曲线半径,控制曲线线位。

(1)单交点法

单交点是实地定线最常采用的方法之一。它是用一个交点来确定一个弯道的插设曲线方法。该方法简单,适用于一般转角不大,实地能直接钉设交点的情况。

如图 6-48 所示,半径的大小为 R,直接影响曲线线位,当转角较大,不同半径可能使曲线线位相差几米甚至几十米。线位的移动将直接影响线形、工程数量及路基稳定,确定半径时,一般结合地形和其他因素按以下控制条件来选择。

①外距控制(即曲线中点控制):如图 6-49 所示,根据弯道内侧的固定建筑物,确定曲线 A 点是不与其发生干扰的控制点,即可量出控制的外距值 E,从而反算确定半径。

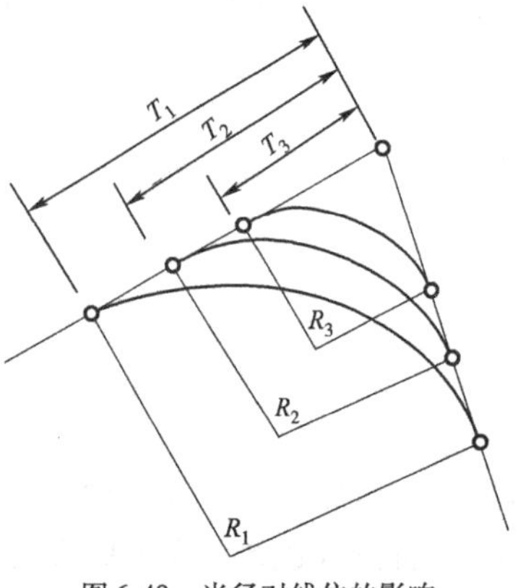

图 6-48　半径对线位的影响

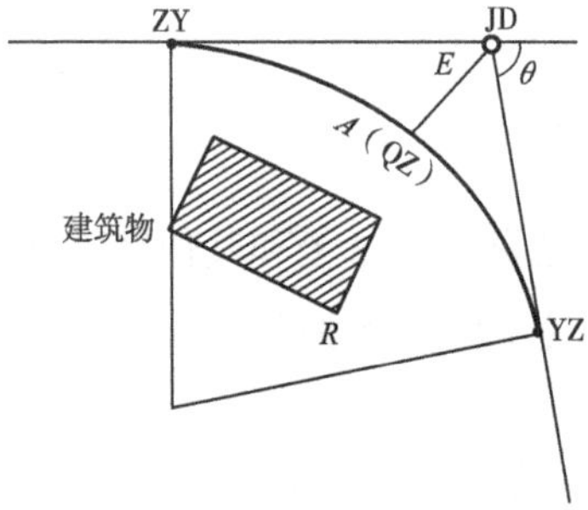

图 6-49　外距控制曲线半径

②切线控制(即曲线起、终点控制):有时路线为了控制起点位置,要求曲线的切线长为一定值,比如相邻的反向曲线间要求一定的直线长度,或者要求桥头或隧道洞口在直线上等,这时曲线半径就由控制的切线长来选定。

③曲线长控制:当路线转角较小,为使曲线长度满足最短曲线长度 L_{min},则曲线半径最小值可反算确定。

④曲线上任意点控制:如图 6-50 所示,有时路线由于桥涵人工构造物位置或原路改建的要求,控制曲线必须从任意点 A 通过时,可用试算法选择半径。其办法是:先量出 JD 至 B 点的距离和要求的支距(即 BA),初选半径 R,用试算法确定。

⑤按纵坡控制：当路线纵坡紧迫时，为使弯道上合成纵坡不因曲线半径太小而超过规定值，这时，应根据已定的纵坡和合成纵坡标准值来反算出超高横坡，再按控制的超高横坡求得最小控制半径。

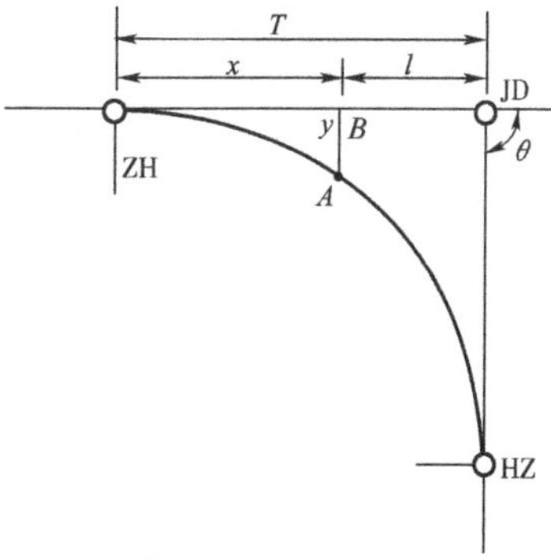

图 6-50 曲线上任意点控制

(2)双交点法(虚交点法)

当路线偏角很大及交点受地形或地物障碍限制，无法钉设交点时，如图 6-51 所示，可在前后直线上选择两个辅助交点 JD_A、JD_B 来代替交点 JD，敷设曲线选择半径。JD_A ~ JD_B 直线叫作基线，具体做法有以下两种：

①切基线法：当选择基线可以控制曲线位置，能使所定曲线与基线相切时，叫切基线法。如图 6-51 所示，GQ 为公切点，量出转角 θ_A、θ_B 和基线长度 AB 后可反算半径。

选择半径后还要检查是否合乎标准的要求。切基线法，方法简便，容易控制线位，计算容易，是生产中较常用的方法。

②不切基线法：当选择基线不能控制曲线线位或切基线计算的半径不能满足标准要求时，则所设曲线不能与基线相切，只能按不切基线法来选择半径，如图 6-52 所示。其方法是：根据标准要求初选半径 R，测量 θ_A、θ_B，即可依据半径 R、转角 θ_A 和 θ_B、基线 AB 计算出 T_A、T_B，由计算出的 T_A、T_B 根据 JD_A、JD_B 量距定出曲线起讫点分别为 ZH、HZ，并用切线支距 x、y 检查曲线上任一点的线位，如与实际情况相符，则所选半径合适，反之则应再调整、计算。

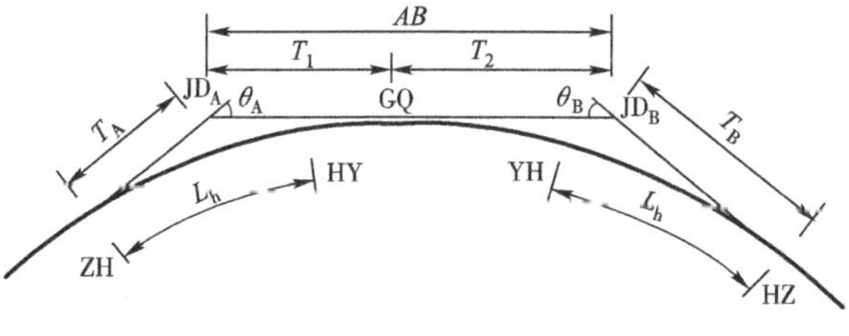

图 6-51 切基线的双交点法

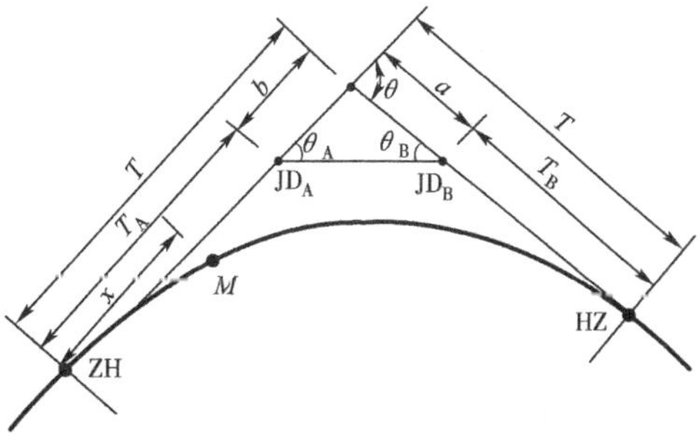

图 6-52 不切基线的双交点法

三、纸上定线

1. 纸上定线的步骤

1)收集资料与准备工作

需要收集的资料主要有：初拟路线方案及所确定的控制点，沿线地质情况，不良地质地段，城市规划，地下电缆，文物古迹，自然保护区以及气候、气象等资料。

准备工作包括：在地形图上标绘各个控制点、应避让的地段和区域。

2)根据地形和地物初定路线的位置

在相邻控制点之间，根据所经过的不同地形和地物分布情况，参照准备工作所标绘应避让的地段和区域，满足一定标准和要求，选择合适的路线位置，沿着前进方向加密中间控制点或采用徒手滑顺地勾绘曲线。

(1)平原微丘地区

在两控制点之间主要是地物障碍,合理解决哪些可穿越,哪些该绕避,哪些应迁就的问题,从而建立起一系列中间控制点,路线一般应由一个控制点直达另一个控制点。

选择线位时,应注意在保证标准的前提下,尽量做到少占和不占高产田和经济林,少拆或不拆迁各种电力、通信设施,沿高地布线,避免斜穿水田和直穿大的池塘和沼泽地,减少对自然景观的破坏。

(2)山岭重丘地区

在两控制点之间主要是地形或高差的限制,对受高差限制的路段必须通过放坡得到一系列坡度控制点,沿着自然地形,参照坡度控制点和地形、地物控制点,徒手勾绘出与地形基本吻合且线形舒顺、平缓的路线概略位置。

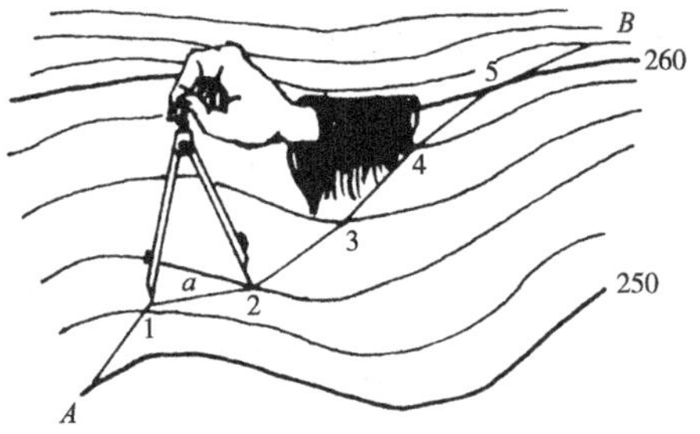

图 6-53　纸上放坡示意图

在山区选择路线位置时,要注意线位的高低,考虑平、纵协调配合,尽量避免大砍大伐和大填大挖,注意环境保护问题。

纸上放坡:根据等高线间距 h 及平均纵坡 i_p,计算相邻等高线间距 $a = h/i_p$,使卡规开度放到 a,进行纸上放坡,如图 6-53 所示。

3)定线

定线必须满足技术标准的有关规定,同时又要参照初拟的路线位置进行。根据不同地形特点,定线方法一般有两种,一种是传统的直线形定线法,另一种是曲线形定线法。

(1)直线形定线法

直线形定线法是先定出与地形相适应的一系列直线,然后用适当的曲线把相邻的直线连接起来的传统定线方法。

对平原微丘区,就是在沿着前进方向加密的控制点之间用直线连接;对山岭重丘区,在放坡得到的一系列坡度控制点的基础上,根据保证重点、照顾多数的原则,按照高速公路的几何标准,用直线尺试穿出与较大地形相适应的一系列直线。然后用适当的曲线把上述相邻的直线连接起来。当地形复杂而多变或转弯处控制较严时,也可以根据地形变化先定出曲线,然后用直线把相邻曲线顺滑地连接起来。

(2)曲线形定线法

这种方法是借助"铁道弯尺"先定出圆曲线,然后用缓和曲线相互连接的以曲线为主的定线方法。

定线时,选用不同半径的铁道弯尺逼近前面徒手勾绘的曲线,按照高速公路的技术标准,逐一定出圆曲线的位置和半径,再用缓和曲线连接相邻两线,并用缓和曲线将直线和圆曲线连接起来,但应注意保证直线长度。在定圆曲线时,设计者应注意掌握技术标准与地形弯曲的大趋势,以定出平顺和缓的高标准平面线形,不要过多地迁就地形上次要的不规则性或一些小的障碍物。

实际上,直线形和曲线形定线方法并无本质上的区别,只是所适应的地形不同而已。具体做法详见后述。按上述方法定平面线形时,是一个反复试定、检查和调整的过程,直到找出符合标准的最佳路线后，再进行下一步纵断面设计与调整工作。

4）纵断面设计

路线的平面线形确定以后，可按照规定要求设置中桩。除起终点桩、曲线主点桩、百米桩、公里桩、大中桥位桩、隧道起终点桩以及通道和立体交叉中心桩等外，还有地形和地物加桩。平原微丘区桩距一般取50m，山岭重丘取20m。在地形图上读取各桩位的地面高程。

（1）绘制路线纵断面线图

根据各桩桩号和地面高程点绘制纵断面地面线图。纵断图采用直角坐标，横坐标表示距离，纵坐标表示高程。比例尺：通常平原微丘区横坐标取1∶5 000，纵坐标取1∶500；山岭重丘区横坐标取1∶2 000，纵坐标取1∶200。

（2）标注竖向控制高程及平面线形

根据收集调查的资料，在纵断面图上分别用不同符号高程桥涵控制高程，通道和立体交叉控制高程，隧道出、入口控制高程，经过水田等不良地质路段的最小控制高程，以及其他人工构造物的纵向控制高程等。在纵断面图上绘出平面线形示意图。以上标注内容主要供试定纵坡时参考。

（3）试定纵坡设计线

仔细分析研究纵向控制高程的重要程度和可活动范围，结合地形起伏变化情况和平曲线位置，试定出满足纵断面线形设计标准的纵坡设计线。定纵坡设计线可以采用先定直坡线，后用竖曲线连接的方法，也可以先定竖曲线，后用直坡线连接。

检查上述试定纵坡设计线是否经济合理，线形是否舒顺，技术指标掌握是否适度，平、纵面线形是否协调，竖曲线与平曲线组合是否得当，有无脱离实际或考虑不周等，如发现问题应及时调整修正，具体操作是修改平面线形还是纵断面线形，或二者都修改，要通过认真分析，找出问题的关键，权衡利弊，以定取舍。

5）最佳横断面修正

经过上述检查与修正，应该说路线的平面和纵断面均已基本成型，但横断面是否适当也应检查。高速公路经过的地形比较平缓，最佳横断面一般不是控制平、纵线形的主要因素，但在山区，当地面横坡较陡时，如果不考虑最佳横断面，会导致填、挖方边坡很高，防护支挡工程量大，很不经济。因此，在路线的平面和纵断面基本确定以后，应绘制出地面横坡较陡地段以及其他可能高填深挖处的横断面，找出最佳横断面位置，由此再修正平面或纵断面设计线形。

6）现场核对

在室内利用地形图进行纸上定线后的平、纵、横面的成果，应再到现场进行实地核对检查。当核查无误后，方可以最后定案，并报请或征求使用单位或甲方的意见，然后进行水文、地质勘探调查工作。

纸上定线工作完成之后是否需要去现场全部实地放线，各地做法不一，有的是局部或重点地段放线，也有的全部现场放线，主要按地形图的准确程度，以便在实地进行核对检查经定线后的平、纵、横面的成果，以及便于现场进行水文、地质勘探调查工作。具体实施时，若在新测地形图或在已经现场检查补测的早期地形图上进行纸上定线，可以对局部或重点地段，或大型构造物所在地段进行实地放线。而对于测设年限过早且地物变化较大的地形图，一般不应直接用于纸上定线，必须经现场补测核实后才能使用。

从上述纸上定线的步骤可以看出,纸上定线实质上是一个反复调整和修正的过程,在一定限度内,修改次数越多,最后的设计成果越好,直到无论采取什么措施都不能再显著地增进美感或节省工程时,才可认为纸上定线工作完成。这也正是纸上定线的优越性之一,它可以做到尽善尽美,集中各专业设计人员的智慧,定出一条理想的路线来。

2. 纸上定线的方法

公路的平面线形,依据直线、曲线的使用情况可分为:长直线-短曲线、长曲线-短直线、连续曲线三种线形,如图6-54所示。

传统的定线方法是根据地形条件,先设置一系列直线,然后在两直线的转折处用圆曲线予以连接,为了避免直线到圆弧曲率从0到$1/R$的突变,其间用缓和曲线来过渡。这种方法称为以直线为主的直线形定线法,如图6-55a)所示。

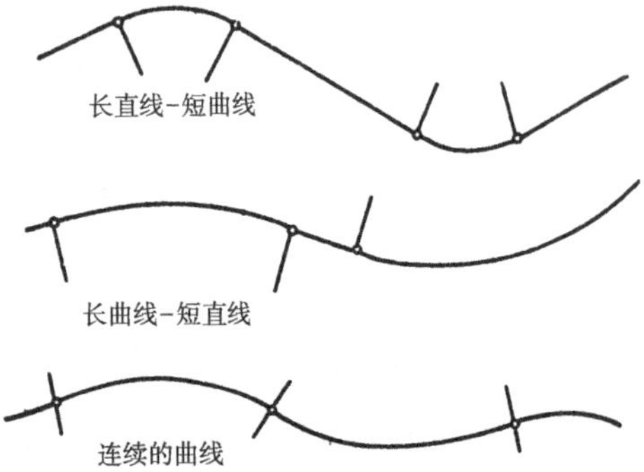

图6-54　线形的构成(曲线越连续,越增大平顺性)

图6-54的后两种线形,是根据地形条件选用与实际尽可能贴近的曲线半径来确定圆弧,再把这些圆弧用缓和曲线或直线连接起来。此法将圆弧和缓和曲线作为基本的线形要素,而不只是用来完成方向转折和曲率过渡。这种方法称为以曲线为主的曲线形定线法,如图6-55b)所示。

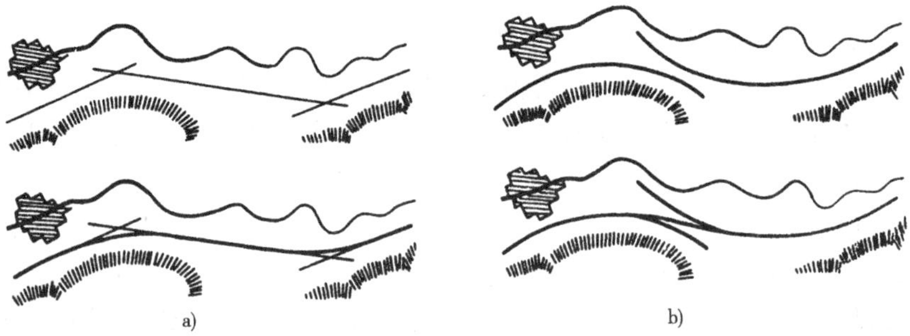

a)　　b)

图6-55　直线形与曲线形定线法

a)传统描绘线形的方法,在平面图上描绘出适当的切线,然后用曲线连接这些切线;b)描绘平顺线形的方法,在平面图上描绘出适当的圆弧,再在其间插入缓和曲线

1)直线形定线法

直线形定线法也就是传统惯用的穿线交点定线方法,关于试穿直线的原则和要求,在纸上定线的步骤中已有介绍,此处不再讲述。

对于高速公路的定线,在穿直线定出交点以后,必须采集交点的坐标,并由此计算转角α和交点间距离D;确定圆曲线半径R和缓和曲线长度L;计算平曲线要素和推算主点桩号;最后计算逐桩坐标。

2)曲线形定线法

与传统的先定直线再用圆曲线连接的直线形定线法相反,曲线形定线法首先要根据地形条件及地物限制设置尽可能缓的圆曲线,然后把这些圆曲线用适当的缓和曲线连接起来。当两圆曲线之间的距离较长时,也可以根据需要设置适当的直线,然后用缓和曲线将直线与圆曲线连接起来,从而形成以曲线为主的连续线形。

3. 坐标计算

坐标计算是公路定线过程的重要工作,也是纸上定线的最后一步,在上述纸上定线的基础上,计算出路线的逐桩坐标。由于直线形定线法与曲线形定线法,定线过程和表达成果的方式不同,应用不同方法计算坐标。

直线形定线法经纸上定线确定了交点的坐标、圆曲线半径 R 以及缓和曲线长度 L_s 以后,应先计算出路线转角、交点间距、平曲线要素以及主点桩桩号。按直线、单曲线和复曲线三种情况推算逐桩坐标计算公式。

1)路线转角、交点间距、曲线要素与主点桩计算

(1)转角与交点间距计算

设起点坐标为 $JD_0(X_{J0},Y_{J0})$,第 i 个交点的坐标为 $JD_i(X_{Ji},Y_{Ji})$,$i=1,2,\cdots,n$,则:

坐标增量:

$$\left.\begin{aligned} DX &= X_{Ji} - X_{Ji-1} \\ DY &= Y_{Ji} - Y_{Ji-1} \end{aligned}\right\} \tag{6-2a}$$

交点间距:

$$s = \sqrt{(DX)^2 + (DY)^2} \tag{6-2b}$$

象限角:

$$\theta = \arctan\left|\frac{DY}{DX}\right| \tag{6-2c}$$

象限角 θ 所在象限根据坐标增量 DX 和 DY 的正负号确定,如图 6-56a)所示。

计算方位角:方位角 A 是由象限角 θ 推算的,它们的关系如图 6-56b)和表 6-1 所示。

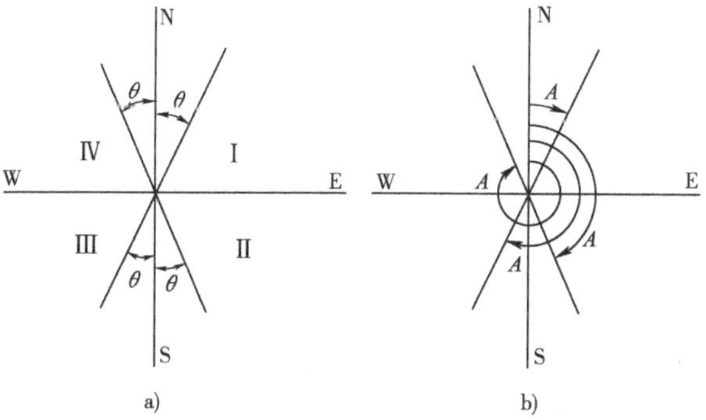

图 6-56 象限角图和交位角

象限角 θ 与方位角 A 的关系 表 6-1

象限	坐标增量		方位角 A
	DX	DY	
Ⅰ	+	+	$A=\theta$
Ⅱ	—	+	$A=180°-\theta$
Ⅲ	—	—	$A=180°-\theta$
Ⅳ	+	—	$A=360°-\theta$

转角:

$$\alpha_i = A_i - A_1 \tag{6-3}$$

α_i 为"+"时,路线为右偏;α_i 为"−"时,表示路线为左偏。

以图 6-56 为例,根据前面采集的起点 A、JD_1、JD_2、JD_3 和 E 点的坐标,可以计算出交点间距及转角,见表 6-2。

(2)曲线要素与主点桩计算

曲线要素计算公式以及主点桩推算方法都与传统使用公式相同。由于线形指标和精度要求,在使用传统计算公式时,必须注意取舍误差,否则会影响计算精度。比如 p、q、x 和 y 均为

级数展开式,应增加项数。

交点间距及转角计算法　　表 6-2

点名	坐标 X_i(m)	坐标 Y_i(m)	坐标增量 DX(m)	坐标增量 DY(m)	交点间距	方位角	路线转角
A	9 500.000	1 450.000					
			-270.000	250.000	367.967	137°12′00″	
JD_1	5 630.000	1 700.000					左 39°42′24″
			-72.727	552.725	557.489	97°29′45″	
JD_2	5 557.273	2 252.725					右 37°30′15″
			-301.987	301.988	427.075	135°00′00″	
JD_3	5 255.286	2 554.713					左 61°30′15″
			109.714	370.287	386.199	73°29′45″	
E	5 365.000	2 925.000					

如某山区高速公路,设计速度为 80km/h。根据表 6-2 的结果,可计算得各曲线要素和主点桩桩号(只列出 ZH 和 HZ 桩号,其余未列)见表 6-3。

曲　线　表　　表 6-3

交点	交点桩号	α	R(m)	L_s(m)	T(m)	E(m)	L(m)	ZH	HZ
JD_1	K0 +367.967	左 39°42′24″	400	80	184.657	25.985	337.205	K0 +183.310	K0 +540.515
JD_2	K0 +913.347	右 37°30′15″	400	80	176.012	23.127	341.830	K0 +737.335	K1 +079.165
JD_3	K1 +330.228	左 61°30′15″	300	80	219.000	50.120	402.036	K1 +11.228	K1 +513.264

2)直线上中桩坐标计算

直线上中桩坐标计算包括 ZH 和 HZ(或 ZY 或 YZ)点坐标计算以及直线上任意点加桩坐标计算。

如图 6-57 所示,设交点坐标为 JD(X_J,Y_J),交点相邻直线的方位角分别为 A_1 和 A_2。

(1)ZH 和 HZ 点坐标计算

ZH(或 ZY)点坐标:

$$\left.\begin{aligned} X_{ZH} &= X_J + T\cos(A_1+180°) \\ Y_{ZH} &= Y_J + T\sin(A_1+180°) \end{aligned}\right\} \tag{6-4}$$

HZ(或 YZ)点坐标:

$$\left.\begin{aligned} X_{HZ} &= X_J + T\cos A_2 \\ Y_{HZ} &= Y_J + T\sin A_2 \end{aligned}\right\} \tag{6-5}$$

(2)直线上加桩坐标计算

设直线上加桩里程为 L,ZH 点和 HZ 点里程用 ZH 和 HZ 表示,则:

第一直线上任意点坐标(L 小于 ZH):

$$\left.\begin{aligned} X &= X_J + (T+\mathrm{ZH}-L)\cos(A_1+180°) \\ Y &= Y_J + (T+\mathrm{ZH}-L)\sin(A_1+180°) \end{aligned}\right\} \tag{6-6}$$

第二直线上任意点坐标(L 大于 HZ):

$$\left.\begin{aligned}X&=X_J+(T+L-\mathrm{HZ})\cos A_2\\Y&=Y_J+(T+L-\mathrm{HZ})\sin A_2\end{aligned}\right\}\tag{6-7}$$

3）单曲线坐标计算

（1）不设缓和曲线的单曲线

不设缓和曲线单曲线的 ZY 点和 YZ 点坐标按式（6-5）计算，设其坐标分别为 ZY（X_{ZY}，Y_{ZY}）和 YZ（X_{YZ}，Y_{YZ}），则圆曲线上任意点坐标按下式计算：

$$\left.\begin{aligned}X&=X_{ZY}+2R\sin\left(\frac{90l}{\pi R}\right)\cos\left(A_1+\xi\frac{90l}{\pi R}\right)\\Y&=Y_{ZY}+2R\sin\left(\frac{90l}{\pi R}\right)\sin\left(A_1+\xi\frac{90l}{\pi R}\right)\end{aligned}\right\}\tag{6-8}$$

式中：l——圆曲线内任意点至 ZY 点的曲线长；

R——圆曲线半径；

ξ——右转角为“+1”，左转角为“-1”，下同。

（2）设缓和曲线的单曲线

如图 6-57 所示，设有缓和曲线单曲线的 ZH 和 HZ 点坐标由式（6-5）计算。在计算缓和曲线内任意点坐标时，应先计算出切线横距 x。

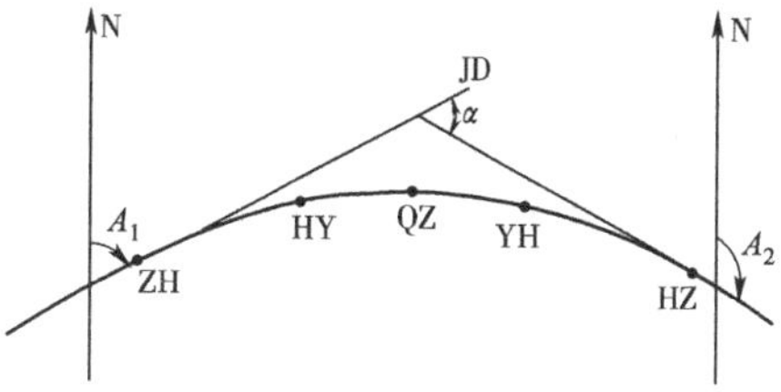

图 6-57 中桩坐标计算示意图

$$x=l-\frac{l^5}{40R^2L_s^2}+\frac{l^9}{3\,456R^4L_s^4}-\frac{l^{13}}{599\,040R^6L_s^6}+\cdots\tag{6-9}$$

式中：l——回旋线上任意点至 ZH 点或 HZ 点的曲线长；

L_s——缓和曲线长度。

①第一回旋线（ZH 至 HY）内任意点坐标。

$$\left.\begin{aligned}X&=X_{ZH}+\frac{X}{\cos\left(\frac{30l^2}{\pi RL_s}\right)}\cos\left(A_1+\xi\frac{30l^2}{\pi RL_s}\right)\\Y&=X_{ZH}+\frac{X}{\cos\left(\frac{30l^2}{\pi RL_s}\right)}\sin\left(A_1+\xi\frac{30l^2}{\pi RL_s}\right)\end{aligned}\right\}\tag{6-10}$$

②圆曲线段内点的坐标。

由 HY 点计算至 YH 点时：

$$\left.\begin{aligned}X&=X_{HY}+2R\sin\left(\frac{90l}{\pi R}\right)\cos\left[A_1+\xi\frac{90(l+L_s)}{\pi R}\right]\\Y&=Y_{HY}+2R\sin\left(\frac{90l}{\pi R}\right)\sin\left[A_1+\xi\frac{90(l+L_s)}{\pi R}\right]\end{aligned}\right\}\tag{6-11}$$

式中：l——圆曲线内任意点至 HY 的曲线长；

X_{HY}、Y_{HY}——HY 点坐标，由式（6-11）计算。

由 YH 点算至 HY 点时：

$$\left.\begin{aligned}X&=X_{YH}+2R\sin\left(\frac{90l}{\pi R}\right)\cos\left[A_2+180°-\xi\frac{90(l+L_s)}{\pi R}\right\}\\Y&=Y_{YH}+2R\sin\left(\frac{90l}{\pi R}\right)\sin\left[A_2+180°-\xi\frac{90(l+L_s)}{\pi R}\right]\end{aligned}\right\}\tag{6-12}$$

式中:l——圆曲线内任意点至YH点曲线长;

ξ——右转角为"+1",左转角为"-1"。

③第二回旋线(YH至HZ)。

$$\left.\begin{aligned} X &= X_{HZ} + \frac{X}{\cos\left(\dfrac{30l^2}{\pi RL_s}\right)}\cos\left(A_2 + 180^\circ - \xi\frac{30l^2}{\pi RL_s}\right) \\ Y &= Y_{HZ} + \frac{X}{\cos\left(\dfrac{30l^2}{\pi RL_s}\right)}\sin\left(A_2 + 180^\circ - \xi\frac{30l^2}{\pi RL_s}\right) \end{aligned}\right\} \tag{6-13}$$

式中:l——第二回旋线内任意点至HZ点的曲线长。

4)复曲线坐标计算

(1)复曲线中间缓和曲线L_F上任意点坐标计算。

复曲线中间有设缓和曲线和不设缓和曲线两种情况。设缓和曲线时,该缓和曲线仍然采用回旋曲线,但这不是从曲率为零开始的回旋曲线,而是截取了曲率由$1/R_1$到$1/R_2$这一段作为缓和曲线。

如图6-58所示,缓和曲线AB在A点的曲率半径为R_1,在B点为R_2,缓和曲线AB的长度为L_F。为计算L_F上任意点的坐标,应先找出该段缓和曲线上曲率为零的点M,使其变成一个曲率由$0\sim1/R_2(R_1>R_2)$,或$0\sim1/R_1(R_1<R_2)$的完整回旋曲线,从M点推算$1/R_1\sim1/R_2$这一段任意点的坐标。

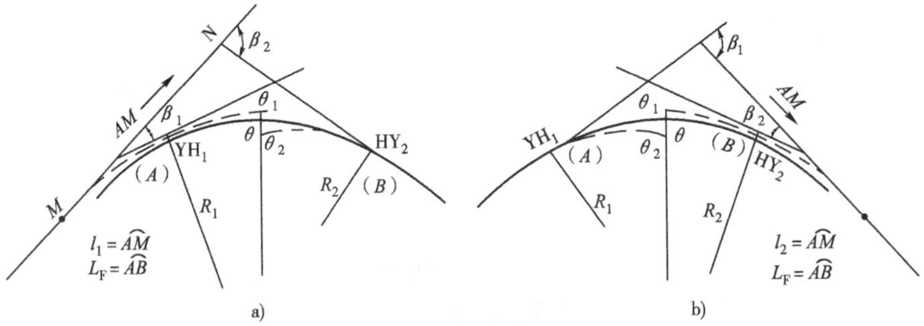

图6-58 复曲线坐标计算示意图

a)$R_1>R_2$;b)$R_1<R_2$

根据回旋线几何关系:

$$L_F = \sqrt{\frac{24R_1R_2P_F}{R_1 - R_2}} \tag{6-14}$$

而

$$P_F = P_2 - P_1 = \frac{L_{s2}^2}{24R_2} - \frac{L_{s1}^2}{24R_1} \tag{6-15}$$

故

$$L_F = \sqrt{\frac{|R_2L_{s1}^2 - R_1L_{s2}^2|}{|R_1 - R_2|}} \tag{6-16}$$

式中:L_F——中间回旋线长度;

L_{s1}——第一回旋线长度;

L_{s2}——第二回旋线长度;

P_F——中间回旋线内移值;

P_2、P_1——第二、第一回旋线内移值。

①当 $R_1>R_2$ 时。

如图 6-58a)所示,设 A 点(YH_1)的坐标为(X_A,Y_A),切线方位角为 A_A。其中 A 点坐标由式(6-12)计算,切线方位角 A_A 用下式计算:

$$A_A=A_1+\xi\left[\frac{90(L_{s1}+2l)}{\pi R_1}\right] \tag{6-17}$$

式中:l——半径为 R_1 的平曲线 HY_1 至 YH_1 的曲线长。

则 M 点的坐标(X_M,Y_M)为:

$$\left.\begin{aligned}X_M&=X_A+\frac{l_1-\dfrac{l^3}{40R_1^2}}{\cos\left(\dfrac{30l_1}{\pi R_1}\right)}\cos\left(A_A+180°-\xi\frac{2}{3}\beta_1\right)\\Y_M&=Y_A+\frac{l_1-\dfrac{l_1^3}{40R_1^2}}{\cos\left(\dfrac{30l_1}{\pi R_1}\right)}\sin\left(A_A+180°-\xi\frac{2}{3}\beta_1\right)\end{aligned}\right\} \tag{6-18}$$

式中:

$$l_1=\frac{R_2-L_F}{R_1-R_2} \tag{6-19}$$

$$\beta_1=\frac{90l_1}{\pi R_1} \tag{6-20}$$

M 点的切线方位角 $A_M=A_A-\xi\beta_1$。

②当 $R_1<R_2$ 时。

如图 6-65b)所示,M 点的坐标为:

$$\left.\begin{aligned}X_M&=X_A+\frac{l_2-\dfrac{l_2^3}{40R_1^2}}{\cos\left(\dfrac{30l_2}{\pi R_1}\right)}\cos\left(A_A+\xi\frac{2}{3}\beta_1\right)\\Y_M&=Y_A+\frac{l_2-\dfrac{l_2^3}{40R_1^2}}{\cos\left(\dfrac{30l_2}{\pi R_1}\right)}\sin\left(A_A+\xi\frac{2}{3}\beta_1\right)\end{aligned}\right\} \tag{6-21}$$

式中:

$$l_2=\frac{R_2-L_F}{R_2-R_1} \tag{6-22}$$

$$\beta_1=\frac{90l_2}{\pi R_1} \tag{6-23}$$

M 点的切线方位角 $A_M=A_A+\xi\beta_1$。

③L_F 任意点坐标计算。

在计算出 M 点的坐标和切线方位角后,当 $R_1>R_2$ 时,利用第一回旋曲线内任意点坐标计算公式(6-11)计算 L_F 上任意点坐标;当 $R_1<R_2$ 时,用第二回旋曲线计算公式(6-14)计算。应注意的是,式中的 l 为中间缓和曲线上任意点至 M 点的曲线长,A_1、A_2 应换算成 A_M。

(2)复曲线 L_F 以外任意点坐标计算。

复曲线除中间设缓和曲线时的 L_F 段外,其他部位任意点坐标计算公式与单曲线相同。

5)示例

计算图6-65中JD_1和JD_2平曲线主点桩的坐标。

由表6-2和表6-3的结果,按单曲线坐标计算公式,可以算出JD_1和JD_2平曲线主点桩的坐标,列入表6-4中。

主点坐标计算结果 表6-4

主点	JD_1			JD_2		
	桩号	X(m)	Y(m)	桩号	X(m)	Y(m)
ZH	K0 +183.310	5 765.500	1 574.548	K0 +737.335	5 580.263	2 078.231
HY	K0 +263.310	5 708.671	1 630.805	K0 +817.335	5 567.199	2 157.121
QZ	K0 +361.913	5 635.092	1 711.949	K0 +908.250	5 536.567	2 242.513
YH	K0 +460.515	5 618.095	1 864.202	K0 +999.165	5 487.482	2 318.807
HZ	K0 +540.515	5 605.930	1 883.092	K1 +079.165	5 432.858	2 377.204

4. 实地放线

根据测量控制点和纸上定线计算成果,可采用极坐标法、拔角法、支距法、直接定点法、GPS法等放线。

第五节 公路总体设计

一、总体设计的任务、原则及内容

总体设计是指在公路设计之前对公路的走向、布局、路线方案、等级、标准、指标、工程方案、景观、环保等方面进行的总体安排和设计的工作。总体设计是公路具体设计的依据和基础。总体设计的好坏直接影响公路的设计、施工、营运的质量,是公路设计重要的前期工作。总体设计已是公路设计文件的重要组成部分之一。

1. 总体设计的任务

公路是一种带状的三维构造物,是铺设于大自然中的工程实体,因此公路设计不仅要满足其自身的功能需求,还要着重研究大自然中的各种相关的复杂因素。公路总体设计的内容涵盖了公路自身的功能要素和大自然的各种因素,设计也就是对这些要素、因素进行综合分析,使其系统化、有机化的过程,最终使建造的公路达到既能满足其自身功能要求,又能与大自然相融合,达到协调与平衡的目的。

总体设计的任务可归纳为实现“三个协调”,即通过总体设计实现公路与各自然因素的协调;公路与周围环境的协调;公路自身各工程的协调。

具体任务主要解决以下两个问题:

(1)总体设计应论证确定公路功能、技术标准、建设规模及建设方案。

(2)总体设计应统一协调路线、路基、桥涵、隧道、路线交叉、交通工程与沿线设施等各专业内、外部的关系,明确相关设计界面和接口,使之成为完整的系统工程,符合安全、环保、可持续发展的总体目标。

2. 总体设计的原则

1)坚持围绕生态环境保护这一主题进行路线方案多方案论证比选的原则

路线方案多方案论证比选是合理确定路线方案的前提条件。山区复杂的地形、地质、水文和生态环境条件严重制约着路线方案的布置。因此，在路线设计的各个阶段都必须对各个路线方案做深入、细致的研究，在论证比选时，不仅要着眼于路线和工程方案本身，还应将生态环境保护列为重要的比选内容，使得拟定的方案具有利于环保、技术可行、经济合理的优点。

2）坚持技术指标与地形条件相互协调的原则

在设计中采用较高的技术指标有利于车辆的良好运行，较低的技术指标则会对行车条件产生不利影响。而山区复杂的自然条件决定着技术指标的采用，较高的技术指标必然会使填挖工程量增大，直接影响到区域的生态环境，同时工程构造物的数量也会增多，导致工程造价上升。因此，应在保证行车安全的前提下，强调选用技术指标时因地制宜，坚持路线与地形条件相互协调的原则，不应片面追求高指标。

3）坚持按地质条件选线的原则

山区地质构造复杂，地质灾害的类型多，分布面广，且成因复杂。有些灾害具有极强的隐蔽性，在路线测设的某个阶段中有时不被人们所认识，这些灾害会对公路施工和运营带来不可估量的影响。同时地质灾害的发生将直接影响到区域的自然环境，造成水土流失，甚至会诱发其他新的灾害，形成连锁式的不良反应。在路线方案拟定过程中，往往由于地质灾害的可治性及治理费用的原因，使得在其他方面表现较优的方案最终被舍弃。因此，在路线布线时，应首先研究路线走廊内的地质条件，并应坚持地质条件选线的原则。

4）坚持对典型工程方案进行综合比选的原则

在山区高速公路设计中不可避免地会出现一些典型工程，一般有高路堤、高架桥、深路堑、隧道、高边坡、半边桥或纵向桥等。这些工程不仅对路线总体方案和工程造价有极强的控制作用，而且不同工程方案在山体开挖及土石方数量方面有较大差异，从而严重影响区域的生态环境，同时还会影响道路的安全运营。因此，在山区高速公路设计中必须强调对典型工程方案的综合比选。

5）正确处理公路建设与自然景观、人文景观的关系

山区独特的自然条件往往是名胜古迹的诞生地，优美的生态环境也会形成独特的自然景观，是人们休闲、度假、旅游的好去处。因此，公路总体设计应从自然和人文景观这一重要因素出发，不仅要做到与周围环境、景观的相互协调，讲求美感，还要有利于开发当地的旅游资源。

6）正确处理公路建设占地、拆迁的关系

虽然山区的土地资源较为丰富，但用于农业耕作的土地却十分贫乏，高产农作物耕地大多分布于山间平原或河谷阶地，同时居民的居住地也往往分布于此，而这些区域往往也是较为优越的路线走廊。因此，公路总体设计应尽量少占高产田、经济作物田或经济林园，以保护当地人民赖以生存的土地资源，并应综合考虑占地、拆迁与路线绕避及增加结构物比选方案，合理确定造地还田和居民搬迁的实施方案。

7）综合考虑路线与水源地、水利设施的关系

山区独特的地形和生态环境形成了丰富的水资源条件，为了充分利用水资源，人们建设了各种水利设施，以满足生产、生活的需要。目前，由于全球气候环境的变化，生态环境的脆弱，以及人们对水资源的过度开采、使用等原因，局部水资源已相当贫乏。因此，公路设计必须重视保护水源地，避免污染，尽量减少对既有水利设施的损坏，并做好水土保持工作。

8）合理利用路线走廊资源，加强分期修建的论证

山区路线走廊资源十分贫乏，公路建设一般采用一次建成的方案。对处于边远区域的高

速公路,由于区域自身的交通总量较小,大部分交通为过境交通,且增长速度较慢,加之采用一次建成方案所需的资金量巨大,此时可考虑采取分期修建方案,并应进行充分分析论证。分期修建分为纵向分期修建和横向分期修建两种。纵向分期修建主要根据交通增长的需求予以确定,即分析各个路段现有道路的通行能力,按此路段交通量的增长情况计算分期修建的实施年限。横向分期修建是先建成半幅,若干年后再建设另半幅或其余部分的修建方式,也要考虑道路通行能力与交通量增长的关系,计算分期修建的实施年限。对于山区高速公路,横向分期修建还要从以下几方面进行分析论证。

(1)在充分研究地形、地质等自然条件的基础上,分析二期工程的实施对一期工程的影响。

(2)分析二期工程的实施对一期工程环境保护措施的影响,以及对自然环境造成的新的破坏程度及其恢复环境的代价。

(3)分析二期工程对一期工程道路运营的影响。

平面相隔较远的分离式路基或长大分体式隧道工程具有实施分期修建的条件时,应对交通适应性、建设环境、建设资金等进行综合分析后予以确定。

9)综合考虑铁路、管线、公路等的交叉处理

由于考虑到地形、地质、区域经济布局、公路施工及运营等方面的原因,拟建公路往往与既有的铁路、公路、管线等位于同一走廊带,出现平行或交叉情况,对此一般应采取切实的保护措施。与铁路交叉的上跨桥梁,除留有足够的净空外,还应考虑如电气化、复线等改扩建的需求;与管线交叉时应设置检修通道。既有公路是高速公路建设中各种物资十分重要的运输通道,也是高速公路建成后交通来源的路径,应注意保护。

10)充分考虑土石方平衡,减少土石方数量,做好土地复垦、弃方造地和恢复植被设计

山区高速公路建设中的最大问题是土石方工程数量较大,往往出现挖方大于填方的情况,从而导致大量弃方。挖方和弃方不仅直接破坏了山体植被,影响区域生态环境,而且极易造成水土流失。因此,在设计时要重点寻求开挖土石方利用的路径和途径,讲求土石方平衡。除合理布设路线方案、恰当运用技术指标外,还要对“以桥代路、以隧代路”以及为减少边坡开挖率所采取的工程措施进行全面的评价比选,从各个角度出发,综合寻求减小土石方数量的途径。对于取土场应做好土地复垦和植被恢复设计;对于弃土场,首先应做好防洪设计,防止水土流失,进而做好造地工作,进行植被种植设计,并将由此而发生的工程全部计入公路工程中,进行综合造价比选。

3. 总体设计的主要内容

1)可行性研究阶段总体设计的主要工作内容

(1)根据总体设计应考虑的主要因素,结合项目建设条件和特点,提出总体设计指导思想,有针对性地制订项目总体设计原则。

(2)根据预测交通量和建设条件综合确定项目的技术标准、道路等级及建设规模。

(3)根据项目区域的地形、地质、水文、气象等自然条件,确定路线走向和走廊带方案,拟定重大工程方案。

(4)根据公路在区域路网中的作用,确定路线起终点、主要控制点及与其他相交公路的连接关系。

(5)提出设计阶段应进一步深化研究的总体设计问题。

2)设计阶段总体设计的主要工作内容

(1)在充分研究可行性研究报告批复意见的基础上,根据总体设计的主要影响因素,结合项目建设条件和特点,有针对性地制订总体设计原则;分析项目的重点、难点,提出相应的可行性对策。

(2)路线起、终点及与其他公路(含规划公路)的衔接方式,应符合路网规划的要求;起、终点位置及建设方案应考虑为后续项目接线和具体工程实施预留足够的长度,至少应延伸至路线两个平曲线以上,并达到初步设计的工作深度。

(3)应根据公路功能、设计交通量、沿线地形、地质条件等论证并确定公路等级、设计速度、设计路段;不同设计路段的衔接位置应适应衔接路段的过渡及前后一定长度范围内的线形设计;不同设计路段的衔接点宜选择在平面交叉或互通式立体交叉的交通量变化处,也可选择在平纵线形良好、视野开阔的路段;高速公路、一级公路应分别对左、右路幅进行线形设计,通过渐变中央分隔带宽度完成过渡。

(4)总体设计应对路线方案进行综合比选。不同地形条件路线方案比选要点如下。

①平原微丘区路线方案比选,应考虑项目与区域路网的关系,路线控制点应以交通源及交通枢纽为基础,路线宜尽可能便捷,同时应考虑占地、拆迁、噪声及景观等因素。

②山岭重丘区路线方案比选,应考虑路线与地形、地质、水文、生态水资源等自然条件的关系,路线控制点的选择应以安全和环境保护为原则,对整体式与分离式路基、高路堤与高架桥、深路堑与隧道等典型工程方案,根据其特点、适用性和内在联系,及其对路线方案和平纵面布置、路基土石方数量、环境保护、道路景观、工程可靠度、工程造价等的影响,从定性、定量两个方面综合比选。

(5)公路路线平、纵、横面设计的合理性应采用运行速度进行检验;公路安全设施应根据运行速度的检验结果有针对性地设置;工程设计方案应根据建设条件合理确定,应采取必要的工程措施,确保工程设计的可靠度。

(6)一般路段和特殊路段的横断面,应根据交通量和交通组成合理确定,其要点如下:

①高速公路、一级公路应根据设计交通量论证并确定车道数;具有集散功能的一级公路、二级公路应根据混合交通量及其交通组成论证设置慢车道的条件,并确定设置方式、横断面形式和宽度。

②高速公路、一级公路一般情况下应按照减小工程量、节省占地并方便交通运营管理等原则采用整体式路基,位于丘陵、山区时,应结合地形、地质、生态等自然条件和桥梁、隧道方案的布设及考虑降低工程造价、保护自然环境的因素,论证采用分离式路基的可行性。

③对于设置爬坡车道、避险车道等特殊路段,应从路线平纵面布设、交通量及交通组成、通行能力及工程设置合理性等方面综合论证其设置位置和横断面宽度及组成参数。

(7)大型桥梁、隧道、交叉、管理养护等设施的位置、间距及其设计方案应根据其功能合理确定,其要点如下:

①大型设施的间距应满足相关要求,各个设施之间的过渡应顺畅,必要时应采取切实可行的措施,确保交通安全。

②大型设施的设计方案应考虑与其他设施之间的相互联系,做到全面协调、总体可行;

③大型桥梁、隧道工程应做好两端接线设计:平面交叉、互通式立体交叉设施应做好连接线设计;管理养护及服务设施的设置位置及规模应与区域路网中的服务设施相匹配。

④交叉工程应根据沿线居民的生产、生活方式现状及其发展趋势论证确定实施和预留方案,并正确处理沿线交叉工程与其他运输方式的关系。

⑤路线布设及平面交叉、互通式立体交叉的设置应有利于与其他运输方式形成综合运输网络;与铁路、水路、管道等运输方式的交叉工程应满足相关设施正常运营和发展规划的要求。

(8)平原区公路应尽量降低路基高度,采用低路堤设计方案,减小取土数量,节省公路占地,合理确定工程取土、弃土方案;山岭区公路不宜采用高填深挖路基,应结合路线布设合理确定工程设施,取、弃土场和植被恢复设计方案,防止发生水土流失等次生灾害。

(9)路线平纵面设计及工程方案的确定,应以节省占地为原则,基本农田区的路段应采取必要的工程措施节约耕地;山岭、丘陵区的路段宜根据弃土情况提出造地还田方案。

(10)路线平纵面设计,应充分考虑沿线环境及景观因素,合理确定路基、防护、排水、取土、弃土等设计方案,防止水土流失,保护自然环境。

(11)收费公路应充分论证收费制式,合理确定收费方式、主线收费站位置及其与被交公路的交叉方式等;高速公路的收费方案应考虑与区域路网收费体系的配合。

(12)分期修建的公路工程,必须按远期规划的技术标准做出总体设计,制定分期修建方案,做出相应设计。

二、公路功能与技术标准

1. 公路功能及技术标准确定的基本要求

(1)应根据国家和地区路网结构与规划、地区特点、交通特性和建设目标等综合分析公路在公路网中的地位和作用,论证确定公路功能。

(2)应根据公路功能,结合交通量及建设条件综合论证确定公路的技术等级。同一公路项目可根据功能和交通量变化,论证分段采用不同的技术等级。

(3)应根据公路功能、交通组成、车型比例,确定设计车辆。

(4)高速公路和一级公路应根据公路功能、设计交通量,确定公路基本路段的车道数,车道数增加时应按双数增加。

(5)各级公路可根据项目沿线地形、地质与自然条件变化,分段选用设计速度,并应符合下列规定:

①同一设计速度的路段长度不宜过短,同一公路中不同设计速度的变化不应频繁。

②不同技术等级、不同设计速度路段相互衔接的位置或地点,应选择在大型构造物、互通式立体交叉、平面交叉、沿线主要村镇节点的前后,或路侧环境条件明显变化处。

(6)应根据路段设计速度、沿线地形、地质、环境和交通需求等因素,合理确定路线平纵面、视距、超高、加宽等主要控制指标。

(7)应根据公路技术等级、设计交通量、沿线环境和横断面各组成部分的功能,综合确定公路路基横断面组成及宽度。

(8)改扩建公路应采用改扩建后的公路技术标准和指标,对于利用原有公路的路段,因提高设计速度可能诱发工程地质病害、增加工程造价或对环境保护、文物有不利影响时,经论证该局部路段可维持原设计速度和指标,其长度高速公路不宜大于15km,一级、二级公路不宜大于10km,但不应降低技术等级。

技术标准的确定是一项科学性极强、涉及因素广泛的工作，是公路勘察设计的前提条件。技术标准主要依据公路网规划，从全局出发，按照公路和使用任务、功能和远景交通量综合确定。对于山区高速公路，除考虑这些重要因素外，还要着重从路线走廊的地形、地质、水文条件和环境保护的要求等方面入手，从实际出发，以实事求是的观点进行全面的分析论证。

2. 确定技术标准的主要因素

1）路网规划及路网中道路的相互关系对技术标准的影响

公路在区域网中的地位和作用直接关系到公路的性质和功能，是影响公路技术标准的首要因素，公路的技术标准应以公路网规划为基本依据，就路网层次的重要性而言，国家级主骨架路网占主导地位，技术标准的定位往往要高，而省级及区域级主骨架路网有时与国家级路网相重合，但由于国家级路网在一个区域的覆盖范围有限，因此必须建立区域主骨架路网予以补充或完善。一般来讲，这些路网的技术标准要低于国家级路网，但有时由于区域城镇布局、经济组团布局等因素的影响，这些道路往往也是十分重要的。山区路网的密度较低，尤其是主骨架路网更为稀疏，技术标准的拟定应充分考虑这一因素。

2）公路的使用任务、功能对技术标准的影响

路网规划的层次性对技术标准的拟定有较大的影响作用，但即使是位于同一路网层次的公路，其技术标准也不尽相同，因此应对拟建公路的使用任务及功能做进一步分析。对于高速公路按其使用任务、功能可分为四种：一是远离经济发展中心区域的公路，这类公路是连接两个相距较远的重要经济中心的需要而建设的，往往是国家主骨架路网的组成部分，但其技术标准的定位是不高的；二是连接两条主骨架道路的高速公路，由于主骨架道路承担了主要方向的交通，拟建项目仅起到路网的连接作用，因此这种公路的技术标准也不需过高；三是连接区域内经济组团或位于中心城市外围的进出口公路，这类公路是十分重要的，应选择较高的技术标准，即使在公路远景设计年限的 20 年内所预测的交通量不高的情况下，也应从城市远期总体布局发展和区域经济发展的角度进行综合考虑，一般不宜选择较低的技术标准；四是旅游或兼有旅游性质的高速公路，由于公路多位于风景名胜区，过高的技术标准会对自然景观产生不利影响，而较高的车速也不利于游客的观光情绪，应选择适当的技术标准。

3）设计交通量对技术标准的影响

设计交通量是确定公路等级和技术标准的基本依据，在确定技术标准时，应根据拟建项目在某一拟定的技术标准条件下公路的技术参数和交通组成，分析拟建项目的通行能力，结合预测的远景交通量选择合理的技术标准，必要时应按照交通量各特征年的预测值加以分析。由于同一技术标准所适应的交通量的变化范围的级差和相邻技术标准所适应的交通量也有一定的重叠范围，对此应引起注意。

4）路线走廊的选择对技术标准的影响

路线走廊不同，交通吸引能力亦不同，因此路线走廊的选择对技术标准的拟定会产生一定的影响。在山区，由于路线所处的地理位置及所处路网的特殊性，一般情况下，不同路线走廊对交通吸引能力的差异不大，对技术标准拟定的波动性影响较弱，而路线走廊内复杂的自然条件是影响技术标准拟定的关键因素。因此，应充分了解和查明走廊内的地形、地质和水文条件，依据初拟的技术标准，按照相应的技术指标要求，对不同路线走廊进行布线，研究在不同技术标准条件下路线平、纵面指标的变化情况，典型工程的分布情况，定量分析拟定标准的合理性。

5）环境保护对技术标准的影响

环境保护是评价技术标准运用合理性的重要指标。因此，应首先研究在拟定的技术标准前提下，路线布设对环境的影响程度。在山区要重点分析生态环境和水环境，了解和掌握区域生态环境的特点和水资源的分布情况，结合路线布置情况，从定性和定量两方面综合论证技术标准的合理性。

6）工程造价对技术标准的影响

较高的技术标准必然有较高的工程造价，有时采用不同的技术标准其工程造价有较大的差异，但有时技术标准的波动对工程造价影响的量级不大。因此，应按照不同技术标准的工程造价，结合前述因素进行综合分析，根据建设项目资金筹措的方式和数量，从公路的建设需求和国家、地方的财政投放几方面综合考虑技术标准的合理性。

3. 技术指标的掌握

1）按区段交通量掌握

同一技术标准交通量的变化幅度过大，其低限和高限值相差也较大，这个差异主要考虑了预测的交通量组成、道路所能达到的技术指标两个因素。因此，在具体路线设计时，应充分考虑远景交通量的大小及其组成情况，依此将整个项目划分为若干个设计路段，交通量处于低限、地形条件较复杂的路段，其技术指标不宜过高。

2）按地形条件掌握

在交通量变化不大的路段，地形、地质条件决定着技术指标的选用。因此，应首先对全线的地形、地质条件作出全面分析，将其划分为若干个设计单元，针对每个单元选用适当的技术指标。

3）技术指标的均衡

按照交通量、地形条件划分的不同设计路段所选用的技术指标，必然存在不均衡现象，这在公路设计中是难免的，但应注意不同设计路段之间连接段技术指标的均衡与连续，做到高、低指标的合理过渡，并注意不同设计路段过渡段的设置。

三、建设规模与建设方案

1. 基本要求

（1）应根据公路网规划和公路功能，综合考虑路线走廊带范围的铁路、水路、航空、管道等综合交通运输体系的布局与规划，城市、工矿企业的现状与发展规划，自然资源开发利用状况等，研究确定路线起终点、主要控制点、路线长度、交叉数量、管理与服务设施配置等，确定建设规模。

（2）应根据项目的总体建设规模、控制性工程施工条件、交通量发展需求和项目资金筹措情况等相关因素，论证确定项目的建设方式。采用分期修建方式时，应符合下列要求：

①必须在综合分析论证的基础上作出总体设计和分期实施计划，分期修建的项目应使前期工程在后期仍能充分利用，并为后期工程的修建留有余地和创造有利条件。

②在论证采用分期建设方式时，除考虑交通量发展需求和项目资金条件外，还应充分考虑整个施工期内，项目建设对周边环境、沿线群众交通出行、交通组织、安全等的影响。

③高速公路根据路网规划、交通量等因素，可采用纵向分段或按工程项目分期修建的方

式。高速公路整体式路基路段,不得采用分期分幅的建设方式;高速公路和一级公路分离式路基路段经论证可采用分期分幅的建设方式,先期建成的一幅按双向交通通行时,应按二级公路通车条件进行管理,且限制速度不应超过80km/h。

(3)公路路基横断面形式应符合下列规定:

①高速公路和一级公路应根据沿线地形、地质等条件,选用整体式路基断面形式或分离式路基断面形式。必要时,应对采用整体式与分离式路基、高低路堤、半桥半隧等路线方案进行比选论证。

②在戈壁、沙漠和草原等地区,高速公路和一级公路宜选择宽中央分隔带、低路基、缓边坡、宽浅边沟等形式。

③二级公路、三级公路和四级公路应选择整体式路基断面形式。

④一级公路、二级公路应根据功能、混合交通量及其交通组成论证设置慢车道的条件,并确定其设置方式、横断面形式与宽度。

⑤公路不同断面形式及宽度变化应设置必要的过渡段,其位置宜选择在城镇、交叉等节点。

⑥公路路基横断面布置应满足交通工程和安全设施等设置的需求。

(4)公路与邻近铁路、管线的相互布置关系,应在调查掌握铁路及各类管线设施的走向、位置的基础上合理确定,并应符合下列要求:

①应合理减少公路与铁路、管线等的交叉次数。必须交叉时,应论证确定交叉位置和方式,采用较大的交叉角度,同时确保铁路、管线及其附属设施不得侵入公路建筑限界、不得影响公路视距。

②当公路与铁路和管线设施平行相邻时,应保持必要的距离,且保证铁路、管线及其附属设施不得进入公路两侧建筑控制区范围。

(5)公路项目与沿线相关公路的交叉方式,应根据公路功能、等级及交通组织方式综合确定,并应符合下列要求:

①承担干线功能的公路,应充分结合既有路网条件,通过合并、分流、设置辅道等措施,减少各类交叉数量、加大交叉间距,提高公路通行的效率和安全性。

②高速公路与其他等级公路交叉时,必须采用立体交叉方式。应视交通流转换需求论证采用互通式立体交叉或分离式立体交叉。

③一级公路与其他等级及一级以下公路交叉时,应根据其所承担的主要功能确定交叉方式。承担干线功能时,与交通量大的公路相交宜采用立体交叉方式;承担集散功能时,应控制平面交叉间距,减少平面交叉的数量。

④二级、三级、四级公路与其他二级及二级以下公路交叉时,可采用平面交叉方式。

⑤一级及一级以下公路穿越或靠近城镇路段,应根据沿线实际情况考虑设置必要的隔离设施。

(6)交通工程及沿线设施应与主体工程同步设计,并应根据公路功能及等级、交通组织方式及安全与运营管理等需要,合理确定公路收费站场、服务区、停车区等管理和服务设施的位置、形式、间距和配置规模。必要时,可根据交通量等发展需求,论证采用一次规划,分期建设的方案。

(7)路线方案应由面到带、由带到线考虑各类影响因素,通过综合论证确定,并应符合下

列要求:

①应查明沿线地质、水文情况,重大自然灾害、地质病害的分布、范围、状态及其对工程的影响程度。对路线方案选择有重大影响的地质灾害,应进行综合评估,并对绕避、穿越及处治方案进行比选论证。

②应研究特大桥、特长隧道等布置方案对路线走廊带及线位布局的影响,并进行方案比选论证。一般桥梁和隧道,其布设宜服从路线总体走向和几何线形设计等要求。

③对于公路路基高填深挖的路段,应进行高坡路基与桥梁、深挖路堑与隧道方案的综合比选论证。

(8)改扩建公路应遵循利用与改造相结合的原则,应在原有公路交通安全性评价,以及原有路基、桥梁、隧道检测与评价的基础上,综合论证对既有路线和构造物等的利用原则和利用方案,合理、充分地利用原有工程,并应符合下列要求:

①对于改扩建期间维持交通的项目,应基于相关路网条件,分析提出项目建设期间交通流组织与疏导方案,最大限度减少项目施工对既有交通出行的影响,保证交通安全。高速公路改扩建项目维持通车路段,服务水平可降低一级,设计速度不宜低于60km/h。

②沙漠、戈壁、草原等小交通量地区的高速公路分离式断面路段利用现有二级公路改建为一幅时,其设计洪水频率可维持原标准不变,并应根据需要设置区域交通出行的辅道。

③公路改扩建项目应充分利用公路废旧材料,节约工程建设资源。

2. 路线方案比选

方案比较是选线中确定路线总体布局的有效方法。在可能布局的多种方案中,通过方案比较决定取舍,选择出技术合理、费用经济、切实可行的最优方案。路线方案的取舍是路线设计中的重要问题。方案是否合理,不仅直接关系到道路本身的工程投资和运输效率,更重要的是影响到路线在道路网中的作用,直接关系到是否满足国家政治、经济及国防的要求和长远利益。

从方案比较的深度不同可分为原则性方案比较和详细的方案比较两种。

(1)原则性的方案比较

从形式上看,方案比较可分为质和量的比较。对于原则性的方案比较,主要是质的比较,多采用综合评价的方法,这种方法不是通过详细计算经济和技术指标进行比较,而是综合各方面因素进行评比,所要综合因素有:

①路线在政治、经济、国防上的意义,国家或地方建设对路线使用任务、性质的要求,以及战备、支农、综合利用等重要方针的贯彻和体现程度。

②路线在铁路、公路、航道等网系中的作用,与沿线工矿、城镇等规划关系以及与沿线农田水利建设的配合及用地情况。

③沿线地形、地质、水文、气象、地震等自然条件对道路的影响,要求的路线等级与实际可能达到的技术标准及其对路线使用任务、性质的影响,路线长度、筑路材料来源、施工条件以及工程量、三材(钢材、木材、水泥)用量、造价、工期、劳动力等情况及其对运营、施工、养护的影响,以及施工期限长短等。

④工程费用和技术标准情况。

⑤其他,如与沿线历史文物、革命史迹、旅游风景区的联系。

影响路线方案选择的因素是多方面的,而各种因素又多是互相联系和互相影响的,比选时应在满足使用任务和性质要求的前提下，综合考虑自然条件、技术标准和技术指标、工程投资、施工期限和施工设备等因素，精心选择，反复比较，才能提出合理的推荐方案。

原则性的方案比较，主要通过定性分析来进行比选，一般多用于区域性的大的走廊带的主要论证和比选。

(2)详细的方案比较

详细的方案比较是在原则性方案比较之后进行的量的比较，它包括技术和经济指标的详细计算，一般多用于路段的方案分析比较。详细的方案比较应是同精度的，且选择的方案应是具有可比性的。

①技术指标

a. 路线长度及其延长系数：

$$\text{路线延长系数} = \frac{\text{路线方案实际长度}}{\text{路线方案起点间的直线距离}}$$

有时在初步比选时，可计算路线方案各大控制点间直线距离之和，可不计算路线方案实际长度。这时计算的系数叫路线技术延长系数。其值一般在 1.05 ~ 1.20 之间，视地形条件而异。

b. 转角数：包括全线的转角数和每千米的转角数。

c. 转角和转角平均度数：转角是体现路线顺直的一种技术指标。转角平均度数按下式计算：

$$\theta = \frac{\sum_{i=1}^{n} \theta_i}{n} \tag{6-24}$$

式中：θ——转角平均度数(°)；

θ_i——任一转角的度数(°)。

d. 最小曲线半径数。

e. 回头曲线数。

f. 与既有道路及铁路的交叉数目(包括平面交叉和立体交叉)。

g. 限制车速的路段长度(指居住区、小半径转弯处、交叉点、陡坡路段等)。

②经济指标的比选

a. 土石方工程数量。

b. 桥涵工程数量(大桥、中桥、小桥涵的座数、类型及长度)。

c. 隧道工程数量。

d. 挡土墙工程数量。

e. 征地数量及费用。

f. 拆迁建筑物及管线设施的数量。

g. 主要材料数量。

h. 主要机械、劳动力数量。

i. 工程总造价。

j. 投资成本-效益比。

k. 投资利润率。

l. 投资回收期。

3. 路线方案的拟定

一条路线的起、终点及中间必须经过的重要城镇或地点,通常是由公路网规划所规定或领导机关根据国家或地方经济建设需要指定的。这些指定的点称为据点,把据点连接成线,就是路线的总方向(或称大走向)。两个据点之间常有若干可供选择的不同走向,有的可能沿某河、越某岭,也可能沿某几条河,翻某几个岭;可能走某河的这一岸,靠近某城镇;也可能走对岸,避开城镇等。图6-59中的*A*、*C*为规划路线的起、终点,*B*为必须经过的经济据点。若将线路起、终点和必须经过的经济据点直接连接,路线虽短捷,但多次跨越大河,直穿较高的山岭和不良地质地段,不仅投资多,而且工程质量差、隐患大。为了降低工程造价,消除隐患,可根据自然条件选择有利地点通过,如特大桥或复杂大桥的合适桥址*D*、*E*,绕避不良地质的*F*、*G*,垭口*H*、*I*,这些点称为控制点。这样,据点*A*、*B*之间就有*ADFB*和*AGEB*两个可能走法,而据点*BC*之间也有*BHC*和*BIC*两个可能走法,每一种可能的走法就是一个大的路线方案。作为选线工作的第一步就是要在各种可能的方案中,在深入调查的基础上,通过方案的比选,选择最合理的路线方案作为进一步设计的依据。

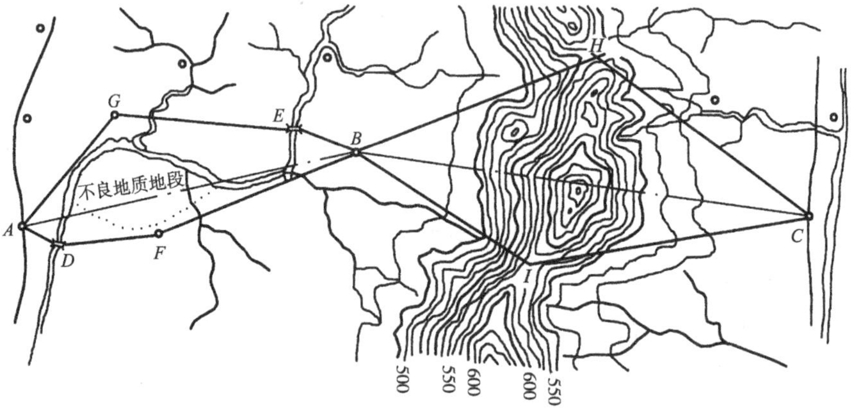

图6-59 路线方案拟定

路线方案是否合理,不但直接关系到公路本身的工程投资和运输效率,更重要的是影响到路线在公路网中能否起到应有作用,即是否满足国家政治、经济、国防的要求和长远利益。长的干线公路尤其如此,所以,路线方案的选择要从大面着手。

4. 路线方案选择的步骤和作法

(1)收集资料。为了做公路选线工作,必须尽可能收集现有资料,以减少勘测调查的工作量。要收集的主要资料有:

①各种比例尺的地形图、卫星相片、航摄相片和以往的勘测设计资料。

②交通量及交通组成等交通调查资料。

③相邻道路的主要技术标准、平面与纵断面图、交通量以及设计、施工和运营资料。

④路线行经地区的地质、水文、气候等自然条件方面的有关资料。

⑤路线行经地区的城镇、工矿、铁路、航空、水利建设和规划资料。

⑥与路线方案有关的统计资料。

(2)根据确定的路线总方向和公路等级,先在小比例尺(1:50 000或1:100 000)的地形图上,结合收集的资料,初步研究各种可能的路线走向。研究重点应放在地形、地质、地物复杂、外界干扰多和牵涉面大的段落。比如可能沿哪些溪沟，越哪些垭口，路线经城镇或工矿区时，是穿过、靠近还是避开而以支线连接等。要进行多种方案的比选，提出哪些方案应进行实地踏勘。

(3)按室内初步研究提出的方案进行实地调查，连同野外调查中发现的新方案，都必须坚持跑到、看到、调查到，不遗漏一个可能的方案。野外调查要求做到以下几点：

①初步落实各据点的具体位置，路网规划所指定的控制点如确因干扰或技术上有很大困难或发现不合理必须变动，应及时反映，并经过分析论证提出变动的理由，报有关部门审定。

②对路线、大桥、隧道均应提出推荐方案。对于确因限于调查条件不能肯定取舍的比较方案，应提出进一步勘测比较的范围和方法。

③分段提出采用技术标准和主要技术指标的意见。

④在深入调查的基础上，通过比较，选定路线必经的控制点，如越岭的垭口、跨较大河流的桥位、与铁路或其他公路交叉地点，以及应绕避的城镇及大型的不良地质地段等。对于地形、地质、地物情况复杂的地区，应提出路线具体布局的意见。

⑤分段估算各种工程量。如路基土石方数量，路面工程量，桥梁、涵洞、隧道、挡土墙等的长度、类型、式样和工程数量等。

⑥筑路材料调查。调查当地出产材料如砂石材料、石灰等和外购材料如钢筋、水泥、木材等的规格、价格、运距、运输方式、供应数量等情况。

⑦其他，如沿线民族习惯、居住、生活供应、水源、运输条件、气候特征、沿线林木覆盖、地形险阻等情况也应进行调查，为下一步勘测提供资料。

(4)路线方案比选示例。

下面举例说明路线方案选择的过程。

图6-60为某干线公路，根据公路网规划要求按二级、三级公路标准进行比选，共比选了四个方案，各方案的主要技术经济指标汇总见表6-5。

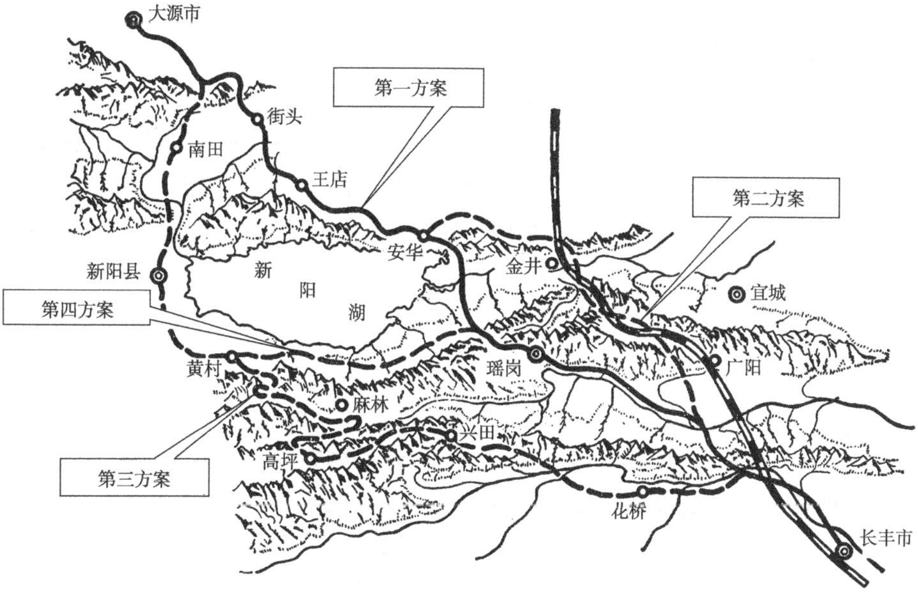

图6-60 路线方案比选平面图

某路各方案主要指标比较 表6-5

指标		单位	第一方案	第二方案	第三方案	第四方案
通过县(市)		个	29	29	32	31
路线长度		km	1 360	1 347	1 510	1 476
其中:新建		km	133	200	187	193
改建		km	1 227	1 147	1 323	1 283
地形:平原、微丘		km	567	677	512	615
山岭、重丘		km	793	670	998	861
用地		km^2	1 525	1 913	2 092	1 928
工程数量	土方	$10^2 m^3$	382	492	528	547
	石方	$10^2 m^3$	123	75	82	121
	次高级路面	km^2	5 003	5 582	4 440	5 645
	大、中桥	m/座	1 542/16	1820/20	1 057/13	1 207/15
	小桥	m/座	1 084/57	846/54	980/52	1 566/82
	涵洞	道	977	959	1 091	1 278
	挡墙	m^3	73 530	53 330	99 770	111 960
	隧道	m/处	300/1	—	290/1	—
材料	钢材	t	1 539	1 963	1 341	1 469
	木材	km^3	18 237	19 052	18 226	19 710
	水泥	t	30 609	39 159	31 288	33 638
劳动力		万工日	1 617	1 773	1 750	1 920
总造价		万元	5 401	5 674	5 189	5 966
比较结果			推荐			

比选结果,第三、四方案路线过于偏离总方向,较第一、二方案长100~150km,虽能多联系两三个县、市,但对发展地区经济所起的作用不大。而且第三方案线形指标较低,将来改建难以提高;第四方案又与现有高压电缆线连续干扰,不易解决,因而第三、四方案不宜采用。第二方案虽然路线最短,但与铁路严重干扰,且用地较多。最后推荐路线较短、线形标准较高、用地最省、造价也较低的第一方案。

5. 工程方案的比选

1)工程方案比选的重要性

由于自然条件极为复杂,总体设计工程方案不仅会受到地形、地质、水文条件的严重制约,而且也受到生态、水资源、人文、交通等环境的影响,这些因素使得路线总体设计的工程方案具有多样性。一般遇到的典型方案问题是:整体式路基、分离式路基、高路堤、高架桥、深路堑、隧道。这些典型方案相互联系、相互制约,每一个方案的变化,不仅仅只是表现在具体的工程方案上,也可能会导致较长路段总体方案的变化。因此,必须对不同总体设计方案在路线布置、工程设置、环境保护等方面作全面的分析与比较。

如某一工点,设计时拟采用高路堤方案,但由于高路堤所需土石方数量较大,占用优良农田较多,与自然景观配合较差,对基底地质条件要求较高,而且高路堤的稳定性对路堤高度变化较为敏感,使得路堤设计高度有限等原因,拟改用高架桥方案。这时不仅需要对两个方案在同一平、纵面设计条件下的各种因素进行综合比较,而且还要对高架桥和高路堤在设计高度上的变化加以分析。由于高架桥的结构特性,其设计高度有较大的变化空间,这种高度变化的灵活性,将直接影响本路段及前后路线纵面设计方案和工程设计方案,而且也可能使得整个路段的平面布线发生改变,从而打破原本拟定的总体设计方案。再如:路线穿越植被茂密区,为保护区域生态环境,无非是采用两种方式:一是直接穿越,采取必要的工程措施,最大限度地减小对植被的破坏;二是采用绕避方案,通过平面布线最大限度地减小对植被的影响。两个方案在路线平纵面设计、工程设置、对植被的影响程度上各不相同,需要对其进行定量的分析与比较。

2)整体式路基与分离式路基的比选

对于路幅设计而言,整体式路基是一种平面模型。在平原区或自然条件较为良好的地区,整体式路基作为路幅设计的首选方案,它的优势在于工程集中,有利于施工组织管理,节省占地,便于沿线设施布置和道路的养护运营。但在山区,由于其路幅较宽,且平、纵面设计的灵活性差,在路线布线的空间资源极其有限的情况下,会使得路线总体设计单调、死板,出现高填深挖、挤占河道、增加拆迁等现象,导致工程量增大,工程造价上升,且不利于环境保护。

高速公路及一级公路具有明显的分向分道行驶的特征,特别在山区高速公路设计中,应根据地形、地质、环境保护等条件合理地利用各要素,对每个方向进行独立的线形设计。这样不仅可最大限度地利用路线布线走廊内的空间资源,还可以在较大范围内重新寻求路线单向布线的途径,从而最大限度地消除采用整体式路基所带来的不利因素。

(1)同一平面布线条件下的分离式路基

同一平面条件下的分离式路基是指左右路幅为一条线形设计,分离式路基的设计仅仅是在纵面设计方面。

①沿河(沟)地段布线

沿河(沟)布线是山区高速公路常用的布线方式,但由于受到河道泄洪、河道自然弯曲形态、临河一侧陡峻山体及其地质条件的限制,布线常常较为困难。尤其是在V形河谷布线时(图6-61),不可避免地会出现高边坡,在地质条件较差的路段,高边坡的治理费用是较为昂贵的,并且大量的开挖山体会使山体植被遭受破坏,不利于环境保护。因此,在对河道泄洪、山体横坡及工程地质条件等因素进行综合分析后,可采用分离式路基,提高临山体一侧的路幅设计高度。这种布线方式对于陡坡路基也是极为适用的。

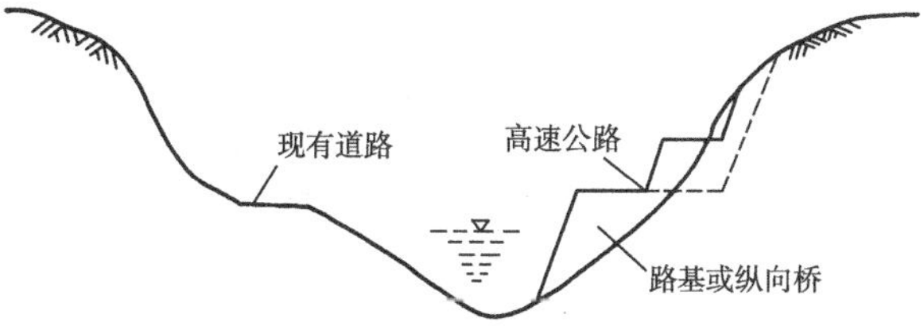

图6-61　位于V形河谷或陡坡布线的分离式路基

②斜坡地段布线

斜坡布线是山区或丘陵区十分常见的布线方式。如图6-62所示,地面横坡使得路线横向有一定的高差,按整体式断面设计时,斜坡下方的左半幅路基的填土高度较高,采用分离式路基可降低高度,减小土石方数量,节省占地。同时两车道之间的眺望可增强公路的美感,特别是在植被茂密、风景良好的地段,这种做法能更好地协调线形与地形的关系,减少对自然环境的破坏。另外这种布线方式还可减轻或消除对方车灯的眩光,有利于行车安全。

③地形起伏较大地段布线

起伏较大的地形条件对纵面设计来说是较为困难的,存在着纵面指标与工程量的矛盾,要提高纵面指标,就必然会出现高填深挖的现象,有时即使采用较低的纵面指标,也不会获得良好的效果。在这种情况下,可考虑采用分离式路基的设计思想,在充分考虑了地形和构造物设置等条件后,上坡方向的纵坡可适当放缓,下坡方向的纵坡可适当放陡,这样可大大减小土石方数量,减轻废方处理的难度。

(2)不同平面布线条件下的分离式路基

①同一走廊带布线时的分离式路基

路线穿越峡谷或陡坡地段时,单侧布线一般较为困难,即使采用同一平面布线时的分离式路基也会存在高边坡、压缩河道等情况,此时可考虑将上、下行路基分开布置于两侧的山坡上(图6-63),独立进行平、纵面设计,这样可使路线平、纵面设计变得十分灵活,以最大限度地适应地形、地质等自然条件的变化,充分利用路线走廊内的空间资源。

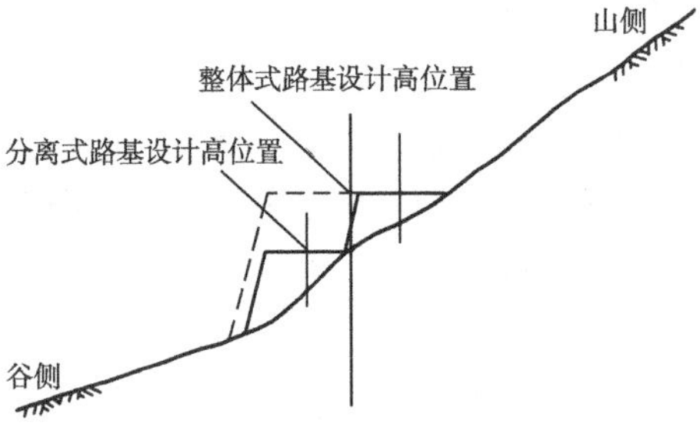

图6-62　斜坡地段布线的分离式路基

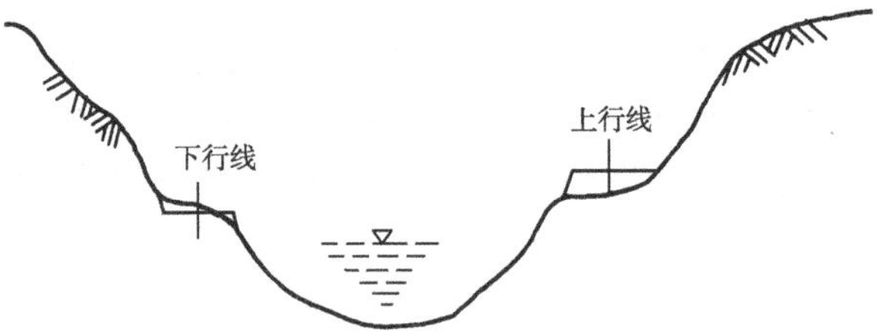

图6-63　同一走廊带布线时分离式路基

②不同走廊带布线时的分离式路基

有时同一走廊带布置的分离式路基不仅会受到地形、地质条件的影响,也会受到既有公路、铁路或其他管线设施的制约。在这种情况下,可考虑寻求新的路线走廊,开辟另外一幅路基。如图6-64所示,上、下行路线环抱一个山丘,路线随山丘两侧地形的变化而变化,显得十分自然、优美。

图6-64　不同走廊带布线时分离式路基

3)高路堤与高架桥的比选

(1)高路堤

高路堤是山区公路设计中经常碰到的问题,虽然在路线平面布置时充分考虑了纵面设计要素,但山区复杂的地形条件,特别是纵向高差起伏较大的特征决定了高路堤的出现。

《公路路基设计规范》(JTG D30—2015)中对于一般路基路堤的最大高度界定为:在路堤基底良好时,采用黏质土、粉质土、砂类土、石质土或石块填筑的路堤为20m,采用砂砾填筑的路堤为12m。当路堤高度大于一般高度时为高路堤,应进行路堤稳定性验算,采取必需的处理措施。

在山区,高路堤一般在两种情况下出现:一是在斜坡上,受山体横坡的影响,路基一侧的路堤边坡伸出较远,形成高路堤;二是在路线通过V形谷地或U形山间平原易形成高路堤,特别是U形山间平原的高路堤一般较长,是高路堤设计的重点和难点。采用高路堤设计方案的最大优点是它能充分利用前后路段的挖余废方,减小弃方困难,但应从以下几方面进行综合分析。

①路线总体设计

虽然高路堤具有能充分利用挖余废方的优势,但其设计高度会受到基底地质条件、填料性质的影响,普遍认为其最大高度以30m为宜。正是由于其有限的高度,有时会导致前后路段路线线位偏低,反而会增加土石方数量,从而在填与挖的问题上产生矛盾,这种矛盾的激化,也会导致路线平面设计的变化,使得路线平、纵面指标降低,直接影响局部路段的总体设计方案,有时波及的范围会更大。

②环境保护

高路堤土石方用量较大,经初步计算,一个高30m的高路堤每延米需填筑土石方约为2 360m^3,当前后路段的挖余废方不能满足填筑要求,且较远路段的挖余土石方受到地形条件限制不能加以利用时,势必要设置线外取土场,这样在一定路段内不仅使线内的植被遭到损坏,而且还波及线外。

③自然景观

大面积的挖方不仅使区域的生态环境受到严重影响,同时也破坏了道路景观。而在U形山间平原采用的高路堤,其形状宛如一道僵硬的堤坝,透视性极差,无空间美感,与山区特有的大自然景观格格不入,在公路美学上显得不足。

④工程可靠度

影响高路堤稳定的因素很多,首先是基底的地质条件。山区高路堤往往位于山间凹地的冲洪积层上,这些地方可能会出现较厚的软弱层,造成路堤沉陷。对于斜坡上的高路堤在地基条件良好时,会受到基底地面横坡的影响而产生横向滑移,基底地质条件较差时会在基底内部产生滑动面使路堤变形。在填料性质方面,由于山区固有的地质地层特点,路堤填料往往复杂多样,在一定路段内纯粹的单一性质的填料类型是不多的。填料类型的多样化使得路堤填筑的压实度控制受到影响,会产生不均匀沉降。为了避免上述不利情况,有时往往采用过渡路面的方法,应该说高路堤的工程可靠度是不强的。

⑤工程用地

山区的耕地资源比较贫乏,高路堤需占用大量的土地,尤其是位于U形山间平原地带的土地,往往是山区农民赖以生存的耕地资源,土地的失去必然会给农民的生活带来一定的困难,而要开垦新耕地就会使得当地的生态环境遭受新的破坏。

⑥防洪抗灾

高路堤设置的路段往往是自然水源比较充足的地带,路堤的设置可能会对其造成影响,导致河道或河谷变形,不仅使公路本身的抗灾能力减弱,也会使区域的抗灾能力降低。

⑦工程造价

传统的观点认为,采用高路堤方案的造价较低,但在山区,由于受上述因素的综合影响,其造价的高低需通过全面的分析和计算才能确定。如某项目采用高25m的高路堤时每延米的造价为7.86万元,而采用跨径为30m的高架桥时每延米的造价为7.67万元,两者造价无多大差异。

虽然山区高速公路高路堤设计方案受到上述因素的制约,但并非不能采用,关键的问题是要对其作全面的分析研究,要特别注意引入生态环境保护、自然景观、抗灾防灾、人文环境这些要素,从定量、定性两方面综合予以考虑,理性地予以选择。

(2)高架桥

高架桥方案是对应于高路堤方案提出的。在山区高速公路设计中,这种"以桥代路"的思维方式是对传统设计思想的挑战与更新,它的最大优势在于能与山区特有的地形、地貌特征相融合,减少对自然环境的干扰与破坏,使得高速公路能巧妙地融入自然环境中并与自然环境相协调。高架桥的设置应从以下几个方面进行综合分析。

①路线总体设计

由于高架桥自身结构的特点,其设计高度较高路堤有较大的灵活性,可迅速提升路线设计高度,不仅使自身的长度发生改变,也会使局部路段的平、纵面设计发生改变。因此,高架桥设计高度的波动直接影响到路线总体方案的构思和布局。

②路基土石方

采用高架桥方案势必大大减少对挖余废方的利用,它虽可提升路线高度以减少前后路段土石方的开挖数量,但有时纵面设计指标会限制高架桥的设计高度,从而出现挖余废方。因此,应考虑采用路堤和桥梁的路桥组合方案予以解决,使挖余废方尽量得到利用,同时必须考虑弃方的数量、位置及处理方式。

③施工方案

斜坡上的高架桥或部分位于斜坡上的高架桥,施工场地比较狭窄,施工期材料的运输较为困难,对此应全面考虑。在基础形式拟定及基础开挖时应考虑山坡的工程地质条件,避免发生灾害。

④工程造价

一般认为桥梁的造价较高,但在对山区高速公路的高架桥进行造价分析时,不能只从桥梁本身的造价考虑,而要从设置高架桥后对整个路段路线总体设计方案影响的角度出发,并从环境保护、自然景观、抗灾防灾等方面综合考虑,进行定性和定量分析。

(3)高路堤与高架桥的比较

前面的阐述已经给出了高路堤、高架桥各自的特点及影响因素,对于某一路段是采用高路堤方案还是高架桥方案,应重点从以下几方面进行比选。

①路线总体设计

不管是采用高路堤方案还是高架桥方案,由于其设计高度的可变性,使得前后路段的纵面设计要素发生改变,甚至会影响到路线平面设计方案。因此,不仅要将两个方案置于同一平面布线,进行比较,还应拓宽思路,在充分发挥各自优势的前提下,将其布置于不同的路线走廊中,进而加以比较。

②环境保护、自然景观

高路堤方案可能导致前后路段的大面积挖方,也可能由于填料不足而设置线外土场,而架桥则会引起弃方，这些取、弃土场的设置均会对当地的自然环境，尤其是生态环境造成影响，不仅会造成水土流失，还会影响到自然景观。因此，合理选择取、弃土场，并将其纳入比较内容是方案比较的重点之一。至于高路堤和高架桥在景观方面的表现当然以高架桥为优。

③工程可靠度

高路堤的沉降和高架桥的结构安全性及斜坡上高架桥的施工方案均会影响到工程可靠度。因此，必须进行深入分析，综合各种因素提出提高工程可靠度的各种措施，以及这些措施的可操作性及成本。

④工程造价

工程造价计算时除考虑工程本身的造价外，还必须重点考虑取、弃土场的设置对造价的影响，计算取土后植被恢复和弃土后围田造地的费用，防止水土流失的工程费用，土地征用费用及还耕、还林的费用，提高工程可靠度的费用等。

综上所述，高路堤与高架桥方案的论证比选涉及面广，比选因素多，必须进行全方位分析。首先要从路线总体布局的角度审视方案的合理性，在具体比较时，不应只考虑造价因素，要重点考虑环境保护、自然景观的内容，从定量、定性两方面进行论证。

4）深路堑与隧道的比选

（1）深路堑

深路堑一般是指挖方边坡高度大于 20m 的路堑，有全断面型，也有半填半挖型。采用深挖路堑设计方案具有以下优势：

①路线总体设计

路线平纵面设计技术指标的掌握和运用与一般路段基本相同，能与前后路段的平、纵面设计协调良好，有利于路线总体设计。

②路基土石方

开挖路堑的土石方是路堤填料的重要来源，在挖填土石方数量的均衡性掌握良好的情况下，可较大程度地省去设置线外取土场和弃土场，体现“移挖作填”的传统设计思想。

③路基施工

挖方路堑的工作面大，可采用点面结合的施工方式，有利于缩短施工周期。

虽然深路堑具有上述优势，但其劣势是极为明显的，表现在以下几个方面：

a. 路线总体设计。在路线总体设计方面，由于受路堑边坡高度的限制，会使得路线纵坡设计指标降低。

b. 路基土石方。路基土石方平衡是设计时期望达到的理想状态，在山区复杂的地形、地貌和地质条件下，会受到填方用量、运输路径、土石品质的限制，往往难以达到这种目的，经常出现挖方数量远远大于填方数量的情况。初步计算，边坡高度为 30m 的深挖路堑每延米的挖方数量在1 700m^3左右，每公里的土石方达到 170 万 m^3，要完全利用如此大开挖数量的土石方是较为困难的。因此，在山区高速公路设计时强求土石方平衡的观念是值得商榷的。深路堑产生的大量废方必然会给当地的环境带来较大影响。

c. 占地。据计算，地面横坡为零、边坡高度为 30m 的深挖路堑的占地宽度在 80 ~ 100m 之间，每千米占地在 120 ~ 150 亩（1 亩 = 666.6m^2）之间，这样将大量毁坏当地的植被资源。

d. 路堑边坡。深路堑必然导致高边坡，特别是在地面横坡较陡时，边坡高度较之路基中心挖深将大大增加。高边坡的稳定取决于地质、水文条件。在条件不良时，高边坡的整治费用是巨大的,而岩土体结构的复杂多变性,也会降低防护工程的可靠度。更重要的是高边坡易诱发坍塌、滑坡灾害,对此应予以高度重视。

e. 自然景观。对整个项目来说,采用深路堑的设计指导思想会频繁出现高边坡,不仅严重影响道路自身景观,而且在道路与自然景观的协调性上显得呆板、生硬,在总体上缺乏美感。

然而,在山区高速公路设计中,出现深路堑是不可避免的,关键的问题是在采用了深路堑这个控制性方案后,对总体设计方案所带来的质和量的变化有多大,在充分考虑上述不利因素的前提下,权衡各种利弊,抓住和解决主要矛盾,这样采用深路堑方案也是可行的。

(2)隧道

隧道方案是对于深路堑方案提出的。在深路堑方案的优势不能得到充分发挥,而其劣势表现突出时,采用隧道方案无疑是值得重点研究的。它的优势表现在以下几方面:

①路线总体设计

采用隧道方案可大大降低路线高度,改善路线纵面指标,同时也降低了前后路段的路线设计高度,便于工程方案的拟定。当路线总体布线为低线位时,采用隧道方案有利于工程方案的拟定。当路线总体布线为低线位时,采用隧道方案有利于设计单元内路线的总体布局。

②路基土石方、环境保护

采用隧道方案避免了对山体的大填大挖,极其有效地保护了当地的生态资源,使公路较好地与地形相协调,增进了公路美感。弃方数量大大减少,最大限度地减少了由于弃土场的设置对环境的影响,尤其是在地形狭窄、弃土困难的地段,采用隧道方案具有较强的优越性。

③路基病害

虽然地质条件对隧道工程的设置有较大影响,但由于其避免了高边坡,一般不会诱发新的地质病害。在山体横坡较陡且地质条件不良时,即使采用浅挖路堑也会产生高边坡,诱发地质病害,此时采用浅埋隧道或明洞隧道方案不失为一个有效的工程措施。

隧道方案的劣势主要表现在以下几个方面:

a. 路线平、纵面指标限制严格,有时不便于路线总体方案的布局。

b. 在地质条件良好时,隧道方案的造价有时比深路堑要高。

c. 运营养护费用较高。

(3)深路堑与隧道的比较

深路堑与隧道各有优缺点,在环境保护方面隧道方案要优于深路堑方案,具体比较时,应重点考虑以下几个方面:

①路线总体设计

深路堑、隧道方案的选择直接影响路线纵断面设计要素,在山区复杂的地形、地质条件下,纵面设计要素的变化有时也会对路线平面布置产生影响,应重视这种变化,并将其全部纳入比较范畴。

②环境保护、自然景观

与隧道相比,深路堑对当地生态环境的影响显然要大,在比选时应充分了解区域生态环境的特点,从保护生态环境、道路景观两方面作出定量或定性的论证。

③路基土石方

深路堑的开挖提供了丰富的路堤填料,而隧道则相对较少,因此应从路段土石方总量,运输路径,取、弃土场的设置及对环境的影响几方面进行综合分析。

④工程造价

工程造价计算的内容与高路堤、高架桥相同。特别应指出的是在地质条件较差的路段,要重视深路堑高边坡的处治费用。

四、环境保护与资源节约

(1)应坚持保护优先、以防为主、以治为辅、综合治理的原则,严格执行工程建设项目环境影响评价、水土保持方案编制和环境保护"三同时"制度,在总体设计中落实环境保护相关措施和意见,结合项目实际协调好公路建设与环境的关系,减少对环境的不利影响。

(2)应加强路线走廊带、路线方案的综合比选,将土地压占、矿产压覆等资源占用和高边坡开挖、压占河道等环境影响作为方案选择的重要指标,优先选择资源占用少、环境影响小的方案。

(3)应合理设置取土场,路侧取土不宜距离路基过近,取土场避免直接开挖路侧山坡坡体。当路基、隧道弃方或弃渣量大时,应结合项目施工组织设计最大限度利用弃方和弃渣;难以利用时,应合理设置弃土、弃渣场地,做好专项设计,保证其稳定,防止水土流失。

(4)应加强对路域施工范围及取弃土场地的表土收集与利用,做好对取弃土场、施工便道等临时用地的植被保护与恢复。

(5)应加强服务区、停车区等公路附属设施生产、生活污水处理能力,采用先进工艺,保证污水达标回用或集中收集存放,达到水资源循环利用;在公路运营、管理与服务设施设计中,应合理利用风能、太阳能、地热能等可再生能源。

(6)应加强对钢材、复合材料等的循环利用;推进粉煤灰、建筑废料等在公路路基铺筑及混凝土浇筑中的综合利用:倡导对沥青、水泥混凝土路面及结构物拆除构件等的再生利用。

五、设计检验与安全评价

(1)公路设计应运用运行速度方法,对路线设计、几何指标和线形组合设计进行分析检验,检验运行速度的协调性和一致性。

(2)高速公路、一级公路和二级干线公路应在设计时进行交通安全性评价,其他公路在有条件时也可进行交通安全性评价。应根据交通安全性评价结论,对线形设计、几何指标取用等进行调整优化,对交通安全设施及管理措施进行检查完善,并应符合下列要求:

①对连续长陡纵坡路段的上坡方向,应重点依据交通量、车型组成和运行速度变化,分析评价其上坡路段的通行能力和服务水平,提出交通组织与管理措施方案,必要时论证增设爬坡车道。

②对连续长陡纵坡路段的下坡方向,应重点依据交通量、车型组成和主要货车车型的综合性能条件,分析评价车辆连续下坡的交通安全性,对应完善和加强路段交通工程和路侧安全设施,提出路段交通组织管理、速度控制措施方案,必要时论证增设避险车道。

③对路侧临水、临崖、高填方等路段,应结合项目功能、设计速度和交通量等因素,根据安全设施设置方案分析路侧安全风险,完善路侧安全防护设计,必要时应提出交通安全管理措施或提高路侧安全防护等级。

第六节　城市快速路、高架路、环形路的总体设计

一、城市快速路

1. 概述

在城市内修建的,中央分隔、全部控制出入、控制出入口间距及形式,具有单向双车道或以上的多车道,并设有配套的交通安全与管理设施的城市道路。快速路的主路具有单向双车道或多车道、全部控制出入、通行能力大等特点。快速路系统设有配套的交通安全与管理设施系统。2009 年住房和城乡建设部颁布的《城市快速路设计规程》(CJJ 129—2009),是快速路设计的基本依据。

2. 通行能力

城市快速通行能力,分为可能通行能力和设计通行能力。设计通行能力等于可能通行能力乘以道路设计服务水平的 V/C(交通量/道路容量)比率。根据最新观测、研究成果整理,快速路主线或匝道一条车道可能通行能力可以采用表 6-6 所列数值。

快速路一条车道的设计通行能力　　表 6-6

设计速度(km/h)	100	80	60
设计通行能力(pcu/h)	2 000	1 800	1 400

3. 横断面设计

1)一般要求

城市快速路横断面分为整体平地式和高架(地道)分离式两类。整体平地式横断面包括快速机动车道、变速车道、集散车道、紧急停车带、中间带、两侧带、辅路(慢速机动车道、非机动车道)和人行道或路肩等部分;高架(地道)分离式包括高架式或地道式快速机动车道和地面辅路系统,其中快速机动车道由行车道、中间带、两侧防撞墙以及紧急停车带、变速车道、集散车道等组成,地面辅路由机动车道、中间带(桥墩)、两侧带、非机动车道及人行道或路肩等部分组成,二者依靠上、下匝道相互联系。

城市快速路红线宽度应根据交通发展要求的通行能力、地形条件、城市其他设施布置的要求、城市远期发展等因素综合考虑,最小值为 40m,城市中心区以 50 ~ 60m 为宜,城市外围 50 ~ 100m 高架上、下匝道,变速车道,集散车道等应另外预留宽度。在快速路红线与建筑红线之间应保留一定的距离,有条件的城市尤其是要求抗震防灾的城市这一距离宜大于 5 ~ 10m。高架路桥梁边缘与建筑物距离应考虑两侧建筑物消防、维修以及高架路本身养护维修的需要,宜大于 4.5m。

城市快速路车行道车道数一般应按交通发展预测的交通量与道路通行能力的关系来确定。高架路的宽度应满足按交通发展需要而确定的车道数,高架路的车道数以六车道为宜,至少应为四车道,并考虑增加紧急停车带。

2）车行道

（1）车行道宽度

车行道宽度应包括主路与辅路两部分。

主路车行道宽度包括根据交通量发展预测交通量与通行能力二者关系确定的车行道宽度、紧急停车带宽度以及路缘带宽度之和。主路一条车道宽度一般应采用3.75m，当城市中心区以小车为主时，可将小车道设为3.5m；高架路按交通组成划分车道宽，即小车为主的车道为3.5m，大、小混行车道为3.75m，路缘带宽均为0.5m，两侧防撞墙宽0.5m。

通常，以行驶小车为主的四车道快速路，设两条3.5m小车道，两条3.75m混行车道，另外要考虑紧急停车带宽度；六车道快速路设两条3.5m，4条3.75m混行道；八车道快速路可设4条3.5m小车道，4条3.75m混行道。

（2）集散车道

当快速路出入（上、下匝道）间距无法满足车辆交织以及加减速要求的规定时，应增设集散车道。集散车道计算行车速度应与主路出入口（或高架路上、下匝道口）的计算行车速度一致，与主路车行道之间应设分隔带，集散车道一般为双车道7m宽。平地式断面一般不另设集散车道，以辅路代替。

（3）变速车道

变速车道（加、减速车道）设在快速路出、入口（高架路上、下匝道口）衔接路段，与辅路或匝道相接。变速车道宜为单车道，宽度与直行方向主路车道宽度相同，自干道的路缘带外侧算起。变速车道的长度应满足设计车辆加、减速行程要求。

（4）紧急停车带

为保证快速路通行能力及行车安全，四车道的快速路应设2.5m宽连续或不连续的紧急停车带。不连续紧急停车带每500m设一处。高架式快速路一般采用连续紧急停车带，平地式快速路则可利用缩窄两侧带的方式灵活设置紧急停车带。

（5）辅路

辅路是为解决快速路沿路两侧及街区机动车与快速路主路交通出入联系而设置的道路，同时承担沿线非机动车与行人交通，设计速度≤40km/h。

平地整体式快速路的辅路设在主路两侧，高架式则设在高架路下地面层。辅路在市中心区应连续设置，市郊则视交通流量、两侧城市化程度以及用地、投资等条件，可连续设置也可间断设置。

平地整体式快速路的辅路一般宜采用单向交通，出入交通采取右出的交通组织，特殊情况才允许采用双向交通。在其横断面上，机动车与非机动车道之间用分隔带或路面画线分隔，具体尺寸应根据用地条件、交通量大小等因素综合确定。当仅供单向机动、非机动车通行时辅路宽不小于8.5m；当机动车、非机动车交通量均较大时辅路可采用12～13m宽；分离式隧道断面同平地式；高架路下辅路可按交通量大小参照城市道路设计规范确定各部分宽度。分离式高架（隧道）式断面辅路可采用三、四幅式横断面布置。地面与高架（隧道）主路交通通过指定的上、下匝道和主路的加减速车道相联系。

3）分车带

（1）中间带

快速路上、下行快速机动车道之间必须设中间带予以分隔。快速路的中间分隔带由中央分隔带及行车方向两左侧路缘带组成。为保证快速路机动车的速度及行车安全,中间带宜大于3m,即中央分隔带大于2m,两侧路缘带各为0.5m。位于市郊的快速路,用地条件允许或交通发展需要远期拓宽车道或作为轻轨交通备用地时中间带可按6~7m设置。即5~6m为中央分隔带,两侧各0.5m路缘带。位于市中心区的快速路在用地条件受限时,中间带可适当缩窄,但对向车流必须以分隔墩(0.5m)或隔离栅(0.2m)加以分隔,其最小宽度为1.2~1.5m,即0.2~0.5m中央分隔墩(或隔离栅),两侧各设0.5m路缘带。

高架路下中间带主要根据高架路桥墩布设而定,当其高架路上为四车道时,最小为6m,即中央分隔带(桥墩)为5m,两侧各为0.5m侧向余宽;当高架路为六车道时,以7m为最小值,即中央分隔带(桥墩)为6m,两侧各为0.5m侧向余宽。

当快速路为高架路段或立交桥段,为节约工程投资,中间带可适当减窄。

中央分隔带两侧一般埋设混凝土站石,中间为绿化带。混凝土站石可采用各城市习惯做法,但外露高应适当增加,最小为18cm。大型跨河桥梁段可做成双桥,即上下行各设一桥,利用防撞墙作为中央分隔带。

快速路上中央分隔带一般每1km设断口一道,设置活动分隔设施,作为紧急出入口。位于市中心区的高架路每0.5m设一断口;按规划设计封闭的原平交路口,不得另设断口;立交段匝道出入口的中央分隔带也不得设置断口。

(2)两侧带

两侧带是主路与辅路的分界线,它由分隔带与左、右路缘带组成。分隔带宽度不小于1.5m,可根据用地条件增加宽度以作为绿化隔离设施,临主路一侧路缘带为0.5m,临辅路一侧为0.25m,即两侧带的最小宽度为2.25m。

两侧带的断口根据交通组织需要确定,在市中心区为方便两侧交通,以不大于500m为限,市郊区应加大到0.8~1km。断口长度及形式根据主路加减速车道车辆交织要求设置。

两侧带遇市区人流集中处,应在辅路侧设隔离栅,减少人流对主路机动车的干扰。公交车站应设在辅路上,可利用两侧分隔带设置停靠站,但在主路一侧应加隔离栅,以确保行人安全。

4)路肩

平地式断面机动车道路边缘设硬路肩与土路肩。硬路肩宽度不大于2.5m,土路肩宽度不大于0.75m,硬路肩宜采用主路的路面结构。

5)横断面布置

城市快速路的路段横断面布置形式分为平地整体式、高架(隧道)分离式两种或上述两种的组合形式,应根据地形、地物条件因地制宜选用。横断面布置应满足交通组织与行车安全的要求。

(1)地面整体式横断面

地面整体式横断面(图6-65)是主路与辅路以及两侧建筑地坪基本位于同一高程层次,适于地势平坦的平原城市中规划红线较宽、横向交叉道路间距较大的城市外围与高等级公路相连接的地段或新建城区用地较富余地段。平地整体式横断面为一般城市快速路首选断面,横断面布置组合中应为城市远期发展预留高架及快速轨道交通的位置,为此其中间带及两侧带应结合上述要求综合考虑。道路断面一般采用四幅式横断面形式,即主路双向机动车之间设置中间带进行分隔，主、辅路之间设两侧带并采取封闭设施，辅路上行驶慢速（$V = 40km/h$）机动车并设置人行道。当辅路交通量较少并且用地受限时也可采取路面画线方式分隔。

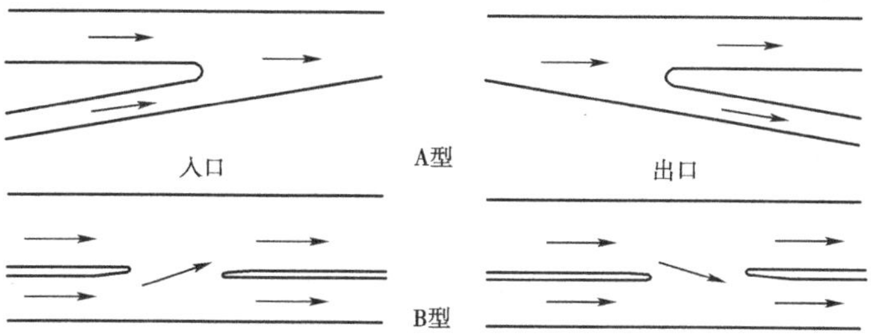

图 6-65 地面整体式横断面

（2）整体式高架道路横断面

整体式高架道路横断面（图 6-66）的特点是将快速交通行驶的主路采取高架桥式或隧道式道路断面形式，它与沿线所有相交道路均形成立体交叉，辅路设在桥下或地面层，非机动车以及公交车等慢速机动车、行人在辅路上通行。

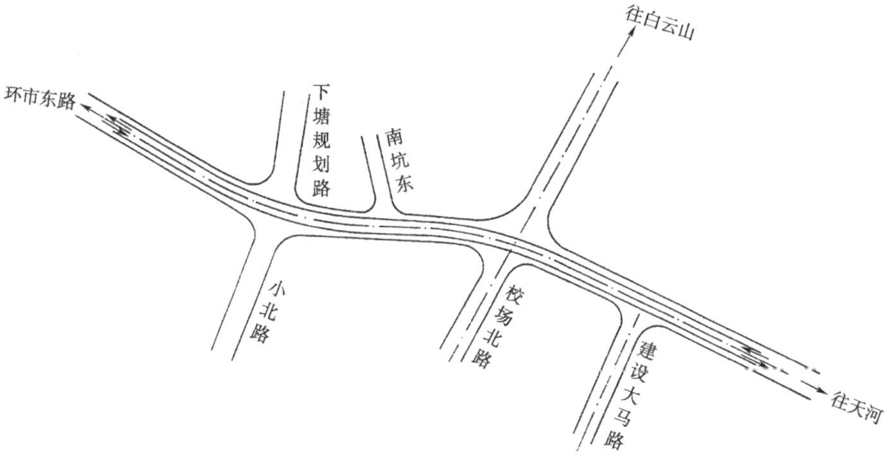

图 6-66 整体式高架道路横断面

高架桥式断面一般适用特大城市或大城市地价昂贵的建筑密集区、用地拆迁受限制、红线宽度较窄、交通流量又大的快速路，或者相交道路交叉口间距较小、横向交通干扰较大的地段。是否采用高架形式，应按城市交通发展需求、用地范围及地形条件、互通立体交叉设置与地面道路连接以及周围环境协调等因素的要求，经技术经济综合比较后确定。特别是环保及环境评价应着重考虑。高架式断面布置应注意高架桥外侧建筑物的间距应满足建筑防火及环保要求，匝道式断面应注意匝道结构与车行道之间侧向余宽满足要求。

（3）分离式高架道路横断面

其布置形式如图 6-67 和图 6-68 所示。

4. 平面设计

快速路属于城市道路中类别最高的道路形式，机动车快车道形成一个相对独立和封闭的快速交通系统，其平面设计包括道路中线的线形设计和道路红线范围内的平面布置设计。

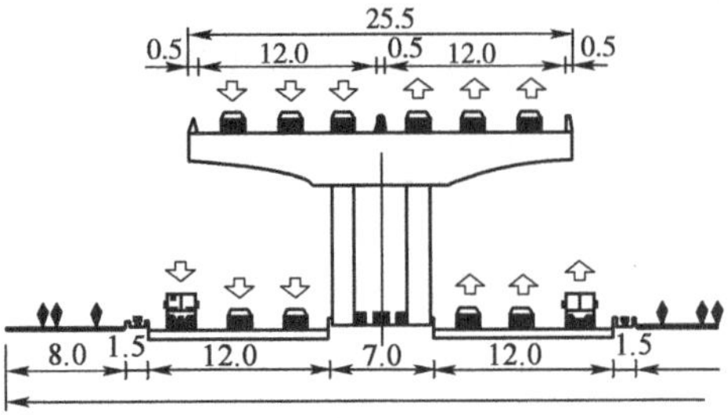

图6-67 分离式高架道路横断面(上下分离)(尺寸单位:m)

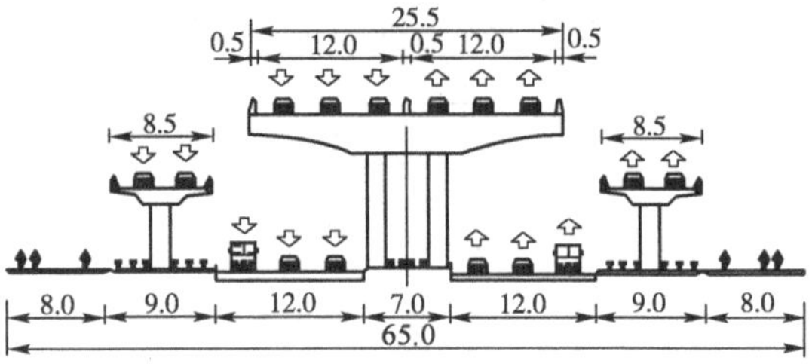

图6-68 分离式高架道路横断面(左右分离)(尺寸单位:m)

1)平面线形设计

与其他类别的城市道路一样,快速路平面线形也是由直线、圆曲线、缓和曲线三种几何线形构成,平面线形设计的原则、方法也完全一样。但是,由于快速路的特点,其直线、圆曲线、缓和曲线三种几何线形的控制标准与其他类别道路有所不同,下面分别述之。

(1)直线长度。快速路平面线形中最大直线长度为20倍车速,同向曲线间最小直线长度为6倍车速,反向曲线间最小直线长度为两倍车速,具体数值见表6-7。

快速路直线长度 表6-7

设计速度(km/h)	100	80	60
最大直线长度(m)	2 000	1 600	1 200
同向曲线间最小直线长度(m)	600	480	360
反向曲线间最小直线长度(m)	200	160	120

(2)圆曲线半径。快速路圆曲线半径应采用大于或等于表6-8所列数值,最大半径不超过10 000m。

圆曲线最小半径 表6-8

设计速度(km/h)	100	80	60
不设超高最小半径(m)	1 600	1 000	600
设超高最小半径(m)	400	250	150
设超高推荐最小半径(m)	650	400	300

(3)缓和曲线。当快速路圆曲线半径小于表6-8所列不设缓和曲线最小半径时,应设缓和曲线。缓和曲线采用回旋线。缓和曲线长度应大于或等于表6-9所列数值。

快速路缓和曲线最小长度 表6-9

设计速度(km/h)	100	80	60
缓和曲线最小长度(m)	85	70	50

(4)圆曲线超高渐变率。当快速路圆曲线半径小于表6-8所列的设超高最小半径时,应在圆曲线上设置超高,最大超高渐变率见表6-10。

超 高 渐 变 率 表6-10

设计速度(km/h)	100	80	60
超高渐变率	1/225	1/200	1/175

(5)平曲线长度。快速路平曲线或圆曲线长度应满足表6-11的要求。

快速路平曲线或圆曲线长度　　表6-11

设计速度(km/h)	100	80	60
平曲线最小长度(m)	170	140	100
圆曲线最小长度(m)	85	70	50

(6)停车视距。快速路停车视距应满足表6-12的要求。

快速路最小停车视距　　表6-12

设计速度(km/h)	100	80	60
停车视距(m)	160	110	75

(7)当圆曲线半径小于不设超高最小半径时,应在圆曲线上设置超高;最大超高横坡度与合成坡度应符合表6-13的规定。

最大超高横坡度与合成坡度　　表6-13

设计速度(km/h)	100	80	60
最大超高横坡度(%)	6	5	4
最大合成坡度(%)	7	7	7

注:冰冻积雪地区最大超高横坡度宜为3%。

(8)当圆曲线半径小于或等于250m时,应在圆曲线内侧加宽,每条车道加宽值应符合表6-14的规定。

圆曲线内每条车道的加宽值　　表6-14

车　　型	汽车轴距加前悬(m)	圆曲线半径(m)		
		$200<R\leqslant250$	$150<R\leqslant200$	$100<R\leqslant150$
小轿车	3.7	0.28	0.30	0.32
小型客(货)车	4.7	0.30	0.32	0.36
大型客(货)车	8.5	0.40	0.50	0.60
铰接客车	7.5+7	0.46	0.60	0.80

(9)当快速路中心线转角(α)小于或等于7°时,小转角平曲线长度应大于或等于表6-15规定的值。

小转角平曲线最小长度　　表6-15

设计速度(km/h)	100	80	60
平曲线最小长度(m)	$1\,200/\alpha$	$1\,000/\alpha$	$700/\alpha$

注:α 小于2°,按2°计。

(10)当圆曲线半径大于表6-16规定的值时,可不设缓和曲线。

不设缓和曲线的最小圆曲线半径　　表6-16

设计速度(km/h)	100	80	60
最小圆曲线半径(m)	3 000	2 000	1 000

(11)为确保线形美观、视觉协调,在满足表6-9规定的缓和曲线最小长度的前提下,缓和

曲线长度的选用宜符合下式要求:

$$R/9 \leqslant L_s \leqslant R \tag{6-25}$$

式中:L_s——缓和曲线长度(m);

R——圆曲线半径(m)。

2)平面布置设计

快速路路段平面布置设计应该是在道路标准横断面设计时就有所考虑,然后结合沿线地形、地物情况,充分考虑快速路主线与辅路的连接关系以及非机动车、行人的交通路线,在控制红线的范围内逐段布置与设计。设计中应特别注意的问题有:

(1)主路与辅路的衔接及出入口处车道数的平衡。

(2)公交停靠站与行人的衔接。

(3)分隔带及其断口设计与机动车交通组织。

(4)非机动车和行人过街的交通组织。

5. 纵断面设计

快速路纵断面设计应符合城市竖向规划控制高程,与城市设计相协调,与环境相协调。纵断面设计应考虑地上、地下构筑物、管线、水文、地质等条件,纵坡要均匀、缓顺。快速路的纵坡、坡长、竖曲线等指标分述如下:

1)纵坡

快速路的最大纵坡不应大于表6-17规定的值;最小纵坡一般不小于0.5%,干旱地区或特别困难地段可以不小于0.3%;大、中桥梁及引桥最大纵坡不宜大于4%,隧道纵坡不宜大于3%。

快速路最大纵坡 表6-17

设计速度(km/h)	100	80	60
一般最大纵坡(%)	3	4	5
极限最大纵坡(%)	4	5	6

注:1. 积雪、冰冻地区最大纵坡≤4%。

2. 高原城市最大纵坡为表列数值减1%。

2)坡长

快速路在纵断面设计时,除了考虑最大纵坡以外,同样要考虑陡坡最大坡长和缓坡最小坡长问题。

(1)快速路坡段长度应大于或等于表6-18规定的值。

最 小 坡 长 表6-18

设计速度(km/h)	100	80	60
最小坡长(m)	250	200	150

(2)快速路坡段长度应小于或等于表6-19规定的值。

最 大 坡 长 表6-19

设计速度(km/h)	100			80			60		
纵坡度(%)	4	4.5	5	5	5.5	6	6	6.5	7
最大坡长(m)	700	600	500	600	500	400	400	350	300

3)竖曲线

快速路竖曲线最小半径及最小长度应大于表6-20所列的数值。

快速路竖曲线半径及长度　　表6-20

设计速度(km/h)		100	80	60
凸形竖曲线(m)	一般最小半径	10 000	4 500	1 800
	极限最小半径	6 500	3 000	1 200
凹形竖曲线(m)	一般最小半径	4 500	2 700	1 500
	极限最小半径	3 000	1 800	1 000
竖曲线最小长度(m)		85	70	50

6. 出入口设计

快速路出入口在位置、间距及端部的几何设计上,应保证不让主线的直行交通受到干扰,并安全、迅速地实现分、合流交通。

根据城市快速路的性质,其出入口分为两类,一类是与立交匝道路相接的出入口(A型),另一类是与辅路相接的出入口(B型),如图6-69所示。

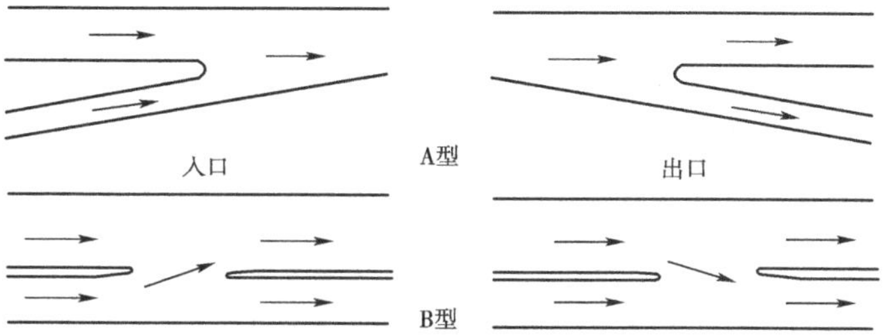

图6-69　出入口类型

快速路出入口是快速路的"咽喉"部位,直接影响快速路效益的发挥,设计时应选择好出入口的位置。出入口一般情况下应设在主线行车道的右侧,出口应易于识别。相邻出入口应满足规定的最小间距的要求。

二、城市高架路

1. 高架路的特点

高架路是指高架桥连续跨越两条以上横向道路,并有沟通高架桥与地面交通的上、下匝道所组成的道路系统。高架路适用于用地受限制的市区,可充分利用城市昂贵的土地资源,尤其适用于地下水位高、地下设有大量公用管线设施以及横向道路密集、交通较为繁忙的地区。

高架路的优越性体现在以下几个方面:

1)利用现有道路空间增加路网容量

法国有利用不通航的河道上空纵向架起桥墩筑桥成路的实例,我国目前则利用现有道路的中央部分筑起桥墩,在其上空建路,使原四车道的地面道路增至六车道或八车道。国外还有利用人行道上空或中央分隔带上架墩筑高架路。

2)强化主干线的交通功能,交通分流

高架路禁止非机动车和行人通行,主要承担经市区的中、长距离过境性客、货交通,它可以从空间上分隔穿越某市区的过境交通与到达某分区的目的地交通(地方交通)。因而得以避免地面道路由于车速差异和转向换车道路形成的相互干扰。在客运方面则可使公交跨线车和全程车分流。公交车停靠站应设在地面道路上,而高架路通行的公交车宜为单节大站车或直放车,如此则可提高在高峰时公交车的运营速度,解决远距离乘客的出行。地铁与轻轨交通主要满足远距离客运需要,而高架路既可客货兼运,又可快慢分流。

3)提高车速,提高通行能力和运输效率

由于快慢分流,又无交叉口横向车流的干扰,故即使设计速度为60~80km/h的高架路,实际行驶速度至少可达45km/h,符合快速要求,从而缩短交通时间,提高运输效率。对城市道路来说,高速不能达到最大通行能力,最佳车速可保证最大通行能力。通常城市快速路与主干路的设计速度为80km/h及60km/h,而实际由于旧城路网中交叉口过多,其间距过短,致使实际车速下降,通行能力下降。例如,上海延安东路是机动车专用道路,1.4km长的路程中却有大小14个路口,交叉口均匀间距仅100m,以致实际车速仅10km/h,严重抑制了通行能力。故高架路如用于多交叉口的主要交通干道上,其效益不低。

4)高架路沿线交叉口上相交道路车流畅通无阻

大城市交通拥堵主要发生于交叉口,高架路除分流交通达到疏解地面干线上的交通外,由于连续立交缓解了地面交叉口的拥堵,上层的车辆不必像通过数个互通式立体交叉那样数次下坡上坡,而是在平缓的桥面上行驶,下层的相交车流则无冲突通过交叉口。特别在交叉口附近不设上、下匝道的交叉口更能保证车流畅通,在设有上、下两对匝道的交叉口视交通情况随车流密度的大小而异。

5)分期建设高架路有利于分期投资

高架路仅在匝道或桥基础处局部需调整原有地下管线,并靠天然采光,所以造价比地下道路低,仅为地下铁道的1/10。因此,有利于分期建设和分期投资。

2.高架路的设置条件和原则

通常高架路沿原路轴线设置,即设置在原路幅内,设置匝道处则需拓宽原路的部分路段。桥下中央为桥墩,两侧可供地面道路车辆行驶,实质上是全线简易立体交叉的连续。由于高架桥沿街道轴线建造,终究有碍城市景观和环境保护,所以选线应服从整个城市规划、交通规划和路网总体布局的要求。并且必须进行可行性研究,其内容包括调查沿线交通流量、流向(一般用牌照记号法),按递增率预测增长量,分配地面与高架流量;分析和评述工程规模、投资和经济效益。

1)设置条件

(1)凡设置高架干道的道路,其等级应属快速路,或至少是主干线路。高架路可呈十字线或呈环状,但不强求建成主架网络。并非所有快速干道均需设置高架干道,目前沿线为低层房屋,日后有拆迁改造可能,交叉口间距具有800~1 200m长的路段,不一定设置高架路。如上海内环路浦东地段不建高架路;广州人民路虽已建高架路,而人民北路段却用拓宽车行道的方法与之衔接。

(2)交通量较大。交通量是设置高架路的定量指标,具有一定量的交通流量方可使高架路发挥更大的经济效益,全线交通条件低劣、已无法采用其他工程设施或交通管理措施来改善交通的主要干道,可以设置高架路。如广州人民路高架路是为疏通南北向交通,改善中心区交通设置。

（3）全线交叉口数目较多（4～5个/km），交叉口间距小于200m相交道路中80%以上属于次干道或支路的交通干道可以建高架路。交叉口数目越多，建立高架连续简易立体交叉后越能发挥因避免停车而获得的运输经济效益。如果沿线与主干道相交较多，则势必要多建造上、下匝道供车辆向地面转向，则高架干道的造价随之增加，而高架路上的交通速度与效率也因车辆过多和交换车位而受到影响。

（4）交叉口上直行车辆占路口总交通量的比重较大（85%～95%），沿线交叉口交通状况均属不好的一般干道，必要时也可设置短程高架连续立体交叉，以改善交叉口的交通，使直行车通行无阻。广州小北高架路即属此例（图6-70）。

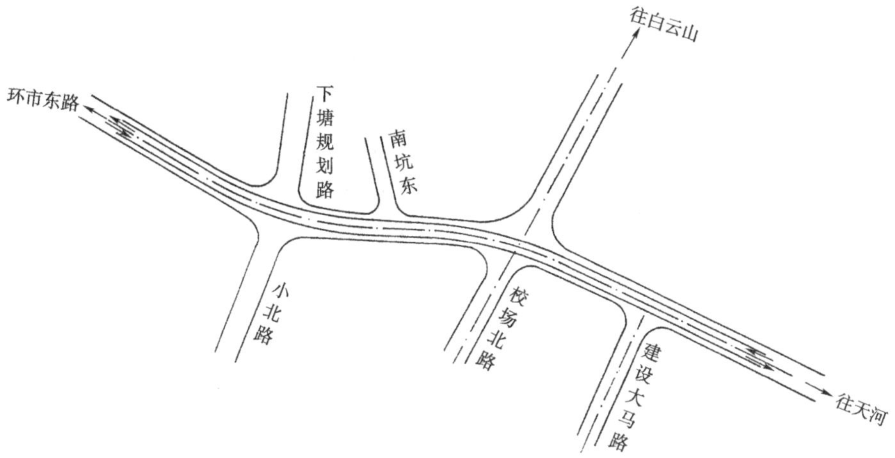

图6-70 广州小北高架路

（5）在跨越河流或铁路的桥梁引道两端的交叉口车辆多，且交叉口距桥台间距又短的道路上，宜将引道建成高架桥，以便跨过数个交叉口。如上海吴淞路闸桥除跨越苏州河外还跨过北苏州路、天潼路和闵行路，天津十一经路跨越铁路前又相继跨越两条干线。

2）布线原则

除上述设置条件外，选线时应考虑下列原则：

（1）为保证高架桥道路交通的快速和通畅，不宜选择线形标准过低的道路或过于曲折的河道，除非沿线允许截弯取直。其评价指标应使直线段长度占全线长度比例>60%，或平曲线半径大于相应设计速度所允许的最小半径。

（2）为减少高架路对沿街建筑通风、采光、噪声的不利影响，高架路边缘距房屋至少应有7m的距离，故高架路不宜选在沿街为住宅建筑的道路上。如上海市北京路线形虽较机动车专用道路延安路线形平直，但红线宽度较窄，沿线住宅多，故规划中未列入高架干道系统，除非远期改变建筑性质并有条件拓宽道路。

（3）为充分发挥因提高车速而获得的运输经济效益，高架干道全程不宜太短，但也不必盲目求长。过长的干道势必经过较多的交叉口，设置匝道过多又必将导致横向拆迁房屋。通常在交通枢纽尽端式的大城市，穿越市中心区的远程交通量并不多，故高架路宜选择在远程交通比例较大的交通干线上，以利发挥高架路的效益。

（4）高架路距自然风景区，文物保护、古建筑所在地应保持一定距离，避免路线对环境保护区的影响，大水道通过时要尽量与河流边际线的走向配合。

3. 高架路横断面设计

1)设计原则

(1)横断面设计应在城市规划的红线宽度范围内进行。横断面布置应按高架路的形式、计算行车速度、匝道布置、高架桥墩布置、设计年限的机动车道与地面道路非机动车道交通量和人流量、交通特性、交通组织、交通设施、地上杆线、地下管线、绿化、地形等因素统一安排,以保障车辆和人行交通的安全、通畅。

(2)横断面设计应近远期结合,使近期工程成为远期工程的组成部分,并预留管线位置。

(3)交叉口范围有上、下匝道布置的路段,有条件时,应在匝道外侧设地面车辆右转车道,以避免车辆交织。

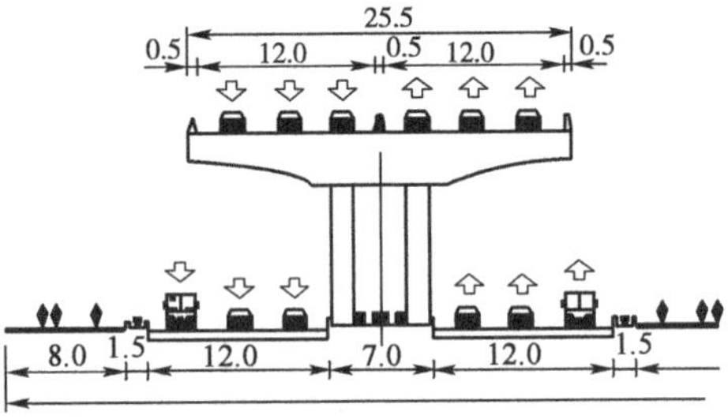

图6-71 单层式高架路(无匝道)(尺寸单位:m)

2)横断面布置

高架路的横断面形式有单层式高架无匝道和有匝道路段、双层式高架无匝道和有匝道路段等四种类型,如图6-71~图6-74所示。

高架路机动车车道单向宜设二车道以上,一条小型汽车专用车道3.5m宽,其余车道3.75m宽。一车道匝道宽度除保证一条3.5m宽的机动车道外,还应设置2.5m宽的紧急停车带;二车道匝道的机动车道均为3.5m,不设紧急停车带。

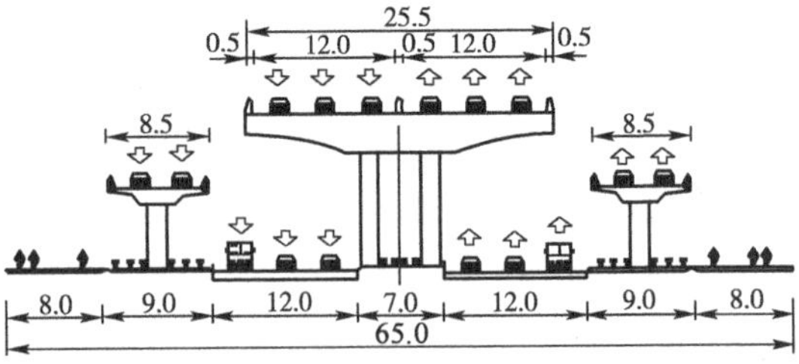

图6-72 单层式高架路(有匝道)(尺寸单位:m)

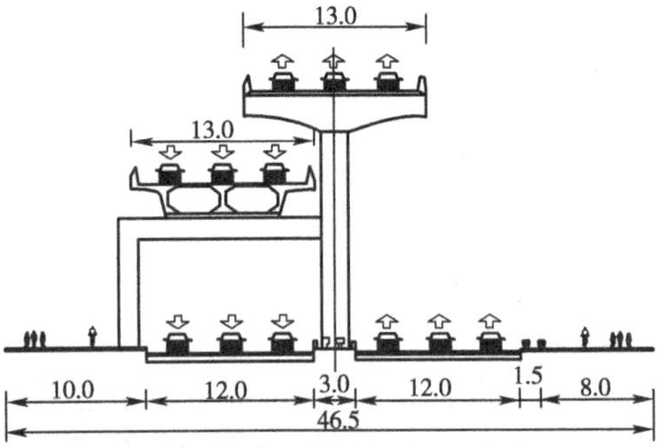

图6-73 双层式高架路(无匝道)(尺寸单位:m)

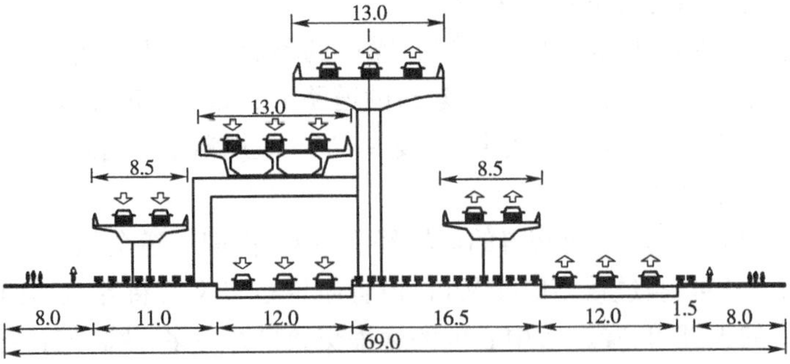

图6-74 双层式高架路(有匝道)(尺寸单位:m)

高架路中央分隔带可采用0.5m宽的防撞墩,以减少桥梁构造,降低工程造价。

高架路主线左、右侧路缘带宽度采用0.5m,匝道左、右侧路缘带宽度采用0.25m。高架路和匝道两侧应设防撞栏杆。

高架路主线和匝道的横坡宜采用直线坡度。路拱设计坡度采用2%,严寒积雪地区路拱设计坡度可采用1.5%。

4. 高架路平、纵面线形设计

高架路的平、纵断面设计原则上同一般平地式快速路。平面设计时在布置桥墩、桥台时需要考虑墩(台)位置、尺寸对地面交通及地面设施的影响,以免造成不必要的建设冲突。纵断面设计关键在于桥梁高程和纵坡的坡长问题。桥梁高程既涉及工程造价,又涉及高架路与城市景观的协调;纵坡及坡长涉及桥上排水及行车平顺性。因此,高架路的平、纵线形设计除了要考虑道路本身的交通功能以外,还应综合考虑多方面因素,灵活运用规范指标和设计手法才能设计好这样一种特殊的桥式"路"。

5. 匝道设计

高架路与地面道路靠匝道来衔接,即匝道是为沿线及相交道路提供高架路出入口的道路。匝道布设的多少,将直接影响高架路的作用和功能的发挥,对工程使用效益至关重要。匝道设置的位置合理与否,也将影响高架路的使用与功能。所以,在高架路设计中,对沿线交通及出入口要逐个研究,实地进行交通调查和分析,作出比较方案。

1)原则与规定

(1)匝道布置应最大限度地满足高架路在道路网中担负的交通需求,提高高架路的利用率,使行驶高架路的交通通行时间短,充分发挥每一条匝道的功能,使高架路和地面道路系统能切实达到集散对外交通、分流过境交通的目的。

(2)匝道的设置位置应符合交通现状和规划网中的主要流向。

(3)匝道间距应合理:一方面要确保快速道路的畅通,减少因匝道出、入引起的交织、合流、分流区段的影响范围;另一方面应注意匝道间距不宜过大,致使匝道与地面道路衔接处的流量过于集中而阻塞交通。

(4)注意用地与建筑拆迁条件,因地制宜,近、远期结合,预留好续建匝道位置。

(5)匝道布置应尽量避免在主要横向道路交叉口前衔接,注意邻近地区路网的交通组织作用,因地制宜设立辅助车道。

(6)在保证主线设计标准前提下,匝道布置形式(如对称、错位、定向等)应因地制宜,尽量减少拆迁,充分利用现有路幅宽度,增加环境设施带宽度。

(7)根据实际情况及实施的可能性来选择匝道位置。

2)匝道形式

匝道的布置形式一般有五种,如图6-75所示。

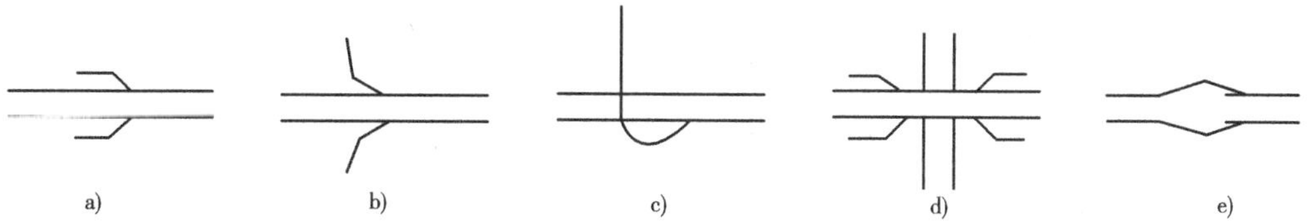

图6-75 匝道布置形式

图6-75a)是匝道平行高架路的布置,上、下匝道的交通可通过地面道路交叉口来集散。优点是能较好地沟通高架与地面道路间的联系,工程投资较省;缺点是将增加地面道路交叉口的交通压力。在地面道路交叉口未饱和的情况下,采用该类匝道布置方式较合理,否则将造成交通阻塞。

图6-75b)、c)是将上、下匝道直接布置在横向道路上,这种布置形式需要有较完善的道路网。其优点是利用附近路网来集散上、下匝道的交通,以减少主要道路地面交叉口的交通压力;缺点是除右转(或左转)交通较便捷外,其余直行和左转(或右转)的交通需增加绕行距离。当地面道路交叉口交通量较大时,且附近路网较完善的情况下,采用该类匝道布置方式较合理。

图6-75d)是上、下匝道对称跨越横向道路交叉口的布置形式,不仅可满足高架路与地面道路间的交通联系,并且地面交叉口的直行交通可利用匝道跨越交叉口。优点是能减轻地面交叉口的交通压力,适合地面交叉口交通量较大的情况;缺点是高架路及左、右转交通需在前方匝道驶离高架路,通过地面道路完成左、右转,或者过交叉口后下匝道通过路网绕行,另外横向道路左、右转在本路口不能上高架路。若高架路匝道总体布置得当,不仅能减轻主要地面道路交叉口的交通压力,还能充分利用高架路,使高架路和地面道路的交通潜能得到充分发挥。

图6-75e)是将上、下匝道布置在上、下行高架路的中间。其优点是占地少,适用在高楼林立、用地紧张的路段;缺点是车辆需采用左进左出的交通运行方式,从交通运行角度看不够理想,且高架桥结构布置较复杂。因此,除特殊困难的情况外,该类匝道布置宜采用。

3)匝道最小间距

高架路的驶入、驶出匝道的连接点是路段通行能力最小的控制路段,当交通量达到饱和或超饱和时,将出现驶入匝道上的车辆因无法在主线车流中找到可穿插(合流)空当而排队阻塞,在驶出匝道上的车辆因地面道路的原因导致匝道交通受阻而影响主线车流驶出。因此,在交通拥挤及阻塞情况下,满足合流、分流或交织区的驶入、驶出匝道不同组合情况下的匝道最小间距。

(1)高架路组成

高架路由基本路段、交织区和匝道连接点三种不同类型的路段组成。

高架路基本路段是指不受驶入、驶出道的车流及交织车流影响的路段。

交织区是指一条或多条车流沿着高架路一定长度穿过彼此车行路线的路段,交织路段一般由合流区和紧接着的紊流区组成。

匝道连接点是指驶入及驶出匝道与高架路的连接点,由于汇集了合流或分流车辆,因而形成的连接点是一个交通紊流区。

(2)匝道最小间距

在稳定车流状态下,驶入、驶出匝道各种不同组合情况下,保证匝道间互不干扰的最小间距。

为了使高架路具有较好的服务水平,应尽可能提高高架路基本路段的比例,匝道间距应尽可能大于表中数值。

4)上、下匝道坡脚距交叉口停车线的距离

匝道的起坡点(上匝道)与终坡点(下匝道)在地面道路的位置对交叉口的交通影响较大,图6-75a)、e)匝道进出高架路的车流均需通过地面道路交叉口来集散,因此,匝道坡脚至交叉口停车线应在同一路口交通信号系统管理之下。

上、下匝道坡脚距交叉口停车线的最小距离见表 6-21。

匝道坡脚距交叉口停车线的最小距离 表 6-21

匝道	下匝道	上匝道	匝道	下匝道	上匝道
一般最小距离(m)	140	50	极限最小距离(m)	100	30

城市快速路的建设,在我国大城市里可谓方兴未艾。道路工程设计所涉及的内容,应该说介于一般城市道路和高速公路之间,其设计理论和方法并没有多少更新的东西。一个城市要规划、设计好城市快速路系统,充分发挥其快速交通功能,需要设计人员在城市交通分析上多下功夫。首先使快速路网络功能完整,通行能力需求明确,与城市其他道路网的衔接合理,然后才是每条快速路的几何设计问题,也只有这样,具体设计时才能做到有据可依、有的放矢。

三、城市环形路

1. 环形路的作用

城市道路系统中有一种“环形放射式”。这种道路系统由于有环行道路,可为每次出行提供多条通道,使出行便捷,缩短时间。环路能起到阻截、汇集和疏导车流的作用,可以分流穿越市区的过境交通。因此,许多城市在进行交通规划时,都考虑布设环行道路,尤以大城市最突出。国外如莫斯科、巴黎、伦敦、柏林、东京的道路系统,国内如北京、成都的道路系统都是环路加放射路。

环路主要服务于交通,有较高的技术标准和比较齐全的交通设施,为车辆连续、畅通、安全行驶创造了条件。城市外环路可直接与城外公路系统连接。此外,城市环路对城市改造、调整土地使用、城市形态产生影响。

一条环路若能充分起到作用,关键是规划功能明确,设计技术标准合适,交通管理得力。

本章结合我国修建使用环路的经验,论述有关城市环路的若干问题。

2. 环形路的规划布置

一个城市的环路布置在什么区位,设几层环路,各条环路承担什么功能,都应认真思考,具体落实。一般而论,城市环路的区位、层数与功能,应根据每个城市的规模、结构、功能分区、交通流特点,地形、地物条件等进行综合论证,实地勘测后确定。不同区位的环路具有不同的交通功能。

1)环路的区位与功能

环路的区位与功能两者密不可分,不同区位的环路承担着不同功能。环路的层数直接与城市规模有关。

城市的内环路或一环路,通常设在城市中心区的周边,是中心区的主要干路。内环路承担着联系城内各区的功能。

外环路设在城市边界附近,其功能为:联系城市周边各区,联系工业区、仓库区、货站;阻截、分流过境交通;汇集、疏导出入城市的交通,连接城外公路。

2)环路设置的基本要求

(1)内环路应设置在老城区或市中心区的外围。

(2)外环路宜设置在城市用地的边界内 1 ~2km 处。当城市的放射干路与外环路相交时,应规划好交叉口的左转交通。

(3)大城市的外环路应是汽车专用路,其他车辆应在环路外的道路上行驶。

(4)环路的设置应根据地形、交通的流量和流向确定,可采用半环或全环。

(5)环路的等级不宜低于主干路。

3)环路的层数

一个城市布设几层环路,主要与城市规模与放射路的条数有关系。同时要考虑各环段内服务面积的大小与均衡,以利道路系统构图美学考虑。环路与当地高速公路、城市辖区的铁路、江河的连接与分隔也要妥善处理。天津市城市科学研究会,根据城市人口与用地规模,提出了匹配的环路层数,见表6-22。

城市规模与环路层数　　表6-22

人口规模(万人)	用地规模(km^2)	环路层数	人口规模(万人)	用地规模(km^2)	环路层数
>1 000	<1 500	4~5	>400	<300	2~3
>800	<800	3~4	>200	<150	1~2

4)城市的公路与城市道路的连接方式

经过城市的公路与城市道路的连接方式可归纳为下面四种。

(1)采用环形绕行道路[图6-76a)]。这种方式适用于大城市和特大城市,有很多干线公路进城的情况。实际上在城市外围修建绕行环路,阻截过境车流,此时,绕行环路的技术标准应与干线公路协调。莫斯科环形公路,全长109km,拦截了通往莫斯科的各级公路24条。

(2)采用非环形绕行道路[图6-76b)]。这种方式适用于有2~3条公路进入城市,且道路的交角不大于180°的情况。一般说来,中等城市会采用这种方式。

(3)过境公路设在城市外侧,另辟支路与城市相连[图6-76c)]。这种方式适用于中小城市,或沿江滨海城市。如马鞍山市,宁芜公路在东侧通过,辟支路通到城区,沟通城市内外交通。

(4)城外公路穿城而过[图6-76d)]。这种方式只在下列情况下采用。

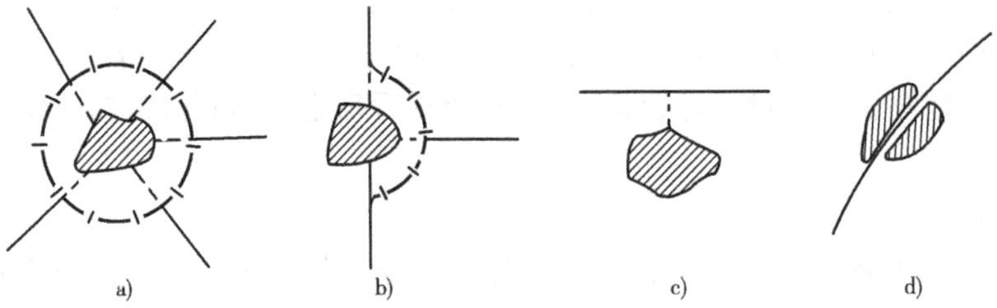

图6-76　城外公路与城市连接方式

①公路进城作为城市高速路,它与城市道路不在同一平面上。如将公路通过隧道或高架桥,保证高速路与建筑物、行人交通完全隔离。

②带状城市,绕路太远,可拦腰通过。如兰州市位于黄河河谷地带,东西长32km,城市对外出口少,北京至四川的公路由七里河区横穿城市。

③依靠公路发展起来的小城镇或旅游地点,若恐脱离公路影响发展时,可让公路通过城镇。此时,应注意改善线形,拓宽车行道,保证过境交通通畅。

绕行道路离城市多远,是规划时应慎重考虑的问题。绕行道路离城太远或绕行路线过长是不经济的;绕行道路紧靠市区,随着城市的扩展,绕行道路变成街道,丧失绕行道路的功能。

确定绕行道路离城市多远为宜时,可用经济效益分析的方法,考虑下列因素:城市的规模、交通量、修建绕行道路的投资、绕行道路连接的放射路的夹角、沿绕行路行驶速度、在城市街道上的行驶速度、运营费用、因交通事故减少产生的经济价值等诸多因素。

3. 环形路设计要点

1)环路平曲线半径

环路的曲线应按能保证设计速度安全行驶的半径要求铺设。这对城市边缘地带的环线不会有什么困难,但对建筑密度大的城市中心区的环线,会遇到一些麻烦,有可能因拆迁困难而降低技术标准。天津市的中环路按规划线位改建时,就遇到这种情况,致使西半环的勤俭道、围堤道、吴家窑大街均出现 $R=100\text{m}$ 的圆曲线半径,小于 $V=60\text{km/h}$ 需要的最小半径 $R=150\text{m}$。遇到这种情况,一定要慎之又慎,切勿轻易降低标准。

2)纵断面线形

车辆的爬坡能力取决于车辆的单位质量具有的牵引力,即动力因数。我国道路上的车种复杂、车辆老化,甚至有超过报废年限的车辆在行驶。国产汽车的动力因数低。此外,我国地域辽阔,各城市的地形条件、气候环境差异较大,这都是道路纵坡取值应当考虑的因素。

北京、上海、天津市环路的纵坡取值控制在 $i \leqslant 4\%$。该值为城市道路设计规范 $V=80\text{km/h}$时的最大纵坡值。南方城市使用效果较好。北京市在冬季雨雪天气,有些地段公共汽车爬坡感到困难。

上海市内环高架路的匝道纵坡为 4% ~5%。实践证明,使用效果较好,若高架环路以小汽车为主要车型时,匝道纵坡可增大到 6%,以缩短匝道长度。

3)环路横断面形式

由于自行车交通在我国城市交通中占相当大的比率,为保证交通安全,提高机动车行车速度,沿地面铺设的环路多采用四幅路形式。非机动车与机动车分隔,对向行驶的机动车分隔。如北京的二、三环路,天津中环路,西安二环路,上海内环和武汉内环的部分路段。图 6-77 为北京二环路的横断面。

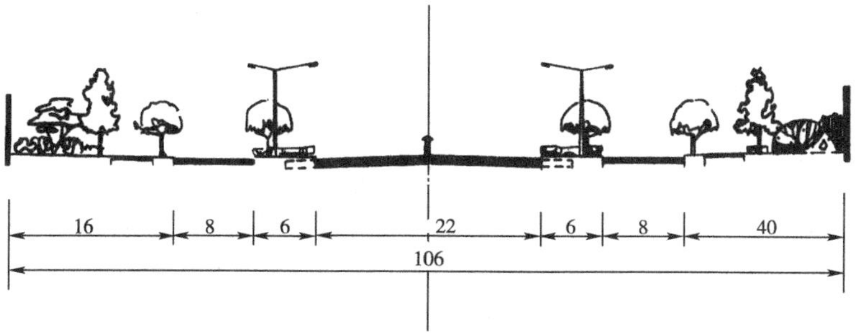

图 6-77 北京东二环路横断面图(尺寸单位:m)

注:道路宽度 106m(因原来有护城河现改为暗渠);快车道有 6 条车行线,宽 22m;保留 8 条车行线;慢车道每侧各宽 8m;隔离带宽 2 ~3m。

位于城市中心区的环路,用地受到限制,一般道路横断面布置成三幅路,如天津、济南、郑州的内环路。西安、芜湖的一环,成都的内环,位于旧城区,道路红线窄,采用了一幅路的形式。结合交通功能要求与用地实际可能确定断面形式。

至于环路的高架路段,只供汽车专用,可设计成两幅路的形式。

四、城市步行街

1. 城市人行专用道的分类

在汽车泛滥,交通拥塞的市中心区,为体现"以人为本"的原则,将市中心一定的区域作为行人专用区,原则上排除汽车交通,将其改建为适合行人商业和生活活动的优先区,这就形成了城市人行专用道的新概念,早在20世纪30年代美国就开始提出步行街的设想,到20世纪70年代已日趋完善。人行专用道种类较多,其类型如图6-78所示。

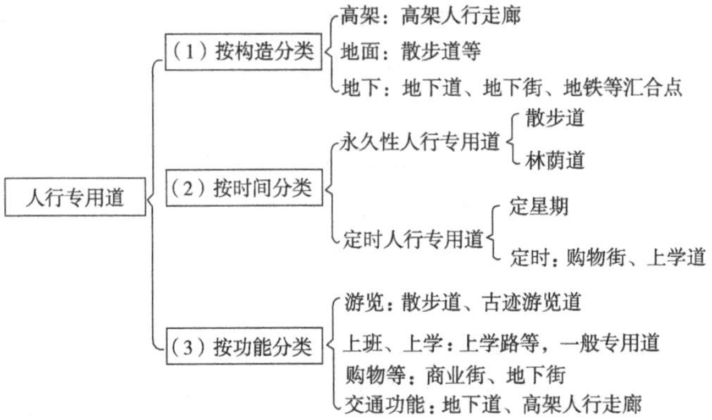

图6-78 人行专用道分类

2. 步行街的种类

1)完全步行街

完全步行街,又称封闭式步行街。封闭一条旧城内原有的交通道路或在新城中规划设计一段新的街道,禁止车辆通行,专供人步行,原来的车行道与人行道拉平,设置新的路面铺筑,并布置各种设计,如树木、座椅、雕塑小品等以改善环境,使人乐意前往。如巴尔的摩的老城步行街全长1 500in,宽45in(1in = 0.304 8m)。自从禁止原来阻塞交通的机动车通行以后,行人步行倍感舒适,并大大提高了商业零售额。我国的合肥城隍庙、南京夫子庙和上海城隍庙等,也属于这种类型。

2)公共交通步行街

公共交通步行街是完全步行街所作的改进,允许公共交通(汽车或电车或出租车)进入,以方便居民到达或回家,并保持全在公共汽车网络系统的完整。它除了布置改善环境的设施外,还增加设计美观的停车站,这类步行街仍有行车道与人行道的高差之分,通常将人行道拓宽,改窄行车道甚至国外将行车道建成弯曲线形,以减低其车速。

3)局部步行街

局部步行街又称半封闭式步行街。将局部路面画出作为专用步行街,仍允许客运车辆运行,但对交通量停车数量以及停车时间加以限制,或每日定时封闭车辆交通,或节日暂时封闭车辆交通,如凯华顿步行街,全长跨越6个街坊,街道一端设单向交通,另一端实行双向交通,中心路段禁止交通进入，只准行人步行。步行街中央设置12in宽的曲线车道，专为紧急和服务车辆通行。又如我国上海南京路、淮海路在非高峰上班时间内禁止自行车进出，限制货车及一般小汽车进入，允许公交车、出租车和部分客车通行，使原来的非机动车道供行人步行。

4）地下步行街

地下步行街是20世纪20年代兴起的城市地下交通设施，即在街道狭窄、人口稠密、用地紧张的市中心地区，开辟地下步行街。日本大阪是修建地下街最多的城市之一，其面积达191 800m^2，每天可吸收人流超过300万人。使城市感觉不到拥挤，这就是地下街的突出作用。我国的地下街未成系统，但利用人防系统建成商业街，起到地下步行区的作用，如哈尔滨地下街及苏州人民路下的地下商业街。

5）高架步行街

高架步行街是沿商业大楼的二层楼人行道，它与人行天桥往往联成一体，成为天桥系统。这类人行道不少采用全天候的空中走廊形式，雨、雪天气均可通行。如朋尼阿波利斯的人行天桥系统在世界上享有盛名，已成为该城市的象征。

3. 商业步行区设计的一般要求

根据《城市道路交通规划设计规范》（GB 50220—1995）的规定，城市商业步行街所处的步行街范围内，规划设计应满足以下规定：

（1）商业步行区的紧急安全疏散出口间隔距离不得大于160m。区内道路网密度可采用13～18km/km^2。

（2）商业步行区的道路应满足送货车、清扫车和消防车通行的要求。道路的宽度可采用10～15m，其间或配置小型广场。

（3）商业步行区内步行道路和广场的面积，可按每10m^2容纳8～10人计算。

（4）商业步行区距城市次干路的距离不宜大于200m；步行区进出口距公共交通停靠站的距离不宜大于100m。

（5）商业步行区附近有相应规模的机动车和非机动车停车场或多层停车库，其距步行区进出口的距离不宜大于100m，并不得大于200m。

4. 步行街的布置

步行街的布置应遵循以下原则：

1）保证便捷的交通联系

新建步行街必须考虑其与周围地区有便捷的客运交通联系，以便恰当地为其他地区的居民提供灵活方便的交通。将现有街道建为步行街时，则要考虑原来街道与周围道路的关系，合理组织过境交通，不能因步行街的设置影响整体城市交通的畅通。

实现步行街的规划或改造，对步行区和周围街道要进行交通量调查，预测邻近街道能否容纳因步行街禁止行车辆而增加的交通量以及能否形成环路的可能性。

2）体现公交优先并注重地区经济效益

商业中心区的步行区化，是依靠分散过境交通、实现人车分流，同时鼓励公共交通的发展，适当限制私车交通而建立的特定区域。对道路系统实行公交优先，改善出行方式比较有利。步行街实施的可行性研究中要用投入与产出效益的比较来决策。经济效益中应考虑销售量与就业量的增加,潜在效益中则应考虑地价的增值,公共交通使用率的增高,以及由于公交车速提高和减少汽车延误等带来的效益。此外,还应考虑环境、社会效益等。

完全封闭交通,对较长的步行街难以做到,不但将给周围道路造成过大的负担,而且因公共交通的不便而影响商业营业额,甚至导致降低该地区的土地利用价值。所以在选择步行街的形式时,要遵循可达性要求和适意性原则。一般应用限时限制某种车辆较为合适,可达到人车之间的平衡,在时间上对车流予以分流,以保证在早晚完成商业街的货运、服务运输等功能。此处可从行人步行的舒适性来考虑步行街的长度及规模。一般长度以800m左右为佳。如超过此长度时宜设置小广场,以增加空间变化的方法予以调节。即使完全的步行街(即无公共交通),亦应在平面规划和设施的布设中留出货运、急救(救护车、警车、消防车)和服务性(垃圾清运车)车辆运行的通道。

3)步行街的横断面布置要便于步行

(1)步行街横断面的形式多为一块板形式,旧街改造的也有三块板形式,平峰时原非机动车道仅供行人行走。原有人行道狭窄的可采用骑楼式人行道,以达到加宽人行道的目的,还可起到遮阳避雨的作用。

(2)横断面可采用不对称式代替传统的对称式。通常宜拓宽人行道,以便为布设设施提供空间。在高差处理上,可以变换形式,以达到人车分离、增加空间适意性。

(3)步行街路幅的宽度,主要取决于临街建筑物的性质、层次与绿化布置的要求。人行道应有足够的宽度,以方便行人过境、停驻、进出商店。大中城市的主要商业步行街其宽度不宜小于6.0m,区级商业服务中心及小城市也不宜小于4.5m(不包括行道树及绿化带)。对于完全步行街(即无公共交通),车行道的宽度,也应以消防车、救护车及早、晚营业时间前后为商店服务的货运车、垃圾车能驶入为度,还可供限时准许穿越或进入的自行车行驶,其宽度至少为7~8m。新规划的城镇步行街的路幅总宽度,应有较高功能要求,一般以25~35m总宽为宜。对中小城市的旧商业街改造,为了减少拆迁量,也应力求使路幅保持20~24m,还应尽可能结合城市改造,利用局部旧房拆迁空地来增加绿化,以改善环境。

(4)步行街道路绿化:有行道树的,宽度占路幅总宽度的比例一般在25%~30%之间。行道树的布置可因地制宜,采取错列、并列或自由式布局。树木间距的变化,能加强环境的持续性和统一性。树木还可以用来自然划分步行区、站立处或休息区,作为动区和静区的屏风。行道树可以作为行人行走的路标。而花坛的布置更可使步行区灵活多变,绚丽多姿,其布设从无统一模式,完全可以依据步行人流活动的模式、当地的风俗习惯或设计者的巧妙构思,以造成一种宜人的环境。

(5)为使步行区不介入过境交通,在道路的连接处可改成U形或建成尽端路,在地区的进口处设置横向突起故障,或者将车行道做成多弯的线形。

(6)步行街出入口的设置颇为重要,各种交通的转换要求能迅速疏散大量步行人流,又不致因大量的人流涌入、流出,而对周围道路的车流引起干扰,构成新的阻塞。在这种情况下,小型集散广场的设置将有利于公共交通站点的布设。从便于人流的集散出发,步行街区的静态交通——停车场,宜规划在步行出入口附近,以边缘集中为宜。在个别规模过大、线路较长的地区,还可考虑与分散式结合。停车场也宜向地下发展,从而避免大面积地面停车场与街区景观的不协调。

【复习思考题及习题】

1. 公路选线的基本步骤是什么？简述各步骤的一般要求和要点。

2. 综述公路选线的目的、任务和一般方法。

3. 公路选线的一般原则有哪些？为什么说公路选线中重视环境保护工作是一条重要的原则？

4. 试根据平原区的地形、地物特征简述平原区的路线特征，并简要回答平原区选线的要点。

5. 山区的主要自然特征有哪些？在这些自然特征影响下路线的一般特征是什么？根据不同的地形特征路线布置有哪些基本形式？

6. 什么叫沿溪线？沿溪线布线的关键问题是什么？应掌握哪些要点？

7. 什么叫越岭线？布线时应掌握哪些要点？

8. 公路越岭展线有哪些基本形式？为什么说回头展线是不理想的展线形式？

9. 简述纸上定线的一般步骤及要点。

10. 综述公路总体设计的基本原则。

11. 在确定公路技术标准时主要应考虑哪些因素？

12. 简述整体式路基与分离式路基，高路堤与高架桥比选的要点。

13. 综述基于环保的设计新理念。

14. 名词解释：

(1)纸上定线；(2)双交点法；(3)越岭线；(4)导向线；(5)实地放线；(6)沿溪线；(7)展线；(8)螺旋展线；(9)放坡；(10)曲线形定线法；(11)城市快速路；(12)城市高架路。

第七章

道路交叉设计

第一节 道路交叉概要

一、交叉口的特征

交叉口是不同方向的多条道路相交或连接的地点，有的道路要通过交叉形成相交点，而有的道路到交叉口就终止，形成连接点。每条道路各个方向来车到交叉口后有的要直行通过，而有的则要改变方向(左转或右转)，车辆相互之间干扰很大，使行车速度减少，通行能力降低。现对交叉口的交通特征和构造特征分析如下：

1. 交通特征

1)交通流线在交叉口要产生交错点

把汽车作为一个质点，行驶时所走的轨迹就叫交通流线(又叫行车路线)。在十字交叉口入口处，每一交通流线都将分成直行、左转、右转三个方向的交通流线，这一分一合形成了交通流线间十分复杂的关系。

交错点是指交通流线相互发生交错的连接点。由于行车路线在交错点发生交错，给行车安全带来影响。按交通流线交错的不同形式，又分为分流点(又叫分岔)、合流点(又叫汇合点)、冲突点(又叫交叉点)以及交织段四种情况,如图 7-1 所示。

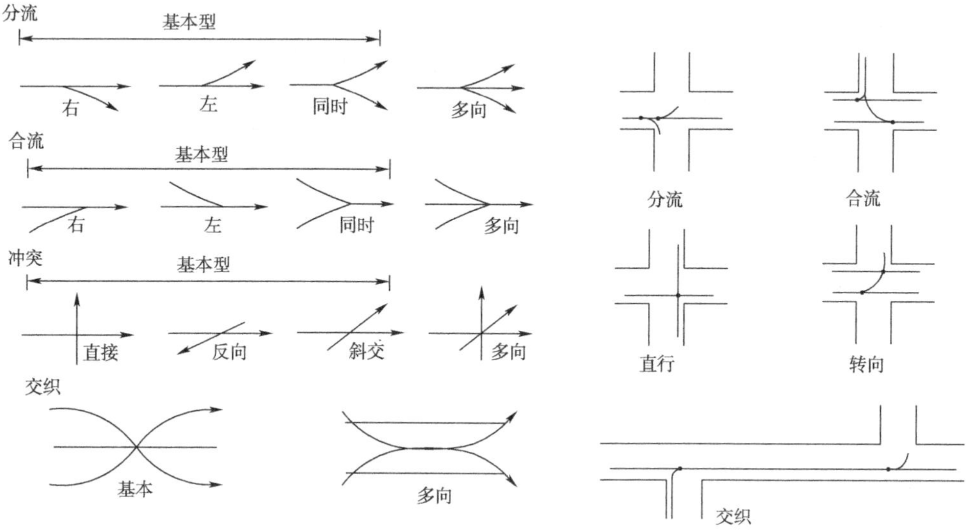

a) b)

图 7-1 交叉口交通流线的基本情况

a)交通流线图;b)交叉平面图

分流点是指一条交通流线分为两条交通流线的地点。在分流点处,由于有的车辆要驶出原交通流线,改变行车方向,因而要减速,使通行能力降低,有可能产生尾随撞车。分流点主要产生在交叉口入口处,直行、右转、左转交通流线之间。

合流点主要是指来自不同方向的交通流线以较小的角度向同一方向汇合行驶的地点。由于几列不同方向的车队合成一列车队,车辆之间可能发生同向挤撞或尾随撞车,通行能力也会降低。合流点主要产生在交叉口出口处,直行、右转和左转交通流线之间。

冲突点是指来自不同方向的交通流线以较大角度或接近 90°相互交叉的地点。冲突点处,由于交通流线角度很大,发生撞车的可能性最大,对交通干扰影响很大。冲突点主要产生在交叉口相交的公共区内,左转、直线交通流线之间。三路、四路、五路交叉口三种危险点分布如图 7-2、图 7-3 所示。

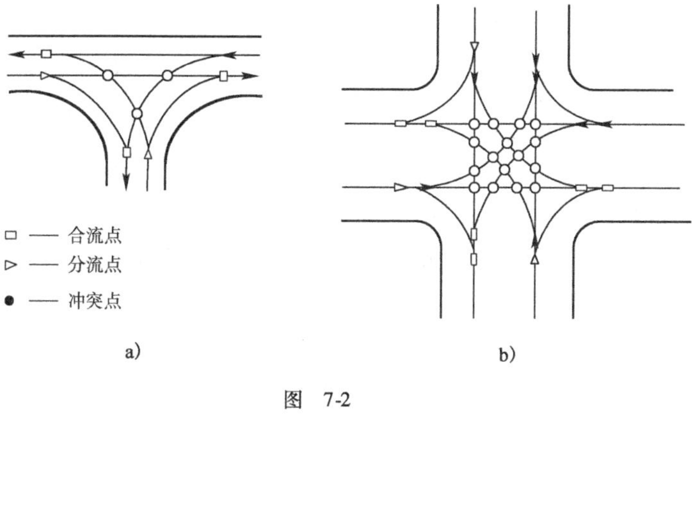

a) b)

图 7-2

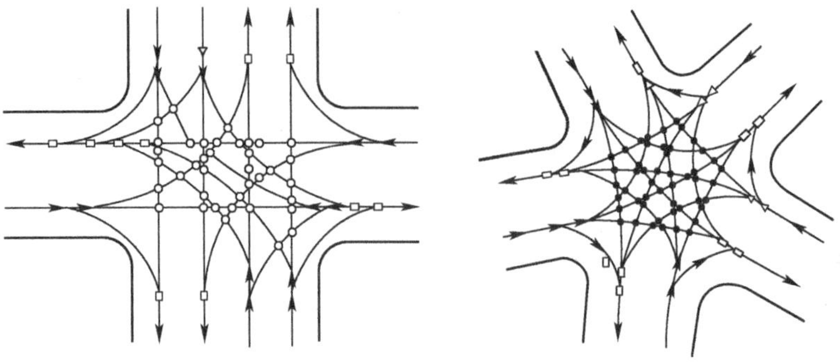

c) d)

图 7-2 无信号控制的交错点分布图

a)三路交叉;b)四路交叉;c)四路交叉;d)五路交叉

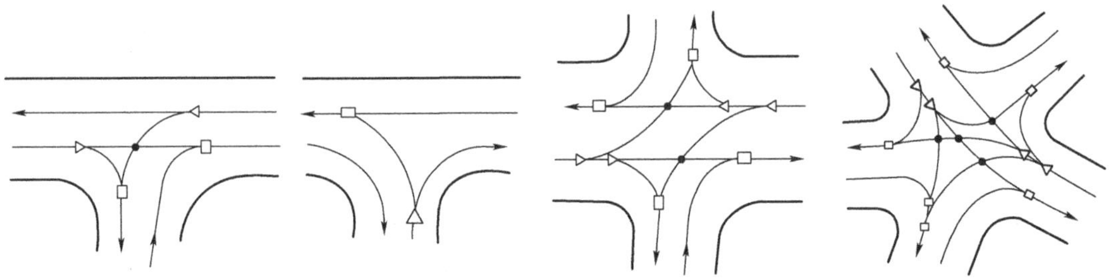

a) b) c)

图 7-3 有信号控制的交错点分布图

交织段是分流和合流的组合情况,当两方向的交通流线合流后,交换车道又分流则形成了交织段。交织段长度是交织的基本参数。当交织段长度为零时即形成了冲突。

交叉口的交错点数量与交叉口相交道路数、车道数以及有无信号控制有关,见表 7-1。

交叉口的交错点 表 7-1

交错点类型	无信号控制			有信号控制		
	相交道路条数			相交道路条数		
	3 条	4 条	5 条	3 条	4 条	5 条
分流点	3	8	15	2 或 1	4	4
合流点	3	8	15	2 或 1	4	6
左转车流冲突点	3	12	45	1 或 0	2	4
直行车流冲突点	0	4	5	0	0	0
交错点总数	9	32	80	5 或 2	10	14

从以上图表可得到以下三点结论:

(1)在无信号控制的交叉口上,都存在着冲突点、合流点和分流点,并随相交道路条数的增加而显著地增加。交错点按式(7-1)计算。

$$\left.\begin{aligned} 分流点 &= 合流点 = n(n-2) \\ 冲突点 &= \frac{n^2(n-1)(n-2)}{6} \end{aligned}\right\} \tag{7-1}$$

式中：n——各相交道路进入交叉口车道数总和。

例如：无信号控制时，三路交叉的冲突点只有 3 个；四路交叉的冲突点就增加到 16 个，合流点 8 个；五路交叉的冲突点猛增到 50 个。因此，在规划和设计交叉口时，应力求减少相交道路的条数，避免五条以上的道路相交，以减少危险点，使交通简化。

（2）产生冲突点最多的是左转弯车辆。在十字交叉口上如无左转弯车辆，则冲突点就可从 16 个减少到只有 4 个；五路交叉时，其冲突点数可从 50 个减少到只有 5 个。因此，在交叉口设计中，如何正确处理和组织左转弯车辆，以保证交叉口的顺畅和安全，是设计交叉口的关键之一。

（3）为了控制和减少交叉口上的冲突点，以保证行车安全，必须设置信号灯，按顺序开放各条道路的交通。因此，增加了交叉口的延误时间，影响了交叉口的通行能力。在设有信号灯控制的交叉口，其通行能力比路段上的通行能力降低。三条道路交叉的约为 30%，四条道路交叉的约为 50%，五条道路交叉的约为 70%。

所以，在交叉口的设计中，必须力求减少或消除冲突点，保障交通安全，同时又要努力提高交叉口的通行能力，保证行车畅通。

2）交叉口交通复杂

交叉口处除交通流线相互干扰形成危险点外，就每辆车而言，在交叉口处行车状态也比一般路段复杂。车辆进入交叉口时一般要减速、制动，出交叉口时又要起步、加速。因此，汽车在交叉口为变速行驶，从而使行车的惯性阻力增加，车损及轮耗增大，噪声、空气污染对环境影响较为严重。

另外，交叉口一般多处于人口集中的繁华地区，行人交通、非机动车，特别是自行车交通在交叉口转换方向使交通流线相互干扰更为复杂，这给交通的组织也带来了很大的困难。

2. 构造特征

具有公共面是交叉口的主要构造特征。

由于是在平面上相交，各条道路在交叉口处就形成了共有的公共平面，如图 7-4 所示。一个十字路口的公共面上，有四个出口，集中到公共面上，形成了十分复杂的交通状况。另外公共面为各相交通道路的组成部分之一，在几何上应满足各条道路的平、纵面线形和排水的要求。因此，如何设计好交叉口的公共面，确保交叉口排水畅通和路容美观是平面交叉口的设计任务之一。

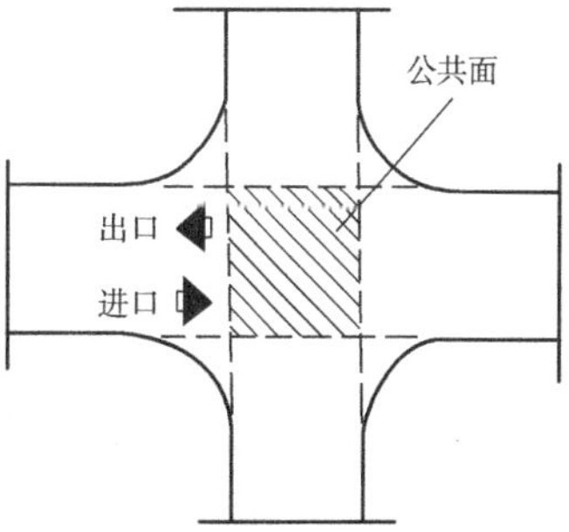

图 7-4 平面交叉口的公共面

二、改善交叉口的基本途径

1. 使交通流线在时间上分离

用交通组织和管理的办法，对交叉口的交通进行限制，在同一时间内，只允许某一方向的车流通过，这样在交叉口的危险点就大大减少。通常在交叉口装置自动交通信号灯，或由交警指挥，或设置让路交叉路口，或定时不准左转车通行等，都是属于在时间上分离的措施。

2. 使交通流线在平面上分离

在交叉口采用各种交通设施或进行交通组织，使交通流线在平面上分离，这也是减少交叉口危险点的重要途径。通常采用的措施和方法有：

(1)在交叉口进口处设置专用车道，将不同方向车辆在过交叉口前分离在各专用车道上，减少行车干扰。

(2)合理组织交通路线，变左转车为右转车。如设置中央岛组织环行交通，规定交通路线，绕街坊组织大环行交通，设置远引交叉，都属于这一类型。

(3)组织渠化交通。在交叉口用画线、绿带、交通岛和各种交通标志等方法，限制交通路线，使交通流线在平面上分离的交通组织方法。

3. 使交通流线在空间上分离

设置立体交叉，从根本上分离交通流线，解决交叉口交通问题。

三、路线交叉的分类

根据相交路及相交构筑物的性质、等级，公路交叉可分为公路与公路交叉、公路与铁路交叉、公路与乡村道路交叉和公路与管线交叉等，如图7-5所示。

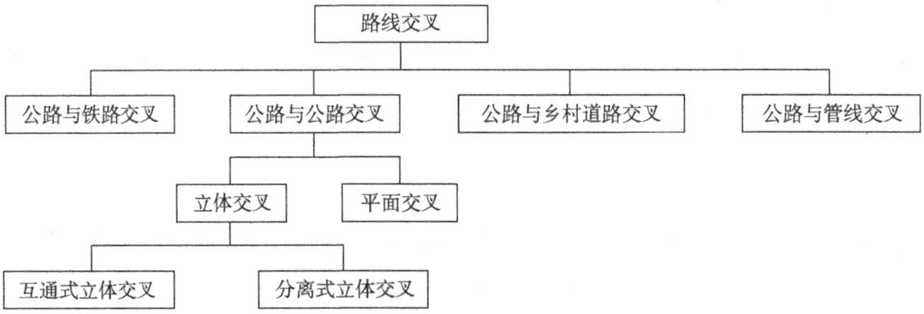

图7-5　路线交叉的分类

四、交叉口设计主要内容

1. 平面交叉设计

(1)正确选择交叉口类型。

(2)合理布设交叉口各种交通设施(包括交通信号、标志、标线、导流岛、方向岛等)，进行交通组织设计(包括车辆交通和行人交通)。

(3)交叉口几何设计，确定交叉口各部分的几何尺寸。

(4)交叉口立面设计及排水设计。

2. 立体交叉设计

(1)立体交叉类型选择及立交方案设计。

(2)立体交叉线形设计，包括主线和匝道的线形设计。

(3)立体交叉桥跨构造物设计。

(4)立体交叉变速车道设计。

(5)立体交叉附属设施设计。

第二节　道路平面交叉

一、公路平面交叉设计的一般规定

1. 设计原则

交叉口的行车安全和通行能力，在很大程度上取决于交叉口的形式和交通组织方式。因此，在设计交叉口时，必须首先考虑交叉口形式的选择和交通组织问题。为此，设计时应遵循下列原则：

(1)道路交叉口的位置受道路网规划控制，两条道路相交以正交为宜；当必须斜交时，交叉角应大于或等于45°，并避免错位交叉、多路交叉和畸形交叉。

(2)交叉口的形状、类型应根据相交道路的功能、交通组成、等级、设计速度、设计小时交通量、在路网中的作用并结合地形、地物条件和投资条件等因素进行设计。

(3)在交叉口的设计中应做好交通组织设计，正确组织不同流向的车流、人流，布设必要的转弯车道、交通岛、交通标志与标线等。平面交叉口按其管理方式分为设置信号和不设置信号两种。部分控制出入的一级公路和二级公路上平面交叉不得设置信号控制；设计速度≥60km/h的一般公路，对直行交通不得设置信号控制。

(4)为保证行车通畅和提高路口通行能力，可采取压缩进口车道、分隔带和路侧带宽度，增加车道条数等措施。

(5)路口设计速度：平交范围内相交的公路设计速度，原则上应与该公路的设计速度一致。当两相交道路等级相同或交通量相近时，平交范围内直行交通设计速度可降低，但与公路设计速度之差不应大于20km/h。对于信号控制的平交路口的设计速度，一般按各级道路设计速度的0.5~0.7倍来进行计算。通常，直行车车速可取高限，左、右专用车道车速宜取低限。右转弯车道的设计速度不宜大于40km/h，左转弯车道的速度不宜大于20km/h。

(6)平面交叉应优先保证主要公路或交通量大的一方的通畅，其几何设计应结合交通管理方式考虑。平面交叉范围内的路段宜用直线。当采用曲线时，其半径宜大于不设超高的最小圆曲线半径。纵坡应平缓，地段较短时，其长度应符合最小坡长规定，并对称地布置于交叉点两侧，紧接该段的纵坡应小于3%，特殊情况下应不大于5%。

(7)平面交叉范围内必须通视，有碍视线的障碍物应予以清除。应保证必要的停车视距及信号(或标志)的识别距离。当条件受限制时，必须采取设置限速标志等措施。

(8)平面交叉的最小间距，应根据交织长度、左转弯车道的长度、视距及识别距离等因素确定。间距应尽量大，以提高通行能力，保证行车安全。间距较小且密度较大的路段应采取修建辅道、适当合并交叉或设分离式立体交叉等措施以减少平面交叉的数量。

(9)当乡村道路与公路平面交叉时，交叉应选在视距良好的地点。《公路路线设计规范》(JTG D20—2017)要求为：交叉处公路边缘的两侧应分别设置不小于10m的水平段或缓坡段，缓坡段纵坡应不大于2%。紧接水平段或缓坡段纵坡不应大于3%，困难地段应不大于6%。交叉处的视距应保证驾驶员在距交叉处20m处，能看到两侧二级、三级公路相应停车视距并不小于50m范围内的车辆。并在公路路基边缘处应各有不小于10m的路面加固段。

(10)平面交叉设计应以预测的交通量为基本依据。设计所采用的交通量应为设计小时交通量。当缺乏交通量预测资料(特别是与次要公路有关部分)时,其交通量参考附近类似功能的交叉的交通量进行推算。

(11)既有平面交叉改建设计时,除应收集交通量以外,还应调查分析包括交通延误以及交通事故的数量、程度和原因等的现有交叉的使用状况。

(12)拟分期建设的互通式立体交叉,当近期先建平面交叉时,应对首期平面交叉和最终的互通式立体交叉两者作统筹构思,并对互通式立体交叉进行足够深度的设计(简单情况下的方案设计至复杂情况下的初步设计),以保证分期建设方案在技术处理、占地和投资安排上的合理性。

2. 有关设置的规定

(1)平面交叉应根据相交公路的功能、技术等级、区域路网的现状与规划,以及交叉区域地形、地貌条件等合理设置。

(2)一级公路、二级公路、三级公路、四级公路之间相互交叉时,平面交叉设置应符合表7-2的规定。

平面交叉设置要求 表7-2

被交叉公路	公路主线				
	一级公路(干线)	一级公路(干线)	二级公路(干线)	二级公路(干线)	三级、四级公路
一级公路(干线)	严格限制	—	—	—	—
一级公路(集散)	严格限制	限制	—	—	—
二级公路(干线)	严格限制	限制	限制	—	—
二级公路(集散)	严格限制	限制	限制	允许	—
三级、四级公路	严格限制	限制	限制	允许	允许

3. 交通管理的规定

平面交叉应根据相交公路的等级、相对功能地位、交通量等的不同而采用信号交叉、主路优先和无优先交叉三种不同方式的交通管理。

(1)公路等级和交通量有明显差别的两条公路相交,或交通量较大的T形交叉,应采用主路优先交叉。次要公路上采用让行管理。

(2)相交两条公路的等级均低且交通量较小时,应采用无优先交叉。能保证通视三角区的岔路上均实行"减速让行"管理;条件受限而只能保证安全交叉停车视距的岔路上,实行"停车让行"管理。

4. 采用信号交叉的规定

(1)两条交通量均大且等级或功能地位相同的公路相交的交叉,难以用"主路优先"的规则管理时,应设置信号。

(2)两相交公路虽有主次之别,但交通量均大(如主要公路双向交通量为600辆/h,次要公路一向交通量为200辆/h)时,采用"主路优先"规则管理会出现较频繁的交通事故和过分的交通延误,则应设置信号。

(3)主要公路交通量相当大(如900辆/h),而次要公路尽管交通量不大,但采用"主路优先”规则管理时,次要公路上的车辆由于难以遇到可供驶入的主流间隙而引起不可接受的交通延误,或出现冒险驶入长度不足的主流间隙而危及安全时,应设置信号。

(4)两相交公路的交通量虽未达到上述程度,但由于有相当数量的行人和非机动车穿越交叉而引起交通延误、阻塞甚至交通事故时,应设置信号。

(5)环形交叉的某些入口因交通量大而会出现过多的交通延误时,应设置信号。

5. 平面交叉间距规定

(1)平面交叉间距应根据公路功能、技术等级,及其对行车安全、通行能力和交通延误的影响确定。

(2)一级公路、二级公路的平面交叉最小间距应符合表7-3的规定。

公路平面交叉的最小间距 表7-3

公路等级	一级公路			二级公路	
公路功能	干线公路		集散公路	干线公路	集散公路
	一般值	最小值			
间距(m)	2 000	1 000	500	500	300

(3)一级公路、二级公路作为干线公路时,应优先保证干线公路的畅通,采取排除纵、横向干扰的措施,平面交叉应保持足够大的间距,必要时可设置立体交叉。

(4)一级公路、二级公路作为集散公路时,应合理设置平面交叉,通过支路合并等措施,减少平面交叉的数量。

6. 平面交叉的岔数规定

(1)平面交叉岔路不得多于四条;岔数多于四条时应采用环形交叉。

(2)新建公路不应直接与已建的四岔或四岔以上的平面交叉相连接。

(3)新建公路接入既有平面交叉时,应对交叉进行改建设计。既有交叉为四岔时,应将交通量最小的一条公路在至交叉一定距离处并入另一条交通量较小的公路,使原位置的交叉仍维持四岔交叉。

(4)采用环形交叉时,岔路不宜多于五条。

7. 公路与铁路平交的规定

(1)公路与铁路平面交叉时,以正交为宜。当必须斜交时,交叉角应大于45°。

(2)道口应设在瞭望条件良好的地点,不得设在铁路站场、道岔、桥头、隧道洞口、有调车作业的范围内,并严禁设在道岔尖轨处。当受条件限制,在距铁路轨道外侧5m处停车,应能看到表7-4规定的距离以外的火车。否则必须设置标志,并设看守。

公路汽车瞭望视距 表7-4

路段旅客列车设计行车速度(km/h)	120	100	80
汽车瞭望视距(m)	400	340	270

(3)道口处的铁路路线以直线为宜,公路路线应为直线。道口两侧公路的直线长度,从铁路钢轨外侧算起,不得小于50m,并应有不小于16m的水平段(不包括竖曲线),乡村道路不应小于10m。紧接水平路段的公路纵坡,不应大于3%;当受地形条件及其他特殊情况限制时,

不得大于5%。对于重车驶向道口一侧的公路下坡路段,紧邻道口水平路段的纵坡不应大于3%。

(4)道口铺砌长度,应延伸至钢轨外侧以外2.0m处;道口铺砌采用坚固、耐用、平稳且易于翻修的材料;道口铺砌宽度与路基宽度相同(人口稀少区可与路面宽度相同)。

(5)当公路与铁路(单股与多股)交叉时,应在车辆驶向道口方向的右侧或上方,设置铁路道口标志。

铁路道口标志或多股铁路道口标志至道口冲突点的距离规定见表7-5。设置道口标志处至道口之间路段范围内,不得另有平面交叉。

公路道口标志至道口的距离 表7-5

设计速度(km/h)	100	80	60	≤40
道口标志至道口冲突点的距离(m)	200	150	100	60

(6)当道口两侧公路为路堤时,应设置护栏。电气铁路在距钢轨外侧30m处,应设置限界架,其净高为该路等级规定的净高。

8. 公路与管线交叉规定

(1)公路与架空输电线路相交,以正交为宜。必须斜交时,其交叉的锐角应大于45°。

(2)公路从架空输电线路下穿过时,应从导线最大弧垂点与杆塔间通过,并使输电线路导线与公路交叉处距路面垂直距离不小于表7-6的规定值。

架空输电线路导线距路面的最小垂直距离 表7-6

架空输电线路标称电压(kV)	35~110	154~220	330	500	750	1 000		±800直流
						单回路	双回路逆相序	
距路面最小垂直距离(m)	7.0	8.0	9.0	14.0	19.5	27.0	25.0	21.5

(3)架空输电线路导线与路面的垂直距离,应根据导线运行温度情况或覆冰无风情况下求得的最大弧垂,以及根据最大风速情况或覆冰情况下求得的最大风偏进行计算确定。

(4)架空输电线路与公路交叉或平行时,杆(塔)内缘距离公路边沟的最小水平距离应符合表7-7的规定。

架空输电线路杆(塔)内缘距公路边沟外侧的最小水平距离 表7-7

标称电压(kV)		35~110	220	330	500	750	1 000	±800直流
交叉(m)		8				10	15	15
平行	开阔地区(m)	最高杆(塔)高度						
	受限制地区(m)	5	5	6	8 高速15	10 高速20	单回路15 双回路13	12

注:标称电压1 000kV、±800kV直流输电线路与公路平行的数值为边导线至公路边沟外侧的水平距离。

(5)公路与油气输送管道相交时,以正交为宜。必须斜交时,其交叉的锐角不宜小于30°。

(6)油气输送管道与各级公路相交叉且采用下穿方式时,应设置地下通道(涵)或套管。

(7)穿越公路的地下专用通道(涵)的埋置深度,除应符合石油天然气行业标准的荷载相关规定外,尚应符合现行《公路桥涵设计通用规范》(JTG D60)的有关规定,并按所穿越公路的车辆荷载等级进行验算。穿越公路的保护套管其顶面距路面底基层的地面应不小于1.0m。

(8)严禁有毒有害、易燃易爆、高压等管线设施利用公路桥梁跨越河流。输送有害、易燃易爆物质的管线穿(跨)越河流时:管线距特大桥、大桥、中桥的距离不小于100m;距小桥的距离,应不小于50m。

(9)严禁有毒有害、易燃易爆、高温高压等管线设施通过公路隧道。

(10)各种管线跨越公路的设施,不得侵入公路建筑限界,不得妨碍公路交通安全,损害公路设施,也不得对公路及其设施形成潜在危险。

二、城市道路平面交叉类型选择

1.平面交叉的类型

1)按交叉口岔数及形式分

交叉口分类的方式很多,通常多按交叉口岔数及形式划分,主要类型有:

(1)T形交叉口:交叉口形状如英文字母的T形,即三路交叉的一条路与另一条路的延长线方向一致。此延长线与第三条路的交角大致垂直。如交角为90°±15°的交叉口亦按类似正交处理,如图7-6b)所示。

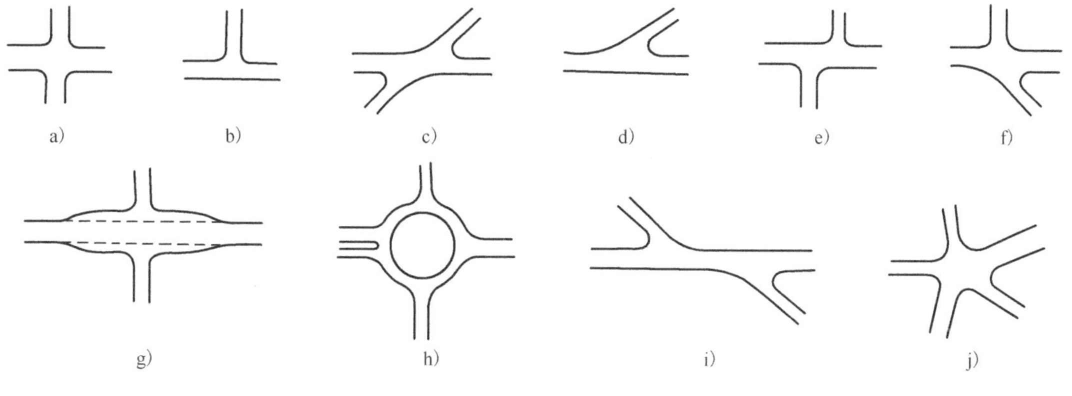

图7-6 平面交叉口的类型

a)十字形交叉口;b)T形交叉口;c)斜交叉口;d)Y形交叉口;e)交错T形交叉口;f)折角交叉口;g)漏斗(加宽路口)形交叉口;h)双环形交叉口;i)斜交Y形交叉口;j)多路交叉口

(2)Y形交叉口:三路交叉口,其交角小于75°或大于105°,如图7-6d)所示。

(3)十字形交叉口:四路交叉口中两条路与另外两条路的延长线方向一致,交角为90°时是正交路口。若交角为90°±15°,亦可按类似正交设计,如图7-6a)所示。

(4)斜交叉口:十字交叉路口中其交角大于105°,小于75°时[图7-6c)],亦称X形路口。

(5)交错T形交叉口:两个相错开的T形交叉口相距很近,如图7-6e)所示。

(6)斜交Y形交叉口:四条路错位交叉成两个Y形交叉,且交叉点相距很近,如图7-6i)所示。

(7)折角交叉口:十字交叉口中有一条路与相交路的交角小于75°的交叉口,如图7-6f)所示。

(8)多路交叉口:五条及其以上的道路相交于一点时所形成的交叉口,如图7-6j)所示。

此种形式的交叉口,给交通组织及管理带来很大困难,采用时必须慎重考虑,应尽量避免。

(9)环形交叉口:在交叉口中心设计圆形或椭圆形的交通岛,车辆绕其周围环道单向行驶,如图7-6h)所示。

2)城市道路按交通组织方式分类及选用条件

(1)交通组织分类的平面交叉口

根据《城市道路交叉口设计规程》(CJJ 152—2010)平面交叉口应按交通组织方式分类,并应符合下列要求:

①A类:信号控制交叉口

a.平A_1类:交通信号控制,进出口道展宽交叉口。

b.平A_2类:交通信号控制,进出口道不展宽交叉口。

②B类:无信号控制交叉口

a.平B_1类:支路只准右转通行的交叉口(简称右转交叉口)。

b.平B_2类:减速让行或停车让行标志管制交叉口(简称让行交叉口)。

c.平B_3类:全无管制交叉口。

③C类:环形交叉口

平C类:环形交叉口。

(2)平面交叉口选型

平面交叉口的选用类型,应符合表7-8的规定。

城市道路平面交叉口选型 表7-8

平面交叉口类型	选型	
	推荐形式	可选形式
主干路-主干路	平A_1类	
主干路-次干路	平A_1类	
主干路-支路	平B_1类	平A_1类
次干路-次干路	平A_1类	
次干路-支路	平B_2类	平A_1类或平B_1类
支路-支路	平B_2类或平B_3类	平C类或平A_2类

注:1.人口在50万以上的大城市,主干路与主干路相交,经交通预测分析,需要设置立体交叉时,宜按立交选型规定选用。

2.人口在50万以上的大城市,次干路与次干路相交,因景观需要,采用环形交叉口时,应充分论证。

2.平面交叉交通特性分类及适用范围

在具体设计中,常因交通量、交通性质以及不同的交通组织方式,把交叉口设计成各具交通特点的形式,可归纳为加铺转角式、分道转弯式、扩宽路口式和环形交叉四类。

1)加铺转角式

交叉口用适当半径的圆曲线平顺连接相交道路的路基和路面,如图7-7所示。

此类交叉口形式简单,占地少,造价低,设计方便,但行车速度低,通行能力小。其适用于交通量小、车速低、转弯车辆少的三级、四级公路或地方道路,若斜交不大时,也可用于转弯交通量较小的主要道路与次要道路交叉。设计时主要解决合适的转角曲线半径和保证足够的视距问题。

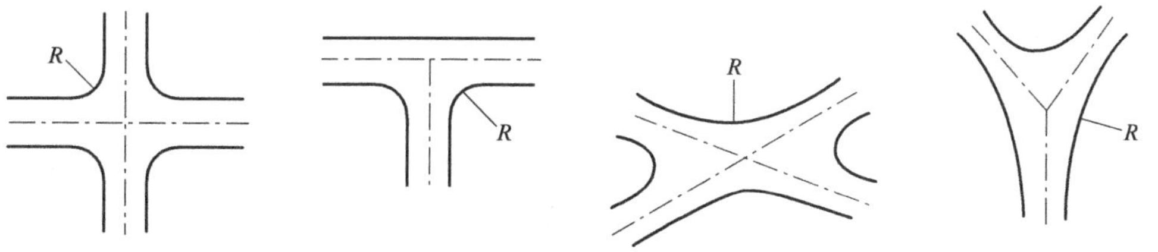

a)　　b)　　c)　　d)

图 7-7　加铺转角式交叉口

a)十字形;b)T 形;c)X 形;d)Y 形

2)分道转弯式

通过设置导流岛、划分车道等措施,使单向右转或双向左、右转车流以较大半径分道行驶的平面交叉,如图 7-8 所示。此类交叉口转弯车辆,尤其是右转弯车辆行驶速度和通行能力都较高。其适用于车速较高,转弯车辆较多的一般道路。设计时主要解决分道转弯半径、保证足够的视距和满足导流岛端部半径的要求。

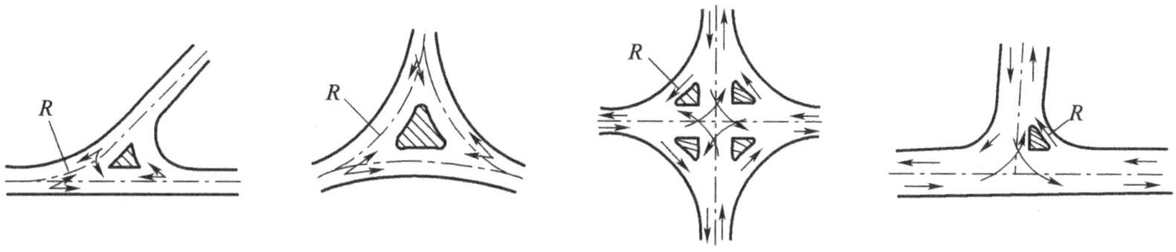

a)　　b)　　c)　　d)

图 7-8　分道转弯式交叉口

a)单向右移;b)、c)、d)双向左、右转

3)扩宽路口式

为使转弯车辆不影响其他车辆的正常行驶,在交叉口连接处增设变速车道和转弯车道的平面交叉。这种交叉口可以单增右转或左转车道,也可以同时增设左、右转弯车道,如图 7-9 所示。此类交叉口可减少转弯交通对直行交通的干扰,车速较高,事故率低,通行能力大,但占地多,投资较大。适用于交通量大、转弯车辆较多的二级公路和城市主干道。设计时主要解决扩宽的车道数,同时也要满足视距和转角曲线半径的要求。

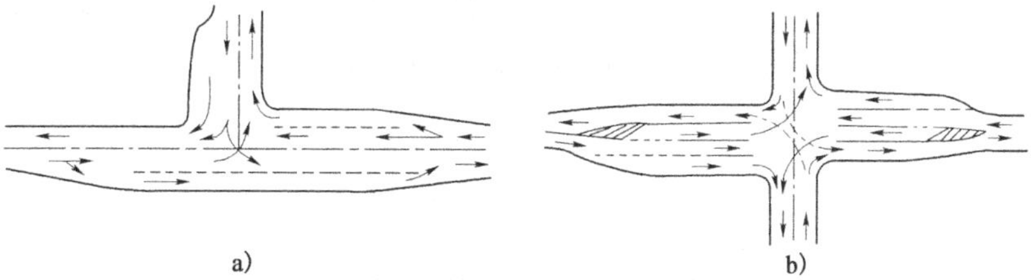

a)　　b)

图 7-9　扩宽路口式交叉口

a)单增右转路口;b)同时增左、右转路口

4)环形交叉

在交叉口中央设置中心岛,用环岛组织渠化交通,使进入环道的所有车辆一律按逆时针方向绕道单向行驶,直至所要去的路口离岛驶出的平面交叉,俗称转盘,如图 7-10 所示。

环形交叉口的优点:驶入交叉口的各种车辆可连续不断地单向运行,没有停滞,减少了车辆在交叉口的延误时间;环道上行车只有分流与合流,消灭了冲突点,提高了行车的安全性;交通组织简便,不需信号管制;对多路交叉和畸形交叉,有用环道组织渠化交通更为有效;中心岛绿化可以美化环境。缺点:占地较大,城区改建困难,增加了车辆绕行距离,特别是左转弯车辆;一般造价高于其他平面交叉。

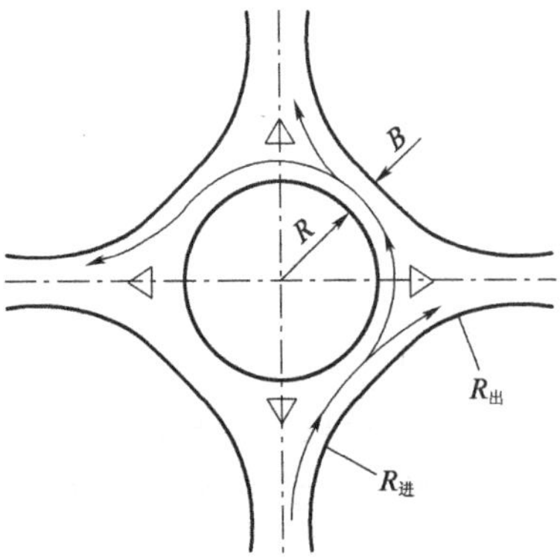

图 7-10 环形交叉口

当多条道路相交,通过交叉口的交通量总数为 500 ~ 3 000 辆/h,左、右转弯车辆较多,且地形较平坦时可考虑采用。在快速道路和交通量大的主干线道路上、有大量非机动车和行人交通、位于斜坡较大的地形以及桥头引道上均不宜采用。按规划需修建立体交叉处,近期可采用环形交叉作为过渡形式,并预留远期改建为立体交叉的可能性。设计时主要解决中心岛的形状和半径,环道的布置和宽度,交织段的长度,交织角,进出口曲线半径和视距要求等问题。

三、平面交叉渠化设计及交通组织

1. 平面交叉口的渠化设计

1)渠化设计的原则

平面交叉处交通量大时,应作渠化交通设计,即采用交通岛、路面标线等设施疏导车流。其设计原则是:

(1)渠化设计的路线应简单明了,过于复杂的设计容易使车辆误行,反而降低其使用效果。

(2)应避免交通流的分流、合流集中于一点。

(3)导流车道的宽度应适当,过宽会引起车辆并行,容易引起碰撞事故。

(4)驾驶员驶近导流设施前能醒目地觉察到导流设施的存在。交通岛的端部应视情况设置标志、标线和照明等设施。

2)交通岛设计

(1)交通岛的类型

交通岛是组织渠化交通的主要设施,其构造可以缘石围砌或画线作成隐形结构。交通岛按其功能不同可有分隔岛、安全岛、中心岛、导流岛等形式,如图 7-11 所示。

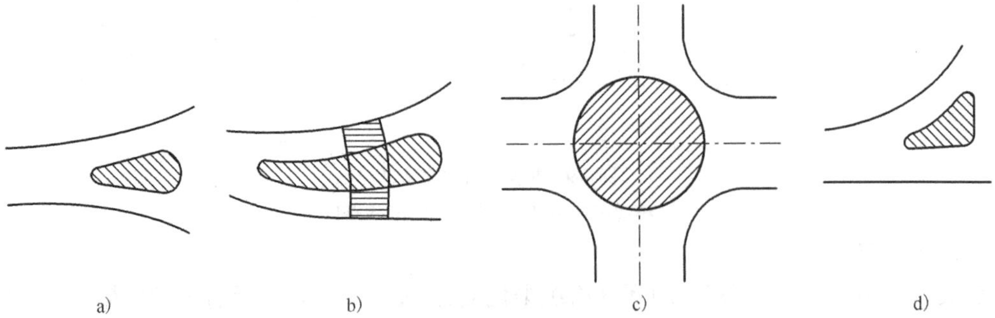

图 7-11 交通岛类型

a)分隔岛;b)安全岛;c)中心岛;d)导流岛

(2)交通岛尺寸

①导流岛

导流岛一般采用缘石围成高出路面的实体岛。当岛面窄小时，可采用路面标线表示的隐形岛。

导流岛边缘的线形为直线与圆曲线的组合，其端部最小圆曲线半径为0.5m，如图7-12a)所示。导流岛端部偏移距S_1、S_2、S_3，内移距Q_1、Q_2，应根据行车速度、岛的大小和公路等级分别按图7-12e)、表7-9和表7-10选用。

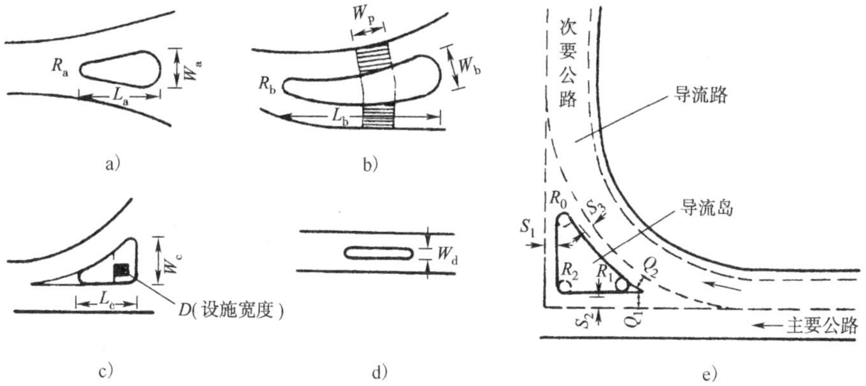

图7-12　导流岛要素

a)只分隔交通流时；b)兼作安全岛时；c)设置设施时；d)无渐变段的分隔带；e)导流岛的端部和移距

导流岛偏移距、内移距　　表7-9

设计速度(km/h)	偏移距(m)			内移距 m)	
	S_1	S_2	S_3	Q_1	Q_2
80	1.00	1.00	0.50	1.50	1.00
60	0.75	0.75	0.50	1.00	0.75
50以下	0.50	0.50	0.50	0.50	0.50

导流岛端部半径　　表7-10

R_0(m)	R_1(m)	R_2(m)
0.5	0.5~1.0	0.5~1.5

导流岛及分隔带各部分的要素如图7-12所示，其最小尺寸规定见表7-11。

导流岛各要素的最小值　　表7-11

图示	a)			b)			c)		d)
要素	W_a	L_a	R_a	W_b	L_b	R_b	W_c	L_c	W_d
最小值(m)	1.5	5.0	0.5	2.0	5.0	0.5	$(D+1.5)$	5.0	1.5

当导流岛很大时，端部内移距在主要公路一侧按1/20~1/10过渡，次要公路一侧按1/10~1/5过渡。

②分隔岛及中心岛

分隔岛是用来分隔机动车和非机动车、快速车和慢速车，以及对向行驶车流，保证行车速度和交通安全的长条形交通岛,有时也可在路面上画线来代替分隔岛。

中心岛是设在交叉口中央,用来组织左转弯车辆和分隔对向车流的交通岛。

③安全岛

设计速度 >60km/h 的公路,若平面交叉处横穿的行人较多,且横穿的距离较长,则应设置安全岛,以确保行人的安全。

④交通岛的一般要求

a. 各种交通岛的面积在城区不小于 $5m^2$,其他地区不小于 $7m^2$。用缘石标界的交通岛一般高出路面 15 ~25cm,有行人通过时则为 12 ~15cm。

b. 交通岛可根据其大小、位置和用途采用不同方式标示边界,一般采用下列方式:用缘石标界,交通岛高出路面;用路面标线标界,岛的全部或部分面积上标以斑马线。

c. 交通岛端部的处理。交通岛端部应醒目明了,并在外形上能引导车辆前进方向。楔形端应做成圆形。行车道到楔形端的内移距,应根据交通岛的大小和位置确定。

3)交叉口交通组织设计

交叉口交通组织设计包括车辆交通组织和行人交通组织。其基本任务是:保证相交道路车辆及行人的安全,提高交叉口的通行能力,使各方向车流安全、快速地通过交叉口。

(1)车辆交通组织

①设置专用车道

组织不同车种和不同行驶方向的左转、直行和右转车辆在各自的车道上各就各位,分道行驶。根据车行道的宽度和左转、直行、右行车辆的不同组成,可划分左转车道、直行车道和右转车道。

②合理地组织左转弯车辆的交通

组织左转车辆交通,常采用下列几种方法:

a. 实施信号灯管制,设置专用车道。在交叉口设置信号灯,使左转弯车辆从直行车流中分出来,在路口进口道停车线后的专用储存车道上排队等候,待信号灯转变为绿灯时,再左转通过或驾驶员继续左转通过,以减少左转对直行、右转车辆行驶的干扰阻滞。为了使驶入交叉口的各向行驶车辆更好地分道行驶,应尽可能分别设置左转、右转专用车道。

b. 变左转为右转行驶。在交叉口中央设置圆形或椭圆形的交通岛,使车辆进出交叉口一律绕岛作反时针单向行驶,它的特点是不设置信号灯。车辆正常情况下无须停顿、等候,可连续行驶。左转车流变右转的另一方法是使左转车绕邻近交叉口的街坊道路右转行驶。这种方法由于绕越行程增大,通常仅用于左转车比例不大,旧城道路路口拓宽困难或在桥头引道坡度大的十字形路口处,为减少交通拥塞或确保下坡安全的情况。

此外,在大、中城市路幅宽 40 ~45m 以上的干道中,还可将左转车辆在交叉口上先作右转离开交叉口相当距离后,再作 180°的回转来实现左转变右转,通常称之为远引交叉。这种方法由于在交叉口中央需要设置较宽的带形交通岛,绕行距离又长,加上回车时仍会影响靠中线的快车行驶,因而一般很少采用。

③组织渠化交通

所谓渠化,其原理是在道路上画出各种管理设施(如车道线、停车线等)及设置各种交通岛,使人、车分离,各行其道,使不同类型、不同方向及不同速度的车辆能像渠道内的水流一样顺着一定的方向,互不干扰地通行。

在交叉口进行渠化交通组织可以达到以下目的：

a. 分离冲突点。

b. 控制冲突时的交通流线角度。

c. 压缩交叉口内不必要的路面铺装。

d. 控制交通路径，指示交叉地点。

e. 为主要交通流向提供优先通行条件。

f. 保证过街行人安全。

g. 提供设置交通标志的场所。

h. 阻止车辆驶入禁行方向。

i. 控制车速等。

(2)行人交通组织

在城市道路中，尤其在交叉口处，行人在此汇集、转向、过街，需考虑行人交通组织。行人交通组织的主要任务包括两个方面：一是组织行人在人行道上行走；二是组织行人在人行横道线安全过街，从而使人、车分离，相互之间的干扰最少。

人行道通常对称布置在车行道两侧。交叉口内相邻道路的人行道互相连通，并将转角处人行道加宽，以适应人流集中和转向的需要。在人行道上除必要的道路标志、交通信号、照明及栏杆等外，不允许布置其他设施，以保证人行道的有效宽度。

为使行人安全、有序地横穿车行道，应在交叉路口设置人行横道。交叉范围的人行道和人行横道相互连接，共同组成可达任意方向的步行道网，尽量不将吸引大量人流的公共建筑的出入口设在交叉口上。

人行横道的设置应考虑以下几个方面的要求：

①人行横道应与行人自然流一致，否则将导致行人在人行横道以外的地方横过车行道，不利于交通安全。

②人行横道应尽量与车行道垂直，行人过街距离短，使行人尽快地通过交叉口，符合行人过街的心理要求。

③人行横道尽量靠近交叉口，以缩小交叉口的面积，使车辆尽快通过交叉口，减少车辆在交叉口内的通行时间。

④人行横道设置在驾驶员容易看清的位置，标线应醒目。

在设置信号灯控制或设置停车标志的交叉口，应在路面上标绘停车线，指明停车位置。此时人行横道一般可布置在停车线之前至少 1m 处(图 7-13)。

人行横道的宽度与过街行人流量和行人过街时的信号显示时间有关，所以应结合每个交叉口的实际情况设置。一般应比路段人行道宽，考虑到应便于驾驶员在远处辨认，其最小宽度为 4m，一般最大值不超过 8m。

当车行道较宽时，行人一次横穿过长的街道会引起行人思想紧张，尤其对行走迟缓的老、弱、妇、孺等，会感到很不安。《城市道路工程设计规范》(CJJ 37—2012)规定当机动车道数大于或等于 6 条或人行横道长度大于 30m 时，应在道路中线附近设置宽度不小于 1m 的安全岛。

当交叉口宽阔、人流量大、车流量大且车速高时，如快速路上的交叉口，可考虑设置人行天桥或人行地道，这是行人交通组织最彻底、最有效的办法。为了使人行天桥(地道)的功能能够得到最大限度的发挥,即过街行人从心理上能够接受,在规划人行天桥(地道)位置时应充分考虑行人流向,在结构选型方面真正做到以人为本。由于人行天桥(地道)选址、选型不当,而弃之不用或基本不用的不乏实例,这点值得注意。

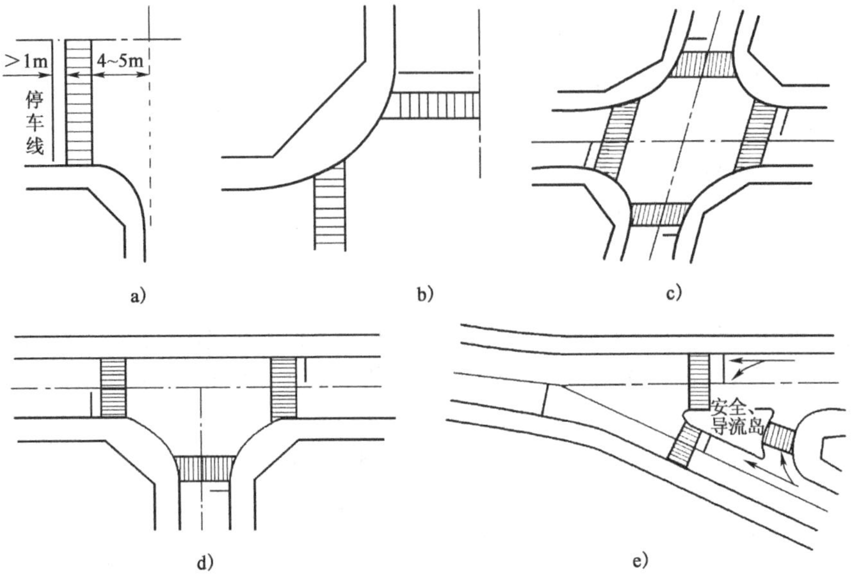

a)　b)　c)　d)　e)

图 7-13　交叉口人行横道的布置

4)公路平面交叉的渠化布置

相交公路等级较高或交通量较大的平面交叉,应采用由分隔岛、导流岛来指定各向车流行径的渠化交叉。

(1)主要公路为二级公路的T形交叉,当直行交通量不大,而与次要公路间的转弯交通量占相当比例时,可采用图7-14a)所示的只在次要公路上设分隔岛的渠化T形交叉。当主要公路的直行交通量较大时,则采用图7-14b)所示的在主要公路和次要公路上均设分隔岛的渠化T形交叉。

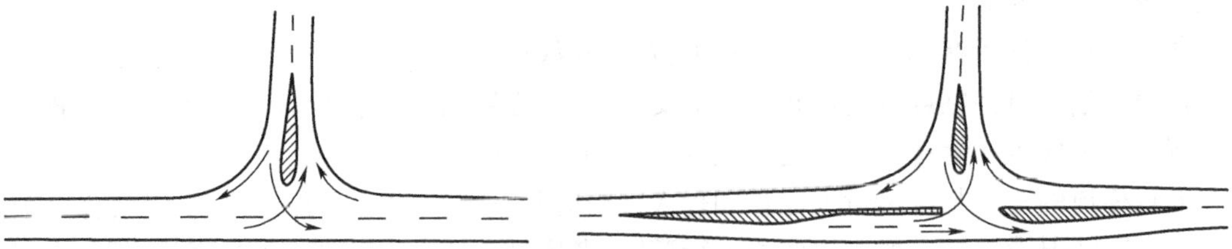

a)　b)

图 7-14　只设分隔岛的T形交叉

(2)主要公路为四车道公路,或设计速度≥60km/h且有相当比例转弯交通量的二级公路,或是与互通式立交直接连接的双车道公路的T形交叉应采用图7-15c)所示的设置导流岛的渠化T形交叉。

当主要公路为双车道公路时,应根据左、右转弯交通量的平衡与否而选用图7-15a)、b)、c)所示的某种渠化布置方式。主要公路上的分隔岛宜为隐形岛。

当主要公路为四车道时,应采用图7-15d)所示的渠化布置方式。次要公路上的导流岛可根据左、右转弯交通量情况作图7-15a)、b)所示的变通处理。主要公路上的分隔岛应为实体岛。

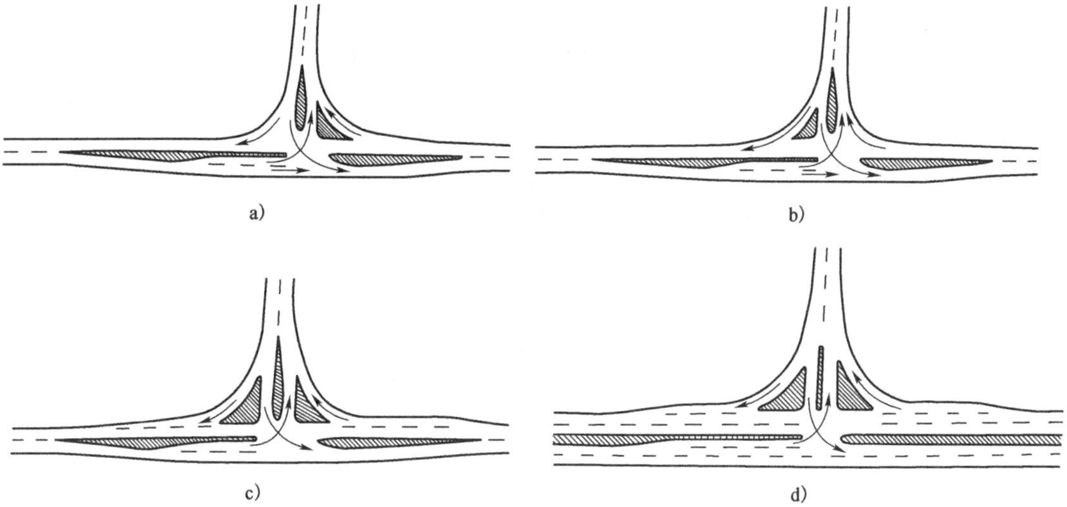

图7-15 设导流岛的T形交叉

(3)主要公路为四车道公路以及设计速度为80km/h的双车道公路,或虽然设计速度为60km/h,但属于区域干线的双车道公路,其上的十字交叉应采用图7-16所示的渠化交叉。

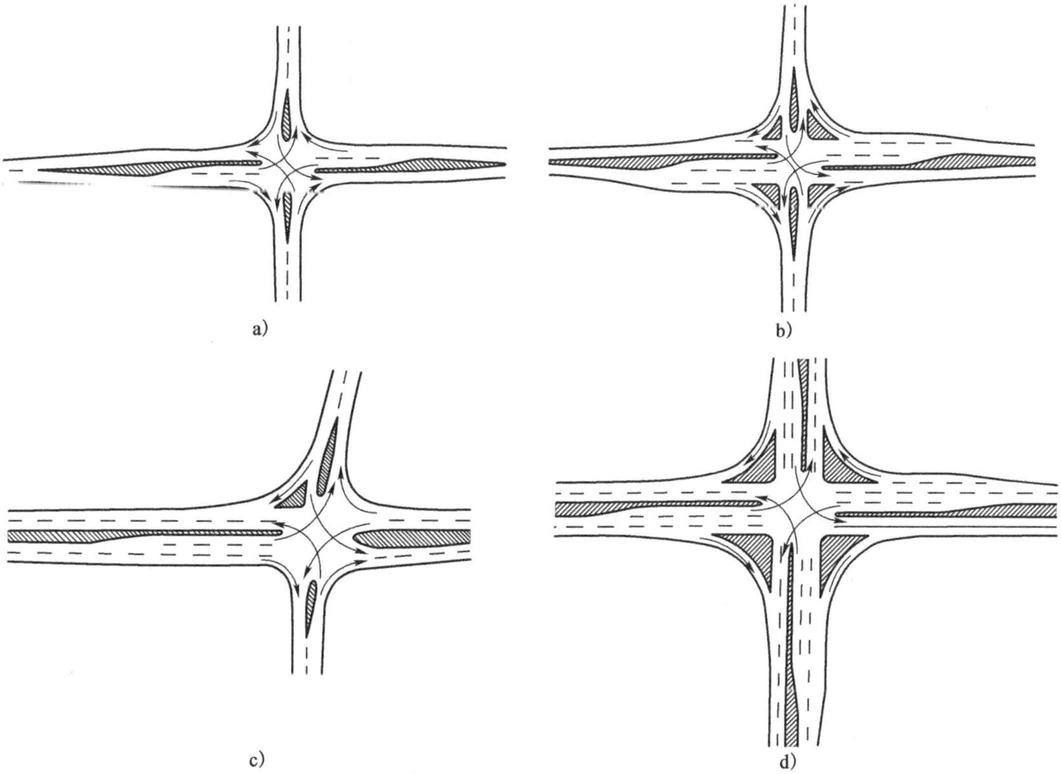

图7-16 渠化十字交叉

(4)当主要公路为四车道公路,或虽为双车道公路,但交叉所在的局部路段为四车道,次要公路为双车道公路且转弯交通量不平衡时,主要公路与次要公路之间的十字交叉可采用图7-16c)的形式;若转弯交通量较大且各向转弯较平衡时,则应按图7-16b)那样布置完善的渠化岛。

(5)两四车道公路或四车道以上公路相交,或其中之一为四车道以上的公路时,应按图7-16d)所示,布置完善的渠化岛和转弯车道,而且伴随渠化还应设置足够相数和合适配时的信号系统。

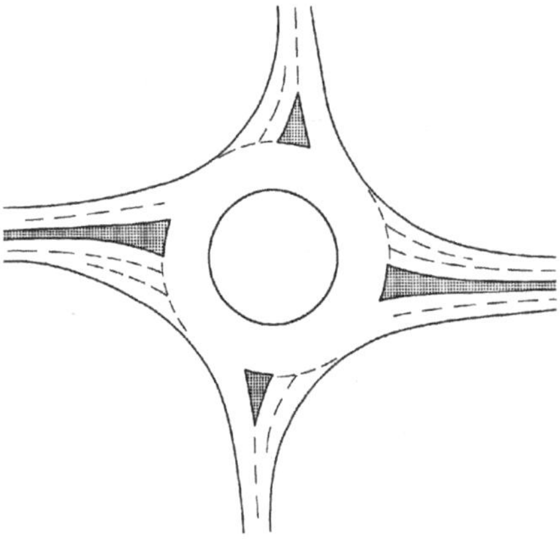

图7-17 “入口让路”环形交叉

(6)环形交叉。环形交叉适用于交通量适中,经过验算后出、入口间的距离能满足交织长度的要求,或按“入口让路”规则(非交织原理)设计能满足交通量需要的3~5岔的交叉。

①环形交叉宜采用图7-17所示的适应“入口让路”的行驶规则的形式。

②“入口让路”环形交叉适用于一条四车道公路和一条双车道公路相交的交叉以及两条高峰小时不明显的四车道公路相交的交叉。

四、平面交叉口平面布设

1. 交叉口的平面线形布设要点

(1)平面交叉范围内两相交公路应正交或接近正交,且平面线形宜为直线或大半径曲线,尽量避免采用需设超高的曲线半径。

(2)新建公路与等级较低的既有公路斜交时,应对次要公路在交叉前后一定范围内作局部改线,使交叉的交角不小于70°。

(3)T形交叉中次要公路扭正改线(图7-18)时,引道曲线与交叉中转弯曲线间应留长度不小于25m的直线。当次要公路为二级公路时,引道曲线的半径应不小于80m;次要公路为三级及三级以下的公路时,引道曲线半径应不小于40~50m。

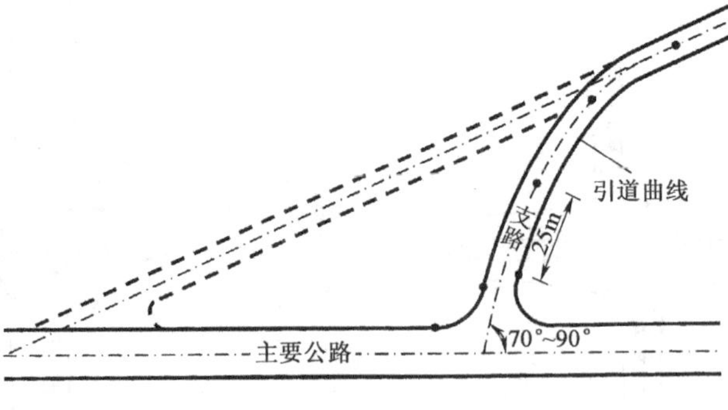

图7-18 T形交叉中斜交的扭正

(4)当按公路性质和交通量需作渠化处理时,一般可保持钝角右弯车道的基本线形,并通过合理布置交通岛来保证其他转弯车道所需的线形,如图7-19所示。当斜交过甚时,钝角右转弯应改为S形曲线,以避免过大的导流岛。

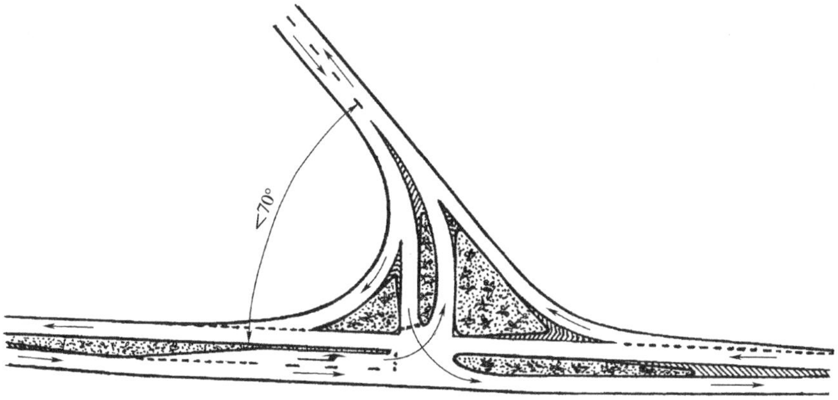

图 7-19 以渠化处理满足转弯所需的线形(T 形)

(5)斜交十字交叉中次要公路扭正应符合图 7-20 的要求。交点不变时[图 7-20a)],次要公路的每一岔中需增设两个曲线,其中离交叉较远的曲线,其半径应小于该公路的一般最小半径,并按要求设置缓和曲线;靠近交叉的曲线,其半径应不小于 45m,并在远离交叉一端设置缓和曲线。改移交点时[图 7-20b)],只在次要公路的一岔上出现 S 曲线,半径的要求同上。

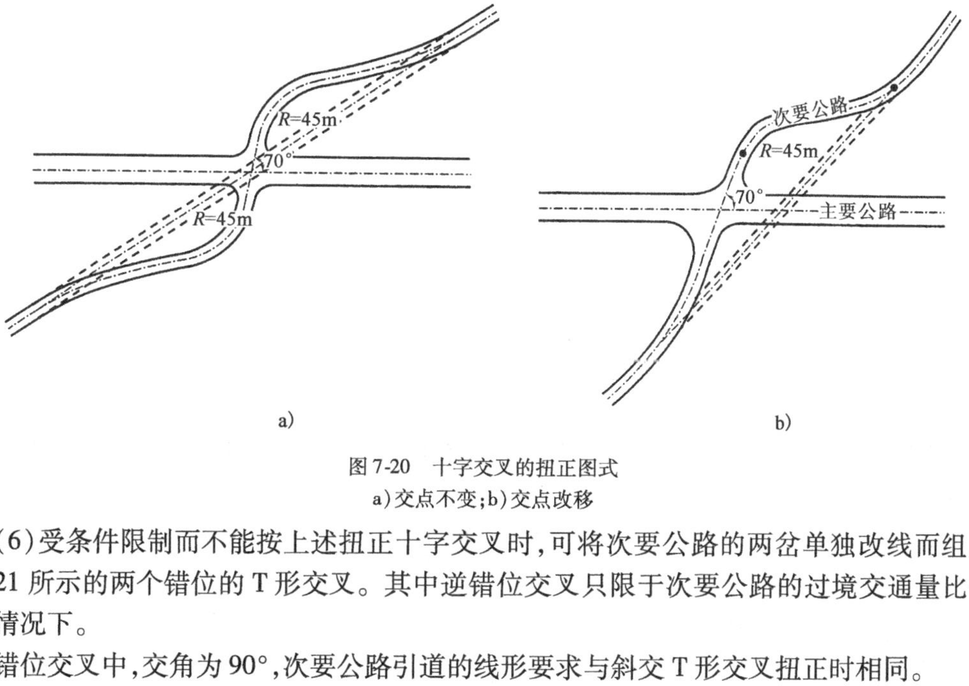

图 7-20 十字交叉的扭正图式
a)交点不变;b)交点改移

(6)受条件限制而不能按上述扭正十字交叉时,可将次要公路的两岔单独改线而组成如图 7-21 所示的两个错位的 T 形交叉。其中逆错位交叉只限于次要公路的过境交通量比例很小的情况下。

错位交叉中,交角为 90°,次要公路引道的线形要求与斜交 T 形交叉扭正时相同。

(7)当既有公路提高等级,扩容改建或路面大修时,为扭正交叉的改线中应采用较高的线形指标和作较长路段的改移。

2. 交叉口视距

1)视距三角形

为了保证交叉口上行的行车安全,驾驶员在进入交叉口前的一段距离内,应能看到相交道路上的行车情况,以便能及时采取措施顺利通过或安全停车。这段必要的距离应该大于或等于停车视距 s_T。

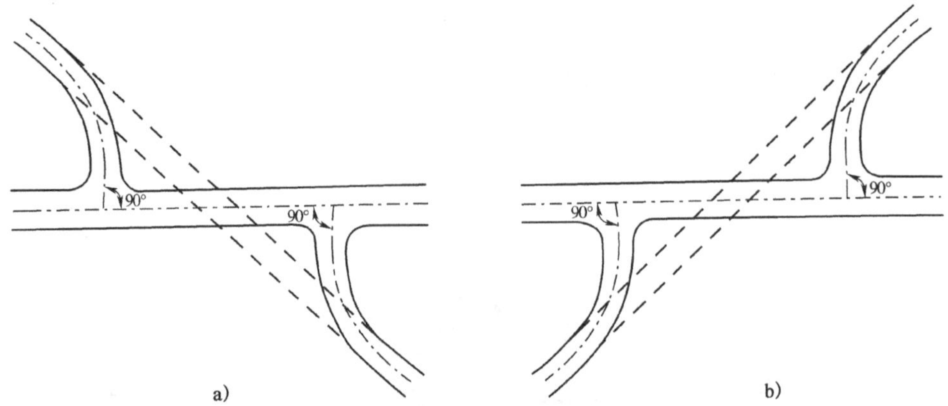

图 7-21 错位交叉
a)顺错位;b)逆错位

由相交道路上的停车视距所构成的三角形称为视距三角形。在其范围内不能有任何阻挡驾驶员视线的障碍物,如图 7-22 所示。

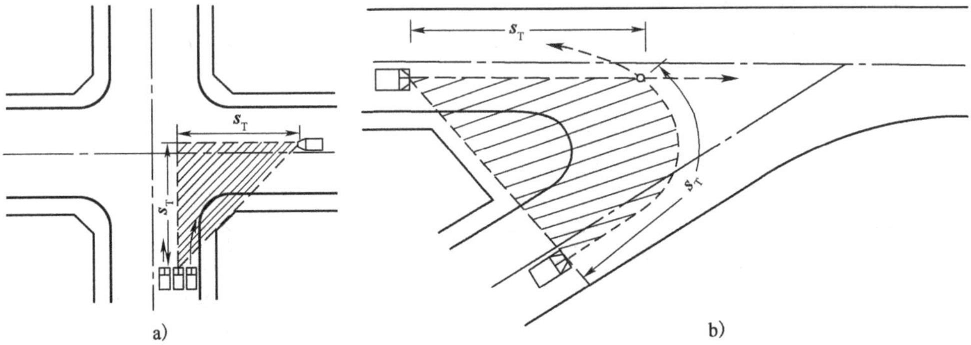

图 7-22 视距三角形
a)十字形;b)T 字形

视距三角形应以最不利情况绘制,绘制的方法和步骤如下:

(1)确定停车视距 s_T。可用前述停车视距计算公式计算或根据相交道路的设计速度按表 7-12确定。当受地形或其他情况限制时,停车视距可采用表中低限值,但必须采取设置限速标志等措施。

停车视距与识别距离 表 7-12

设计速度(km/h)		100	80	60	40	30	20
停车视距(m)	一般值	160	110	75	40	30	20
	低限值	120	75	55	30	25	15
信号控制的识别距离(m)		—	350	240	140	100	60
停车标志控制的识别距离(m)		—	—	105	55	35	20

(2)找出行车最危险的冲突点。不同形式的交叉口的危险冲突点的找法不尽相同。对常见的十字形交叉和 T 形交叉(或 Y 形交叉)的最危险冲突点可按下述方法寻找:

①对十字形交叉口如图 7-22a)所示,最靠右侧的第一条直行机动车道的轴线与相交道路最靠中心线的第一条直行车道的轴线所构成的交叉点为最危险冲突点。

②对 T 形(Y 形)交叉口如图 7-22b)所示,直行道路最靠右侧第一条直行车道的轴线与相

交道路最靠中心线的一条左转车道的轴线所构成的交叉点为最危险的冲突点。

(3)从最危险的冲突点向后沿行车轨迹线各量取停车视距 s_T。

(4)连接末端构成视距三角形。

2)识别距离

为了保证车辆安全顺利通过交叉口,应使驾驶员在交叉口之前的一定距离能识别交叉口的存在及交通信号和交通标志等,这一距离称为识别距离。该识别距离随交通管制条件而异。

(1)无信号控制的交叉口

对无任何信号控制的交叉口,通常都是等级低、交通量小及车速不高的次要交叉口,识别距离应满足安全要求,可采用各相交道路的停车视距(表 7-12)。

(2)有信号控制的交叉口

对有信号控制的交叉口,在车辆正常行驶条件下,识别距离应使驾驶员能看清交通信号和显示内容,能有足够时间制动减速直至停车,但这种制动停车并非紧急制动。因此,有信号控制的交叉口识别距离可用式(7-2)计算。

$$s_s = \frac{V}{3.6}t + \frac{V^2}{26a} \tag{7-2}$$

式中:s_s——交叉口的识别距离(m);

V——路段设计速度(km/h);

a——减速度(m/s^2),取 $a = 2$m/s^2;

t——识别时间(s)。

识别时间 t 包括驾驶员的反应时间和制动生效时间。在公路上识别时间可取 10s;在城市道路上因交叉口较多,驾驶员对其存在已有思想准备,识别时间可取 6s。

(3)停车标志控制的交叉口

对停车标志控制的交叉口,一般为主要道路与次要道路交叉,主次关系明确,而且对标志的识别要比对信号容易。因此,识别距离可采用式(7-2)计算,识别时间取为 2s。

3. 引道视距的规定

引道视距应符合下列规定:

(1)每条岔路上都应提供与行驶速度相适应的引道视距,如图 7-23 所示。

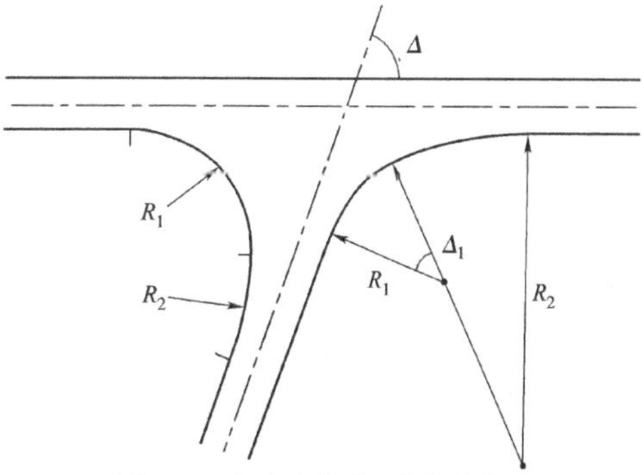

图 7-23 转弯边缘路面的复曲线

(2)引道视距在数值上等于停车视距,但取量标准为:视点高 1.2m,物高 0m。各种设计速度所对应的引道视距及凸形竖曲线的最小半径应符合表 7-13 的规定。

引道视距及凸形竖曲线的最小半径 表 7-13

设计速度(km/h)	100	80	60	40	30	20
引道视距(m)	160	110	75	40	30	20
引道凸形竖曲线的最小半径(m)	10 700	5 100	2 400	700	400	200

4. 交叉口平曲线半径

(1)鞍式列车在各种转弯速度情况下,路面内缘的最小曲线半径见表 7-14。

路面内缘的最小半径　　表7-14

转弯速度(km/h)	≤15	20	25	30	40	50	60	70
最小半径(m)	15	20(15)	25(20)	30	45	60	75	90
最小超高(%)	2	2	2	2	3	4	5	6
最大超高(%)	一般值为6;极限值为8							

(2)转弯路面的边缘,其线形应符合车辆转弯时的行迹。简单的非渠化交叉中,在半挂车比例很小(小于10%)的情况下,可在相交的路面边缘设一半径为15m的圆曲线或在圆弧两端设缓和曲线。以鞍式列车控制设计时,相交路面的边缘应采用图7-23所示的复曲线。半径取值可参照表7-15采用。

转弯边缘复曲线半径值　　表7-15

Δ(°)	R_1(m)	R_2(m)	Δ_1	Δ(°)	R_1(m)	R_2(m)	Δ_1
70~74	18	80	53°30′~58°50′	92~99	15	80	76°00′~83°00′
75~84	17	80	58°55′~68°00′	100~110	15	90	84°00′~95°00′
85~91	16	80	69°00′~75°00′				

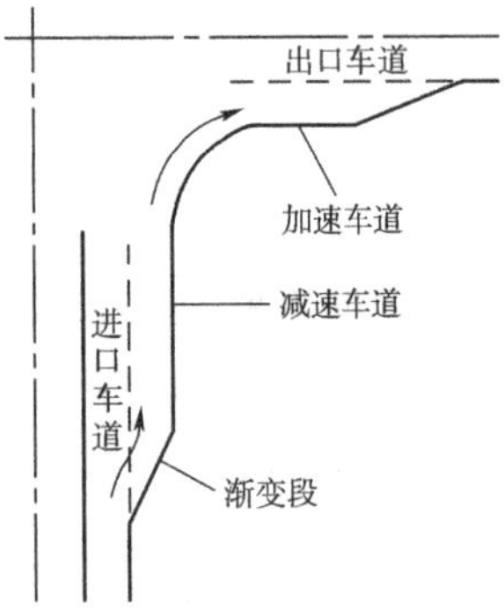

图7-24　变速车道

5. 附加车道布设

平面交叉范围内设置的附加车道有变速车道和转弯车道两种。

1)变速车道

平面交叉在需要加速合流和减速分流处,应设置加速或减速的变速车道(图7-24)。变速车道的线形应满足车辆在合流、分流和变速行驶过程中,各处对车速的要求。变速车道的宽度为3.0~3.5m。变速车道长度,应根据公路等级、使用性质、速度变化范围、车辆特性和纵坡等因素经计算确定,一般情况下可采用表7-16所列值,变速车道渐变段长度见表7-17。

公路变速车道长度　　表7-16

公路类别	设计速度(km/h)	减速车道长度(m)			加速车道长度(m)		
		($a=-2.5m/s^2$)			($a=1.0m/s^2$)		
		至0	至20	至40	从0	从20	从40
		(km/h)					
主要公路	100	100	95	70	250	230	190
	80	60	50	32	140	120	80
	60	40	30	20	100	80	40
	40	20	10	—	40	20	—
次要公路	80	45	40	25	90	80	50
	60	30	20	10	65	55	25
	40	15	10	—	25	15	—
	30	10	—	—	10	—	—

注:表列变速车道长度包括渐变段的长度。

公路渐变段长度 表 7-17

设计速度(km/h)	100	80	60	40
渐变段长度(m)	60	50	40	30

注：当整个变速车道为一渐变段时，其长度可按减速时为1.0m/s和加速时为0.6m/s的车辆行驶时变换车道的侧移率进行计算。

2)转弯车道

(1)平面交叉符合下列情况时，应设置右转弯车道

①平面交叉角小于60°时，右转弯交通量较大时。

②右转弯交通量大，所需车速较高时。

③有特殊需要时。

(2)平面交叉除下列情况外，应设置左转弯车道

①不允许左转弯时。

②设计通行能力有富余时。

③设计速度为40km/h以下的双车道公路，设计每小时交通量小于200辆时。

(3)转弯车道设置方法

转弯车道的设置方法是指交叉口的进口道上如何增加车道的方法。

①右转车道设置方法

右转车道设置方法比较简单，而且方法固定。就是在进口道的右侧或同时在出口道的右侧拓宽右转车道。

②左转车道的设置方法

a. 宽型中间带

当设有较宽中间带(一般不小于4.5m)时，将进口道一定长度的中间带压缩，由此增设出左转车道，如图7-25a)所示。

b. 窄型中间带

当设有较窄中间带(宽度小于4.5m)时，利用中间带宽度不够，可将道口单向或双向车道线向外侧偏移，增加不足部分宽度。向外侧偏移车道线后，在路幅总宽度不变的情况下，视具体条件可压缩人行道、两侧带或进口道车道宽度，如图7-25b)所示。

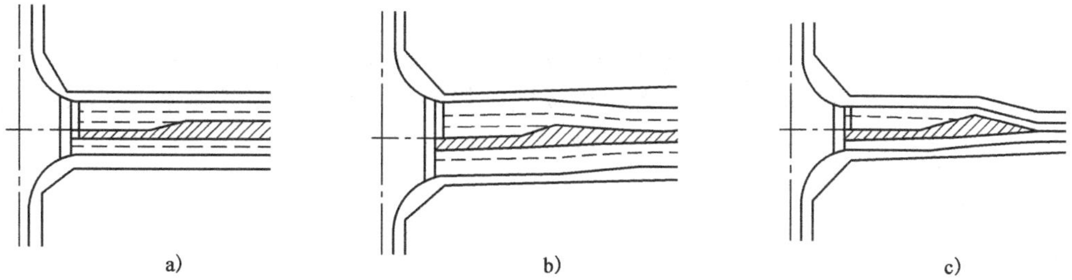

图7-25 拓宽左转车道

c. 无中间带

当相交道路不设中间带时，可通过两种途径增设左转车道。一是向进口道的一侧或两侧扩宽，增加进口道路幅总宽度，在进口道路中心线附近辟出左转车道，如图7-25c)所示；二是

不扩宽进口道,占用靠近中心线的对向车道作为左转车道。

左转弯车道的宽度见表 7-18。

左转弯车道的宽度 表 7-18

剩余分隔带类型	车道分划线	宽度大于 0.5m 的标线带	实 体 岛	
左转弯车道宽度(m)	3.5①	3.25	3.0	3.25
左路缘带宽度(m)	0	0	0.5	0.3

注:①既有公路增设左转弯车道时,若直行车道右侧有非分隔的并且宽度不小于 2.5m 的非机动车道时,可采用 3.25m 或 3.0m(公路设计速度≤60km/h 时),并同时将其右侧直行车道的宽度减为 3.5m。

五、平面交叉纵面设计

1. 主线纵面线形

(1)平面交叉范围内,两相交公路的纵面应尽量平缓。纵面线形应满足最小停车视距要求。

(2)主要公路在交叉范围内的纵坡应在 0.15% ~3% 的范围内;次要公路上紧接交叉的部分引道应以 0.5% ~2.0% 的上坡通往交叉,而且此坡段至主要公路的路缘至少 25m,如图 7-26所示。

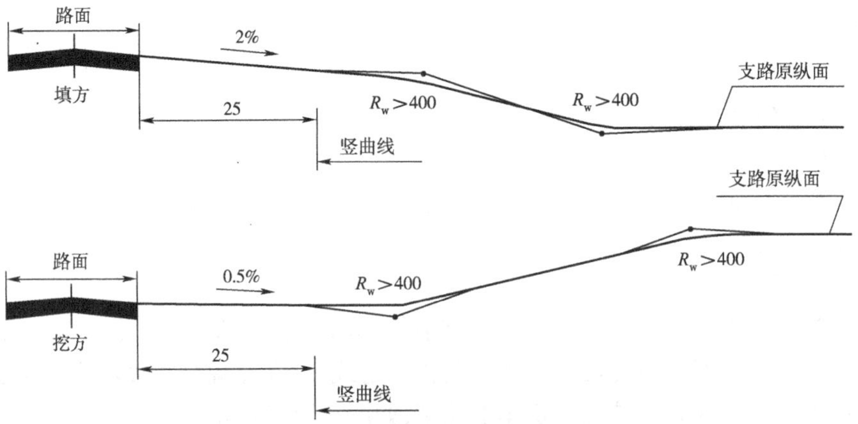

图 7-26 次要公路引道纵坡(尺寸单位:m)

(3)主要公路在交叉范围内是超高曲线的情况下,次要公路的纵坡应服从主要公路的横坡。若次要公路在交叉前后相当长的范围内纵坡的趋势与主要公路的横坡相反,则次要公路在引道的一定范围内应设置 S 形竖曲线,如图 7-27 所示。

2. 平面交叉竖向设计

1)竖向设计的目的和要求

交叉口竖向设计的目的,是要统一解决相交道路之间以及交叉口和周围建筑物之间在立面位置上的行车、排水和建筑艺术三方面的要求,使相交道路在交叉口内能有一个平顺的共同面,便利车辆和行人交通。使交叉口范围内的地面水能迅速排除,并使车行道和人行道的各点高程能与建筑物的地面高程相协调而具有良好的空间感。

交叉口的竖向设计,在很大程度上取决于相交道路的等级、交通量、横断面形状、纵坡的方向和大小，以及当地的地形情况。设计时首先应照顾主要道路上的行车，在不影响主要道路行车方便的前提下，也应适当改变主要道路的纵、横坡，以照顾次要道路上的行车。

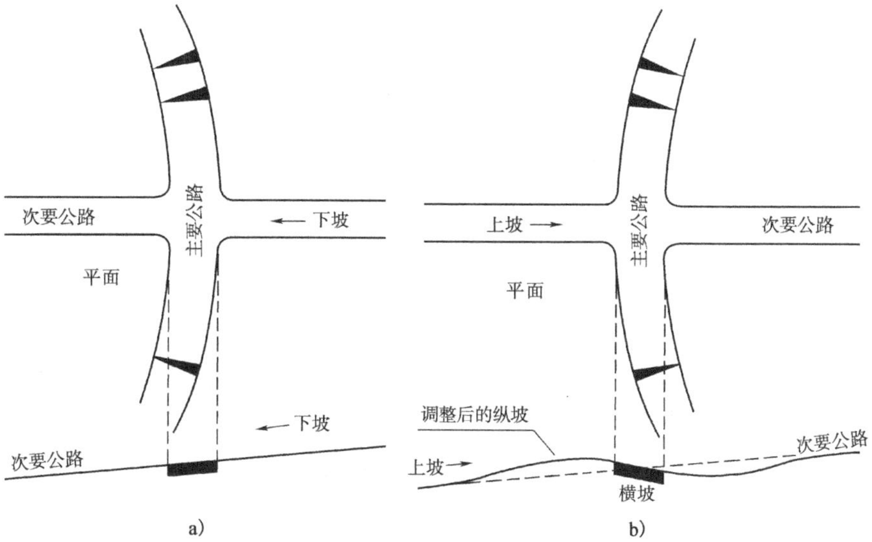

图 7-27　主要公路设超高时次要公路引道纵坡
a）不需调整次要公路纵面；b）调整次要公路纵面

2）竖向设计的原则

交叉口竖向设计的一般原则如下：

（1）主、次道路相交，主要道路的纵、横坡度一般均保持不变（非机动车道纵坡、横坡可变），次要道路的纵、横坡度可适当改变。

（2）同级道路相交，纵坡一般不变，横坡可变。

（3）路口设计纵坡不宜太大，一般不大于 2%，困难情况下不大于 3%。

（4）交叉口竖向设计高程应与四周建筑物地坪标高相协调。

（5）为了保证交叉口排水通畅，设计时至少应有一条道路的纵坡离开交叉口。如遇困难地形，例如交叉口设在盆状的地形，所有道路纵坡都向着交叉口时，必须预先考虑修筑地下排水管道和设置进水口。

（6）合理确定变坡点和布置雨水口。在交叉口布置进水口，应不使地面水流过交叉口的人行横道，也不应使地面水在交叉口内积聚或流入另一条道路。为此，进水口应设在交叉口人行横道的前面和竖向设计的低洼处。

3）竖向设计的几种基本形式

交叉口竖向设计的形式在很大程度上取决于地形，以及相交道路的纵、横断面。以十字形交叉口为例，根据相交道路纵坡方向的不同，竖向设计有以下 6 种基本形式：

（1）相交道路的纵坡全由交叉口中心向外倾斜（图 7-28）。设计时把交叉口上的坡度做成与相交道路同样的坡度，往往只需调整一下接近交叉口时的道路横坡即可，不需设置雨水口。

（2）相交道路的纵坡全向交叉口中心倾斜（图 7-29）。在这种情况下，地面水都向交叉口集中。因此，必须设置地下排水管排泄地面水。为避免雨水积聚在交叉口，除应尽可能抬高交叉口高程外,还应在交叉口四个角上的低洼处设置雨水口。此种设计对行车和排水都不利,应尽量避免,如无法避免,最好能争取一条主要道路的纵坡由交叉口向外倾斜,把其纵坡的转折点设在远离交叉口的地方。

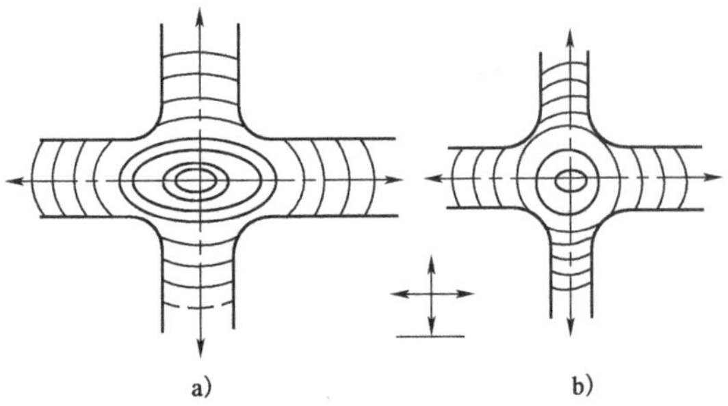

图7-28　在凸形地形处交叉口的竖向设计

a)主-主相交;b)主-次相交

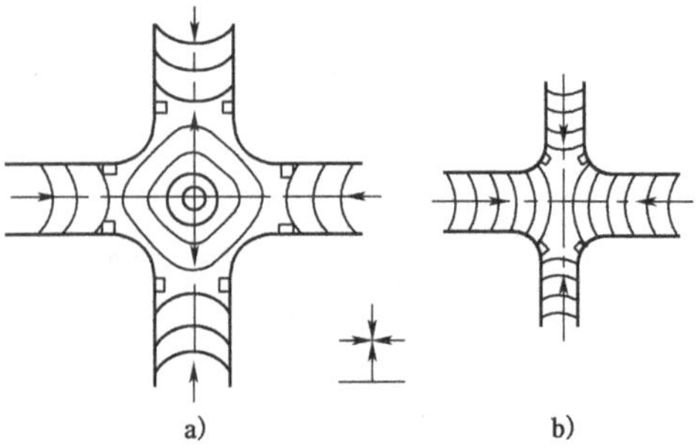

图7-29　在凹形地形处交叉口的竖向设计

a)主-主交叉;b)主-次交叉

(3)三条道路纵坡由交叉口向外倾斜,而另一条道路纵坡向交叉口内倾斜(图7-30)。设计时应将纵坡向着交叉口的道路脊线在交叉口处分三个方向,相交道路的横断面均不变。同时在纵坡向着交叉口的道路两侧设置雨水口拦截地面水,以免影响交通。

(4)三条道路的纵坡向交叉口倾斜,而另一条道路的纵坡由交叉口向外倾斜(图7-31)。在纵坡向着交叉口倾斜的道路两侧设置雨水口拦截地面水,以免影响交通。

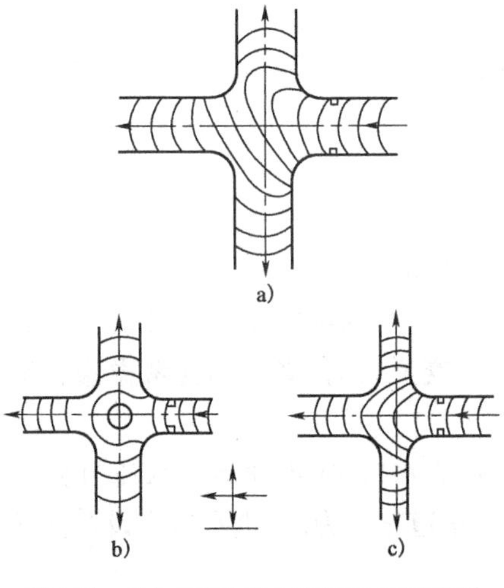

图7-30　在分水线地形上的交叉口竖向设计

a)主-主交叉;b)、c)主-次交叉

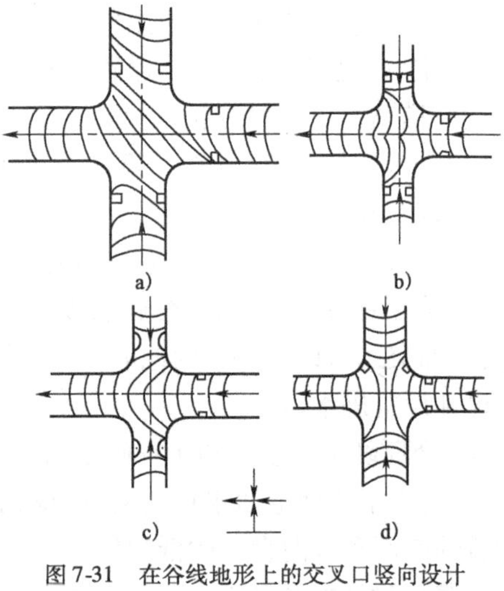

图7-31　在谷线地形上的交叉口竖向设计

a)主-主交叉;b)、c)、d)主-次交叉

(5)相邻两条道路纵坡向交叉口倾斜,而另外两条道路纵坡由交叉口向外倾斜(图7-32)。交叉口位于斜坡地形上就形成这种形式。设计时相交道路的纵坡均不变,依照天然地形,将两道路的横坡在进入交叉口前逐渐向相交道路的纵坡方向倾斜,而在交叉口上形成一个单向倾斜的斜面。在进入交叉口的道路两侧设置雨水口。

(6)相对两条道路纵坡向交叉口倾斜,而另外两条道路纵坡由交叉口向外倾斜(图7-33)。位于马鞍地形上交叉口就是这种形式。

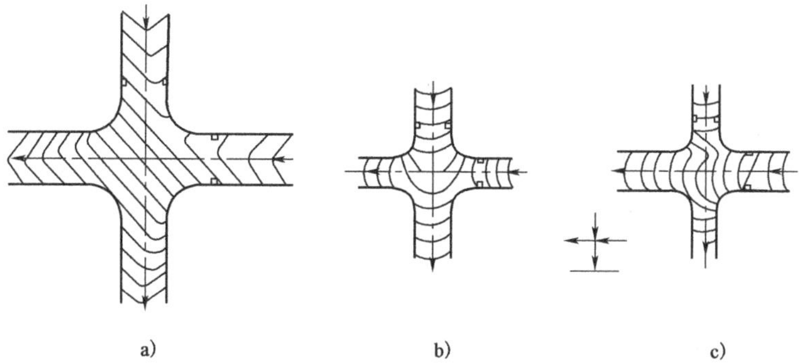

图 7-32 在斜坡地形上的交叉口竖向设计

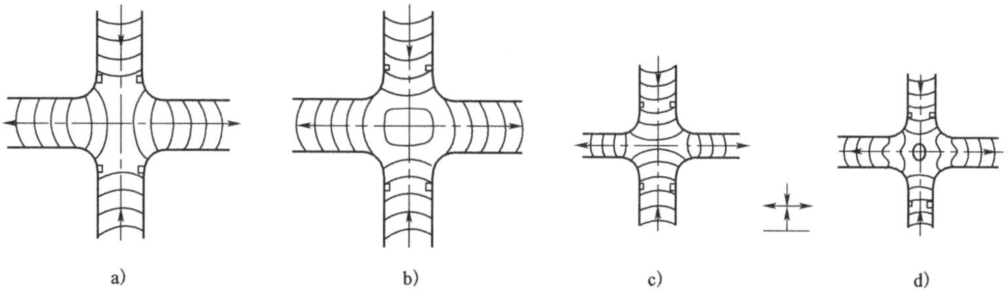

图 7-33 在马鞍地形上的交叉口竖向设计
a)、b)主-主交叉;c)、d)主-次交叉

4)竖向设计方法步骤

(1)收集资料。

①测量资料。一般常用 1∶500 或1∶200的地形图。

②交通资料。交通量和交通组成(直行、左转、右转的比例)。

③排水资料。已建或拟建的排水管道位置。

④道路资料。道路等级、宽度、纵坡、横坡、交叉口控制高程和四周建筑物高程。

(2)绘出交叉口平面图:包括路中心线、车行道和人行道的宽度、缘石半径。

(3)确定交叉口的设计范围:设计范围一般为缘石半径的切点以外 5 ~ 10m(即相当于一个方格),这是考虑到自双向横坡逐渐过渡到单向横坡需要一定的距离,并应与相交道路的路面高程完全衔接。

(4)确定竖向设计图式:根据相交道路的等级、纵坡方向和地形,确定采用的竖向设计等高线形式,如图 7-28 ~ 图 7-33 所示,并选定相邻等高线的高差 h(一般为 0.02 ~ 0.10m,取偶数便于计算)。

(5)路段设计等高线的绘制:绘制交叉口范围的设计等高线(图 7-34),应先根据道路的脊线和控制高程,按需要的设计等高线间距计算相邻等高线之间的水平距离,结合地形采用适宜的交叉口竖向图式,再计算与绘制交叉口等高线。

交叉口竖向设计的关键是选定合宜的路脊线和高程计算(辅助)线网。

道路的纵坡、横断面形式及路拱横坡确定后,可按需要的设计等高线间距,计算出车行道、街沟及人行道设计等高线的水平距离。

对于路脊线:

$$l=\frac{Bi_g}{2i} \tag{7-3}$$

对于街沟:

$$l_1=\frac{h}{i} \tag{7-4}$$

对于缘石:

$$l_2=\frac{h_1}{i} \tag{7-5}$$

对于人行道:

$$l_3=\frac{bi_1}{i} \tag{7-6}$$

式中:l——车行道上同一等高线与两侧街沟的交点到路脊上该等高线顶点的水平距离;

l_1——路脊线或街沟处相邻两等高线之间的水平距离;

l_2——同一等高线在街沟边到缘石顶面的水平距离;

l_3——同一等高线与缘石顶面和人行道外缘的交点,沿道路纵向的水平距离;

h——设计等高线间距;

h_1——缘石高度;

i——车行道、人行道和街沟的纵坡;

i_g——车行道的路拱横坡度;

i_1——人行道横坡;

B——车行道宽度;

b——每侧人行道宽度。

根据上述计算,便可绘制出图7-34所示路段的设计等高线图。首先绘制道路的平面中线、缘石线和人行道边缘线。然后根据控制高程和设计等高线间距在中线上找一相应点A,由A点顺道路上坡方向量距离$AA_1=l$,过A_1点作道路中线的垂直线与两侧缘石线相交于B_1点,连接AB_1,即可得车行道上的设计等高线。再过B_1点在缘石上沿道路下坡方向量$B_1B_1'=l_2$,再过B'_1点作缘石线的垂直线与人行道外缘相交于C_1点,由C_1点在人行道外边缘线上沿道路下坡方向量$C_1C_1'=l_3$,由此便可绘出同一等高线在车行道、缘石和人行道的位置,即为C'_1、B'_1、B_1、AB_1、B_1'、C_1'。

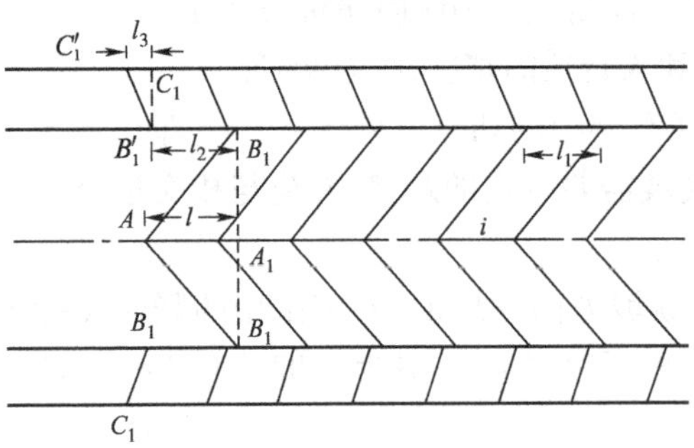

图7-34 路段上设计等高线的绘制

(6)交叉口设计等高线绘制:借助于高程计算(辅助)线网,根据相交道路纵横坡和交叉口控制高程,便可求出交叉口的设计高程,参照等高线的基本形式即可勾画等高线。对于沥青路面可勾画成曲线;对于水泥混凝土路面,在已确定的路口分块图上勾画等高线。由于每块混凝土板为平面,此时的等高线应勾绘成直线或折线。

路口道牙切点以外路段亦应按纵、横断面高程勾绘10～20m，以检查路口范围的等高线是否协调。

（7）根据行车舒适、排水通畅及与附近建筑物协调、外形美观的条件，对所画成的等高线线形及间距进行调整。

（8）对于沥青路面可按与干道中线平行及垂直方向绘方格线（间距一般5m），根据所调整后的设计等高线，填写各方格网点处的设计高程（图7-35）。对于水泥混凝土路面，可在各设计的水泥混凝土板角上填写设计高程（图7-36）。

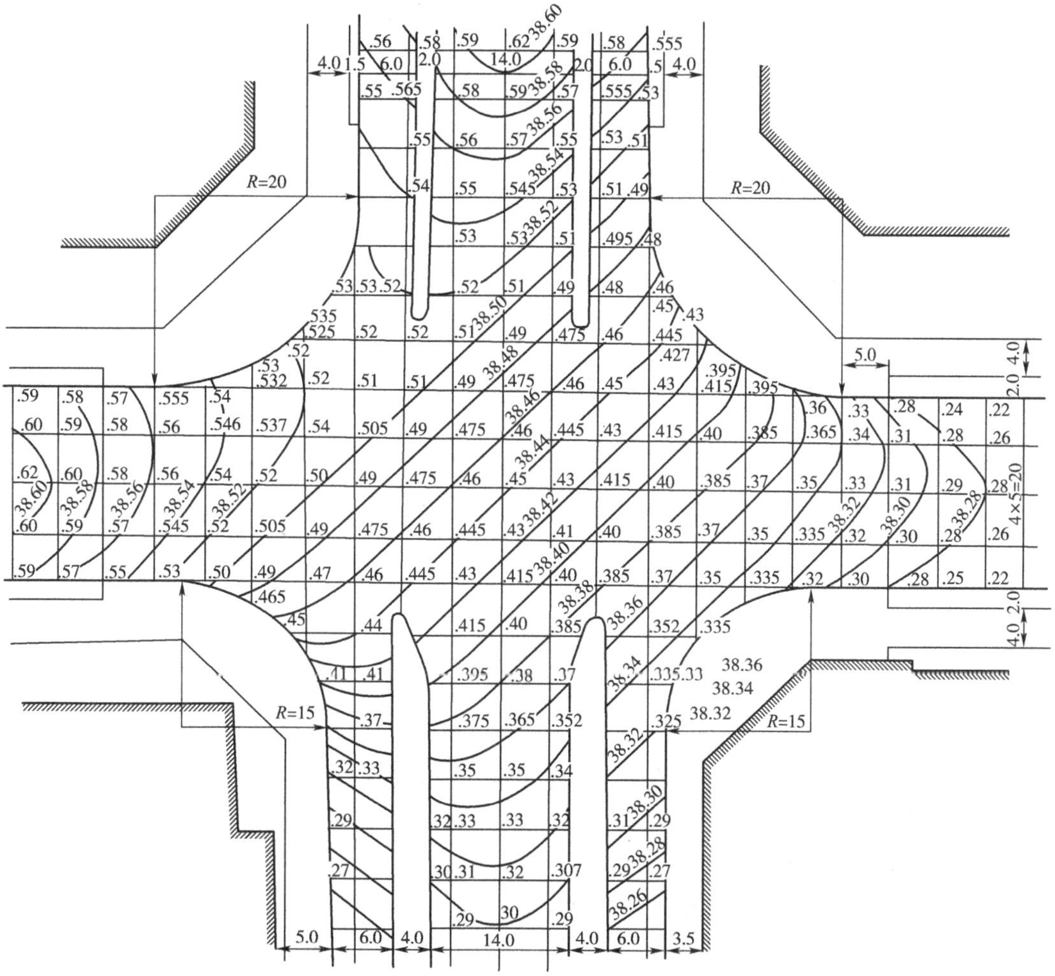

图7-35 沥青路面路口等高线设计示例

（9）支路与干道相交时，一般以干道纵断面为控制高程；同级道路相交时，路口部分中线高程不一定以干道作为控制高程，可视整个路口等高线协调情况予以调整。尤其如纵断线形在路口处为低点时，必须调整使路口不积水。

（10）根据等高线的高程，用补插法求出方格点上的设计高程，最后可以求出施工高度（它等于设计高程减去地面高程），以符合施工要求。

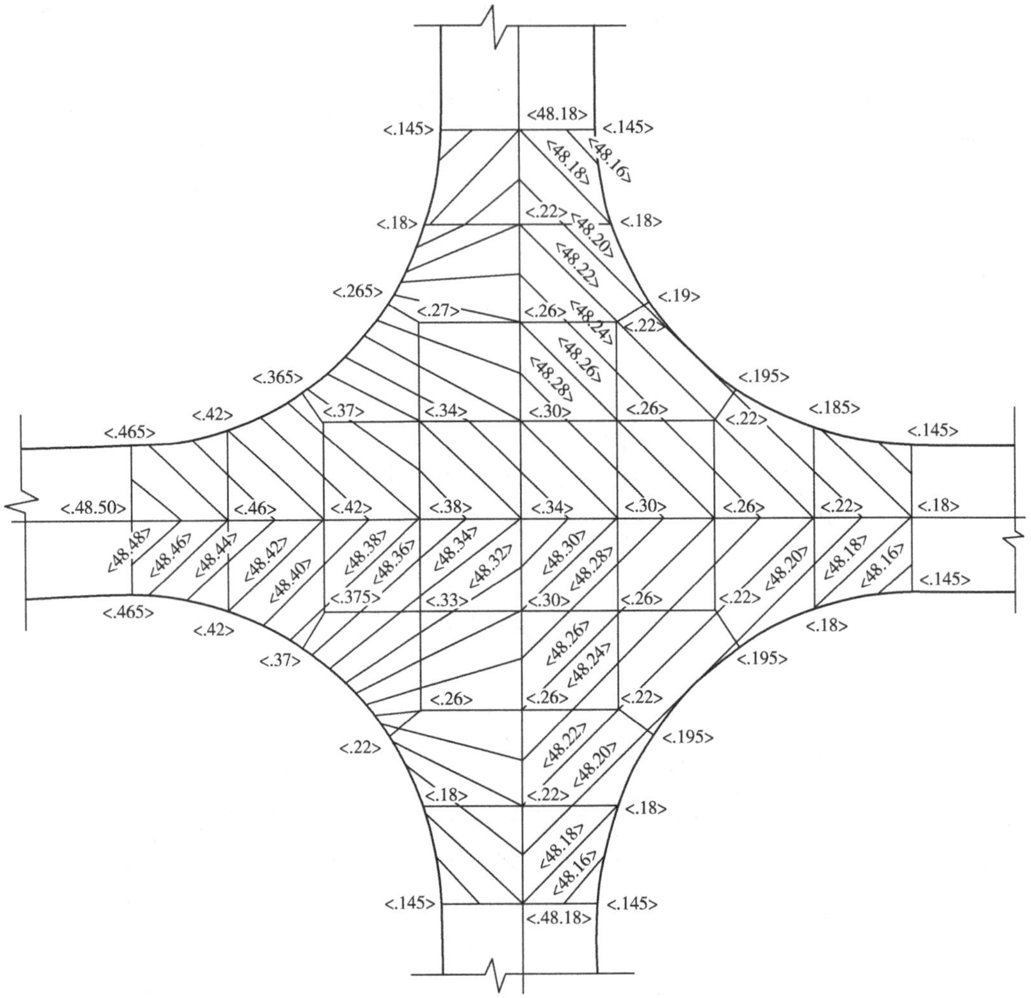

图7-36　水泥混凝土路面路口等高线设计示例

以上为方格网设计等高线法，适用于大型、复杂的交叉口和广场竖向设计。对于一般简单的交叉口也可采用特征高程点(如在纵、横坡方向选点)表示，路宽的、复杂的则点数可多些，路窄的、简单的则点数可少些。

5)竖向设计应注意问题

根据设计经验，在平面交叉口竖向设计中，应注意以下几项要点：

(1)在交叉口相交道路中的纵坡差不宜太大，尽可能使相交道路的纵坡大致相等。

(2)为了便于排水，车行道两侧的平石边沟的纵坡不宜小于0.3%，缘石(侧石)高度控制在0.10～0.20m。

(3)在一般平坦地形的城市交叉口，其竖向设计的形状宜采用伞形形式，即把交叉口的中心高程设计稍高一些向四周倾斜，这种形式的竖向设计，对排水、行车、美观和衔接处理均有利。

(4)在交叉口范围内的横坡要求平缓，一般情况下，其横坡不大于路段设计横断面的横坡。

(5)交叉口对角线上的横坡宜控制在1%左右，如果定得太大，则其他方向的横坡就更大，对交通不利。

(6)新建道路与现有道路相交时路口等高线设计。

新建道路与现有道路相接，在不刨除或尽量少刨除现有路面的原则下，竖向设计方法如下：

①根据测量的旧路的方格点高程，勾画现有路面等高线。

②根据设计高程勾画新建道路与现有路面相接部分的设计等高线，使其与现有路面等高线衔接。

③调整勾画成的等高线的线形及间距，使其遵循行车舒适、排水通畅及与建筑物协调、外形美观的原则。

④根据现有路面高程与设计高程，确定现有路面与新建路面重合部分的现有路面是加铺还是刨除，并勾画出其厚度范围。

六、环形交叉设计

1. 环形交叉口的组成

环形交叉口的组成如图 7-37 所示。

2. 中心岛的形状

中心岛的形状应根据交通流的特性、相交道路的等级和地形、地物等条件确定。原则上应保证车辆能以一定速度顺利完成交织运行，有利于主要道路方向车辆行驶，应满足交叉所在地的地形、地物和用地条件的限制。

中心岛的形状一般多用圆形，有时也可用圆角方形和菱形；主次道路相交时宜采用椭圆形；交角不等的畸形交叉可采用复合曲线形。此外，结合地形、地物和交角等也可采用其他规则或不规则几何形状的中心岛。

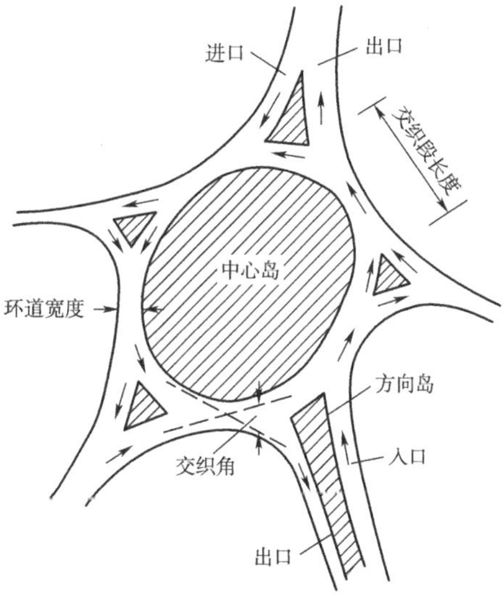

图 7-37 环形交叉口的组成

3. 中心岛的半径

中心岛的半径首先应满足设计速度的要求，然后按相交道路的条数和宽度，验算相邻道口之间的距离是否符合车辆交织行驶的要求。下面以圆心为例，介绍中心岛半径的计算方法。

1)按设计速度的要求

按设计速度要求的中心岛半径 R_d 仍然用平曲线半径计算公式计算，但绕岛车辆是在紧靠中心岛、宽度为 b 的车道中间行驶，距中心岛边缘 $b/2$，故实际采用的中心岛半径按式(7-7)计算：

$$R_d = \frac{V^2}{127(\mu \pm i_h)} - \frac{B}{2} \tag{7-7}$$

式中：R_d——中心岛半径(m)；

B——紧靠中心岛的车道宽度(m)；

μ——横向力系数，建议大客车 $\mu = 0.10 \sim 0.15$，小客车 $\mu = 0.15 \sim 0.20$；

i_h——环岛横坡度(%)，一般采用 1.5%；

V——环岛设计速度(km/h),国外一般采用路段设计速度的0.7倍;我国实测资料表明大客车一般采用路段设计速度的0.5倍、载重车采用0.6倍、小客车采用0.65倍。

2)按交织段长度要求

所谓交织就是两条车流汇合交换位置后又分离的过程。进环和出环的两辆车,在环道行驶时相互交织,交换一次车道位置所行驶的距离,称为交织长度。交织长度的大小主要取决于车辆在环道上行驶的速度。当相邻路口之间有足够的距离,使进环和出环的车辆在环道上均可在合适的机会相互交织连续行驶,该段距离称为交织段长度。其位置大致可取相邻道路机动车道外侧边缘延长线与环道中心线交叉点之间的弧长,如图7-38所示。

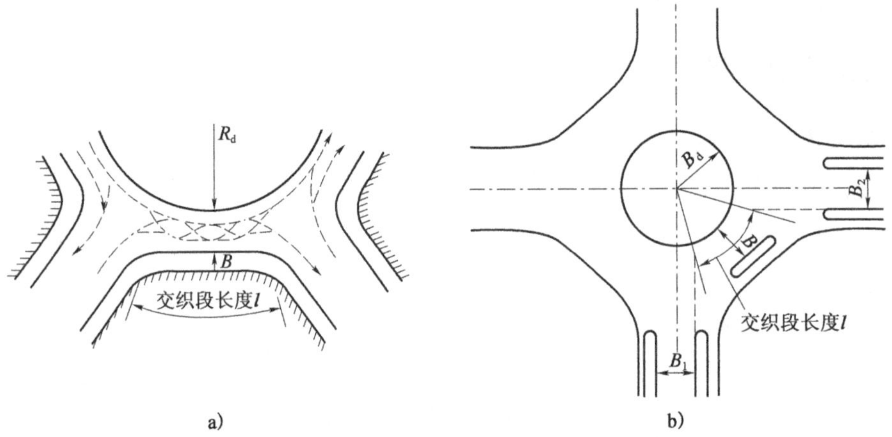

图7-38 交织段长度

中心岛半径必须满足两个路口之间最小交织段长度的要求,否则,在环道上行驶中需要相互交织的车辆,就要停车等候,不符合环形交叉连续行驶的交通特征。环道上不同车速所需要的最小交织段长度见表7-19。

最小交织段长度 表7-19

环道设计速度(km/h)	40	35	30	25	20
最小交织段长度(m)	45	40	35	30	25

按交织段长度所要求的中心岛半径 R_d,近似地按交织段长度所围成的圆周大小来推导,计算公式为:

$$R_d = \frac{n(l + B_p)}{2\pi} - \frac{B}{2} \tag{7-8}$$

式中:n——相交道路的条数;

l——相邻路口之间的交织段长度(m);

B——环道宽度(m);

B_p——相交道路的平均路宽(m),中心岛为圆形,交汇道路为十字正交时,$B_p=(B_1+B_2)/2$,其中 B_1 和 B_2 分别为相邻车行道宽度。

由式(7-8)可知,为保证最小交织段长度的要求,交叉口相交的道路条数越多,则中心岛的半径就越大,这将会增加交叉口的用地面积和车辆在环道上的绕行距离,既不经济也不合理。因此,环形交叉口的相交道路以不多于6条为宜。

对四路相交的环形交叉口，可以用式(7-7)和式(7-8)分别计算中心岛半径，然后选取较大者。对中心线夹角差别大或多路交叉口，也可以先按式(7-7)确定中心岛的半径 R_d，然后再按式(7-9)验算其交织长度是否符合要求。

$$\left.\begin{aligned} l &= \frac{2\pi}{n}\left(R_d + \frac{B}{2}\right) - B_p \\ l &= \frac{\pi\alpha}{180}\left(R_d + \frac{B}{2}\right) - B_p \end{aligned}\right\} \tag{7-9}$$

式中：α——相交道路中心线的夹角(°)，当夹角不等时，用最小夹角验算。

当用式(7-9)计算的值大于最小交织段长度时，符合要求；否则，应增大 R_d 重新验算，直至符合要求为止。根据实践经验，中心岛最小半径见表 7-20，可供参考。

中心岛最小半径 表 7-20

环道设计速度(km/h)	40	35	30	25	20
中心岛最小半径(m)	65	50	35	25	20

4. 环道的宽度

环道即环绕中心岛的单向行车带。其宽度取决于相交道路的交通量和交通组织。

靠近中心岛的一条车道作绕行之用，最靠外侧的一条车道供右转弯之用，中间的一至两条供交织之用，这样环道上一般设计三至四条车道。实践证明，车道过多，不仅难于利用，反而易使行车混乱，导致不安全。据观测，当环道车道数从两条增加至三条时，通行能力提高的最为显著；而当车道数增加到四条以上时，通行能力提高得很少。因为车辆在绕岛行驶时需要交织，而当交织段长度小于两个路口的最小交织段长度时，车辆只能顺序行驶，不可能出现大于两辆车交织行驶的情况。所以，车道数一般宜采用三条；如交织段长度较长时，环道车道数可布置四条；若相交道路的车行道较窄，也可设两条车道。

如果采用三条车道，每条车道宽 3.50 ~ 3.75m，并采用前述弯道加宽中单车道部分的加宽值，当中心岛半径为 20 ~ 40m 时，则环道机动车道的宽度一般为 15 ~ 16m。

一般为保证交通安全，减少相互干扰，非机动车交通与机动车交通可用分隔带(或墩)或标线等分隔。非机动车道宽应视具体情况而定，一般不小于相交道路中的最大非机动车行车道宽度，也不宜超过 8m。

5. 交织角

交织角是进环车辆轨迹与出环车辆轨迹的平均相交角度。它以距右转机动车道的外缘 1.5m 和中心岛边缘 1.5m 的两条切线交角来表示，如图 7-39 所示。

交织角的大小取决于环道的宽度和交织段长度。环道宽度越窄，交织段长度越大，则交织角越小，行车越安全。但交织段要长，中心岛半径就要增大，占地也要增加。根据经验，交织角宜控制在 20° ~ 30°之间。通常在交织段长度已有保证的条件下，交织角多能满足要求。

6. 环岛外缘线形及进、出口半径

从满足交通需要和工程节约考虑，环道外缘平面线形不宜设计成反向曲线形状，如图 7-40中实线，据观测，这种形状在环道的外侧约有 20% 的路面(图 7-40 中的实线与虚线之间部分)无车行驶,这既不合理也不经济。实践证明,环道外缘平面线形宜采用直线圆角形或复曲线形状,如图7-40中虚线所示。

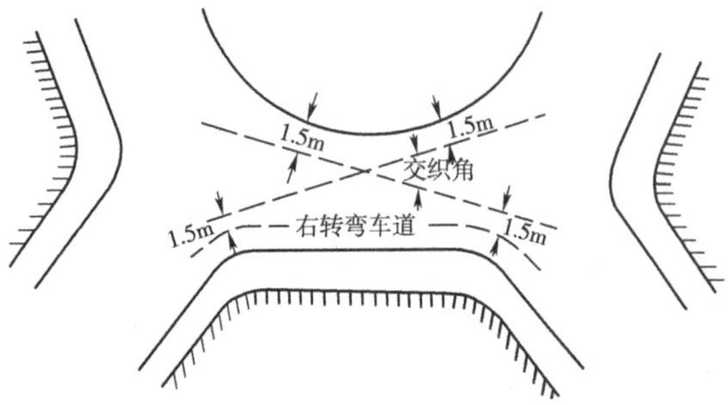

图7-39 交织角

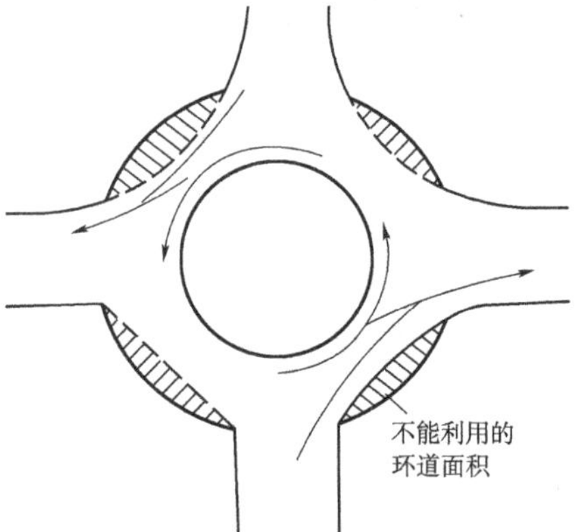

图7-40 环道外缘线形

综上所述,进行环形交叉环道设计时,一般应满足以下各点要求:

(1)环道的车行道可根据交通流的情况,采用机动车与非机动车混行或分行布置。分行时分隔带宽度应大于或等于1.0m。

(2)机动车道数一般采用三条。车道宽度应考虑车道加宽,非机动车道宽度不应小于相交道路中最大非机动车道宽度,也不宜超过8m。

(3)环岛上不宜布置人行道,以免行人穿过环道,如有特殊要求允许行人到环岛上时,应设人行道,环道外侧的人行道宽度,不宜小于各交汇道路的最大人行道宽度。

(4)环道外缘的平面线形不宜设计成反向曲线。进口缘石半径应满足右转车速的要求。出口缘石半径应大于或等于进口缘石半径。

(5)环道纵坡不宜大于2%,横坡宜采用两面坡。为保证行车安全,在环道上应满足绕行车辆的停车视距要求。

(6)环岛进出口的曲线半径取决于环道的设计速度,为了使环道上的车速较为均匀,对于驶入环道上的车辆的车速应加以限制,环道出口半径可大于入口半径,以使车辆迅速驶出环道;同时,各入口曲线半径不应相差太大,以保证驶入环道车辆速度相差较小,从而使得环道车辆近于等速行驶。环道入口的曲线半径常采用接近或小于中心岛的半径。

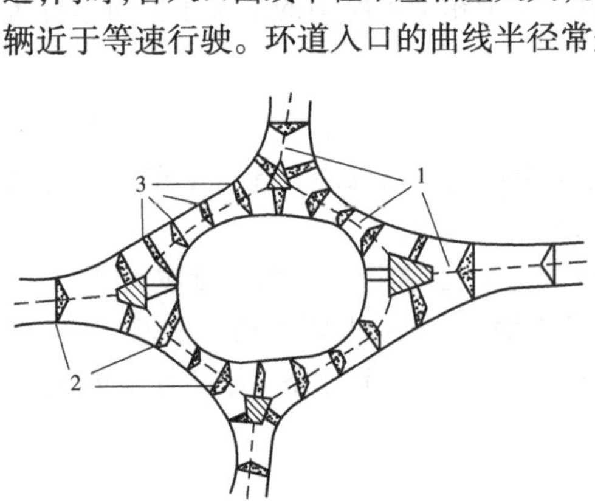

图7-41 环道路脊线

1-路拱脊线;2-水平线;3-环道路面断面形状

(7)环道的横断面。环道的横断面形状对行车的平稳和路面的排水有很大影响,而横断面的形状又取决于路脊线的选择。通常,环道横断面的路脊线设在交织岛的中间,若机动车与非机动车之间设有分隔带时,其路脊线也可设在分隔带上。环道路脊线通过设于进、出口之间的三角形方向岛或直接与交汇道路的路脊线相连,如图7-41所示,图中虚线为路脊线,箭头指向为排水方向。显然,应在中心岛的周转设置雨水口,以保证环道内不产生积水。另外,进、出环道处横坡宜缓一些。

第三节 道路立体交叉

一、立交概要

1. 立交的定义

道路立体交叉是指两条或多条路线(道路与道路、道路与铁路、道路与其他交通线路)在不同平面上相互交叉的连接方式,又叫道路立交枢纽。由于立交处设置有跨线结构物(桥梁、隧道或地道)和转向的匝道,使相交路线的交通流在平面和空间上分隔,车辆转向行驶互不干扰,从而保证了交叉口行车的快速、安全和顺畅,从根本上解决了道路交叉口的交通问题。道路立交枢纽是现代道路的重要交通设施,也是实现交通立体化的主要手段。

2. 立交的组成

1)主体部分

立交的主体是指直接为车辆的直行、转向行驶的组成部分,包括跨越设施、主线、匝道三部分,如图7-42所示。

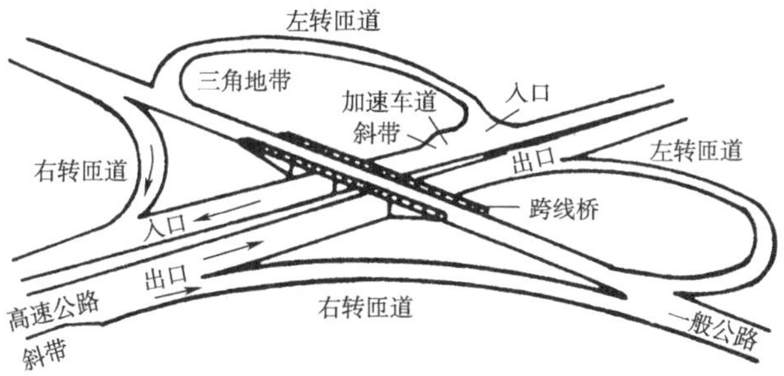

图7-42 立体交叉的组成

(1)跨越设施

跨越设施是立体交叉实现交通流线分离的主体构造物。立交主线间的相互交叉跨越方式可分为上跨式和下穿式。上跨式采用桥跨结构物跨越,下穿式采用隧道或地道的方式跨越,跨越设施是立交的重要组成部分,其工程量可占全立交的50%~70%。

(2)主线

主线又叫正线,是指相交道路的直行车道。两条相交主线,在空间分离时又有上线和下线之分。上跨的正线从立交桥到两端主线起坡点的路段叫引道,下穿的正线从立交桥下到两端主线的坡点的路段叫坡道。引道与坡道使相交的路线与跨线设施连接而实现空间分离。主线由于有引道、坡道,纵面起伏变化较大,再加上转弯匝道的进、出口均接于主线,并通过加、减速车道与主线连接,因而主线设计与一般路线相比有不同的要求。

(3)匝道

匝道为相交道路转弯车辆转向使用的连接道。匝道使空间分离的两主线连接,形成互通式结构。匝道的线形和结构,直接影响转弯车辆行驶的技术条件和立交本身的经济环境效益。因而匝道的布置和设计是立交设计的重要内容。

2)附属部分

除上述三大主体部分外,立交的其他组成部分称附属部分。其主要包括出口、入口、辅助车道、三角地带、收费口等。

(1)出口与入口

出、入口是主线与匝道的结合部位。由主线驶出进入匝道的路口称为出口;由匝道驶入主线的路口称为入口。

出口由斜带、减速车道、分流鼻端三部分组成,入口由斜带、加速车道、合流鼻端三部分组成,如图7-43所示。

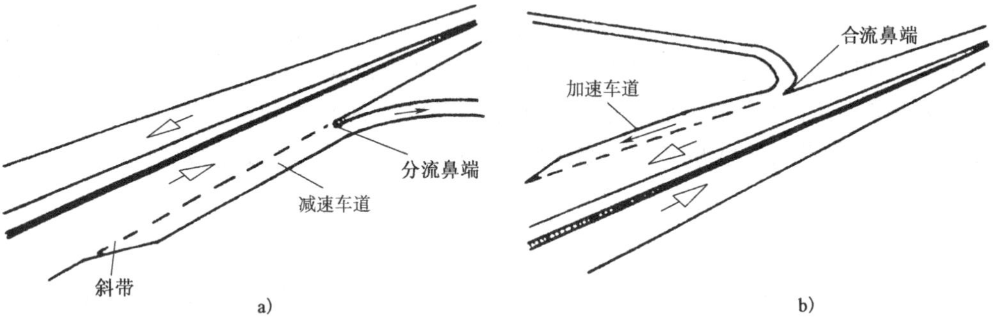

图7-43　立交入口与出口
a)出口;b)入口

(2)辅助车道

辅助车道是指在交叉口分、合流处,用作停车、减速、转弯、转弯储备、交织、车道数平衡、载货汽车爬坡以及其他辅助直行交通运行的所有车道的总称。

在进、出口处,由于车辆的进出,使匝道和主线交通流分布发生变化,为使车流分布合理,匝道与主线车道平衡,而在主线一侧增设的车道就是辅助车道的一种。

(3)三角区及立体交叉范围

在立体交叉范围内,除匝道与主线以外的用地统称为立交三角区。三角地带是立交绿化和美化布置,照明以及布置设施等的用地。三角区的布置是立交设计的内容之一。

立体交叉范围,一般是指交通交叉口的交点至各方向相交道路出、入口处变速车道斜带的顶点间包围的主线和匝道以及三角区的全部区域范围。立体交叉范围线是划分路段与立体交叉、立体交叉与周围其他用地的界限,也是立体交叉征地的依据。

3.立体交叉的基本特征

立体交叉工程是道路(特别是高等级道路)的重要组成部分,与道路工程的其他构造物相比,它具有重要性、复杂性、庞大性以及区域性的特征。

1)位置重要,功能明确

立体交叉的位置通常是处于两条(或多条)等级较高道路的交叉点上,它在道路网中起着重要的交通枢纽作用。它具有通行大量交通和能让车辆转换车道的功能。对于确保车辆快速、安全通畅的运行有着十分重要的作用。同时,立体交叉又是高速公路控制出入、收费管理的重要设施。

另一方面立体交叉的位置通常处在交通发达、经济繁荣的地区,它的建设对于发展地区经济,促进周围土地的开发和利用,起着十分重要的作用。

2)规模庞大,造价昂贵

立交结构实体庞大,占地多,投资费用高。一个全互通式立体交叉,占地一般为5×10^4~$8\times10^4m^2$。立交修建费用也十分可观,一座全互通式立交一般费用为2 000万~5 000万元,高的可达上亿元。以北京四元立交桥为例,该立交为四层式半苜蓿叶半定向式立体交叉,占地$5\times10^5m^2$,有26座桥梁,总长2.8km,总面积40 600m^2,道路总面积达210 000m^2,地下管线总长有19.6km,可见规模之宏大。

3)形式多样,工程复杂

立体交叉桥跨与匝道的灵活多变,加上立体交叉区环境复杂,使立体交叉类型和式样千变万化,千姿百态。

立体交叉还是一个十分复杂、庞大的结构物。它的复杂一方面反映在设计影响因素的多变性和工程结构的复杂性上;另一方面还反映在设计内容的多样性上。立体交叉设计包括了总体规划设计、路线设计、桥梁设计、路基路面设计以及排水、照明、绿化设施等各方面工程设计项目、工程地质、工程测量、计算机应用等多方面学科的内容。因此,立交设计是一项综合性强、难度大、涉及面广、影响因素多的复杂工作。

4)区域制约,设计灵活

立交工程还具有很强的区域性。它的形式、规模以及结构尺寸都受到区域的特性、经济、地形、地物及其环境条件的制约,如何紧密结合区域条件因地制宜、机动灵活地做好立体交叉设计具有十分重要的意义。

4. 立交设计原则

立体交叉是道路(特别是高等级道路)的重要组成部分,在道路网中起着重要的枢纽作用。设计时除应遵循道路设计的一般原则外,考虑到立体交叉工程是一项综合性的、涉及道路路线、桥梁、路基、路面以及各种交通设施的复杂工程,还应遵循以下原则。

1)功能性原则

立体交叉是道路上车辆交通转换的重要设施,立体交叉设计首先应满足其交通功能的要求,这些功能主要有:

(1)确保行车安全,减少交叉口行车事故。

(2)车辆行驶快速、顺畅,路线短捷,使交叉口延误时间尽可能缩短。

(3)行车路线方向明确。

(4)主次分明,首先确保主线交通的原则。

(5)通行能力大,能满足远景设计年限交通的要求。

2)经济性原则

在保证交通功能、满足行车要求的前提下,立体交叉工程要尽量节省造价,达到经济节约的要求。根据经济性原则,要求立交设计应满足:

(1)投资少,工程费用省。

(2)少拆迁,少占地。

(3)运营费以及车辆行驶的油耗、轮耗、车损最小。

(4)养护及管理费用最省。

3)适应性原则

由于立体交叉具有很强的区域性,立体交叉的设计必须与立体交叉所在的区域条件相适

应,主要要求有:

(1)立体交叉方案及布设应机动灵活,因地制宜,应与立体交叉的环境条件、自然条件以及社会、经济等条件相适应。

(2)立体交叉应与该立体交叉在路网中的地位和作用相适应,发挥其在路网中应有的功能。

(3)立体交叉应与其周围的土地利用与开发以及经济发展相适应。

(4)立体交叉规划应与区域规划和区域交通规划相适应。

4)艺术原则

建成后的立体交叉是构成该地区的人工环境之一。因此,立体交叉设计应满足以下几点:

(1)立体交叉的造型和结构,要保证其自身建筑艺术的完美性,并具有其独特的艺术风格。

(2)要注意与区域建设和自然景物相协调,达到与外界相融洽的自然美。

(3)立体交叉的建设不能对区域的自然景观产生削弱和破坏作用。

5. 立交规划设计内容

立体交叉设计范围宽、内容多,包括多层次、多方面的设计内容。按照立体交叉设计的阶段不同可有:

1)立体交叉规划

主要内容有:立体交叉设置与否、位置确定、间距及设置数目、立体交叉分类及分级、初步确定立体交叉类型和立体交叉设置原则和依据等方面的研究、规划工作。

立体交叉规划,是立体交叉设计的前期工作。其目的是为下阶段的方案设计或初步设计提供依据。

2)方案设计

方案设计是指在立体交叉设计前进行的总体安排和布局工作,其核心是类型选择。其主要内容有:立体交叉的形式和类型选择、方案拟定和比选、方案的推荐和确定、立体交叉的总体布局、工程估算等。其目的是通过方案设计最终为初步设计和施工图设计提供适用、可行、合理、经济、美观的最优立体交叉方案。

3)初步设计

初步设计是在规划设计和方案设计的基础上,对立体交叉进行的进一步深化设计的工作。其内容包括:立体交叉的定位、方案确定、初步测量、初步设计图表编制、设计概算编制等工作。初步设计成果是上报立项、审批的重要资料。批准后的初步设计,是下一步施工图设计的依据。

4)施工图设计

施工图设计是以提交详细的施工图为目的的详细设计工作。它包括详细测量、施工图表编制和施工图预算编制等工作。批准后的施工图设计是工程招标和具体施工的基本依据。

按照立体交叉设计内容可有:立体交叉总体设计、正线设计、匝道设计、桥跨设计、其他设施设计等。

6. 公路立体交叉与城市立体交叉的比较

对于公路立体交叉和城市道路立体交叉,它们在作用、主要组成部分和设计方法方面是基本相同的,但由于受地形、地物、用地以及收费制度等条件的影响,使得两者之间又有一些区别,设计的主导思想有差异。了解它们之间的不同特征,对于指导立体交叉的规划与设计具有非常重要的意义。概括起来,公路立体交叉和城市道路立体交叉的不同特征表现在以下几方面:

(1)公路上一般为收费立体交叉,可供选择的形式较少;而城市道路上的立体交叉一般不收费,可供选择的形式较多。因此,城市道路立体交叉形式多样,可结合场地条件充分发挥设计者的主观想象力,在满足交通功能的前提下,设计出新颖、美观的立体交叉形式。

(2)公路立体交叉无须考虑行人和非机动车交通,立体交叉形式简单,以二层式为主;而城市道路立交需考虑行人和非机动车交通,立体交叉形式复杂,以多层式为主。城市道路上最突出的问题是庞大的自行车流和行人交通,如果要把机动车、非机动车和行人交通全部分离、互不干扰,城市道路立体交叉的层数至少应为三层以上,形式更为复杂。而高速公路一般为汽车快速、安全、直达运输服务,对少量的行人和非机动车可由辅道和通道组织交通。因此,在城市道路立体交叉设计中,对非机动车和行人交通必须予以特别重视,合理组织。

(3)公路立体交叉的计算行车速度比城市道路立交的高,相应的线形指标高,占地面积也大。

(4)公路交叉一般间距较大,相互之间干扰较小;而城市道路立交的间距较小,匝道不易布置,相邻立交之间影响较大。在城市道路上,当有连续多个路口时,一般立交距离在600~800m之间,如果都采用立体交叉,由于距离较短,会造成匝道布置困难,或导致指示标志无法设置;若主要路口设置立体交叉,次要路口采用平面交叉,一旦平面交叉口发生交通堵塞,往往影响到立体交叉交通的正常运行。同时,平面交叉车辆的横穿,也会影响主线车辆的行驶速度,使主线通行能力下降。有时为了降低工程造价,相邻立体交叉之间需要下降或抬高到地表面,造成行车上下起伏不平顺。因此,在立体交叉的规划和设计时,应对一条道路上的立交全面分析,统一考虑,不应孤立地为解决某一交叉口的交通问题而设置立体交叉。

(5)城市道路立交受地上、地下各种建筑物和管线影响大;而公路立交受这方面的影响一般较小。通常,在城市道路的交叉口处地上建筑物(尤其是永久性高大建筑物)以及各种杆柱较多,而在地下各种管线纵横交错,使得拆迁数量大,费用高,非建安费有时达50%以上,并增加了立体交叉设计的难度。

(6)城市道路立交用地限制较严,往往采用非标准型立体交叉;而公路立交用地限制较松,多采用标准型立体交叉。

(7)城市道路立体交叉比公路立交更多地重视美观问题。城市道路立交除满足交通功能以外,还应符合市政建设景观方面的要求:在结构上要求简洁、轻巧、线条连续;在外观上要求新颖、美观、飘逸等;与周围环境协调统一。

(8)城市道路立交设计应考虑施工时在狭小的场地条件下,需维持原有交通和快速施工问题;而公路立体交叉施工时场地多不受限制,交通组织也较方便。

(9)城市道路立体交叉比公路立体交叉的排水系统更为复杂。城市道路立体交叉多为地下管渠排水,并与城市整体排水系统连接,有时需要设置泵站动力排水。而公路立体交叉多采用地上明沟排水,相对比较简单。

(10)城市道路立体交叉对绿化比公路立交更为重视。公路立体交叉绿化一般注重对通过立交车辆的引导作用,而城市道路立体交叉则更注重于对立交的美化,使之成为城市的象征或景观之一。

7. 立交设计资料、步骤及成果

1)设计资料收集

在立体交叉设计之前,应通过实地勘测和调查,收集下列的设计资料。

(1)自然资料:测绘立交设计范围的1∶2 000～1∶500地形图,详细标注建筑物的建筑线、种类、面积、层高、地上及地下各种杆柱和管线;调查并收集用地发展规划、地质钻探、水文、土壤和气候资料;收集立体交叉附近的国家测量控制点和水准点资料等。

(2)交通资料:调查并收集各转弯及直行交通量,交通组成,推算远景交通量,制作交通量流量流向图或表,调查非机动车和行人流量等。

(3)道路资料:调查相交道路的等级、平纵面线形、横断面形式和尺寸;相交道路交角、控制坐标和高程;路面类型及厚度;确定道路净空高度、设计荷载、计算行车速度及平、纵、横技术指标等。与铁路交叉时,还应调查铁轨股数、间距、列车通过次数、断道时间、净空和净宽要求等资料。

(4)排水资料:收集立体交叉所在区域的排水系统、现状和规划;调查各种管渠的位置、埋深和尺寸等。

(5)文书资料:收集设计任务书,上级主管部门的具体要求、意见及有关文件;有关技术标准和规范等资料。

(6)其他资料:调查取土、弃土和材料来源;施工单位、施工季节、工期、交通组织和安全等方面的资料。

2)设计步骤

一座立体交叉的设计,是指通过规划、可行性研究、方案设计到技术设计的全过程。其中,方案设计和技术设计一般可按以下步骤进行。

(1)初拟方案:根据设计要求和地形条件,在地形图或其上覆盖的透明纸勾绘出各种可能的立交方案。

(2)确定比较方案:对初拟方案进行分析,应考虑线形是否顺适,转弯半径能否满足要求,各层间可否跨越,拆迁是否合理,一般选2～4个比较方案。

(3)确定推荐方案:在地形图上按比例绘出各比较方案,完成初步的平纵设计、桥跨方案和概略工程量计算,做出各方案比较表,全面比较后一般确定1～2个推荐方案。比较时应考虑交通是否流畅安全,各匝道的平、纵、横及其相互配合是否合适,立交桥的结构、布置是否合理,设计和施工难易程度,整体工程的估价,养护营运条件以及立体交叉的造型和绿化等。

(4)确定采用方案:对推荐方案视需要做出的模型或透视图,征询各方面的意见,最后定出采用方案。应权衡造价与方案、近期与远期、局部与全局的关系,也可采用分期修建的立交方案。

(5)详细测量:对采用方案实地放线并详细测量,进一步收集技术设计所需的所有资料。

(6)技术设计:完成全部施工图设计和工程预算。

以上(1)～(4)步为初步设计阶段,当可选方案较少或简单明了时可酌减步骤,(5)～(6)步为施工图设计阶段。

3)设计成果

根据交通运输部《公路工程基本建设项目设计文件编制办法》和《公路工程基本建设项目

设计文件图表示例》的有关规定,立体交叉设计在初步设计和施工图设计阶段应分别提交下列设计成果:

(1)初步设计阶段

①互通式立体交叉

互通式立体交叉设置一览表、工程数量表、方案比较表、交通量分布图、立交平面图,主线、被交叉道路和匝道的纵断面图、横断面图,桥型布置图、透视图等。

②分离式立体交叉

分离式立体交叉设置一览表、工程数量表、立交平面图、道路和匝道纵断面图、桥型布置图等。

③通道与人行天桥

通道与人行天桥设置一览表、工程数量表、通道一般布置图、天桥一般布置图。

(2)施工图设计阶段

在施工图设计阶段的说明书中,应说明初步设计审批意见执行情况、设计说明、施工方法和注意事项说明等。

①互通式立体交叉

互通式立体交叉工程数量表、平面设计图、线位图,主线、被交叉道路和匝道纵断面图,匝道及被交叉道路标准横断面图和路面结构图,匝道与主线连接部详图和路面高程数据图,排水系统布置图,排水沟加固及高路堤地段边坡、急流槽结构图,跨线桥桥型布置图,跨线桥全桥工程数量表,安全、管理设施布置图和大样图等。

②分离式立体交叉

分离式立体交叉工程数量表、立交平面图、平纵面布置图、结构设计图和全桥工程数量表等。

③通道与人行天桥

人行天桥工程数量表和布置图,通道工程数量表和布置图等。

二、立交类型及选择

1. 三岔立体交叉

1)三岔 T 形立体交叉

(1)喇叭形立体交叉

喇叭形立体交叉是由一个小环道(转向角约为 270°的左转匝道)和一个半定向型匝道来实现左转所构成的立体交叉形式,由于其外形似喇叭,故由此得名。这种形式实际上是小环道与半定向型匝道的一种组合形式,如图 7-44 所示。

喇叭形立体交叉是三路 T 形立体交叉常采用的形式,其主要特点是:

①各转弯方向均设有独立匝道,对交通量大的左转方向提供了车速较高的半定向型匝道,车辆可完全互通,无平交冲突点和交织段,通行能力较强。

②结构简单,造型美观,各方向匝道独立,行车方向容易辨别。

③由于设有小环道,左转车转向角为 270°,与定向型相比,一个左转方向行车路线绕行较长,线形较差,同时小环道占地面积较大。

④全立体交叉只设一座桥跨即实现全互通,工程造价较省。

适用条件:主要适用于一般公路连接于高速公路、一级公路或连接于城市快速路、主干路的T形交叉,适应的设计速度小于或等于50km/h。

(2)三岔叶形立体交叉

叶形立体交叉是由两个小环道来实现车辆左转的T形立体交叉,如图7-45所示。由于两个小环道对称布置,形似叶状,故由此得名,主要特点如下:

①各方面匝道独立设置,无平交冲突点,无交织路段,为完全互通、完全立体交叉型,行车功能较好。

②匝道对称设置,呈叶状,造型美观,若与城市绿化、雕塑、建筑小品结合,有利于城市街景的美观。

③由于设有两个小环,左转车辆绕行路线长,半径小,占地多。

④只设一座桥跨,造价较省。

⑤主线上两小环道之间进、出车辆有交织路段,对行车不利,布设时注意设置足够的交织路段,或采取集散道路来改善行车条件。

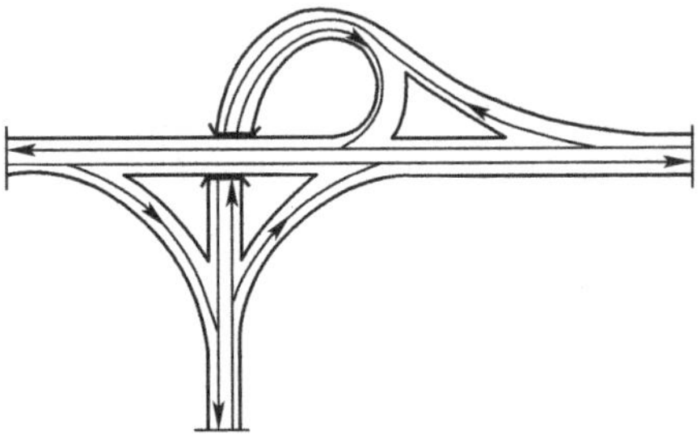

图7-44 喇叭形立体交叉

图7-45 三岔叶形立体交叉

(3)三岔环形立体交叉

环形立体交叉由环形平交演变而来。它是用一个公共环道来实现各方向车辆转向的立体交叉形式,如图7-46所示。

主要特点:

①环道半径一般较小环道大,左转车辆行车方向明确,有较好的行车条件。

②仅设置一个环道,结构紧凑,占地较小,结合旧的平交改造十分有利。

③环道上有交织路段,属交织型完全互通式立体交叉,对立体交叉通行能力和行车速度有一定影响。

④需修建两座桥跨结构物,造价较高。

⑤中心环岛与城市绿化相结合,有利于街景布置。

适用条件:环形立体交叉适用于各方向左转交通量较均匀、用地较紧张、拆迁较大的情况。特别是对原有环形平交改造、能充分利用原有工程,重新征地较小的情况较适用。

(4)三岔半定向型立体交叉

三岔半定向型立体交叉,是用半定向型匝道来实现车辆左转的立体交叉形式,如图7-47所示。

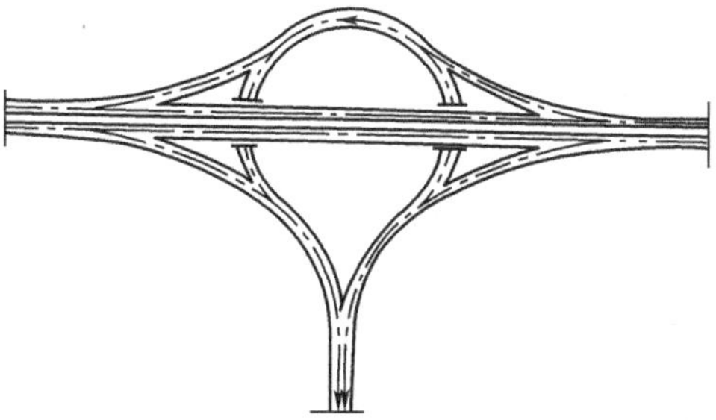

图 7-46 三岔环形立体交叉

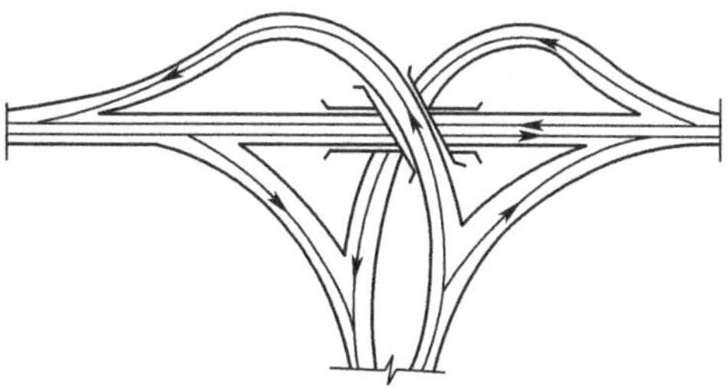

图 7-47 三岔半定向型立体交叉

主要特点:

①左转车辆用半定向匝道来实现转向,转弯半径大,行车条件较好,绕地距离比小环道短。

②半定向匝道跨越主线或匝道均需设跨线结构物,因而桥跨较多,特别是三层式结构物,显然行车条件好,但高差较大,桥跨长,匝道纵面线形起伏较大。

③匝道布置方式多,因而类型较多,布设时可结合设计要求、环境条件和投资条件灵活布置,采用适宜的形式。

④匝道布置灵活、结构紧凑、用地及拆迁较少。

适用条件:半定向型立体交叉比上几种类型行车条件均较好,多适用于交通量较大,车速要求较高的 T 形立体交叉。当连接道路为双向分离式布置时,采用这种形式匝道布置更为有利。

(5)三岔定向型立体交叉

三岔定向型立体交叉,是用定向型匝道实现车辆左转的立体交叉形式,如图 7-48 所示。

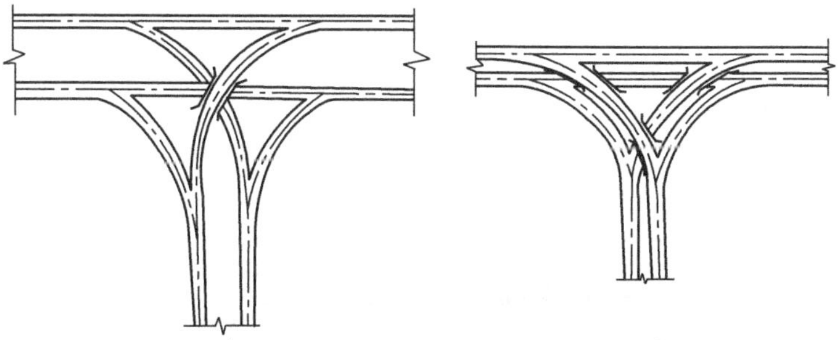

a)

b)

图 7-48 三岔定向型立体交叉

a)三层式;b)两层式

主要特点:

①为全互通、完全立体交叉型立体交叉。左转车用定向匝道实现转向,转向角小(只有 90°左右),左转路线短捷,转弯半径大,行车功能最好。

②结构紧凑,用地较省,拆迁较少,直接转向,行车方向容易识别。

③匝道直接左转,路线交叉多,桥跨较长且较高,因而造价昂贵。

适用条件:三岔定向型立体交叉,在 T 形立体交叉中行车功能最好,多适用车速高,交通量大的高速公路、一级公路相互连接的情况。当主线与连接道路均为双向分离设置的车道时(或设有中央分隔带时),更有利于匝道的布设。

2)三岔 Y 形立体交叉

Y 形立体交叉的三个方向的交角相近,且每个方向均无直行车辆,转向角较小,一般在 75° ~ 105°之间。与 T 形立体交叉相比它具有线形好、行车方向明确、转弯车辆路线短捷、行车有利等特点。Y 形立体交叉的类型很多,如图 7-49 所示,主要有:喇叭形、叶形、环形、半定向型、定向型(两层式)、定向型(三层式)等形式。其特点及适用条件与 T 形立体交叉的相应类型相近。

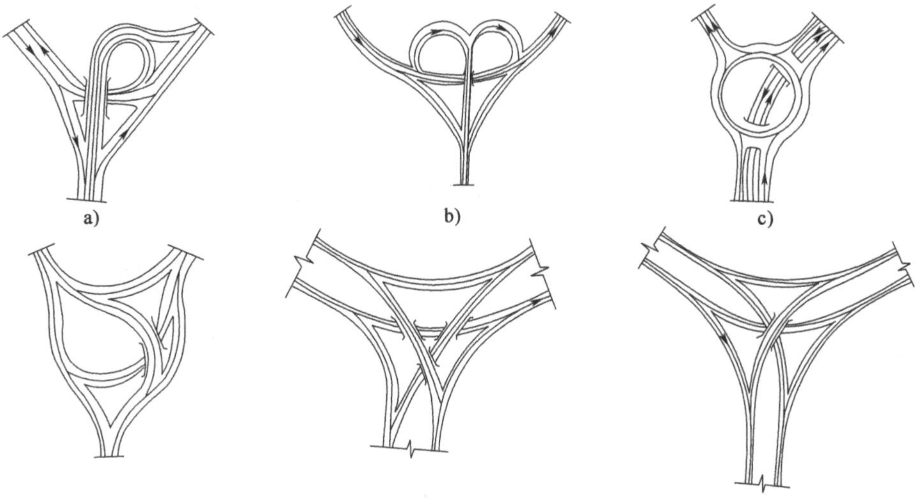

图 7-49　三岔 Y 形立体交叉

a)单喇叭形;b)叶形;c)环形;d)半定向型;e)定向型(两层式);f)定向型(三层式)

2. 四岔立交

1)全苜蓿叶形立体交叉

全苜蓿叶形立交是由四个小环道来实现四个方向左转所构成的立体交叉形式。匝道数与转弯方向数相等,为完全互通、完全立体交叉型。由于四个小环道布置在四个象限,外形似苜蓿叶状,故由此得名,如图 7-50 所示。

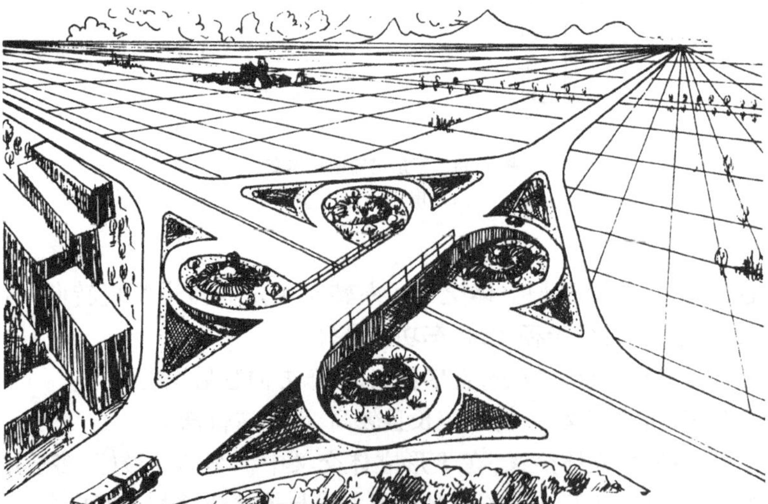

图 7-50　全苜蓿叶形立体交叉

全苜蓿叶形立体交叉有如下主要特点：

（1）由于采用小环道，变左转为右转，只需一座结构物，即可实现全互通，人工构造物少，工程费用省。

（2）全苜蓿叶形立体交叉，外形简单、对称，呈苜蓿叶状，造型美观，四个环道的中心岛可供绿化、美化之用。

（3）左转小环道，转向角 270°左右，转弯半径小，绕行路线长，并且右转和左转车流在同一直行车道上连续出现四个进、出口，两次合流，形成交织路段，对主线行车干扰较大，交通标志设置复杂。

（4）小环道布置使立交占地面积大，拆迁面宽。

（5）主线每个方向的车流均为出、进、出、进，先出后进，进出均衡，车道数容易平衡。

适用条件：全苜蓿叶形立体交叉适用于两条高速公路或一级公路相交，左转交通量不大的郊区及乡村立体交叉。因占地较多，拆迁面大，城市较少采用。由于各方向转弯车道均独立，进出口多，故不适于收费道路。

2）部分苜蓿叶形立体交叉

部分苜蓿叶形立体交叉是苜蓿叶形立体交叉去掉部分匝道而形成的一种立体交叉形式。它仍然以小环道为左转匝道，但匝道数不足，如图 7-51 所示。

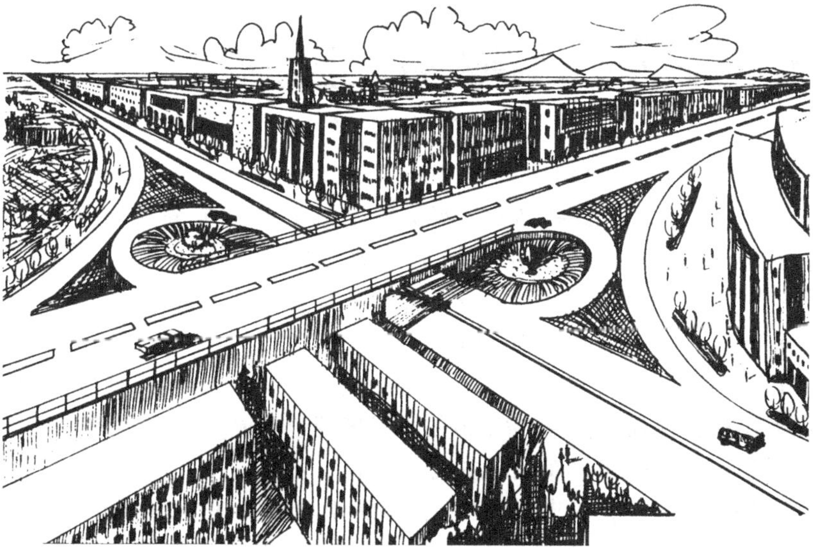

图 7-51　部分苜蓿叶形立体交叉

部分苜蓿叶形立体交叉有如下主要特点：

（1）由于左转小环道仅在部分象限设置，故可减少立体交叉用地。

（2）因匝道数不足，故此型立交属部分互通式立体交叉。若此型立交全互通，则属于平交型立体交叉；如此型立体交叉部分互通，则属立交型立体交叉；行车功能较全苜蓿叶形立体交叉弱。

适用条件：部分苜蓿叶形立体交叉适用于高速公路与其他公路相交，需限制某方向车辆出入或某些方向转弯交通量较小的情况。有时用地条件限制布设部分苜蓿叶形。对于近期交通量小，或近期某方向道路尚未形成时，可采用部分苜蓿叶形，作为远期全苜蓿叶形的一种过渡形式。

3)菱形立体交叉

菱形立体交叉是用四条直线形匝道来实现所有方向(左转、右转)车辆转弯的立体交叉形式。由于四条匝道在平面上呈“菱形”状,故由此得名,国外又叫“钻石”形立体交叉,如图7-52所示。

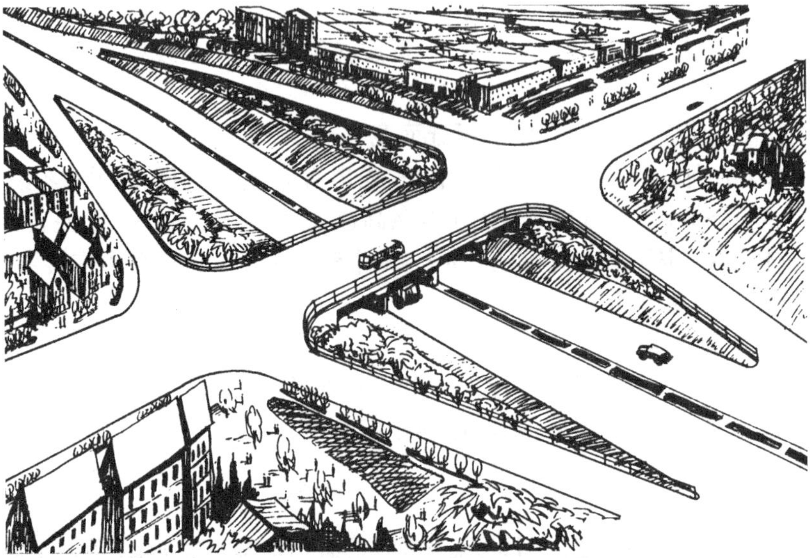

图7-52 菱形立体交叉

菱形立体交叉有如下主要特点:

(1)结构简单紧凑,用一座跨线结构物实现全互通,用地很省,费用较小。

(2)由于匝道数不足,左、右转匝道合并,构成平交型立体交叉,在次要道路上形成两个平交路口,有冲突点(六个)和交织路段(两段),对行车安全不利,设计速度也较低。

(3)左转车辆直接左转,行驶路线直捷。

(4)车辆出入状态一致,行驶路线单一,公路标志设计简便,同时这种单一的驶出驶入状态均避开了桥跨结构物,因而无须在桥上或桥下设置变速车道,可节省构造物造价。

(5)主线上无交织路段,进出车辆对主线干扰小。

(6)当主干线设在下层时,驶出车辆在匝道上为上坡行驶,驶入主干道车辆在匝道上为下坡,有利于车辆驶出减速和加速。

适用条件:菱形立体交叉主要适用于高速公路、一级公路与次要道路相交。因其占地较小,常用于城市用地紧张、拆迁困难的立体交叉。菱形立交属平交型立体交叉,为确保行车安全、顺畅,立交的左转交通量不能太大。布设时,应该注意将平交路口安排在次要道路上。

4)四岔环形立体交叉

环形立体交叉由环形平交演变而来,它是在交叉处设置中心岛,用公共环道来实现各方向车辆转向的立体交叉形式,如图7-53所示。

环形立体交叉有如下主要特点:

(1)环形匝道转弯半径较大,左转车行车路线绕行距离较小,环道短,行车方向明确。

(2)匝道公用,结构紧凑,用地较省,拆迁较小。

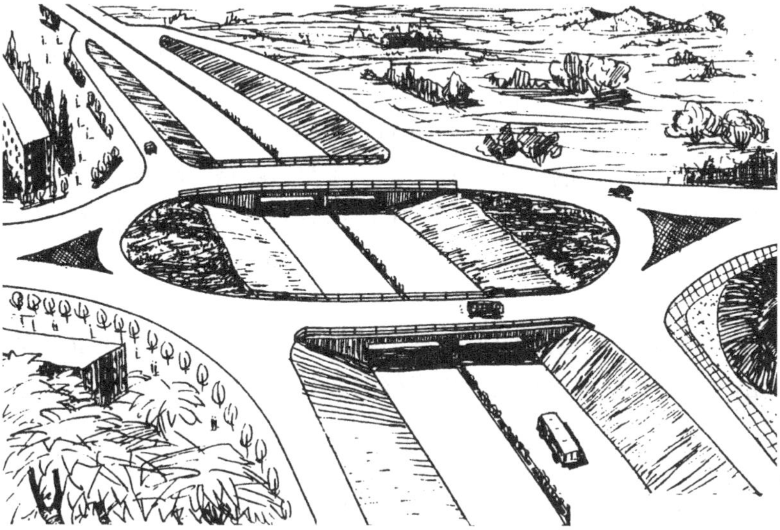

图 7-53 四岔环形立体交叉

(3)由于左转车均在环道上绕行,进出车辆形成交织路段,因而对车速和通行能力有较大影响。

(4)桥跨较多,工程费用较前几种高。

适用条件:环形立体交叉用地较省,加之对原有城市环形平交的改造十分方便,一般不需重新征地,并能利用原有工程,因而是城市常采用的立体交叉形式。由于车速及交通量有限,因而适用于设计速度和设计交通量不太大的情况。环形立体交叉形式很多,常用的是两层环形。

5)四岔简单跨越型立体交叉

这是一种只设一个(或两个)直行方向跨线桥(或隧道),保证直行车畅通的简单立体交叉。所有转弯车辆均在平面交叉口转向,无专设的独立匝道,属平交型立体交叉,有平交冲突点,如图 7-54 所示。

图 7-54 四岔简单跨越型立体交叉

简单跨越型立体交叉有如下特点:

(1)简单跨越型立体交叉,仅修一座跨线结构物,结构简单,工程量省,占地少。

(2)由于有平交冲突点,转弯车辆的车速和交通量都不宜太大,行车安全性较差。

适用条件:主要适宜城市中主干道与次道相交,为确保主干道车辆畅通的情况。对于直行交通量大,转弯车辆交通量小的路口最为适宜。当相交道路路口距离太近时,为了保证直行车的畅通和纵面线形顺适,减少纵面起伏,可将相邻的跨线桥直接连通,形成直跨城市快速直达的高架路。

6)四岔半定向型立体交叉

半定向型立体交叉是用半定向型匝道来实现左转车辆转向所构成的立交类型。由于半定向匝道转向功能较好,因此比以上所述其他立体交叉具有较好的行车条件,如图7-55所示。

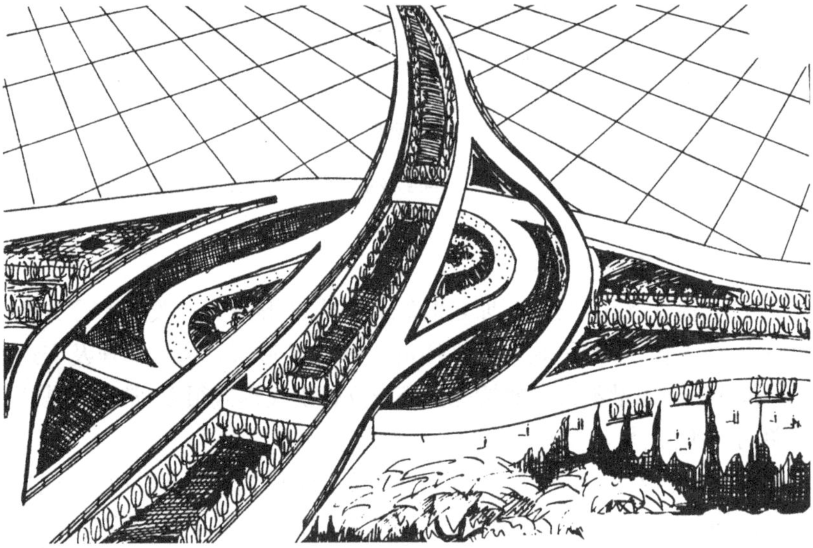

图7-55 四岔半定向型立体交叉

半定向型立体交叉有如下主要特点:

(1)左转车在半定向型独立匝道上行驶,转弯半径大,绕行距离较小,环道小,纵坡较平缓,行车功能好。

(2)匝道布设灵活,匝道可有多种变化类型,造型美观,适应面较宽。

(3)桥跨多且长,占地面积大,拆迁范围宽,因而工程造价较大。

适用条件:半定向型立体交叉属高级的全互通、全立体交叉型,适用于快速路、一级路相互交叉的情况,对于其他道路相交情况,当左转交通量大、要求车速较高时,亦可选用。

7)四岔定向型立体交叉

定向型立体交叉是最高级的立交形式,它是采用定向型匝道从一个路口直接进入另一路口(不绕行)来实现左转车辆转向构成的立体交叉形式。由于这种立体交叉造价昂贵,目前国内采用较少,如图7-56所示。

定向型立体交叉有如下主要特点:

(1)匝道直接进出,不绕行,路线短捷,转向角小(一般只有90°),转弯半径大,故平面线形好。

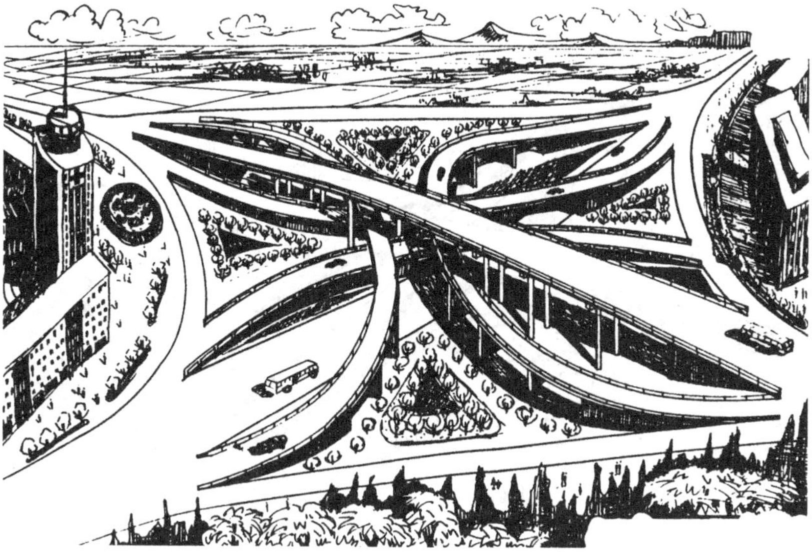

图 7-56　四岔定向型立体交叉

(2)各转弯车辆均在独立、定向的匝道上单向行驶,无平交冲突点,无交织路段,行车干扰小,因而行车速度高,通行能力大,安全性好。

(3)匝道左转车直接左进、左出,路线重叠交叉多,匝道向空间发展,跨越构造物增多,且建筑物高,因而立交结构复杂,造价昂贵,设计施工难度很大。

适用条件:定向型立体交叉适用于高速公路、一级公路及城市快速路、主干路之间相交的情况。能适应的车速高、交通量大。特别适用于人口密集、建筑物多、交通繁忙的高速公路和城市快速路。

定向型立体交叉,匝道布设灵活,跨越形式多样,空间层次多,且无固定的模式,变换匝道布局,改变跨越方式和空间层次,可构成各种类型的定向型立体交叉。

8)四岔迂回式立体交叉

这是一种把左转方向匝道延长,形成迂回式匝道,先右转,跨过相交道路后,左转进入相交道路,而另一方向左转车辆则直行过相交道路后进入迂回式匝道左转的立体交叉形式。从本质上讲应属于半定向型立体交叉,只不过采用半定向型匝道绕行路线很长而已,如图 7-57 所示,又叫"哑铃"式。

主要特点:

(1)由于左转匝道远离交叉点,使立体交叉结构分散,占地较少,据统计一般比苜蓿叶形立体交叉减少用地 20% ~25% 。

(2)立交总体布局为长条形,与道路用地一致,对两侧建筑物拆迁要求较小。

(3)左转车绕行路线长,有交织段,因而行车功能较差。

(4)一般需修建两座以上跨线桥或地道桥,且左转匝道跨线为曲线桥,造价较高,施工复杂。

适用条件:该立体交叉主要适宜在街道宽度限制,用地紧张、拆迁困难、主干道与其他道路相交的情况。

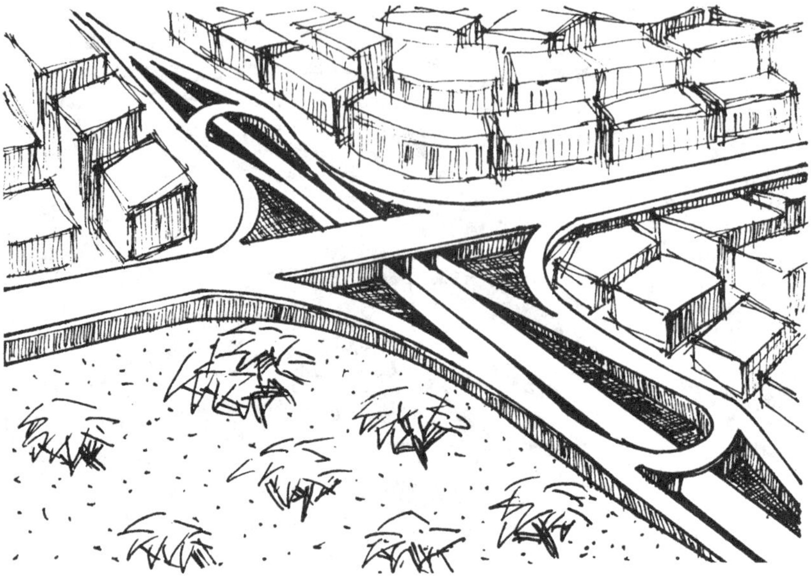

图7-57　四岔迂回式立体交叉

9)组合式立体交叉

以上8种类型,除去类型相近的部分苜蓿叶形、迂回式和不宜组合的简单跨越式,其余五种即:苜蓿叶形、菱形、环形、半定向型、定向型,相互组合构成多种立体交叉形式,叫组合式立体交叉。组合式立体交叉结构复杂,形式变化多样,可利用各种立体交叉的特点,结合立体交叉区的条件和设计要求,灵活运用,设计出结构新颖、功能齐全、经济合理的立体交叉形式。四岔组合式立体交叉如图7-58所示。

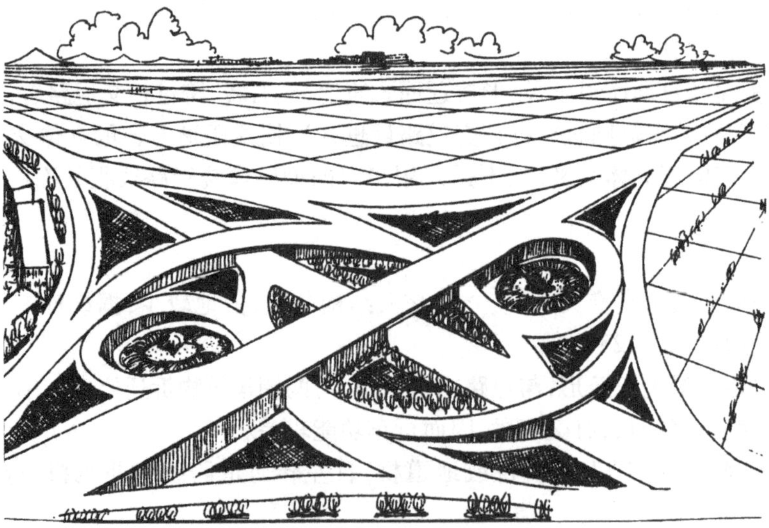

a)

图　7-58

b)

图 7-58 四岔组合式立体交叉

a)半苜蓿叶半定向组合式;b)半苜蓿叶定向组合式

3. 多岔立体交叉

多岔立体交叉,由于相交道路条数多(一般为五条路及五条路以上的交汇立体交叉),因而行车路线十分复杂,匝道布设困难。同时五岔立交构造物庞大,占地面积宽,设计与施工的难度大。理论上讲,要实现五岔交叉全互通、全立体交叉,就必须设置 20 个独立匝道,并且可能分布在五个不同高度的层次上,这种复杂和庞大的结构,就可能有多种结构类型,现介绍五种多岔立体交叉类型。

1)定向型多岔立体交叉

如图 7-59 所示,这种立体交叉在每一转弯方向均设有独立匝道,车辆直接转向,路线短捷,行车功能好,占地少。但空间层次多,立体交叉结构复杂。同时立体交叉的纵向起伏大,桥跨结构物多,造价昂贵。

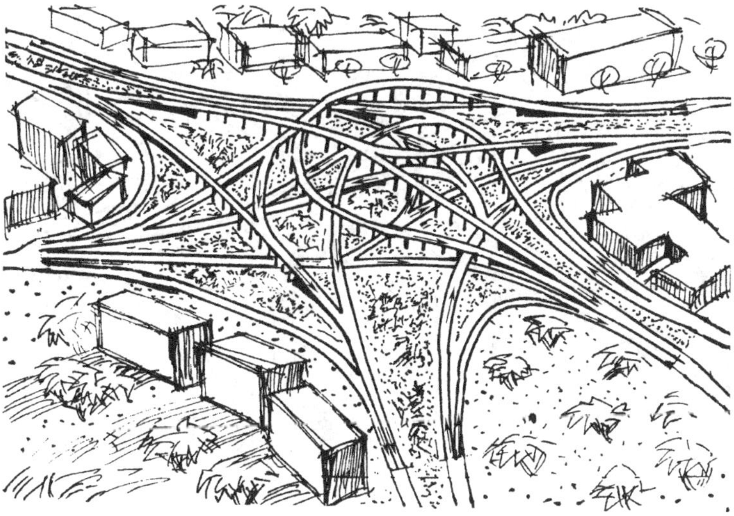

图 7-59 全定向型五岔立体交叉

2)多岔环形立体交叉

将所有转弯车辆集中于环道实现转向,即构成多岔环形立体交叉。如图7-60所示,这类立体交叉结构简单、桥跨少,是一种较实用的立体交叉形式。适用于高速公路、一级公路与几条支线相交的情况,但由于有交织路段,通行能力低,车速较低。

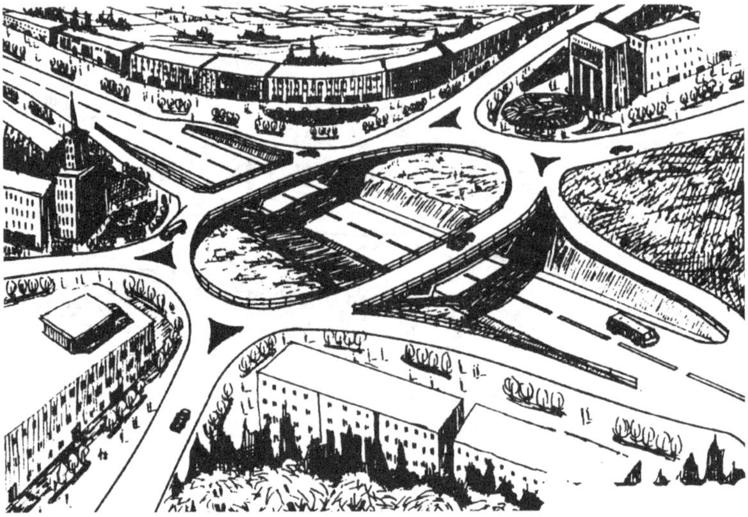

图7-60　多岔环形立体交叉

3)复合式多岔立体交叉

将多岔交叉分离为一个四岔和一个三岔交叉(或三个三岔交叉)分别按两个(或三个)立体交叉设计,即构成复合式多岔立体交叉。如图7-61所示,为一个四环形与一个三岔半苜蓿叶与半定向型组合的三岔立体交叉构成的复合式立体交叉。与全定向型立交相比,这种立交匝道少、桥跨少、费用省,但分离后立交的平面范围扩大,用地较多。

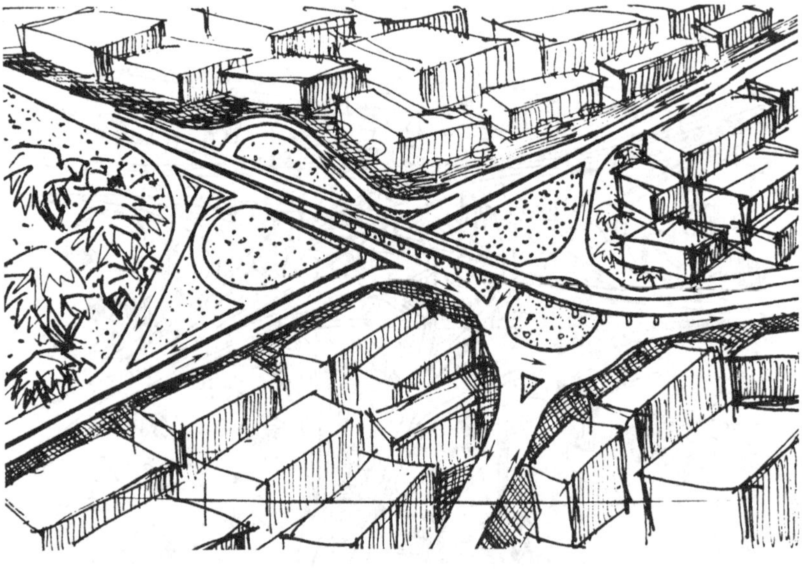

图7-61　复合式多岔立体交叉

4)组合式多岔立体交叉

如图 7-62 所示,为定向型与环形组合的七岔组合式立体交叉,可供设计参考。

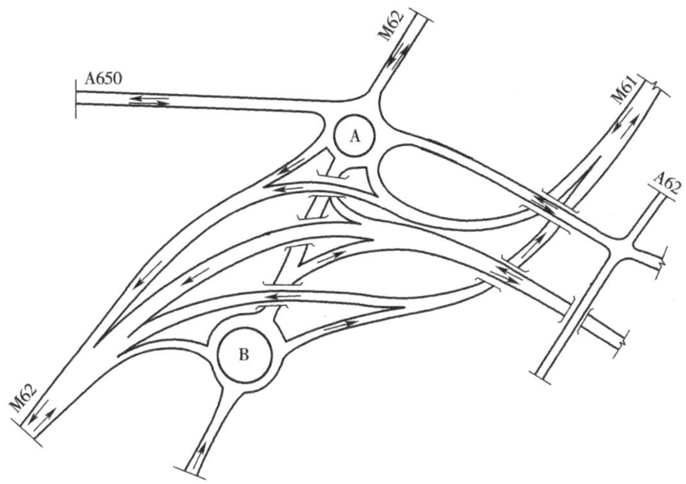

图 7-62　组合式多岔立体交叉

5)采用立交交换匝道的多岔立体交叉

如图 7-63 所示,结合实地条件,因地制宜,运用立体交叉交换匝道,将邻近的两个路口连通,组织单向交通,从而变五岔为四岔立体交叉,减少了相交道路数和冲突点。这种立体交叉结构简单,布局紧凑,费用较省。

图 7-63　采用立交交换匝道的多岔立体交叉

4. 城市道路立体交叉类型及选择

1)城市道路立体交叉分类及要求

立体交叉口应根据相交道路等级、直行及转向(主要是左转)车流行驶特征、非机动车对

机动车干扰等分类,主要类型划分及功能特征宜符合表7-21的规定,分类应满足下列要求:

(1)A类:枢纽立体交叉

①立A_1类:主要形式为全定向、喇叭形、组合式全互通立体交叉。宜在城市外围区域采用。

②立A_2类:主要形式为喇叭形、苜蓿叶形、半定向、定向-半定向组合的全互通立体交叉。宜在城市外围与中心区之间区域采用。

(2)B类:一般立体交叉

立B类:主要形式为喇叭形、苜蓿叶形、环形、菱形、迂回式、组合式全互通或半互通立体交叉。宜在城市中心区域采用。

(3)C类:分离式立体交叉

立C类:分离式立体交叉。

立体交叉口类型划分及功能特征 表7-21

立交类型	主线直行车流行驶特征	转向(主要指左转)车流行驶特征	非机动车及行人干扰情况
立A_1	快速或按设计速度连续行驶	经定向匝道或经集散、变速车道行驶	机非分行,无干扰;车辆与行人无干扰
立A_2	快速或按设计速度连续行驶	一般经定向匝道或经集散、变速车道行驶,或部分左转车减速行驶	机非分行,无干扰;车辆与行人无干扰
立B	快速或按设计速度连续行驶,次要主线受转向车流交织干扰或受平面交叉口左转车冲突影响,为间断流	减速交织行驶,或受平面交叉口影响减速交织行驶,为间断流	机非分行或混行,有干扰;主线车辆与行人无干扰
立C	快速或按设计速度连续行驶		

2)类型选择

城市道路立交类型选择,应根据交叉节点在城市道路网中的地位、作用、相交道路的等级,并应结合城市性质、规模、交通需求及立体交叉节点所在区域用地条件按表7-22选定。

立体交叉选型 表7-22

立体交叉类型	选型	
	推荐形式	可用形式
快速路-高速公路	立A_1类	
快速路-快速路(一级公路)	立A_1类	
快速路-主干路	立B类	立A_2类、立C类
快速路-次干路	立C类	立B类
快速路-支路		立C类
主干路-高速公路	立B类	立A_2类、立C类
主干路-主干路		立B类
主干路-次干路		立B类
次干路-高速公路		立C类
支路-高速公路		立C类

注:主干路与高速公路相交,经分析论证,可选立A_1。

5. 公路立交设置与选型

1)立体交叉选用规定

(1)高速公路与各级公路交叉必须采用立体交叉。

(2)一级公路与交通量大的公路交叉应采用立体交叉。

(3)二、三、四级公路间的交叉,直行交通量大时,宜采用立体交叉。

2)枢纽互通与一般互通的选择

一般互通式立体交叉应为地方交通提供接入和交通转换功能、枢纽互通式立体交叉应满足交叉公路直行及转换交通连续、快速通行的需要。

互通式立体交叉类型的选择应符合下列规定:

(1)被交叉公路为双车道公路或具集散功能的一级公路的互通式立体交叉,宜采用一般互通式立体交叉。

(2)高速公路之间、高速公路与具干线功能的一级公路之间或具干线功能的一级公路之间相互交叉的互通式立体交叉,宜采用枢纽互通式立体交叉。

(3)设置匝道收费站的互通式立体交叉可按一般互通式立体交叉设计。

(4)一般互通式立体交叉可采用平面交叉型。

(5)枢纽互通式立体交叉宜采用完全立体交叉型。

(6)当个别方向无交通转换需求,或虽存在少量交通转换需求但完全连通特别困难时,可采用不完全互通型,未连通方向的交通转换功能应通过路网交通组织由邻近节点承担,并应与完全互通型综合比较论证后确定。

【复习思考题及习题】

1. 道路交叉口有何交通特征和构造特征?

2. 试述平面交叉口设计的主要内容。

3. 平面交叉口车辆交通组织的任务是什么? 交通组织的主要措施有哪些?

4. 一般平面交叉口设计主要确定哪些几何尺寸? 交叉口缘石半径理论上如何计算?

5. 环形交叉口由哪些部分组成? 试分析环形交叉口的优、缺点。

6. 怎样计算和比较环形交叉口的中心岛直径、交织长度、环道宽度?

7. 交叉口竖向设计的原则是什么? 简述竖向设计的步骤。

8. 综述立体交叉的主要组成和基本特征。

9. 三岔立体交叉有哪些类型? 其运用条件怎样?

10. 四岔立体交叉有哪些类型? 各类型的主要特点是什么?

11. 完全互通式立体交叉与部分互通式交叉的主要区别在哪里? 如图7-64所示立体交叉属于哪种类型? 画出其行驶路线。

12. 如图7-65所示立体交叉属哪一种类型? 请用粗线标出其交织路段。采用什么方法可消除主线上的交织路段? 试画示意图说明。

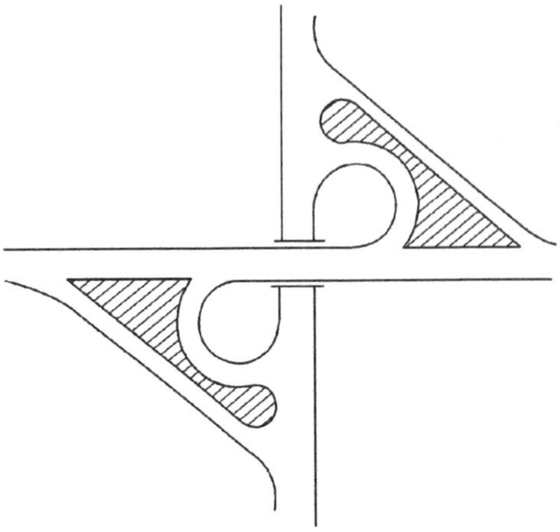

图 7-64

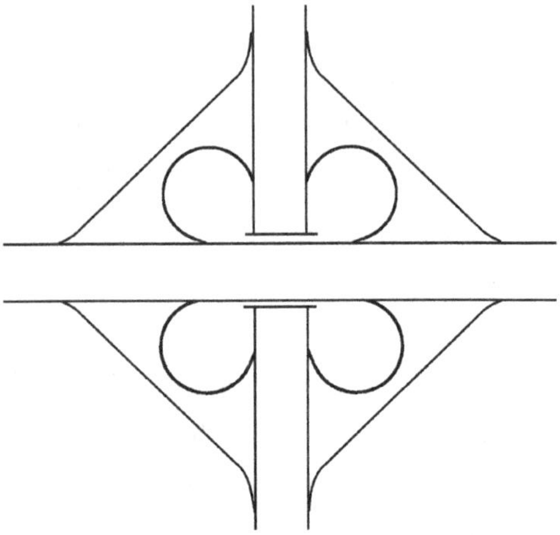

图 7-65

13. 名词解释:

(1)渠化交通;(2)冲突点;(3)Y形交叉口;(4)加铺转角式交叉口;(5)拓宽路口式交叉口;(6)视距三角形;(7)交织长度;(8)匝道;(9)辅助车道;(10)喇叭形立体交叉;(11)定向型立体交叉;(12)部分苜蓿叶式立体交叉。

第八章

道路交通设施设计

第一节　道路交通设施概要

一、道路交通设施的功能与范围

1. 道路交通设施的功能

1) 提高道路通行能力与利用率

根据道路与交叉口具体条件,进行交通渠化设计,实行快慢车分流、人车分流,组织单向交通,开辟专用道路,避免过境车辆穿越市区,健全各种交通法规,建立交通监控系统、设置交通安全设施,可极大地提高道路通行能力。一条具有完善监控系统和完善安全设施的高速公路,其通行能力与行车速度是一般公路的 2.5 ~ 3.0 倍。一条车道的高速公路每昼夜的交通量为 5 万车次,最高可达 7 万 ~ 8 万车次。高速公路的运输效益是很高的,如美国的高速公路只占本国公路总里程的 1.1%,但它所能承担的交通量却占公路总交通量的 19%。前联邦德国的高速公路占其公路总里程的 1.6%,而完成的运量却占其公路总运量的 24%。

2) 提高行车安全性

自 20 世纪初汽车批量生产以来,全世界死于交通事故的人数达 3 200 余万人,而在同一时期死于战争的人数为 2 350 余万人。美国 1899—1978 年,80 年间因交通事故致死人数约 200 万人,这个数字相当于美国独立战争以来二百多年间由于战争死亡人数的 3 倍。

为了有效地减少交通事故,只重视道路本身几何构造的设计是不够的,还必须有完善的服务设施,建立交通管理设施,设置交通安全设施、休息设施、交通监控系统和改善交通环境的设施,才能满足高速公路车辆的安全、畅通、舒适和日益增长的经济发展的需要。

在交通管制的管理方面,国外许多工业发达国家在一些干线公路和重点城市街道上设置了点、线、面自动控制中心,还设置了许多种由反光材料制作的标志与标线、灯光显示标志、可变标志和大型门式标志等提供信息、监视行车的交通控制系统。如此,可缩短运行时间 20% ~25%。美国加利福尼亚州康科德市完善道路服务设施,对减少交通事故取得了良好效果,减少事故 21% ~67%。

3)保证车辆连续运行

驾驶员由于驾驶作业引起生理和心理的变化,长时间开车会疲劳,这时感觉、知觉、判断、意志决定、运动等都受到影响,使视力下降,作业粗糙,注意力不集中,对环境判断发生错误。统计表明,因疲劳所产生的事故占总事故的 1.0% ~1.5%。试验数据表明:驾驶员以 100km/h 的速度行驶 30 ~40min 后,出现抑制高级神经活动的信号,表现为欲睡、主动性降低;两小时后,生理机能便进入睡眠状态。休息服务设施给长途行驶的汽车加油、加水及提供必要的维修检查,能消除驾驶员的疲劳与紧张,以保证长途行车的连续通行。

4)创造良好的交通环境

交通工程设施的合理设置具有提高行车速度、减少停车次数的功能,同时也提高了汽车燃油的使用效率,减少了燃料耗量,降低了汽车尾气和噪声对环境的污染。

5)提高旅行的舒适性和方便程度

高速公路监控系统和通信系统可减少驾乘人员因停车延误引起的烦躁情绪,完善的标志、标线使驾驶员不致迷失方向,也可减少其他困惑,使其旅行自如。先进的监控系统还可增加旅行时间的可预知性,从而方便出行者事先安排出行计划。

6)加快建设资金的回收速度

通过收费及监控系统可以减少因作弊现象而引起的通行费漏收和漏缴。另外,因道路通行能力增加亦可以提高通行费收入额。

2. 道路交通设施的范围

(1)道路交通设施包括的范围很宽,涉及的内容较多,主要包括:交通安全设施、交通服务设施及交通管理设施等三大类。

(2)道路及交通设施设计的要求。

①交通工程及沿线设施是公路的重要组成部分。其建设规模与技术标准对于发挥公路功能、保障行车安全、提高服务水平和通行能力都有非常重要的作用,要求根据公路网规划、公路的功能、等级、交通量、运营条件等综合论证确定。这里的综合论证是指要在考虑技术、经济、环境等条件的同时还要结合我国公路的建设经验进行综合论证,能够准确反映我国公路建设的实践经验,可操作性强,同时适应我国东西部地区不同经济水平的发展需求。

②交通工程总体设计是公路工程总体设计的重要组成部分,强调交通工程及沿线设施与公路主体工程总体设计的协调一致,要求各种设施之间应相互匹配、协调统一、互为补充,使其布局和方案合理,并与主体工程有机衔接,发挥公路整体效益。

③由于交通工程及沿线设施是保障行车安全、提升服务水平、提高通行能力、强化管理的必要设施,是公路现代化、智能化的重要标志,应在总结我国公路特别是高速公路,在交通安全、服务管理等设施建设运营维护等方面的经验与教训的基础上,充分吸收国外先进技术,并保持相对的延续性、先进性、前瞻性,按照“保障安全、提供服务、利于管理”的原则进行设计。

④公路交通工程及沿线设施由交通安全设施、服务设施和管理设施组成,这些设施应按统筹规划、总体设计的原则配置,其最重要的是做好前期的总体规划设计,确定系统的设置规模,一次性征用土地和实施基础工程、地下管线及预留预埋工程等,依据技术发展和交通量增长情况等分期配置设备,逐步补充完善,最终形成系统规模。对于改扩建工程,道路交通工程及沿线设施应配合公路主体工程的改扩建方案,提供配套的交通工程及沿线设施的设计和施工组织方案。

第二节 公路交通安全设施

交通安全设施包括交通标志、标线、护栏、视线诱导设施、隔离栅、防落网、防眩设施、防风栅、防雪(沙)栅、积雪标杆。

交通安全设施应根据公路功能、交通组成、公路环境、运营条件等设置,以满足交通安全管理与服务的需求。

一、标志标线

1. 一般要求

(1)交通标志、标线应总体布局、合理设置,重要信息应重复设置或连续设置。

(2)交通标志的位置应保证其视认性,与其他标志或设施不应相互遮挡。

(3)交通标志与标线应根据实际需求配合使用,应互为补充、含义一致,并与其他设施相协调。

2. 交通标志的分类

交通标志分为主标志和辅标志两大类。

主标志包括以下四种:

(1)警告标志:警告车辆、行人注意危险地点的标志。

(2)禁令标志:禁止或限制车辆、行人交通行为的标志。

(3)指示标志:指示车辆、行人行驶的标志。

(4)指路标志:传递道路前进方向、地点和距离信息的标志。

3. 交通标志三要素

交通标志必须使驾驶员在一定距离内能迅速而准确地辨认,这就要求交通标志有良好的视认性。决定其视认性好坏的主要因素有三个:标志的颜色、形状和符号称作交通标志三要素。

(1)颜色:在选择交通标志的颜色时,考虑了人的心理效果,如红色有危险感,因此在交通上表示停止、约束之意,适用于禁令标志;黄色无红色那么强烈,使人产生警惕的心理活动,故用于表示警告、注意等含义;绿色有和平、安全感,在交通上表示安全、通行,一般用于导向标志;蓝色有沉静、安静之意,一般用于导向、指示标志。

(2)形状:交通标志选用形状的原则也是要求视认性要强,一般选用最简单的形状,如三角形、圆形、长方形和正方形。不同功能的交通标志,其几何形状有明显的区别。我国国家标准《安全标志及其使用导则》(GB 2894—2008)规定见表8-1。

安全标志的种类及其含义 表8-1

图　形	含　义	图　形	含　义
圆加斜线⊘	禁止	圆形○	指令
三角形△	警告	方形和矩形◇	提示

(3)符号:符号是表示标志的具体意义的,其含义要求简单明了,一看就能明白,并符合国际标准和惯例。

标志牌的大小应保证在距标志一定距离内能清楚地识别标志上的图案和符号文字,则图案和符号文字的大小必须满足必要距离的识别要求,从而决定了标志牌的尺寸大小。我国有关规定见表8-2 ~ 表8-4。

警告标志尺寸与计算行车速度的关系 表8-2

设计速度(km/h)	>100	90 ~ 70	60 ~ 40	<30
三角形标志边长(cm)	130	110	90	70

警告标志到危险地点的距离 表8-3

设计速度(km/h)	>100	90 ~ 70	60 ~ 40	<30
标志到危险地点的距离(m)	200 ~ 250	100 ~ 200	50 ~ 100	20 ~ 50

禁令标志尺寸与计算行车速度的关系 表8-4

设计速度(km/h)	>100	90 ~ 70	60 ~ 40	<30
圆形标志外径(cm)	120	100	80	60
三角形标志边长(cm)	—	—	90	70

4. 道路交通标线

道路交通标线是由各种路面标线、箭头、文字、立面标记、突起路标和路边线轮廓标等所构成的交通安全设施,也是一种静态交通控制形式。它的作用是管制和引导交通,可以和标志配合使用,也可单独使用。城市快速路、主干路均应按国家标准设置交通标线,其他道路可按需设置。

道路交通标线包括车行道中心线、车道分界线、车行道边缘线、停车线、减速让行线、人行横道线、出入口标线、导向箭头、左转弯导向线、路面文字标记、立面标记、突起路标和路边线轮廓标等。

道路交通标线通常为白色或黄色,可用路标漆、塑胶标带和其他材料(如突起路标用的黄铜、不锈钢、合金铝、合成树脂,以及陶瓷、白石头、彩色水泥等)制作。

二、护栏及其他安全设施

1. 公路护栏

公路路侧护栏的一般规定：

(1)公路路侧净区的宽度不足时,应按护栏设置原则确定是否设置护栏。

(2)桥梁与高路堤路段必须设置路侧护栏。

(3)路侧有悬崖、深谷、深沟、江河湖泊等路段应设置路侧护栏。

(4)高速公路和作为干线的一级公路,整体式断面中间带宽度小于或等于 12m 时必须连续设置中央分隔带护栏。

(5)应根据车辆驶出路外可能造成的伤害程度,结合公路设计速度、几何指标、交通量、交通组成等因素合理确定护栏防护等级。

(6)不同形式的护栏相接时应进行过渡设计。

2. 道路安全设施简介

1)路基护栏

护栏设于公路两侧及中央带,以防止高速公路车辆驶出公路或闯入对向车道,使对乘客的伤害及对车辆的损坏减少到最小,并使车辆恢复到正常行驶方向,便于诱导驾驶员的视线。

(1)护栏的设计要求

①阻止车辆越出路外,对于中央分隔带护栏而言,它阻止车辆穿越中央分隔带而闯入对向车道;同时,还要防止车辆从护栏板下钻出,或将护栏板冲断。

②护栏应能使车辆恢复到正常行驶方向。

③发生碰撞时,对乘客的伤害为最低程度。

④能诱导驾驶员的视线。

(2)结构与类型

护栏的结构要求坚固(能经得起碰撞、最大限度地减少车辆损失和恢复正常行驶)、经济、美观以及有良好的视线诱导功能,并使驾驶员能得到行驶的安全感,与周围的环境协调。

①刚性护栏:多用混凝土、石料等制成防护壁形式。

a. 混凝土护栏。刚性强,防止车辆驶出路外的功能较好,但对乘客安全性和瞭望舒适性较差,有较强的行驶压迫感,不受腐蚀性影响。

b. 箱形梁护栏。刚性强的连续箱形梁,用于窄分隔带处,车辆冲撞后凹陷较小,诱导性也好。

②柔性护栏:钢导轨、钢缆等,既可拦挡车辆,又能对车辆冲撞有缓冲作用。

a. 波形梁护栏。用支柱支承连续的横导轨,具有一定的刚性和韧性,车辆冲撞变形较大,有利视线诱导,易于修复。

b. 缆索护栏。用支柱支撑钢缆,缓冲能力大,缆性强,可以重复使用,连续设置也美观舒适,对行驶无压迫感,但视线诱导差。

护栏设置高度,一般为 0.70 ~ 0.95m。路基两侧设置时,横向应距路基边缘 0.3m 以上。图 8-1 所示为波形梁护栏(或称栏式护栏)。GW 31085 型及 GW 35075 型均为长 6 ~ 9m 的波形梁,其中 GW 31085 型用钢量比 GW 35075 型节省 30% 左右,且碰撞性能较优。

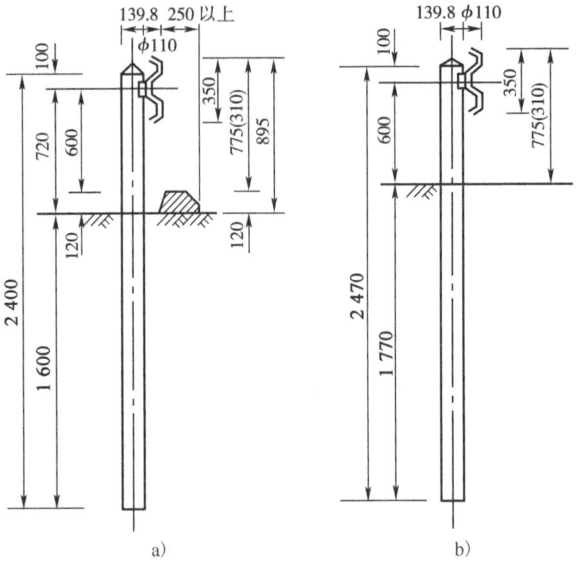

图 8-1 波形梁护栏(尺寸单位:cm)

a)一般情况;b)无缘石时

(3)设置地点

当在路旁设置时,通常可在下述地点设置:

①路堤高度大于 2m,且边坡坡度大于 1∶2.5 的填方路段。

②桥梁、涵洞、高架构造物以及隧道入口附近的挖方区段。

③夹在两填方区段间长度小于 100m 的挖方区段。

④净空界限外 1m 范围内有标志柱、紧急电话的区段。

⑤在服务区、停车区与主线之间有宽度小于 5m 的分隔岛处。

⑥城镇地区内的公路认为有必要设置的区段。

⑦中央分隔带按下述规定设置护栏。

高速公路的中央分隔带,原则上全线范围内都设置两面型(组合型)护栏,或在其两侧设护栏,上、下车行道为分离式,高差大于 2m 时,可只在高的行车道一侧设护栏;当中央分隔带宽度大于 10m 时,也可不设护栏。高速公路中央分隔带开口处,原则上应设置活动护栏。路侧护栏最小设置长度为 70m,两段路侧护栏之间相距不到 100m 时,宜连续设置。

2)桥梁护栏

高速公路上的特大桥、大中桥均应设置桥梁护栏。高速公路上的小桥通道应设置与路基相同形式的护栏,其最小设置长度同样为 70m。

护栏构造形式可有金属制梁式、钢筋混凝土梁柱式、钢筋混凝土诱导式及组合式等。

护栏应根据美观、装饰和保障行人安全的需要,设置承受碰撞受力构件以外的辅助构件(如竖向杆件,行人扶手护栏等)。

3)隔离设施

高速公路沿线两侧均应设置隔离设施。隔离设施的中心线一般沿公路用地界限以内20～50cm 处设置。当设置隔离设施处地形起伏较大时,设施可设计成阶梯式。安装高度一般为

1.60～1.80m。

隔离设施由立柱、斜撑、隔离网、连接件、基础等组成。隔离网可有金属网、钢板网、刺铁网等。

隔离设施根据养护管理的需要，在适当地点开口，并在开口处设门，以控制出入。

4）防眩设施

防眩设施的作用在于降低对向行车眩光对驾驶员的影响。通常规定在下列情况下，宜设置防眩设施：

（1）夜间交通量较大，大型车混入率较高的路段。

（2）平曲线半径小于一般最小半径路段。

（3）竖曲线对驾驶人员有严重眩目影响的路段。

（4）从互通式立交、服务区、停车场的匝道或连接道进入主干道时，对向驾驶员有严重眩目影响的路段。

（5）无照明的大桥、高架桥上。

（6）长直线路段。

（7）地形起伏变化较大的路段。当中央分隔带宽度大于7m时，可不设置防眩设施。

防眩设施一般安装在中央分隔带。设置方式：与波形梁护栏相连接，埋置在土中；埋置在混凝土中；设置在混凝土护栏上。防眩板材料可采用钢材、塑料或其他不易变形、不易老化、不易褪色的材料。防眩设施的高度一般为1.70m左右，遮光角度一般为8°左右。

良好的防眩设计可以给驾驶员提供多样的“行车景异”的动态景观，克服行驶的单调感，给驾驶员以安全、舒适的享受，提高行车质量。

5）视线诱导设施

视线诱导设施可分为：轮廓标、分流诱导标、合流诱导标、指示性线形诱导标、警告性线形诱导标。

高速公路的主线以及互通式立体交叉、服务区、停车场等进出匝道或连接道，均全线连续设置轮廓标。轮廓标在公路左、右侧对称设置，直线段设置间隔为50m，曲线段间距依曲线半径大小在16～50m范围选定（匝道曲线可为4～12m间距）。埋设于土中的轮廓标由柱体、反射器和基础组成。柱体为三角形，顶面斜向车行道，在距路面55cm以上部分有25cm的黑色标记，中间有一块18cm×4cm的反射器，反射器为定向反光材料。反射器安装在波形梁护栏槽内时可为梯形，安装于波形梁上缘时可为圆形。反射器的安装角度无论在直线或曲线上，应尽可能与驾驶员视线方向垂直。

分流诱导标设在互通式立体交叉分流端部前方适当地点，合流诱导标设在合流端部前方适当地点。高速公路诱导标的底为绿色，诱导标的标号为白色。

指示性线形诱导标为白底蓝图案，一般应设置在最小半径或通视较差、对行车安全不利的曲线外侧。

警告性线形诱导标为白底红图案，应设在公路局部施工或维修作业等需临时改变行车方向的路段。

线形诱导设施应具有优良的识别性能，特别是夜间的反射性能。

6）防噪设施

（1）噪声标准

噪声损害听觉，危及健康，影响正常工作和生活，并对建筑物、仪器也产生损害。因此，控制及减少噪声的危害,是高速公路设计的任务之一。

国际标准组织(ISO)规定室外噪声标准见表8-5。使用A声级作为评价标准,是因为A声级容易测定,但由于不同频率的噪声可以是同一A声级值,因而应采用“噪声评价曲线”将不同频率的声级换算成统一的评价N值。

室外噪声标准 表8-5

区域	时间	A声级(dB)	噪声等级评价数N(dB)
住宅和医院	白天 夜晚	54 46	45 35
混合区	白天 夜晚	58 50	50 40
工业区	白天 夜晚	62 54	55 45

我国城市区域环境噪声标准值见表8-6。

我国城市区域环境噪声标准值《声环境质量标准》

(GB 3096—2008)[等效声级dB(A)] 表8-6

类别	昼间	夜间	类别	昼间	夜间
0	50	40	3	65	55
1	55	45	4	70	55
2	60	50			

注:0类标准适用于需特别安静的区域;1类标准适用于居住、文教机关为主的区域;2类标准适用于居住、商业、工业混合区;3类标准适用于工业区;4类标准适用于交通干线两侧。

一般规定路上噪声不超过60dB,并限制住宅区噪声白天不大于45dB(也不应低于15dB),晚上不大于35dB。为限制噪声,应有相应的管理措施,如规定鸣号级别时间,设置路障分流行驶等,并应有交通噪声管理条例。

(2)防噪声设施

通常采用的防噪措施,可有如下三类:

①隔声墙(或称声屏障)。通常墙高3~5m,多用于隔声水泥板或混凝土组合托架,其设置应使受声点(如住宅)符合噪声要求(≤30dB),如图8-2所示。

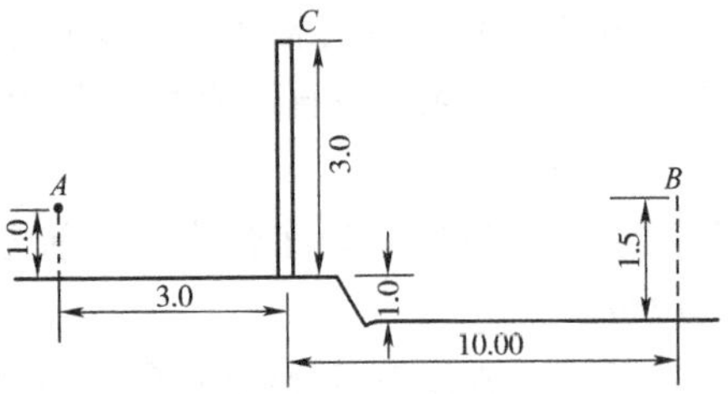

图8-2 隔声墙防噪声示意图(尺寸单位:m)

②遮声堤。遮声堤两侧坡度为1:2,顶宽2~3m,高度以能接住最高受声点为宜,堤上进行绿化(图8-3)。

③遮声林带。植树林带一般为10~20m,隔声效果好,一般可降低5~8dB(高的可达10dB),但占地较多。

7)照明设施

(1)照明标准

照明标准是以水平照度和不均匀度来衡量的。水平照度是指受光面为水平面的照度,照度的单位是lx,1lx为每平方米有1lm的光通量(引起视觉作用的光能强度)。

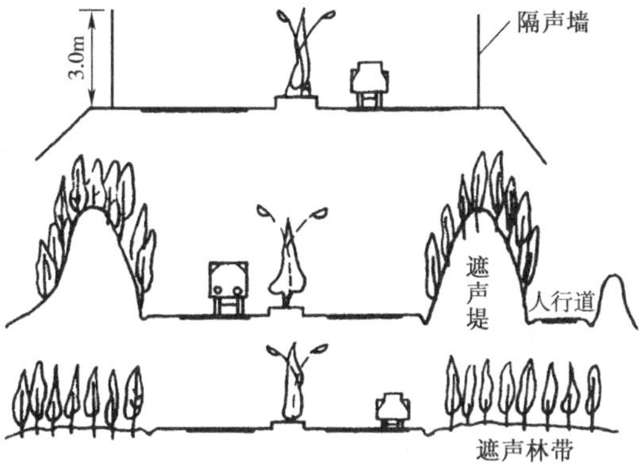

图 8-3 防噪设施

不均匀度是表示受光物体表面照度的均匀性系数，即：

$$不均匀度=\frac{最高水平照度}{最低水平照度}$$

照度标准应依道路等级、交通量大小、路面类型等而定。对高速公路及快速路，建议车道水平照度最低为 25lx，公路照明标准见表 8-7。

公路照明标准推荐值 表 8-7

照明区域			亮度			照度	眩光限制	诱导性
			平均路面亮度 L_{av} (cd/m^2)	总均匀度 L_{min}/L_{av}	纵向均匀度 L_{min}/L_{max}	平均照度 E_{av} (lx)		
特殊部位	路段	高速公路	1.5～2	0.3	0.7	20～30	6	很好
		一级公路	1.5～2	0.4	0.6	20～30	5	好
	立体交叉口		主路 2 匝道 1	0.5	0.7 0.7	主路 30 匝道 15	5	好
	平面交叉口		1.5～2	0.3	0.6	20～30	6	很好
	特大型桥梁		1.5～3.5	0.5～0.7	0.7	15～50	5	很好
	收费站广场		2～5	0.4	0.6	20～50	5	好
	进出口		0.5～2	0.3	0.6	10～30	5	好
相关场所	服务区		0.5～1.5	0.3	0.5	10～20	5	好
	养护区		0.5～1.5	0.3	0.5	10～20	5	好
	停车场		1～2	0.3	0.5	15～30	5	一般

注：表中各项数值适用于干燥路面。

城市道路照明标准见表 8-8。

城市道路照明标准 表 8-8

道路类别	照明水平		均匀度		眩光限制
	平均亮度 L_g (cd/m^2)	平均照度 E_a (lx)	亮度均匀度 L_{min}/L_a	照度均匀度 E_{min}/E_a	
快速路	1.5	20	0.40	0.40	严禁采用非截光型灯具
主干路	1.0	15	0.35	0.35	严禁采用非截光型灯具
次干路	0.5	8	0.35	0.35	不得采用非截光型灯具
支路	0.3	5	0.30	0.30	不宜采用非截光型灯具

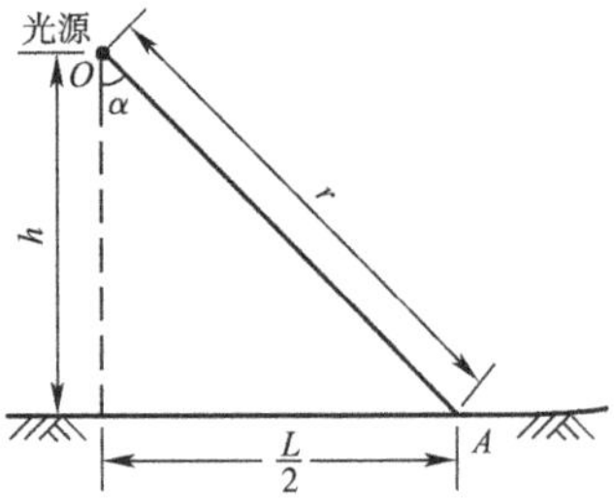

图 8-4 照明布置关系

(2)照明布局

①立面布局

应注意照明的配光特性,以取得较高的路面亮度、满意的均匀度,并注意尽量减少眩光,以提高行车的可见度和视觉的舒适感。

如图 8-4 所示,照明器的安装高度 h、纵向间距 L 和配光特性三者间的关系为:

$$E_A = \frac{I_\alpha \cos\alpha}{r^2} = \frac{I_\alpha \cos^3\alpha}{h^2} \tag{8-1}$$

式中:E_A——路面上任意点 A 的水平照度(lx);

I_α——光源 O 在 α 方向的发光强度(cd/m^2);

r——O 至 A 点的距离(m);

h——光源 O 的高度(m);

α——光源 O 至 A 的连线与路面垂直方向的夹角(°)。

照明布置时可两侧对称,或两侧交错,纵向间距一般为 30 ~ 50m,照明灯光度达 1 000W,灯柱高为 12 ~ 15m。

②道路照明器的平面布置方式

道路照明器的平面布置方式取决于道路的等级、横断面形式、交通量大小、路面宽度等因素,一般常用的布置形式有以下几种:

a. 单排一侧布置[图 8-5a)]。其特点是简单经济,适用于路面宽度在 15m 以下道路;缺点是照度不均匀。

b. 单排路中排列[图 8-5b)]。利用道路两侧的竖杆将照明灯具悬挂在道路中央上方,其特点是简单经济、照度均匀,适用于道路两侧行道树分叉点较低造成遮光较严重的较低等级道路(路面宽度宜在 15m 以下)。缺点是对驾驶员形成反光眩目,且悬挂灯具影响超高车辆通行以及对道路景观和市容不利。

c. 双排对称布置[图 8-6a)]。其适用于路面宽度大于 15m 的城市主干道,在宽度不超过 30m 的情况下,一般均可获得良好路面亮度。

d. 双排交错布置[图 8-6b)]。其适用条件同 c,且路面亮度和均匀度都较理想。

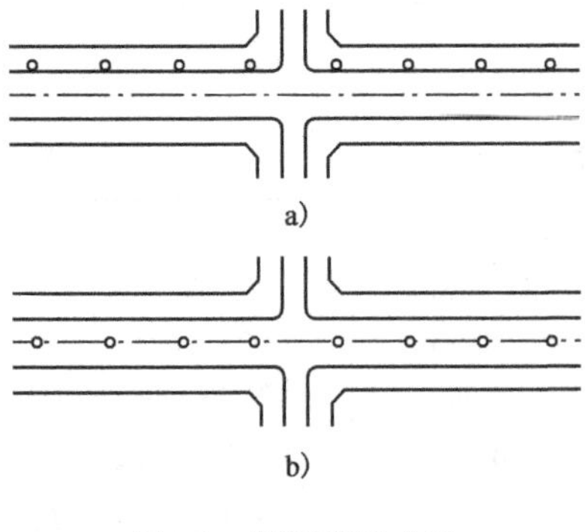

图 8-5 单侧照明的布置

a)布置在车行道一侧;b)布置在车行道中线

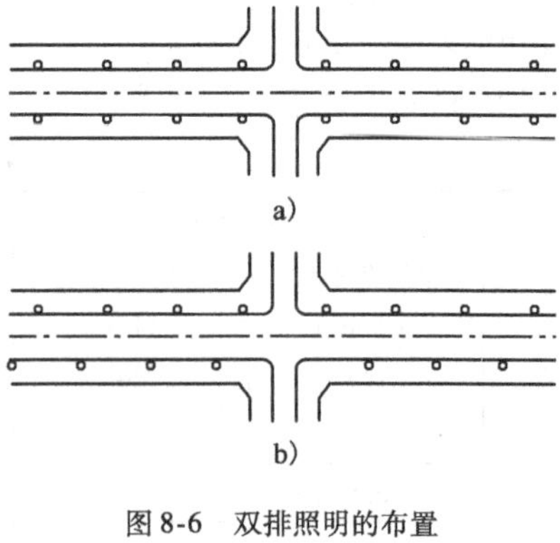

图 8-6 双排照明的布置

a)对称布置;b)错开布置

交叉口、弯道、广场以及隧道的照明,应根据各自的特点和要求进行布置。

如图8-7所示,对于T形交叉口的灯具布置应有利于驾驶员判断道路尽头,并根据相交道路等级考虑灯具的布置数量和密度。

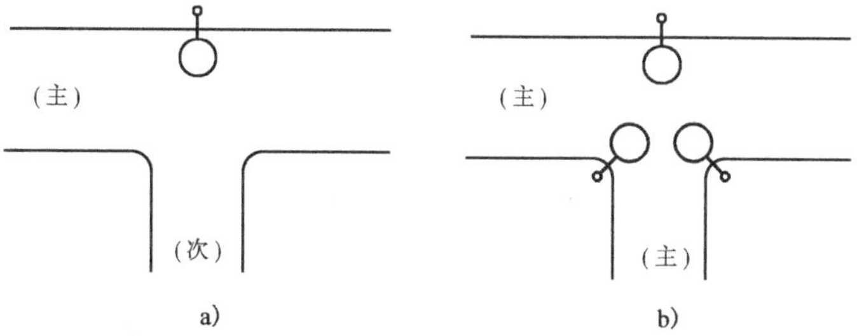

图8-7 T形交叉口照明器的布置

a)主要道路与次要道路相交;b)主要道路与主要道路相交

十字相交路口的照明灯具应布置在入口右侧(图8-8),使驾驶员从远处就能看清横穿交叉口的行人。

弯道上的照明灯具应布置在弯道外侧,如图8-9所示,使驾驶员能辨清弯道形状。不同平曲线半径的弯道上照明器的布置间距见表8-9,当半径大于1 000m时,弯道照明可按直线段处理。

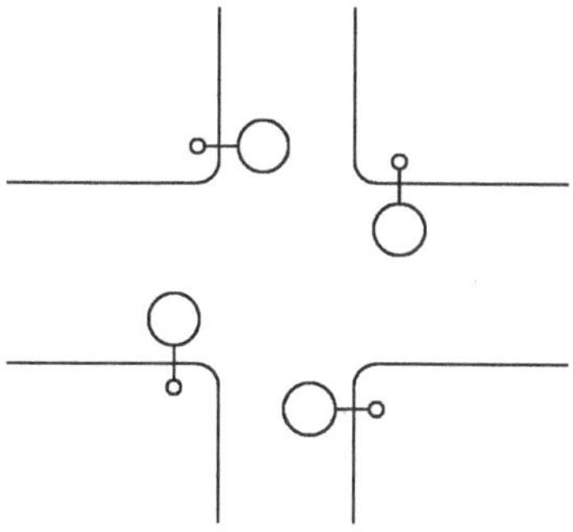

图8-8 十字形交叉口照明器的布置

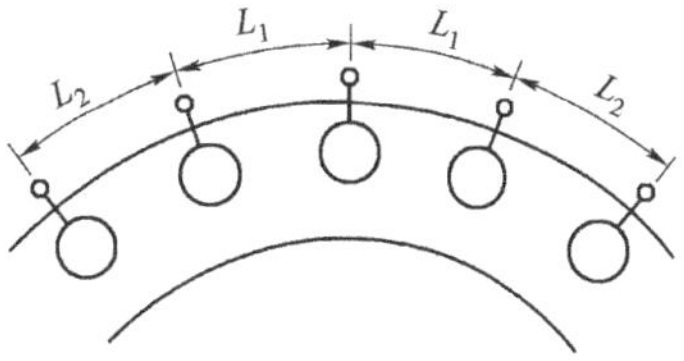

图8-9 弯道上照明器的布置

不同弯道半径的路灯间距 表8-9

弯道半径 R(m)	<200	200~250	250~300	>300
路灯间距 L(m)	<20	<25	<30	<35

交通广场宜采用高杆照明,不仅经济合理,且照明效果良好。

隧道照明的布置应考虑到驾驶员视觉能力的过渡,隧道入口区的亮度应比洞外区域的亮度略大(若在白天,入口处则采用缓和照明方式),在入口区一定距离内保持恒定亮度,在入口区末端则可将亮度逐渐降低至额定照度标准。

3. 公路其他设施设置的一般规定

(1)轮廓标。

①高速公路、一级公路的主线及其互通式立体交叉,服务区、停车区等处的进匝道、连接道、中央分隔带开口以及避险车道等应连续设置轮廓标。

②二级及二级以下公路的视距不良路段、车道数或车道宽度有变化的路段及连续急弯陡坡路段宜设置轮廓标,其他路段视需要可设置轮廓标。

③隧道内应设置轮廓标。

(2)隔离栅。

①高速公路、一级公路需要控制出入的路段两侧连续设置,也可利用天然屏障间隔设置。

②其他公路可根据需要设置。

(3)防落网。

①公路跨越铁路、通航河流、交通量较大的其他公路时。

②公路路堑边坡可能有落石并影响交通安全的路段。

(4)防眩设施。高速公路和一级公路应根据需要设置防眩设施。

(5)连续长、陡下坡路段设置避险车道时,应设置配套的标志、标线及隔离、防护、缓冲等安全设施。

(6)为集散公路的一级公路,整体式断面中间带应设置隔离设施。

(7)风、雪、沙等危及公路行车安全的路段,应设置防风栅、防雪(沙)栅、积雪标杆等安全设施。

第三节　道路交通服务设施

道路是供车辆行驶的交通基础设施,为了使车辆在道路上快速、安全行驶,满足驾乘人员在生理和心理上的需求及车辆使用、运营的需求,应在道路沿线科学、合理地布设一些直接为交通和乘客服务的停车场、加油站、收费站等设施,统称道路交通服务设施。由于公路与城市道路的功能和环境上的差异,其服务设施的功能设置方式和内容均不相同,现分述如下。

一、公路服务设施

公路服务设施包括服务区、停车区、客运汽车站及U形转弯设施等。

1.服务区、停车区

1)一般规定

(1)服务区、停车区的位置应根据区域路网、建设条件、景观和环保要求等规划和布设。客运汽车停靠站的位置宜根据地区公路交通规划、公路沿线城镇分布、出行需求布设。

(2)服务区设置应符合下列规定:

①高速公路应设置服务区,作为干线的一级、二级公路宜设置服务区。服务区平均间距宜为50km;当沿线城镇分布稀疏,水、电等供给困难时,可增大服务区间距。

②高速公路服务区应设置停车场、加油站、车辆维修站、公共厕所、室内外休息区、餐饮、商品零售点等设施。根据公路环境和需求可设置人员住宿、车辆加水等设施。

③作为干线的一级、二级公路服务区宜设置停车场、加油站、公共厕所、室外休息点等设施,有条件时可设置餐饮、商品零售点、车辆加水等设施。

(3)停车区设置应符合下列规定:

①高速公路应设置停车区,作为干线的一级、二级公路宜设置停车区。停车区可在服务区之间布设一处或多处。

②停车区应设置停车场、公共厕所、室外休息区等设施。

2)布设要求及主线线形指标

(1)服务区、停车区设置间距应符合下列规定:

①服务区之间的间距宜为50km,停车区与服务区或两停车区之间的间距宜为15~25km。

②服务区、停车区与互通式立体交叉、隧道的净间距宜大于2km。条件受限时,可参照互通式立体交叉间距的相关要求。

(2)服务区范围内的主线线形指标应符合互通式立体交叉范围内的主线线形指标要求。停车区范围内的主线线形指标应符合表8-10的规定。

停车区范围内的主线线形指标 表8-10

设计速度(km/h)		120	100	80	60
最小圆曲线半径(m)	一般值	1 500	1 000	700	500
	极限值	1 200	850	600	400
最小凸形竖曲线半径(m)	一般值	45 000	25 000	12 000	6 000
	极限值	23 000	15 000	6 000	3 000
最小凹形竖曲线半径(m)	一般值	16 000	12 000	8 000	4 000
	极限值	12 000	8 000	4 000	2 000
最大纵坡(%)	一般值	2	3	4	4.5
	极限值	3	4	5	5.5

注:纵坡应选用一般值以上的指标;在地形有限、条件特殊情况下,可采用最大值。

(3)服务区、停车区总体布置应符合下列要求:

①服务区、停车区一般几何布置应包括加(减)速车道、连接匝道、贯穿车道、停车场等。

②服务区、停车区匝道的设计速度宜采用40km/h,条件受限时不应小于30km/h。

③匝道的最小长度应符合表8-11的规定。

匝道的最小长度 表8-11

主线设计速度(km/h)		120	100	≤80
减速车道一侧L_i(m)	一般值	110	90	80
	极限值	80	70	60
加速车道一侧L_i(m)	一般值	80	70	60
	极限值	60	60	60

④匝道及加、减速车道几何设计应符合互通式立体交叉的相关规定。

⑤贯穿车道几何设计应符合下列规定:

a. 贯穿车道的设计速度宜采用30km/h。

b. 贯穿车道应采用单向单车道,行车道3.50m,左右侧路缘带各宽0.50m。

c. 贯穿车道纵面设计应综合考虑停车场高程及排水需要。

(4)二级公路的服务区、停车区、观景台,根据功能、服务交通量、场地条件等,可采用设置出入匝道和加、减速车道的典型形式,也可采用不设置匝道、与主线布置成整体式的简易形式。

简易形式的服务区、停车区、观景台布置应符合下列规定：

①服务区、停车区、观景台范围内的主线纵坡不应大于2.5%，主线行车道与停车场用侧分隔带或路面标线区分。

②停车场的两侧应设置长度相同的加、减速区段，布置图参照客运汽车停靠站，其长度根据侧分隔带宽度、主线设计速度对应的渐变率要求确定。

③停车场沿主线的纵向最小长度宜大于30m。

2. 收费设施

高速公路互通式立体交叉处，常设置收费站。设计收费广场时宜按下述要求进行：

(1)收费广场位于主线上时，即主线收费站，平面线形要求与立交主线线形一致。收费广场设于匝道系统或连接线上时，即互通式立体交叉收费站，其平曲线半径不得小于200m。从安全考虑，高速公路除起终点外，一般不应在主线上设置收费口。

(2)收费广场平面形式如图8-10所示。图中$L/S=3$，$l=5\sim20$m(一般采用10m)。从收费广场到标准宽度区段起点的距离，为互通式立体交叉收费岛中心线至过渡段起点的距离，其中互通式立体交叉收费站为20~25m，对主线收费站为40~50m。

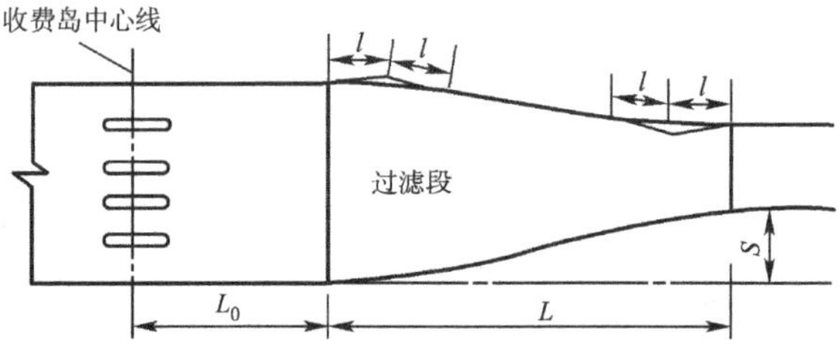

图8-10 收费广场平面

互通式立体交叉收费广场，从中心点至匝道分岔点的距离不得小于75m，至被交叉公路交叉点不应小于150m，不能满足时，应在被交叉公路上增设停留车道。

(3)收费广场纵坡一般应小于2%(特殊情况下可小于3%)。

收费广场处的竖曲线半径：收费广场设在主线上时，应与互通式立体交叉的主线标准一致；设在匝道或连接线上时，竖曲线半径应大于800m。

收费广场横坡为1.5%~2.0%(为保证路面平整度以1.5%为宜)。

(4)收费岛间的车道宽度为3.0~3.2m，边车道宽度为3.5~4.0m。收费岛宽度为2.0~2.2m，长度为20~25m，具体设计应根据收费设备情况而定。岛的端部应具有一定高度并收敛成楔形，端部应有醒目的标记。

(5)收费岛前后一定长度内应铺筑水泥混凝土路面，此长度规定见表8-12。

收费岛前后水泥混凝土路面的长度(L_0) 表8-12

收费方式	互通立交收费站(m)	主线收费站(m)
单向付款式	25	50
双向付款式	20	40

(6)收费站门架或遮雨棚连同收费岛应保证如图8-11所示的车道净空界限。

(7)收费站的过渡。收费站横向较宽，应逐渐过渡到所在匝道的正常横断面。

①对三角过渡段处于直线段部分,满足一定的过渡比例要求,并在三角段斜边两端用圆曲线舒顺(切线 $T=10\text{m}$ 左右)。

②当三角过渡段处于曲线段上时,宜用高次抛物线过渡,如图 8-12 所示。

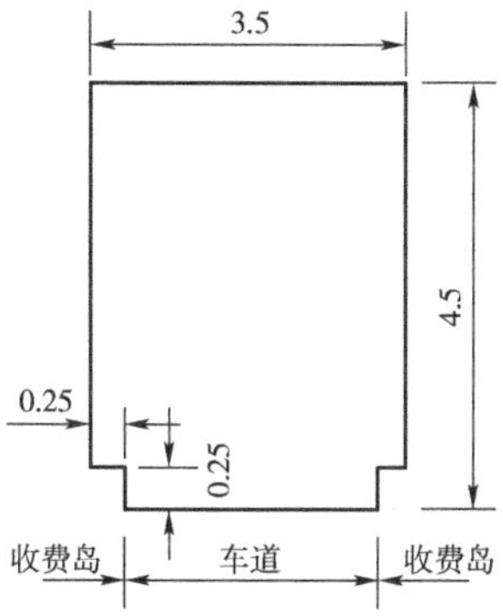

图 8-11 收费车道的净空界限(尺寸单位:m)

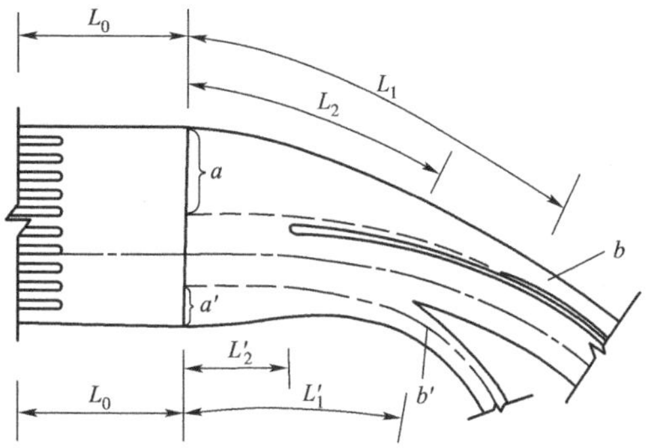

图 8-12 收费广场的过渡

L_0-收费广场中心的一侧规定长;L_1、L'_1-过渡段长度;L_2、L'_2-外侧匝道延伸长度;a、a'-过渡段起始宽;b、b'-过渡段终点宽

(8)收费站广场的宽度应包括收费车道、收费岛、路肩(或路缘带)的宽度。收费岛间的车道宽度宜为 3.2m,ETC 车道的宽度应为 3.5m,超宽车道的宽度宜为 4.5m。收费岛的宽度宜为 2.20m。硬路肩宽度不小于 0.5m。

3. 客运汽车停靠站

(1)高速公路主线侧不应设置客运汽车停靠站。

(2)客运汽车停靠站范围主线的最大纵坡应不大于 2%,地形特别困难时应大于 3%。主线平曲线、竖曲线指标应符合表 8-13 的规定。

客运汽车停靠站范围内主线线形指标 表 8-13

设计速度(km/h)	100	80	60	≤40
最小圆曲线半径(m)	800	500	250	150
最小凸形竖曲线半径(m)	10 000	4 500	2 000	1 000
最小凹形竖曲线半径(m)	4 500	3 000	1 500	1 000

(3)一级公路主线侧客运汽车停靠站布置应包括渐变段、加(减)速车道、停留车道等,并符合下列规定:

①停靠区与主线右侧硬路肩之间必须用侧分隔带或护栏隔开。

②变速车道及其渐变段长度、停留车道长度应不小于表 8-14 的规定。

③侧分隔带宽应不小于 2.0m,变速车道右侧硬路肩 1.50m,停留车道宽应不小于5.50m,站台宽 3.0m。

一级公路客运汽车停靠站变速车道、停留车道长度 表 8-14

主线设计速度(km/h)		100	80	60
减速车道 L_1	渐变段 L_1^0 (1/20)(m)	70	70	70
	减速段 L_1^1 (m)	100	90	70

续上表

主线设计速度(km/h)		100	80	60
(二次)减速车道 L_2 (m)		50	50	40
停留车道 L_3 (m)		30	30	20
(二次)起始加速车道 L_4 (m)		40	40	30
加速车道 L_5	加速段 L_5^1 (m)	130	110	80
	渐变段 L_5^0 (m)	65	60	50

(4)二级及二级以下公路主线侧客运汽车停靠站的布置应包括加(减)速区段、停留车道等,并应符合下列规定:

①停靠区与道路行车道之间用路面标线区分。

②站台前停靠区两侧设置长度相等的加、减速区段,其长度应符合表8-15的规定。

③停留车道长度为15m。

④相邻行车道边缘线的分隔带(标线)、停留车道、站台宽度依次为0.5m、3.5m、2.25m。

二级及二级以下公路客运汽车停靠站变速区段长度 表8-15

主线设计速度(km/h)	80	60	40	30	20
渐变率	1/15	1/12.5	1/10	1/7.5	1/5
加、减速区段长度(m)	60	50	40	30	20

二、城市道路服务设施简介

1)公共停车设施

城市公共停车设施是城市道路系统的组成部分之一,属静态交通设施,其用地计入城市道路用地总面积之中。但城市公共交通、出租汽车和货运交通场站设施的用地面积不含在内(其面积属于交通设施用地);各类公共建筑的配套停车场用地也不含在内(其面积属于公共建筑用地)。常见的停车设施有停车场、停车楼或地下停车库等。长期以来,我国城市建设中对公共停车设施的重视不够,其设置和规模远远达不到规范要求和实际需要,因而路边停车现象严重,占用机动车道或非机动车道,影响道路系统的正常使用。做好停车设施的规划和设计,不仅是解决静态交通问题,而且对提高道路交通的效益是有帮助的,是一条“以静制动”的重要措施。

根据城市交通和城市用地性质,城市公共停车设施一般可分为外来机动车公共停车设施、市内机动车公共停车设施和自行车停车设施三类。

外来机动车停车设施应设置在城市的外围(如城市外环路)和城市主要出入干道口附近,可起到截流外来或过境机动车辆作用,有利于城市安全、环境卫生和减少对市内交通的影响。

市内机动车公共停车设施应靠近主要服务对象,如交通枢纽(如火车站、长途汽车站)、大型集散场所(如体育场馆、影剧院、大型广场和公园)和大型服务性公共设施(如大型商场、饭店)等。

城市公共停车设施的布局和规模要与城市交通的组织与管理相配合,并且要做好与城市道路的连接设计,既满足静态交通(停车)要求,又不妨碍动态交通的畅通。

(1)停车车位数计算

停车场的停车车位数N(辆/h)可按下式计算:

$$N = \mathrm{AADT} \cdot a \cdot \gamma \cdot \frac{1}{\beta} \tag{8-2}$$

式中:AADT——道路设计年限的年平均日交通量(辆/d);

a——停车率,即停放车辆占设计交通量百分数,a与停车场性质、车辆种类等有关;

γ——高峰率,即高峰小时停放车辆数占全日停放车辆数的百分数:

$$\gamma = \frac{\text{高峰小时停放车辆数(辆/h)}}{\text{全日停放车辆数(辆/d)}}$$,一般γ可取0.1;

β——周转率,即每小时一个车位可以周转使用停放多少个车次:

$$\beta = \frac{1(\mathrm{h})}{\text{平均停放时间(h)}}$$

若计算市中心公共停车场的停车车位数时,按式(8-2)计算之值还应再乘以1.1~1.3的高峰系数。

(2)停车场面积计算

机动车公共停车场用地面积宜按当量小汽车停车位数计算。地面停车场用地面积,每个停车位宜为20~30m^2;停车楼和地下车库的建筑面积,每个停车位宜为30~50m^2。

(3)停车车位的布置

汽车进出停车车位的停发方式(图8-13)有以下三种:前进停车、前进出车;前进停车、后退出车;后退停车、前进出车。其中以第一种方式为最佳(因停车、出车均无须倒车)。

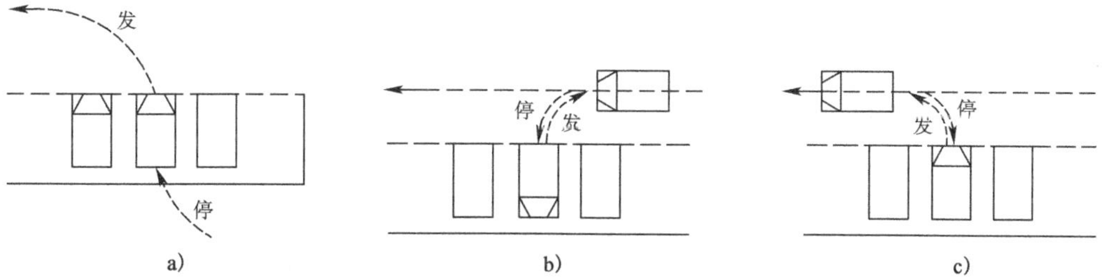

图8-13 车辆停车方式

a)前进停车、前进出车;b)前进停车、后退出车;c)后退停车、前进出车

停车车位的布置方式按汽车纵轴线与通道的夹角关系有以下三种基本类型(图8-14):

①平行停放。车辆停放时车身方向与通道平行,相邻车辆头尾相接,顺序停放,是路边停车带或狭长停车场的常用形式,如图8-14a)所示。

②垂直停放。车辆停放时车身方向与通道垂直,驶入驶出车位一般需倒车一次,用地较紧凑,通道所需宽度最大,如图8-14b)所示。

③斜向停车。如图8-14c)所示,车辆停放时车身方向与通道成30°、45°或60°的斜放方式。此方式车辆停放较灵活,驶入、驶出较方便,但单位停车面积较大。

(4)停车楼(库)设计

随着我国城市机动车特别是小轿车保有量的迅猛增长,使得城市公共停车设施的需求越来越大,而在城市中心区的用地规划中却难以提供足够的用地来设置地面露天停车场,因此,建设多层停车楼或地下停车库就成为解决这一矛盾的重要措施。

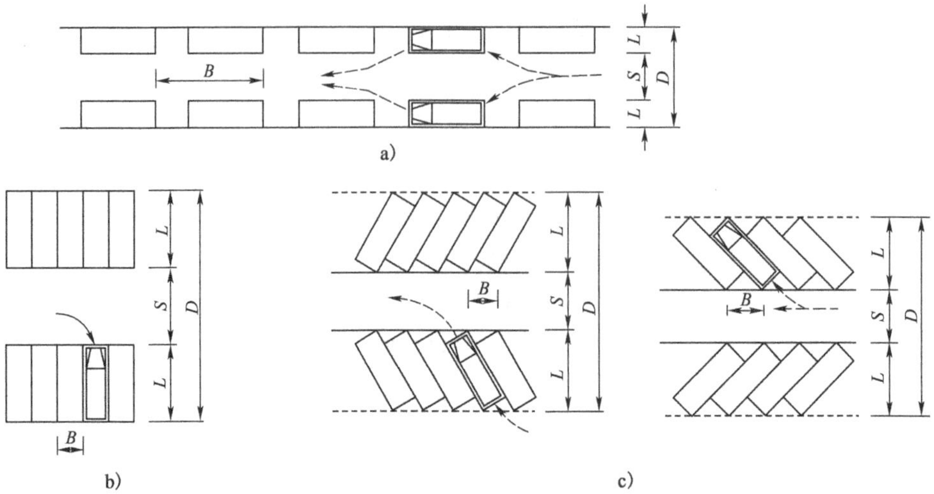

图 8-14　停车示意图

L-垂直通道方向停车位宽;*S*-通道宽;*B*-平行通道方向停车位宽;*D*-停车场宽

停车库可分为坡道式停车库和机械化停车库两大类,本书仅介绍常用的坡道式停车库。

①直坡道式停车库(图 8-15)。停车楼面水平布置,每层楼面间以直坡相连,坡道可设在库内,也可设在库外,可单行布置,也可双行布置。直坡道式停车库布局简单整齐、交通路线清晰,但单位停车位占用面积较多,用地不够经济。

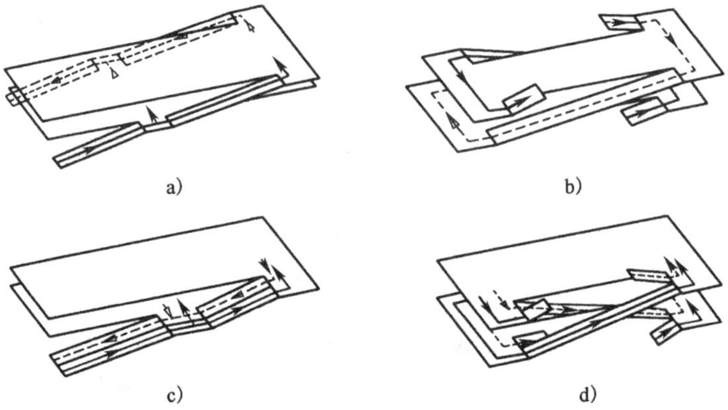

图 8-15　直坡道式停车库

②螺旋坡道式停车库(图 8-16)。停车楼面采用水平布置,基本行车部分的布置方式与直坡道式相同,只是每层楼面之间用圆形螺旋式坡道相连。坡道分单向行驶(上下分设)和双向行驶(上下合一,上行在外,下行在内)的方式。螺旋坡道式停车库布局简单整齐,交通路线清晰明了,行驶速度较快,用地稍比直坡道式节省,但造价较高。

③错层式(半坡道式)停车库(图 8-17)。错层式是由直坡道式发展而形成的,停车楼面分为错开半层的两层或三层楼面,楼面之间用短坡道相连,因而大大缩短了坡道长度,坡度适当加大。该形式停车库的用地较节省,单位停车位占有面积较小,但交通路线对部分停车车位的进出有干扰。

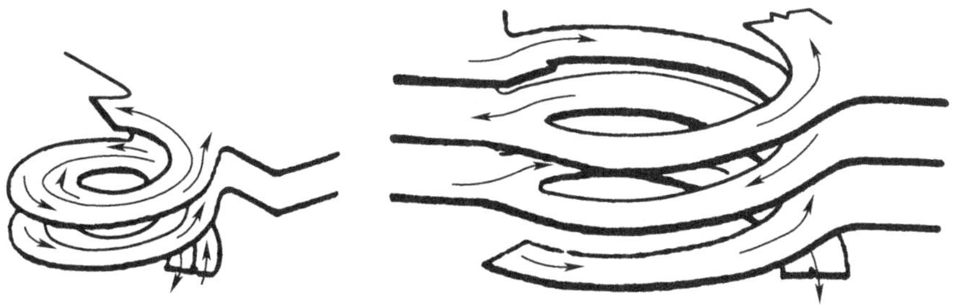

图 8-16 螺旋坡道式停车库

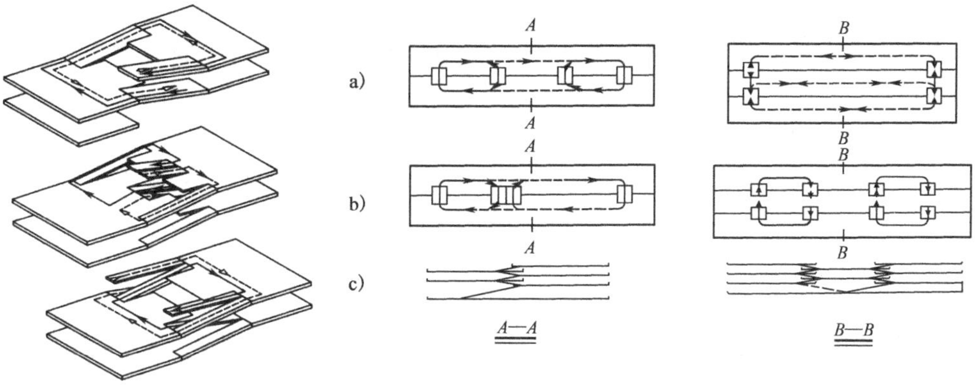

图 8-17 错层式停车库

a）双坡道错层；b）单坡道错层；c）同心坡道

④斜坡楼板式停车库（图 8-18）。停车楼板呈缓坡倾斜状布置，利用通道的倾斜作为楼层转换的坡道，因而无须再设置专用的坡道，所以用地最为节省，单位停车位占用面积最小。但由于坡道和通道的合一，交通路线较长，对停车位车辆的进出普遍存在干扰。斜坡楼板式停车库是常用的停车库类别之一，建筑外立面呈倾斜状，具有停车库的建筑个性。

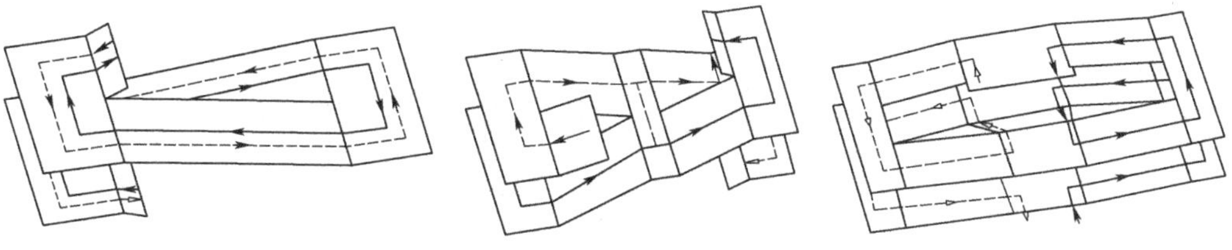

a)　　b)　　c)

图 8-18 斜坡楼板式停车库

a）双行斜楼板；b）中间有单行水平通道的斜楼板；c）中间有双行水平通道的斜楼板

大中型停车场（库）车辆出入口不应少于两个，特大型停车场（库）车辆出入口不应少于三个；出入口应右转出入车道，应距交叉口、桥隧坡道起止线 50m 以上；车辆出入口的宽度当为双向行驶时不应小于 7m，单向行驶时不应小于 5m；各出入口之间的净距应大于 20m，出入口距离道路红线不应小于 7.5m，并在距出入口边线内 2m 处为视点保持到红线 120°的视距范围，同时设立交通标志，如图 8-19 所示。停车库应设置人行专用出入口。

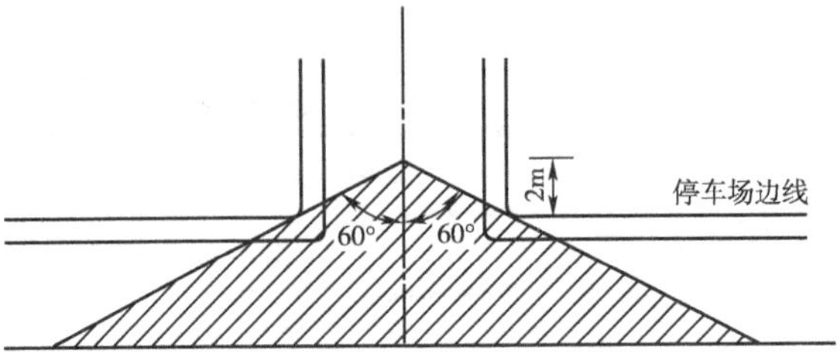

图 8-19　停车场出入口的视距

停车库一般需安装自动控制进出设备、电视监控设备、消防设备、通风设备、采暖和变电设备,同时需配备一定数量的管理、修理、服务、休息用房,人行楼梯、电梯等,通常在底层不定期有小规模的加油设施和内部使用的停车位。

停车库对室内温度、有害气体浓度、照明以及消防等都有一定要求,设计时可参照有关规范和标准执行。

2)自行车停车设施

自行车是我国城市居民广泛拥有的交通工具,目前城市居民的自行车拥有量已接近饱和。

根据我国的国情和条件,自行车交通在今后相当长的一段时期内仍将在城市交通中占有重要位置。因此,在城市停车规划中应予以重视。

(1)自行车停车场地规划原则

①就近布置在大型公共建筑附近,尽可能利用人流较少的旁街支路、附近空地或建筑物内空间(地面或地下)。

②应避免停放出入口对着交通干道。

③停车场内交通组织应明确,尽可能单向行驶。

④每个自行车停车场应设置1~2个出入口,出口和入口可分开设置,也可合并设置,出入口宽度应满足两辆自行车并排推行。

⑤固定停车场应有车棚、车架、地面铺砌,半永久或临时停车场也应树立标志或画线。

(2)停放方式

常采用垂直式和斜列式停放,如图8-20所示。

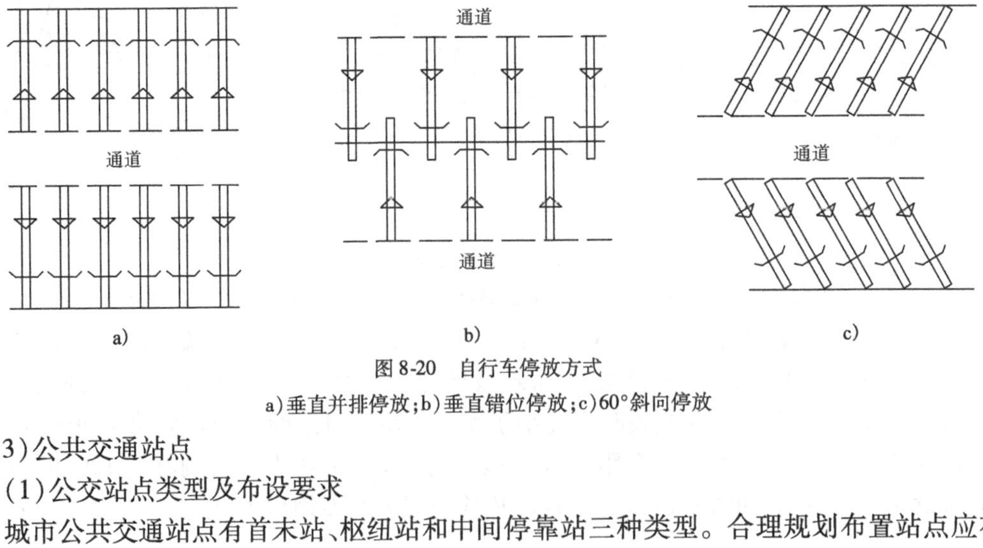

图 8-20　自行车停放方式

a)垂直并排停放;b)垂直错位停放;c)60°斜向停放

3)公共交通站点

(1)公交站点类型及布设要求

城市公共交通站点有首末站、枢纽站和中间停靠站三种类型。合理规划布置站点应在对客流的流向、流量的调查分析基础上作出。

首末站的布置要考虑车辆调头回车的场地、部分车辆停歇及加水、清洁、保养和小修工作的用地。

枢纽站一般设在有若干条公交线路处,上、下车及换乘的乘客较多,在布置上应注意保护乘客、行人和车辆的安全,尽量避免使换车乘客穿越车行道,同时使换乘步行距离很短。

中间停靠站是提供给沿线公交乘客定点上、下车的道路交通设施,在具体安排时应考虑的主要问题:一是停靠站的间距;二是停靠站台的布置形式。

(2)公交站点布置间距

根据对公交乘客的乘车心理分析可知,在公交车上的乘客总是希望车辆尽快到达目的地,中途最好不停或少停车;而对于路线中途要上、下车的乘客则希望车站离出发点或目的地很近,以使步行时间最短,即要求站距短一点(多设站)好。可见车上和车下的出行者对站点布设的距离要求是不一样的,但他们的目的都一样,即希望出行的途中所用时间最少。

实际上,在市区道路上布设公交车站时,其站距还要受到道路系统结构、交叉口间距、沿线用地性质等的影响,因此,在整条线路上,站距是不相等的。市中心区客流密集,线路两侧客流集散点较多,乘客上下车频繁,站距宜小些;城市边远地区,站距宜小些;城市边远地区,站距可大些;而郊区可更大些。通常市区以 500 ~ 800m 为宜;郊区为 1 000m 左右。在交叉口附近设站时,为了不影响交叉口的交通组织和通行能力,一般应离开交叉口 50m 左右。交通量较少的道路,站位距交叉口不得小于 30m。

(3)公交停靠站布置形式

停靠站台在道路平面上的布置形式主要有沿路侧带边设置和沿两侧分隔带边设置两种。

①沿路侧带边设置。这种方式布置简单,一般只需在路侧带上辟出一段用地作为站台,以供乘客上、下车即可,如图 8-21 所示。站台宜高出路面 30cm 并避免有杆柱障碍,以方便乘客上、下车。此方式对乘客上下车最安全,但停靠的车辆对非机动车交通影响较大。这种布置方式适用于单幅路和双幅路。

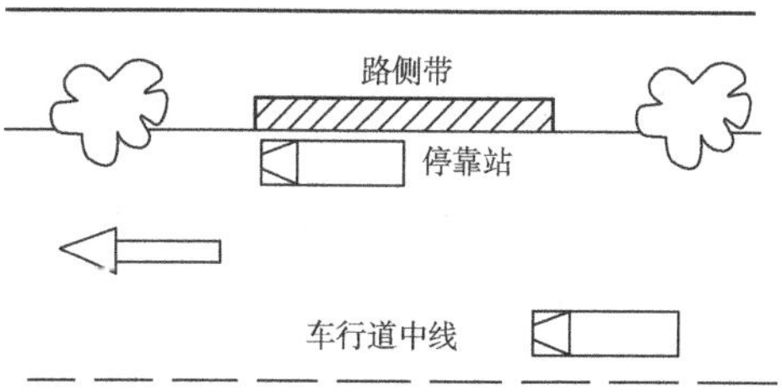

图 8-21 沿路侧带边设置停靠站

②沿两侧分隔带边设置。对于这种布置方式,停靠的公交车与非机动车道上的车辆无相互影响,但上、下车的乘客需横穿非机动车道,给二者带来不便。此形式适用于三幅路和四幅路,如图 8-22a)所示。采用这种方式布置站台的分隔带宽度应不小于 2m。当分隔带较宽

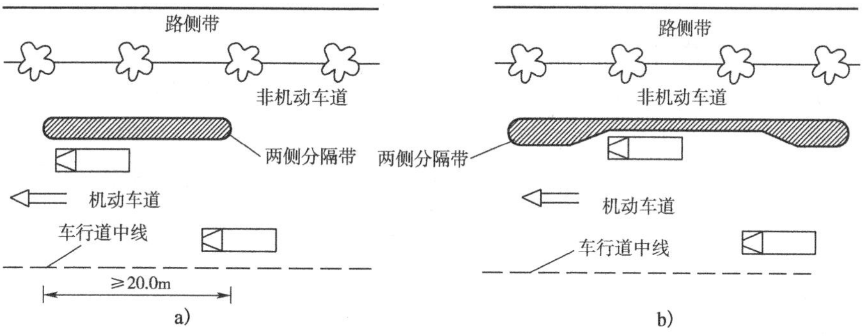

图 8-22 沿分隔带边设置停靠站

(≤4m)时,可压缩分隔带宽度辟作路面,设置港湾式停靠站,以减小停靠车辆所占的机动车宽度,保证正线上的交通畅通,如图8-22b)所示。港湾式停靠站的长度应至少有两个停车位。

4)港湾停靠站几何构造

港湾式停靠站几何尺寸及构造见表8-16及图8-23。

港湾式停靠站各部尺寸 表8-16

主线设计速度(km/h)	80	60	50	40	30	20
计算加(减)速段长度采用速度(km/h)	60	50	40	35	30	20
减速段长度(m)	90	65	40	30	25	10
站台长度(m)	20	20	20	20	20	20
加速段长度(m)	140	95	60	45	35	15
总长度(m)	250	180	120	95	80	45

注:1.表中"站台长度"系按停靠接车确定。若停放单节公共汽车时,长度可缩短为15m。

2.几条公共汽车线路合设站点时,视具体情况加长站台长度。

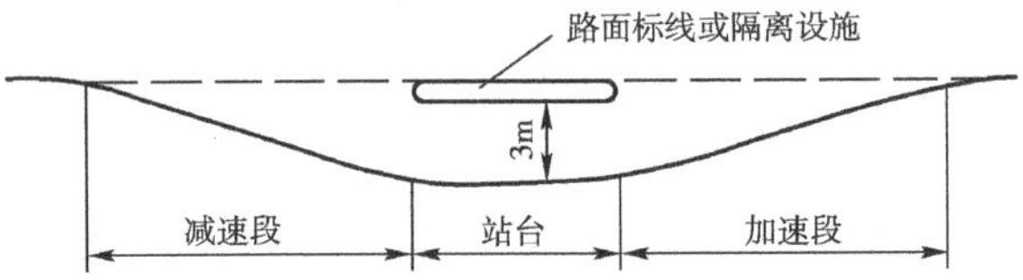

图8-23 港湾式停靠站几何构造

港湾式停靠站出入口的缘石应圆顺,纵坡度应小于或等于2%,地形困难路段应小于或等于3%。

各类停靠站站台均应铺装,铺装的最小宽度为1.5m。长度可根据同一停靠站停车的公共交通线路的线数及乘客流量大小等具体情况确定。

5)人行天桥及人行地道

(1)设置地点

为了保证行人交通安全,避免行人横穿干道而影响车速,在下列情况下宜设置人行天桥或人行地道。

①横过交叉口一个路口的步行人流量大于5 000人次/h,且同时进入该路口的当量小客车交通量大于1 200辆/h。

②通过环形交叉口的步行人流量达18 000人次/h,且同时进入环形交叉的当量小客车交通量达到2 000辆/h。

③行人横穿快速道路时。

④铁路与城市道路相交,因列车通过一次阻塞步行人流量超过1 000人次或道口的关闭时间超过15min时。

选择修建人行天桥还是人行地道,要因地制宜,充分考虑设置地点的道路状况、交通条件、周围景观、地上及地下各种设施、工程费用等,经技术、经济、美观等比较后确定。

(2)设计要点

①人行天桥和人行地道的宽度

人行天桥和人行地道的宽度应根据设计年限人流量及通行能力计算确定。人行天桥和人行地道的设计通行能力一般为1 800 ~2 000pcu/(h·m),车站、码头地段为1 400pcu/(h·m)。人行天桥和人行地道的宽度一般为3.0 ~5.0m。此外还应考虑其宽度与道路宽度、交叉口大小及周围城市景观和建筑的配合、协调。

②人行天桥和人行地道梯道、坡道的设计

由于通过人行天桥和人行地道出入通道的梯道或坡道时行人的速度较低,通行能力受到影响。因此,梯道或坡道宽度应大于天桥或地道宽度,梯道或坡道宽度应根据设计年限人流量确定。

人行天桥和人行地道宜采用梯道型升降方式。梯道坡度宜采用1∶2.5 ~1∶2,常用踏步每级宽为30cm,高为15cm。梯道高差大于或等于3m时应设平台,平台长度不小于1.5m。

为便于自行车、儿童车、轮椅等的推行,可采用坡道型升降方式。坡道坡度不应陡于1∶7,坡道表面应防滑耐磨。冰冻地区应慎重选用。

自行车较多且由于地形状况及其他理由不能设坡道时,可采用梯道带坡道的混合型升降方式。混合型的坡度不应陡于1∶4。

梯道、坡道、平台及桥上应设扶手或护栏,扶手或护栏高度应大于或等于1.1m。

③人行天桥及人行地道净空设置

人行天桥桥下净空应满足各种车辆及行人的通行需要,人行地道净空应大于或等于2.5m。

④行人护栏的设置

为了引导行人经由人行天桥或人行地道过街,应设置导流设施,其断口宜与人行天桥或人行地道两侧附近的交叉口结合。一般需在天桥或地道两端沿街设置50 ~100m的高护栏。

【复习思考题及习题】

1. 交通标志分为哪两大类?主标志包括哪几种?
2. 简述交通标志三要素。
3. 什么是交通标线?交通标线主要包括哪些?
4. 护栏应设置在哪些地方?
5. 公路服务区、停车区设置应符合哪些规定?
6. 公路服务区、停车区设置间距有什么要求?
7. 简述交通设施的主要功能和主要内容。
8. 简述道路照明平面布置的要点和方式。
9. 名词解释:

(1)禁令标志;(2)警告标志;(3)指示标志;(4)指路标志;(5)防眩设施;(6)诱导设施;(7)水平照度;(8)港湾式停车站。

第八章
公路勘测

第一节　公路勘测的要求

一、基本要求

公路勘测是道路工程设计的依据和基础，而工程设计又是施工的依据和基础。外业资料是否齐全、准确和满足规范要求直接影响设计质量。因此，在公路勘测中，必须以非常认真的态度，深入调查和研究，实事求是，精心勘测，注重技术经济效益，兼顾环境和社会的影响，为设计提供正确、完整的数据和资料，以保证设计文件的高质量，为施工奠定坚实的基础。

（1）公路勘测在有条件时，应尽量利用航空摄影测量、地面立体摄影测量和已有的航测资料，并在技术成熟的情况下，优先选用先进仪器和最新测设手段，以提高测设速度和质量，提高测设效益。

（2）公路勘测必须推行全面质量管理，一切野外资料、各种原始记录和计算成果应及时检查，有完善的签字制度并层层负责。勘测工作完成后，应组织有关单位进行验收。

（3）各种测量标志的规格、书写、埋设、固定等，应符合《公路勘测规范》（JTG C10—2007）的要求。勘测中使用的名词、符号及图表格式，应按交通运输部现行的有关规定执行。地形图式应按国家测绘局制订的现行图式表示，如有补充，应增绘图例。

(4)各种测量仪器和设备，是测量人员不可缺少的生产工具，野外工作中要注意保管和爱护测量仪器。贵重的精密仪器在使用前一定要认真阅读使用说明书，按规定的方法操作，平时应加强保养和维护，按规定定期检校。严禁使用未按规定检校或检校不合格的仪器。

二、测量标志

1.测量标志分类

(1)测量标志分为控制测量桩、路线控制桩和标志桩三种。

(2)控制测量桩主要用于控制测量的GPS点、三角点、导线、水准点，以及特大型桥隧控制桩等。

(3)路线控制桩是指路线起终点桩、公里桩、曲线要素桩、交点桩、转点桩、断链桩等。

(4)标志桩是指路线中线桩和控制桩的指示桩。

2.测量标志要求

1)控制测量桩

(1)四等控制测量桩应采用混凝土桩，尺寸规格应符合图9-1、图9-2所示的规定。有特殊要求的控制测量桩，其尺寸规格、形状等应专门设计。

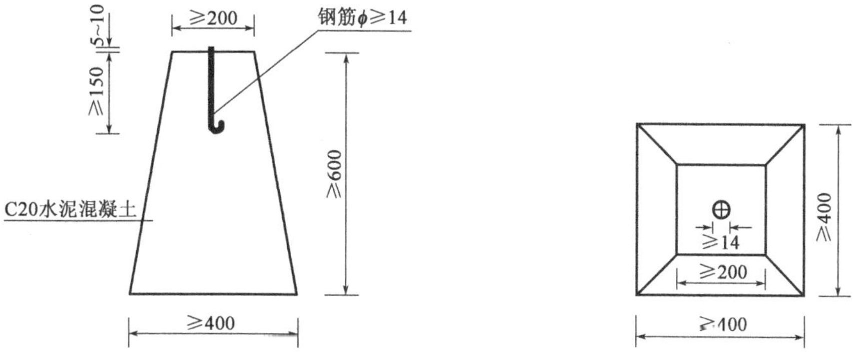

图9-1 四等平面控制测量桩尺寸图(尺寸单位:mm)

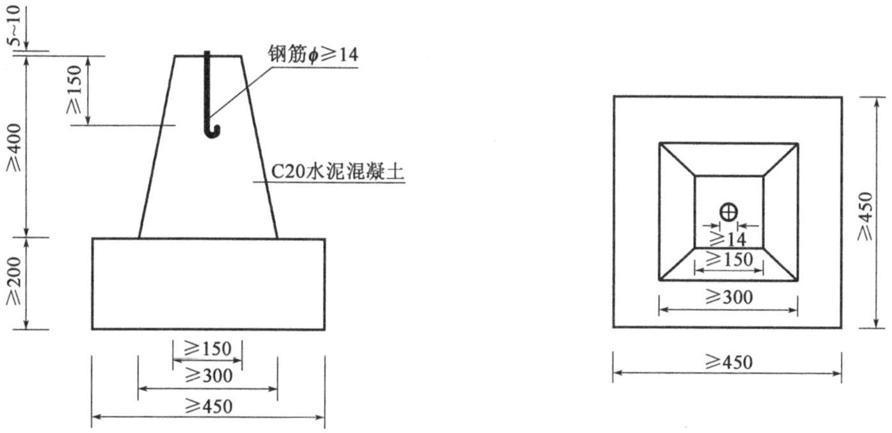

图9-2 四等高程控制测量桩尺寸图(尺寸单位:mm)

(2)各级控制测量桩必须设有中心标志,中心标志应牢固。平面控制测量桩的中心标志的刻画应细小、清晰,高程控制测量桩的中心标志顶端应圆滑。

(3)不同的控制测量桩共用时,必须满足各自的埋设和作业要求,标志规格以其中较高者为准。

2)路线控制桩

(1)路线控制桩应采用木质桩,断面不应小于5cm×5cm,长度不应小于30cm。

(2)路线控制桩应钉设小钉表示其中心位置。

(3)当路线控制桩为控制测量桩使用时,应进行护桩,并应设置指示标志。

3)标志桩

标志桩应采用木质或竹质桩,断面不应小于5cm×1.5cm,长度不应小于30cm。

3. 标志埋设

1)控制测量桩

(1)控制测量桩应埋设在基础稳定、易于长期保存的地点。埋设时,应使其具有足够的稳定性。控制测量桩高出地面的部分不得超过5cm。

(2)控制测量桩埋设时,坑底应填以砂石,并捣实或现浇厚度20cm以上的混凝土,地表应在控制测量桩周围现浇厚度5cm以上、控制桩以外宽度10cm以上的混凝土。埋设的控制测量桩应待沉降稳定后方可使用。

(3)冻土地区,季节冻土层以下桩志的高度应大于标准高度的2/3,并应在位于季节冻土层段的桩志周围包裹防水材料。

(4)控制测量桩位于岩石或固定建筑物上时,应将表面凿毛、冲洗干净后,在其上浇筑混凝土并埋入中心标志,其顶部外形尺寸与相应标志相符,混凝土的高度应大于20cm。

(5)控制测量桩位于沙丘和土层松软地区时,应增加桩志尺寸和基坑底层现浇混凝土的面积和厚度,直至具有足够的稳定性。

(6)利用原有控制测量桩时,应确认该点标志完好,并符合相应控制测量桩的规格和埋设要求。

2)路线控制桩

(1)路线控制桩顶面宜与地面齐平,并加设指示桩。路线控制桩的木质方桩顶面应钉小钉,表示点位。

(2)路线控制桩位于岩石或建筑物上时,可用油漆标记。柔性路面地段可用钢筋打入路面且与路面平齐。

(3)路线控制桩应具有较高的稳定性,不得随意搁置于地表。

3)标志桩

(1)标志桩打入地下的长度应大于15cm。当标志桩作为指示桩时,应钉设在被指示的桩志的附近。

(2)标志桩位于岩石或建筑物上时,可用油漆标记。柔性路面地质可用铁钉打入路面且与路面平齐。

(3)标志桩应具有一定的稳定性,不得随意搁置于地表。

4. 标志书写

(1)控制测量桩应在其表面标注点名(号)。

(2)路线控制桩、标志桩应标明桩号、中心位置。

(3)控制测量桩、路线控制桩和标志桩应按起终点方向顺序连续编号,中线桩宜按 0 ~ 9 循环编号。

(4)分离式路基测量,其左、右侧路线桩号前应冠以左、右字母符号,并应以前进方向右侧路线为全程连续计算桩号。

(5)有比较方案时,桩号前应冠以比较线的编号。

(6)公路测量符号宜采用汉语拼音字母,有特殊要求时可采用英文字母。

三、测量记录

1. 测量记录的重要性

在外业勘测中,常常根据测设作业分工做大量的工作,因此要做好记录。这些勘测是内业设计的依据,又是长期保存的记录档案。随着计算机和现代测设仪器的普及,许多记录已用存储卡或计算机存储。但仍不能忽视人工野外记录工作,这不仅是因为野外记录并不是全部可以用计算机存储替代,更重要的是为防止或尽量减少因仪器故障导致大量原始数据丢失的现象发生。

2. 公路测量记录的要求

1)桩标记录

(1)控制测量桩应填写点之记,并应在现场填绘。

(2)当路线控制桩作为控制测量桩使用时,应填写固定桩志表。

2)勘测记录

(1)公路勘测的各种记录,应采用专用记录簿。记录簿必须编排页码,严禁撕页。采用电子设备记录时,打印输出的内容应具有可查性。

(2)测量数据记录不得涂改、擦改和转抄。当记录发生错误时,应按下述条款进行处理:

①角度记录中的分位、距离和水准记录中的分米位的读记错误可以更改,但不得连环更改。

②角度记录中的秒位、距离和水准记录中的厘米及厘米以下位数不得涂改,必须重测。

③对允许改正的内容应用斜线整齐划去错误的记录,在其上方重新记录正确的数值,并应在备注栏注明原因。

(3)原始数据和记事项目应现场记录,记录项目应齐全。

(4)各种记录簿应编制目录,并应由测量、复核及主管人员签署。

第二节 公 路 初 测

初测是两阶段设计和三阶段设计中第一阶段(初步设计阶段)的外业勘测与调查工作。

初测的目的是根据批复的《工程项目可行性研究报告》所拟订的修建原则和路线基本走向方案,通过现场对各比选方案的勘测,从中确定要用的方案,并搜集编制初步设计文件所需的勘测调查资料。

一、初测的前期工作

1. 准备工作

(1)应根据初测需要,搜集与项目相关的技术、经济、社会及自然条件等资料,具体如下:

①三角点、导线点、水准点、GPS点等测量控制点及各种比例尺的地形图、航测相片等资料。

②沿线自然地理概况、地质、水文、气象、地震基本烈度等资料。

③沿线铁路、公路、航运、城建、农林、水利、电力、通信、文物、环保、国土资源、国防等部门与本项目有关的规划、设计、规定、科研成果等资料。

④改(扩)建公路还应搜集原有公路的测设、施工、养护、路况及交通量等资料。

(2)应根据批复的工程可行性研究初步拟订的路线起终点、中间控制点及基本走向方案,在地形图、数字地面模型或航测相片上进行研究,初步确定初测的勘测方案。

(3)应根据初步确定的勘测方案,编写工作大纲和技术设计书。在工作大纲中应写明测设组织形式、测设人员、人员分工、工作阶段划分、各阶段工期、质量保证措施等。在技术设计书中应写明资料搜集及可利用情况、仪器设备状况、测设内容、测设方法、测设深度、采用的技术标准及提供的资料等。

2. 现场踏勘

(1)应根据准备阶段确定的初拟勘测方案,对下列主要内容进行现场踏勘:

①核查所搜集地形图的地形、地物的变化及对初拟方案的影响。

②沿线居民点、农田水利设施、主要建筑设施和不良地质的分布情况及对初拟方案的影响情况,并对初拟方案作出相应的调整。

③沿线各种地上(下)管线、重要历史文物、名胜古迹、旅游风景区、自然保护区、景观区(点)等的分布情况,并据此调整初拟方案或拟订相应的环保措施。

④对沿线重点工程和复杂的大桥、中桥、隧道、互通式立体交叉等,应逐一落实其位置与设置条件。

⑤对重要的路线方案、与地方规划或设施有干扰的方案,应征求当地政府或主管部门的意见。

⑥改建公路应对原有旧路的路线线形、路基、路面、桥涵、防护和排水系统、交通事故与主要病害情况进行踏勘。

(2)对搜集的国家及有关部门布设的控制点的完好程度及可利用性进行检查,根据测区地形、植被覆盖情况结合技术条件确定控制测量方案。

(3)通过现场踏勘确定初测路线地形图测图范围和地形图测量方案。

(4)应调查沿线气象及交通条件等,确定外业勘测方案。

二、初测要点

1. 平面控制测量

(1)公路平面控制测量,包括:公路、桥梁、隧道的平面控制测量。平面控制网的布设应遵循因地制宜、技术先进、经济合理、确保质量的原则。

(2)平面控制网宜全线贯通,统一平差。

(3)平面控制测量应采用 GPS 测量、导线测量、三角测量、三边测量方法进行,路线平面控制测量宜采用导线测量方法进行。二级及二级以上公路必须进行平面控制测量,二级以下公路应进行平面控制测量,路线平面控制测量宜采用导线测量形式。

(4)各级公路、桥梁、隧道平面控制测量的等级不得低于表 9-1 的规定。

平面控制等级 表 9-1

高架桥、路线控制测量	多跨桥梁总长 L(m)	单跨桥梁 L_K(m)	隧道贯通长度 L_C(m)	测量等级
—	$L \geqslant 3\ 000$	$L_K \geqslant 500$	$L_C \geqslant 6\ 000$	二等
—	$2\ 000 \leqslant L < 3\ 000$	$300 \leqslant L_K < 500$	$3\ 000 \leqslant L_C < 6\ 000$	三等
高架桥	$1\ 000 \leqslant L < 2\ 000$	$150 \leqslant L_K < 300$	$1\ 000 \leqslant L_C < 3\ 000$	四等
高速、一级公路	$L < 1\ 000$	$L_K < 150$	$L_C < 1\ 000$	一级
二、三、四级公路	—	—	—	二级

(5)应根据公路等级、路线所在地区的地形和作业条件、拟投入的仪器设备、国家控制点的数量和分布位置等,确定测量控制网的精度等级、布网方式和作业方式。

(6)可首先布设首级控制网,然后加密与公路、构造物等级相适应的控制网,亦可一次性布设与公路、构造物等级相适应的控制网。

(7)应利用路线经过地区已有国家或其他有关部门的平面控制资料,但应进行以下工作:

①对原有控制点进行检测。

②控制测量的坐标系统与本路的坐标系统不一致时,应进行换算。

③原有平面控制点不能满足公路放线要求,应按规定予以加密。

2. 高程控制测量

(1)公路高程系统,宜采用 1985 国家高程基准。同一个公路项目应采用同一个高程系统,并应与相邻项目高程系统相衔接。不能采用同一系统时,应给定高程系统的转换关系。独立工程或三级以下公路联测有困难时,可采用假定高程。

(2)高程控制测量应采用水准测量或三角高程测量的方法进行,高程异常变化平缓的地区可使用 GPS 测量的方法进行,但应对作业成果进行充分的检核。

(3)路线高程控制网应全线贯通、统一平差。

(4)二级及二级以上公路必须进行高程控制测量。二级以下公路宜进行高程控制测量。

(5)各级公路及构造物的水准测量等级不得低于表 9-2 的规定。

公路及构造物的水准测量等级 表 9-2

高架桥、路线控制测量	多跨桥梁总长 L(m)	单跨桥梁 L_K(m)	隧道贯通长度 L_C(m)	测量等级
—	$L \geqslant 3\ 000$	$L_K \geqslant 500$	$L_C \geqslant 6\ 000$	二等
—	$1\ 000 \leqslant L < 3\ 000$	$150 \leqslant L_K < 500$	$3\ 000 \leqslant L_C < 6\ 000$	三等
高速、一级公路	$L < 1\ 000$	$L_K < 150$	$L_C < 3\ 000$	四等
二、三、四级公路	—	—	—	五等

(6)各等级路线高程控制网最弱点高程中误差不得大于 ±25mm,用于跨越水域和深谷的大桥、特大桥的高程控制网最弱点高程中误差不得大于 ±10mm,每公里观测高差中误差和附合(环线)水准路线长度应小于表 9-3 的规定。

高程控制测量的技术要求　　表9-3

测量等级	每公里高差中数中误差(mm)		附合或环线水准路线长度(km)	
	偶然中误差	全中误差	路线、隧道	桥梁
二等	±1	±2	600	100
三等	±3	±6	60	10
四等	±5	±10	25	4
五等	±8	±16	10	1.6

(7)高程控制点的布设。路线高程控制点相邻点间的距离以1~1.5km为宜,特大型构造物每一端应埋设两个(含两个)以上高程控制点。高程控制点距路线中心线的距离应大于50m,宜小于300m。

(8)应利用路线经过地区已有国家或其他部门设置高程控制点,但应进行下列工作:

①对原高程控制点应进行逐一检测。

②原高程系统与本路使用的高程系统不一致,应进行换算。

3.地形图测绘

(1)各等级公路均应根据设计需要进行地形图测绘。地形图成果宜首选数字地形图。

(2)根据路线所在地区的地形、地物和植被覆盖情况、公路等级及所具备的经济、技术条件等,确定地形图的测绘方式,地形图比例尺、等高距的选择、精度要求应按《公路勘测规范》(JTG C10—2007)规定执行。测图比例尺一般应采用1∶2 000或1∶1 000,工点地形图可采用1∶2 000~1∶500。

(3)地形图的测绘范围应根据公路等级、地形条件及设计需要等合理确定,应能满足线形优化及构造物布置的需要。二级及二级以上公路中线每侧不宜小于300m。采用现场定线法时,地形图的测绘范围中线每侧不宜小于150m。高速公路和一级公路采用分离式路基时,地形图应覆盖中间带;当两条路线相距很远或中间带为大河与高山时,中间地带的地形图可不测绘。

(4)当公路等级低且无须利用地形图进行纸上定线时,亦可利用纵、横断面资料,配合仪器测量现场勾绘地形图。

4.路线勘测与调查

(1)路线定线时,应充分了解并掌握沿线规划以及地形、地貌、地质、水文、气候、地下埋藏、地面建筑设施等情况。

(2)纸上定线应进行的勘测内容:

①应将具有特殊要求和控制的地点、必须绕避的建筑物或地质不良地带、地下建筑和管线等标注于地形图上。

②越岭路线需进行纵坡控制的地段,应在地形图上进行放坡,并将放坡点标示于图上。

③路线上一般地形变坡点的高程可从图上判读,对高程要求较严格的路段和地点如河堤、铁路、立体交叉、水坝、干渠、重要管线交叉等应实测其高程,点绘纵断面图。

④应对高填深挖地段、大型桥梁、隧道、立体交叉以及需要特殊控制的地段进行实地放桩,进行纵、横断面测量。

⑤应在地形图上点绘或实测控制性横断面。

(3)现场定线应进行的勘测内容:

①现场定线一般只适用于三级、四级公路的线路选取。

②现场踏勘前,应在地形图上确定控制点、绕避点,选择路线通过的最佳位置。

③越岭路线或受纵坡控制的路段,应选择好坡面及展线方式进行放坡试线。

④现场定线时,可采用直接定交点法、延长直线钉设转点或交点的方法确定路线交点位置。直接定交点法一般可用于地形平坦、地面目标明显、路线受限不严或旧路改建等工程。延长直线钉设转点或交点时应符合以下要求:

a. 交点至转点或转点间距离,宜控制在 50 ~ 500m 之间;当点间距离小于 50m 时,应设置远视点。

b. 正、倒镜的点位横向偏差每 100m 不应大于 5mm;当点间距离大于 400m 时,最大点位差不应大于 2cm。三级及三级以下的公路,点位差值可放至 2 倍,符合以上偏差范围时,可分中定点。

c. 延长直线时,前、后视距离宜大致相等。当距离小于 100m 时,应用测钎或垂球对点;当距离较远时,可用花杆对点,并以杆脚为照准目标,如有困难时至少应照准花杆的下半部分。

⑤选设的交点和转点作为测量控制点使用时,应进行护桩并按照二级平面控制测量的要求测定角度和长度。如交点和转点不作为测量控制点使用,应将交点和转点与路线控制测量点联测,求定交点和转点坐标。

(4)不管是纸上定线还是现场定线,均应根据专业调查需要,进行路线放线。路线放线可采用极坐标法、GPS-RTK 法、链距法、偏角法、支距法等方法。

(5)定线放桩的密度应满足勘测与调查的需要。放桩桩位、中桩高程及横断面测量精度要求按定测中路线中线敷设的要求执行。当能利用地形图的地形数据构建相当于 1:2 000 地形图精度的数字地面模型时,中桩的高程和横断面可在数字地面模型上内插获得。

5. 其他勘测与调查

初测除上述四项测量内容外,还应包括以下勘测与调查的内容:

(1)路基、路面及排水勘测与调查。

(2)小桥涵勘测与调查。

(3)大、中桥勘测与调查。

(4)隧道勘测与调查。

(5)路线交叉勘测与调查。

(6)沿线设施勘测与调查。

(7)环境保护调查。

(8)沿线筑路材料调查。

(9)临时工程勘测与调查。

(10)工程经济调查。

6. 初测的内业工作

1)初测内业工作主要内容

(1)应对外业资料进行检查、复核和签署,对测绘资料进行限差检查并按规定进行计算,对测绘成果进行精度分析和评价。

(2)应对勘测成果进行内部自检和验收。

(3)应按专业分类编绘(制)外业勘测成果图表并编制勘测报告。

(4)当方案调整时,应补充相应各项勘测调查资料。

2)初测应提交的成果

(1)测量成果及计算等资料。

(2)各种调查、勘测原始记录及检验资料。

(3)勘测报告及有关协议、纪要文件。

(4)根据设计需要编制的各种图表、说明资料。

第三节 公路定测

道路定测,即定线测量,是指施工图设计阶段的外业勘测和调查工作。道路定测也称为道路详测。

定测的目的是根据批准的初步设计文件及确定的修建原则和工程方案,结合自然条件与环境,通过优化设计后进行实地定桩放线,准确测定路线线位和构筑物位置,为道路施工图设计提供准确、可靠的勘测调查资料。

一、定测的准备工作

1.收集资料

应搜集工程可行性研究、初设阶段勘测、设计的有关资料以及审查、批复意见。

2.拟订勘测方案

应根据任务的内容、规模和仪器设备情况,拟定勘测方案。

3.现场核查

(1)应对初步设计所搜集的资料进行现场核查。

(2)应对沿线地形、地貌及地物的变化情况进行核查。

(3)应对初测阶段施测的路线平面、高程控制测量进行全面检查,并按以下规定执行:

①应对初测阶段设置的平面、高程控制点的点位分布情况进行全面检查。

②当控制点的点位分布满足设计要求时,应对其进行全面检测,检测成果与初测成果的较差在限差以内时,应采用原成果作为作业的依据。

③当个别段落控制点由于损坏或因方案变更不能满足设计要求时应进行补设,高程控制测量可采用同级控制加密,平面控制测量连续补点不大于3个时可进行同级加密,技术要求与精度应符合规定。

④当检测成果与初测成果的较差超出限差或控制点分布不能满足设计要求时,应对整个控制网进行复测或重测,并应重新进行平差计算。

二、定测要点

对方案明确、地形地质条件比较简单的二、三、四级公路的勘测,可采用一次定测,定测一般分为选线组、测角组、中桩组、水平组、横断面组、调查组、路基路面组、桥涵隧道组、内业组共九个作业组进行。

高等级公路测设，一般采用两阶段或三阶段，多用纸上定线法。首先在地形图上定出交点，从地形图上读取各交点的大地坐标，根据各交点的坐标计算出交点间距和导线方位角，由方位角计算出交点的转角，再确定每个交点曲线半径值和缓和曲线长度，从而计算曲线要素与主点里程并定出路线，然后用全站仪或 GPS 置于实地，根据中桩的大地坐标将其放到实地上，再收集相关外业资料。由于该方法取消了实地测角和测距的工作，从而消除了常规测设中的误差传递和积累，解决了不能和国家控制点闭合的问题。外业勘测时将选线组、测角组、中桩组 3 个组合并成一个中线组，如果采用 GPS-RTK 技术放样，还可在中线放样的同时完成中桩抄平工作。因此，外业勘测中，采用不同的方法与仪器，则分组数目与每个组的工作是有区别的。

1. 路线勘测

1）选线与放线

定测阶段应根据批复的初步设计方案，结合现场地形、地物条件或初设审查意见等进一步优化、调整与完善线形线位及构造物位置。若初测阶段采用的是现场定线，则定测阶段一般是在实地现场调整交点位置与曲线参数，对路线进行优化。若初测阶段采用的是纸上定线，则定测阶段一般在地形图上调整交点位置与曲线参数，对路线进行优化，并根据控制测量桩和纸上定线计算成果进行实地放线。

2）中线敷设

（1）中线敷设方法

路线中线敷设可采用极坐标法、GPS-RTK 法、链距法、偏角法、支距法等方法进行。高速、一级、二级公路宜采用极坐标法、GPS-PTK 法，直线段可采用链距法，但链距长度不应超过 200m。

（2）中线敷设位置

①需要钉设的中桩包括：路线的起终点桩、公里桩、百米桩、平曲线控制（主点桩）、桥梁或隧道中轴线控制桩以及按桩距要求根据地形、地物、地质需要设置的加桩等。

②路线经过下列位置应设加桩：路线纵、横向地形变化处；路线与其他线状物交叉处；拆迁建筑物处；桥梁、涵洞、隧道等构造物处；土质变化及不良地质地段起、终点处；道路轮廓及交叉中心；省、地（市）、县级行政区划分界处；改、扩建公路地形特征点、构造物和路面面层类型变化处。

③路线中桩间距，应不大于表 9-4 的规定。

中桩间距 表 9-4

直线（m）		曲线（m）			
平原、微丘	重丘、山岭	不设超高的曲线	$R>60$	$30<R<60$	$R<30$
50	25	25	20	10	5

（3）中桩桩位精度

中桩桩位精度应符合表 9-5 的规定。

中桩平面桩位精度 表 9-5

公路等级	中桩位置中误差（cm）		桩位检测之差（cm）	
	平原、微丘	重丘、山岭	平原、微丘	重丘、山岭
高速、一级、二级公路	≤ ±5	≤ ±10	≤10	≤20
三级及其以下公路	≤ ±10	≤ ±15	≤20	≤30

(4)断链及处理

在丈量过程中,出现桩号与实际里程不符的现象叫断链。断链的原因较多,但主要有两种:一种是由于计算和丈量发生错误造成的;另一种则是由于局部改线、分段测量等客观原因造成的。

断链桩宜设于直线段,不宜设在桥梁、隧道、立体交叉等构造物范围之内。断链桩上应标明换算里程及增减长度。断链有"长链"和"短链"之分,当路线桩号长于地面实际里程时叫短链,反之则叫长链。其桩号写法举例如下:

长链:K22 + 110 = K21 + 120.21　　长链 989.79m

短链:K3 + 157 = K3 + 207　　短链 50m

2. 中桩高程测量

1)中桩高程测量方法

中桩高程测量可采用水准测量、三角高程测量或 GPS-RTK 方法施测,并应起闭于路线高程控制点。

2)中桩高程测量精度与要求

(1)应测至桩志处的地面,读数取位至厘米,其测量的精度指标应符合表 9-6 的规定。沿线中需要特殊控制的建筑物、管线、铁路轨顶等,应按规定测出其高程,其两次测量之差应小于 2cm。

中桩高程测量精度　　表 9-6

公路等级	闭合差(mm)	两次测量之差(mm)
高速、一级、二级公路	$\leqslant 30\sqrt{L}$	≤5
三级及三级以下公路	$\leqslant 50\sqrt{L}$	≤10

(2)用三角高程测定中桩高程时,每一次距离应观测一测回两个读数,垂直角应观测一测回。

(3)用 GPS-RTK 方法时,求解转换参数采用的高程控制点不应少于 4 个,且应涵盖整个中桩高程测量区域,流动站至最近高程控制点的距离不应大于 2km,并应利用另外一个控制点进行检查,检查点的观测高程与理论值之差应小于表 9-6 两次测量之差的 0.7 倍。

3. 横断面测量

1)横断面测量方法

高速、一级、二级公路横断面测量应采用水平仪—皮尺法、GPS-RTK 方法、全站仪法、经纬仪视距法、架置式无棱镜激光测距仪法,无构造物及防护工程路段可采用数字地面模型方法、手持式无棱镜激光测距仪法;特殊困难地区和三级及三级以下公路,可采用水准仪法、数字地面模型方法和手持式无棱镜激光测距仪法、抬杆法。

2)横断面测量精度与要求

(1)断面中的距离、高差的读数取位至 0.1m,检测互差限差应符合表 9-7 的规定。

(2)断面测量的宽度应满足路基及排水设计、附属物设置等需要。

(3)用无棱镜激光测距仪法测量时,其距离和高差应观测两次,两次读数之差不超过表 9-7的规定时,取平均值作为最终观测值。

横断面检测互差限差 表 9-7

公路等级	距离(m)	高差(m)
高速、一级、二级公路	$\leqslant L/100+0.1$	$\leqslant h/100+L/200+0.1$
三级及三级以下公路	$\leqslant L/50+0.1$	$\leqslant h/50+L/100+0.1$

注:1. L 为测点至中桩的水平距离(m)。
2. h 为测点至中桩的高差(m)。

(4)断面测量应逐桩施测,其方向应与路线中线切线垂直。

(5)断面测量除应观测高程变化点之间的距离和高差外,还宜观测最远点到中桩的距离和高差,其与高程变化点之间的距离和高差总和之差不应大于表 9-7 的规定。

(6)高速公路、一级公路的分离式路基和二、三、四级公路的回头弯路段,应联测出上、下行路线横断面,并应标注相关关系。

(7)断面测量应反映地形、地物情况,横断面应在现场点绘成图并及时核对;采用测记法室内点绘时,必须进行现场核对。

(8)数字地面模型获取横断面数据时,其航空摄影成图及 DTM 建立除应满足相关要求外,在相片控制测量时应对植被茂密的地段适当加密像控点,在相片调绘时应加强对沿线陡坎、植被、建筑物等的调查,并应对植被茂密、峡谷等地段进行横断面抽查,抽查比例应大于5%。

4. 地形测量

1)地形测量方法

实测地形图可选用测记法、测绘法等成图方法。距离测量可采用视距法或光电测距法,也可采用 GPS-RTK 方法测量地形。定测阶段,局部地区地物变动不大时,地形图修测可使用交会法;地形、地物变化较大或采用交会法施测较困难时,应利用导线点、图根点进行。

2)地形测量要求

(1)定测时应利用初测地形图,并进行现场核对。地形、地物发生变化的路段,应予修测;地形图范围不能满足设计要求时,应进行补测;变化较大时,应予重测。

(2)原有导线点、图根点不能满足修测、补测和重测需要时,应进行导线点(图根点)补测。

(3)修测、补测和重测地形图的技术要求和精度应符合地形测图的规定。

5. 定测内业工作

1)定测内业工作主要内容

(1)应对下列各项外业资料进行检查、复核和签署,检查、复核内容包括测量方法的正确性、野外计算的正确性、记录的完整性等,检查各项勘测调查项目、内容及详细程度是否满足施工图设计的要求。

①控制点点之记。

②平面、高程控制测量野外记录手簿。

③地形图测量的记录数据。

④中桩放样记录手簿。

⑤中平测量记录手簿。

⑥横断面测量记录手簿。

⑦各专业勘测调查记录手簿。

(2)应对勘测成果进行内部自检和验收。对测绘资料进行限差检查并按规定进行计算,对测绘成果进行精度分析和评价。

(3)对于向有关部门搜集的资料,应检查、分析其是否齐全、可靠、适用、正确。

(4)对地形复杂的路线、不良地质地段、大型桥隧、立体交叉等地段的勘测调查资料,必须进行现场核对。

(5)应按专业分类编绘(制)外业勘测成果图表并编制勘测报告。

2)定测应提交的成果

(1)控制测量、补测或复测记录、计算和成果资料,地形图补充测量资料。

(2)各种调查、勘测原始记录、图纸及资料。

(3)各专业勘测调查的质量检查及分析评定资料。

(4)外业勘测说明书及有关协议和文件。

(5)根据设计需要编制的各种图表、说明资料。

3)检查验收

外业完成后,应经过主管部门的检查验收,经认可方能离开现场或开展设计工作。

第四节　公路勘测验收及校审

一、检查及验收的依据

道路勘测外业各阶段完成后,为确保勘测的质量和精度,应进行全过程的检查及最终验收。检查和验收的依据如下:

(1)任务委托单位提供的勘测任务书、合同书或相关文件。

(2)《公路勘测规范》(JTG C10—2007)及国家的有关法律、法规。

(3)勘测大纲技术设计文件和勘察设计大纲。

二、检查验收制度

公路勘测实行三级检查、两级验收、一级校审制度。

“检查”适用于勘测外业实施阶段的质量过程控制。

“验收”适用于勘察外业结束,且提出了各工序勘察的原始资料和阶段与阶段性中间成果资料的工作阶段。

“校审”适用于完成了一个合同项目段的勘测报告,内业工作结束,对提出的正式测量报告的校核与审查。

1. 三级检查

一级检查为自检,即记录人员自行检查。

二级检查为互检(复检),一般为观测人员进行复核。

三级检查为组检,即作业组长(或授权具有相应水平的人)进行的检查。

2. 两级验收

一级验收是由分院院长(室主任或授权具有相应水平的人)组织进行的验收。

二级验收是院审查人组织进行的验收。

3. 一级校审

校审由院审查人在正式测量报告提出后组织进行最终质量评定。

三、校审程序

校审程序如下:

(1)勘测原始记录作业员自检。

(2)勘测原始记录互检(复核)。

(3)作业员将勘测记录连同计算书交作业组长。

(4)作业组长将检查意见填入校核单,返回作业员一次修改。

(5)作业员一次修改后,报送作业组长确认修改情况。

(6)作业组长签署后送分院(室)验收。

(7)分院(室)组织验收,将验收意见填入审核单,并将验收意见返回作业员二次修改。

(8)作业员二次修改后,交分院长(室主任或授权具有相应水平的人)核对修改后签署验收意见。

(9)院验收意见填入校核单并退回分院(室),分院(室)组织修改。

(10)院审查人(主任工程师)核对修改并签署,最后对提出的正式测量报告进行校审并进行质量评定,填写校审单。

四、检查验收的主要内容及要求

1. 检查、验收与校审的共性内容

(1)工程使用的各种仪器、设备的技术性能指标,应满足项目勘测的需要;各种测量仪器应按规定周期进行检校,并有检验报告。

(2)任务书中有项目应完成工作量与实际完成工作量的对照检查,包括调查的项目、测量路线长度和工点数等。

(3)勘测的作业方法、作业程序和作业要求,应符合有关规范和勘测大纲的要求。

(4)原始资料记录、内容的正确性、完整性及其精度,应符合规定的要求。

(5)计算方法、计算过程的正确性,计算成果的精度,应满足规定的要求。

(6)作业成果资料,应满足合同任务书的深度。

2. 各级检查的工作侧重点

1)第一、第二两级检查

作业员负责原始资料的自检、复核。对原始资料的记录和计算进行全面检查和复核。

对图纸上线条、数字、符号、代号、注记的正确性,表示的合理性以及表格和文字说明进行正确性检查。

内外业检查抽检率均为100%。

对各级审核意见进行修改。

2)第三级检查

原始记录的检查、原始记录计算的检查以及计算数据输入、计算过程和计算结果的精度检查。

原始资料记录检查、计算和图纸检查抽检率为100%。

负责作业组审核意见修改的核对并签署。负责组织分院验收和院验收意见修改。

3)一级验收

对原始记录的正确性,计算的正确性,成果精度,图纸表示的正确性、完整性、合理性,表格文字说明的正确性、完整性,勘测深度,勘测项目的完整性进行全面验收。

原始资料外业验收,其抽检率不低于20%,计算资料验收抽检率不低于50%,图纸、精度以及资料完整性验收为100%。

负责对分院审核意见修改的核对并签署。负责组织对院审核意见的修改。

4)二级验收

对测量方法,计算方法,成果精度,图纸表示的正确性、完整性、合理性,表格文字说明的正确性、完整性,勘测深度,勘测项目的完整性进行抽样验收。

原始资料外业验收抽检率不低于10%,计算资料验收抽检率不低于20%,图纸、成果精度以及资料完整性验收为100%。

负责对院验收意见修改的核对并签署。

5)校审

对测量方法,计算方法,成果精度,图纸表示的正确性、完整性、合理性,表格文字说明的正确性、完整性,勘测深度,勘测项目的完整性等作出定性和定量的评价。

【复习思考题及习题】

1. 测量标志有哪些种类?有何技术要求?
2. 标志埋设应注意哪些问题?
3. 简述道路初测的要点。
4. 道路中线敷设有哪些方法?其适用条件怎样?
5. 中线敷设应满足哪些技术要求?
6. 产生断链的原因有哪些?如何表示长、短链?
7. 简述中桩高程测量的方法及精度要求。
8. 横断面测量有哪些方法?其测量精度有哪些要求?
9. 简述初测、定测内业的工作内容。
10. 名词解释:

(1)初测;(2)定测;(3)断链;(4)平面控制测量;(5)导线测量;(6)三级检查;(7)标志桩;(8)控制桩。

第十章

公路环境与景观设计概要

第一节　公路环境工程

一、公路环境工程概述

1. 环境

从哲学上讲，环境是相对于主体（或某项中心事物）而言的客体，与主体相互依存、相互作用、相互制约，其内容随着主体的不同而不同。对于环境科学来说，主体是人类，环境就是人类生存的客体，是以人为主体的外部客观世界的总体，既包括自然因素，也包括社会因素。我们所指的环境，总是以人类作为中心事物，它可分为社会环境和自然环境两种。

2. 社会环境

社会环境指人们生活的社会经济制度和上层建筑，包括：构成社会的经济基础及其相应的政治、法律、宗教、艺术、哲学和机构等及人类的居住、人类社会发展各阶段和城市建设发展状况等。它是人类在从事物质资料的生产和消费过程中，由于共同进行生产劳动、求取生存和发展而建立起来的生产关系的总和。

3. 自然环境

自然环境是环绕我们周围的各种自然因素的总和。它包括大气圈、水圈和岩石土壤圈等在内的一切自然因素(如气候、地理、地质、水文、土壤、水资源、矿产资源和野生动物等)及其相互关系的总和。环境要素组成环境的结构单元,环境的结构单元又组成环境整体或环境系统。例如,由水组成水体,全部水体总称为水圈;由大气组成大气层,全部大气层总称为大气圈;由土壤构成农田、草地、林地,由岩石构成岩体,全部土壤和岩体构成地球固体壳层;由生物体组成生物群落,全部生物群落集称为生物圈。阳光以其辐射能为环境要素提供能量。

我国的环境保护法中所称"环境"是指:大气、水、土地、矿藏、森林、草原、野生动物、野生植物、水生生物、名胜古迹、风景游览区、温泉、疗养区、自然保护区、生活居住区等。这就界定了环境保护的工作对象。

4.道路环境要素

道路交通环境要素为道路交通工具和人员作业过程中的自然环境要素和社会环境要素的全部,包括道路几何特征、地理、地质、水文、土壤、水资源、矿产资源和野生动物、大气、阳光(灯光)、周围建筑、城市村镇、植物以及车辆和人员等,也包括道路作业人员中的相互关系及与区域社会的关系等。

5.环境工程学

环境工程学是人类在环境污染治理,保护和改善人类生存环境过程中形成的。这是由许多老学科交叉、渗透产生的新分支学科,属环境科学的应用环境学范畴。环境工程学的内容是运用工程技术的原理和方法来控制环境污染,保护和改善环境质量,合理利用自然资源的一整套技术途径和技术措施,一般包括:水污染控制工程、大气污染控制工程、噪声污染控制工程、固体废弃物处理工程、环境监测技术及环境质量评价等。

6.道路环境工程

道路环境工程是近年来人们针对道路环境污染治理、利用和保护自然资源、改善生态环境而生产的一门技术环境学科,是环境工程学的组成部分。由于该学科产生的时间较短,尚未形成成熟的学科体系。目前,一般认为道路交通环境工程研究的主要内容为:道路环境问题的特征、规律;环境污染防治技术与方法;保护和合理利用自然资源、改善生态环境的技术措施;环境影响评价等。

道路环境工程的基本任务是采取工程技术措施来消除和控制交通环境问题,重点是治理和控制环境污染,合理利用与保护自然资源,利用道路工程、环境工程和系统工程等综合方法,寻求解决道路环境问题的最佳方案,使道路交通建设与环境建设相协调,达到社会经济可持续发展的目标。

环境工程内容十分丰富,涉及面广,本章仅对道路环境保护设计的内容,结合道路勘测设计的生产要求,加以简要介绍。

二、公路测设各阶段环境保护设计内容

公路工程项目建设的各个阶段均应重视且必须做好环境保护设计。在可行性研究阶段,应进行环境影响评价,根据项目需求编制水土保持方案;在初步设计阶段,应落实环境影响评价报告提出的环境保护措施和水土保持方案;在施工图设计阶段,应根据初步设计审定意见作出环境保护工程设计,具体内容要求如下。

1. 公路工程可行性研究阶段

公路工程可行性研究是我国公路建设投资管理的基本程序，是保证公路建设前期工作在项目管理方面达到“项目选择准确、方案科学、工期合理、投资可控、效益显著”目标的重要环节。其目的就是通过对所有与拟建项目的投资效果有关因素的综合研究分析，避免或减少公路建设项目投资决策的盲目性，提高建设投资的综合效益。

公路工程可行性研究的内容较多，其中进行环境影响和地质灾害危险性评价、（山区、丘陵区、风沙区）编制水土保持方案是可行性研究阶段环境保护工作的重点，对于具体项目还应具体分析、突出重点。公路工程可行性研究阶段环境保护工作内容如下：

(1)通过广泛调查公路沿线的人口结构、经济发展、公共卫生、文化和基础设施、土地和矿产资源、旅游和文物古迹资源等社会环境状况，实事求是地进行社会环境影响评价。

(2)通过全面调查公路沿线野生动植物的种类、保护级别、分布概况、生长习性及演替规律等生态环境和水土保持状况，结合公路工程实际进行生态环境影响评价。

(3)依据分段调查公路沿线的城镇、风景旅游区和名胜古迹及有关的环境敏感点分布状况，结合当地地形、地貌特点和既有工业污染源的排放特性，进行空气影响评价。

(4)通过重点调查公路沿线的学校、城乡居民聚居区和医院、疗养院及有关的环境敏感点分布状况，结合公路施工和运营等实际情况进行环境噪声影响评价。

(5)通过深入调查公路沿线各种不良工程地质分布状况，结合公路工程涉及范围进行地质灾害危险性评价，对山区、丘陵区、风沙区公路编制水土保持方案。

公路工程可行性研究阶段，要求实行“环境选线”的工作方法。不仅要掌握空间相关敏感性调查、分析及评价方法，而且要使所有方案的环境影响范围都在研究之列，包含与之有关的其他规划线位（路段），重点线位（路段）应分析其空间界限。调查各目标项的环境保护价值、存在意义、对外界影响的敏感程度，评价其被破坏的大致程度，预计采用的减少或避免侵害的措施、平衡及补偿措施，以及上述措施实施后仍然存在的侵害。依据敏感性分析结果，将有意向的若干个路线走廊筛选后，从环境角度推荐与环境冲突较少的路线走廊或局部路段，因工程或其他要求虽在该走廊外，但从环境出发，仍有讨论意义的路线走廊作为比较方案；当路线走廊对环境有较大侵害时，从环保角度提出重新选线等措施。

经环境保护主管部门批复的《公路建设项目环境影响报告书》和水行政主管部门批复的《公路建设项目水土保持方案报告书》等应作为下阶段的设计依据。

2. 公路工程初步设计阶段

公路工程初步设计是两阶段设计的第一阶段，是公路工程设计的基本程序之一，其任务就是根据批准的设计任务书的要求拟定修建原则，选定设计方案，计算主要工程量，提出施工方案，编制设计根据等。其中路线的选择和总体方案比选论证与环境保护密切相关，针对环境影响评价报告提出的环境保护措施和水土保持方案进行环境与公路工程的协调性论证是初步设计阶段环境保护工作的重点之一。

公路工程初步设计，应将环境保护要素作为方案比选论证的重要因素，落实环境影响评价报告和水土保持方案中提出的环境保护和水土保持的各项要求，合理确定路线方案。其设计内容如下：

(1)依据公路沿线环境敏感点的位置、重要影响因素和影响范围，提出相应的保护措施和方案。

(2)依据环境影响评价报告(或水土保持方案),进行环境与公路工程的协调性论证,并落实减少和避免环境侵害、水土保持的实施方案。

(3)根据声环境敏感点的性质进行声环境保护设计。

(4)根据公路沿线设施的规模,提出切实可行的污水处理方案。

(5)结合当地自然环境,因地制宜地进行公路景观和绿化设计。

这一阶段,应综合考虑公路环境保护与主体具体设计的关系,环境保护应纳入主体设计之中,并指导其他专业设计。环境保护设计不仅要尽量避免和减少水土流失、植被减少、地质病害、水文改变、环境分割、景观破坏、交通噪声、空气污染等环境影响,将经比选论证后的环保措施落实到路线布置、路基路面、桥梁隧道、沿线设施、料场布设、废方处理中,还应给出平衡及补偿措施,针对局部线位做多方案比较,确定理论上最终的路线方案。公路环境保护设计的重点不再以指导或修正路线方案为主要目的,而是在环境与工程各专业分项配套上下功夫,根据《公路环境保护设计规范》(JTG B04—2010)的设计要点,参照《公路工程基本建设项目设计文件编制办法》进行公路环境保护总体设计。

3. 公路工程施工图设计阶段

公路工程施工图设计的目的是根据初步设计审定意见,进一步对所审定的设计原则和方案加以具体和深化,最终确定各项工程数量和设计图表,并编制施工图预算。环境保护的设计内容也是初步设计的进一步细化和加深。

环境保护工程施工图设计,应根据初步设计的审定方案进行环境保护的工程设计,把保护沿线自然环境、维护生态平衡、防止水土流失作为重要因素,在各专业设计中予以考虑和体现。其设计内容如下:

(1)按照公路沿线环境敏感点的特性,按照初步设计提出的环境保护、水土保持方案,进行具体设计。

(2)根据声环境敏感点的性质,进行声屏障等的声学设计和结构设计。

(3)根据初步设计方案,进行污水处理详细设计。

(4)完成公路景观和绿化设计图,包括互通式立体交叉和服务区等重点工点的景观、绿化设计详图。

这一阶段,环境保护工程设计是将批复的环境保护总体设计方案付诸实施的具体设计过程,真正落实与主体工程同时设计、同时施工、同时投入使用。设计应同时考虑施工期间和营运期间的环保工程。

三、公路环境保护原则

环境保护工程必须执行与主体工程同时设计、同时施工、同时投入使用的制度,遵循预防为主、保护优先、防治结合、综合治理的原则,实施各阶段的环境保护工作。此外还应坚持以下原则。

1. 资源节约原则

截至2010年年底,中国公路的总里程已达到400.82万km,这些道路使大量土地丧失农业生产能力。中国现有基本农田面积仅1亿hm^2左右,现中国人均耕地面积仅为0.1hm^2,不到世界平均水平的一半。1997—2004 年,中国耕地面积减少了 5.7%,8 年之间净减少耕地 746.7 万 hm^2。因此,保护土地资源、严格控制公路建设用地已迫在眉睫。

随着交通事业的发展,公路建设不可避免要占用一定数量的土地,但我们必须要坚持珍惜土地、保护土地的原则,实行最严格的土地管理制度,遵照《中华人民共和国土地管理法》的有关规定,加强土地管理,合理使用、保护土地资源。

耕地属于农用地的范围,是农用地中的一种;划入基本农田保护区的耕地为基本农田。国家交通重点建设项目选址确实无法避开基本农田保护区,需要占用基本农田,涉及用地转用或者征用土地的,必须经国务院批准。

基于此,公路设计应符合以下要求:

(1)公路选线应全面调查沿线土地利用情况,按不同种类分别统计,遵照节约用地的原则,结合国土规划和当地基本农田实际情况,进行充分比选后确定路线位置。合理布设路网,避免重复设线;合理选用公路建设标准和技术指标。

(2)路基断面形式和防护设施应结合自然地形、土地状况和工程地质特点合理选择,科学确定公路用地规模,合理利用土地,切实保护耕地。

(3)公路工程应结合土地利用规划,合理选择取、弃土场位置及其取、弃土方式,充分利用粉煤灰等工业废渣作筑路材料,减少公路取土占地;对取土场、弃土场进行及时恢复和尽量利用。

(4)公路设计应合理确定路基高度,设置防护支挡设施,节约公路用地。根据情况适当降低路基高度,减少两侧边坡占地及填挖方取土占地。

(5)施工临时用地应结合公路永久用地统筹安排,在设计中应明确临时用地的恢复方案。筑路材料的资源节约一般不被人们所重视,但这确实是公路建设环境保护仅次于耕地保护的重要原则。由于道路路线长,一般本身土石方利用运距较远时,往往多就近取弃土石,此外由于多种原因造成路基填筑和开挖的土石并不一定能达到最佳状态,这时道路建筑材料中的土石方的综合利用和减少额外取土、弃土石等就显得更为重要。此外如果能将道路建筑中的取弃问题与当地农田水利等基础设施建设结合起来,最终达到区域取弃最小、利用最大的原则,不仅节省工程投资,互利多方,而且节约大量土石资源,减少水土流失。

关于水资源的保护和综合利用,往往被公路建设所忽视,水资源的保护和综合利用主要体现在:

(1)干旱地区的水资源保护和综合利用。

(2)水资源保护区的环境污染预防。

(3)公路区域降雨收集和排水的综合利用。

2. 可持续发展原则

环境保护工程的可持续原则,不仅体现在环境保护设计的可持续发展方面的考虑,而且体现在环境保护工程包括生态环境保护工程的可持续性方面,具体有以下几个方面。

1)原有生态系统连续性原则

生态系统虽具有一定的自我维持、自我恢复的功能,但其任何一种成分或过程的破坏和变化,都将影响系统的稳定和存在。因此,公路建设应尽可能保证原有生态系统的连续性,特别对一些自然保护区、湿地生态系统、野生动植物保护区、水资源保护区,应采取相应的保护措施。

2)路域生态系统稳定性原则

路域生态系统是一种典型的人工生态系统。该系统的稳定主要受人为因素的影响。要保证路域生态系统的稳定,首先要使路域生态系统与周边系统融合。一方面,绿化时应尽可能选用乡土物种,乡土物种适应性强、存活率高,一味追求高档进口物种,既不经济,又不实用,所以系统内的绿化要因地制宜,尽可能选用乡土物种。另一方面,国内高速公路为了明确公路用地,公路地界设有隔离栅,总令人有封闭的感觉,甚至给路域内的动物以笼式效应,因此宜结合攀缘植物立体绿化掩藏。此外还应维护物种多样性,生物的多样性与系统的稳定性之间具有极密切的关系,维护系统内的物种多样性,可以抵御多种自然灾害,特别是病虫害。

3)保护自然植被原则

植被是土壤及其水分的保护层,公路建设中应尽量减少公路占地以外的植被破坏。对于西北干旱地区、黄土高原、荒漠草原、青藏高原等生态环境脆弱地区,施工期保护植被更有其积极意义。

许多项目往往容易忽视表土的保存与利用。在表土中不仅富含生物生长的有机物和矿物质,而且对生态环境脆弱的地区,如荒漠草原、青藏高原,表土是最宝贵的生态资源,所以公路建设中应特别引起重视。

4)生态环境恢复原则

公路建成以后,应尽量将破坏的生态系统恢复到原来的自然平衡状态。有时,公路建设引起的环境变化,往往使其完全恢复不切实际,这时需要建立新的群落,通过复垦、土地整治和绿化进行生态环境建设,达到新的生态平衡。

5)实施水土保持综合措施原则

工程建设已成为中国目前新增水土流失的重要因素之一。山区、丘陵区、风沙区公路建设要提出切实可行的水土保持方案,将水土流失的影响减小到最低。水土保持应坚持临时措施与永久措施相结合、工程措施与生态措施相结合等原则。

3. 与工程协调的原则

1)广义的、全过程的协调

公路建设项目不仅是生态型的开发项目,而且是一个带状的且流动的污染排放源,使其不同于城市中交通带来的环境污染问题,这些都使得公路交通环境问题的研究难度大。因此,公路作为主体工程从前期工作一开始其对环境的影响就不可忽视。

设计时,应根据各阶段的重点,提出环境保护总体设计方案,落实各阶段各专业与环境保护的关系,突出环境保护设计的重点;并结合各专业的特点,将公路环保这个涵盖了动植物学、生态学及工程技术等理论的综合学科的复杂体系,转变为设计文件并付诸实施,同时修正和弥补主体工程设计文件的不足;还应注重环境保护在各专业篇章中的具体性和可操作性,把环保思想落实到公路设计的全过程。

公路环境保护是复杂的系统工程,涉及公路工程的各个专业。各专业设计时,在做好总体方案设计,全面考虑与地表、地貌相吻合,挖填方尽量最少,避绕大的地质病害,努力保持生态与视觉景观,公路边坡防护,取弃土场地处理,以及桥梁涵洞、交叉构造、隧道工程、服务设施等的同时,还应结合项目特点进行环境保护、水土保持、景观设计的专题研究;结合施工和运营管理,真正实施"环保与建设协调统一"。

2)方案比选的协调

在高速公路进入山区的初期,"多挖少填、纵向利用""填挖平衡、降低造价"的思想根深蒂固,加上对地质病害认识不足,对高填路堤和深挖路堑的安全问题也未引起足够的重视,造成许多高填深挖路段。由于传统建设指导思想的束缚，在路线经过复杂地形进行多层次的方案比较时，即使进行高路堤与高架桥梁比较、深路堑与隧道方案比较、半边桥与高边坡比较，也往往将经济作为首选因素。很难使有利于环保、造价较高的方案作为最终选择。

现代的设计思想从环境保护的角度出发，在方案比较时，要综合考虑生态环境保护、水土保持、地质灾害等影响因素，考虑环保工程的治理和保护费用，并把对环境的破坏及可恢复的程度列为主要比较条件。如为了避免山体深挖或高填后影响路基稳定和给自然环境造成较大的影响，在填方路堤高度超过20m，挖方路堑深度超过30m时，应考虑优先选用桥梁和隧道方案，进而综合比选确定合理方案。

4. 以人为本的原则

公路设计，应以人为本，体现安全、环保、舒适、和谐的设计理念，树立和落实全面、协调、可持续的科学发展观，努力实现人与自然的和谐相处。经济、社会、环境的均衡发展是我国现代化建设中的一个重大战略，也是公路环境保护设计的指导思想。

从对沿线居民的影响角度，居民出行的便利条件往往容易被忽视，居民对公路建筑文化和风格的追求也往往被忽视，多数公路建设更注重公路的技术特征，对社会特征和环境及艺术等特征关注不足。以人为本的设计还应注重公路的社会、环境和艺术等要素。

四、公路环境保护设计要点

1. 公路总体设计中的环境保护设计要点

1）基本要求

公路环境保护总体设计应符合下列要求：

（1）公路选线应结合地形条件，与自然环境融为一体；公路构造物应结合区域环境进行设计，与周围环境相协调，并成为新的人文景观。

（2）路线平、纵、横组合得当，线形均衡、行车安全，为用户提供良好的行车环境。

（3）公路主体及沿线设施用地规模适当，保护并节约土地资源，有利于社会环境协调发展。

（4）防护措施合理、有效，防止水土流失，减少地质灾害对工程的影响。

（5）落实环评报告（书）中提出的各项措施，对施工与运营期可能产生的声、气、水等各种污染进行综合治理。

2）要点

公路环境保护总体设计是立足环境保护专业而开展的该专业的总体设计。公路总体设计则是立足公路工程整体而开展的各专业的协调设计，二者既有从属，又有交叉。

按照公路环境保护预防为主、保护优先、防治结合、综合治理的原则，公路设计应重点在如何防止公路建设带来环境负面影响以及如何改善环境上思考一些问题。因此，在公路设计中，应从环境保护的角度，站在总体设计的高度上，提出环境保护设计所考虑的对象，有的放矢。

公路总体方案设计，应综合考虑路网规划、公路功能、等级、交通量、工程建设条件等因素，推荐合理的路线方案，并着重分析以下影响因素：

（1）路线及其相邻路网交通量增减变化所带来的噪声和废气的影响。

（2）公路工程对沿线自然环境和农田水利设施的影响，公路施工和临时工程对水土保持的影响。

(3)深路堑和高路堤对自然环境、边坡稳定和水土保持的影响。

(4)在治理工程地质病害、开挖隧道等工程时,水文地质情况改变后对周围生态环境产生的影响。

(5)公路工程对生态环境分割所带来的影响。

(6)路线布设与城镇规划、行政区划的相互配合及其影响。

(7)公路对文物、具有科学价值的古化石、风景区的影响。

(8)路线与环境敏感点的距离及其影响。

(9)桥梁墩台压缩河床对河道冲刷的影响。

公路总体设计中,应妥善处理好主体与环保之间的关系,尽可能从路线方案、技术指标和设计方案的运用上合理取舍,而不过多地依赖环境保护设施来弥补。在选线时尽可能避开具有潜在流失源的不良地质路段,如易滑坡山体、流沙地段等,其次尽量追求土石方工程的平衡,减少取弃方量;路线方案选择和具体位置确定应尽可能减小占地拆迁、空气污染和噪声对环境造成的影响,并尽可能避免或减少山体切削,减少植被破坏。确定路线尽可能避让城市、乡镇和其他环境敏感目标。对于山区公路(特别是高速公路),在选定路线方案时结合地形进行大范围的比较。如果公路沿线涉及文物的,应采取保护措施。征地拆迁安置应制订行动计划和建筑物垃圾处理方案。对需要保护的景观点选线时应精心研究,对所有的切削点应设计恢复植被与景观的措施。通道和道路交叉口的设计应方便当地群众及车辆通过。

2. 公路选线与线形设计中的环境保护设计要点

公路是一个具有线形特征的工程,纵向跨度大,公路设计的关键是路线方案选择和路线平纵指标的掌握,路线方案选择受到多种因素的影响,以往较注重工程本身,如长度、工程量、投资等方面。从全面、协调、可持续的科学发展观的角度,还应强调安全、环保、社会等因素。路线方案选择,除应做到按地形选线、按地质选线外,还应做到安全选线、环保选线。应选择有利于环境保护或对环境影响小的方案;应选择纵坡平缓、线形均衡、行车安全的方案;应选择少占耕地,有利于社会协调发展的方案。应充分重视公路自身线形的协调、公路线形与结构物的协调和公路线形与环境的协调,不把工程本身和投资放到第一取舍的位置。

1)不同区域环境保护设计重点

公路选线应结合地形、地物条件,针对路线所处区域的不同环境特征和不同的环境保护对象,进行相应方案的比选。不同区域公路环境保护设计的重点参见表10-1。

不同区域公路环境保护设计的重点 表10-1

区　域	公路环境保护设计的重点
平原或水网地区	(1)降低路基高度,保护土地资源;合理设计通道,减小公路对当地居民出行及景观的影响; (2)取土、弃土方式对土地利用方式、土壤耕作条件和农田水利排灌系统的影响; (3)路面汇水对养殖业水体的影响
地形条件复杂的山区	(1)重视桥隧方案的选用,减少高路堤和深路堑对自然景观、植被及地质条件的影响; (2)减小公路对珍稀动植物的影响; (3)重视路基开挖、取弃土对水土保持的影响; (4)严禁大爆破作业及乱挖、乱弃,预防诱发地质灾害; (5)注意路基开挖对受国家保护的文物和具有科学价值的古化石等的影响; (6)防止公路工程及运营对当地水资源的影响

续上表

区域	公路环境保护设计的重点
绕城公路或城市出入口接线	(1)公路与城市规划的协调; (2)减少拆迁工作; (3)方便当地居民的出行; (4)选择、利用、创造、改善环境景观; (5)采取综合措施,减少交通噪声、废气、废水等对环境的污染

在地形复杂的山区,路基填挖工程量和填方高度、挖方深度、挖方边坡高度等,直接关系到工程安全、工程投资和环保景观,应对其进行合理的控制。通过多项公路工程的实际调研,许多高度大于20m的填方项目改用桥梁;挖方深度(路中)大于30m或挖方边坡高度大于1.6倍的路基宽度值时改用隧道,但要进行桥隧方案与填挖方案的经济、技术和环境综合分析。

2)重视"环境选线""地质选线"

公路线形设计,应注重安全、环保、社会等因素,科学确定技术标准,合理运用技术指标,应注重以下几点:注重公路自身线形的协调、公路线形与结构物的协调及公路线形与环境的协调,公路平、纵线形组合满足汽车速度协调性的要求;合理控制互通式立体交叉规模,减小工程量和占地,合理运用互通式立体交叉匝道指标,满足车流顺畅运行的要求。

对地质病害、灾害,应按照"环境选线""地质选线"的要求,根据治理工程的规模,妥善处理地质病害"防"与"治"的关系。在掌握区域地质条件,明确病害的可知性、可治性的基础上,通过综合比较论证,最终合理选择路线位置和工程方案。同时综合考虑环境地质要素和工程方案的环境保护要素。高填深挖等极易破坏自然环境的平衡,对工程可能诱发的地质病害,应引起设计的足够重视,在自然条件恶劣,地形、地质条件复杂,新构造运动活跃,地震活动频繁的山区修建高速公路,应采用航测、遥感、地质判释、GPS等综合勘测手段,加强基础资料的收集和调查工作,严防公路建设引起地质灾害。

3)注重环境敏感点的环保设计

环境敏感点是针对具体目标而言的,通常分为声环境、环境空气、生态环境、水环境、社会环境等各类环境敏感点,公路应尽量绕避各类环境敏感点,其绕避距离如下:

(1)公路中心线距居民聚居区宜大于100m,距医院、疗养院、学校宜大于200m。对于交通量较大或大型车比例较大的高速公路,该距离应大于200m。

(2)沥青混合料应集中场站搅拌,其设备污染物排放应符合《大气污染物综合排放标准》(GB 16297—1996)的规定。搅拌场站距环境敏感点的距离不宜小于300m,并应设置在当地施工季节最小频率风向的被保护对象的上风侧;混合料宜采用集中拌和方式,拌和站距环境敏感点的距离不宜小于200m,并应设置在当地施工季节最小频率风向的被保护对象的上风侧。

(3)对于饮用水地表河流水源地,公路桥位应位于集中式生活饮用水取水口上游1 000m以外,下游100m以外。

(4)公路中心线距省级(含)以上自然保护区缓冲区的边缘不宜小于100m。

3. 专业设计中的环境保护设计要点

1)路基路面设计

路基路面设计,应结合工程地质条件,因地制宜,就地取材,综合考虑下列因素。

(1)合理选择路基高度,有条件时宜采用低路堤和浅路堑方案,路基边坡应顺应自然。

(2)充分利用现有料场,新设料场应考虑其位置、开采方式、数量等对坡面植被、河水流向和水土保持等的影响,集中取土场应及时绿化,恢复植被或复垦;在确定取弃土场、废弃物堆置场和搅拌站位置时,应考虑到尘埃和其他问题对环境敏感地区(如居民区)的影响。

(3)重视弃方的位置、数量等对自然环境的影响;弃方宜集中堆弃,注意保护弃土场地表腐殖土及植被,弃方完成后及时移填到弃土场表面并进行必要的绿化。

(4)路基路面综合排水工程设施应自成体系,不得影响当地的排灌系统。

(5)路基防护应根据当地的自然条件合理选用,有条件时宜采用植物防护;水土流失严重或边坡稳定条件较差时,宜采用工程防护与植物防护相结合的方法,并重视表面植被防护。在山区采用多种边坡防治技术稳定边坡,防止水土流失,如大面积切坡处应考虑增设截水沟,有组织的排除雨水,避免雨水临时径流从坡顶一些土体的节理和裂隙渗蚀而引起滑坡。

2)桥隧设计

桥隧环境保护设计,应结合地质、水文、气象、地震等情况,考虑施工和运营环境进行多方案论证,并符合下列要求。

(1)桥隧位置的选择,应综合考虑衔接设计,与周围山川、沟谷等自然景观协调;桥梁的导流设施应自然平顺;隧道洞口总体布置应贴近自然,洞门不宜过分进行人工化修饰。

(2)桥梁的墩台布置应防止河床冲刷。

(3)隧址应避开或保护储水结构层和蓄水层,保护地下水径流和地表植被。

桥隧设计中环境保护的重点在弃渣的处理及水土保持工程设计。此外桥隧在工程方案比选中应充分考虑对周围环境的影响以及弃渣处理条件等。

3)路线交叉设计

公路交叉环境保护设计,应根据公路网规划和相关公路状况,针对自然地形、地质条件以及社会环境等特点,结合公路交叉主体工程,综合考虑确定方案,并符合下列规定:

(1)互通式立体交叉设计应在满足公路交叉使用功能的同时,考虑交叉形式、布局的美观;立体交叉区综合排水系统应体现水土保持原则,与路线综合排水系统统一考虑。

(2)互通式立体交叉的匝道边坡宜放缓,设土质边沟或不设边沟,贴近自然,充分与环境协调。

(3)互通式立体交叉主线桥和匝道桥应进行上跨与下穿的方案比选,上跨主线结构物的跨径应合理布置、主线两侧宜设置边孔;合理确定桥上纵坡及桥头路基高度。

(4)分离式立交桥的结构形式,应考虑行车视距和视觉效果,与周围环境相协调。

4)沿线设施设计

服务设施、管理设施的位置、规模应充分考虑人性化,结合自然景观合理确定,其设计应符合下列要求:

(1)对生活废水、废弃物等,应进行综合治理。

(2)污染防治措施,应进行多方案比选。

(3)拟分期实施的防污染设施,应综合论证并注意近期和远期有机结合。

(4)应结合区域路网、地形、景观和地域文化等环境进行景观设计。

(5)施工组织。对于可能产生环境问题的敏感处,应采取以下施工组织措施。

①水土流失、水污染方面措施:路基完工3个月内在边坡和拟建公路沿路合适处需植树种草。如现有的灌溉或排水系统已损坏,要采取适当的措施修复或重建。在建造永久性的排水

系统时需建造用于灌溉和排水的临时性沟渠或水管。需采取所有合理措施，如沉淀池可防止向河流和灌溉水渠直接排放建筑污水。施工管理区生活污水、生活垃圾要集中处理，不得直接排入水体。机械油料的泄漏会引起水污染，所以应加强环境管理，开展环保教育，防患于未然。施工材料如沥青、油料、化学品不宜堆放在民用水井及河流水体附近，应远离河流，并应备有临时遮挡的帆布，防止大风暴雨冲刷而进入水体。

②生态资源保护措施：施工过程中，在产生雨水地面径流处开挖路基时，应设置临时性的沉淀池以拦截泥沙。待路基建设完毕，将沉淀池铺平，绿化或还耕。在高地取土时，应做到边开采、边平整、边绿化，尽量做到计划取土，及时复垦。临时占地应尽可能少。路基与绿化、护坡、排水沟应同时施工，同时交工验收。对施工临时占地，应将原有土地表层耕作的熟土集中堆放，待施工完毕将这些熟土加以利用。严格按照设计方案取土。对工人加强教育，禁止狩猎国家保护的动物和破坏国家保护的植物。

③防止尘埃、空气污染方面的措施：在干旱季节应采用洒水措施，以降低施工期大气污染浓度，特别是靠近居民点的地方。料堆和储料场离居民区 200m 以外，料堆和储料场须遮盖或洒水以防止尘埃污染。运送建筑材料的货车须用帆布遮盖，以减少跑漏。搅拌设备需良好密封并安装除尘装置，操作者应加强劳动保护。施工现场及主要运料道路在无雨的天气需定期洒水，防止尘土飞扬。

④噪声防治措施：应防止筑路工人受噪声侵害，靠近强声源的工人需戴上耳塞和头盔，并限制工作时间。150m 内有居民区的施工场所，噪声大的施工工作不应在夜间进行。应加强对机械和车辆的维修，以使它们保持较低的噪声。在学校附近路段施工时应和校方商议，调整高噪声机械施工时间。

⑤文物古迹保护措施：如发现文物古迹必须立即停止土方挖借工作，并把有关情况报告给当地文物保护部门。在主管部门未结束文物鉴定工作及必要的保护措施未采取前，挖掘工程不得重新进行。

⑥施工驻地保护措施：在施工驻地应设置垃圾箱和卫生处理设施。箱内的垃圾和卫生处理坑的粪水、生活污水、施工机械的油污水不可直接排放到水体中，宜设污水处理设施，集中定期处理，达标排放。饮用水必须满足国家饮用水标准，防止生活污水和固体废弃物污染水源。

⑦运输管理措施：建筑材料的运送路线应仔细选定，尽量避免影响现有的交通设施，减少尘埃和噪声污染。应适当地铺设横穿现有道路的临时道路。制订合适的材料运输计划，避开道路交通高峰，不影响地方交通秩序。

⑧施工安全保护措施：为保证施工安全，施工期间在临时道路上应设置安全标志，并设值勤岗，疏导交通，保证行人安全。施工期间，为降低事故发生率，应采纳有效的安全和警告措施。爆破时，应规定信号并加强保卫工作，处于危险区的人员和车辆应及时撤离，爆破前进行彻底检查。在工作或交通繁忙期不进行爆破，以免交通阻塞及人员的伤亡。炸药的管理和使用应严格遵循公安部门的安全要求。

⑨振动监控措施：在村庄附近做强振动施工时（如强夯，振动压路机操作等）或爆破施工时，以临近施工现场的土坯民房或危房应进行监控，防止事故发生，对确受工程施工振动影响较大的民房或危房，应采取必要的补救措施。

⑩景观保护措施：严格按设计要求操作，取土场、弃土场施工结束后应进行绿化，恢复景观质量。

第二节　公路景观设计

一、公路景观概述

1. 景观

“景”是指一切客观存在的事物，在词典中的“景”有景物、景色、景象、风景等意思；“观”是指人对“景”的各种主观感受的结果，在词典中的“观”有观察、观测、观摩、观赏、观光等意思。“景观”可理解为景与观的统一体。无论东方文化还是西方文化，“景观”的含义更多具有视觉美学方面的意义，与“风景”同义或近义。

环境景观学研究地球表面自然现象和人文现象的形成，以及他们之间的相互关系和区域分异特点。

从人类开发利用和建设的角度来分，景观分为自然景观和人文景观。自然景观是指只受到人类间接、轻微影响原有自然面貌未发生明显变化的景观，如极地、高山、大荒漠、大沼泽和热带雨林、平原、山区、草原、森林、河流、大海、沼泽地等。人文景观是指受到人类直接影响和长期作用，使自然面貌发生明显变化的景观，如城市、村镇，有时也指人类为满足物质和精神生活需要，用自己的智慧和双手创造的各种建筑物、雕塑、水利电力设施、交通设施、城镇、村落、庙宇等社会文化艺术景物。

2. 路域景观

公路作为一种带状的工程构造物，它的区域跨度大，沿线的景观也不断变化，总的来说，公路景观也包括沿线自然景观和人文景观两大部分，而道路建筑物本身也是一种人文景观。

公路景观按客体的构成要素分类方法，包括道路自身及沿线一定区域内的所有视觉信息，适用于对公路沿线一定范围的自然景观与人文景观的保护、利用、开发、创造等。

从不同的用地属性，公路用地范围内的景观可称为路域景观。公路用地范围外的景观为道路外景观。也有人将公路景观分为内部景观和外部景观：行驶在路上的驾乘人员见到的路上的景观，在停车场、服务区等附属设施内所看到路上的景观称为内部景观；从公路沿线居住地和其他公路上看到的公路景观称为外部景观。

3. 公路景观要素

按公路景观客体的构成要素分类方法如图10-1所示。这种分类方法，包括了公路自身及沿线一定区域内的所有视觉信息，适用于对公路沿线一定范围的自然景观与人文景观的保护、利用、开发、创造等工作的研究。

4. 公路景观的特点

公路景观既不同于城市景观、乡村景观，也有别于自然山水、风景名胜。它有其自身的特点与性质，概括起来有以下几方面。

1）构成要素多元性

从上述公路景观客体的构成要素分类中，可见公路景观是由自然的与人工的、有机的与无机的、有形的与无形的各种复杂元素构成。在诸多元素中，公路景观决定了环境的性质。其他元素则处于陪衬、烘托的地位，它们可加强或削弱景观环境的氛围，影响环境的质量。

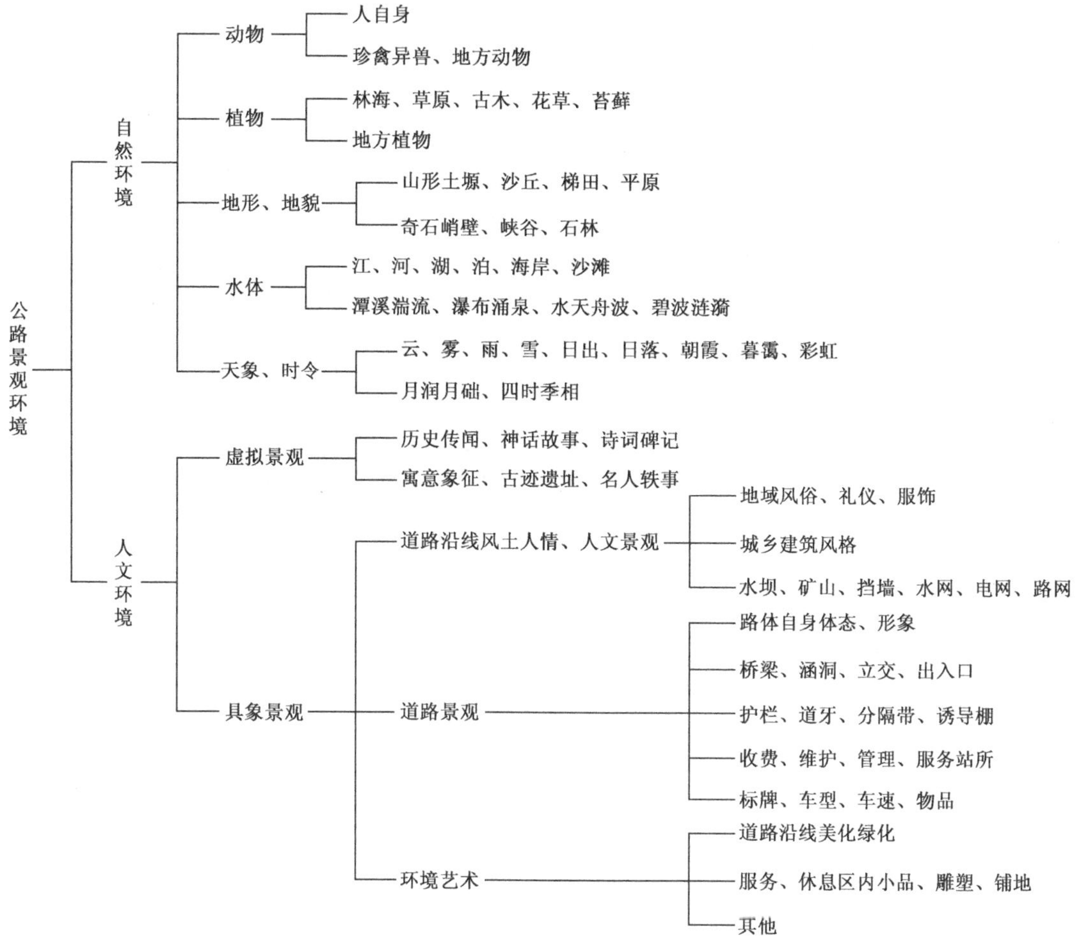

图 10-1　按公路景观客体的构成要素分类

2）时空存在多维性

从公路景观空间来说，它是上接蓝天、下连地势，连续延绵、无尽无休，走向不定、起伏转折的连贯性带形空间。而从时间上来说，公路景观既有前后相随的空间序列变化，又有季相（一年四季）、时相（一天中的早、中、晚）、位相（人与景的相对位移）和人的心理时空运动所形成的时间轴。

3）景观评价的多主体性

任何一种景观环境，都无法取得一致的褒贬。公路景观更是如此。评价的主体不同，评价主体所处的位置、活动方式不同，评价的原则和出发点必有显著的差别。如观赏者、旅行者多从个人的体验和情感出发；经营者、投资者多从维护管理、经济效益等方面甄别；沿线居住者多从出行是否便利、生活环境是否受到影响等方面考虑；而公路设计者、建设者考虑更多的则是行驶的技术要求及建设的可行性。

4）景观布局具有线形特征

道路工程与其他建筑工程相比具有显著的线形特征，其二维、三维空间（横向及纵向）尺度较小,而一维空间(沿路线前进方向)尺度很大,通常称为线形工程。因此公路景观工程的布局和分布,一般多沿路线两侧或中央布置,具有典型的线形特征。如中央带的景观,路侧带的绿化,路基边坡的美化,都呈线形分布。道路上的交叉、桥梁(桥头)、隧道洞口等的景观虽为点的分布,但这些集中的景观工程,仍然布置在公路线形的各个点上。因此,不少景观设计者,把这种以路线为主体沿线分布的景观工程形象地称为"珠链"景观。

5)道路使用者,具有动态视觉的特性

公路景观的使用对象主要是乘客和驾驶员,他们是处于动态的条件下(有时是高速条件)来观赏公路景观。因此,公路景观具有显著的动态视觉特性。在运动的状态下,景观主体对景观客体的认识只能是整体与轮廓。因此,线性景观的设计应力求做到公路线形、边坡、中央分隔带、绿化等连续、平滑平顺、自然且通视效果好,与环境景观要素相容、协调。而沿线点式景观给人的印象则应轮廓清晰、醒目、高低有致、色彩协调、风格统一。

5. 公路景观设计的原则

公路景观设计是对原有景观的保护、利用、改造及对新景观的开发、创造。这不仅与人对景观的审美情趣及视觉环境质量有着密不可分的联系,而且对它的评价、规划和设计以及对生态环境、自然资源及文化资源的持续发展和永久利用都有着非常重要的意义。在公路景观设计中应遵循以下原则。

1)可持续发展原则

可持续发展要求公路建设必须注意对沿线生态资源、自然景观及人文景观的永久维护和利用,只有这样才能保护公路建设既有利于当代人,又造福于后代人。片面追求短期的美化绿化效应,而忽视长期效果的养护难题的做法是不可取的。

2)动态性原则

反映人类文明的公路景观存在着保护、继承又不断更新演绎的过程。这就要求我们在公路景观的保护和塑造过程中,坚持动态性原则,赋予公路景观以新的内容和新的意义。

动态性原则的另外一个含义是为公路景观提供动态视觉服务的载体,必须适应所服务对象的动态视觉要求。

3)地区性原则

我国幅员辽阔,不同地区有其独特的地理位置,地形、地貌特征,气候气象特征以及社会环境特征等,加上我国人民有着自己独特的审美观念,不同地区的人们又有不同的文化传统和风俗习惯,所有这些形成了不同地区特有的公路景观环境,因此在公路景观设计中应充分考虑地区性特点。

4)整体性原则

公路是一个带状景观,又是一个线形工程。在公路景观设计中,不仅要纳入公路设计文件系统之中,而且其内容与形式必须与公路主体设计相协调。同时公路景观设计本身必须将道路设计的各要素(包括道路宽度、平曲线要素、纵坡、路线交叉、桥涵及其构造物、沿线设施等)作为景观要素,与所涉及并重点设计的景观保护、利用、恢复和沿线地形、地貌、生态特征以及其他自然和人文景观,作为一个有机整体统一规划与设计,使公路这一人工系统与沿线自然系统和其他人工系统协调和谐,使建设的景观环境更臻完美。

5)协同性原则

公路景观设计不仅要考虑公路本身与其他人工系统协调和谐,而且必须考虑生态系统的平衡和协调,包括原有生态系统的平衡破坏,新的生态系统的建立和稳定,大范围生态系统与小范围生态系统的协调,以使沿线人与自然协调相处,这样才能体现“以人为本”。

6)经济性原则

公路景观环境构成要素包罗万象,但不必将精力放在那些耗费大量人力、物力、财力的观赏景观的塑造上,而应把重点放在对公路沿线原有景观资源的保护、利用和开发,以及公路本身和其沿线设施等人工景观与原有自然环境和社会环境的相容性方面。从经济、实用的原则出发,保护沿线的生态环境、自然和人文景观,并满足交通运输的需求。

6. 公路景观与绿化的功能

1)改善公路视觉环境

改善公路视觉环境包括许多方面,不仅包括公路本身景观的改善,而且包括硬景观和绿化软景观与外部的协调。

公路硬景观的点缀有时更能给驾乘人员耳目一新、流连忘返的视觉效果。公路绿化能使本来生硬、单调的公路线形变得丰富多彩,创造出许多优美的景观,如绿化裸露的挖方路堑岩石边坡,使新建公路对周围环境景观的负面影响降低;公路两侧的自然及人文景观资源与环境有机结合、协调,使公路构造物(如立交桥、服务停车区、收费站、养护工区)巧妙地融入周围的环境之中,给公路的使用者——驾驶员及乘客提供优美宜人、舒适和谐的行车环境。

2)吸尘防噪,净化空气

绿色植物体可以通过光合作用过程吸收二氧化碳,放出氧气,使公路沿线的空气保持清新;同时植物的叶片还能吸收和阻滞在公路上行驶的车辆排放的尾气中所含的各种有害气体(如 CO、NO_2 等)、烟尘、飘尘以及产生的交通噪声,减轻并防治污染,净化和改善大气的环境质量。

3)固土护坡及防止水土流失

植物体通过根系对土壤的固着作用,以及植物枝叶和地被植物的有关作用达到涵养水分的目的,并能阻止或减少地表径流,降低和防止雨水冲刷路基、边沟等,避免水土流失。

4)增强道路行车的视线诱导

公路硬景观和绿化是驾驶员和游客视野范围内的主要视觉对象,规整亮丽的公路标志标线、护栏和树木花草,不仅可以给人以优美、舒适的享受,而且可以提示道路线形的变化,使行驶于道路上的车辆更安全。

5)防止道路眩光,保障行车安全

在夜间,对向行驶的车辆之间会因车前照灯光线造成眩目,给交通安全带来极大的隐患,但是在高速公路中央分隔带内栽植一定高度和冠幅的花,灌木或设置一定高度和间距的防眩板,能够有效地起到防眩遮光的作用,保障行车安全。

6)降低路面温度,延长路面寿命

有关试验表明:夏季沥青混凝土路面,温度高达 40~50℃,比草地和林荫处高 1~14℃,绿地气温较非绿地一般低 3~5℃。通过景观绿化,可以改善地温和气温,改善气候,树荫有利于减轻路面老化,延长公路使用寿命。

7)体现区域文化底蕴,促进旅游产业发展

在一些地区通过设置雕塑、标志性建筑等反映区域经济、文化特征,可以给人以深刻的记忆。

旅游区道路,应与旅游发展相适应,沿线的公路景观对旅游业的发展起着诱导和提示的作用。

二、公路景观设计要点

1. 公路线形景观

1)路线走向应与沿线地理、环境协调

公路线形是三维空间体。公路走向必须与自然地理地形和沿线景观以及绿化布置有机结合;同时要求公路立体线形达到一定的艺术造型。所谓艺术造型是通过路线的曲折起伏,平滑顺畅,与沿线的地形高低错落、建筑物和绿化配置等协调的空间组合、色调与艺术形式,从而给人以整洁、舒适、美观、大方、开朗的美的感觉。公路平、纵、横三维立体线形综合协调,才能满足使汽车行驶的力学、心理学、生理学、美学、环境保护学,以及地形、地理等方面的要求。安全、快速、舒适、经济和美观的线形,才能称得上是好的线形。公路就像一条飘动在田野和山坡之中的彩带,伸向远方。

2)重视三维空间线形组合

公路景观设计,应合理组合路线的平、纵、横面,保证线形流畅、视野开阔;线位方案比选宜将环境景观作为考虑因素。在自然景观单一的路段,其线形设计宜以曲线为主,并保持连续、均衡;平、竖曲线线形几何要素宜大体平衡、匀称、协调;深挖方路段宜对路堑与隧道方案的景观效果进行比选、论证;路线跨越山间谷地时,宜对高路堤与高架桥方案的景观效果比选、论证;路线沿横坡较陡的山坡布设时,宜对分离式路基、半填半挖与纵向高架桥方案的景观效果进行比选、论证。

线形组合设计,就是在平面和纵面线形及横断面初步确定的基础上,可用公路透视图或模型法进行视觉分析,研究如何满足驾驶员视觉和心理方面的连续、舒适感,与周围环境的协调和良好的排水条件等,再对平、纵面线形进行修改,使平、纵面线形合理地组合起来,使之成为连续、圆滑、顺适、美观的空间曲线,从而达到行车安全、快捷、舒适、经济的要求。平曲线包竖曲线能获得行驶安全及平顺优美的线形,过缓与过急、过长与过短的平竖曲线组合在一起容易使驾驶员失去顺适感,平面转角小于7°的平曲线与坡度较大的凹形竖曲线的组合外观较差,平面线形有折点现象。

在平坦地区,地势平缓、开阔,让人心情开朗,但是地形起伏小,缺乏三维空间感,易使景观平淡、无焦点和具有发散性。若要在这里创造出动人的富于变化的景观,就必须考虑下面几点:

(1)将沿线周围及其内部有可能成为风景的元素,如建筑、小区、地方绿化、水、造型美观的桥梁等,加以利用,构成“图”形。

(2)运用色彩,并借助于光影效果,加强空间的变化。

(3)由于不受地形限制,容易突出重要景点和景物,利用它控制整个地区,形成主角。

自然或人工的山石、水体是平地中不可多得的景观元素,应该尽量利用或创造,以此打破单调局面,形成一道亮丽的风景线。

2. 公路构造物景观

1)路基路面工程

(1)路基、路面是沿路线分布的公路实体构造物,其设计的好坏直接影响公路与环境的协调和自然环境景观。

从工程技术经济角度出发，路基中心线处挖深达30m或挖方边坡高度大于1.6倍的路基宽度值的深挖方路段，要与隧道、明洞方案进行比选；路基中心线处填高达20m的高填方路段要与高架桥、半路半桥方案进行比选；而20m高填方主要是针对局部冲沟、山谷路段，对村镇附近路段8m以上，城乡附近6m以上就应进行方案比选；对于路基中心线处的高填和深挖情况还要考虑周围的自然条件，特别是当自然横向较陡，容易导致挖方上边坡高度超过60m或容易导致填方下边坡高度超过50m的路段，其纵向长度超过200m时均应进行方案比选，并优先采用有利于环境景观的建设方案。

(2)路基边坡宜以自然流畅的缓坡为主，边沟宜选择宽浅式、盖板式或混合式。路基横坡度采用不同的值，边沟选择宽浅式，可以使路基与原有地面形态相协调。路基上边坡宜进行生态防护，有条件时可结合地域文化特点进行景观设计。针对硬质护坡造成的视觉污染，应尽量柔化和美化坡面。如选用藤蔓植物或花灌木种植在坡面平台花槽内，使其枝头飘曳下垂，迎风舞动，给坡面带来一种动态飘逸美；同时在护坡下部种植攀缘植物，能加快坡面的覆盖速度。在一级边坡，可做一些粗犷的壁画或浮雕，以表现地域文化为主题，增强边坡的可观赏性，改善低等级公路车速较低时行车的单调枯燥感。

(3)路面色彩、护栏、路缘石的色彩与形状等也是公路景观的构成要素。有特殊要求的公路，路面色彩及护栏、路缘石的色彩与形状等宜与沿线自然环境景观相协调。

现代公路的路面多为灰色或黑色，这种色调对人的神经系统起着镇静作用，令人的注意力迟钝，使驾驶员容易松懈或打瞌睡，酿成事故。为了克服惰性颜色路面给驾驶员带来的不良影响，许多国家或地区在公路路面上每隔一定距离刷涂色彩，有的还不断变换颜色，以改善神经系统的迟钝等。为了同时给驾驶员以提示作用，还要在危险地段将路面涂成红色，示意小心谨慎；在学校、医院等地区涂蓝色，表示安静，勿鸣喇叭；在限制车速、陡坡、隧道和转弯处涂黄色，要求驾驶者缓行。通过路面色彩的合理应用，可以减少交通事故，确保安全。相应的路外色彩也可以调节神经系统。

2)桥梁、隧道工程

(1)桥梁

桥梁的形式、色彩、材质以及各部位均为桥梁景观设计要素，设计时应从路内景观和路外景观两个角度综合考虑桥梁的景观效果。分离式立体交叉、人行天桥等应根据所处的自然环境和人文环境设计，合理确定桥梁形式、颜色和材质以及各部位比例。

对于跨越大江、大河、城市周围、风景旅游区以及有特殊要求的桥梁，应进行桥梁照明景观设计。有特殊要求的桥梁应进行景观照明设计。

(2)隧道

隧道洞口设计应结合地形、地区的自然和人文特点，与周围环境相协调；隧道洞内的照明、通风、标志等附属设施和洞壁内饰设计，应综合考虑景观效果。

3)立体交叉与沿线设施工程

互通式立体交叉区设计，应从立体交叉的选型、构造物及附属设施颜色、路基边坡坡面和立体交叉区内绿化等方面综合考虑；立体交叉的整体景观设计，宜利用原有自然植被，使立体交叉与自然景观有机地结合，并与原有地形地貌和谐统一。

服务(停车)区、管理区、观景台是公路使用者活动最为集中的地方，对景观的需求也较为强烈。因此,服务区的位置选择及布设形式,应充分利用有特色的自然景观,设计时应注意与周围环境相协调。公路服务区、停车区、管理区、观景台等沿线场区及建(构)筑物应注重景观设计,使建(构)筑物本身各部位比例协调,色彩、材质、形状等与周围环境相协调。服务区和停车区可根据需要进行景观设计。

公路两侧影响视觉的场所,主要有视线范围内的弃、取土场,施工过程中的堆料场、拌和场、预制厂等,施工结束后,对上述场所,应采取绿化、复耕或其他工程措施予以遮蔽或改善。

公路景观设计应注意防止视觉污染,公路用地范围内设置的景观小品,应注意色彩、造型的协调,避免引起视觉混乱。

声屏障应根据所处自然环境和人文环境的不同,通过色彩、材质和造型进行景观设计。

第三节　公路环境保护与景观设计文件编制

一、初步设计阶段

初步设计阶段设计文件包括文字说明、设计图表和重要区段景观设计三部分内容。

1. 文字说明

(1)在环境保护与景观设计部分说明中应包括:

①环境保护与景观设计的依据(包括环境影响评价、水土保持方案等报告书及批复意见)。

②项目区域社会环境和自然环境现状(包括物种多样性、自然植被覆盖率、土壤养分、历史文化遗产、自然保护区、自然及人文景观的分布等)。

③环境敏感区域分析(含敏感区的调整,取土场、弃渣场的布设分析)及与自然保护区、水资源保护区等的关系,服务区交通量及污水排放预测(需要时提供)。

④指导思想和设计原则。

⑤主体各专业设计的环境保护措施。具体阐述在路线布置、路基、路面、桥梁、隧道、交通工程(含收费站、服务区、标志)、排水、料场布设、废方处理等期间已考虑的环保措施(含社会环境、生态环境保护对策)。

⑥各项环境保护设施的布设位置、类型、功能及其方案比选情况。

⑦主要场地的景观方案及比选。

⑧拟采用的植物配置及特性。

⑨与环保、文物及当地政府有关部门的协商情况。

⑩下阶段应解决的问题及注意事项。

(2)在单项或专项的环境与景观设计文件中,一般还应包括项目概述、设计依据、工程概况、工程投资概算说明等各项内容。

(3)改(扩)建公路的初步设计,该部分说明应增加:

①原有公路环境保护设施及改(扩)建工程可能引发的环境保护问题及采取的对策。

②原有建筑材料的利用及废弃情况。

2. 设计图表

(1)《公路工程基本建设项目设计文件编制办法》“第八篇 环境保护及景观设计”要求，图表编制应包括的内容和相应的要求如下：

①环境敏感区一览表。列出沿线环境敏感区（如水源、文物保护单位、居民区、医院、学校、疗养院等以及自然保护区和湿地）的位置（桩号）、重要影响因素、影响范围和采取的工程措施等。

②环境保护工程数量表。列出序号、工程名称、位置（桩号）、类别或型号、主要尺寸及说明、单位、工程数量（包括其他工程、临时工程等）。

③降噪设计图。绘出降噪设施（如声屏障、降噪林等）的位置、结构类型、主要尺寸及规格等。比例尺用1:200 ~ 1:5。

④污水处理设计图。比例尺用1:50 ~ 1:20。

⑤取土场、弃土场处理设计图。

⑥其他环保工程设计图。绘出其他环保工程位置、结构类型、主要尺寸等。

⑦植物配置表。分段列出序号、类型、植物名称、主要特征、规格、单位、工程数量等。

⑧景观工程数量表。列出景观绿化工程及其他景观工程序号、桩号、位置、工程名称、主要尺寸（规格）及说明、单位、工程数量等。

⑨景观设计图。绘出路基横断面、互通式立体交叉、服务区、隧道洞口等典型公路区段的景观设计。高速公路重要区段及硬质景观应绘制效果图。

(2)在公路平面总体设计图中沿线的重要地物（村镇、文物、古迹、规划等）和环境敏感区（点）（景区、学校、自然保护区等）及重要设施的范围必要时应示出。比例尺用1:1 000或1:2 000。

3. 重要区段景观设计

(1)管理养护区、服务区及停车区等设施的景观绿化，应作为静态点式景观进行重点设计，可采用园林绿化模式进行设计。根据设计所需，可包含：绿化栽植、花架、亭廊等园林小品、园路、场地铺装、花坛、桌凳等设施项目。文件宜包括如下内容：

①设计方案的说明。应写明周围环境特点、设计原则、设计主题、设计手法、植物配置方法等各项内容。

②景观绿化总体布置图。绘制景观小品及绿化植物的配置图；植物品种、规格、数量的统计表；各种园林小品及设施的布置图、大样图。

③景观绿化效果图。

景观绿化制图应执行《道路工程制图标准》（GB 50162—1992），给出比例与指北针或坐标体系等。

(2)互通立体交叉区的景观绿化应作为动态的点式进行重点设计，多以绿化为主，也可适当点缀景观小品或雕塑，有特殊要求时可作地形设计及主题雕塑设计，文件宜包括如下内容：

①互通立体交叉景观绿化设计说明。应写明周围环境特点、设计原则、设计主题、设计手法、植物配置方法等各项内容。

②总体景观绿化布置平面图，同时随图给出植物种类、规格、数量统计表。立体交叉占地面积较大或比例不协调时，应增加分区景观绿化设计图。

③互通式立体交叉绿化效果图。

④局部大样图。对能突出互通景观特色的重点区域(如图案栽植部分、主题雕塑或景观小品等),应给出局部大样图,同时图中相应标出所采用植物的种类、规格及数量;雕塑应给出平立面图及效果图;应以图示方式标明大样图与总图的位置关系。

⑤场地规划图。依景观所需及绿化功能设计微地形,标明微地形的范围、等高线间距以及排水方向等,并对土方工程数量进行计算。

(3)中央分隔带、边坡、路侧绿化带及环保林带这些区域作为线性动态景观进行设计,以典型断面设计为主,设计方案重点示出相应植物栽植位置关系,同时给出植物种类、规格、数量统计表等,也可绘制水平投影图、立面图、效果图。

二、施工图设计阶段

施工图设计应确定环境保护与景观工程的位置、类型及数量,绘制布置图和设计详图。

1. 文字说明

(1)初步设计(或技术设计)批复意见执行情况。

(2)相关部门和业主的意见及落实情况。

(3)公路工程及设施与沿线自然环境的协调情况及采取的措施等。

(4)景观设计的理论、原则及表现手法等。

(5)主要场地自然条件(包括土壤、水分、降雨量、风力风向、自然物种等)分析及对策。

(6)拟采用的植物配置及特性。

(7)环境保护与景观设计情况。

(8)土地复垦与利用情况。

(9)施工中的环境保护措施及注意事项。

2. 设计图表

(1)环境保护工程数量表要求与初步设计相同。

(2)降噪设计图绘出降噪设计(如声屏障、降噪林等)的位置、结构类型、主要尺寸及规格等。比例尺用1:200~1:5。列出单位材料数量表。

(3)污水处理设计图绘出污水处理平面布置总图、构造详图。列出单位设备、材料数量表。比例尺用1:500~1:5。

(4)其他环保工程设计图要求与初步设计相同。

(5)植物配置表要求与初步设计相同。

(6)景观工程数量表要求与初步设计相同。

(7)景观工程设计图绘出各区段景观绿化设计图及大样图。绘出硬质景观设计图及大样图。

(8)互通式立体交叉的景观绿化施工图设计在初步设计基础上,应补充完善如下内容:

①绿化分区示意图。给出放线基准点。

②植物栽植分区详图。图中应标明每棵植物的种植点,同种植物之间可以种植线连接,并注明相互之间的距离(规则栽植的植物可仅标明一处,其余以文字说明方式注出)。应以图示方式标明本图与总图的位置关系(参照绿化分区示意图),给出植物品种、规格、数量统计表。

③互通中图案造型(如果有)或植物种植大样图。应单独给出大样图,图中注明放样基准点及放样的网格线,并随图给出植物品种、规格、数量统计表。

④雕塑。雕塑作为独立设计内容,图中应给出平、立、剖面图,结构图(节点及基础等关键部位),并标明详细的尺寸关系、拟采用的材料等有关内容,并附图给出材料的工程量清单。

【复习思考题及习题】

1. 简述公路测设各阶段环境保护设计的主要内容。
2. 公路环境保护的原则是什么?
3. 公路选线与线形设计中环境保护设计的重点有哪些?
4. 试分析公路景观设计的特点。景观设计时应遵循哪些原则?
5. 简述公路景观与绿化的主要功能。
6. 公路构造物景观包括哪些内容?简述公路线形景观设计的要点。
7. 简述初步设计阶段景观设计的文字说明应包括的内容。
8. 名词解释:

(1)环境;(2)社会环境;(3)公路环境要素;(4)环境敏感点;(5)景观;(6)公路景观要素;(7)路域景观;(8)具象景观。

参 考 文 献

[1] 中华人民共和国行业标准. JTG B01—2014　公路工程技术标准[S]. 北京:人民交通出版社有限公司,2015.

[2] 中华人民共和国行业标准. JTG C10—2007　公路勘测规范[S]. 北京:人民交通出版社,2007.

[3] 中华人民共和国行业标准. CJJ 37—2012　城市道路工程设计规范[S]. 北京:中国建筑工业出版社,2012.

[4] 中华人民共和国行业标准. CJJ 152—2010　城市道路交叉口设计规程[S]. 北京:中国建筑工业出版社,2010.

[5] 中华人民共和国行业标准. CJJ 75—1997　城市道路绿化规划与设计规范[S]. 北京:中国建筑工业出版社,1997.

[6] 中华人民共和国行业标准. GB 50763—2012　无障碍设计规范[S]. 北京:中国建筑工业出版社,2012.

[7] 中华人民共和国国家标准. GB 50220—1995　城市道路交通规划设计规范[S]. 北京:中国建筑工业出版社,1995.

[8] 中华人民共和国交通部. 公路工程基本建设项目设计文件编制办法[R]. 北京:人民交通出版社,2007.

[9] 中华人民共和国行业标准. JTG/T D33—2012　公路排水设计规范[S]. 北京:人民交通出版社,2012.

[10] 中华人民共和国国家标准. GB 50014—2006　室外排水设计规范[S]. 北京:中国计划出版社,2006.

[11] 中华人民共和国行业标准. JTG D20—2017　公路路线设计规范[S]. 北京:人民交通出版社有限公司,2017.

[12] 中华人民共和国行业标准. CJJ 129—2009　城市快速路设计规程[S]. 北京:中国建筑工业出版社,2009.

[13] 孙家驷. 道路设计资料集[M]. 北京:人民交通出版社,2001.

[14] 孙家驷. 道路概论[M]. 北京:人民交通出版社,1997.

[15] 孙家驷,等. 道路立交枢纽设计[M]. 成都:电子科技大学出版社,1996.

[16] 刘伯莹,等. 公路设计工程师手册[M]. 北京:人民交通出版社,2002.

[17] 霍明. 山区高速公路勘察设计指南[M]. 北京:人民交通出版社,2000.

[18] 陈胜营,等. 公路设计指南[M]. 北京:人民交通出版社,2000.

[19] 本书编写组. 公路设计手册[M]. 北京:人民交通出版社,1979.

[20] 姚祖康. 公路排水设计手册[M]. 北京:人民交通出版社,2002.

[21] 李相然,等. 公路工程现场勘察与测量技术[M]. 北京:人民交通出版社,2003.

[22] 孙家驷,等. 公路勘测设计[M]. 重庆:重庆大学出版社,1994.

[23] 张延楷,等. 道路勘测设计[M]. 上海:同济大学出版社,1998.

[24] 徐家钰,等. 道路工程[M]. 2 版. 上海:同济大学出版社,2004.
[25] 李泽民. 城市道路广场规划设计[M]. 北京:中国建筑工业出版社,1988.
[26] 任福田,等. 城市道路规划与设计[M]. 北京:中国建筑工业出版社,1998.
[27] 杨少伟. 道路勘测设计[M]. 北京:人民交通出版社,2004.
[28] 吴瑞麟,等. 城市道路设计[M]. 北京:人民交通出版社,2003.
[29] 方守恩. 高速公路[M]. 北京:人民交通出版社,2002.
[30] 李峻利. 交通工程设施设计[M]. 北京:人民交通出版社,2001.
[31] 张雨化. 道路勘测设计[M]. 北京:人民交通出版社,1997.
[32] 李清波,等. 道路规划与设计[M]. 北京:人民交通出版社,2002.
[33] 刘培文. 道路几何设计[M]. 北京:中国科学出版社,2003.
[34] 周巍,等. 公路平曲线线形设计[M]. 上海:同济大学出版社,2003.
[35] 刘培文. 现代公路勘测技术(修订版)[M]. 北京:人民交通出版社,2001.
[36] 江海涛. 道路和建筑无障碍设计图说[M]. 山东:山东科学技术出版社,2004.
[37] 李祝龙. 公路环境与景观设计咨询要点[M]. 北京:人民交通出版社,2011.
[38] 中华人民共和国行业推荐性标准. JTG/T D21—2014 公路立体交叉设计细则[S]. 北京:人民交通出版社,2014.